古代国家の東北辺境支配

今泉隆雄著

吉川弘文館刊行

日本史学
研究叢書

目次

第二編　城柵の辺境支配

挿図目次

表目次

凡　例

一、本書には、十五編の論文（補論含む）を収めている。十五編のうち、十三編は著者がかつて発表した旧稿をもとにしている。但し、そのうち八編については著者自身がすでに補訂作業を終えており、その補訂稿を掲載した。残りの五編は補訂作業が施されていないため、初出稿を掲載した。

二、著者が旧稿に対する補訂をおこなった章には、⑴旧稿をほぼそのまま収め現在の研究との関係やその後の新見を（補注）（補記）で補ったものと、⑵旧稿そのものを部分的に改稿したもの、という二つがある。未補訂の章は、基本的に初出稿のまま掲載している。

三、全体的な統一をとるために、年次表記や数字表記を改め、また引用論文の再収書名を付加するなどの形式的な改訂を全面に施した。

四、編集担当者が著者の原稿・旧稿に書き加えた注記は、著者自身による記述と区別するため〔　〕をつけて表記した。但し前項に挙げたような軽微な形式面の改変や明らかな誤字・脱字等についてはこれを省略した。

五、引用史料の注記の形式には各章で差違があり、なかには条文等の日付・干支を記さないものもあるが（第一編第一章など）、旧稿・原稿の形式を尊重しそのままとした。日付等については巻末索引に明記したのでそちらを参照されたい。

六、各章の初出稿とその成り立ちは、新稿および補訂稿に著者自身が加えた（付記）、および編集担当者が各章章末に加えた【本書編集にあたっての注記】に記し、また巻末の「成稿一覧」に示した。

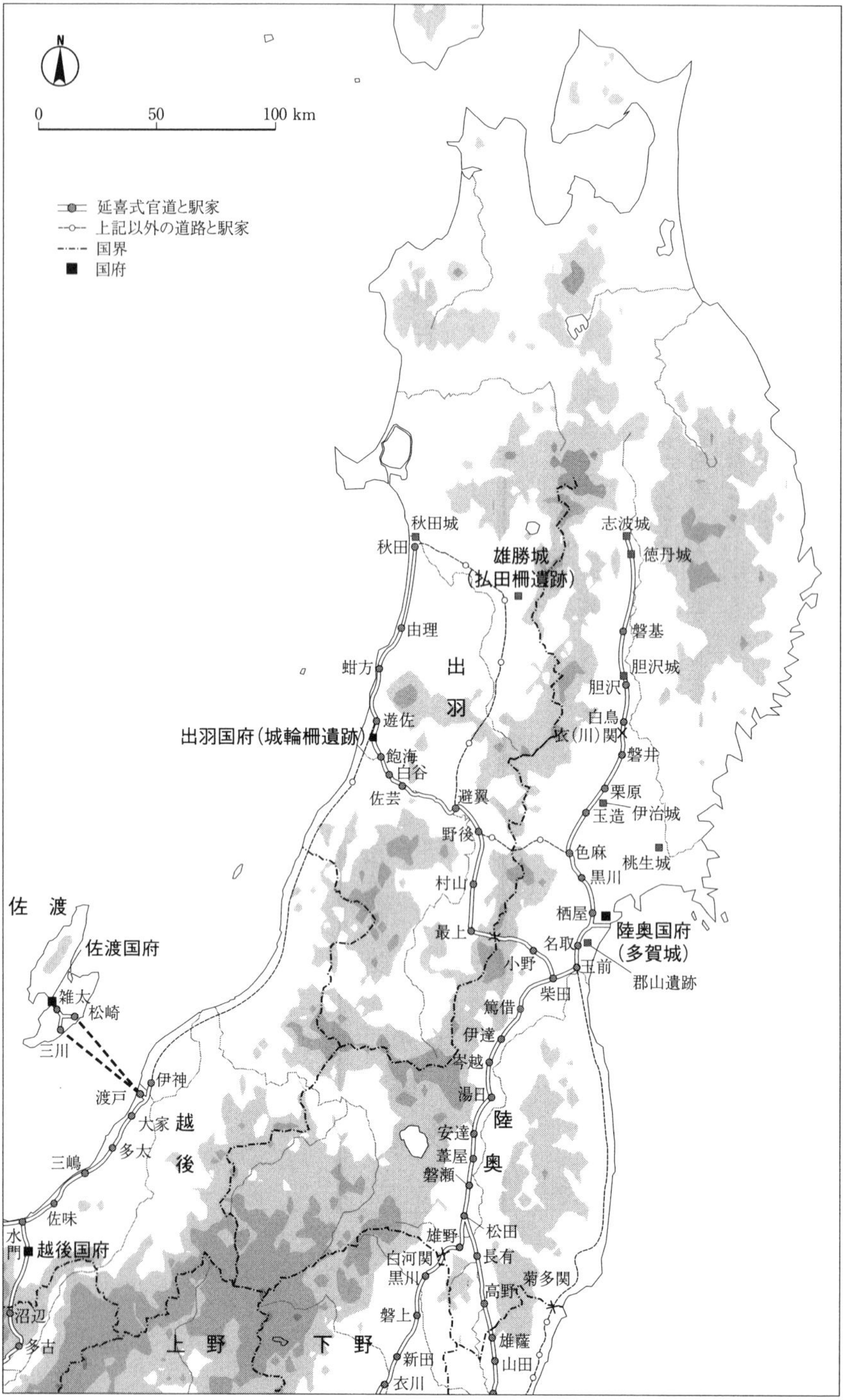

関連地図
（『列島の古代史１　古代史の舞台』岩波書店、2006年より転載）

第一編　古代国家とエミシ

第一章　律令国家とエミシ

一　エミシの生業と文化

この章は、律令国家が七世紀半ばから九世紀まで、陸奥・越後・出羽三国で行った辺境支配について明らかにしようとするものである。その前提としてその支配の対象となったエミシの生業・文化、社会について明らかにすることから始めよう。

近年エミシの生業と文化については、考古学とアイヌ語地名の研究の進展によって、東北地方北部における稲作を基盤とする西日本系文化の伝播と定着、また一方縄文文化の系譜を引き、狩猟・漁撈・採集を基盤とする北海道系文化の存在が明らかになり、新しいエミシ像が提起されるようになった（菊池徹夫「蝦夷論の系譜」「蝦夷の考古学」『北方考古学の研究』六興出版　一九八四年、工藤雅樹『城柵と蝦夷』ニュー・サイエンス社　一九八九年〈のち改稿のうえ『蝦夷と東北古代史』一九九八年に所収〉）。ここでは新しい研究によって、エミシの生業と言語について述べる。

古墳と土師器の集落　東北北部における古墳時代以降の稲作については、〈『新版古代の日本⑨　東北・北海道』（角川書店、一九九二年）〉第5・6章の古墳と土師器（はじき）をもつ集落の研究（辻秀人「古墳の変遷と画期」、相原康二「古代の集落と生活―蝦夷の集落」）によって明らかにされている。古墳時代において継続的に古墳が築造された北限は、宮城県大崎平野、山形県山形・米沢盆地、新潟県新潟平野南半部であり、これより南の地域には稲作を営む社会が成立し、大和政権と政治的関係を結ぶ首長権力が成長していた。さらにこれより北方に、土師器を出土する竪穴住居の稲作を営む集落跡が発見されている。岩手県内の調査によると、弥生時代に青森・秋田・岩手県に達した稲作は、古墳時代には岩手県南部の北上川中流域に後退し、集落数も減少した。しかし、七、八世紀と時代が下るとともに稲作集落は数を増し、分布地域も北上川中・上流域、県北の馬淵(まべち)川中流域、北上山地北部、太平洋沿岸北部へと拡大していった（相原前掲論文参照）。

北海道系土器の分布　東北北部における縄文文化の系譜を引く狩猟・採集・漁撈民の存在については、北海道系文化の存在から明らかになってきた。相原前掲論文で言及された北海道系土器と、アイヌ語地名の存在である。

北海道の縄文文化に後続する続縄文文化は、稲作を受容せず、漁撈を中心に狩猟・採集を基盤とする文化で、本州以南の弥生〜奈良時代に相当する時代である。東北地方からは続縄文時代後半の後北(こうほく)C_2式（江別C_2式）土器、北大(ほくだい)式土器が出土する（第1図）。

後北C_2式は四、五世紀ごろの年代と推定され、新潟・福島県を南限とする五〇以上の遺跡から出土するが、主な出土地域は、a＝下北半島海岸部、b＝青森県八戸(はちのへ)市周辺の馬淵川本流・支流域、c＝秋田県北の米代川支流域、d＝盛岡市周辺以北の北上川本流・支流域、e＝大崎平野以北の宮城県北部の五地域である。四、五世紀には土師器の稲作集落は岩手県南部を北限とした。後北C_2式は、e地域では河川流域の低地の土師器を主体とする遺跡から少量出土するのが普通であるが、a地域では海岸の砂丘、b—d地域では奥羽・北上山脈内の河川上流の河岸段丘や沢のほとりの低位段丘の遺跡から単独で出土し、稲作集落とは遺跡の立地を異にする。

北大式土器出土の遺跡は十数か所で、a＝下北半島海岸部、d'＝岩手県北上川上・中流の支流域、e＝宮城県北部

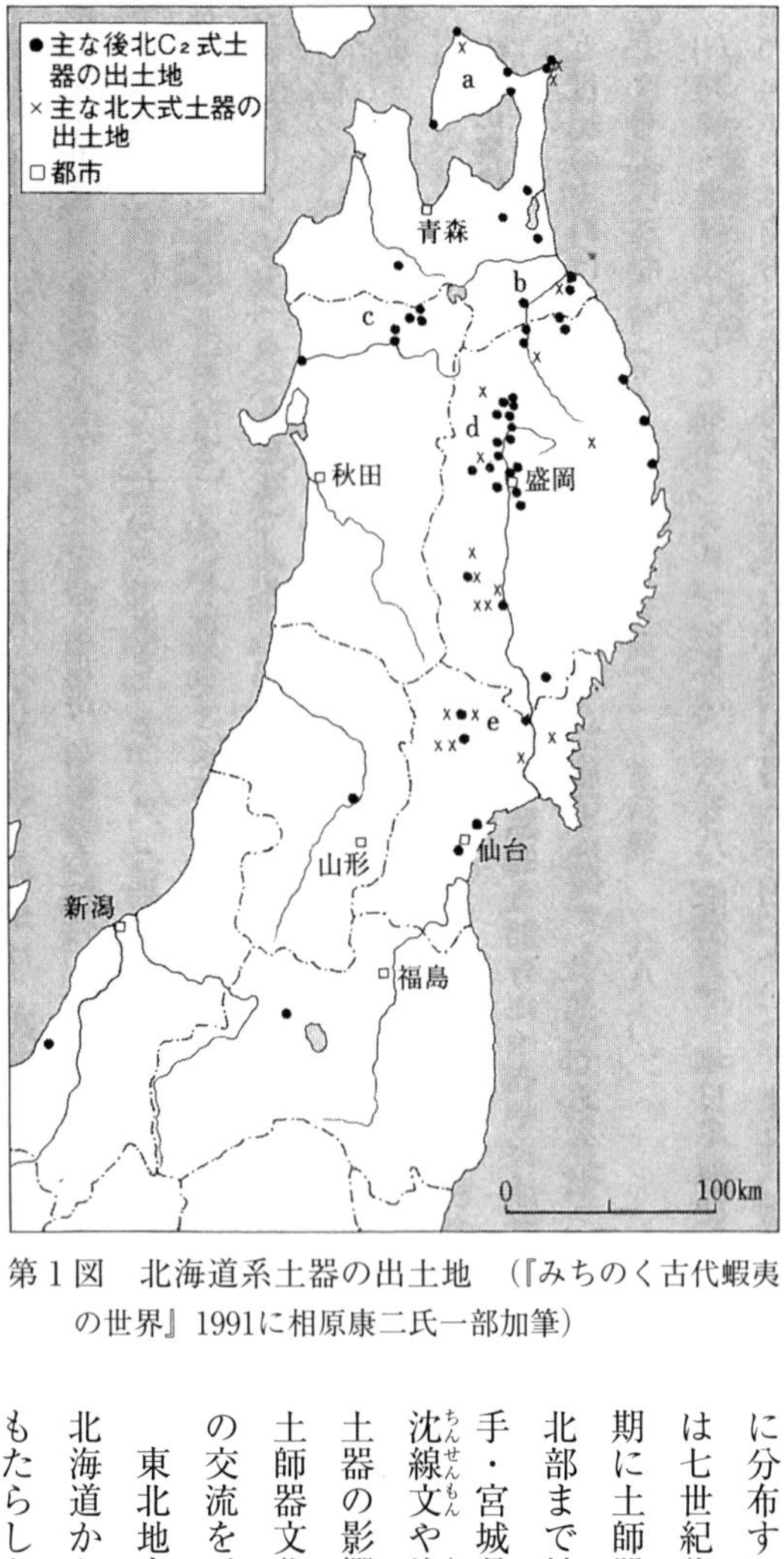

第１図　北海道系土器の出土地　（『みちのく古代蝦夷の世界』1991に相原康二氏一部加筆）

に分布する。東北出土の北大式は七世紀代と推定され、この時期に土師器の稲作集落は岩手県北部まで拡大するが、青森・岩手・宮城県出土の土師器には、沈線文（ちんせんもん）や片口形（かたくちがた）土器など北大式土器の影響によるものがあり、土師器文化と北大式土器の文化の交流を示す。

　東北地方の北海道系土器は、北海道からの一時的な移動者がもたらしたものではなく、それぞれの地域に一定期間定着・居住したものが使用したものであると考えられる（相原前掲論文参照）。後北C_2式のａ〜ｄ地域の遺跡の立地からみると、彼らは北海道の続縄文文化人と同じく、海岸や山間の河川流域で漁撈・採集・狩猟を生業としたものと推定できる。

田夷の実像　文献史料によって七—九世紀のエミシの生業についてみてみよう。史料によってエミシを生業から分類すると、(ア)平地における稲作などの農耕民（稲作エミシ）、(イ)山間において狩猟・漁撈・採集に従う民（狩・漁エミシ）、(ウ)海の漁民（海人エミシ）、(エ)牧畜の民（牧畜エミシ）の四類型となる。(ア)が前項までの稲作文化、(イ)(ウ)が北海道系文化に対応し、律令国家は(ア)を「田夷」、(イ)を「山夷」と区別して把握していた（『日本後紀』延暦十八年三月条）。
まず(ア)稲作エミシについては、田夷の史料が天平二年（七三〇）から元慶五年（八八一）までみえ、その存在が確認できる。天平十年（七三八）、天平宝字二年（七五八）に、政府は陸奥国に本拠地を離れて帰降したエミシに種を与え作田させて定着させることを命じたが（『続日本紀』）、この命令を出すことができたのは、彼らが帰降前にすでに本拠地で稲作を行っていたからである。延暦八年（七八九）征東将軍の報告に記された「いわゆる胆沢は水陸万頃にして、蝦虜、生を存す」という有名な一文は、「胆沢の地は水田・陸田が広くつくられ、エミシはそれによって生活している」という意味である（同延暦八年七月・六月条）。これらの事例は、エミシが帰服する以前から稲作を行っていたことを明示する。ただし、稲作エミシ＝田夷といっても、稲作のみに依存していたわけではなく、狩猟・漁撈・採集にも従事したであろうことは注意すべきである。

山夷の実像　文献史料にみえるエミシの狩猟・漁撈民の姿は、律令国家の中華思想によって歪曲されたものであるとする考えがある。記紀の説話的な部分については注意しなければならないが、七世紀後半—九世紀の史料は現実にエミシに対して行った施策に関するものであるから、そのエミシ像が実態とかけ離れたものとは考えられない。
(イ)狩猟・漁撈民としてのエミシについては、斉明四年（六五八）日本海沿岸を遠征した阿倍比羅夫に対して、秋田のエミシは自分たちが弓矢をもつのは食肉を得るためだといい、また斉明五年（六五九）遣唐使とともに入唐した陸奥のエミシは唐の天子に弓矢を献じ、弓の腕前を披露した。延暦十七年（七九八）西海道に移配された俘囚は、狩・漁を生業として定住しなかったので調庸を免除され、貞観十一年（八六九）にも同じであった。
エミシは馬を中心とする(エ)牧畜の民でもあった。養老二年（七一八）出羽と渡嶋のエミシが中央政府に馬を貢献した。エミシの馬は優秀であったので、国司・王臣家などは使者を遣わしてエミシの馬を求めたために問題が多く、八世紀初めから九世紀半ばまで四度も馬の私的な交易の禁止令が出された。九世紀初め甲斐・因幡に移配されたエミシが百姓の牛馬を掠取する事件が起きたが、これは彼らが本来牧畜民であったからである。承和四年（八三七）の陸奥の報告に、エミシは弓馬の戦闘を得意としたとあるところからみると、狩猟・牧馬を兼業するエミシも存した。

狩猟・牧畜の民は稲作民のように定住せず、移動性を特徴とした。前述のように西海道移配のエミシは狩・漁を生業とし、非定住のために調庸を免じられた。貞観八年（八六六）播磨に移配されたエミシが、遠く仲間のいる近江に姿を現したが、彼らは馬を使って移動したのであろう。

(ウ)海人エミシについては、霊亀元年（七一五）陸奥の閇村（へい）（岩手県北部海岸寄り閉伊地方）のエミシが先祖以来昆布を貢進していた例があり、また天長八年（八三一）山国の甲斐に移配された俘囚が、魚塩に便宜があるという理由で駿河に再移配されたが、彼らは本来海民だったのであろう。

アイヌ語地名と夷語　東北北部におけるアイヌ語地名について、金田一京助氏の研究を進展させた山田秀三氏の研究によって述べる（「アイヌ語種族考」「アイヌ語族の居住範囲」「アイヌ地名・アイヌ語の古さ」山田秀三著作集『アイヌ語地名の研究』一　草風館　一九八二年）。

アイヌ語地名とはアイヌ語によって解釈できる地名で、北海道では無論、東北北部三県にも濃密に分布する。東北北部三県には、例えばホロナイ・シラヌカなど北海道のアイヌ語地名と同一の地名が存し、そのうえ両地方の同一地名の地はアイヌ語で解釈できる類似した地形をしている。北海道のアイヌ語地名は、語尾に「ナイ」（「内」と表記。小川・沢の意。例＝稚内（わっかない））、「ペッ・ベッ」（「別・辺・部」と表記。大川の意。例＝登別（のぼりべつ））、「ウシ」（「牛・石・臼」と表記。群在するなどの意。例＝浦臼（うらうす））、「オマ」（「前・舞」と表記。ある・いるなどの意。例＝松前（まつまえ））などがつくのが特徴であるが、東北北部にも同形の地名が多く存する。「ナイ」地名だけでも北部三県に約四〇〇あって、密度は北海道よりも少し

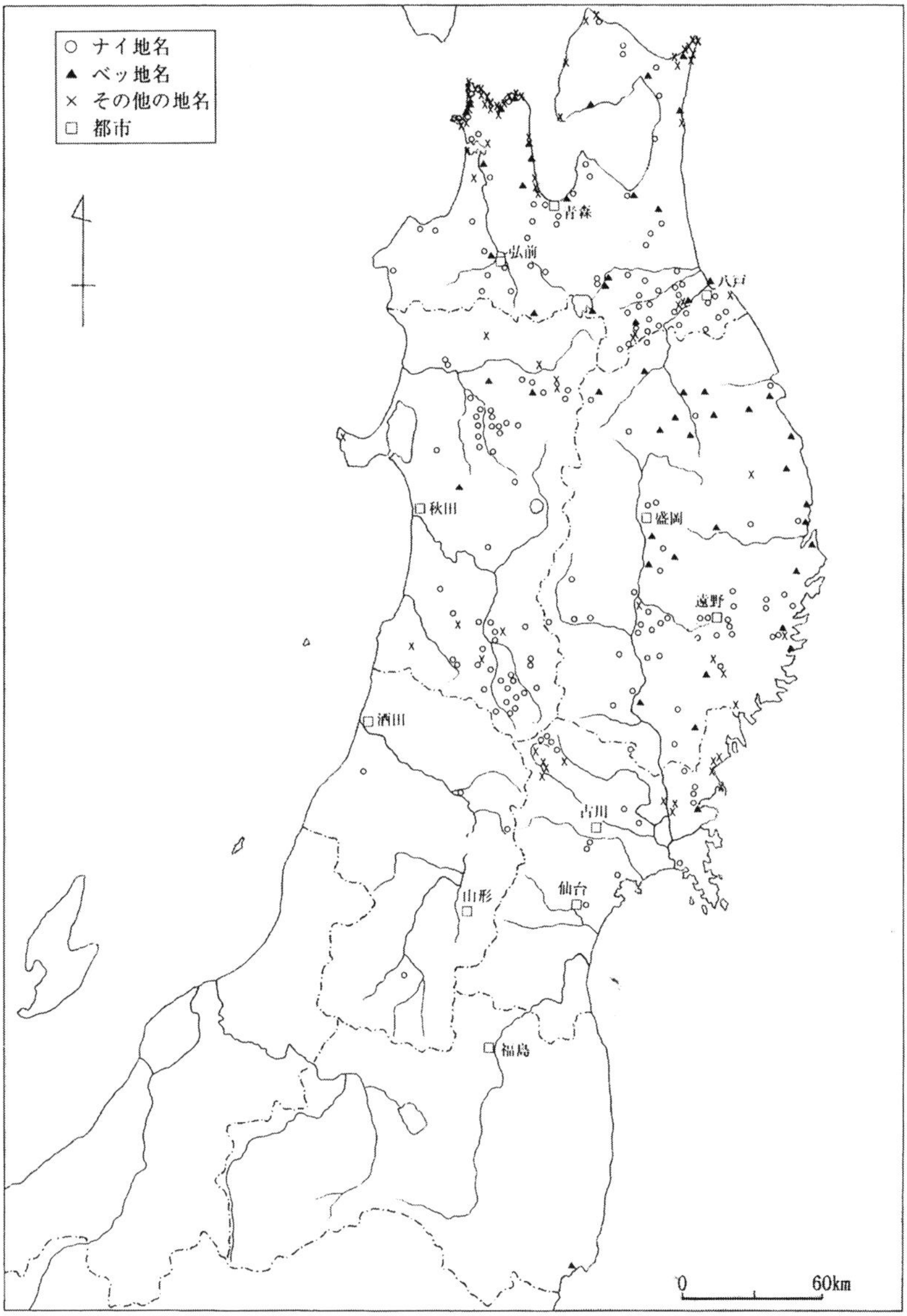

第２図　アイヌ語地名の分布（山田秀三『アイヌ語地名の研究』１　1982、同「アイヌ語地名の南限に付て」『日本民族学会抄録』1971より吉田歓氏作図）

稀薄な程度である。

東北北部においてアイヌ語地名は平地に少なく、密集分布地域は、秋田県北部米代（よねしろ）川上流の鹿角（かづの）、その支流の阿仁（あに）川流域、同県南部の雄物（おもの）川源流域、青森・岩手県の馬淵（まべち）川本・支流域、岩手県北上山地の遠野市の猿ヶ石（さるがいし）川流域、宮城県北部の江合（えあい）川源流域などの山間の河川・沢の流域、また下北・津軽半島の海岸部である。その密集分布の南限は、西側は秋田県南境、東側は宮城県北、あるいは少し稀薄になるがその南の宮城県大崎平野である。

アイヌ語地名の密集分布する東北北部は、地名のうえで北海道と一体的な地域であり、ある時期にアイヌ語を話す人びとが居住した。山田氏はこれらの人びとを、人種・民族の概念と区別して「アイヌ語（種）族」と呼んだ。現代アイヌ語は古代までさかのぼり、七—九世紀の奥羽の地名にアイヌ語地名があることから、東北北部のアイヌ語地名は古代につけられたものであり、アイヌ語族とは古代のエミシであると考えた。これが山田氏のアイヌ語地名とエミシに関する考えのあらましである。

政府はエミシの言語を「夷語」と呼び、エミシとの交渉のために通訳をおいたことからみて（『続日本紀』養老六年四月条、『日本後紀』延暦十八年二月条、『日本三代実録』元慶五年五月条、『藤原保則伝』）、エミシの言語が中央の日本語と異なることは明らかである。山田氏の研究は、この夷語が北海道の住人と同じアイヌ語系言語であることを裏づけた。

現在のアイヌ語地名の局部的分布は、平野においては稲作の拡大、坂東人の移住と律令制支配の施行などによって消滅し、原住の民が本来的な狩猟・漁撈などの生業を保持した山間部・海岸部に遺存した結果であり、古代エミシの大部分はアイヌ語系言語を話したと考えられる。

アイヌ語地名と北海道系土器の分布は、山間部の河川流域と海岸部で重なる部分が多く、両者は密接な関係にあって、エミシに深くかかわるものであると考えられる。

エミシの文化　生業によるエミシの四類型のうち、(イ)狩・漁エミシと(ウ)海人エミシの文化は、縄文文化の系譜を引く東北本来の文化であり、それに対して(ア)稲作エミシの文化は、弥生時代以来西日本から受容されたものであった。後者は曲折を経て拡大し、七、八世紀には岩手県北部までの河川流域の平野に広がっていった。一方前者は、宮城県北部を南限とする奥羽・北上山脈の山間の河川流域や海岸部に強固に存続した。両者は山間部・海岸部と平野とに立地を異にして併存した。言語の面では東北北部のエミシは、中央の日本語と異なり、北海道の住人と共通するアイヌ語系言語を話した。

二　エミシの社会

一般の村とエミシの村　律令国家はエミシの共同団体を「村」という呼称で把握することがあった。まず古代社会一般の「村」については次のように考えられている。(1)郷（令制の里）が五〇戸一郷制によって行政上人為的に編成されたものであるのに対して、村は本来編戸と関係がなく、農業労働や宗教のうえでの実質的な共同団体である。(2)村は、発掘調査によって発見される複数の住居からなる集落が複数集合したものである。(3)律令制支配に組み込まれると村には郷制が施行されるが、郷と村の関係は、一村が一郷となる場合と、複数の村によって一郷が編成される場合がある。(4)村は、郡または郷の下級組織として国家が認めた公的組織である（鬼頭清明「郷・村・集落」『国立歴史民俗博物館研究報告』二二　一九八九年）。

エミシの村は、国家が村と把握している以上、基本的に一般の村と同様のもので、律令制支配の外にあって郷制・

編戸が施行されず、国家がエミシの本来の部族的集団をそのまま公的なものと認めたものと考えられる。

エミシの村には郡程度の大規模なものと郷程度の小規模なものがあるといわれている。エミシ村の名に『和名類聚抄』の郡名・郷名と同じものがあることが、両者の規模の村の存在の根拠となっている。郡名と同じエミシ村は出羽の秋田村（秋田郡）、雄勝村（雄勝郡）、陸奥の伊治村（栗原郡）、志波村（斯波郡）であるが、このうち雄勝・伊治村は郡名と同じ郷名もあり、斯波郡は郷名が確認できないので除くと、郡名のみと一致するのは秋田村だけである。天平五年（七三三）にみえる秋田村が『和名類聚抄』で五郷の秋田郡と同規模とは考えられない。郡規模のエミシ村の存在の根拠は弱く、一般の村の規模からみても、エミシ村はせいぜい郷規模で、郡程度の大規模なものがあったとは考えられない。延暦八年（七八九）征夷のとき、政府軍が焼いた北上川東岸のエミシ村は一四村、宅約八〇〇烟で、一村平均宅五七烟の規模であった。

遠田の田夷村　陸奥国遠田郡は、天平二年（七三〇）田夷の村をそのまま郡としたエミシ郡で、隣接する柵戸によって建郡した黒川以北一〇郡とは別の扱いを受けた。遠田郡の構造から田夷村の構造をみてみよう。

古代の遠田郡の郡域は、宮城県大崎平野の東部、加護坊山の西麓で、おおよそ現在の遠田郡の西半部、すなわち田尻町西半部の沼部〔現大崎市〕から小牛田町北半部の中埣・北浦〔現美里町〕にかけての地域と推定される（遠田郡教育会『遠田郡誌』一九二六年、名著出版　一九七二年復刊）。南部を江合川が東流し、中央部をその支流の田尻川が東南流する。郡域外であるが、南方に古墳時代中期の京銭塚古墳（小牛田町素山〔現美里町〕）と集落の山前遺跡（同町山前囲）があって、早くから稲作が始まっていたことがわかる。

『和名類聚抄』によれば、遠田郡は清水郷、余戸郷の二郷であって、郡の最下級の小郡（二郷以上）に位置づけられる。しかし余戸郷は二四戸未満と考えられるから、この郡は実質的に一・五郷であって、正式な郡になりえない規模である。

遠田郡の郡領氏族は遠田公（君）氏で、郡領はじめ郡人は田夷身分で田夷のカバネである公（君）姓を付せられていた。延暦九年（七九〇）、弘仁三年（八一二）、弘仁六年（八一五）の三回にわたって、郡領氏族と四九五人の郡人が田夷から公民身分へ転換されたのに伴い、田夷姓から公民の姓へ改姓された。この三回の改姓はこの郡の大部分の戸に及ぶものと思われる。改姓の結果一〇氏が一一氏に分割・統合された。カバネは田夷の公姓から、公民の臣姓と連姓の二段階に分けられ、ウジ名は、改姓前には遠田、竹城（黒田竹城を含む）、白石、荒山、意薩、小倉、石原、柏原、真野の九氏があり、改姓によって荒山がなくなり、磐井が付け加えられ、竹城→高城、柏原→椋橋と変更され、他の六氏は変えられなかった。公姓のウジ名は地名によると考えられ、公姓のウジ名はもちろん新姓の臣・連姓のウジ名も遠田郡内の集落の名と考えるのが自然である。高城連に関係する北高城（田尻町〔現大崎市〕）、中高城・南高城（小牛田町〔現美里町〕）の地名が遺存する。

遠田郡内には本来改姓前の九ウジ名を名とする集落があり、郡領遠田公氏が支配していた。田夷村も基本的に同じ構造で、九ウジ名の集落によって構成され、遠田君氏が村長であった。改姓に当たっては、その時点における二階層の存在によって臣・連姓に分け、居住集落の変化などに合わせて、氏の分割・統合を行った。改姓者数についての遠田連（新姓）九八人・真野公四六人と、二一―一三人の間の意薩公・小倉公・石原公・柏原公の格差は、集落の規模の格差を示すものであろう。

霊亀元年（七一五）陸奥蝦夷の邑良志別君氏が香河村で建郡を申請した。ウジ名の邑良志別はアイヌ語の「ベッ」地名で、香河村を構成する集落の一つの名であろう。邑良志別の集落は小規模な親族集団であった。

相原前掲論文での集落跡と末期古墳群の検討によって、七、八世紀の北上川中流域とその支流域の村落構造が明らかにされた。すなわち、下位に大形の竪穴住居一棟と複数の小形の竪穴住居からなる〝ムラ〟があり、その上位に支流水系の河口ごとに、複数の〝ムラ〟の連合体の〝村〟があるという重層的な構造であった。上位の〝村〟と下位の〝ムラ〟は、それぞれ田夷村・香河村のエミシ村とウジ名の集落に対応しよう。

エミシの村は、延暦期の大戦争において、胆沢（いさわ）・斯波（しわ）・和賀（わが）の村々が連合したように、律令国家という外部勢力の侵入に対して大連合をしたことがあったが、平時には孤立・分散しており、エミシの村同士が対立・抗争することもあり、国家に対しても服属と反抗という正反対の態度をとった。

律令国家のエミシ観とエミシ呼称　以上みてきた実態をもつエミシに対して、律令国家はどのようなエミシ呼称とエミシ観をもったか。国家のエミシ呼称は多様で、そこから国家のエミシ把握のあり方がうかがえる。

まずエミシ呼称の表記は次の三類型に分類できる。(1)「蝦夷（えみし）」型（蝦夷・蝦蛦・毛人、夷（い）・狄（てき）、田夷・山夷）、(2)「俘（ふし）囚（ゆう）」型（俘囚、俘）、(3)「夷俘（いふ）」型（夷俘・俘夷、狄俘・俘狄）である（古垣玲「蝦夷・俘囚と夷俘」『川内古代史論集』四一九八八年）。エミシの表記は、(1)型の毛人・蝦夷・蝦蛦などが古くエミシ・エビスと訓じ、その用字の意味や語源などの問題があるが、ここでは触れない。

律令国家はエミシを「種族」と身分の二つの範疇でとらえていた。「種族」とは弘仁二年（八一一）十二月詔で蝦夷を「種族」ととらえている例があり（『日本後紀』）、「夷俘之種・夷種」の語も用いられている（『続日本紀』宝亀十一年三月条、『日本三代実録』貞観十二年十二月条）。「種族」とは近代の人種概念とまでいえるかは問題で、むしろ文化的概念であり、種族エミシは(1)「蝦夷」型（田夷・山夷を除く）、(3)「夷俘」型表記によって表示される。種族「蝦夷・夷俘」は、律令国家が支配下の公民に対して、文化・風俗・言語などの点で異なる東北北部の原住の人びとを区別した呼称である。律令国家は、種族エミシは公民と異なる性情、すなわち「夷性・夷俘之性・夷狄之性」をもち、その本性は「狼子野心、狼心、野心」といわれるように不服従性であり（『続日本紀』天平宝字二年六月・宝亀十一年二月条、『類聚国史』弘仁四年十一月条など）、彼らを「異類」すなわち異「種族」ととらえていた（『続日本後紀』承和六年四月条、『日本三代実録』貞観元年三月条）。律令国家のこのようなエミシ異「種族」観は、中国の中華思想による文飾だけとはいえず、前にみたエミシの生業と文化に関する公民との相違が基礎となっており、国家のエミシ政策の根底をなしていた。

身分としてのエミシは、エミシを国家に編成する際の政治的概念で、(1)「蝦夷」型と(2)「俘囚」型とに区分できる。したがって(1)型表記は広義には「種族」、狭義には身分の二概念に用いられた。身分として、(1)「蝦夷」型の個人の氏姓が地名をウジ名として君（公）姓をもつのに対して、(2)「俘囚」型は吉弥侯部を中心に部姓のものであることから、(1)型はエミシの本来有する部族的集団性を維持するものであり、(2)型はその集団性を喪失して個人・親族単位で帰降したものと考えられる（古垣玲　前掲論文　一九八八年）。なお、(3)「夷俘」型表記は、(1)・(2)型の包括呼称として用いられるから、種族呼称としては(1)型より新しい。なお本章では種族としてのエミシ一般は「エミシ」、身分概念としては「蝦夷・俘囚」の表記を用いることとする。

三　辺境支配の基本政策

律令国家の辺境政策　陸奥国と出羽国、そして和銅五年（七一二）の出羽国設置以前の越後国（以下では奥羽越三国と略記する）は、律令国家の諸国のなかで、「辺」という概念でとらえられた国であった。「辺」とは、律令に辺・縁辺、辺遠国、辺要、辺城、東辺・北辺・西辺などの語がみえるが、要するに国家の支配領域の周縁地域を指す概念である。それには広狭があり、辺遠国・辺国のように国単位の場合、辺郡・縁辺郡のように郡単位の場合があり、西海道全体を辺要ととらえることもあった。辺遠国に対する一般諸国は「中国」と呼ばれた（賦役令10辺遠国条義解、『続日本紀』養老六年閏四月条、『類聚国史』延暦十九年五月条。以下この意味での中国は「　」付きで表記する）。奥羽越三国は辺遠国、辺要であり、陸奥は東辺、越後とその後身の出羽は北辺で、いずれもエミシに対峙した。西辺は新羅・唐などの諸蕃に対する対馬（つしま）・壱岐（いき）島と、隼人（はやと）・肥人（くまびと）・阿麻弥人（あまみびと）などに対する薩摩・日向・大隅などである。

東辺・北辺の国である奥羽越三国の律令制支配が成立した領域の外側には、エミシが住み彼らの土地が広がっていた。律令国家がエミシと彼らの土地に対して採った政策は、その土地への公民制支配の拡大と、エミシの服属、さらに進んでその公民化であった。公民制支配の拡大のためには、「中国」の民を柵戸（きのへ）として移民して土地の開発と村づくりに当たらせ、彼らを公民として郡郷制を施行した。一方エミシに対しては、服属させたのち朝貢などを課したが、長期間課役を賦課できず蝦夷・俘囚身分のままであり、その期間を経てはじめて公民身分に転換することができた。この移民による郡制の拡大・支配とエミシ支配に当たるために設けられたのが城柵（じょうさく）であった。

辺遠国の支配地域　奥羽越三国の支配拡大の展開を考えるうえで、これら辺遠国の支配する地域を次の三地域に分けると理解しやすい。すなわち、(ア)地域＝令制郡が設置され律令制公民支配が確立している南部の地域。(イ)地域＝(ア)地域の北の周縁地域で、城柵を設置し柵戸の移民によって建郡し、公民支配がいちおう成立している地域。辺遠国のうちの「辺」であるので辺郡・縁辺郡、また奥郡・近夷郡と呼ばれた。本来エミシの居住地域で、移民系公民とエミシが混住しているため政情は不安定である。(ウ)地域＝律令制公民支配が未成立のエミシの居住地域。エミシには未服属と既服属の集団がおり、後者は定期的に朝貢する貢納関係を結び、城柵によって支配された。国家の律令制支配領域の拡大は、(イ)地域の(ウ)地域への拡大、(ウ)地域のエミシの服属、そして(イ)地域の公民制の充実による(ア)地域への転換によって実現された。

版図拡大による地域区分　陸奥と越羽では、段階的に評・郡を設置し、支配領域を拡大した。陸奥では七世紀中葉から九世紀初めまでに五段階を経て拡大し、それに応じて領域を五区に区分でき、越羽では七世紀中葉から八世紀中葉までに四段階を経て拡大し、領域を六区に区分できる（第3図）。越羽の四段階は、陸奥の第五段階を除く四段階に対応する。

地域区分は、陸奥では、Ⅰ区＝曰理・伊具・信夫郡以南の宮城県南端と福島県域。Ⅱ区＝宮城郡以南の仙台平野を中心とする地域。Ⅲ区＝黒川郡以北の一〇郡と遠田郡＝宮城県大崎平野から牡鹿半島へ及ぶ地域。Ⅳ区＝栗原・磐井・登米・桃生・気仙郡＝岩手県南端から宮城県北部。Ⅴ区＝胆沢郡から斯波郡までの岩手県北上川中流域の五区である。

次に越羽では、1区＝越後国蒲原郡以南＝越後平野の信濃川河口以南。2区＝石船・沼垂郡＝越後平野北半部。2′区＝村山・最上・置賜郡＝山形県内陸部の山形・米沢盆地。3区＝出羽郡以南＝山形県庄内平野。4区＝山本・平鹿・雄勝郡の秋田県内陸部の横手盆地と、河辺・飽海郡の沿海部の本庄平野。5区＝秋田郡＝秋田平野の六区である。

版図拡大の諸段階　陸奥、越羽の領域拡大は次の諸段階を経て進展した。

第一段階＝七世紀中葉＝令制国の設置期。全国的な令制国の設置時期は孝徳朝＝七世紀中葉と考えられ、陸奥国は大化五年（六四九）―白雉四年（六五三）の間に、越国は遅くとも斉明四年（六五八）までに設けられた。この時に建評されたのは陸奥ではⅠ区である。越はのちの越前・越中・越後を合わせた広大な北陸地方を版図としたが、その北端が1区である。Ⅰ・1区は大和政権の時代に国造制が施行された北限の地域である。『先代旧事本紀』の「国造本紀」によって、両地域の国造とその比定地を示すと次の通りである。すなわち、陸奥は、道奥菊多（菊多郡）・石

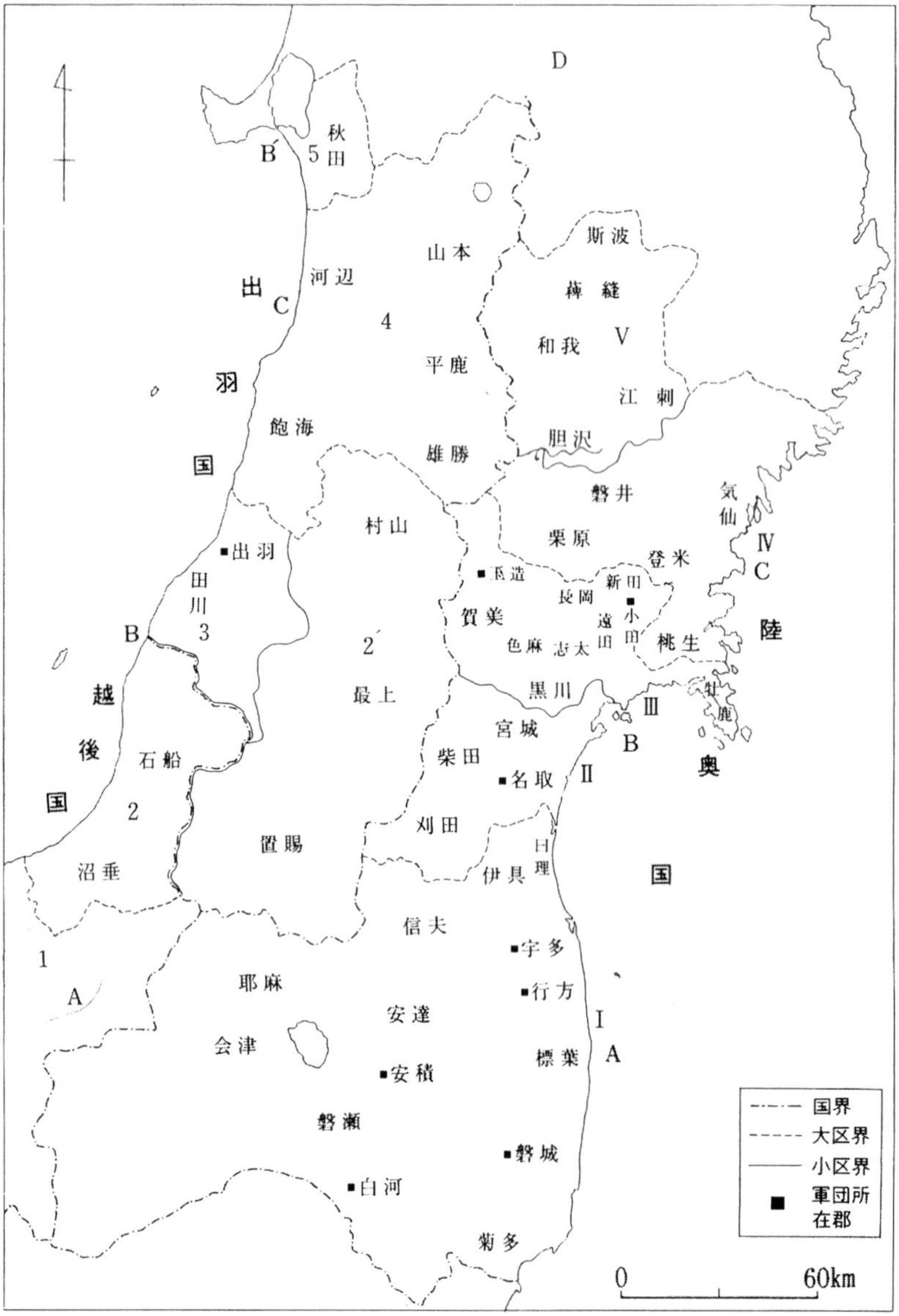

第3図　版図の拡大と地域区分

城（磐城郡）・染羽（標葉郡）・浮田（宇多郡）・思（曰理郡）・白河（白河郡）・石背（磐瀬郡）・阿尺（安積郡）・信夫（信夫郡）・伊久国造（伊具郡）の一〇国造、越後では、高志（古志郡）・久比岐（頸城郡）・高志深江国造（蒲原郡）の三国造である。思国造は思太国造（志太郡）とする考えもあるが、曰理国造説に従う。Ⅰ・1区は国造制が施行され、「中国」と同質の支配が成立していたので、建国に当たってその領域となり、建評された。

第二段階＝七世紀後半。陸奥では、郡山遺跡（仙台市）・名生館遺跡（古川市〔現大崎市〕）の存在や関東系土器の分布などからみて（本書第二編第四章および『新版古代の日本⑨　東北・北海道』コラム4「関東系土器と坂東からの移民」参照）、Ⅱ区とⅢ区の南部およびのちに出羽国所管となる2′区に評を置いたと考えられる。Ⅱの宮城・名取評は七世紀後半の早い時期に、2′区の優嗜曇（置賜）・最上評は持統三年（六八九）までに置かれた。Ⅱ・Ⅲ区、2′区は古墳時代に継続的に古墳が築造され、大和政権と一定の政治関係を結ぶ首長層が存在していた。越では2区に、大化三年（六四七）渟足柵、六四八年磐舟柵を設け、しばらくして渟足・磐舟評を置き、持統六年（六九二）までに二評を分けて越後国を置いた。国造制支配の行われなかったⅡ、2・2′区以北はエミシの地であり、城柵の設置と柵戸の移配による辺境型方式によって建評された（『新版古代の日本⑨　東北・北海道』第1章「辺遠国とその地域区分」参照）。この段階では、Ⅰ・1区が㋐地域、Ⅱ区とⅢ区南部、2・2′区が㋑地域、これらより北の地域が㋒地域であったが、七世紀後半にはⅤ区の北上川中流域に終末期の群集墳が築造され、国家と政治的関係を結ぶエミシが出現していた。

第三段階＝八世紀初め。越後では七〇〇年前後から3区への進出が図られ、出羽柵の設置と相前後して和銅元年（七〇八）出羽郡を置き、次いで同五年（七一二）越後から出羽郡を分け、陸奥から分割した最上・置賜郡を併せて出羽国を設けた。天平五年（七三三）出羽柵を出羽郡から5区秋田の地に移し、天平宝字四年（七六〇）ごろ改修して秋田城と改め、5区は一貫して飛地として確保された。秋田出羽柵・秋田城は、北方の能代・津軽、渡嶋などのエミシとの交渉・交易の根拠地であった。

陸奥では七一〇—七二〇年代にかけてⅢ区に、第二段階の部分的建評をふまえて、多数の柵戸の移配によっていっせいに黒川郡以北の一〇郡を設け、また玉造・色麻・新田・牡鹿柵などの五柵を整備・設置し、それらの後援の基地として神亀元年（七二四）多賀柵を設けた。黒川郡以北の一〇郡とは、黒川・賀美・色麻・富田・玉造・志太・長岡・新田・小田・牡鹿郡で、行政上まとまった地域として把握されていた。これら一〇郡は『和名類聚抄』によれば、一郡が二～五郷、平均三・二郷の均一で小規模な郡で、柵戸によって人為的に編成されたものである。天平二年（七三〇）一〇郡に隣接してエミシ郡の遠田郡も設けられた。Ⅲ区における郡制の拡大と充実によって、和銅五年（七一二）の最上・置賜郡の出羽国移管、養老二年（七一八）伊具郡を除くⅠ区の石城・石背国の分国が可能になったのである。ただし両国の存続は短期間で、七二四年までに陸奥国に再併合された。

第四段階＝七六〇年代以降。出羽では天平宝字三年（七五九）4区の横手盆地に雄勝城を設けて、雄勝・平鹿郡を置いた。天平五年（七三三）雄勝村に建郡したが、定着しなかった。4区の沿海部の本庄平野にもこの段階までには建郡したと推測される。陸奥では天平宝字三年沿海部の牡鹿郡に桃生城を設け、宝亀二年（七七一）までに桃生郡を置き、神護景雲元年（七六七）Ⅳ区の内陸部に伊治城を設け、同年あるいは同三年に栗原郡を置いた。建郡がⅣ区に及んだところで、エミシの強力な抵抗に突き当たった。宝亀五年（七七四）エミシの桃生城侵略から、同十一年（七八〇）の伊治呰麻呂の乱を経て、弘仁二年（八一一）まで続く、Ⅳ・Ⅴ区を巻き込んだ、いわゆる三八年戦争の時代に突入する。Ⅳ区の桃生・栗原郡以外の建郡時期は不明であるが、Ⅴ区の郡の以前であろう。

第五段階＝九世紀初め。陸奥では延暦二十年（八〇一）の征夷後、Ⅴ区に同二十一年（八〇二）胆沢城、同二十二年（八〇三）志波城を設け、同二十三年（八〇四）までに胆沢・江刺郡、弘仁二年（八一一）に和我・薭縫・斯波郡を置いた。

陸奥と越羽の領域拡大の相違　陸奥と越羽の領域拡大は、第四段階までは段階をそろえて進展した。これは領域の拡大が国家の政策として、両地域同時進行として行われたからである。しかし、両地域の間には次の二点の相違があった。すなわち、一つは越羽では第三段階に5区に進出し、第四段階に大きな抵抗がなかったように、陸奥に比べて領域拡大が早く、容易に進んだこと、二つは両地域で拡大の方式が異なっていたことである。越羽では新領域を拡大するに従い、越国から越後国を、さらに出羽国を分国したように、新領域を旧領域から切り離して分国する方式を採った。一方陸奥では、短期間、石城・石背国を分国したことがあるが、基本的に新領域を旧領域から切り離さず、一体化して支配した。南の旧領域すなわち(ア)の地域は、前線の辺境政策に人と物資を供給する役割をもった。陸奥では辺境政策の遂行にI区が必要であり、それに対して越羽では新領域で辺境政策の負担をまかなうことができたのであろう。

四　城柵制とその支配機構

城　柵　制　奥羽越三国の城柵は、辺境における柵戸移民と辺郡設置による律令制支配の拡大とそれらの支配、そしてエミシ支配の拠点である。城柵の辺境支配のメカニズムを明らかにするためには、官制・兵制などの支配のための機構と組織、柵戸・辺郡とエミシに対する支配組織と内容、前二者を支えるための財政基盤の三点を解明する必要があり、以下の記述によって、これらを明らかにしたい。そして前二者の総体を城柵制の概念でとらえるべきと考える。

城　司　制　城柵の支配機構のうち官制については、奥羽越三国では八世紀初めから九世紀末まで、城柵に城主あるいは城司として、国司四等官・史生、鎮官などの中央派遣官を駐在させる制が行われた。これを城司制と呼ぶことにする。

衛禁律24越垣及城条と軍防令52辺城門条には、辺城すなわち西辺の西海道の城と東・北辺の奥羽越の柵に城主がいたことを定める。律令以外の史料にみえる城司がこれに当たる。慶雲二年（七〇五）越後守が越後城司に充てられた例、天平五年（七三三）格で陸奥で国司四等官・史生の城柵派遣を前提とした命令が出されていること、九世紀に出羽国司が秋田城司・雄勝城司に充てられた例などから、大宝律令施行の八世紀初めから九世紀末まで国司四等官・史生などを城司とする制が行われたことが明らかである。職員令70大国条には、諸国の守の職掌として「城」の管轄が定められ、国司四等官・史生が城司となるのは、守のこの職掌を分掌するもので、その法的根拠は同条にある。

九世紀初め陸奥で胆沢郡以北に拡大した新領域の拠点として設けられた胆沢城、志波城、その代わりの徳丹城には、城司として鎮官が駐在した。鎮守将軍以下の鎮官は、七二〇年代に鎮兵の統轄を主な任務として設けられた令外の官で、八世紀には国司が兼任するのが通例で、鎮官兼任の国司が城司となっていたが、大同三年（八〇八）までに鎮守府が多賀城から胆沢城へ移され、この年以降鎮官は国司と別個に任ぜられるのが通例となる。胆沢城鎮守府の成立は広大な新領域の支配機構に当てるために、これまで国司兼任で国府機構に取り込まれていた鎮守府機構を独立させたもので、鎮官駐在城司制という新城司制の成立であった。九世紀に陸奥では後方の多賀城・玉造塞の国司城司制と前線の胆沢城、志波城あるいは徳丹城の鎮官城司制が併存した。

城司には国司・鎮官など中央派遣官が充てられ、城司の職掌は国守の職掌を分掌するものであることからみて、城柵機構は国府機構の分身と位置づけられる。この点で地方豪族が任じられる郡司の郡家機構とは根本的に異なる（この項は今泉隆雄「古代東北城柵の城司制」羽下徳彦編『北日本中世史の研究』吉川弘文館　一九九〇年〔本書第二編第二章〕、同「律令と東北の城柵」新野直吉・諸戸立雄両教授退官記念会編『秋田地方史の展開』みしま書房　一九九一年〔本書第二編第三章〕参照）。

軍団兵士と鎮兵　城柵には城司の下に軍団兵士・鎮兵(ちんぺい)・健士(けんし)などの兵が駐屯していた。軍団兵士制は、全国的には天平十一—十八年（七三九—七四六）の間と延暦十一年（七九二）以降停廃されたが、奥羽二国では恒常的な城柵鎮守のために八、九世紀を通じて実施され、そのうえに令外の制として鎮兵制が設けられた。鎮兵制は陸奥では神亀元年（七二四）—弘仁六年（八一五）の間一時的な中断を挟んで行われ、出羽では八世紀後半の臨時的実施を経て、延暦二十一年（八〇二）ごろ恒常的な制度となり、一時行われなかったが元慶三年（八七九）に再建された。

軍団兵士は当国の公民から差点されて軍団に属し、番（組）を編成して、交替で城柵に勤務し（番上勤務）、私粮を食した（九世紀後半には公粮支給）。鎮兵は、本来坂東諸国など他国から徴発され、城柵に通年勤務し（長上勤務）、食料は正税から支給された。

奥羽二国の兵制の変遷をみると、陸奥では軍団数は二—七団、兵士差点数は二〇〇〇—一万人、鎮兵数は五〇〇—三八〇〇人の間で増減した。軍団は九世紀半ば以降最多の七団となるが、それはⅢ区の玉造(たまつくり)・小田(おだ)団、Ⅱ区の名取団、Ⅰ区の行方(なめかた)・磐城(いわき)・安積(あさか)・白河(しらかわ)団で、兵士徴発地域はⅢ区を北限とした（第1表・第3図）。出羽では九世紀には出羽団一団であり、徴発地域は2'・3区であろう。

陸奥の兵制の変遷によれば、軍団兵士制が基幹的な制度で、鎮兵制は他国からの補強兵的な制度であった。鎮兵は恒常的な城柵鎮守の一翼を担ったが、征夷、城柵造営などによって増員され、それらの終結に伴って停廃・減員された（鈴木拓也「古代陸奥国の軍制」『歴史』七七　一九九一年、同「古代出羽国の軍制」『国史談話会雑誌』三三　一九九二年〔ともに『古代東北の支配構造』吉川弘文館、一九九八年に再収〕）

第１表　陸奥国兵制の変遷（鈴木拓也1991より一部改変）

	軍団兵士制	鎮兵制・健士制
701	成立　４団4000人　安積・行方・名取・**丹取団**	
724		鎮兵制成立
728	５団5000人　**白河**・安積・行方・名取・**玉造団**	
737		＊**499人**
746	**６団6000人**　白河・安積・行方・名取・玉造・小田団	鎮兵制廃止
757		鎮兵制復活
768	**６団10000人**	減員　**3000人→500人**
809	＊**４団**4000人　**名取・玉造団**〔２団不明〕	
810		＊**3800人**
811	**２団2000人　名取・玉造団**	3000人
812		1000人
815	**６団6000人（６番・1000人）** **白河・安積・行方・名取・玉造・小田団**	鎮兵制廃止 健士制成立 **2000人（４番・500人）**
843	増員　７団**7000人（６番・1166人）** →７団**8000人（８番・1000人）** 磐城・白河・安積・行方・名取・玉造・小田団	
879～882ころ	＊**７団**8000人（８番・1000人）〔団名は843年制に同じ〕	このころ健士制存続
延喜式	**７団**8000人（８番・**1000人**）〔団名は843年制に同じ〕	

注⑴　軍団兵士制は、団数・差点兵士数・団名、番数、１番の勤務人数〔（　）を付したもの〕、鎮兵制は兵数、健士制は差点人数、番数、１番の勤務人数についてそれぞれ明らかにした。
⑵　（６番・1000人）は番数が６番で１番の勤務人数が1000人であることを示す。
⑶　＊印を付したものはその時点における現行の制度、付さないものはその時点における改制を示す。
⑷　ゴシック体は史料によって確認できるもの、それ以外は推定によるもの。

城柵の鎮守体制　兵の城柵配備について、兵士・鎮兵制併行の時期は、兵士のみ配備、鎮兵のみ配備、両者の混成配備の城柵の三形態があり、鎮兵は前線城柵、兵士は後方城柵というおおまかな地域分担があった。

陸奥では、八世紀には多賀城の場合、名取団以南のⅠ・Ⅱ区の軍団兵士が番上するのが普通で、有事にはそこから前線城柵に派遣されることがあった（『続日本紀』延暦四年四月条）。八世紀前半には前線のⅢ区の玉造・色麻・新田・牡鹿などの五柵には、玉造・小田団の兵士と鎮兵が配備されたであろう。八世紀半ば、軍団が設置されていないⅣ区に桃生・伊治城が設けられると、両城には鎮兵五〇〇人が配備され（『続日本紀』神護景雲三年正月条）、弘仁六年（八一五）以前の九世紀初めには、前線のV区の胆沢・徳丹城に鎮兵各五〇〇人を配備し、後方の玉造塞・多賀城にはそれぞれ玉造・名取団各一〇〇〇人の兵士を番上させた。もっともこの時期の鎮兵は陸奥南部のI区の兵士を鎮兵としたものである。

この兵士と鎮兵の城柵配備の変遷は、城司制の変遷と対応する。八世紀に鎮官兼任国司が城司であったのは、Ⅲ区の城柵が鎮兵・兵士の混成配備であったからであり、九世紀初めに前線の鎮官城司と後方の国司城司が分立したのは、鎮兵と兵士の配備城柵が前線と後方に分かれたのに対応する。兵士配備の城柵には城司の下に軍毅が常駐した（『類聚三代格』大同四年五月格・元慶某年格）。

征夷の終結に伴って、弘仁六年（八一五）鎮兵制をやめ、当国兵の兵士・健士の番上勤務による城柵鎮守体制が成立した。兵士は白河・安積・行方・名取・玉造・小田六団の六〇〇〇人を六番に分け、一番一〇〇〇人で、兵士個人は一〇日城柵勤務・五〇日休みを年間六回繰り返す。健士は二〇〇〇人を四番に分け、一番五〇〇人で、健士個人は一月勤務・三月休みを年間三回繰り返し、公粮を支給された。上番の兵士一〇〇〇人・健士五〇〇人は、胆沢城に兵士四〇〇人・健士三〇〇人、玉造塞に兵士一〇〇人・健士二〇〇人、多賀城に兵士五〇〇人がそれぞれ配備された。九世紀半ばに磐城団を加え、玉造・小田・名取団の兵士が胆沢城、行方・磐城・安積・白河団が多賀城に番上した（『類聚三代格』元慶某年格。『新版古代の日本⑨　東北・北海道』第9章　平川南「律令支配の諸相」参照）。出羽では九世紀前半出羽団の兵士一〇〇〇人が六番に分かれて、出羽郡にある国府（城輪（きのわ）柵）に番上し、鎮兵六五〇人が前線の秋田・雄勝城に長上勤務し、やはり兵士は後方、鎮兵は前線という鎮守体制であった（『日本三代実録』元慶五年三月条。鈴木拓也前掲論文　一九九二年〔鈴木前掲書に再収〕）。

鎮兵はその本拠地が城柵から遠いために長上勤務しかできず、かえって前線城柵に配備された。長上であるために専門的な兵で精強であったが、一方公民にとって負担が過重であり、国にとっても鎮兵粮が大きな財政負担となった。

国家にとって望ましい城柵鎮守方式は、城柵近辺の辺郡の公民を軍団兵士に差点して城柵に番上させることである（『続日本紀』神護景雲三年正月条）。この方式ならば、食料の財政負担がなく、兵士の交替のための往復の負担も少なく、危急の場合にも対処できるはずである。この方式は辺郡の公民制の充実によってはじめて可能になるが、実際には八、九世紀を通じて不十分な形でしか実現せず、いずれの城柵もその鎮守兵の多くを当国の南部の兵士および他国の鎮兵に依存しなければならなかった。

城柵に駐屯する兵力は、敵対するエミシの攻撃から、城柵そのもの、辺郡の公民、帰服のエミシを守るためのものである。城柵は広い城域を、柵木列・築地塀・土塁などの外郭施設によって必ず囲み、この点が「中国」の国府・郡家などと異なる城柵の施設としての第一の特徴である。駐屯する兵とこの外郭施設の存在からみて、城柵が、エミシと緊張関係にある政情不安定な辺境地域に設けられた、軍事的性格をもつ機構・施設であることは明らかである。

鎮兵粮・鎮官公廨と公出挙制　諸国の財政は、正税・公廨（くげ）・雑稲の公出挙（くすいこ）利稲によってまかなわれたが、奥羽両国では城柵の維持のための余分な財政負担を正税・公廨で負わなければならなかった。弘仁・延喜式の陸奥の正税・公廨稲は、『弘仁式』では利稲数において、『延喜式』では本稲・利稲数において全国第一位の数量である（第2表）。陸奥の正税・公廨がこのように多大なのは、正税は鎮兵の食料（鎮兵粮）を中心とする軍粮に、公廨は国司のほかに鎮官にも支給したからである。軍粮は臨時の征夷のための備蓄のほかに、恒常的に鎮兵粮が必要で正税利稲で負担した。鎮兵粮は年間支給量が一人米約五七六升（四一五リットル）＝稲一一五束で、神護景雲二年（七六八）には年粮として鎮兵三〇〇〇人で稲約三六万束、大同五年（八一〇）には三八〇〇人で五〇余万束、最少の五〇〇人のときでも六万束を必要とした。『弘仁式』の正税利稲数では七六八・八一〇年の年粮はまかなえなかった。

鎮兵粮に加えて征夷の軍粮の支出によって正税本稲がなくなったので、大同五年（八一〇）、弘仁四年（八一三）に陸奥あるいは奥羽の公廨利稲を正税本稲として蓄積し、公廨は他国で支給することが命じられ、九世紀前半に正税本稲の再建が図られ、一方鎮兵粮の過重な負担を理由の一つとして、弘仁六年（八一五）陸奥の鎮兵制が停廃された。正税利稲が『弘仁式』の三〇万束から『延喜式』の一八万束に減少したのは、この鎮兵制の停廃による。なお本来京進すべき公田地子も軍粮の糒（ほしいい）と鎮兵粮に充てる定めであった（『弘仁式』『延喜式』主税寮上）。

陸奥の公廨は、弘仁・延喜式で国司料のほかに鎮官料が置かれ、また『延喜式』では相模の雑稲に鎮守府公廨五万五〇〇〇束が置かれていた。国司が鎮官を兼任する場合、公廨は国司分だけが支給される規定であるから（『類聚三代格』天平宝字三年七月格、『弘仁式』主税寮）、国司料のほかに鎮官料が置かれるようになったのは、大同三年（八〇八）鎮官が国司と別任され、鎮官城司制が行われるようになってからである。このように陸奥では弘仁六年（八一五）以前は正税からの鎮兵粮を、大同三年以降は鎮官公廨を、他国と比べて余分に負担した。

大同五年以前から、軍粮の緊急性を考慮して、軍粮に充てる正税出挙は苅田（かった）郡以北、公廨出挙は信夫（しのぶ）郡以南で行う地域割当を行っていた（『類聚三代格』大同五年五月格）。出羽でも九世紀には正税による鎮兵粮の負担があったであろう（この項は、鈴木拓也「陸奥・出羽の公出挙制」『川内古代史論集』六、一九九二年〔鈴木前掲書に再収〕参照）。

第2表　陸奥国の正税・公廨稲数

		正　税	公廨（国司料＋鎮官料）
弘仁式	（本稲）	60.3	60.8(51.1＋9.7)
	（利稲）	30.15	30.4(25.55＋4.85)
延喜式	（本稲）	60.3	80.4(64.1＋16.3)
	（利稲）	18.1	24.1(19.2＋4.9)

注(1)　単位は万束。
(2)　利率は弘仁式では全国3割、奥羽は5割、延喜式では奥羽も全国と同じく3割。

五　柵戸と辺郡

柵戸移配　大化三年（六四七）越国の渟足柵から延暦二十一年（八〇二）の胆沢城設置までの間、大部分の城柵の設置と一体となって、その近辺に「中国」と陸奥南部から柵戸と呼ばれる移民が移配された。正史の柵戸移配記事のほかに『和名類聚抄』の郡郷名史料から、移民の出身地域と移配郡がわかる。移配地の郡・郷名に出身地の国・郡名または郷名をつけることがあったために両地に同じ国郡郷名が残るのである。

それらによれば、陸奥では、Ⅰ区の安積・標葉・行方・曰理郡、Ⅱ区の名取・宮城郡、Ⅲ区の黒川・賀美・色麻・玉造・志太・新田・小田・牡鹿郡、Ⅳ区の桃生・登米・栗原郡、Ⅴ区の胆沢・江刺郡、すなわち福島県中部から岩手県南部に及ぶ地域に移民の痕跡が確認できる。移民の出身地域は、坂東諸国と駿河・甲斐・信濃・越後・出羽と陸奥南部の白河・磐瀬・会津・磐城郡である。越では渟足・磐舟柵へ信濃とのちの越中・越後地方から、出羽では出羽柵・雄勝城また最上・村山・飽海郡へ、越前・越後・能登、上野・下野・信濃、上総・参河などの諸国から送り込まれた。ちなみに正史にみえる陸奥への移民の数を単純に合計すると一〇〇〇戸と一万七六〇〇人で、九世紀前半の同国の推定人口一六―一七万人と比べても相当の人数である。

城柵と辺郡　柵戸を公民として郡・郷が設置された。(イ)地域の辺郡である。建郡は城柵設置と同時か（雄勝城と雄勝・平鹿郡の例）、数年後（伊治城と栗原郡、胆沢城と胆沢郡、志波城と斯波・和我・薭縫郡の例）に行われるのが普通で、七一年もの間隔がある秋田出羽柵と秋田郡の例は特別であり、また柵戸移配は城柵設置と同時に、また建郡の前後にも行われた。

原則として城柵は建郡後も存続し、その下に複数のあるいは一つの辺郡を支配した。柵戸は建郡前は城司に支配され、建郡に当たっては柵戸のなかから郡司・郷長が任ぜられ、辺郡は城司―郡司―郷長の機構によって支配された。城柵が建郡後も存続したのは、城柵がエミシ支配の任務をもち、未服のエミシの攻撃から辺郡の公民を保護するためである（『続日本紀』宝亀六年三月・十一年三月・八月条など）。前線が北進して、より北方に城柵が設けられ、その支配が安定するに伴い、廃止される城柵もあったが、なお拠点的な城柵は存続した。

柵戸の待遇　柵戸は国家の強制による移住であるが、移配の手続と課役の免除については、戸令15居狭条、賦役令14人在狭郷条の公民の狭郷から寛郷への移住の規定が適用された（大津透「近江と古代国家」『日本書紀研究』一五　一九八七年〔『律令国家支配構造の研究』岩波書店、一九九三年に再収〕）。すなわち柵戸移配は同国内ならば国司が処分し、他国からならば太政官に申請した。移配後開発に当たるために課役を免除して優遇するが、その期間は本拠地と移配地の間の路程により、路程一〇日以上は免除三年、五日以上は二年、二日以上は一年である。課役免除の期間は、後述する養老六年（七二二）の調庸制停廃に代わる税布制施行に伴い一年間に短縮され、天平勝宝元年（七四九）以前の調庸制復活とともに令制にもどった。桃生・伊治城への移民促進のために、神護景雲三年（七六九）正月・二月、宝亀七年（七七六）十二月には令制の免除年限より長くした。

柵戸は公民身分であり、一定期間の課役免除の特典のほかは、公民としての諸負担を課せられた。調庸を賦課され、口分田を班給されて田租を徴収され、公出挙も賦課されて兵士役・雑徭に徴発された（熊谷公男「近夷郡と城柵支配」『東北学院大学論集』歴史学・地理学二一　一九九〇年）。

七二〇年代に多賀城創建瓦を焼いた木戸瓦窯跡（宮城県田尻町〔現大崎市〕）から出土した平瓦に「□郡仲村郷他辺里長／二百長丈部呰人」のヘラ書きがある。欠けた郡名はⅢ区の新田郡、里長は郷里制の里正、二百長は軍団兵士二〇〇人を統率する校尉で、丈部呰人は他辺里正兼丹取団校尉であった。呰人は里正として雑徭の丁を率いて瓦窯の労役に従事し、ヘラ書きは瓦の納入時に彼の任務の責任を明らかにするために記されたもので、七二〇年代に辺郡の新田郡で雑徭と兵士役を徴発したことを推測させる。

柵戸移配の目的　辺郡の公民はこれらの律令的諸負担を負って城柵の人的・物的基盤となり、ことに兵士徴発の基盤としての期待が強かった（『続日本紀』神護景雲三年正月条）。一方辺郡の公民は城柵の保護・支配を受けたから、城柵と辺郡は密接な関係にあった（熊谷公男　前掲論文　一九九〇年）。しかし、城柵は辺郡に依存しただけでは存立できず、当国全体、さらに他国の負担によってはじめて存立しえたのである。兵は(ア)地域の兵士と他国の鎮兵にも多く依存し、鎮兵粮・公廨、また後述するエミシへの支給物も当国全体で負担した。

柵戸移配の目的は、(イ)地域において土地を開発し、公民制支配＝郡郷制を施行し、律令制支配の領域を拡大するところにあった（『続日本紀』霊亀二年九月・神護景雲三年正月条）。

六　エミシ支配の基本政策とその組織

エミシ支配の基本政策　職員令70大国条には、奥羽越三国（大宝令では奥越両国）の守のエミシに対する特別な職掌として、「饗給（きょうごう）」、「征討（せいとう）」、「斥候（せっこう）」の三つを定める。これら三つは律令国家のエミシ支配の基本政策である。「饗給」とは、大宝令では「撫慰（ぶい）」と定められ、饗宴し禄物を賜与してエミシを懐柔することで、饗宴の場で賜禄し、両者は一体的なものである。「征討」は軍事力で討つこと、「斥候」は物見を派遣してエミシの動静を探ることである。実際にはこれら三職掌の遂行には、国守の管轄下に各城柵の城司が当たった。

撫慰＝饗給と征討は、エミシを服属させ支配を拡大するための方策であるが、前者が基本的であり、それが成功しない場合後者の方策が採られた。エミシ集団は相互に対立・抗争し、国家に助けを求めて帰降することがあり（『続日本紀』天平宝字二年六月条、『日本後紀』弘仁二年七月条）、饗給の利益にひかれて帰降することもあった（『類聚三代格』貞観十七年五月格）。すでに帰服したエミシが未服のエミシを懐柔する役割を果たすこともあった（『類聚国史』延暦十一年十月・十一月、『日本紀略』延暦二十一年八月条）。

辺郡外のエミシの郡と村　帰降したエミシの存在形態は多様で、国家のエミシの支配組織はそれに対応してつくられた。ここでは居住地が辺郡の内か外かによって大きく二類型に分ける（第4図）。

ａ類型＝辺郡外の(ウ)地域の本拠地に居住し、本来の部族的集団性を保持したまま帰服したエミシである。国家がこれを支配する組織は、(1)郡制、(2)村制がある。(1)はエミシ郡で、霊亀元年（七一五）十月陸奥の蝦夷の香河村・閇村での建郡、天平二年（七三〇）正月の田夷村の遠田郡建郡、七世紀後半の渟代評・津軽評・飽田評の建評などがある。(2)のエミシ村は前述した通りで奥羽合わせて約三〇村がみえ、国の下に公的組織として位置づけられ、村長は公的な官職的地位である（『類聚国史』大同二年三月条）。両者ともエミシ本来の部族的集団を基盤に郡・村を置き、その族長を郡司・村長に任じ城司が支配した。エミシ郡制が村制よりも律令制的に進んだ支配方式である。

令制郡の成立要件は、(1)郡司による官司機構、(2)郡家の施設、(3)編戸に基づく里（郷）編成の三点と考えられる。八世紀のエミシ郡は(1)(2)を備え、(3)編戸をめざしていたから（『続日本紀』霊亀元年十月・天平二年正月条）、エミシ郡の一部には令制郡の成立要件を満たすものもあったと考えられる。

辺郡内のエミシ　ｂ類型＝(イ)地域の辺郡内に居住するエミシである。この類型には、(1)エミシがその地の原住の民で、建郡によって辺郡内に取り込まれた場合、(2)(ウ)地域のエミシが帰降して辺郡内に移住してきた場合がある（熊谷

公男　前掲論文　一九九〇年）。⑴の例として、神護景雲三年（七六九）十一月、宝亀元年（七七〇）四月、陸奥国黒川以北一〇郡の俘囚約四〇〇〇人が、移民の子孫であると称して俘囚身分から公民となり、調庸を輸納することを申請して許されたことがあげられる（『続日本紀』）。彼らの先祖はこの地の本来の住人で、建郡によってその集団を解体されて俘囚として辺郡内に居住し続けてきたのであろう。

⑵の例としては、前にあげた天平宝字二年（七五八）、陸奥で帰降した夷俘を作田させて定着させた例がある。また宝亀元年（七七〇）八月、陸奥で帰服していた蝦夷の族長がトラブルを起こして同族を率いて本拠地へ出奔するという事件が起きたが（『続日本紀』）、彼らは集団ごと城柵に帰降して辺郡に居住していたものであろう。七世紀後半にみえる「城養蝦夷（きこう）」は⑴⑵のいずれかわからないが、b類型に入る。

b類型エミシは、辺郡内に居住しても、移民出身の郡司・郷長に支配される移民系住民とは別に、集団を形成して城司に直接支配された。エミシ集団には首長的存在がいたが、彼らはa類型のように郡司・村長などの官職に任ぜられず、後述の俘軍の長の例からみると位階が与えられた（『類聚国史』大同二年三月条）。

a・b類型ともに稲作エミシも狩・漁エミシも存したであろう。稲作エミシに対しては、遠田郡の田夷や、天平十（七三八）・天平宝字二年（七五八）の帰降エミシへの稲作奨励策からみて、田を班給し稲作を積極的に奨励して定着させ、はじめは田租を免じた（『類聚国史』延暦十一年十一月・弘仁七年十月条）。狩・漁エミシには、後にみるように山夷の禄を支給しているから、服属する限りにおいてはその生業を認めたであろう。第4図は㈠・㈡地域における移民とエミシの支配組織を図式化したものである。

エミシの課役免除　エミシは、帰服してから数十年間、数代にわたって課役を免除され、身分は公民でなく蝦夷・俘囚に位置づけられた。遠田郡の田夷は、天平二年（七三〇）の建郡までに服属し、それ以降田夷＝蝦夷身分のままで課役を負担せず、弘仁三年（八一二）自らの申請によって田夷から公民とされたが、課役はさらに一代の間免除されたから、八〇年以上、三代ほどにわたって課役を免除され続けたのである。俘囚では、前述のように神護景雲三（七六九）・宝亀元年（七七〇）に黒川以北一〇郡の俘囚が調庸輸納とともに俘囚から公民となったが、彼らの先祖は遅くとも一〇郡建郡の七二〇年代までには帰服したから、少なくとも二代、約五〇年にわたって俘囚身分のままで課役を免除されたのである。

令規定の調役輸納　賦役令10辺遠国条には、辺遠国は夷人の雑類に「調役」を輸納させる場合、事情を斟酌して必ずしも「華夏」すなわち「中国」と同じようにしなくてもよいと定める。これは、エミシら夷狄には、令に規定された一定の賦課の基準と額に基づく課役を賦課せず、「調役」を輸納させることを定めたもので、蝦夷・俘囚の課役免除はこの規定に基づいて行われた。課役の代わりに賦課される「調役」は、基になった唐令の条文で「課役」とあったのを日本令で改めたもので、令規定の調と歳役ではなく、夷狄に特別に賦課される原初的なミツキとエダチを意味した（大津透「律令収取制度の特質」『東洋文

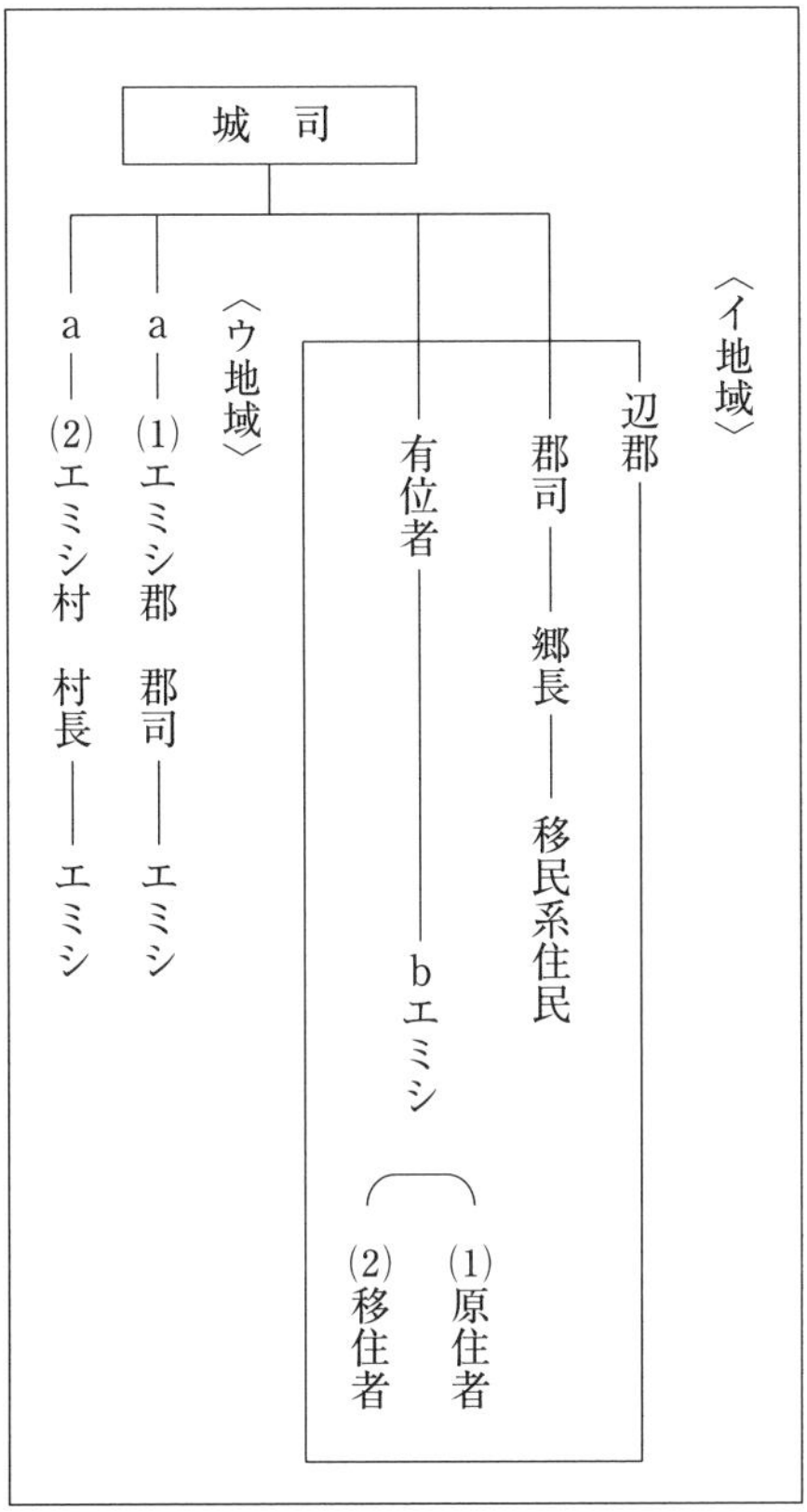

第４図　移民・エミシの支配組織

化研究所紀要』一一〇　一九八九年〈大津前掲書に再収〉)。

実際には長期間賦課することができなかったが、律令国家は夷狄への課役賦課をはじめから放棄していたわけではなかろう。考課令には、戸口を増加させた国司・郡司の考第(毎年の勤務評定の成績)を上げること、そしてその方法の一つとして「招慰」を定める(考課令54国郡司条・55増益条)。招慰は奥羽越三国の守の職掌の撫慰＝饗給と同じことで、エミシら編戸されていない者を支配下に組み込むことであり、撫慰＝饗給が最終的にはエミシの課口化を意図していたと解される。

七　エミシの朝貢と饗給

エミシの朝貢　服属したエミシは、原則として毎年京または国府・城柵の地方官衙へ来朝して「調」を貢進した。すなわち朝貢である。両者への朝貢は七世紀後半には始まり、辺郡とその隣接地に居住する隷属度の強いエミシは京へ、奥地の隷属度の弱いエミシは国府・城柵へ朝貢したが、宝亀五年(七七四)上京朝貢を停止し、これ以後九世紀後半まで地方官衙朝貢に一本化して行われた。

この二つの朝貢には令に関係する規定がある。職員令の玄蕃頭の職掌の「在京夷狄」は、朝貢のために上京したエミシを主とする夷狄に関するものであり、同じく奥羽越三国の守の撫慰＝饗給は国府・城柵に朝貢するエミシを対象とした。

貢進の調の品目としては馬・昆布・皮などがあり、エミシの朝貢は、当然これら貢進物の収取という目的をもっていたが、それ以上に国家への服属を誓約する服属儀礼としての意義が大きかった。調の貢進は服属儀礼として行われ、これに対して国家が饗給した。

上京朝貢では、七世紀後半には服属儀礼と饗給は、倭京の飛鳥寺(あすかでら)の西にあった須弥山(しゅみせん)の園池と神木の槻(つき)（ケヤキ）の下の広場で、エミシ独自に行われた。両者の神聖物にそれぞれいる三十三天・四天王または神に対して、エミシが天皇への忠誠を誓約する呪術的な性格のものであった。八世紀には臣下一般の天皇への服属儀礼である元日朝賀とそれに伴う正月節会の饗宴にエミシも参列するようになり、儀礼的なものへ変化した。

地方官衙における朝貢・饗給は、陸奥国府・胆沢城・秋田城で行ったことが確認でき、国府・城柵の政庁で行ったのであろう。九世紀後半に胆沢城鎮守府では、元日と五月五日の端午節会の饗宴にエミシが参列していた（『類聚三代格』貞観十八年六月格）。

奥羽では国府でない城柵にも、国府なみの規模と構造をもつ政庁が設けられ、これが奥羽の城柵の施設としての第二の特徴であるが、これは城柵が国府機構の分身で、政庁が中央派遣官の城司に対するエミシの服属儀礼の場に用いられたからである。

本来、調＝ミツキは服属儀礼における貢進物という性格をもっていたが、エミシの調はその原初的な性格を色濃く残していたのである（この項は、今泉隆雄「蝦夷の朝貢と饗給」高橋富雄編『東北古代史の研究』吉川弘文館　一九八六年〔本書第一編第三章〕参照）。

俘軍と力役　辺遠国条に定められたエミシに賦課される「役」は、実際には兵役と力役として行われた。エミシ軍は俘軍(ふぐん)と呼ばれ、征夷のときに臨時に徴発されることがあったが、恒常的に城柵の鎮守にも当たった。九世紀初めの明法家(みょうぼうか)が、出羽の五位俘囚が「恒に鎮守に役される」ことを述べるが（『法曹類林』巻一九七　帯五位俘囚与其考事）、これは有位の族長が長として俘軍を統率して城柵鎮守に当たったものである。力役としては城柵造営に徴発されることがあった（『続日本紀』天平宝字二年十二月条・神護景雲元年十月条）。b―⑵類型のエミシの辺郡移住は、このような兵役・力役に利用するために行われる場合もあったであろう。これらの兵役・力役は、賦課の基準・日数などについて、令の規定によらず、公民と異なるものであったと思われる。

饗給と食料支給　エミシの帰降と朝貢に対して必ず饗給が行われた。饗給はエミシの帰降を促し、朝貢を継続させる利益誘導の役割を果たした。賜与の禄物の品目は、上京朝貢では絁（あしぎぬ）・綿・布（『延喜式』式部省上）、地方官衙では狭布（幅の狭い布）である。

饗給の対象となる範囲は、帰降などの臨時的な場合と定例的朝貢とでは異なっていた。帰降の場合は全員が対象となった（『類聚三代格』貞観十七年五月格、『日本三代実録』元慶三年正月条）。上京朝貢では当然朝貢者に限定され、その人数は国ごとに一〇〇人前後であった。地方官衙での饗給については、出羽では夷禄支給は山夷全体を対象としたが、延暦十八年（七九九）三月山夷・田夷の有功者に限ることに改め、一方陸奥では弘仁三年（八一二）ごろ遠田郡田夷はすべて給禄されていたようである（『日本後紀』）。しかし九世紀後半には奥羽とも饗給は有位者に限定されていたと考えられる（『日本三代実録』貞観十五年十二月・元慶四年二月条）。

食料の支給は一部の者に限定され（『日本後紀』弘仁四年二月条）、b―⑵類型の本拠地を離れて帰降したり、兵役・力役に徴発され、生産の手段をもたないエミシが支給対象となったのであろう（『類聚国史』延暦十九年五月条）。

律令国家が、公民に対するのと異なり、エミシに対しては朝貢と役を課する一方、饗給と食料支給をしなければならなかったのは、国家のエミシへの支配が不安定であったからである。

饗給と調庸制　鈴木拓也氏によれば、奥羽両国では、本来中央の財源として京進すべき調庸物を、令制当初からその一部を、七七〇年代以降は全部を当国においてエミシの饗給と食料の財源に充てていたと考えられる（鈴木拓也

「陸奥・出羽の調庸と蝦夷の饗給」鈴木前掲書　初出一九九六年〉。以下、同氏の考えに従って少し詳しくみていこう。

まず延喜式制では、奥羽両国の調庸は、品目が布（主に狭布）・米・穀の三種で、当国の財源に充てることになっていた。九世紀後半調庸狭布は夷禄に充てられていた。貞観十七年（八七五）五月格で、出羽で帰降のエミシが多く狄禄（夷禄）の支出が過大となったので、年間の支給狄禄を狭布一万端に制限し、それには調庸狭布を充てるが、不足の場合は正税で購入することが定められた（『類聚三代格』）。調庸狭布不足の場合の規定を定めているから、調庸狭布のすべてを狄禄に充てることが前提となっていたと考えられる。狭布一万端は課丁一万人の調庸輸納額で、九世紀前半の出羽の課丁数二万人の半分に当たる。出羽では本来太政官の財源である公田地子も狄禄に充てられた（『弘仁式』・『延喜式』主税寮上）。

遠国の奥羽両国の調庸の品目に、重貨である米・穀を定めているのは、これらを当国で食料として用いるためである。饗宴は夷禄と一体的なものであることから、調庸の米・穀はエミシの饗宴または食料に用いたと推測できる。元慶二年（八七八）の出羽のエミシの乱の際、エミシの饗宴のために臨時に不動穀から支出したが、これは前年凶作のため調庸米穀が未納であったからである（『日本三代実録』元慶五年八月条）。このような全調庸の当国使用体制は遅くとも天長元年（八二四）には成立していた（『類聚三代格』斉衡三年三月格）。

調庸制停廃と税布制・夷禄　養老六年（七二二）閏四月、陸奥・出羽・石城・石背四国では民力の休養のために調庸制を停廃し、それに代わって約四分の一の負担の税布を徴収し、これを夷禄に充てることにした。この制度は八世紀半ば天平末年までの二〇年以上の間行われた。この考えの最も重要な根拠は『続日本紀』養老六年閏四月条で、同条は「陸奥按察使管内、百姓の庸調は侵め免め、農桑を勧課し、射騎を教習し、更りの税は助辺の資として夷に賜わん禄に擬けしめん。その税は卒一人ごとに布を輸すこと長さ一丈三尺、闊さ一尺八寸、三丁に端と成せ」と釈読できる。この制で調庸制停廃に伴い、夷禄の財源として税布制を新設したことがわかる。このことから、これ以前には調庸の一部を夷禄に充てていたことが明らかである。これ以後、陸奥・出羽・石城・石背国では天平勝宝元年（七四九）まで調庸免除の記事がみえない。

奥羽両国の調庸制は天平勝宝元年以前に復活し、陸奥でははじめ布を、天平勝宝四年（七五二）には金を品目に加え、これらは京進されたが一部はエミシ支給の財源となった。秋田城跡から天平勝宝五年（七五三）の調米の荷札木簡が出土したが、この調米は同城でエミシの饗宴か食料に充てられたものであろう。

全調庸の当国使用体制の成立　神護景雲二年（七六八）九月、陸奥で運送上の困難を理由に、調庸物は一〇年一度の京進とされた。この処置を採りえたのは、すでに調庸物のうち当国使用物の割合がかなり高くなっていたからであろう。養老六年（七二二）からの長期間の調庸制停廃からみても、政府は奥羽の調庸を中央財源として多く期待せず、エミシの支給の財源がまかなえればよいと考えていたようである。

このような状況を受けて、宝亀五年（七七四）朝貢が上京と地方官衙の二本立てから地方官衙朝貢へ一本化されたことを契機として、調庸物の全面的な当国使用体制が成立した。すなわち、これまで上京朝貢の饗給は中央財源によってまかなわれていたが、地方官衙朝貢への一本化によって、饗給の経費はすべて国の負担となって増大したので、それをまかなうために調庸はすべて当国使用となったと考えられる。神護景雲二年（七六八）の次の京進予定期は宝亀九年（七七八）であるが、神護景雲二年が最後の京進となったであろう。このようにして九世紀に明らかな奥羽の全調庸のエミシ支給体制が成立した。

八　エミシの「中国」移配

移配エミシの組織と待遇　律令国家は征夷によって多数のエミシが帰降すると、彼らを集団で「中国」へ移住させた。「中国」移配は奈良時代にも行われたが、本格的に行われたのは延暦十三年（七九四）の胆沢の征夷以降である。諸国に移配されたエミシは彼らだけで集団をつくり俘囚計帳に登載され（『日本後紀』弘仁二年三月条）、夷俘専当国司—夷俘長（俘囚長・夷長）の機構によって支配された。夷俘長はエミシ集団内から任ぜられた（『日本後紀』弘仁三年六月条、『類聚国史』弘仁四年十一月条）。移配エミシには稲作エミシも狩・漁・海人、牧畜エミシもいた。前者は口分田を班給され、延暦二十年（八〇一）しばらく田租を免除するとされ、弘仁七年（八一六）十月、口分田班給から六年以上の者は田租を徴収すると改められた（『類聚国史』）。

課役については延暦十七年（七九八）四月移住地に定着するまで免除することにされ（『類聚三代格』）、その間は蝦夷・俘囚の身分であった。弘仁十三年（八二二）九月常陸の帰服後二〇年の俘囚が課役免除のまま公民となることを許されたのをはじめとして、八三〇年（天長七）前後に諸国で課役を輸納し公民となるエミシも増えてきた（『類聚国史』天長元年十月・五年七月・七（八カ）年二月条）。しかし一方、狩・漁、牧畜エミシのなかにはその生業を続けて定住せず、九世紀後半にも課役を免除されるものもあった（『日本三代実録』貞観十一年十二月条）。

移配のエミシはその勇武のゆえに、防人に充てられるなど兵力として利用されることがあった（『類聚国史』大同元年十月条）。移配エミシには、定着させるために禄物・衣服・食料を与え、時節ごとに饗宴した（『類聚国史』延暦十七年六月・同十九年三月条）。弘仁二年（八一一）二月には食料は移配された本人だけでなく子の代にも支給されることになった。

『延喜式』（主税寮上）では諸国に雑稲の一つとして俘囚（夷俘）料稲をおき、その出挙利稲を移配エミシの禄物と食料に充てた（『続日本後紀』承和十四年七月条、『日本三代実録』貞観十一年十二月条）。俘囚料稲は承和十四年（八四七）までには置かれたが、『弘仁式』では置かれていず、正税利稲で禄物・食料をまかなったのであろう。

「中国」移配のエミシの身分と待遇は基本的に奥羽のエミシと同じで、本国に準じて定められたものであろう。

「中国」移配の目的と理由　「中国」移配の目的は、エミシの野俗を変じて同化させること（『類聚国史』延暦十九年五月条）、また敵対するエミシを原住地から切り離して弱体化させることである。そしてこれらの目的のために諸国移配の方策を採ったのは、エミシへの支給物の財政負担を諸国に分担させるためである。奥羽両国は全調庸収入をエミシの支給物につぎこんでいたが、延暦十三年（七九四）の征夷以降胆沢から斯波に至る広大な地域の多数のエミシが帰降し、その支給物の負担は両国だけでまかなうのは過重であった。

『延喜式』における陸奥の公出挙稲総計一五八万束、出羽八二万束に対して、諸国の俘囚料稲総計は一一〇万束で、これを両国だけで負担するのは困難であろう。エミシの移配国は、移配が確認できるのが奥羽両国を除く六四国の七割に当たる四四国であるから、ほぼ全国にわたったと考えられる。これはエミシ支配の財政負担を全国に分散しようとしたためである。移配エミシの身分・待遇が本国のそれと基本的に同じことから考えると、「中国」移配政策は、b―(2)類型のエミシの辺郡移住策を、財政的理由によって移住地を全国に拡大したものといえる。

九　辺境支配の特質

辺境における律令制支配の形成　奥羽越三国の辺境における律令制支配の形成は、大化前代に国造制が施行された「中国」のそれと比べると、他地域からの移民によって郡（評）里制を施行して実現された点で異なる。原住の民は帰服後数十年間にわたって、蝦夷・俘囚身分のままで課役を負担せず、かえって国家は彼らを服属させておくために膨大な財政負担を負わなければならなかった。

辺境における律令制支配の形成がこのような形態をとらなければならなかったのは、エミシが不服従性をもち、彼らを容易に調庸民化できなかったからである（『続日本紀』霊亀二年九月条）。その原因は、エミシが生業を含む広い文化の面で、律令国家の基礎となった「中国」の民と異質であったことにある。狩・漁・牧エミシは非定住で律令制支配になじまなかった。生業とともに、言語に典型的に示される文化一般の異質性があり、これらが国家とエミシの間に摩擦を生み、エミシは国家支配に対して不服従性をもち、国家はエミシを異「種族」視した。国造制支配を経験しなかった辺境では、長期間の蝦夷・俘囚としての政治的服属による文化的同化を経てはじめて、エミシの公民化が可能となった。

「東夷の小帝国」論とエミシ　石母田正氏は、東アジア世界のなかで、日本が東夷の小帝国として大唐帝国と対等な外交関係を結ぶために帝国的国家構造を構築する必要があったので、律令国家はエミシ・ハヤトなどの「夷狄」を「諸蕃」（朝鮮諸国など）とともに「化外」に位置づけたと考えた（「日本古代における国際意識について」「天皇と「諸蕃」」『日本古代国家論』第一部　岩波書店　一九七三年〈『石母田正著作集』第四巻　岩波書店　一九八九年に再収〉）。すなわち、私見のようにエミシは公民化できなかったのではなく、国家の都合で公民化しなかったという考え方である。

しかし、律令本来では、「化外人」は「外蕃人」のみをさし、エミシなど「夷狄」は「化外人」でも「帰化」の対象でもなかった（戸令16没落外蕃条、賦役令15没落外蕃条、職員令69大宰府条・70大国条）。律令国家のエミシ政策は、律令制支配領域の拡大をめざす辺境政策の一環であって、そのためにまず移民による辺郡の設置を進めた。また一方、エミシの服属の維持のために膨大な財政負担を負ったことを考えると、帝国構造の構築のためにエミシを設定したという考えに従うわけにいかない。辺境における支配領域の拡大において、国家にとって最も望ましいのは、「中国」と同じく、移民をせずに、原住の民のエミシを公民化することであったはずである。

辺境政策の成果　辺境政策は、膨大な物的・人的な負担によって遂行された国家的大事業であった。臨時的には征夷、城柵造営、柵戸移配、恒常的には城柵維持のための兵力と経費、当国・移配のエミシへの支給物など、当国ばかりでなく、他国にも膨大な物的・人的な負担となった。これに対してエミシからはわずかに朝貢という形式の調の貢進と兵役・力役の徴発があるにすぎなかった。

律令国家にとってこの損得勘定は、短期的にみれば損失であるが、長期的にみればこれらの物的・人的支出は支配領域の拡大とエミシの公民化の実現のための経費であったといえよう。

陸奥では、支配領域は七世紀半ばから九世紀初めまでの一世紀半の間にほぼ二倍に拡大し、奥羽の公民支配は九世紀前半を画期として充実していった。史料には、霊亀二年（七一六）、弘仁元年（八一〇）、弘仁二年に奥羽では土地が広く人民が少ないと記すが、天長七年（八三〇）、承和十一年（八四四）には戸口が増加し、公出挙利稲、調庸物などが倉庫にあふれる状況であると記している。

『日本後紀』は桓武天皇が取り組んだ造都と征夷の二大事業を「当年の費（ついえ）といえども、後世の頼なり」と評したが、この評価は律令国家が長期にわたって取り組んできた辺境政策にも当てはまる言であろう。

【本書編集にあたっての注記】

初出稿は坪井清足・須藤隆・今泉隆雄編『新版古代の日本⑨　東北・北海道』（一九九二年、角川書店）第7章。著者自身による補訂稿は存在せず、初出稿を掲載した。なお初出稿に付けられたコラム「関東系土器と坂東からの移民」は、本書第二編第四章の内容と重複するため本書では省略した。また同書で著者は別に「辺遠国とその地域区分」を執筆し、古墳時代をも視野に入れたより広い視点から古代東北の地区区分を論じているが、同書の総論として書かれていることもあり本書への掲載は断念せざるを得なかった。あわせて参照されたい。

第二章　古代史の舞台　東北

はじめに

東北地方は本州の北の最奥部に位置し、北には津軽(つがる)海峡を隔てて北海道が所在する。その面積は本州の三割近くを占めて広大であり、そのうえ南北の広がりが大きい。日本列島を緯度の面から見ると、北緯三四度から三六度の間に、関東から山陽地方に至る範囲が含まれる。さらに南を北緯三三度、北を三七度まで広げると、東北地方と新潟県や能登半島を除くと本州のほとんど、四国の全域、九州の北半部が、この四度の範囲におさまる。それに対して東北地方は、北緯三七度から四一・五度と、約四・五度の南北の広がりをもつ。日本列島は南北に長いとよく言われるが、中央部は南北の広がりがそれほどないのである。南北の広がりのほとんどは、北は東北から北海道、南は九州南部から南西諸島が占めている。

東北地方のこのような地理的位置と、それに基づく気候的特徴が、その古代の歴史と文化に独自の様相を生み出す基盤となっている。さらに、東北地方が広大で南北に長いことは、その内部においても自然環境の違いをもたらすことになり、東北内部の南北で、文化においてかなり異なった様相を時として示し、一様にとらえられない。もちろん地域ごとの自然環境の違いを背景として、地域独自の様相が見られることは列島内各地で認められることではある。

その中でも東北地方における南北の差異は、古代においてはきわめて大きい影響をもたらしたという点で特に重要である。

このような本州最奥部に位置するという地理的位置と自然環境の影響は、たとえば次のような特有の歴史の様相に現れている。西日本に起源をもつ古墳文化は東北地方南部に波及するが、北部には北海道と連続する続縄文文化が広がり、南部と北部では文化的差異があった。畿内勢力を中核とする古代国家の東北への支配拡大は、ようやく律令国家の段階に本格化し、そこでは陸奥・出羽国を最奥にある辺遠国と位置づけ、夷狄としての蝦夷を設定して、独自の支配体制を構築した。

本論ではこのような東北地方の独自の位置と、東北地方の中での差異に留意して、この地方特有の歴史の様相を明らかにする。なお東北北部は北海道と関係が深いが、北海道との関係については「北海道」（『列島の古代史1　古代史の舞台』岩波書店　二〇〇六年　一一頁以下）で記述されるので必要な範囲でふれ、また越後国は辺境の国であったこともあるので、必要に応じて論及することとする。

一　国造制から国評制へ

国造と蝦夷　大和政権は六世紀から地方首長を国造とし、その支配体制に組み込み、その支配領域の北の周縁である陸奥の地域にも国造制を施行した。九世紀中頃に編纂された『先代旧事本紀』の巻一〇「国造本紀」には全国の国造名を収録し、それらは六―七世紀後半に実在した国造と考えられている。「国造本紀」によれば陸奥の国造は、道奥菊多（のちの菊多郡に相当）、石城（磐城郡）、染羽（標葉郡）、浮田（宇多郡）、思、白河（白河郡）、石背（磐瀬郡）、阿尺（安積郡）、信夫（信夫郡）、伊久（伊具郡）の一〇国造で、このうち思国造は曰理国造の誤りで後の曰理郡に当たり、道奥菊多・石城国造は七世紀半ばには常陸の多珂国造の領域に組み込まれていたようである。この国造制の施行地域は、会津地方を除く福島県域と阿武隈川河口以南の宮城県南端の地域に当たり（第5図のⅠ区）、〔前掲『列島の古代史1　古代史の舞台』所収「古代史の舞台　東北」藤沢敦氏執筆部分において〕さきにふれた地域の縮小した六世紀後期古墳の分布とほぼ重なる点は注意すべきである。全国的な国造制施行に伴い、陸奥南部の首長も国造制という大和政権の体制的な支配に組み込まれたのである。

大和政権は、この国造設置地域の外側の住民を蝦夷ととらえていた。大化元年（六四五）の乙巳の変の直後に、政府は東国に「東国国司」とよばれる使者を派遣し、その中で陸奥の地域を管轄する使者に、「辺国」すなわち領域の周縁にある国造のクニで蝦夷と境を接する地域について特別な命令を出しているから（『日本書紀』大化元年八月庚子条）、国造のクニの外側が蝦夷の居住地域であることがわかる。Ⅱ区宮城県仙台平野の名取郡には七世紀半ばに蝦夷に備えるために城柵として郡山遺跡Ⅰ期官衙を設け（本書第三編第一章参照）、2′区山形県米沢盆地には持統三年（六八九）に置賜郡の前身の優嶠曇評に「城養蝦夷」がいて城柵があるとともに蝦夷がいたことが知られ（同持統三年正月丙辰条）、これらの点からも国造設置地域の外側が蝦夷の地であることが確認できる。Ⅱ′区会津地方は国造も六世紀の大規模古墳も確認できないので、いちおう蝦夷の地と考えておくが、今後大規模古墳や城柵遺跡の存在に注意することが必要である。

「国造本紀」によれば、越後の地域には高志（後の古志郡）、久比岐（頸城郡）、高志深江の三国造があり、その比定地域には問題があるが、1区阿賀野川以西の越後平野西半部までで、2区越後平野東半部は七世紀半ばに渟足柵・磐舟柵を設けているので蝦夷の地であった。七世紀前半まで大和政権の支配が及ぶ国造設置地域は、Ⅰ・1区までで、

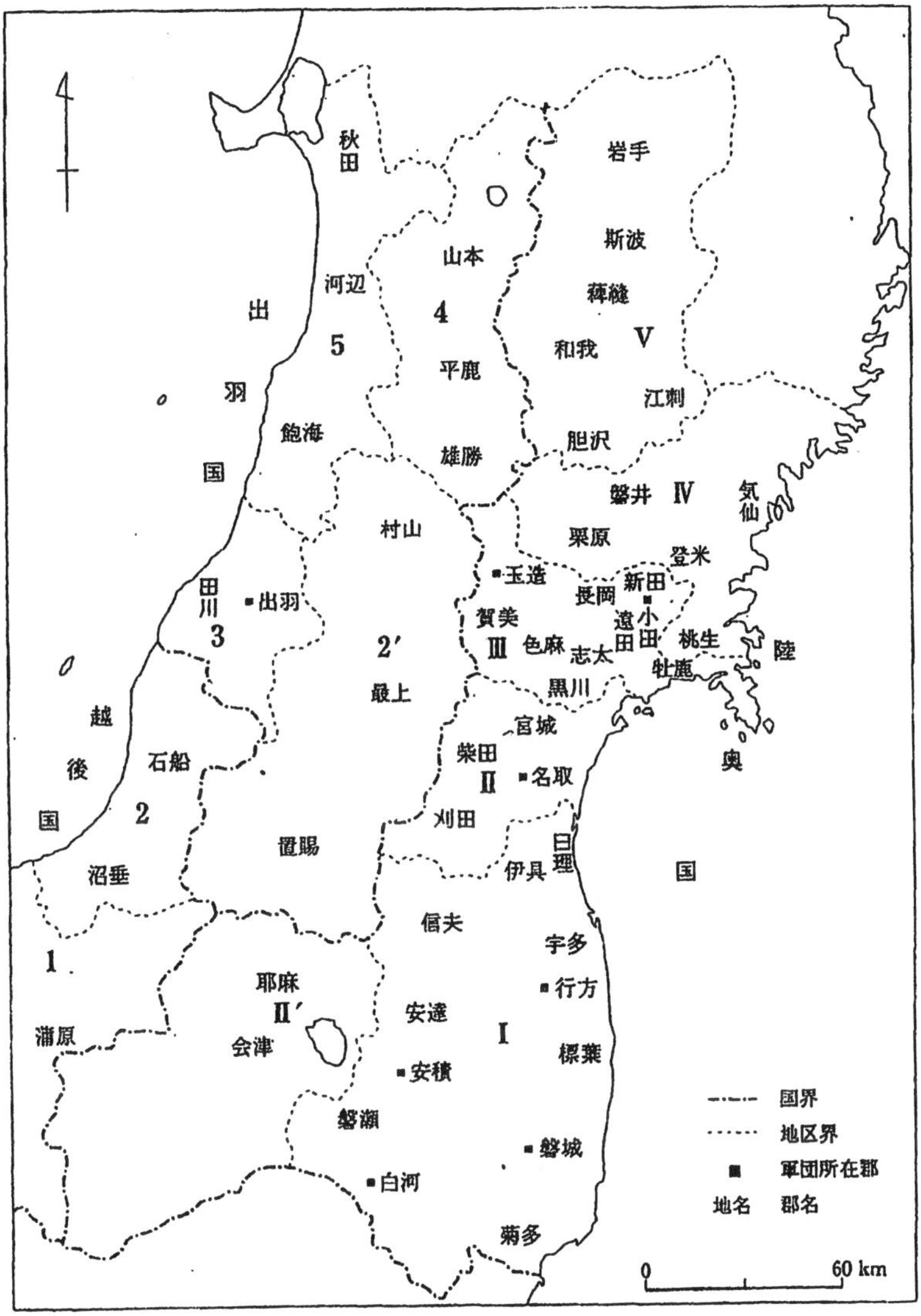

※　政治支配の観点からの地区区分である。

第５図　奥越羽三国の地区区分

国造制支配が及ばないⅡ・Ⅱ'・2・2'区から渡嶋（北海道道南・道央）までの地域の居住民が蝦夷とよばれたのである。

国評制の施行　大化元年（六四五）に始まる大化の改新の政治改革によって、地方の支配制度は国造制から国評制に転換され、それは陸奥・越の地域にも及んだ。大化五年（六四九）に全国的に評制が施行され国造のクニが評に転換され、白雉四年（六五三）の評の分割・新置を経て、八世紀の郡の大部分の前身の評が設けられた。陸奥では白雉四年に多珂評から石城評が分置されたことが知られるだけであるが（『常陸国風土記』）、全国的な評制施行の二段階によって、国造設置地域のⅠ区に石城・標葉・行方・宇多・曰理・白河・石背・安積・信夫・伊具評の一〇評が設けられ、越でも1区まで評が設けられたであろう。

『常陸国風土記』によれば、陸奥国は孝徳朝に坂東の七国と同時に設けられたというから、評制の施行をうけて白雉四、五年頃に評設置地域を版図として設けられた。越でも同時期に1区を北端とする北陸道を版図とする越国が設置されたであろう。国評制は、国造氏族を含む地方首長を任じた評督・助督を、中央政府から派遣され国宰が管轄し、大宝令の国郡制による中央集権的な地方支配の原形であり、七世紀半ばの孝徳朝に陸奥・越国にもその支配体制が成立したのである（今泉、二〇〇一〔本書第三編第二章〕）。最初の陸奥国は国造制施行地域を版図としていたから、政治支配という点では坂東諸国と同質の国であり、これ以降蝦夷の地に領域を拡大していくことによって異質な部分を抱え込んでいくことになる。

二　律令国家の辺境支配

辺遠国と辺境政策　日本の古代国家は、大化前代から唐帝国をモデルとして、諸蕃（朝鮮諸国）と夷狄（蝦夷・隼人）に君臨する帝国型国家を構築し始め、その国家体制は大宝律令によって法制的に固められた。この帝国型国家の基礎となる政治的イデオロギーは、古代中国で始まった中華思想と王化思想であり、前者は、漢民族を中心に自らの国家と文化を優れたものとして世界の中心である中華とよび、周辺の民族・国家を野蛮で劣った夷狄とよんで、両者を区別する思想であり、後者は、天命を受けた有徳者である天子は、その徳を中華の民だけでなく夷狄にも及ぼして感化し理想の政治を実現しなければならないという考えで、中華と夷狄を再統合する思想である。日本の古代国家はこの二つの思想を受容し、前者によって帝国型国家を構築し、後者によって辺境における領域拡大の政策を遂行する。

大宝律令の帝国型国家体制において、諸国の中で、陸奥国、越後国とそれを継ぐ出羽国は、辺遠国と位置づけられた。「辺」とは国家の支配領域内の周縁地域を指す概念で、陸奥国は東山道の末端の東辺、越後・出羽国は北陸道の末端の北辺の辺遠国である。賦役令10辺遠国条によると、辺遠国は「夷人雑類」すなわち夷狄がいる国で、「華夏」＝「中国」（中州）に対するから、この概念は中華思想に基づく。

辺遠国たる奥越羽三国の支配領域の外には、律令制支配に組み込まれていない蝦夷と、彼らが住む大地が広がっていた。律令国家は、七世紀半ばから九世紀初めにかけて、蝦夷の住む土地に郡（七世紀には評）の設置によって律令制支配を拡大し、蝦夷を服属させ、さらに彼らを公民化する政策を展開していった。蝦夷の地に城柵を設けて南の地域の人民を移民し、開発と村作りに当たらせて公民として編成して郡を設けた。その地の原住の民である蝦夷は、服属させてもすぐには課役を賦課することができず、長期間にわたって朝貢を課して支配下につなぎ止めおき、その期間を経てはじめて公民化された。蝦夷の地における郡設置の方式が一般諸国と異なるのは、城柵の設置と移民の二点であり、このような方式をとらざるをえなかったのは、蝦夷が大和政権時代の国造制による国家支配を経なかったために不服従性をもち、すぐに公民化できなかったからである。

城司と軍隊　城柵は蝦夷の地において辺郡を設置し、辺郡の公民と蝦夷を支配する根拠地である。城柵は郡設置に伴って南から北へ設置されていき、史料と遺跡から、陸奥国一五、越後国二、出羽国七の城柵が知られる（第3表）。城柵の辺境支配のメカニズムを明らかにするためには、その官制・軍制などの支配機構、辺郡の公民と蝦夷に対する支配の内容、前二者を支える人的・物的基盤を明らかにしなければならず、前二者の総体を城柵制という制度的概念でとらえる。

城柵には国司・鎮官（鎮守府官人）が城司（城主）として派遣され駐在した（城司制）。八世紀には鎮官を兼任する国司が、九世紀初めからは両官が別任されて城司となった。国司・鎮官は中央政府派遣官であるから、城柵機構は地方豪族によって構成される郡家機構とは異なり、国府機構の分身という性格をもつ（今泉、一九九〇〔本書第二編第二章〕）。

城柵の置かれた辺郡は政情が不安定であったので、城柵には城司の下に軍団兵士や鎮兵の軍隊が駐屯した。蝦夷の攻撃から城柵そのもの、辺郡の公民、服属した蝦夷を守り、敵対する蝦夷を攻撃する兵力である。軍団兵士は奥羽両国内から徴発され、城柵に番上（交替）勤務し、鎮兵は令外の制で、本来坂東諸国を中心に他国の兵士を徴発したもので、長上（連続）勤務し、城柵鎮守において前者が基幹的、後者が補完的制度である。

施設面における国府・郡家などの一般の地方官衙と異なる城柵の特徴は、正殿と脇殿をコ字型に配置する国府型の政庁を設けることと、城柵全体を築垣・柵（材木列塀）・土塁などの外囲施設で囲むことである。前者の政庁を設ける点は政庁を備えない西日本の山城と異なる点で、これは西日本の山城が外国の敵が侵略してきた際の逃げ込み城であるのに対して、東北の城柵が公民と蝦夷を支配するからであり、さらにその政庁が国府型であるのは国司・鎮官などの城司が駐在することと対応する。後者の外囲施設を設ける点は蝦夷に攻撃される可能性のある政情不安定な地域

第３表　奥越羽の城柵（文献・遺跡による）

	城柵・遺跡名	設置・初見年代	備考
陸奥国	優嶋曇評の柵	689	のち出羽国置賜郡
	多賀城	**724**	宮城県多賀城市
	玉造柵	737	宮城県大崎市宮沢遺跡か
	新田柵	737	宮城県大崎市大嶺八幡遺跡
	牡鹿柵	737	宮城県東松島市赤井遺跡か
	色麻柵	737	
	桃生城	**759**	宮城県石巻市
	伊治城	**767**	宮城県栗原市
	覚鱉城	780	未造営か
	中山柵	804	小田郡
	胆沢城	**802**	岩手県奥州市
	志波城	**803**	岩手県盛岡市
	徳丹城	**812**	岩手県矢巾町
	郡山遺跡	７世紀中頃	宮城県仙台市
	城生柵遺跡	８世紀前半	宮城県加美町
越後・出羽国	渟足柵	**647**	新潟市か
	磐舟柵	**648**	新潟県村上市か
	都岐沙羅柵	658	磐舟柵のアイヌ語地名の別称か
	越後城	705	渟足柵か
	出羽柵	**708**	出羽郡
	秋田村出羽柵	**733**	秋田市
	→秋田城	760	秋田市
	雄勝城	759	
	由理柵	780	飽海郡由理郷
	大室塞	780	
	払田柵遺跡	**802**	秋田県大仙市、第２次雄勝城か
	城輪柵遺跡	９世紀初め	山形県酒田市、出羽郡井口の国府

注⑴　城柵・遺跡名欄：城柵名のうち太字は遺跡が確認できるもの。

⑵　設置・初見年代欄：文献によるもののうち太字は設置年、普通体は初見年、遺跡は推定設置年代を示す。

⑶　備考欄：所在地や比定城柵を記す。

に存するからであり、軍隊の駐屯と対応する。

移民と辺郡　奥越羽三国への移民は国家による強制的なもので、本格的には七世紀半ばから九世紀初めまで行われ、城柵に支配されるので柵戸（きのへ）とよばれた。移民の供給国は、陸奥国へは坂東八国、駿河（するが）・甲斐（かい）・信濃（しなの）・越後・出羽国、越後国へは越中・越前・信濃国、出羽国へは越前・越後・能登（のと）・上野（こうずけ）・下野（しもつけ）・信濃・上総（かずさ）・参河（みかわ）国などであり、陸奥国では国内南部の白河・磐瀬・会津・磐城郡の四郡からも送り込まれた。陸奥国への移民数は、霊亀元年（七一五）―延暦二十一年（八〇二）の間の正史にみえる総数が一〇〇〇戸と一万七〇〇〇人で、籍帳の一戸平均の戸口数の約二〇人によると四万人に近い人数であり、これは少なく見積もった人数で、九世紀前半の陸奥国の推定人口一六―一七万人にくらべてもかなりの数である。

移民は公民として郡・郷（里）に編成され、移民の中から郡司・郷（里）長が任命される。この郡は、支配領域の周縁にあるので辺郡・縁辺郡、また奥郡、近夷郡などとよばれた。城柵はその下に一つまたは複数の辺郡を管轄し、辺郡の公民は、城司―郡司―郷長の機構によって支配される。移民は移住後開発と村作りに当たり、定着するために出身地からの距離によって一―三年間課役を免除されたが（賦役令14在狭郷条）、その後は公民として租庸調（そようちょう）、兵士役、雑傜（ぞうよう）、公出挙（くすいこ）などを負担した。辺郡の公民は城柵に支配されてその保護を受ける一方、兵士役・力役・調庸などを供給して城柵の存立の基盤の一部となり、両者は一体的な関係にある。

蝦夷の支配　蝦夷は、帝国型国家において中華思想に基づき、国家支配から取り残された列島北部の住人を、夷狄の一つとして位置づけたものであり、基本的に政治的概念である。

大宝・養老律令における夷狄あるいは蝦夷の法的な位置づけを、諸蕃との対比で見ると次の通りである。まず諸蕃が王権の下に礼と法・制度の秩序を備える国家であるのに対して、夷狄は列島内に居住し、王権・国家を形成せず礼と法・制度の秩序を備えない諸部族である。奥越羽三国守は蝦夷に対して、「斥候」、「撫慰（大宝令）―饗給（養老令）」「征討」という三職掌をもち（職員令70大国条）、「斥候」は蝦夷の動静を探ること、「撫慰＝饗給」は饗宴と禄の賜与によって懐柔して「招慰」すること、「征討」は軍事力で討って帰服させることであり、これらの職掌には城柵の城司が当たる。外蕃人が「帰化」の主体であるのに対して、夷狄は国家の招慰・征討の客体である。帰化とはある王権・国家に属する人民が、他の王権・国家に帰服する主体的な行為であるから、王権・国家を形成しない夷狄は帰化の主体となりえず、国家が招慰・征討する対象である（今泉、一九九四〔本書第一編第四章〕）。

蝦夷は帰服すると、毎年定期的に都および国府・城柵の地方官衙に朝貢、すなわちミツキを持って参上して、饗給を受けた。国府・城柵への朝貢受け入れの規定がさきの奥越羽三国守の「撫慰＝饗給」の職掌であるのに対して、都への朝貢受け入れの規定が玄蕃寮の「在京夷狄」の職掌である（職員令18玄蕃寮条）。この「在京夷狄」は在京する夷狄一般ではなく朝貢して在京する夷狄すなわち蝦夷を意味し、玄蕃寮が都に朝貢してきた蝦夷を管掌するのである。朝貢・饗給は儀式として行われる服属儀礼であり、これを毎年くり返すことによって、天皇・国家と蝦夷の支配・服属関係が確認され維持される。大宝令施行の大宝元年（七〇一）以降には、蝦夷の服属儀礼は、都では大極殿・朝堂で行う臣下一般の服属儀礼である元日朝賀と節会、地方では国府・城柵の政庁で行う元日拝朝・宴会に参列して行われ、七世紀後半には都では元日朝賀と別に、飛鳥の須弥山の園池や神木の槻の広場など神聖な場で、帝釈天・神などの神聖なものに誓約する形で行われる呪術的な性格の儀礼であり、地方でも郡山遺跡Ⅱ期官衙で同様の呪術的な服属儀礼が行われた（本書第三編第一章参照）。

蝦夷は帰服すると、課役ではなく「調役」を賦課される（賦役令10辺遠国条）この「調役」は、律令制負担の調と歳役ではなく、律令制以前の原初的なミツキとエダチであり、律令制的負担が個人単位の定量的賦課であるのに対して、集団単位の非定量的賦課である。ミツキは朝貢の際に昆布・馬・皮などの蝦夷の特産物を貢進し、エダチは城柵の造営などの際の力役、あるいは「俘軍(ふぐん)」とよばれる兵役を負担した。朝貢・饗給は支配・服属関係の確認という政治的な意味とともに、蝦夷の特産物をミツキとして収取するという経済的な意味も持っていた。蝦夷は課役を負担しないから、調庸民・公民でなく「蝦夷」「俘囚(ふしゅう)」身分であり、このような朝貢・饗給、ミツキ・エダチ支配を数代・数十年にわたって受けたのちに課役を負担するようになって公民身分にされた。このような蝦夷支配は律令制以前の原初的な支配で、国造制支配に対応し、国造制支配を受けなかった蝦夷は、このような支配を受け政治的に同化されることによってはじめて、律令制支配を受けいれることが可能になるのである。

蝦夷の村は、大河川の支流水系ごとに連合する小規模な部族的集団であり、孤立・分散して存在し、蝦夷の村が相互に対立・抗争することもあり、また国家に服属したものと未服属のものがあった。服属した蝦夷は辺郡の内と外に居住する集団がおり、辺郡内の蝦夷は移民の公民とは別に集団を作り、その首長を通して城司が支配し、辺郡外の蝦夷は彼らが本来もっている部族的集団をもとに蝦夷郡または蝦夷村を設け、その首長を郡司・村長に任じて城司が支配した。城司は未服属の蝦夷に対して饗給などの懐柔策によって帰服を働きかける。城柵は城司が軍隊を率いて、辺郡の公民を支配し、辺郡内外の蝦夷を朝貢・饗給を通して支配し、未服属の蝦夷には帰服を働きかけるのである。

三　辺境支配の展開

律令国家の蝦夷の地における支配領域拡大は、七世紀中葉から九世紀初めにかけて、四段階を経て展開される。第一段階＝七世紀後半、第二段階＝八世紀前半、第三段階＝八世紀後半、第四段階＝九世紀初めであり、陸奥はこの四段階、越羽は第一—三段階を経る。以下、段階ごとに辺境支配の展開をたどる（以下、地区区分は四五頁第5図参照）。

七世紀後半——渟足柵・磐舟柵と郡山遺跡Ⅰ期官衙　乙巳の変ののち、越では大化三年（六四七）に2区越後平野の中央部に渟足柵、同四年に平野北端に磐舟柵を設け、それぞれに移民を送り込んだ。陸奥では、ほぼ同時期の七世紀中葉に、Ⅱ区仙台平野の中央部に城柵として郡山遺跡Ⅰ期官衙を設けた。仙台平野には、六世紀末—七世紀中葉の関東系土器を出土する集落遺跡があり、この時期に坂東から移民があったことが推定され、それを基盤にⅠ期官衙が設けられた。これまで史料から移民と城柵設置はほぼ同時期と考えられていたが、移民が城柵にかなり先行することがあることがわかってきた。関東系土器の出土からみて、七世紀後半にもⅠ期官衙を拠点として仙台平野とⅢ区大崎平野に移民が送り込まれた。2′区米沢盆地に持続三年（六八九）に置賜郡の前身である優嗜曇評と城柵が存した。2′区は古墳築造の状況からみてⅡ区と政治支配の面で同質の地域であるから、優嗜曇評の城柵はⅠ期官衙とほぼ同時期に設けられた可能性がある。これらの城柵の設置と移民によって、陸奥のⅡ・Ⅱ′・2′区、越後の2区に評が設置されるが、その時期は陸奥国では七世紀後半の早い時期と考えられ、越後国では斉明四年（六五八）—天武十四年（六八五）の間と推定される。越国は天武十四年までに三国に分けられ、2区沼垂・石船評を領域とする越後国が成立する。

斉明朝の北征　斉明四—六年（六五八—六六〇）に越国守の阿倍比羅夫が、大規模な船団を率いて日本海沿岸沿いに三回にわたって北征し、秋田・能代・津軽、渡嶋（北海道）へ至ってそれぞれの地の蝦夷を服属させ、渡嶋では粛慎と戦った。熊谷公男によると、陸奥国でもこれとほぼ同時期に国司が船団を率いて、太平洋沿岸沿いに北征を行った（熊谷、一九八六）。陸奥国の船団は閇村付近（岩手県陸中海岸）の蝦夷を服属させ、渡嶋では越国の船団と合流して共同作戦を行った。遠征軍は両国内の評が徴発した評制軍によって編成され、また陸奥では石城評に船を建造させ、同時期に操業が開始された福島県相馬地方の大規模な製鉄工房群に鉄を供給させた（飯村、二〇〇五）。この奥越両国の北征は同時期に併行して行われたことからみて、国が個別に行ったことではなく中央政府の命令によるものである。両国の北征の目的については、国内の北方の蝦夷との間に政治関係を結ぶこととする考えが通説であるが、奥越羽の辺境経営においてこのような船団による遠征はこの時しかみられず、この時期はちょうど東アジアの国際情勢が緊迫化していたこと、この北征の対象地域がこの時期の国家の支配領域からみてあまりに北方に突出していることの二点から、この北征は、国際情勢の緊迫化に対応して日本の国土と大陸との地理的関係を探索し、通交国である高句麗（こうくり）への北方航路の開拓を目指したものと推定される。高句麗を目指したと考えれば、渡島で遭遇した渡島蝦夷とは別な集団に、すでにこの時代には存在しない粛慎という部族名をあてはめた疑問が氷解する。粛慎は五世紀に高句麗とともに宋に朝貢した挹婁（ゆうろう）の古称で、高句麗と密接な関係をもつ部族と認識されていたのである。この計画は、斉明六年（六六〇）の百済の滅亡に続く百済の役の勃発によって中断のやむなきに至ったが、結果として、政府は支配領域から遠く離れた本州北部から北海道道南・道央までの地理的情報を得、またそれらの地の蝦夷との間に政治的関係を結んで北方への拠点を設けることができた（今泉、二〇〇五〔本書第三編第一章〕）

八世紀前半——出羽柵と郡山遺跡Ⅱ期官衙・多賀城　越後国は、文武二年（六九八）・四年（七〇〇）に改修した磐舟柵を拠点に3区山形県庄内平野への進出に着手し、和銅元年（七〇八）に出羽柵を設け出羽郡を置き、次いで同五年に越後国から出羽郡を分け、陸奥国から分けた置賜・最上（もがみ）郡（2′区）を併せて出羽国を置いた。天平五年（七三三）に出羽柵を出羽郡から一〇〇キロメートルも北方の5区の秋田平野に移した（秋田城跡Ⅰ期）。秋田は斉明朝の北征で蝦夷が服属し支配の拠点が設けられて確保されていたのであろう。秋田出羽柵は北方の能代・津軽・渡嶋の蝦夷の朝貢・饗給の拠点である。出羽柵へは庄内の出羽国府から駅路が通じていたと見られ、駅制は公民支配を基盤とするから、この時点には両者の間の飽海・河辺郡の沿海部も支配領域に入っていたとみなければならない。

陸奥国では、七世紀末に陸奥国府として設けた郡山遺跡Ⅱ期官衙を根拠地としてⅢ区（大崎平野から石巻平野にかけての地域）への本格的な進出が始まり、名生館遺跡（Ⅱ期・大崎市）・赤井遺跡（Ⅱ―1期）に拠点の官衙を設け移民を送り込んだ。慶雲四年（七〇七）には信太郡（志太郡）が存在し、和銅六年（七一三）には丹取郡（のち玉造郡と改称）を設け、次いで霊亀元年（七一五）に坂東六国から一〇〇〇戸の移民を送り込んで、Ⅲ区に「黒川以北十郡」とよばれる小規模で均一な一〇郡をいっせいに設けた。このⅢ区の全面的建郡をふまえて、養老二年（七一八）にほぼⅠ・Ⅱ′区を割いて石城・石背国を設けた。

このようなⅢ区への進出に対して、同四年（七二〇）に大規模な蝦夷の反乱が起こり、Ⅲ区は支配が覆るほどの深刻な打撃を受けた。政府はすぐに反乱を鎮圧して同六年から奥羽両国支配体制の再構築のための改革に取りかかった。すなわち第一にⅢ区で一〇郡を再建してその支配拠点として玉造・色麻・新田・牡鹿柵などの五城柵を整備して支配を強化すること、第二に奥羽両国の国力と軍事力を増強して辺境支配の基盤を構築することである。調庸を停廃してかわって税布を賦課して公民の負担を軽減し、それによって生ずる余力によって公民を耕地の開発に向かわせて国力を増強し、また兵衛・仕丁などの都に出仕していた人たちを軍団幹部・兵士とするために帰国させ軍事力を強化した。陸奥国では石城・石背国を再併合して辺境支配の基盤として位置づけ直した。そして玉造柵などの五城柵の後援の基地、辺境支配の根拠地として、神亀元年（七二四）に新しい国府として多賀城を設けた。調庸停廃・税布賦課は天平十八年（七四六）まで二〇年余続けられ、奥羽両国は国力・軍事力の増強によって国の体質を変えていった（今泉、二〇〇一〔本書第三編第二章〕）。

天平二十一年（七四九）、政府が東大寺大仏の鍍金のために産金地を探索しているさなか、陸奥国が小田郡（宮城県涌谷町黄金迫（わくやこがねはざま）から産出したとして金九〇〇両（一二・六キログラム）を貢献した。わが国最初の産金である。天平勝宝四年（七五二）に陸奥国の多賀郡から黒川以北一〇郡の公民は調庸として金を納入することとされ、金採取の体制が整えられた。これ以後平安時代にかけて陸奥国は、採取地を本吉（もとよし）・気仙（けせん）・東磐井郡、また白河郡（八溝山地（やみぞ））に拡大し、『延喜式（えんぎしき）』では交易雑物として砂金三五〇両を貢納することとされ、わが国随一の産金国となる。

八世紀後半――雄勝城と桃生城・伊治城　出羽国では天平宝字三年（七五九）に4区横手盆地に雄勝城（おかち）を設け、雄勝・平鹿（ひらか）二郡を置いた。4区では天平五年（七三三）に雄勝郡建郡、同九年に多賀柵・秋田出羽柵間の駅路開通のために雄勝の征討が企図されたが、その時はいずれも実現できず、この時に至ってようやく城柵設置・建郡・駅路開通が実現した。

陸奥国では天平宝字三年にⅣ区の沿海部の海道に桃生城（もむのう）を設け、宝亀二年（七七一）までに桃生郡を置き、神護景雲元年（七六七）にⅣ区の内陸部の山道に伊治城（これはり）を設け、同年か同三年に栗原郡（くりはら）を置いた。この時期の両国の移民は、八世紀前半とは異なり、浮浪人・罪人などで質が低下したため移住地から逃亡したりして定着せず、政府は課役免除の期間を令制より長くして移民を募集することになった。軍団が設置され兵士が徴発されたのは陸奥国ではⅢ区までⅣ区以北には及ばず、出羽国ではおそらく2′・3区までで4区以北には及ばなかったが、これはⅣ・4区以北では移民の質の低下から公民制の形成が十分でなかったからである。天平宝字六年（七六二）に多賀城（Ⅱ期）を改修し、また同じころ出羽柵を改修し（秋田城跡Ⅱ期）、この頃から秋田城と改称した。

陸奥では建郡がⅣ区に及んだところで、蝦夷の強力な抵抗に突き当たった。宝亀五年（七七四）の蝦夷の桃生城侵略を始まりとして、同十一年に胆沢進出をめざして伊治城に出兵していたところ、栗原の蝦夷族長で上治郡大領伊治（これ）呰麻呂（はりのあざまろ）が反乱を起こして多賀城を失陥させ、Ⅲ・Ⅳ区の支配が解体する事態に陥り、動乱の火は広く深く広がり、桓武朝の泥沼の戦争の時代に突入した。Ⅳ区に国家支配が進出したところで、蝦夷の大きな抵抗を受けたことは、古墳時代前・中期の古墳分布の北限、また北方文化に関係するアイヌ語地名の南限が、Ⅲ・Ⅳ区の境近くにあったこととおそらくは無関係ではない（今泉、一九九二〔本書第一編第一章〕）。

桓武朝の征夷　桓武朝には本格的な征討が胆沢を戦場として、第一次＝延暦八年（七八九）・征軍五万余人、第二次＝同十三年・一〇万人、第三次＝同二十年・四万人の三回行われた。中断期を挟んで一二年間に三回行われたこれらの大征討は、律令国家が奥羽両国はもちろん東国の諸国から多数の軍隊と軍糧・兵器などの多量の物資を徴発して取り組んだ国力を挙げた大事業であり、一方、蝦夷側でも胆沢とその背後の和我・斯波地方の蝦夷が連携して政府軍に当たり、国家と蝦夷勢力が総力を挙げて対抗する全面的な戦争であったが、国家はこの戦争を勝ち抜いて、Ⅴ区の胆沢から斯波に至る北上川中流域をその版図に加えた。蝦夷勢力の敗北は、征討による蝦夷社会の荒廃とともに、第一次征討以後、斯波村やさらに北方の蝦夷が帰服し（『類聚国史』延暦十一年正月丙寅・十一月甲寅条）、蝦夷勢力の大連携が破れ、胆沢の蝦夷が孤立したことも原因であった。新しい版図の支配の拠点として、延暦二十一年（八〇二）に胆沢城、同二十二年に版図の北端に志波城を造営し、同二十三年までに坂東など一〇国から浪人四〇〇〇人を移住させて胆沢・江刺郡を設置した。

帰服した蝦夷集団は、原住地から切り離して弱体化するために諸国に移配された。蝦夷の諸国移配は八世紀から行われていたが、延暦十三年の第二次征討以後本格化した。蝦夷を原住地から切り離すのに諸国移配の方策をとったのは、移配した蝦夷には定着のために禄物・食料などを支給しなければならず、多くの蝦夷が帰服したのでその財政的な負担が重く、その負担を諸国に分担させるためであり、移配国はほぼ全国にわたった。帰服蝦夷の諸国移配は、在地の蝦夷社会の秩序を破壊することになった。

一方出羽国では同二十一年に4区横手盆地の南部にあった雄勝城を、その北部に移して造営した。すなわち払田柵遺跡である。払田柵遺跡の比定については諸説があるが、年輪年代学による出土柵木の検討によって造営年代が八〇一年であること、延暦二十一年（八〇二）の雄勝城への鎮兵粮の運送が同城の造営のためと考えられることなどから（『日本紀略』延暦二十一年正月庚午条）、盆地南部から移された第二次雄勝城であるとする見解が妥当である（鈴木、一九九八、第一部第五章。熊田、二〇〇三、第二部第二章）。雄勝城の北進は、陸奥国で第四次征討が計画されていたので、争乱の波及に備え横手盆地を北から防御するためである。同二十三年に秋田城の城柵制が停止され、秋田郡が設置されたのは（『日本後紀』延暦二十三年十一月癸巳条）、出羽国の鎮兵が雄勝城に集中されたためである。

四　辺境支配の変容

辺境支配の再編　近年、熊谷公男をはじめとする諸研究によって、辺境支配が九世紀初めを画期として大きく転換し変質することが明らかになってきた。

延暦二十四年（八〇五）に桓武天皇は、公卿らの徳政相論を受けて、天皇一代の二大事業であった征夷と平安京造営の停止を決定した。そしてこれを画期として九世紀に奥羽の辺境政策は、版図拡大の積極策から現状維持の消極策に転換し、支配体制の再構築へ向かう。この辺境政策転換の原因は、長期間に及んだ征夷による国家財政の窮乏と、奥羽両国、東国、特に坂東諸国への過重な負担による民衆の疲弊である。陸奥国の辺境支配体制の再編は、①軍制・鎮守府官制の縮小、②城柵の整理と再編、③移民の停止による蝦夷を基礎とした支配体制の構築を内容とする。①②については鈴木拓也（一九九八、第一部第四・五章）、②の考古学からの研究については八木光則（二〇〇一・二〇〇二）、全般については熊谷公男の研究（一九九二）によってのべる。

大同元年（八〇六）に鎮兵の徴発を坂東諸国から陸奥国に変更した。これまで鎮兵は坂東諸国を中心とする東国から徴発されていたが、その徴発をやめ、陸奥国の六軍団のうち最南の白河・安積団を解体して鎮兵として徴発することにし、坂東諸国の負担を大幅に軽減したのである。

弘仁二年（八一一）Ⅴ区に和我（和賀）・薭縫（稗貫）・斯波（紫波）郡の三郡を設置し（以下斯波三郡とよぶ）、次いで同年征夷将軍文室綿麻呂がさらに奥地の爾薩体村（岩手県二戸市付近）・弊伊村（岩手県東部海岸）の蝦夷を征討した。この征討は版図の拡大を目指したものではなく、胆沢郡から斯波郡までの版図を安定的に確保するために、桓武朝の征夷で残された周囲の残党の掃討であった。このときの征軍二万余は、これまでの征討とは異なり、奥羽両国のみから徴発し坂東諸国には依存しなかった。

綿麻呂の征討は宝亀五年（七七四）以来、足掛け三八年間続いた陸奥国争乱の終結であり、これに伴い陸奥国の城柵が整理・再編される。弘仁二年から三年にかけて、陸奥国北端の志波城が北辺を流れる雫石川の水害を理由に廃止され、それに代わって南一〇キロメートルに後退して徳丹城が造営された。志波城は規模が一辺八四〇メートルの方形で、多賀城と並ぶ最大級の城柵であるのに対して、徳丹城は一辺三五〇メートルの方形で志波城の五分の一以下の最小規模の城柵であり、志波城から徳丹城への退転は、徳政相論による版図の北進策から現状維持策への転換を象徴的に示す。志波城の廃止とほぼ同時期にⅣ区の伊治城とⅢ区小田郡の中山柵が廃止されたと推測され、陸奥国の城柵はこれまでの六城柵から、国府多賀城と玉造塞・胆沢城・徳丹城の一府三城の体制に整理・再編された。これに伴い、軍制は弘仁三年にこれまでの鎮兵三八〇〇人、軍団四団兵士四〇〇〇人から、鎮兵一〇〇〇人、二団二〇〇〇人に大幅に縮小され、陸奥国の負担軽減が図られた。

城柵の官制は八世紀以来鎮官兼任国司が城司として城柵に駐在したが、Ⅴ区の版図の拡大に伴い、大同三年（八〇八）に鎮官が国司と別任されるようになり、胆沢城に鎮守府が移されて鎮守将軍が同城に、副将軍が志波城に城司として駐在するようになり、ここに国府と鎮守府が分離することになった。また同年から、分離した国府と鎮守府を上から統一的に管轄するために、陸奥守の兼任であった陸奥按察使（あんせちし）が別任されるようになった。弘仁三年の鎮兵制の縮小に伴い、同年に鎮守府の官制がこれまでの将軍・副将軍・軍監・軍曹の四等官制・六員から副将軍を除いた三等官制・四員に縮小され、徳丹城には軍監か軍曹が城司として駐在することになったであろう。

弘仁六年に長上勤務で負担の重い鎮兵制を廃止し代わって健士（けんし）制を創設し、健士・兵士による城柵鎮守体制を作った。健士はこれまで兵役を免除されていた勲位者を徴発したもので、二〇〇〇人を四番交替で上番させ一番人数は五〇〇人であり、軍団兵士はこれまでの二団二〇〇〇人から六団六〇〇〇人とし、六番交替で一番一〇〇〇人である。これら兵士一〇〇〇人・健士五〇〇人を、それぞれ胆沢城に兵士四〇〇人・健士三〇〇人、玉造塞に兵士一〇〇人・健士二〇〇人、多賀城に兵士五〇〇人を配備した。この軍制が九世紀の基本的な枠組みとなる。

延暦二十一年の胆沢への移民を最後として、これまでの辺境支配の根幹となっていた移民政策が停止された。移民政策は八世紀半ば以降行きづまっていたが、移民を供給する坂東を中心とする東国の荒廃のためについに停止に至った。そして移民に代わって、俘囚が城柵支配の基礎に位置づけられることになる。弘仁二年の征討では俘囚軍が大きな働きをしていたし、斯波三郡は俘囚を編成した郡であり、同六年の軍制改革で正規軍が配備されなかった徳丹城は、俘囚軍によって鎮守されたと推測される。城柵支配の基礎の移民から俘囚への転換は辺境支配の大きな転換であった。

征夷の終結は出羽国にも影響を及ぼした。征夷の終結によって雄勝城への鎮兵の集中が解消されたので、弘仁二―三年（八一一―八一二）頃に秋田城の城柵制が復活し造営が行われた（秋田城跡Ⅲ期）。出羽国府は和銅元年（七〇八）

の出羽柵以来3区庄内平野におかれていたが、弘仁六―十年に出羽郡井口（いぐち）に移された。すなわち城輪（きのわ）柵遺跡である。国府は仁和三年（八八七）に城輪柵遺跡の東の丘陵の八森（はちもり）遺跡（山形県酒田市・旧八幡（やわた）町）に一時移されるが、後に城輪柵遺跡に戻された（今泉、一九九五〔本書第三編第三章〕）。出羽国では九世紀以降、庄内平野の国府と秋田城・雄勝城（払田柵遺跡）の一府二城体制が維持される。以上のようにして、徳政相論後の九世紀の奥羽両国の辺境支配体制が再編された。

辺境の騒乱　征夷終結後の奥羽辺境社会は支配体制の再編にもかかわらず、政治的に不安定な状況が続き、陸奥国で承和三年（八三六）―斉衡二年（八五五）頃に奥郡各地で騒擾が起き、出羽国でも元慶二年（八七八）に俘囚の大乱（元慶（がんぎょう）の乱）が起きた。

陸奥国では承和三―七年、斉衡元―二年の二度にわたり、鎮守府管轄下のⅤ区からⅣ区の栗原・桃生郡、Ⅲ区の黒川以北一〇郡にわたる奥郡一帯で、玉造塞の温泉石神（ゆのいしがみ）（宮城県大崎市・旧鳴子（なるご）町）の鳴動・地震、火星のたび重なる出現などの異変、あるいは不作による飢饉などを契機に動揺が広がり、移民の公民や城柵の兵士が俘囚反乱の流言におびえて逃亡し、また俘囚同士の抗争が起こったりした。この騒擾の基底には、奥郡社会において、「三十八年戦争」の後遺症としての公民と俘囚の対立、俘囚集団同士の対立、諸国移配による蝦夷社会の秩序の破壊に基づく流動的・分散的社会状況などがあった。国家は騒擾に対して、城柵への援兵派遣、給復、賑給などの対策で当面の動揺を抑え、さらに動揺の克服のために支配体制に手が加えられた（熊谷、一九九四・一九九五）。

承和四―六年頃に玉造塞が、また発掘の成果によるとほぼ同時期の九世紀中頃に徳丹城がそれぞれ廃止され、国府多賀城と鎮守府胆沢城の二府二城体制となった。玉造塞の城司の権限は多賀城の守に、徳丹城の城司の権限は胆沢城の鎮守将軍に吸収され、陸奥守と鎮守将軍の権限が強化された。鎮守府がⅤ区全体を管轄することに連動し、胆沢城が九世紀第2四半期（胆沢城跡Ⅱ—a期）に政庁正殿・外郭南門を瓦葺き礎石建ちとし、政庁南門前に中門を設け、政庁東南の官衙を整備するなど全体的に整備された（八木、二〇〇二）。基本的に鎮守府は国府の被管であり、九世紀には財政・軍事上は国に依存していたが、承和元年（八三四）に文書に国印を用いていたのを改め鎮守府印が与えられ、同十年に府掌を、元慶六年（八八二）に陰陽師をおいて機構の上で整備がはかられ、国府からの分離が進められた。また弘仁二年（八一一）の征討以来の施策を引き継いで、承和期には斯波郡の新興俘囚豪族である吉弥侯氏に物部斯波連賜姓、外従五位下叙位などを行ったことから知られるように（『続日本後紀』承和二年二月己卯・同七年三月戊子条）、鎮守府支配の基礎に新興俘囚豪族層を登用して彼らの支配力と武力を利用することがいっそう進められた。胆沢城跡出土の木簡によると、九世紀末には新興豪族の吉弥侯氏を鎮守府書生に任じ、和我郡から鎮守府に白米が貢進されており、鎮守府が斯波三郡を直接支配するとともに、俘囚豪族層を登用して彼らを基礎にする鎮守府の支配体制を構築し、このことによって九世紀中頃の奥郡騒擾を克服していった（熊谷、一九九五）。

一方出羽国では、元慶二年（八七八）の元慶の乱、天慶二年（九三九）の天慶の乱と二度の俘囚の反乱が起こった。元慶の乱は、秋田城支配下でその北の八郎潟周辺と米代川流域の一二村の俘囚が、秋田城と秋田郡家を襲って焼亡させた反乱で、一時反乱軍の勢いは盛んで、秋田城の地を含む雄物川以北の地域を俘囚の支配領域とすることを要求した。この反乱は前年の凶作が契機になっているものの、その基底には、王臣家の馬や鷹などの北方の特産物に関する略奪的な交易、さらにそれに関連する秋田城司など国司らの苛政と収奪に対する俘囚の反発があったのである。この反乱の帰趨に北の津軽の俘囚、渡嶋の狄の動向が関係していたのは、彼らも朝貢・交易によって秋田城と密接な関係をもっていたからである。九世紀初めまでの蝦夷の反乱が国家の移民による侵略に対する抵抗であったの対して、元慶の乱は交易をめぐる国司と王臣家の収奪に対する抵抗という点で新しい形の反乱であった。天慶の乱も秋田城をめぐる反乱ということからみて同様の様相のものと考えられる（新野、一九八九。熊田、二〇〇三、第三部。秋田市、二〇〇四、第七章第三節）。

蝦夷との交易　八世紀末以降、奥羽の辺境では国司や王臣家による蝦夷との交易がその社会に様々な問題を引き起こした。奥郡の蝦夷が生産する馬、鷹、昆布、渡嶋狄の羆（ひぐま）・葦鹿（あしか）・独犴（どくかん）（野犬）の皮などは都で珍重される物産で、国家はこれらを蝦夷の朝貢の際の貢進物（ツキ）として収取した。朝貢した蝦夷は、饗給において饗宴と禄を賜与され叙位され、饗宴と禄物の財源には調庸物を当てたから、蝦夷の朝貢・饗給は調庸物を財源とする国家的交易ととらえることができる。宝亀五年（七七四）に蝦夷の京への朝貢が停止され、朝貢が国府・城柵への朝貢に一本化されると、従来饗給の財源に調庸物の一部を当てていたのがすべてを当てるようになり、また本来政府が掌握していた蝦夷への叙位の権限を国司が握るようになって、朝貢・饗給を場とする交易は国司の裁量で行われるようになり、これを請け負う国司に大きな利益をもたらす利権となっていった。延暦二十一年（八〇二）頃に京の王臣家が秋田城に朝貢する渡嶋狄の貢進物の良皮を交易することがあり、朝貢・饗給が王臣家の私的交易の場ともなっていた。これとは別に王臣家と国司は、特に馬を求めて私的な交易をし、延暦六年（七八七）、弘仁六年（八一五）、貞観三年（八六一）と相次いで禁令が出された（鈴木、一九九八、第二部第二章）。

また、奥羽の辺境には百姓・蝦夷のあいだに交易に従事する有力者が出現し、彼らの中には奥羽と京の間を往還して活動する者、また百姓の中には国司と結託した「商旅之輩」とよばれる専門的な交易者も現れた（『類聚三代格（るいじゅさんだいきゃく）』承和二年十二月三日官符）。蝦夷側では交易で入手した鉄は農具に作り替えられ、それは生産力の向上をもたらすという面もあったが、国司・王臣家の交易は公権を背景とした略奪的なものであったから、蝦夷の社会に騒擾を引き起こし反乱の原因になったのである。

鎮守府将軍と出羽城介の辺境支配　一〇世紀以降の胆沢城と秋田城の辺境支配については、遠藤巌の研究（一九八六）を継承した熊谷公男の見解（一九九四）が有力視されている。すなわち、陸奥国では九世紀以来形成された蝦夷系豪族を基礎にする鎮守府支配体制を前提として、一〇世紀初めに鎮守府将軍が、奥六郡（胆沢・江刺・和賀・稗貫・紫波郡と一〇世紀初め設置の岩手郡）を支配領域として、独立した軍事権と、租税・徭役の収取と蝦夷との交易に関する一定の権限を持ち、受領官陸奥守の下位の徴税請負人として位置づけられ、国府に対して相対的に独立する職務権限を持つ受領官的性格を持つようになり、一方出羽国では同じく一〇世紀初めに秋田城司を継承した出羽城介が、秋田・河辺郡と雄勝城司所管の山北三郡（雄勝・平鹿・山本郡）を支配領域として、同様の支配体制を形成した。このような支配体制は一一世紀半ばまで存続し、鎮守府と秋田城の在庁に組織された蝦夷系豪族から、それぞれ安倍氏と清原氏が成長してくるという見解である。

この見解に対して渕原智幸は、鎮守府・秋田城は一〇世紀以降も国府の被管でそれぞれの管郡を持つことはなく、辺境における外交・軍事・交易センターであり、遠藤・熊谷がいうような鎮守府・秋田城支配体制論は成立しないと批判した（渕原、二〇〇二・二〇〇四）。渕原の批判は史料解釈に関して聞くべき点があるが、熊谷は鎮守府将軍が陸奥守の被管で任用官であり、受領官ではないことを認めた上で、国府に対して相対的に独立的な職務権限を有するとしているのである。両者の大きな違いは鎮守府が奥六郡を支配領域としていたか否かという点にあり、渕原の最大の批判点は和賀・稗貫・紫波・岩手郡の四郡が貞観初めに廃絶して、『延喜式』民部式で支配から脱落していたという点にあるが、これら四郡は俘囚郡で律令制的収取が行われなかったので、民部式に収載されなかったと考えられる。八世紀の城司制以来、城司は守の被管として管郡を持っていたから、一〇世紀に鎮守府将軍が陸奥守の被管として奥六郡を支配領域とし、職務権限の独立性を高めていったと考えられ、熊谷の見解はおおすじで認められる。

一〇世紀後半を通じて、奥羽の城柵遺跡は大部分廃絶し、ここに古代的な辺境支配は終焉を迎え、そして一〇世紀後半あるいは末に、陸奥国では安倍氏が鎮守府の在庁から、また出羽国では同じころ清原氏が秋田城の在庁から台頭し、新しい支配を形成してくることになる。

おわりに

古代国家が中華思想に基づき帝国型国家を構築するのに伴って、大和政権の国造制支配から取り残された東北地方の住人は、政治的に夷狄の一つの蝦夷として位置づけられた。七世紀半ばに律令国家の建設が開始され陸奥国と越国が設置されるのと前後して、蝦夷の地への領域拡大をめざした辺境政策が本格的に開始され、九世紀初めまでの一世紀半の間進められる。この政策は大和政権の東国進出を引き継ぎ、新たに王化思想を基礎に、陸奥と越羽で併行して段階的に、城柵設置と移民という方式で進められ、奥越羽の当事国はもちろん、坂東、東国の人と物資を投入して行われた国家的な大事業であった。最終的に陸奥では北上川中流域、出羽では秋田平野までを版図としたが、国家財政の窮乏と過重な負担による民衆の疲弊のために延暦二十四年（八〇五）に版図拡大の積極策から現状維持の消極策に転換し、九世紀に辺境支配の再編が進められた。一〇世紀に入って、胆沢城の鎮守府将軍と秋田城の出羽城介が、守の被管でありながら相対的に職務権限の独立性を高めてそれぞれの領域を支配するようになるが、一〇世紀後半を通じて城柵の施設は廃絶し、古代的な辺境支配は終焉を迎える。これに代わって一〇世紀後半から末にかけて、両城の在庁に登用された俘囚系豪族の中から、安倍氏と清原氏が成長し、安倍・清原・平泉藤原氏と続く新しい時代へ移っていく。

引用・参考文献

秋田市、二〇〇四年『秋田市史Ⅰ　先史・古代通史編』。

飯村均、二〇〇五年『律令国家の対蝦夷政策―相馬の製鉄遺跡群』新泉社。

今泉隆雄、一九八六年「蝦夷の朝貢と饗給」『東北古代史の研究』吉川弘文館〔本書第一編第三章〕。

今泉隆雄、一九九〇年「古代東北城柵の城司制」『北日本中世史の研究』吉川弘文館〔本書第二編第二章〕。

今泉隆雄、一九九二年「律令国家とエミシ」『新版古代の日本⑨　東北・北海道』角川書店〔本書第一編第一章〕。

今泉隆雄、一九九四年「律令における化外人・外蕃人と夷狄」『中世の政治と宗教』吉川弘文館〔本書第一編第四章〕。

今泉隆雄、一九九五年「秋田城の初歩的考察」『律令国家の地方支配』吉川弘文館〔本書第三編第三章〕。

今泉隆雄、一九九九年「律令国家と蝦夷」『宮城県の歴史』山川出版社。

今泉隆雄、二〇〇一年「多賀城の創建―郡山遺跡から多賀城へ」『条里制・古代都市研究』一七〔本書第三編第二章〕。

今泉隆雄、二〇〇五年「古代国家と郡山遺跡」『仙台市文化財調査報告書二八三　郡山遺跡発掘調査報告書―総括編』仙台市教育委員会〔本書第三編第一章〕。

遠藤巌、一九八六年「秋田城介の復活」『東北古代史の研究』吉川弘文館。

熊谷公男、一九八六年「阿倍比羅夫北征記事に関する基礎的考察」『東北古代史の研究』吉川弘文館。

熊谷公男、一九九二年「平安初期における征夷の終焉と蝦夷支配の変質」『東北学院大学　東北文化研究所紀要』二四。

熊谷公男、一九九四年「「受領官」鎮守府将軍の成立」『中世の地域社会と交流』吉川弘文館。

熊谷公男、一九九五年「九世紀奥郡騒乱の歴史的意義」『律令国家の地方支配』吉川弘文館。

熊田亮介、二〇〇三年『古代国家と東北』吉川弘文館。

鈴木勝彦・高橋誠明、一九九一年『名生館官衙遺跡Ⅺ』宮城県古川市文化財調査報告書一〇。

鈴木拓也、一九九八年『古代東北の支配構造』吉川弘文館。

新野直吉、一九八九年『古代東北の兵乱』吉川弘文館。

樋口知志、一九九二年「仏教の発展と寺院」『新版古代の日本⑨　東北・北海道』角川書店。

樋口知志、一九九七年「安倍氏の時代」『岩手史学研究』八〇〔『前九年・後三年合戦と奥州藤原氏』高志書院　二〇一一年に再収〕。

渕原智幸、二〇〇二年「平安前期東北史研究の再検討―「鎮守府・秋田城体制」説批判」『史林』八五―三〔『平安期東北支配の研究』塙書房　二〇一三に再収〕。

渕原智幸、二〇〇四年「九世紀陸奥国の蝦夷・俘囚支配―北部四郡の廃絶までを中心に」『日本史研究』五〇八〔『平安期東北支配の研究』塙書房　二〇一三に再収〕。

八木光則、二〇〇一年「城柵の再編」『日本考古学』一二、日本考古学協会。

八木光則、二〇〇二年「徳丹城・胆沢城と蝦夷政策」『古代文化』五四。


【本書編集にあたっての注記】

初出稿は『列島の古代史―ひと・もの・こと　1　古代史の舞台』（二〇〇六年、岩波書店）に掲載。著者自身による補訂稿は存在せず、初出稿を掲載した。ただし初出稿は藤沢敦氏との共著であるため、著者の単独執筆部分（原論文第四〜第七節）を掲載した。共同執筆部分である「はじめに」については藤沢氏の了解のもと全文を掲載し、「おわりに」および参考文献については著者の担当にかかる部分のみを掲載した。なお初出稿に付けられたコラム「仙台郡山遺跡と辺境支配」は、本書第三編第一章の内容と重複するため本書では省略した。

第三章　蝦夷の朝貢と饗給

序　言

石母田正氏は、律令制の基本的特徴の一つが、天皇または国家の統治権のおよぶ範囲を「化内」とし、その外部の領域を「化外」として区別するところにあり、「化外民」は「隣国」（＝大唐）と「諸蕃（蕃国）」（＝朝鮮諸国）と「夷狄」（＝蝦夷・隼人など）の三つに区分できると論じた。[(1)][(補注1)] これら化外民のうち、諸蕃と夷狄の政治的支配にとって、朝貢と饗給が重要な意義をもった。「朝貢」とはいうまでもなく、「来朝貢献」（『続日本紀』宝亀十一年五月甲戌条）することであり、「饗給」とは聞きなれぬことばであるが、『養老令』職員令大国条に定める律令用語で、饗宴と禄物を賜与することである。朝貢と饗給によって、天皇・国家と諸蕃・夷狄との間に支配と服属の関係が形成され、維持されるのである。本論は、諸蕃・夷狄のうち、七世紀から九世紀に至る蝦夷の朝貢と饗給について論じようとするものである。これまでこの問題に関する論考は乏しいので、基礎的事実の確定に多くの紙幅を費やさなければならない。この問題の究明は、蝦夷の支配と服属の性格の一端を明らかにするであろう。

ところで近年中世史研究においては、社会史的関心から、起請文による誓約、文化人類学の贈与交換論による饗宴の研究などが進められている。[(2)] 筆者は、このような関心や方法に依拠して論ずる用意も意図ももたないが、蝦夷に限定してではあるが、古代におけるこれらの問題に関する素材を提供することはできるであろう。

一　朝　貢

蝦夷は定期的な朝貢を課された。蝦夷と同じく「夷狄」とされた隼人、また「諸蕃」とされた新羅・百済・高句麗・渤海などの諸国も使を遣して朝貢した。本節は、蝦夷の朝貢の解明を目的とするが、その特質を究明するために隼人・新羅の朝貢についてもあわせて考察することとする。その際、これら三者の朝貢は、それぞれ七世紀と八世紀の間で変化がみられるので、その点に留意することとする。

蝦夷の朝貢　蝦夷の朝貢については、京への朝貢と、国府・城柵などの地方官衙への朝貢の二つの形態がある。〈上京朝貢〉上京朝貢は、『日本書紀』応神三年十月癸酉条を初見として、『続日本紀』宝亀五年（七七四）正月丙辰条まで三〇回の記録がみえる。『日本書紀』応神三年条、敏達十年閏二月条はそれぞれ興味深い内容をもつが、清寧四年八月癸丑条、欽明元年三月条の蝦夷・隼人の内付記事は造作の疑いがかけられ、史料の信憑性に問題があり(3)、事実として信拠できるのは、皇極元年（六四二）九月、十月の越辺蝦夷の内付と来朝・賜饗の記事以降であろう。これ以降の朝貢記事を拾うと七世紀に一八回、八世紀に七回みえる（第4表）。

さてこの蝦夷の朝貢は、八世紀はもちろん、すでに七世紀後半から毎年定期的に行なうのが原則であったと考える。比較的記録の整っていると思われる(4)『続日本紀』の朝貢記事は、文武元年（六九七）から宝亀五年（七七四）までの七八年間に一二回みえるが、養老三年（七一九）から神護景雲二年（七六八）までの五〇年間は全く空白で、文武朝・和銅～養老の奈良時代初頭と、神護景雲・宝亀の奈良時代末葉に偏在している。このような記事のかたよりからみて、

第4表　蝦夷の朝貢

年次	内容	備考
皇極　元(六四二)	九・二一、越辺蝦夷数千人内付す。一〇・一二、朝に饗す。一〇・一五、蘇我大臣家に饗す。	
大化　二(六四六)	一、蝦夷親付す。	
斉明　元(六五五)	七・一一、越蝦夷九九人、陸奥蝦夷九五人を難波朝に饗す。柵養蝦夷九人、津刈蝦夷六人に冠二階を授く。	
四(六五八)	七・四、蝦夷二百余人闕に詣でて朝献し、賜饗・賜物す。柵養蝦夷・渟代郡領・津軽郡領・都岐沙羅柵造・渟足柵造に冠位を授け、また兵器を賜う。	阿倍比羅夫第一回遠征による
五(六五九)	三・一七、陸奥・越蝦夷を甘檮丘の東の川原に須彌山を造って饗す。	
六(六六〇)	五、阿倍比羅夫、夷五十余人を献ず。粛慎四七人を石上池に須彌山を作って饗す。	阿倍比羅夫第三回遠征による
天智　七(六六八)	七、夷を饗す。	
一〇(六七一)	八・一八、蝦夷を饗す。	
天武　五(六七六)	一一、粛慎七人、新羅使に従いて来る。	
一一(六八二)	三・二、陸奥国蝦夷二二人に爵位を賜う。	
持統　二(六八八)	一一・五、蝦夷百九十余人、調賦を負い荷いて誄す。一二・一二、蝦夷男女二一三人を飛鳥寺西槻下に饗し、冠位を授け、賜物す(天武崩御による)。	
三(六八九)	七・二三、越蝦夷に賜物す。	
一〇(六九六)	三・一二、越渡嶋蝦夷と粛慎に賜物す。	以上『日本書紀』
文武　元(六九七)	一〇・一九、陸奥蝦夷、方物を貢ず。 一二・一八、越後蝦狄に賜物す。	
二(六九八)	六・一四、越後国蝦夷、方物を献ず。	

三(六九九)	一〇・二三、陸奥蝦夷、方物を献ず。四・二五、越後蝦狄一〇六人に爵を賜う。	
和銅　三(七一〇)	一・一、蝦夷・隼人、大極殿・朝堂の朝賀に参列す。一・一六、朝堂で賜饗・叙位・賜禄。	
霊亀　元(七一五)	一・一、陸奥・出羽蝦夷、南島人ら大極殿・朝堂の朝賀に参列し方物を貢ず。一・一五、授位。	以上『続日本紀』
養老　二(七一八)	八・一四、出羽・渡嶋蝦夷八七人、来たり馬千匹を貢ず。賜禄・授位。	『扶桑略記』
神護景雲三(七六九)	一・二、陸奥蝦夷、大極殿・朝堂の朝賀に参列す。一・七、緋袍を賜う。一・一七、朝堂にて賜饗・叙位・賜物。	
宝亀　三(七七二)	一・一、陸奥・出羽蝦夷、大極殿・朝堂の朝賀に参列す。一・一六、叙位・賜物。帰郷す。	
四(七七三)	一・一、陸奥・出羽夷俘、大極殿・朝堂の朝賀に参列す。一・一四、叙位・賜禄。帰郷す。	
五(七七四)	一・一五、出羽蝦夷・俘囚を朝堂に饗す。叙位・賜禄。	
	一・二〇、蝦夷・俘囚の入朝を停む。	以上『続日本紀』

注(1)　内容の項の冒頭の数字は月日あるいは月を示す。
(2)　同一時の来朝に関する事項は連続して記した。
(3)　『日本書紀』斉明五年是歳条の蝦夷・隼人の朝献記事は除いた。
(4)　養老二年年八月十四日条については注(4)を参照。

『続日本紀』の蝦夷朝貢の記録は実際行なわれたすべてを記録したものではないことはいうまでもない。このような朝貢記録の性格をふまえながら、朝貢の毎年定例が原則であったとする根拠は次の三点である。(イ)連年朝貢の実例があることである。八世紀では陸奥蝦夷が宝亀三・四年、出羽蝦夷が宝亀三・四・五年、七世紀では陸奥蝦夷が文武元・二年、越後蝦狄が文武元・二・三年に、それぞれ連年朝貢している。これらは、前述の記録のかたよりからみて、毎年朝貢の行なわれている中でたまたま記録されたものと解釈すべきである。(ロ)宝亀五年（七七四）正月庚申詔によって蝦夷・俘囚の入朝が停止されるが（『続日本紀』）、このような命令が特に発令されたのは、定期的朝貢が行なわれていたからにほかならない。そのことは、入朝停止以後蝦夷・俘囚の入朝の際には、わざわざ入朝の命令あるいは許可をだすことが必要であったことと比較すれば一層明らかであろう。[5] (ハ)後述のように、八世紀において入朝の蝦夷は元日朝賀などの諸行事に参列することになっているから、その入朝時期はほぼ一定していたと考えられる。この入朝時期の固定は定期的朝貢を想定させる。以上の三点から、蝦夷の朝貢は毎年行なうのが原則であったと考えられるが、次に問題なのはその開始の時期である。

確実には、(イ)の文武朝の連年朝貢の記事によって文武元年（六九七）まで溯るが、さらに『日本書紀』斉明五年（六五九）七月戊寅条所引の伊吉連博徳書の記載から七世紀中葉の斉明朝まで溯ると考える。すなわち、斉明五年七月派遣の遣唐使は、道奥蝦夷男女二人を帯道したが、博徳書はこの時の唐天子と使人の問答を記録している。その中に唐天子の「蝦夷幾種」という問に対して、使人が「類有㆓三種㆒、遠者名㆓都加留㆒、次者麁蝦夷、近者名㆓熟蝦夷㆒、今此熟蝦夷、毎歳入㆓貢本国之朝㆒」と答えたと記している。すなわち、都加留（津軽）、麁蝦夷、熟蝦夷の三類の蝦夷のうち、最も近い熟蝦夷は本国の朝庭に毎年入貢していたというのである。よし『博徳書』が入唐中の事実を正確に伝えているとしても、[6] この蝦夷の入唐帯同そのものが、大唐帝国に対して、わが国の支配権が夷狄にも及ぶという、日本の小帝国たる立場を誇示しようと意図したものであろうから、この使人の言は慎重に吟味されねばならないが、次の点から信拠できると考える。すなわち、周知のように斉明朝には阿倍比羅夫による日本海沿岸の遠征が行なわれ、その成果として蝦夷が入朝するが、それ以外に遠征の成果とは考えられない朝貢の記事があり、これは定例的朝貢と考えざるを得ない。いうまでもなく斉明朝の阿倍比羅夫の遠征記事については、史料解釈によって遠征の回数などに論争があり、一回説、二回説、三回説などがある(7)。ここではこの論争にたちいらないが、私は、井上光貞氏の、坂本太郎氏の史料論（注(3)論文）をふまえた上での斉明四年、五年、六年の三回の遠征を考える見解(8)が妥当と考える(補注2)。斉明朝の蝦夷来朝のうち『日本書紀』斉明四年七月甲申条の来朝は同年四月条の第一回遠征、斉明六年五月条の夷・粛慎の来朝は同年三月条の第三回遠征の成果にそれぞれ当るが、斉明五年三月甲午条の陸奥と越の蝦夷の甘檮丘の東の川上の須彌山における賜饗は、第二回の遠征が同五年三月条にかけられているから、第二回遠征の結果とは考えられず、従ってこれは定例的朝貢と考えざるを得ない。この来朝記事は内容が具体的であるから、簡単に造作と否定することも、恣意的に日付を動かすこともできないであろう。阿倍比羅夫遠征以前の斉明元年七月己卯条の越蝦夷・陸奥蝦夷の来朝記事も具体的な内容をもつから簡単に否定できず、定例的朝貢とみることができる。博徳書の毎歳入貢の記載は孤立しているようにみえるが、それから三八年後の文武元年（六九七）には毎年朝貢が確認できることをふまえ、さらに斉明朝における遠征の結果によらない朝貢の事例からみて、その信憑性を確認することができるのである。そのような眼でみる時、舒明九年是歳条の「是歳、蝦夷叛以不レ朝」、また斉明四年七月甲申条の「蝦夷二百余詣レ闕、朝献、饗賜贍給有レ加二於常一」の記述がいずれも定例的朝貢を前提としていることは注意されよう。後者は斉明朝における定例的朝貢を傍証する。前者のみから七世紀前半における定例的朝貢を主張することはむずかしいが、『日本書紀』の編纂された八世紀初頭以前の定例的朝貢の事実をふまえた表現とみることは許されよう。以上によって、蝦夷の毎年朝貢の原則がおそくとも七世紀中葉斉明朝には始まり、宝亀五年（七七四）まで続けられたと考える。もちろんここでのべるのは原則の問題であるから、個別的な事情によって、朝貢が行なわれない年もあり、この間必ず毎年朝貢があったとは考えていない。

次に蝦夷の朝貢の諸行事について明らかにする。七世紀については、方物あるいは調賦の貢進、賜饗、賜物、授位の記録が断片的にみえるが、次の例や八世紀のあり方からみて、蝦夷の方物（調賦）の貢進に対して、賜饗、賜物、授位などを行なうのが通例であると考える。このようなあり方を明らかにしてくれるのが、斉明四年（六五八）と持統二年（六八八）の朝貢である。斉明四年七月甲申条に蝦夷二百余人の朝献を記すが、前記の如くこれは阿倍比羅夫の第一回遠征の成果で、定例的朝貢ではないが、朝貢の諸行事については変らないであろう。この時は、蝦夷の「詣㆑闕朝献」すなわち貢進物貢献に対して、「饗賜贍給」すなわち賜饗と賜物、さらに授位と兵器の賜与を行なっている。前引した「饗賜贍給有㆑加㆓於常㆒」の文言を信ずれば、定例的な常の朝貢にも饗宴と禄物の賜与をしていたと考えられる。持統二年の朝貢も、天武崩御の殯に関わる特殊な例であるが、十一月五日蝦夷百九十余人が調賦を負い荷って誄し、十二月十二日飛鳥寺西槻下で賜饗、さらに授位・賜物に預り、やはり調賦貢進に対して、賜饗・賜物・授位されるあり方がうかがわれる。

これら朝貢の行事の場については、皇極元年十月甲午条に「朝」において、斉明元年七月己卯条に「難波朝」においてそれぞれ蝦夷を饗し、同四年七月甲申条に「闕」に詣でて朝献し、賜饗・賜物され、同五年三月甲午条に「甘檮丘東之川上」に須彌山を造って蝦夷を饗し、同六年五月条で「石上池辺」に須彌山を作って粛慎を饗し、持統二年十二月丙申条に「飛鳥寺西槻下」で饗して授位・賜物したという史料がある。このうち「闕」は宮のどのような施設をさすか明確でないが、「朝」「難波朝」は朝堂と朝庭（朝堂に囲まれた庭）に当てることができよう。ことに斉明元年の「難波朝」については、前年白雉五年十二月己酉に倭河辺行宮に遷宮しているにもかかわらず、難波宮を用いたのは、新宮の後飛鳥岡本宮が未完成であった[9]からと解釈できるから、「難波朝」は難波宮の中枢部の朝堂と朝庭（具体的には発掘調査によって検出した前期難波宮）であろう。ここで注目したいのは、斉明五年以降、「甘檮丘東之川上」

「石上池辺」に須彌山を作り、また「飛鳥寺西槻下」を用いていることである。第二節でのべるように、これらは飛鳥寺の西の地域に当り、斉明三年以降、夷狄の朝貢行事の場に用いられるのであり、朝堂と異なった場を用いることに注目すべきである。ただこれら史料の多くは饗宴に関するもので、朝貢に関しては斉明四年の「闕」の史料があるだけであるから、朝貢の場は朝庭である可能性もあり、この点は留保しておきたい。

八世紀になると蝦夷の朝貢は変化する。すなわち、陸奥・出羽の蝦夷・俘囚、夷俘が正月前に上京し、元日朝賀に参列し、さらに正月節日の饗宴に列席して、賜禄、叙位に預るのが通例となる。八世紀の最初の朝貢記事である和銅三年（七一〇）の例によると、正月朔日の朝賀に天皇が大極殿に出御し、臣下が拝朝するのに蝦夷・隼人も参列した。その際左・右将軍に率いられた騎兵が皇城門（朱雀門）外の朱雀路に陳列し、それに従って蝦夷・隼人は入門し朝庭に入った。正月十六日に天皇が重閣門（大極殿閣門）に出御し、蝦夷・隼人は文武百官とともに朝堂で宴を賜り、叙位・賜禄に預った。また諸方楽が奏されたが、この日はのちの踏歌の節会に当る。平城宮遷宮は同年三月十日であるから、この朝貢は藤原宮の大極殿・朝堂でのことである（以上『続日本紀』）。八世紀の七例の朝貢の記録のうち養老二年（七一八）八月乙亥の「出羽幷渡嶋蝦夷」の馬千匹の貢進（『扶桑略記』）を除く、六例はすべて正月行事に参列しているから、正月行事への参列が原則であったと考えられる。養老二年の例は、後述のように、元来地方官衙朝貢をする渡嶋蝦夷が含まれていることからみて、定例的なものでなく特別な朝貢であろう。八世紀にくらべて七世紀においては、来朝月が一定せず、正月行事に参列することはなかった。正月の節宴は、正月十六日（踏歌　和銅三年・宝亀五年）のほか、正月七日（白馬　神護景雲三年）、正月十七日（大射か　同上）に参列することもあった。方物貢進は霊亀元年（七一五）正月甲申朔条にみえるだけである。すなわち大極殿・朝堂における朝賀において、陸奥・出羽蝦夷が奄美・夜久などの南嶋人とともに方物を貢進した。この時も和銅三年の時と同じく、朱雀門左右に陳列した皷吹騎兵に従って朝庭に入った。この例からみて、方物貢進は朝賀における拝朝とともに行なわれたと考えられる。八世紀において方物貢進が一例しか記録されないのは、一般的な朝賀の儀においてなされ、拝朝が重視されるようになったからであろう。八世紀において朝賀・正月節宴は大極殿・朝堂で行なうのが常例であるから、蝦夷の朝貢行事の場は大極殿・朝堂になる。

七世紀と八世紀の朝貢行事をくらべると次のように対応する。

〈七世紀〉		〈八世紀〉
方物貢進	↓	朝賀参列・方物貢進
賜饗・賜物・授位	↓	節宴における賜饗・賜物・授位

方物貢進あるいは朝賀参列に対する、賜饗・賜物すなわち饗給と授位ということでは、基本的に同じでありながら、七世紀には個別に行なわれた朝貢行事が、八世紀には朝廷全体の行事である朝賀・節宴の中に組みこまれることになる。行事の場について、飛鳥寺の西の地域から大極殿・朝堂に変ったのは、このような行事のあり方の変化に対応する。(補注3)

〈地方官衙朝貢〉　蝦夷の地方官衙朝貢については次の三史料がある。

(1)『続日本紀』霊亀元年（七一五）十月丁丑条

（前略）又（陸奥）蝦夷須賀君古麻比留等言、先祖以来、貢㆓献昆布㆒、常採㆓此地㆒、年時不㆑闕、今国府郭下、相去道遠、往還累㆑旬、甚多㆓辛苦㆒、請於㆓閇村㆒、便建㆓郡家㆒、同㆓於百姓㆒、共率㆓親族㆒、永不㆑闕㆑貢、並許㆑之、

これは、陸奥の蝦夷が、先祖以来国府に昆布を貢献していたが、国府まで遠いので閇村に便宜郡家を建てることを申請したものである。(補注4) これによれば、閇村の蝦夷の昆布貢献、すなわち朝貢がこれまでは国府へ、今後は郡家へ行な

われることが明らかである。いうまでもなくこの郡家は正式なものではなかったであろうが。この朝貢は「年時不レ闕」とあるから毎年定例のものであり、また「先祖以来」とあるから、少なくとも七世紀後半から行なわれたと考えてよいであろう。

(2)同宝亀十一年(七八〇)五月甲戌条

勅二出羽国一曰、渡嶋蝦狄早効二丹心一、来朝貢献、為レ日稍久、方今帰俘作レ逆、侵二擾辺民一、宜二将軍国司賜饗之日、存レ意慰喩一焉、

(3)『類聚三代格』延暦二十一年(八〇二)六月二十四日官符

太政官符

禁三断私交二易狄土物一事

右被二右大臣宣一偁、渡嶋狄等来朝之日、所レ貢方物、例以二雑皮一、而王臣諸家競買二好皮一、所レ残悪物以擬レ進レ官、仍先下レ符禁制已久、而出羽国司寛縦曾不二遵奉一、為レ吏之道豈合レ如レ此、自今以後、厳加二禁断一、如違二此制一、必処二重科一、事縁二勅語一、不レ得二重犯一、

延暦廿一年六月廿四日

(2)(3)は出羽の渡嶋蝦狄に関するものである。(2)は宝亀十一年三月の伊治公呰麻呂の乱に関連して発令された勅で、渡嶋の蝦狄は早くから「来朝貢献」しているが、今回の反乱に当って動揺しないように、この時に派遣された出羽鎮狄将軍(『続日本紀』宝亀十一年三月甲午条)と出羽国司が「賜饗之日」に慰喩を加えるように命じたのである。この「賜饗」はいうまでもなく「来朝貢献」した時に行なわれたもので、その時に慰喩を命じられたのが鎮狄将軍と出羽国司であることからみて、この「来朝貢献」が出羽国の官衙に対するものであることは明らかである。(3)は渡嶋狄と

王臣家との交易を禁断した官符である。渡嶋狄が来朝して方物たる雑皮を貢進すると、王臣家が横合いから好皮を買うために、官に貢進する皮が粗悪なものになるというのである。出羽国司がこの交易の禁断に当らないために譴責されていることからみて、この朝貢も出羽国の官衙に対するものである。渡嶋狄の朝貢も、来朝の日に王臣家が来て交易するというのであるから、(10)来朝の期日を定めた定例的なものなのであろう。(2)によれば、渡嶋狄は「早効二丹心一、来朝貢献、為レ日稍久」とあり、渡嶋狄が中央政府と関係をもった最初は、斉明朝の阿倍比羅夫の遠征の時で（『日本書紀』斉明四年四月条、同六年三月条）、さらに養老二年（七一八）八月には出羽蝦夷とともに上京朝貢しているから、すでに七世紀後半から朝貢を始めた可能性がある。

(2)から明らかなように、地方官衙朝貢においても賜饗されている。また後述するように、九世紀には賜禄もされているから、地方官衙朝貢においても上京朝貢と同じく、来朝と方物貢進に対して饗給（賜饗・賜禄）されたのである。朝貢する官衙は、陸奥では国府と郡家が知られたが、後述する如く、九世紀になると胆沢城鎮守府が用いられ、出羽では秋田城の利用が推測される。以上によって、陸奥・出羽両国では八世紀に閇村付近の蝦夷や渡嶋狄が国府・城柵などの地方官衙に朝貢して、饗給されることがあったことが明らかになり、このことはすでに七世紀後半に溯ると推測されるのである。

〈上京朝貢と地方官衙朝貢〉　上京朝貢と地方官衙朝貢は、蝦夷の中央政府に対する政治的隷属度の強弱に対応して行なわれたと考える。八世紀において地方官衙朝貢が確認できるのは、陸奥国の閇村付近の蝦夷と出羽国の渡嶋狄だけである。閇村は、弘仁二年（八一一）の文室綿麻呂の征夷にでてくる幣伊村・弊伊村・遠閉伊村、(11)さらに後世の閉伊郡（岩手県の東部海岸寄りの地方）に当り、(補注4)この地域の征服は延暦年間の坂上田村麻呂の征夷の時に手がつけられ、綿麻呂の征夷によって支配下に入る（『日本後紀』弘仁二年十二月甲戌条）。渡嶋は、男鹿半島、下北半島、北海道など諸説があって確定しないが、元慶二・三年（八七八・八七九）の元慶の乱においてさえも渡嶋の狄は秋田の後背をおびやかす存在であった（『日本三代実録』元慶二年九月五日、同三年正月十一日条）。閇村付近の蝦夷、渡嶋の狄のいずれも奥地にあって、中央政府との間に十分な支配・隷属関係が形成されていないものたちであった。これに対して上京朝貢したのは、前引の斉明五年七月条所引の伊吉連博徳書によれば、都加留（津軽）、麁蝦夷、熟蝦夷の三類のうちの熟蝦夷であり、八世紀においても蝦夷のほかに俘囚、夷俘が上京朝貢していることからみて、中央政府の支配が進展した地域に住し、中央政府との間に一定の支配・隷属の関係が形成された蝦夷であると考えられる。

これらの点からみて、七・八世紀においては、上京朝貢が基本的なもので、地方官衙朝貢は二次的なものと考えられる。しかし、第三節にのべるように、宝亀五年の前者の停止によって、九世紀には後者が重要な位置を占めるようになるのである。

隼人の朝貢　隼人の朝貢についてはすでに中村明蔵氏の優れた研究がある。(12)中村氏は、八世紀を通じて進展する隼人の公民化との関係で朝貢を分析し、朝貢制全般、公民化の過程と朝貢制の変遷などの諸点を解明した。しかし筆者の関心は、朝貢の行事と場、それらの七世紀と八世紀との変化の点にあるので、中村氏の研究を基礎としながらもあらためて考察を加えることとする。

隼人の朝貢記事は、『日本書紀』清寧四年八月癸丑条を初見として、『類聚国史』延暦十二年（七九三）二月己未条まで一九回を算えるが、このうち、前記の如く蝦夷とともに内付したという清寧四年八月条、欽明元年三月条、それに加えて同様の内容の斉明元年是歳条（いずれも『日本書紀』）は史料の信憑性に問題があり、これらを除くと、まず史料的に確実なのは『日本書紀』天武十一年（六八二）七月甲午条で、これ以降七世紀四回、八世紀一二回の朝貢を確認できる（第5表）。

第5表　隼人の朝貢

年次	内容	備考
天武一一(六八二)	七・三、隼人が来たりて方物を貢ず。大隅・阿多隼人が朝庭に相撲す。七・二七、明日香寺の西に饗す。種々楽を奏す。賜禄。	
朱鳥元―持統元(六八六―六八七)	朱鳥元・九・二九、大隅・阿多隼人が誄す。持統元・五・二二、大隅・阿多隼人の魁帥が誄す。元・七・九、隼人の魁帥三三七人に賜物(天武崩御による)。	
持統　三(六八九)	一・九、筑紫大宰粟田真人が隼人一七四人、布・牛皮・鹿皮を献ず。	
九(六九五)	五・一三、大隅隼人を饗す。五・二一、西槻下に相撲す。	以上『日本書紀』
和銅二―三(七〇九―七一〇)	二・一〇・二六、薩摩隼人一八八人が入朝す。騎兵を以て迎う。三・一・一、隼人・蝦夷が大極殿・朝堂の朝賀に参列す。一・一六、朝堂で賜饗・賜禄・叙位。諸方楽を奏す。	
霊亀　二(七一六)	五・一六、薩摩・大隅隼人の在京勤務を六年一替とする。	
養老　元(七一七)	四・二五、大隅・薩摩隼人が西朝にて風俗歌舞を奏す。授位賜禄。	
七(七二三)	五・一七、大隅・薩摩隼人六二四人が朝貢す。五・二〇、風俗歌舞を奏す。賜饗・賜禄・叙位。六・七、帰郷。	
天平　元(七二九)	六・二一、薩摩隼人が調物を貢ず。六・二四、朝庭にて風俗歌舞を奏す。六・二五、叙位・賜禄。	
元(七二九)	七・二〇、大隅隼人が調物を貢ず。七・二二、叙位・賜禄。	
七(七三五)	七・二六、大隅・薩摩隼人二九六人が入朝し、調物を貢ず。八・八、朝庭に方楽を奏す。八・九、二国隼人三八二人に賜爵・賜禄。	
一五(七四三)	七・三、隼人を恭仁京石原宮に饗す。叙位。	
天平勝宝元(七四九)	八・二一、大隅・薩摩隼人が御調を貢じ、土風歌舞を奏す。八・二二、叙位。	

天平宝字八(七六四)	一・一八、大隅・薩摩隼人が在京勤務を相替す。叙位。	
神護景雲三(七六九)	一一・二六、大隅・薩摩隼人が俗伎を奏す。叙位・賜物。	
宝亀　七(七七六)	二・八、大隅・薩摩隼人が朝庭に俗伎を奏す。二・一〇、叙位。	
延暦　二(七八三)	一・二八、大隅・薩摩隼人を朝堂に饗す。叙位・賜物。	以上『続日本紀』
一二(七九三)	二・一〇、大隅隼人が入朝す。叙位。	
二〇(八〇一)	六・一二、大宰府の隼人貢進を停む。	以上『類聚国史』

注(1) 内容の項の冒頭の数字は、年・月・日あるいは月・日を示す。
(2) 同一時の来朝に関する事項は連続して記した。

隼人の朝貢は、京への上番勤務に伴うものであり(注(12)中村論文)、この点が蝦夷と最も異なる点である。中村氏によれば、隼人はすでに五世紀中葉に大和朝廷に服属し、その証として畿内とその周辺地域に移住させられ、屯倉の守衛や宮廷の供奉の諸職務に当てられた(13)。令制下では彼らは隼人司に所属し、隼人の歌舞を教習し、竹笠の製作に当った。この上に、大宰府が本国の隼人を貢進し、一定年限在京させて宮廷の職務につかせる隼人の貢進制が行なわれた。この隼人を今来隼人と称する(14)。この在京勤務の交替要員が上京してくる際、隼人の朝貢行事が行なわれるのである。

(4)『続日本紀』霊亀二年(七一六)五月辛卯条

大宰府言、(中略)又薩摩大隅二国貢隼人、已経㆓八歳㆒、道路遥隔、去来不㆑便、或父母老疾、或妻子単貧、請限㆓六年㆒相替、並許㆑之、

中村氏はこの格によって、在京勤務の年限が六年と定められたと考えている。そしてこれ以後、ほぼ六年をめどとして隼人の朝貢が行なわれ、延暦二十年(八〇一)六月壬寅条「停㆔大宰府進㆓隼人㆒」(『類聚国史』)の命令によって

隼人貢進制が停止され、延暦十二年（七九三）の朝貢が最後となる。

ところで中村氏は、隼人貢進制と朝貢の制度化を八世紀初頭と考えているが、私はすでに天武十一年（六八二）の朝貢から隼人貢進の六年相替の慣例があり、それに基づく朝貢がなされていたと考える。その論拠は、まず天武十一年以降の七世紀の朝貢の間隔がほぼ六年であることである。後述のように、朱鳥元年（六八六）は天武崩御による特別の来朝であるから、これを除くと、定例の朝貢は、天武十一年（六八二）七月―持統三年（六八九）正月―同九年（六九五）五月で、ほぼ六年間隔である。持統九年と和銅二年（七〇九）の間は十四年間空くが、これは大宝二年（七〇二）の隼人の反乱によって（『続日本紀』大宝二年八月丙申朔条）一回朝貢がなかったと解釈できる。従って、天武十一年以降六年ごとの朝貢の慣例が存したと考えることができる。そして、六年間隔の朝貢とは隼人貢進の六年一替制と結びつくわけであるから、七世紀の朝貢も単なる朝貢ではなく、在京勤務に伴うものであると考えられる。このことは持統三年の朝貢が在京勤務の交替要員の貢進と考えられることから証される。

(5)『日本書紀』持統三年（六八九）正月壬戌条

筑紫大宰粟田真人朝臣等、献二隼人一百七十四人、幷布五十常、牛皮六枚、鹿皮五十枚一、

この史料で、筑紫大宰が方物である布・牛皮・鹿皮とともに隼人を「献」ずると表記する点に注目したい。八世紀の隼人の在京勤務の来朝について、前引の霊亀二年格（史料(4)）でも、延暦二十年の入朝停止の格でも、大宰府が隼人を「貢」または「進」ずると記し、持統三年条の表記はこれらと同じである。従って、持統三年の来朝は八世紀と同じく在京勤務交替に伴う朝貢と考えられる。以上から、遅くも天武十一年以降、隼人の六年相替の在京勤務の慣例があり、それに伴う朝貢が行なわれたと考える。霊亀二年格で、前回和銅二年（七〇九）来朝の隼人の在京が「已経二八歳一」とのべるのは、すでに年限に関する何らかの慣例が存したからで、この格はこれまで存した六年一替の慣例

を再確認して明文化したものということができよう。

朝貢の行事についてみると、八世紀においては、隼人が調物を貢進して風俗歌舞を奏上し、これに対して賜饗、賜物、叙位がなされるのが通例である。養老七年（七二三）の例をみると、五月十七日大隅・薩摩二国の隼人が「朝貢」し、二十日饗を賜って、風俗歌舞を奏上し、酋帥らが叙位、賜禄に預り、六月七日帰郷した（以上『続日本紀』）。すべての朝貢の記録にこれら五つの行事を確認できないが、ほぼ定型化したものと考えることができる。

七世紀の朝貢行事については、天武十一年（六八二）の朝貢がまとまった記録をのこす。すなわち七月三日大隅・阿多隼人が来朝して、方物を貢進し、朝庭において相撲を行ない、二十七日明日香寺（飛鳥寺）の西において饗を賜り、「種々楽」を奏して禄を賜った（以上『日本書紀』）。これ以後の三回は詳しい記録を残さないが、まず朱鳥元年（六八六）―持統元年（六八七）の来朝は天武天皇の崩御に伴う特別なもので、朱鳥元年九月二十九日、持統元年五月二十二日の両度にわたって、大隅・阿多隼人が殯で誄を奉り、七月九日賞賜された。持統三年（六八九）は、前記のように、在京勤務の交替の隼人が来朝し、布・牛皮・鹿皮の方物を献じた。持統九年（六九五）は、五月十三日に大隅隼人に賜饗し、五月二十一日「西槻下」で相撲したことを記すだけであるが、これらは朝貢に伴う行事である（以上『日本書紀』）。まとまった記録をのこす天武十一年の例によれば、七世紀の朝貢行事は、隼人の方物貢進、種々楽奏上に対して、賜饗・賜禄されるのが通例である。八世紀と比較すると、方物貢進が調物貢進、種々楽奏上が風俗歌舞奏上に対応し、賜饗・賜禄は同じで、基本的には同じ行事である。ただ七世紀には、相撲を行なうことがあることと、授位の記録がないので授位が行なわれなかったと考えられる点が異なる。

相撲は『日本書紀』垂仁七年七月乙亥（七日）条の当麻蹶速と野見宿禰の相撲の記事が初見であるが、これは八世紀に造作された説話であり[15]、信拠できるのは皇極元年（六四二）七月乙亥（二十二日）条の百済使の饗宴において健児に相撲をとらしめたという記事と、前記の天武十一年、持統九年の隼人の相撲の記事である。七世紀においては、百済使の饗宴や来朝の隼人に相撲をとらしめていることからみて、臨時の行事であった。八世紀以降、七月七日の節日にいわゆる相撲節会として恒例行事化して行なわれるようになり、それに伴って相撲人は諸国から膂力人を召集するようになり(16)、このために隼人による相撲は行なわれなくなる。

七・八世紀を通じて隼人は「風俗歌舞」を奏上する。これは蝦夷にはみられないことである。「風俗歌舞」は「方楽」(『続日本紀』天平七年八月辛卯条)、「土風歌舞」(同天平勝宝元年八月壬午条)、「俗伎」(同神護景雲三年十一月庚寅条など)などともみえるが、いずれも同一のものである。また職員令隼人司条の隼人が教習する歌舞、大嘗祭の十一月卯日の行事の「風俗歌舞」(『儀式』巻三)も同じものである。この隼人の歌舞は、紀・記の兄・海幸彦(火酢命　隼人の祖)と弟・山幸彦(彦火火出見命)の説話に基づくものである。すなわち山幸彦が海幸彦をこらしめるために溺れしめた時、海幸彦が子々孫々「俳優之民」となって奉仕することを誓約し、その誓約に基づき海幸彦が溺れ苦しめられた様を隼人が歌舞をもって演ずるのである(『日本書紀』神代下第十段第四の一書)。隼人の歌舞はこの説話に基づく服属の歌舞なのである(17)。

隼人の朝貢に関して、七世紀と八世紀で異なるのは行事の場である。七世紀においては、天武十一年相撲を「朝庭」で行なっているが、同年の奏楽、賜饗、賜禄は「明日香寺西」で、持統九年の相撲は「西槻下」で行なっている。「西槻」は飛鳥寺西の槻で、隼人の場合も蝦夷と同じく、飛鳥寺の西の地域が用いられた。これに対して、八世紀には原則として大極殿・朝堂を用いた。風俗歌舞奏上においては、天皇が大極殿あるいは大極殿閤門に出御し、隼人が朝庭(朝堂の庭)で歌舞を奏する(『続日本紀』天平元年六月癸未、同七年八月辛卯、延暦二年正月乙巳条)。このほかの歌舞奏上の際に天皇の出御した「重閣門」(同和銅三年正月丁卯条)、「南門」(同宝亀七年二月丙寅条)もいずれも大極殿閤門に当り、また「西朝」（同養老元年四月甲午条）は、平城宮において中央と東に併存した二つの大極殿・朝堂のうち中央のものを指すと推定する。[18] 饗宴の場については『続日本紀』延暦二年（七八三）正月乙巳条に朝堂における隼人の饗宴がみえ、「其儀如レ常」と記すから儀礼とともに場所についても通常朝堂を用いたものであろう。[19] 調物貢進についてはその場を明記した史料がないが、蝦夷の例からみてやはり大極殿・朝堂であろう。

このように隼人の朝貢は、行事の場については蝦夷と同じく七世紀と八世紀の間で変化があったが、しかし、八世紀の隼人の朝貢は、蝦夷とは異なって正月の朝賀・節宴とは別に行なうのが原則であった。八世紀の一二回の朝貢のうち、正月行事に参列したのは和銅二―三年朝貢の時蝦夷とともに参列した例があるだけで、他の朝貢では別個に行なっている。ことに延暦二年（七八三）には正月に入朝していながら正月十六日節宴とは別に賜饗に預っているのである（『続日本紀』延暦二年正月乙巳〈二十八日〉条）。

ところで蝦夷・隼人の朝貢はそれぞれ異なりながら七・八世紀の間で変化がみられるが、それは何によるものであろうか。八世紀型の最初の記録は、蝦夷・隼人ともに和銅二―三年（七〇九・七一〇）で、七世紀型の最後の記録は蝦夷が文武三年（六九九）、隼人が持統九年（六九五）であることからみると、この変化の契機は大宝二年（七〇二）の大宝律令の施行にあるとみるのが妥当であろう。

新羅使の朝貢　諸蕃の中で新羅使をとり上げるのは、七・八世紀にわたって朝貢をしているのが新羅だけであるからである。新羅使の朝貢は、推古朝～持統朝の前期と、文武元年（六九七）～宝亀十一年（七八〇）の後期の二期に分けることができる。文武元年を画期として二期に分けるのは、文武元年から蝦夷と同じく、朝貢行事が独自に行なうものから、朝賀・節宴に組みこまれて行なうように変るからである。しかし実は、後期の朝貢の二二回のうち、正月行事の中で行なわれたのは、最初のうちの文武元―二年、同四―五年（七〇〇・七〇一）、慶雲二―三年（七〇五・

七〇六）、和銅二―三年（七〇九・七一〇）と、最後の宝亀十―十一年（七七九・七八〇）のわずか五回だけで、その間の養老三年（七一九）～宝亀五年（七七四）の間は正月行事と別個に朝貢行事を行なった。私はこのような状況を正月行事参列の原則がなかったのではなく、一度その原則が作られながらも日羅関係の悪化のために崩れたと解釈する。すでに明らかなように、八世紀の日羅関係は、新羅を服属国視する日本と、対等外交を求める新羅のせめぎあいによって悪化する。鈴木靖民氏が明らかにしたように、両国の関係は、養老六年（景徳王元年　七二二）に完成する、新羅慶州の防衛のための毛伐郡城の築城をめぐって、養老二年ごろから緊張しはじめ、さらに天平六年来朝の新羅使から関係の悪化が表面化する[20]（『続日本紀』天平七年二月癸丑条）。これ以降の一一回の新羅使のうち、天平勝宝二年（七五〇）と宝亀十年（七七九）を除き、何らかの問題が生じ、五回は入京も許されなかったのである。日羅関係の緊張しはじめる時期が正月行事不参列が始まる時期とほぼ一致することからみて、前記のように考えられる。また八世紀の渤海使も正月行事に参列するのが原則であったと考えられることも参考になる[21]。以上から、文武元年に新羅使の朝貢行事を正月行事に組みこんで行なう原則が一度作られたと考え、文武元年を画期として重視するのである。

後期の朝貢の行事について、正月行事に参列した慶雲二―三年（七〇五・七〇六）の例でみると、慶雲二年十月三十日に新羅使が来朝して騎兵によって迎えられ、十二月二十七日に入京、三年正月朔日朝賀に列して拝朝、四日調の貢進、七日朝堂において賜饗、賜禄、叙位に預り、十二日勅を賜って帰国した。正月七日は白馬節会であり、このほか霊亀元年（七一五）には正月十六日踏歌節会で賜宴、十七日大射に参列し、宝亀十一年（七八〇）には正月七日白馬節会で賜宴、十六日踏歌節会に参列している（以上『続日本紀』）。正月行事と関係なく朝貢する場合を、日羅関係が好転した天平勝宝四年（七五二）の例でみると、閏三月二十二日大宰府に来朝、六月十四日新羅王子金泰廉らが拝朝し、調物貢進、表文上表を行ない、十七日朝堂において賜饗され、詔を賜って叙位、賜物、七月二十四日難波館において絁布・酒肴を賜った（以上『続日本紀』）。慶雲二―三年の場合と基本的に同じであるが、この例では拝朝、貢調とともに表文を奏上している。新羅使については調物貢進とともに表文（表函）の奏上が重視されているから[22]、これも恒例の行事なのであろう。従って、後期には、正月行事に参列すると否とに関わらず、拝朝、調物貢進、表文奏上をするのに対して、賜饗、賜物されるのが朝貢行事の基本であり、いずれの場合でも拝朝、賜饗の場は大極殿・朝堂であった。

前期については、任那使とともに来朝して行動を伴にした推古十八年（六一〇）の例をみてみる。七月筑紫来朝、九月遣使して京に召し、十月八日迎新羅任那客荘馬之長に率いられた飾馬に迎えられ入京して、安斗河辺館に安置される。十月九日朝庭を拝して、大臣蘇我蝦夷に使旨を奏上して賜禄され、十七日朝において賜饗、二十三日帰国した。この時は調物貢進が記録されていないが、他の年の例からみて行なうのが通例である。「使旨奏上」は、『日本書紀』推古二十九年（六二一）是歳条に「以表(たてまつり)レ書奏二使旨一」とあり、口頭だけでなく文書を伴う新羅使奏上がこの時に始まると記すから、後期の表文上表に当る。また天武朝以降は「請レ政」（『日本書紀』天武五年十一月丁卯、同十四年十一月己巳条）、「奏二請国政一」（同持統元年九月甲申、同九年三月己酉条）が調貢進の時に行なわれ、これは服属国としての新羅が国政を報告することと考えられている[23]。使旨奏上は国政奏請と同じものであろう。前期の朝貢行事も、拝朝、調貢進、表文上表に対して、賜饗・賜禄され、後期と同じである。

前期の行事の場は、後期の大極殿・朝堂の前身である内裏・朝堂を用いたと考える。推古十八年（六一〇）の例では、「朝庭」で拝朝、使旨奏上をし、「朝」において賜饗された。これを行なった小墾田宮は、北に大殿を中心とする内裏、南に庁（朝堂）を置く朝庭を対置する構造で[24]、この朝庭を用いたのである。皇極四年（六四五）の蘇我入鹿斬殺事件の三韓（新羅、高句麗、百済）の進調では、天皇の出御する「大極殿」の前庭で表文奏上をしている（『日本書紀』皇極四年六月戊申条）。この板蓋宮の構造は、前期難波宮と基本的に同じで、内裏が北の正殿区と南の前殿区にわかれ、その南に朝庭を置く構造と推定される（注(18)今泉論文）。この「大極殿」の語は文飾であり、内裏前殿に当り、表文奏上はその前庭で行なったのである。天智朝には行事の場の記載がなく、天武・持統朝には筑紫と難波における饗宴の記載のみで、宮における行事の記録がなく、特異なあり方を示す。あるいはこの時期には、新羅使入京の場合は難波館で、入京せざる場合は筑紫でそれぞれ賜饗されたとも考えるが、宮での行事の記録の闕如から、そこでの行事がなかったともいえないので、この時期の行事の場については留保しておきたい。ただし、蝦夷・隼人のように飛鳥寺の西の地域を用いることはなかったと思われる。

以上をまとめると、新羅使の朝貢は、行事については、前・後期を通じて、拝朝、調貢進、使旨奏上＝表文奏上を行なうのに対して、賜饗・賜物され、蝦夷、隼人の調貢進と賜饗・賜物と基本的に一致する部分が多い。行事の場については、天武・持統朝については確認できないが、大極殿・朝堂とその前身の内裏・朝堂を用い、後期については蝦夷・隼人と同じであるが、前期については飛鳥寺の西の地域を用いないから異なる。文武元年（六九七）を画期として、朝貢行事を正月行事に組みこんで行なうようになるのは、蝦夷の朝貢と軌を一にする興味深い事実である。しかし、蝦夷の変化が大宝律令施行を契機としたものであるのに対して、新羅使の変化はそれより先である。新羅使のこの変化は、持統八年（六九四）十二月の藤原宮遷宮に関係すると考える。藤原宮において初めて大極殿が成立し、国家的な政務、儀式、饗宴の場としての大極殿・朝堂が成立するのである（注(18)今泉論文）(補注5)。

朝貢と服属儀礼　蝦夷、隼人そして新羅使の朝貢行事は、基本的に調物あるいは方物の貢進すなわち朝貢と、それに対する賜饗、賜禄すなわち饗給とからなっているといってよいであろう。この朝貢と饗給がどのような意味をもつのかについて、とりあえず考えておきたい。

いうまでもなく朝貢は服属のあかしとして行なわれたものである。服属国あるいは服属集団が定期的に来朝して貢進物を進めることが、天皇に対する服属の誓約を意味するのである。このことは新羅使の朝貢に最も端的にあらわれている。日本は新羅を服属国として遇し、そのあかしとして朝貢を強制した。日本が朝貢を強制した根拠は、神功皇后の新羅征伐の時、新羅王が降服のあかしとして、以後「伏為㆓飼部㆒、其不㆑乾㆓船柂㆒、而春秋献㆓馬梳及馬鞭㆒」ずるとともに、「復不㆑煩㆓海遠㆒、以毎年貢㆓男女之調㆒」ずることを誓約したことにあった（『日本書紀』神功摂政前紀仲哀九年十月辛丑条）。日本はこの説話的な誓約を再々もちだして、新羅に朝貢を強制しつづけたのである。[25] 新羅の貢進物は「調」とよばれるが、石上英一氏は、「調」が服属国・服属集団の服属儀礼における貢進物の意味をもつことを明らかにしている。[26] すなわち八世紀において、新羅は対等外交をもとめて、貢進物を「修好」に伴う「国信」「信物」、あるいは朝貢に伴わない「土毛」（土地に生ずる産物）と称したが、これに対して日本は「調」と称することを強制する（『続日本紀』天平十五年四月甲午、宝亀元年三月丁卯、同五年三月癸卯条）。「調」は「国信・信物」「土毛」に対して服属のあかしとしての貢進物という特別の意味をもたされたのである。蝦夷・隼人の貢進物も、「方物」のほか「調物」「調賦」「御調」と称され、[27] 従って、彼らの朝貢も服属の誓約の意味をもったことはいうまでもない。持統二年（六八八）十一月己未、天武崩御の殯に蝦夷百九十余人が調賦を「負荷ヒテ」誄した（『日本書紀』）。誄の奉上は服属の誓約の儀礼であり、その際「負㆓荷調賦㆒」っていたことは注目すべきで、蝦夷の調賦が新羅の調と同じく服属のあかしとしての貢進物であることを示す。[28] 以上から、蝦夷、隼人、新羅の朝貢儀礼は、服属集団、服属国が天皇に対する忠誠を誓約する服属儀礼なのである。

隼人は、古い時代に畿内とその周辺に移住して宮廷に勤務させられ、その上に六年ごとに本国から上京して宮廷において風俗歌舞や吠声の職務に従った。これらの職務は、隼人の祖たる海幸彦が山幸彦に降服した時の誓約を根拠として強制されたものであり、[29]宮廷勤務そのものが服属のあかしであった。そしてその上に、交替のための来朝の度に調貢進と風俗歌舞奏上という服属儀礼を繰り返して、天皇への服属を誓約させられたのである。

蝦夷の場合朝貢の根拠となる説話をもたないが、『日本書紀』敏達十年閏二月条によれば、辺境を侵して降服した蝦夷の魁師綾糟らが来朝して、泊瀬川中流に降り、三諸山（三輪山）に向かって「臣等蝦夷、自今以後、子々孫々古語云二生児八十綿連一用二清明心一、事二奉天闕一、臣等若違レ盟者、天地諸神及天皇霊、絶二滅臣種一矣」と誓盟したという。「天闕ニ事（ツカ）ヘ奉（タテマツ）ル」とは、蝦夷の場合朝貢を意味しよう。この史料については熊谷公男氏が詳細に分析しているが（注（28）論文）、蝦夷の朝貢もやはりこのような降服の際の誓約に基づいて行なわれたのであろう。そして、後述の如く、朝貢の際にこのような誓言が行なわれることがあったと考えられる。

ところで、朝貢には必ず饗給が伴っていた。服属儀礼は調貢進や風俗歌舞奏上だけで完結するのではなく、朝貢と饗給を一体的なものとしてとらえるべきである。服属集団、服属国の服属のあかしとしての朝貢に対して、天皇が恩恵として饗宴と禄物を賜与することによって、両者の支配と服属の関係が一層強固になる。すなわち政治的な下位者から上位者への「貢進」と、上位者から下位者への「賜与」を通して、両者の関係が確認されるのである。これを、物の交換によって人間関係が形成・維持されるという、文化人類学の贈与交換の理論を適用して解釈することも可能である。

二　呪術から儀礼へ

前節の検討によって、蝦夷、隼人、新羅使の朝貢が、それぞれ七世紀と八世紀との間で変化があることが明らかになった。蝦夷の朝貢は独自のものから朝賀・節会に組みこまれるものへ、それに伴い行事の場が飛鳥寺の西の地域から大極殿・朝堂へ変化し、隼人についても同様の行事の場の変化がみられる。本節では行事の場の変化に注目して、七世紀の飛鳥寺の西の地域、そこにあった須彌山と大槻の性格を考えることによって、服属儀礼の性格の変化を明らかにする。飛鳥寺の西の地域は倭京との関係で、宮都の問題に関して興味深い問題を含んでおり、その問題や須彌山・大槻についいては別稿で詳論するつもりなので(補注6)、ここでは前記の問題に必要な範囲で、飛鳥寺の西の地域、大槻、須彌山について要約的にのべておきたい。

飛鳥寺の西の地域　飛鳥寺は、南北二・四キロメートル、東西〇・五〜一キロメートルの飛鳥の小平地のほぼ中央に位置する。この場所は、西から甘檮丘が、東からも丘陵がのびて平地の狭くなった所で、現在飛鳥川が、飛鳥寺の西方、甘檮丘の東麓を南から北へ流れる。飛鳥寺について、一九五六〜五七年の奈良国立文化財研究所の発掘調査によって中心伽藍が、その後の調査によって寺域が南北約三二四メートル（三町）、東西二一三メートル（二町）であることが明らかになった(30)。現在飛鳥川は寺域西辺築地から西へ約一八〇〜二二〇メートルに位置する。『日本書紀』にしばしばみえる「飛鳥寺西」の地域は、発掘調査で明らかになった飛鳥寺寺域と飛鳥川とに挟まれた地域と推定される。飛鳥寺の西の地域についいては、前記の蝦夷・隼人の賜饗以外にも史料があるので、まずそれらを整理して第6表として掲げる。これらの史料がすべて同地域に当るか否かは検討を要するが(31)、それは別稿にゆだね、ここでは同一地域のものとして考察を進めることとする。

これらの史料から、飛鳥寺の西の地域について次の三点を指摘しておく。

(イ)　この地域は、b大化元年（六四五）から1持統九年（六九五）まで史料に確認できるから(32)、七世紀後半の半世紀にわたって利用された。この半世紀の間は、宮室が飛鳥を離れた時期を空白期として、A皇極朝（b　飛鳥板

第6表　飛鳥寺の西の地域

	番号	史料（西暦）	内容
A	a	皇極三・正・乙亥（六四四）	**法興寺槻樹之下**の打毱の時、中大兄皇子・中臣鎌子が親交を結ぶ。
	b	大化元・六・乙卯（六四五）	乙巳の変の時、**大槻樹之下**で天皇・皇祖母尊・皇太子・群臣らが天神地祇に誓盟す。
B	c	斉明三・七・辛丑（六五七）	**飛鳥寺西**に須彌山像を作り、且に盂蘭瓫会を行い、暮に覩貨邏人を饗す。
	d	五・三・甲午（六五九）	**甘檮丘東之川上**に須彌山を造り、陸奥・越蝦夷を饗す。
	e	六・五（六六〇）	**石上池辺**に須彌山を作り、粛慎四七人を饗す。
C	f	天武元・六・己丑（六七二）	壬申の乱の際**飛鳥寺西槻下**に近江朝方が軍営を営る。近江朝の興兵使穂積百足が**飛鳥寺西槻下**に斬殺される。
	g	六・二（六七七）	**飛鳥寺西槻下**で多禰嶋人を饗す。
	h	九・七・甲戌（六八〇）	**飛鳥寺西槻枝**が自ら折れて落つ。
	i	一〇・九・庚戌（六八一）	**飛鳥寺西河辺**に多禰嶋人を饗す。
	j	一一・七・戊午（六八二）	**明日香寺之西**に隼人らを饗す。種々楽を発す。賜禄。道俗悉くこれを見る。
	k	持統二・一二・丙申（六八八）	**飛鳥寺西槻下**に蝦夷男女二一三人を饗す。
	l	九・五・丁卯（六九五）	**西槻下**に隼人の相撲を見る。

注『日本書紀』による。

蓋宮）、B斉明朝（c～e　後飛鳥岡本宮）、C天武・持統朝（g～l　飛鳥浄御原宮・藤原宮）の三時期に分けられる。いうまでもなく、AとBの間は難波長柄豊碕宮の時期（六四五～六五四）、BとCの間は近江大津宮の時期（六六七～六七二）である。

(ロ)　この地域の中心は須彌山と大槻であるが、皇極朝―大槻、斉明朝―須彌山、天武・持統朝―大槻の如く、時期によって中心となるものが変化する。私は、この地域は斉明朝に漏刻臺とともに須彌山を中心とする園池を作って整備し（後述）、天武朝に大槻の下の広場を整備したと考えている。

(ハ) 須彌山と大槻の下での行事の内容をみると、(1)夷狄の饗宴と行事（c〜e、g、i〜l）、(2)群臣誓盟（b）、(3)盂蘭瓮会（c）で、(2)(3)が各一例であるのに対して、(1)が八例と多いことからみて、両者の用途として夷狄に関する行事が大きな比重を占めたことが明らかである。(1)夷狄に関するものとして一括したのは、前述の蝦夷（d・k）、隼人（j・l）のほか、多禰島人（g・i）、粛慎（e）、覩貨邏人（堕羅人 c）である。多禰島はいうまでもなく現在の種子島であり、g天武六年条が初見で、g・iは朝貢に伴う賜饗と行事であろう。粛慎は沿海州のツングース系の種族とみる説や蝦夷の雅語とみる説があるが、eは斉明六年の阿倍比羅夫の第三回遠征の成果として蝦夷とともに来朝せしめられたものである。c覩貨邏人は、斉明三年（六五七）七月丁亥に筑紫に漂着して入京したもので（『日本書紀』）、他の例が朝貢してきたものであるのと異なる。覩貨邏（堕羅）の比定については、西域の吐火羅（現ウズベック共和国　ボハラ）、ビルマ（現ミャンマー）の驃国、タイのドヴァラヴァティ王国、屋久島の南の土噶喇（トカラ）列島などの諸説があるが（日本古典文学大系『日本書紀』下　補註25―34）、ここでは諸説の当否はおき、ただ『令集解』職員令玄蕃寮条の「在京夷狄」に関して、古記が「堕羅」を蝦夷・舎衛とともに例示していること、すなわち、堕羅＝覩貨邏が蝦夷と同じく「夷狄」と認識されていたことを確認すればよい。以上のように、飛鳥寺の西の須彌山と大槻の下は来朝の夷狄の饗宴と行事を行なう場という性格をもち、第一節でみた蝦夷と隼人の行事はそれらの一環であった。ここでそれらの中心となった須彌山と大槻がどのような性格のものであったかが問題となる。

斎槻と須彌山　槻はツキノキあるいはツキと訓じ[33]、ケヤキの古名とするのが定説である[34]。古代人は、槻木のうち巨木であるなど特別のものを神の憑り坐す神木と観念することがあった。そのような槻は、「斎ひ槻」（『万葉集』巻十一―二六五六）、「ユ槻」（同巻十一―二三五三）、「イ槻」（同巻十三―三二二三）とよばれた。「斎ふ」は「神聖なものとしてあがめまつる」の意、「ユ」「イ」は漢字をあてれば「斎」あるいは「忌」で、いずれも「忌み清めた神聖な」の意である（『時代別国語大辞典　上代編』）。このような斎槻は各地の神社、寺院、また宮室にあり、神木としてあがめられたのである。いくつかの例をみると、承和十四年（八四七）ごろ山城国葛野郡家前の槻を伐ったところ、松尾明神が「此樹者、我時々来遊之木也」と託宣して祟をなしたと伝える[35]。この槻は松尾明神の「来遊之木」すなわち依代であり、この例から、槻が神の依代の神木になることがあることが明らかである。「軽の社の斎ひ槻」（『万葉集』巻十一―二六五六）は大和国高市郡軽樹村坐神社（『延喜式』神名帳、『日本三代実録』貞観元年正月二十七日条）の斎槻であり[36]、「山背の高の槻群」（『万葉集』巻三―二七七）も山背国綴喜郡高神社（『延喜式』神名帳）の斎槻であろう。広隆寺の木枯明神は清和天皇の時（八五八～八七五）向日明神（乙訓社）が垂跡した槻を祀ったものと伝え[37]、寛弘二年（一〇〇五）ごろ賀茂神社の側に神木の槻があったと伝える（『元亨釈書』巻十四）。このほか槻に因む社名の神社がみえる。すなわち、伊勢国多気郡櫛田槻本神社、近江国高嶋郡槻神社、飛騨国大野郡槻本神社、越後国蒲原郡槻田神社、因幡国法美郡槻折神社（以上『延喜式』神名帳など）、信濃国槻井泉神（『日本三代実録』元慶五年十二月二十八日条）などであり、いずれも斎槻があり、それに因んで社名としたのであろう。宮室では、雄略天皇の長谷朝倉宮、用明天皇の磐余池辺双槻宮、斉明天皇の両槻宮（『日本書紀』斉明二年条）に斎槻があった。この中で注目されるのは朝倉宮の槻で、この槻の下で新嘗と饗宴をしたとある（『古事記』雄略天皇）。その下で新嘗を行なったのは、この槻が神の依代であったからであろう。

さて飛鳥寺の西の槻については、すでに福山敏男氏が『延暦僧録』所引中臣鎌足伝によって飛鳥寺前の槻が三位の神位を授けられた樹神であったことを指摘し[38]、さらに『今昔物語集』巻十一第二十二にも関連する説話がある。すなわち、推古天皇が飛鳥寺を創建する時、金堂建設予定地に大槻があり、伐り倒そうとしたところ祟があった。槻に宿る精霊の教えによって、麻苧の注連を廻らし中臣祭文をよんで祓をしたところ、ようやく伐り倒すことができ、その時山鳥が飛びたったというのである。すべてを事実とできないが、槻に宿る鳥の姿をした精霊は、昔大槻に憑り坐した神の零落した姿であり、この説話はかつてこの槻が神の依代の神木であったことを示す。このような時代の降った史料ばかりでなく、b大化元年六月条の乙巳の変の際の群臣の誓盟は、「天神地祇ニ告グ」とあるから、大槻に憑り坐す神々に対して行なったものと解することができる。h天武九年七月条に槻の枝が自然に折れたことを記すのは、この槻が特別なものであることを示し、単に大きく目だつというだけでなく神木であるからと理解できる。以上によって、飛鳥寺の西の槻が神の憑り坐す斎槻であることは確かである。この槻はbから巨木であり、またf・jなどからその周囲に空閑地すなわち広場が存したと考えられる。この斎槻の下の広場は神聖な場であったのである。

次に須彌山については次の二点を指摘しておきたい。

(イ) 飛鳥寺の西に造立された須彌山像は園池に設けられた噴水施設と考えられている[39]。飛鳥寺域西北隅に接する地点の石神遺跡から一九〇二年須彌山石と石人像（道祖神像）と称する飛鳥時代の石造遺物が出土し、この須彌山石が斉明紀の「須彌山」に当るものと考えられている。須彌山石は現在三個（本来は四個以上と推定される）からなり、積み重ねた高さが約二・四メートル、三石とも中をくりぬき、下石には四方に向かって孔が貫通し、石人像とともに噴水と考えられている。またc〜eの三記事の須彌山が同一のものかは問題があるが、発掘調査の成果などから、石神遺跡の七世紀中葉の遺構が、少なくともこの石上池の園池に当ると推定されている[40]。

(ロ) しかし、この須彌山は単なる園池の施設なのでなく、「須彌山」といわれ、c斉明三年条で仏教法会である盂蘭盆会を行なっていることに端的に示されているように、仏教教義上の意味をもったと考える。『倶舎論』に説く仏教の宇宙観において、須彌山は金輪上の大海の中心にある高山で、その周囲は七海と七山脈が交互にとり囲み、さらにその外に大海と世界の涯の山脈（鉄囲山）がめぐる。須彌山の頂上の忉利天には帝釈天を中心とする三十三天、中腹には四天王が住む。すなわち須彌山とは帝釈天をはじめとする三十三天、四天王が住する、世界の中心にある高山なのである。須彌山石の表面の山形の浮彫は同山中腹の山々を形どったものであり、またこれに伴う園池はその外側の大海に当るとも考えられ、この須彌山石を中心とする施設は、園池の形を借りて仏教の須彌山世界を具現化したものである可能性が考えられるのである。この点を強く主張するつもりはないが、須彌山石が、仏教の教義に基づき、三十三天、四天王の坐すものであり、それを中心とする庭園が、斎槻の広場と同じく、神聖なる場であることは確かであろう。[41][42]

呪術から儀礼へ　諸天の坐す須彌山の園池と、神の憑り坐す斎槻の下は、神聖な、あるいは呪術的な場ととらえることができる。そして両者における夷狄の服属儀礼は、諸天あるいは神を媒介とする呪術的な性格をもつものと考える。

この両者の下では多く饗宴を行なった。神の前での饗宴すなわち共同飲食は、神と人、あるいは神を媒介とする人と人との関係を結合させるものであることが指摘されているが、須彌山と斎槻の下での饗宴の賜与は、天皇と夷狄との支配と服属の関係を、諸天と神を媒介として固定させる役割を果たすものである。隼人の風俗歌舞奏上は歌舞の形での服属の誓約であったが、隼人（j）、多禰島人（g）の大槻の下での歌舞は、神に対して天皇への服属を誓約することを意味しよう。熊谷公男氏はこれらに伴って直接、諸天、神に誓言することがあることを推定している（注(28)論文）。蝦夷が神に対して天皇への服属を誓言したことは、前引の『日本書紀』敏達十年閏二月条の蝦夷魁帥綾糟らが[43]

御諸山に鎮り坐す神に天皇への忠誠を誓言した例がある。このような服属の誓言が、須彌山と斎槻の下で饗宴に伴って、諸天あるいは神へ対してなされたと考えられるのである。大槻の下が神への誓約に用いられたことは、前にもふれたb大化元年六月条の乙巳の変の時の大槻の下での群臣誓盟の例から明らかである。

仏に対する誓約は夷狄に関してはみえないが、古代には例のあることである。『日本書紀』天智十年（六七一）十一月丙辰条によれば、天智天皇の崩御後、大友皇子と左大臣蘇我赤兄、右大臣中臣金ら五人の重臣が、内裏西殿の織仏像の前にて同心して皇子をもりたてていくことを誓言するが、その赤兄の誓言は、「臣等五人、随二於殿下一、奉二天皇詔一、若有レ違者、四天王打、天神地祇、亦復誅レ罰、卅三天、証二知此事一、子孫当レ絶、家門必亡、云々」であったという。熊谷氏が説くように、この誓言の中に須彌山に住む四天王、三十三天（帝釈天を含む）が仏罰を与える神としてあらわれることが注目されるのである。そしてさらに中世の起請文にも帝釈天・四天王が同じ役割をもってみえるのである(44)。これらのことは、三十三天、四天王の坐す須彌山が誓約の対象になりうることを示している。帝釈天ら三十三天、四天王は仏教護法の威力のある神であり、また帝釈天は四天王らを使って毎月三斎日に天下万民の善悪正邪を監視すると説かれている。古代から中世へかけて、これら諸天が誓約の対象になるのは、このような神の性格によるものであろう。ただこの須彌山の場合、斎槻の神との関連でみると、諸天は威力ある「蕃神」と認識されたかもしれない。仏教渡来の初めに仏が蕃神ととらえられていたように（『日本書紀』欽明十三年十月条）。そして「廟塔」の如しと形容された須彌山石（同斉明六年五月条）は磐座として、斎槻と同じく蕃神の依代と観念されたのではなかろうか。

以上のように、須彌山と斎槻の下は諸天と神という違いはあるものの、それらが降臨する、神聖で、呪術的な場であり、そこでの蝦夷・隼人ら夷狄の服属儀礼（誓約、歌舞奏上、饗宴）は、諸天や神を媒介とする呪術的な性格のものと考えられる（補注7）。

大宝令施行を境として、蝦夷・隼人の服属儀礼の場は、呪術的な場から大極殿・朝堂へ変わり、ことに蝦夷の朝貢行事は臣下一般の朝賀・節宴の中に組みこまれるようになる。須彌山と斎槻の下が呪術的な場であるのに対して、大極殿・朝堂は儀礼的な場であり、朝賀は儀礼そのものである。大極殿・朝堂は、国家的な政務（朝政、告朔、宣詔、上表、叙位、任官など）、儀式（即位、朝賀）、饗宴と行事（節宴、外国使節の饗宴など）の三つを行ない、蝦夷、隼人の朝貢に用いるのは、その儀式と饗宴の場であることによる。朝賀は、即位儀とほぼ同じ内容の行事で、毎年年頭に臣下が、中国風の一定の儀礼に基づいて天皇に拝礼し、天皇への忠誠を誓約する儀礼と考えられる（以上、注(18)今泉論文）。須彌山と大槻の下での服属儀礼が諸天と神を媒介とするものであるのに対して、朝賀において天皇と臣下の関係を支えるのは儀礼である。蝦夷の朝貢の変化においては、行事の場の変化よりも朝賀・節宴への列席が本質的で重要な意味をもつが、朝貢を朝賀の中で行なうようになったことは、その服属儀礼が諸天と神を媒介とする呪術的なものから、儀礼に基づく直接天皇に対するものに変わったことを意味する。隼人は朝賀参列が恒例化しなかったが、朝貢の行事を大極殿・朝堂で行なうようになったことは、蝦夷と同様の儀礼を強制されるようになったと思われる。

この服属儀礼の呪術的なものから儀礼的なものへの変化は、夷狄側の事情に基づくものではなく、律令国家側における朝賀などの儀式の完成と、それに対応する大極殿・朝堂の成立と整備に基づくものと考える。すなわち、律令制都城の成立する藤原宮において、はじめて大極殿が成立し、大極殿・朝堂は礎石建ち・瓦葺きの中国様式の建築として造営されて完成する。（補注5） この段階に新羅使の朝賀参列が始まる。次いで、大宝元年（七〇一）の朝賀において「文物之儀」が備わったと伝えるように（『続日本紀』大宝元年正月乙亥朔条）、大宝令によって朝賀の儀式が完成し、この段階に対応して蝦夷の朝賀参列が始まる（以上、注(18)今泉論文）。このように、諸蕃・夷狄の朝貢行事の変化は、儀式とその場である大極殿・朝堂の完成の一環として実現されたと考えられるのである。

視角から次のようにとらえることができよう。朝賀は大化二年（六四六）正月に初見して孝徳朝に始まり、その後中国的な儀礼として整備され大宝令に完成する。前記のように、朝賀は天皇への服従を誓約する儀式であり、はじめは「化内民」たる臣下のみが参列したが、藤原宮における大極殿・朝堂の完成の段階で「化外民」たる諸蕃の新羅使の朝貢が、次いで大宝令における朝賀の儀式の完成の段階において夷狄の蝦夷の朝貢が組みこまれるに至って、朝賀は「化内民」たる臣下と「化外民」たる諸蕃・夷狄をあわせた全体の天皇への服従の儀礼となって完成するのである。

諸蕃・夷狄の朝貢が朝賀に組みこまれたのは、朝賀が服従を誓約する儀式であるからであるが、それとともに、朝賀という臣下の集会する場で朝貢儀礼を行なうことによって、諸蕃・夷狄の天皇への服従を臣下へ誇示するという意味もあったであろう。蝦夷・隼人が大極殿・朝堂で参列した最初の記録である和銅三年（七一〇）の藤原宮における朝賀において、蝦夷・隼人は皇城門（朱雀門）外の朱雀路にならび、左・右将軍の率いる騎兵に従って入門して朝庭に入った。霊亀元年（七一五）の平城宮における蝦夷、南嶋人の朝賀参列にも同様の行事を記録している（前述）。これらは、蝦夷、隼人ら夷狄への示威であるとともに、臣下に対して夷狄の服属を誇示する劇的な効果を狙ったものであろう。

蝦夷・隼人あいまっての朝賀参列は和銅三年一度だけで、その後は隼人は正月行事とは別個に朝貢を行なった。この蝦夷と隼人の相違は、両者の服属の進展度の相違に基づくと考えられる。隼人はすでに早く一部が畿内とその周辺に移住させられ、その上六年相替の在京勤務を課され、その反乱も養老七年（七二三）を最後に終結する。これに対して、蝦夷の服属は八世紀以降の律令国家の課題であった。律令国家は臣下に夷狄の服属を示す代表として、服属事業が進行中の蝦夷を選んで朝賀に参列せしめたのであろう。

蝦夷入朝の停止　宝亀五年（七七四）正月庚申詔によって蝦夷・俘囚の入朝が停止される（『続日本紀』）。この停止の理由は史料に明記されていないが、宝亀五年における律令国家と蝦夷の緊張関係の中で理解すべきであろう。宝亀五年は、この命令のでた六箇月後の七月に海道の蝦夷が反乱して桃生城を侵すという事件がおこり（『続日本紀』宝亀五年七月壬戌条）、これ以後弘仁二年（八一一）までの三八年間の東北大戦争のはじまりとなった年である（『日本後紀』弘仁二年閏十二月辛丑条）。奈良時代後半、律令国家は東北経営において積極策を推進し、天平宝字四年（七六〇）桃生城、雄勝城、神護景雲元年（七六七）伊治城をそれぞれ築城し、蝦夷支配を強化していき、このことが蝦夷の反乱の原因となるのであるが、宝亀五年ごろには現地における政府と蝦夷の関係は緊張した状況になっていたと推測される。すでに宝亀元年八月には蝦夷の族長宇漢迷公宇屈波宇が徒族を率いて夷地へ逃げ帰り、必ず城柵を侵さんと揚言した事件がおこっていたのである（『続日本紀』宝亀元年八月己亥条）。このような状況において出された入朝停止の策は、蝦夷・俘囚の負担の軽減の意図をもったものであろう。

ところで、後述のように、貞観十四年（八七二）ごろ陸奥国では俘囚が胆沢城鎮守府の元日朝拝に参列していた。このことの開始が宝亀五年の入朝停止直後からなのか、あるいは蝦夷との戦いが終息した弘仁年間以降からなのか明らかでないが、この地方官衙における元日朝拝参列は、上京朝賀参列の代替として行なわれたものであろう。上京朝賀参列から地方官衙における元日朝拝参列への変化は、朝賀全体の中で次のように意味づけられる。朝賀は宮城の大極殿・朝堂ばかりでなく、諸国の国庁でも行なうことになっていた。儀制令元日国司条に国庁での朝拝について次のように定める。

(6)凡元日、国司皆率二僚属郡司等一、向レ庁朝拝、訖長官受レ賀、設レ宴者聴、其食以二当処官物及正倉一充、所レ須多少従二別式一、

（・の部分は大宝令復原可能部分）

すなわち、国守が国の僚属と郡司（実例では軍毅も）を率いて行なう「向レ庁朝拝」が、大極殿・朝堂における天皇

への拝礼に当り、その後天皇の代理者たる国守が賀を受けて元日の節宴を行なうのである。このことが奈良時代に実際に行なわれていたことは史料によって確かめることができる(45)。朝賀は大極殿・朝堂における在京の臣下によるものと、それに連動した諸国の国庁における外官の国司、郡司、軍毅によるものが一体的に行なわれたのである。このような朝賀全体の構造の中で、郡司、軍毅と同じく在地勢力であっても、蝦夷は差別的に上京して大極殿・朝堂の朝賀に参列することを強制された。これはいうまでもなく、蝦夷が「化外民」で、その朝賀参列が七世紀の朝貢を引きついだものであるからである。鎮守府での元日朝拝は国庁に准じて行なわれたものであり、上京しての朝賀参列から地方官衙での元日朝拝へ変ったことは、蝦夷・俘囚の朝賀参列が一般の郡司、軍毅なみになったことを意味する。

三　饗給

「饗給」すなわち饗宴と禄物の賜与は、前述のように、朝貢に必ず伴い、重要な意義をもったが、律令国家は、蝦夷支配の方策として現地での饗給を重視した。上京朝貢が行なわれなくなった九世紀には、この現地での饗給が一層重要なものになるのである。

饗給　職員令大国条には、国守の一般的職掌のほかに、特に陸奥、出羽、越後三国の守に関して「兼知二饗給、征討、斥候一」と定める。「饗給」とは本条にみえる律令用語で、義解に「謂、饗レ食幷給レ禄也」とあるから饗宴と禄物の賜与を意味する。『令集解』同条の「饗給」の下には、次の穴記と古記を引載している。

(7)穴云、饗給上也、謂招下慰不レ従二戸貫一之輩上意耳、（「上也」は傍書の攙入か）

(8)古記云、問、大国撫慰、与二考仕令招慰一、若為レ別、答一種云々、

古記によれば大宝令に「撫慰」の語が存したことが知られる。「撫慰」が「饗給」と並んで定められていた可能性もなくはないが、『令集解』で「饗給」の下に古記を引載していることや、次にのべるように、古記の「撫慰」、穴記の「饗給」の解釈がいずれも未編戸民を編戸するための方法としていることから、大宝令では「饗給」の代りに「撫慰」を定めていたと考えられる。「撫慰」とは、古記が考仕令増益条の「招慰」と同じとし、「招慰」とは、同条注文と義解によれば、国郡司の戸口増益の一方法で、蝦夷のような未編戸民を編戸するために招慰することである(46)。そして「饗給」も穴記がいうように、同じく未編戸の蝦夷を編戸する方法として定められたものである（穴記は増益条注文によって文をなしている）。「撫慰」も「饗給」も蝦夷を編戸する方法として定められたのであり、従って、大宝令から養老令への変化は、蝦夷の編戸民化の方法として、漠然とした「撫慰」から具体的な「饗給」へかきかえたものであり、大宝令の「撫慰」は具体的にいえば「饗給」であるといえよう。陸奥・出羽・越後三国守の「撫慰」＝「饗給」と「征討」の職掌は、蝦夷を帰服せしめるための、平和的および軍事的な、二つの方策を定めたものなのである。

職員令の「撫慰」＝「饗給」の職掌は、古記、穴記がいうように最終的には、蝦夷を編戸して公民化（すなわち化内民化）することを目的とするが、その前段階の蝦夷支配の諸段階に対応して重要な役割を果たした。すなわち、未服属の蝦夷との間に政治的な支配・服属関係を創出し、さらに進んで朝貢関係を結び、それを維持する役割を果たしたのである。斉明朝の阿倍比羅夫の遠征において、斉明四年（六五八）四月の第一回遠征で渡嶋蝦夷に「大饗」し、同五年三月の第二回でも飽田・渟代・津軽・胆振鉏の蝦夷に「大饗賜禄」している。これらは、未服属の蝦夷を、「饗給」によってまさしく「招慰」し、新しい政治的な関係を作り上げたのである。このような政治関係がさらに進んだのが、前記した渡嶋の狄らの地方官衙への定期的な朝貢であり、これに対しても饗給がなされた。大宝令・養老令の三国守の「撫慰」「饗給」の職掌は、このような斉明朝に行なわれた蝦夷支配の方式をひきついで定められたものであろうし、地方官衙に朝貢した閇村・渡嶋の蝦夷への饗宴と禄物の賜与は、この「饗給」の職掌の具体化であり、その朝貢を恒常化するための手段であったのである。

さて宝亀五年の入朝停止後、九世紀には閇村付近や渡嶋などの奥地の蝦夷ばかりでなく、これまで上京朝貢していた蝦夷・俘囚も地方官衙へ朝貢することになり、現地での饗給が一層重要性をましてくる。奥地の蝦夷が、宝亀五年の上京朝貢停止後も変らず地方官衙へ朝貢していたことは、前引した『続日本紀』宝亀十一年五月甲戌条と『類聚三代格』延暦二十一年六月二十四日官符の出羽国の渡嶋狄の朝貢に明らかである（史料(2)・(3)）。これまで上京朝貢していた俘囚らについては、次のような二つの形態の現地での饗給が指摘できる。

元日・端午節宴　一つは貞観十八年（八七六）六月十九日官符から知られる、陸奥国の胆沢城鎮守府における、元日と端午の節宴である。この官符は胆沢城鎮守府において最勝王経講読と吉祥天悔過を行ない、その布施・供養料を正税から支出することを許したものである。このことはすでに貞観十四年三月三十日の鎮守府解によって申請したものであり、同解は次のようにいっている。

(9)　貞観十四年三月三十日鎮守府解（『類聚三代格』同十八年六月十九日官符所引）

府去貞観十四年三月卅日申レ官解云、件法会諸国依レ格、各於二国庁一講修、而此府未レ有二其例一、夫辺城為レ体、依レ養二夷俘一、常事二殺生一、加以正月五月二節、為レ用二俘饗一、狩漁之類、不レ可二勝計一、殺生之基、啻在二此府一、因レ斯雖レ未二裁下一、承前鎮将、於二鎮守府庁一、修来年久、然而依レ無二料物一、毎レ事闕乏、望請、官裁准二諸国例一、将下修二件法一為中滅罪之業上者、

この解の中で、両法会を国庁に准じて鎮守府庁でも行なうべき理由として、鎮守府では、夷俘を養うために殺生を事とし、その上「正月五月二節、為レ用二俘饗一、狩猟之類、不レ可二勝計一」のために殺生の基が鎮守府にあるので、滅

罪のために両法会を講修しなければならないとしている。注目すべきは、鎮守府で正月・五月の二節に「俘饗」すなわち夷俘への賜饗を行なっていることである。正月節宴は、朝廷では元日、七日、十六日、十七日に行なうが、ここでいうのは元日節宴であろう。前記の如く、諸国の国庁では元日朝拝に伴い宴を設けた。五月の節日とは雑令諸節日条に定める五月五日の端午の節である。この日朝廷では、薬猟の伝統を引く菖蒲の献上や騎射を行ない、節宴を設けたが(47)、国庁でも行なったのであろう。そして両節宴とも、国府に准ずる鎮守府でも、国府に准ずる形態で行なわれていたと推測する。胆沢城鎮守府は、胆沢郡以北の奥地の五郡を支配下においたが、鎮守府での二節会には、鎮守府官人、この地域の郡司、そして俘囚が参列したのであろう(48)。参列する俘囚は首長層や有位者に限定されたものであろう。元日節宴にはいうまでもなく朝拝が伴い、俘囚はそれにも参列したであろう。前記の如く、俘囚の鎮守府の元日朝拝・饗宴への参列は、停止された上京朝賀・節宴への参列の代替の意味をもつのである。

挙納秋饗　もう一つの形態は、出羽国でみられる秋の出挙収納の際の饗宴で、『日本三代実録』仁和三年（八八七）五月二十日癸巳条の出羽国府移転に関する史料にみえる。すなわち、この国府移転問題は、出羽守坂上茂樹が、出羽郡井口の地の国府が嘉祥三年（八五〇）の地震によって水害を蒙ったので、最上郡大山郷保寶野へ移転せんことを奏上したことによっておこるが、結局政府は最上郡移転案を採らず、出羽郡の旧府近側の高敞の地への移転を命じた。現在井口の地の旧府を城輪柵跡に、また近側の高敞の地の新府を城輪柵跡東方三キロメートルの八森遺跡に比定する見解が提起されている(49)。ところでこの太政官の決定の中で次のようにのべられている。

(10)『日本三代実録』仁和三年（八八七）五月二十日癸巳条

（前略）太政官因二国宰解状一、討二覈事情一曰、避レ水遷レ府之議、雖レ得二其宜一、去レ中出レ外之謀、未レ見二其便一、何者、(A)最上郡地在二国南辺一、山有而隔、自レ河而通、夏水浮レ舟、纔有二運漕之利一、寒風結レ凍、會无二向レ路之期一、(B)況

復秋田雄勝城、相去已遙、烽候不レ接、(C)又挙納秋饗、国司上下、必有二分レ頭入レ部、率レ衆赴レ城、若沿レ水而往、泝レ水而還者、徴発之煩更倍二於尋常一、遞送之費将レ加二於黎庶一、(D)晏然無事之時、縦能兼済、警急不虞之日、何得二周施一、以レ此論レ之、南遷之事、難レ可二聴許一、（後略）

最上郡移転案不採用の理由について、(A)～(D)の符号を付して段落ごとに解釈しよう。すなわち、(A)最上郡は国の南辺に位置するので、（国内の他の地域と）山によって隔てられ、河によって通じている。夏は船運によってわずかに通行することができるが、冬は川が凍結して通行できる期間がない。(B)まして（国の北辺に位置する）秋田城、雄勝城は遠く離れており、烽候の連絡もとれない。(C)また（国司は）「挙納秋饗」のために国内各地に入部し〈＝「分頭入部」〉、（秋田城、雄勝城の）勤務の往復には〈＝「国司上下」〉衆を率いていく。この時もし川の船運で往還するならば、農民徴発の負担は駅による場合に倍し、遞送の費用が農民に加わるであろう。(D)（以上のような状況からみて）無事な時は何とかなったとしても、緊急の際はすべてうまく行なうことができない、というのである。(A)(C)で川の船運についてのべているが、これは、最上郡と現国府のある出羽郡を結ぶ最上川、さらにその北の雄勝城、秋田城へ至る雄物川の船運である。注目すべきは(C)の「挙納秋饗」であるが、前述のように訳した(C)の解釈についてふれておく。文章構成上「挙納秋饗」と「国司上下」は并列関係にあり、前者に「分レ頭入レ部」、後者に「率レ衆赴レ城」を対応させてよむべきである。「城」は(B)の秋田城、雄勝城で、「国司上下」とは国司が両城の城司として勤務するために国府との間を往還することである。出羽国では両城に国司が城司として派遣されていた(50)。「挙納秋饗」とは「挙納」と「秋饗」で、両者は一体的なもので、出挙の収納とその際に行なう饗宴であろう。一般に正税出挙に関して、国司が春の貸付、秋の収納に部内に派遣されたのであり(51)、またここでは国府からの往還が問題になっているから、「挙納秋饗」のために「分レ頭入レ部」するのは、いうまでもなく国司である。国司が城柵や郡家などの支配の拠点に出張して出挙納入と賜饗に当るのであろう。このような出挙納入に伴う賜饗は他国にはみられないことであり、蝦夷対策における饗給の重要さからみて、秋饗の対象は蝦狄と考える。当時出羽国では蝦狄を義従俘囚、諸郡田夷、渡嶋狄と分けているが（『日本三代実録』元慶五年八月十四日条）、賜饗の対象者は農業の従事者であるから田夷であろう。

以上によって、陸奥国鎮守府における元日と端午の節宴と、出羽国における出挙収納時の饗宴が明らかになった。両者はそれぞれ陸奥国あるいは出羽国のいずれかで確認できるだけであるが、いずれも奥羽両国で行なわれた可能性が考えられる。ことに元日朝賀の饗宴は、上京朝貢に代って行なわれたのであるから、出羽国でも行なわれた可能性が高く、その場として用いられたのは、胆沢城と同格の秋田城と推測する(52)。

禄物賜与　九世紀においても饗宴に伴って禄物が賜与された。『日本三代実録』元慶四年（八八〇）二月十七日条に「又夷俘賜レ饗之日、多以二他死亡位記一、自称二其姓名一、貪レ預二賜禄一」（権大目正六位上春海連）奥雄責取二死亡位記一百六枚一」とあり、出羽国で賜饗の日に禄物が賜与されたことが知られる。これは元慶の乱の戦後処理としてなされたことであるが、賜禄に預るのに位記を必要とするから、賜禄対象者は有位者に限定されており、この賜禄は延暦十八年（七九九）三月壬子条の出羽国の山夷禄を停め、山夷・田夷を問わず有功者に賜禄せよという格（『日本後紀』）につらなるものであろう。この賜饗がいつ行なわれるのか明確でないが、有位者に限定されている点からみて、前述の元日・端午の節宴に当るものと推測する。貞観十五年（八七三）十二月二十三日格は、陸奥国の夷俘の叙位は有功の胤を選んで、毎年の死闕の人数に従って二十人以下とすることを命じたが、その理由として叙位者が多くなると禄に預る者が多くなるとあるから（『日本三代実録』）、陸奥国でも有位の夷俘への賜禄が行なわれていたことが知られ、これも二節会で賜与されたと推測する。また貞観十七年（八七五）五月十五日官符によれば、出羽国で夷俘に狄禄として狭布を支給していた。その支給量は、「帰来狄徒毎年数千、過給之数及二万三千六百端一」といい、出羽国が年料を一万三〇六〇端としたいと申請したのに対して一万端に定められたように莫大な量であり(53)（『類聚三代格』）、この支給量からみて、この狄禄は前述の有位者の夷狄への賜禄よりも支給の範囲が広いものである。これについても、前記の饗宴とは別の時のものであろうが、「国吏等依レ例給饗行禄」とあるように饗宴に伴って賜与されているのが注目されるのである。

このような定期的な饗給のほかに、新たに帰降した蝦夷にも饗給し、また諸国に移配された俘囚にも行なったのである。例えば、元慶の乱の時、秋田城に帰降してきた渡嶋夷首らに対して、「若不二労賜一、恐生二怨恨一」として国司を派遣して労饗させた（『日本三代実録』元慶三年三月二日条、ほかに『類聚国史』延暦十一年正月丙寅条など）。また、諸国移配の俘囚については、延暦十七年（七九八）六月己亥勅によって、相模、武蔵、常陸、上野、下野、出雲等の国で帰降夷俘に毎年時服・禄物を給し、「時節労賜」を行なうことを命じている（『類聚国史』、ほかに『類聚国史』延暦十九年三月己亥朔条参照）。

饗給の意義　以上のように九世紀の陸奥・出羽国では（その上諸国でも）蝦夷・俘囚政策として饗給が重視された。これらは職員令の三国守の「饗給」の職掌の拡大・発展したものと位置づけることができる。初め奥地の蝦夷の地方官衙朝貢への饗給から始まり、蝦夷・俘囚の入朝停止後、上京していた彼らの鎮守府などにおける二節会の饗給への転換、さらに挙納秋饗、出羽国における狄禄と饗宴の賜与へと拡大・発展していったのである。これらのうち元日節宴は他国でも行ない、俘囚のそれへの参列は上京朝貢の代替の意味をもつものであるが、挙納秋饗と狄禄・賜饗は蝦夷・俘囚のみに行なわれたことであり、ことに注目されるのである。

このような蝦夷への饗給の重視は、古代社会一般で行なわれた「供給」と対比すると一層鮮明になる。早川庄八氏は、日本の古代社会では、在地の豪族・農民が中央から下ってきた国司などに財物と食物（饗宴を含む）を提供する

「供給（タテマツリモノ）」の伝統が根強く存したこと、この供給は、政治的な下位者である在地のものが上位者である中央のものにとりいる賄賂（マイナイ）の意味をもつことを論じた。(54) このような古代社会一般における「供給」と蝦夷への「饗給」は、財物と食物（饗宴）の提供によって提供者と受給者が一定の関係を結ぶということでは同じであるが、提供の方向に関して、前者が政治的下位者・地方の者から上位者・中央の者へであるのに対して、後者はその逆である。この相違は、両者における提供者と受給者との政治的関係の相違、すなわち、前者においてはすでに両者の間に政治的支配関係が確立しているのに対して、後者においては未確立であることに由来すると考えられる。

饗給は、蝦夷を慰撫・懐柔する手段である。このことは、養老職員令の「饗給」が大宝令の「撫慰」のかきかえであることに明らかであるが、また宝亀十一年（七八〇）の伊治公呰麻呂の乱に当って、政府が出羽国に対して渡嶋蝦狄が動揺しないように「賜饗之日」に慰喩することを命じていることに示されている（史料(2)）。饗宴と禄物の賜与によって蝦夷を慰撫するわけであるが、饗宴には次のような特別の性格が存した。すでに説かれているが、饗宴すなわち共同飲食は、そこに参集した人々の親和関係を形成するための重要な手段である。酒によってもたらされる生理的、精神的な興奮酩酊が、参集した人々の精神的な融合感、一体感を作るのである。(55) 上京朝貢でも現地でも、蝦夷を慰撫する手段として饗宴が重視されたのは、このような饗宴の性格によるのである。このような饗宴の性格は、古代史料におびただしくみえる饗宴の記録から明らかなように、古代社会一般、さらにはそれ以降においても広くみられることであり、蝦夷の饗宴はその一事例にすぎない。しかしまた、職員令において特に饗宴の職掌を定めるのは、蝦夷に対する陸奥、出羽、越後三国守の「饗給」と、蕃客に対する玄蕃頭の「讌饗」、大宰帥の「饗讌」だけであることからみると、「化外民」である蝦夷と諸蕃を撫慰する手段として、饗宴が重視されたことに注目したいのである。

蝦夷の饗宴　最後に『藤原保則伝』（『続群書類従』第八輯上所収）にのせる元慶の乱の際の、次のような興味深い蝦夷の饗宴についてふれておきたい。元慶二年（八七八）五月出羽国の蝦狄の反乱の鎮圧のために陸奥国から援兵を送ることになり、小野春風を鎮守将軍に任じた。春風は若くして辺塞に遊び夷語に通暁していたので、出羽国へ入ると甲冑と武器をすてて単身蝦狄の軍の中に入って説得したところ、夷虜は即頭拝謝して、秋田城司の苛政を訴えて帰することを約束し、「是ニ於テ、酒食ヲ以テ饗ヲ官軍ニ饌メ」たというのである。この事実は、第一に蝦夷の側でも饗宴が親和関係を作る手段として用いられたことを示す。第二に、この饗宴の供献は降服に伴うものであり、『日本書紀』巻三の神武東征説話で、菟狭（宇佐）の菟狭国造の祖の菟狭津彦、菟狭津媛が一柱騰宮を造って天皇に饗を奉り、また大和平定の時、菟田県の魁帥の兄猾が、天皇を騙討ちするために新宮を作って饗を設けて誘ったが失敗し、弟猾が皇師に労饗したという説話との類似が指摘できる。この説話の饗宴の供献も降服に伴うものである。饗宴の供献は早川氏のいう「供給」に当るが、このような例をみると、氏のいうような賄賂という意味だけでなく、古くは服属の忠誠の誓約という意味があり（注(55)土橋著書一三二頁）、この蝦夷の饗宴供献にはその古い形態がのこっていると考える。饗宴＝共同飲食というものが、同じく参集した人々の親和関係を形成する働きをもつものでありながら、それを行なう人々の政治的関係や提供の方向の相違によって、その働きは異なったものになるのである。すなわち、政治的上位者から下位者への賜与が慰撫や懐柔の働きを、逆に下位者から上位者への供献が忠誠の誓約の働きをなすのである。

結　語

迂遠な考察を要約し、論じ残した点にもふれて結語としたい。奥羽両国の蝦夷・俘囚の支配・服属関係の形成と維持の手段として朝貢と饗給が大きな意味をもった。七世紀後半から、服属の進展度の相違に基づいて上京朝貢と地方官衙朝貢という二つの形態の定期的な朝貢が行なわれ、いずれにも饗給が伴った。朝貢は蝦夷の服属の誓約を意味し、また朝貢と饗給は一種の贈与交換であって、これらを通して天皇と蝦夷の支配・服属の関係が確認・維持された。大宝令施行を境として七世紀と八世紀の間で、服属儀礼は飛鳥寺の西の須彌山あるいは斎槻の下で独自に行なうものから、大極殿・朝堂における朝賀・節宴にくみこまれたものに変化する。これはすなわち、服属儀礼が諸天と神を媒介とする呪術的なものから、儀礼的なものへ変ったことを意味する。宝亀五年（七七四）政府と蝦夷との関係が緊張する中で上京朝賀参列が停止され、九世紀にはその代替として胆沢城鎮守府あるいは秋田城などの城柵での元日朝拝に参列するようになり、また現地での饗給の重要性がましてくる。現地における饗給は、職員令に陸奥、出羽、越後三国守の職掌に蝦夷を招慰する手段として定められ、初め地方官衙に朝貢する奥地の蝦夷への饗給として行なわれるが、九世紀には、鎮守府などにおける元日、端午の節宴、さらに挙納秋饗、狄禄支給と饗宴などへ拡大・発展していく。

朝貢と饗給は、基本的に蝦夷が化外民であること、すなわち編戸されて完全に律令制支配の下に組織されていないためにとられた政策である。すなわち化外民を律令国家の支配につなぎとめておく方策であったのである。このような方策の採用は、律令国家の次のような蝦夷観念と深くかかわっていた。(1)蝦夷の不服従性。政府は、化外民たる蝦夷に猜疑心をもち、服属して俘囚となっても「野心」を改めず、反覆定めないものと認識していた。一例をあげると、諸国移配の俘囚に関してであるが、「夷俘之性、異㆓於平民㆒、雖㆑従㆓朝化㆒、未㆑忘㆓野心㆒、是以令㆔諸国司勤加㆓教喩㆒」とのべている（『類聚国史』弘仁四年十一月庚午条）。このことに関連して蝦夷は「野心」「狼性」「獣心」をもつものとして(56)、獣にたとえられていた。「野心」とは「狼子野心」の意で、狼の子が野性が強く飼いならすことがむずかしいことを言う。このような表現は中国の夷狄観に影響されている面もあろうが、蝦夷に対する差別観を示している。(2)貪欲で利のみをもとめること。一例をあげれば、延暦十九年（八〇〇）三月己亥朔条に出雲国移配の俘囚について「又夷之為㆑性、貧同㆓浮壑㆒、若不㆓常厚㆒、定動㆓怨心㆒」（『類聚国史』）とのべ、蝦夷が貧欲で利を与えることによってのみつなぎとめておくことができるという認識を示している。(57)(3)野蛮で勇猛であること。『日本書紀』景行四十年七月戊戌条に代表されるように、蝦夷は内民と異なる野蛮な風習をもち、「一以当㆑千」ほどに勇猛で強力で(58)あると観念していた。

律令政府は、蝦夷は化外民で不服従性をもつゆえに、支配下につなぎとめておくには、定期的な朝貢による服従の誓約を強制することが必要であり、一方貪欲であるゆえに、饗給という利によって懐柔できると考えたのである。また野蛮で強暴であるゆえに、七世紀には諸天や神の呪術的な威力によってこそ服従せしめることができると考えたのであろう。そしてまた、野蛮な蝦夷は風俗を易え、王化・皇風に従うべきものでもあり、このゆえに大宝令における儀式の完成の中で儀礼的な服属儀礼に転換せしめられたのである。

朝貢と饗給は、以上のような律令国家の蝦夷観念に基づく、化外民たる蝦夷を支配下につなぎとめておくための二つの方策であった。朝貢は服従の誓約の強制、饗給は懐柔のための方策であり、両者はいわば蝦夷支配のためのムチとアメであったといえよう。

最後に本論ではふれえなかった二つの問題について付言しておこう。一つは、本論では朝貢について服属儀礼としての儀礼的な意味を強調してきたが、いうまでもなくそれとともに、朝貢には貢進物の収取という実質的な意味があることを忘れてはならない。上京朝貢よりも地方官衙朝貢においてこの実質的な意味が強かったであろう。まだ編戸民化されず完全に律令制支配下に組みこまれない蝦夷・俘囚に対する調庸収取の前段階の収取制度として、朝貢が一定の役割を果たしたことを指摘しておきたい。

二つは、城柵の政庁と朝貢・饗給についてである。発掘調査の進展によって、東北地方の城柵には、国府である多賀城や城輪柵遺跡ばかりでなくその他にも政庁があり、それは内国の郡家の政庁よりも大規模で、国府の政庁と類似する構造をもつことが明らかになりつつある。国府以外の城柵がいわば国衙なみの政庁を設けているのは何故なのかを明らかにすることは、城柵の性格を究明する上で大きな問題であろう。城柵の性格については議論があり、ここでは詳論するいとまはないが、基本的には蝦夷支配の拠点であると考える。そしてまた城柵には国司が派遣されていることも重要である（『類聚三代格』大同五年五月十一日官符所引天平五年十一月十四日格、秋田城司・雄勝城司の例）。国府の政庁は儀式（元日朝拝など）、饗宴（元日や端午の節宴）、政務（告朔など）の三つの機能をもち、城柵の政庁も同様の機能が想定されるが、その中で、蝦夷・俘囚の服属儀礼である朝貢と饗給の場としての意味が大きく、それ故に国府なみの政庁が設けられたのではなかろうか。本文の通り、蝦夷の朝貢を確認できる地方官衙は国府や胆沢城などだけであるが、城柵の政庁の機能を考える上で、このような観点からの考察が必要であると思う。城柵の性格の議論において政庁があるから行政的な性格であるなどといわれるが、より具体的にその機能を考え、城柵の支配の本質を解明することが必要であろう。

注

(1) 石母田正『日本古代国家論　第一部』Ⅶ「天皇と『諸蕃』」(一九七三年刊、〔『石母田正著作集』第四巻　一九八九年に所収〕)。

(2) 例えば網野善彦・阿部謹也『対談中世の再発見—市・贈与・宴会—』(一九八二年刊)。

(3) 坂本太郎「日本書紀と蝦夷」(『日本古代史の基礎的研究　上　文献編』所収　一九六四年刊、〔『坂本太郎著作集』第二巻所収、一九八八年〕)。

(4) 養老二年三月乙亥条は『扶桑略記』に見える。国史大系『続日本紀』は、『類聚国史』巻百九十風俗部蝦夷に当該の日付がみえることから、『扶桑略記』の文によって同日条を補う。今これに従う。

(5) 『続日本紀』宝亀九年十二月戊戌条、『類聚国史』延暦十一年七月戊寅、同年十一月甲寅条、『日本後紀』弘仁三年正月乙酉条。

(6) 博徳書の史料的性格については、坂本太郎「日本書紀と伊吉博徳書」(『日本古代史の基礎的研究　上　文献篇』所収　一九六四年刊、〔『坂本太郎著作集』第二巻再収、一九八八年〕)を参照。

(7) 近年の研究史の整理については、佐藤和彦「斉明朝の北方遠征記事について」(『歴史』五七輯　一九八一年)参照。

(8) 井上光貞『日本の歴史3　飛鳥の朝廷』三六〇頁(小学館　一九七四年刊)。

(9) 白雉五年八月難波から倭河辺行宮に遷宮、斉明元年正月甲戌の斉明即位は旧宮の飛鳥板蓋宮で行ない、新宮の後飛鳥岡本宮の完成は斉明二年である。

(10) 弘仁六年(八一五)三月辛卯の勅によれば権貴之家、富豪之輩は奥羽に使者を派遣して馬を買い求めたとあるから(『日本後紀』『類聚三代格』)、王臣家は朝貢の日を知って使者を遣わして皮の交易に当らせたものであろう。

(11) 『日本後紀』弘仁二年三月甲寅、七月丙午、七月辛酉、十二月甲戌条。

(12) 中村明蔵『隼人の研究』第七章「隼人の朝貢をめぐる諸問題」(一九七七年刊)。ほかに井上辰雄「隼人支配」(大林太良編『日本古代文化の探究　隼人』再収　一九七五年刊)でも扱っている。

(13) 中村明蔵『隼人の研究』第一章「熊襲と隼人をめぐる諸問題」。

(14) 『延喜式』隼人司式によれば、今来隼人は、元日朝賀、即位儀に供奉し、また天皇駕行に供奉して国堺、山川・道路の曲で吠声を発することに当たる。隼人は特殊な呪力をもつものとして、その吠声が邪霊を鎮め祓うと考えられた。中村明蔵『隼人の研究』付章1「隼人の呪力とその系譜」参照。

(15) 本文のように、七世紀には相撲は七月七日の行事として恒例化していない。七月七日に行なわれた初見は『続日本紀』天平六年（七三四）七月丙寅（七日）条である。垂仁七年条の説話はその日付が七月七日にかけられていることからみて、八世紀に造作されたものであろう。また逆に、この垂仁七年条から『日本書紀』完成の養老四年（七二〇）ごろまでには七月七日に行なう恒例行事となっていたと考えられよう。

(16) 『続日本紀』神亀五年四月辛卯条、『日本後紀』大同三年五月戊子、同四年閏二月乙酉条、『類聚国史』大同五年七月丁未条。

(17) 土橋寛「宮廷の歌舞」（山上伊豆母編『講座日本の古代信仰5　呪禱と芸能』所収　一九八〇年刊）。

(18) 二つの大極殿・朝堂については、今泉隆雄「律令制都城の成立と展開」（一九八四年初出）、同「平城宮大極殿朝堂再論」（一九八九年初出）、（いずれも今泉隆雄『古代宮都の研究』所収、一九九三年）参照。

(19) 『続日本紀』天平十五年七月庚子条に石原宮における隼人の賜饗・叙位を記すが、これは恭仁宮大極殿の未完成に伴う臨時的な措置である。恭仁宮大極殿の完成は天平十五年十二月辛卯であるから（『続日本紀』）、七月には造営中であった。石原宮は恭仁宮東北方の離宮である（『続日本紀』天平十五年正月壬子条）。

(20) 鈴木靖民「奈良初期の対新羅関係」（一九六七年初出）、「養老期の対新羅関係」（一九六七年初出）、「天平初期の対新羅関係」（一九六八年初出）、いずれも『古代対外関係史の研究』所収、一九八五年。

(21) 渤海使は八世紀の一四回の来朝のうち、八回正月行事に参列した（神亀五年、天平十二年、天平宝字三年、同四年、同六年、宝亀三年、同九年、延暦十八年）。

(22) 天平宝字四年（七六〇）新羅の朝貢使を譴責し、朝貢使の条件として「専対之人」（専使）、「忠信之礼」（礼儀）とともに「仍旧之調」（調物）、「明験之言」（表文）をあげ（『続日本紀』天平宝字四年九月癸卯条）、また天平勝宝四年（七五二）、宝亀十一年（七八〇）の来朝の時も表文（表函）を必ずもたらすことを要求し、（同天平勝宝四年六月壬辰、宝亀十一年二月庚戌条）、さらに『延喜式』式部式下でも「受諸蕃使表及信物」の儀を定め、表文と調物を重視している。

(23) 鈴木靖民「奈良初期の対新羅関係」（注(20)）。

(24) 岸俊男「朝堂の初歩的考察」（一九七五年初出、『日本古代宮都の研究』所収、一九八八年）。

(25) 『日本書紀』推古八年、持統三年五月甲戌条、『続日本紀』慶雲三年十一月癸卯、天平勝宝四年六月乙丑、宝亀十一年正月辛未条。

(26) 石上英一「古代における日本の税制と新羅の税制」（朝鮮史研究会編『古代朝鮮と日本』所収　一九七四年刊）。

(27) 『日本書紀』持統二年十一月乙未条、『続日本紀』天平元年六月庚辰、同年七月己酉、同七年七月己卯、天平勝宝元年八月壬午条。
(28) 熊谷公男「蝦夷の誓約」（『奈良古代史論集』第一集　一九八五年）。
(29) 風俗歌舞の起源説話が『日本書紀』神代下第十段の第四の一書、吠声の起源説話が同第二の一書である。
(30) 奈良国立文化財研究所『飛鳥寺発掘調査報告』（一九五八年）、同『飛鳥藤原宮跡発掘調査概報』八・一三号（一九七八、一九八三年）。
(31) d「甘檮丘東之川上」、e「石上池」が問題となる。前者は飛鳥川西岸の可能性もあり、後者については後述する。
(32) a法興寺槻樹之下での中大兄皇子と中臣鎌足の打毬の話は、山田英雄氏によって説話として造作されたものであることが指摘されているので除く（「中臣鎌足伝について」『日本歴史』五八　一九五三年）。『家伝上』の同じ話の中では蹴鞠の場として大槻はでてこない（『寧楽遺文』下巻）。
(33) 『倭名類聚抄』に槻の訓を「都岐乃岐」とし、『日本霊異記』上巻第四縁の平安時代初期の訓釈によれば「双槻二合奈弥ツ死乃」とある。
(34) 上代語辞典編修委員会編『時代別国語大辞典　上代編』四六一頁（三省堂　一九六七年刊）。
(35) 『本朝月令』巻八十一松尾祭事（『群書類従』六輯所収）、『続日本後紀』承和十四年六月甲寅条。
(36) 軽の社の斎槻については、和田萃「今来の双墓をめぐる臆説」（京都教育大学考古学研究会『史想』一九号　一九八一年）参照。
(37) 『広隆寺来由記』（『群書類従』二十四輯所収）。
(38) 福山敏男「飛鳥寺の成立」（『日本建築史研究』所収　一九六八年刊）。
(39) 矢島恭介「飛鳥の須彌山と石彫人物について」（『国華』六九三号　一九四九年）、石田茂作「飛鳥の須彌山遺跡」（『飛鳥随想』所収　一九七三年刊）、猪熊兼勝「飛鳥藤原の園池遺跡」（『仏教芸術』一〇九号　一九七六年）。
(40) 西口寿生「飛鳥諸宮」（『仏教芸術』一五四号　一九八四年）。調査成果については、奈良国立文化財研究所『飛鳥藤原宮跡発掘調査概報』一二～一五号（一九八二～一九八五年）参照。西口論文にも手際よくまとめられている。
(41) 熊谷公男氏が指摘するように（注(28)論文）、c斉明三年七月辛丑条「作二須彌山像於飛鳥寺西一、且設二盂蘭瓫会一、暮饗二覩貨邏人一或本云、堕羅人。」の「且」字は、「旦」字の書写の際の誤りであろう。「旦（あした）」と「暮（ゆふべ）」が対句になる。
(42) 定方晟『須弥山と極楽―仏教の宇宙観』（講談社現代新書　一九七三年刊）。

(43) 勝俣鎮夫『一揆』二七頁（岩波新書　一九八二年刊）。斎槻の下の饗宴は、前述の『古事記』雄略天皇段の朝倉宮の斎槻の下での新嘗の豊明の例がある。
(44) 入間田宣夫「起請文の成立」（一九八五年初出、『百姓申状と起請文の世界』所収、一九八六年）。
(45) 天平八年（七三六）薩摩国正税帳、同十年駿河国正税帳に元日朝拝の食稲・酒の支給の記載があり、それによれば軍毅も参列している（『寧楽遺文』中巻二一七・二二七頁）。また『万葉集』に天平宝字三年（七五九）正月朔日の因幡国庁における国郡司賜饗の際の大伴家持の歌がみえる（巻二十―四五一六）。
(46) 『令義解』考課令増益条に「凡国郡以二戸口増益一、応レ進レ考者、若是招慰、謂下不レ従二戸貫一謂蝦夷、之類也而招慰得者上、（中略）得レ入二功限一、（後略）」とある。
(47) 山中裕『平安朝の年中行事』一九六頁（一九七三年刊）。
(48) 軍毅が胆沢城に勤務していた可能性もあり、そうならば軍毅も参列したであろう。両節会は国府多賀城でも行ない、胆沢郡より南の地域の俘囚は多賀城での両節会に参列したことが考えられる。
(49) 佐藤禎宏「庄内地方と出羽国」（『庄内考古学』一九号　一九八五年）。
(50) 『続日本紀』宝亀十一年八月乙卯条、『類聚国史』天長七年正月癸卯条、『類聚三代格』同七年閏十二月二十六日官奏、『三代実録』元慶三年六月二十六日条。
(51) 天平十年駿河国正税帳（『寧楽遺文』上巻二二五～二二六頁）、同年周防国正税帳（同二五七～二五八頁）、同九年豊後国正税帳（同二六九、二七二頁）、同八年薩摩国正税帳（同二七七頁）、仁寿四年八月一日官符（『類聚三代格』）。
(52) 元慶の乱の際、狄俘の饗宴をしない理由の一つに秋田城が焼亡して会聚する処がないことがあげられ、秋田城が蝦夷の饗宴の場に用いられていたことが知られる（『日本三代実録』元慶二年九月五日条）。
(53) 出羽国狄禄は、貞観十七年格によって、年料一万端、その財源は調狭布を以て充て、不足の場合は正税によって交易し、一万端をこえる時は国司公廨によって填納することが定められ、この規定は『延喜交替式』に踏襲され、さらに『延喜式』主税式上では地子も充当する定めとなる。なお陸奥でも同様の給禄が田夷に対して行なわれている（『日本後紀』弘仁三年九月戊午条）。
(54) 早川庄八「『供給』をタテマツリモノとよむこと」（『月刊百科』二一〇号、〔『中世に生きる律令』所収、一九八六年〕）。
(55) 土橋寛『古代歌謡の世界』一三一頁（一九六八年）。

(56)『日本書紀』景行五十一年八月壬子条、『続日本紀』天平宝字二年六月辛亥、宝亀十一年二月丙午条、『日本紀略』延暦二十一年八月丁酉条。

(57) ほかに同様の記載は、承和十一年（八四四）九月八日官符に「夷狄之情、貪慾為レ業、長吏遂無二潤沢一、何以食二餌彼類一」、貞観十七年（八七五）五月十五日官符にも「夫夷狄為レ性、無レ遵二教喩一、啻対二恩賞一、纔和二野心一」（以上『類聚三代格』）などがある。

(58)『続日本後紀』承和四年二月辛丑条、『日本三代実録』貞観十一年二月五日条。

（補注1） 本稿では、石母田正氏の化外論によって、化外には「隣国」＝唐国、「諸蕃」＝朝鮮諸国、「夷狄」＝蝦夷・隼人の三類型を設定し、その考えに基づいて論述しているが、初出稿執筆後、本書第一編第四章「律令における化外人・外蕃人と夷狄」においてその考えを改めた。すなわち律令の検討から、化外は諸蕃のみであり、化外人は外蕃人をさし夷狄は含まれない。諸蕃は王権の下に礼と法・制度の秩序を備えた国家であり、一方、夷狄は列島内に居住する調庸民・公民化されない諸部族であり、王権・国家を形成せず、礼と法・制度の秩序をもたないとみなされた。夷狄には朝貢関係を結び原初的なミツキ・エダチを負担する集団と、まだ帰服していない集団がおり、前者はすでに王化に帰しているから化内人であり、後者は化内人が予定された集団である。

また本稿では、諸蕃も夷狄と同じく朝貢するものととらえているが（八五頁）、前記論文では見解を変え、夷狄が朝貢するのに対して、諸蕃は「朝聘」をすると考えた。朝聘とは『礼記』において諸侯が天子のもとに赴くことで、日本と諸蕃の関係は中国古代の天子と諸侯の関係に擬えて考えられていた。この諸蕃と夷狄の相違は、礼と法・制度を備えた国家であるか、それらを備えない部族であるかの違いによる。これらの点については、本稿では初出稿のままで変更していないので、前記論文を参照されたい。

（補注2） 斉明朝の阿倍比羅夫の遠征に関して、新しい研究史として熊谷公男「阿倍比羅夫北征記事の研究史的研究」（『東北学院大学論集』歴史学・地理学一六、一九八七年）、新しい研究として同「阿倍比羅夫北征記事に関する基礎的考察」（高橋富雄編『東北古代史の研究』所収、一九八六年）があり、詳細に記事を分析して遠征三回説を支持する。

（補注3） 初出稿では、蝦夷の朝貢と律令の規定の関係について、地方官衙朝貢については、職員令大国条の陸奥・出羽・越後三国守の「饗給」の職務が三国における蝦夷の朝貢の受け入れの職務であることを指摘したが、上京朝貢については指摘できなかった。この点については、本書第一編第四章「律令における化外人・外蕃人と夷狄」において、職員令玄蕃寮条の玄蕃頭の職掌の「在京夷狄」が上京朝貢に関係するものであることを指摘した。「在京夷狄」とは単に私的に京に滞在している夷狄という意味ではなく、朝貢のために上京して在京する公的な存在としての蝦夷などの夷狄をさすのであり、玄蕃寮が上京朝貢の蝦夷の受け入れ官司なのである。

（補注4）　史料⑴については補論「閇村の蝦夷―昆布の道―」で検討したので、参照されたい。とりあえずこの史料の地理的環境について記しておく。この時点の陸奥国府は、仙台市郡山遺跡Ⅱ期官衙が当たる。閇村は岩手県宮古市の宮古湾付近に所在した。須賀君古麻比留の居地はスカという集落で、宮古湾奥西岸の宮古市高浜の小字「上（かみ）須賀」「中須賀」「下須賀」に比定され、閇村を構成する須賀君氏らの蝦夷集落である。

（補注5）　現在大極殿の成立については、小澤毅氏の見解によって、「大極殿」の宮殿呼称はすでに天武朝の飛鳥浄御原宮で成立したと考えている（小澤毅「飛鳥浄御原宮の構造」『日本古代宮都構造の研究』二〇〇三年）。ただし、飛鳥浄御原宮と藤原宮の大極殿では、機能、使用法、構造の点で異なっており、これらの点で藤原宮大極殿が平城宮以降のものに連なり、画期となることは間違いない。

（補注6）　飛鳥寺の西の須彌山と齋槻の詳細については、今泉隆雄「飛鳥の須彌山と齋槻」（今泉隆雄『古代宮都の研究』一九九三年）を参照。

（補注7）　本書第編三第一章「古代国家と郡山遺跡」では、陸奥国府である郡山遺跡Ⅱ期官衙において朝貢してきた蝦夷が、飛鳥と同様な呪術的な服属儀礼を行っていることを指摘した。Ⅱ期官衙の政庁の後庭に、須彌山の園池＝石神遺跡にあるのとよく似ている方形石組池があり、両者とも呪術的服属儀礼を行う前に禊をするための池であると解釈できるからである。

（付記）　初出稿は、高橋富雄編『東北古代史の研究』（一九八六年一〇月）に掲載。著者の東北古代史に関する早い時期の論文なので、その後考えを変えた点があるが、初出稿のままとして内容は変更しない。変更点は補注にゆだねた。

【本書編集にあたっての注記】
本章は著者自身の補訂稿による。

補論　閇村の蝦夷
——昆布の道——

『続日本紀』霊亀元年（七一五）十月丁丑条の閇村における郡家建造の記事は、いろいろの問題を含み、本書の中でもいくつかの章でふれているので、ここでその諸問題を取り上げておきたい。史料を掲げる。

『続日本紀』霊亀元年（七一五）十月丁丑条

陸奥蝦夷第三等邑良志別君宇蘇弥奈等言、親族死亡、子孫数人、常恐レ被二狄徒抄略一乎。請、於二香河村一、造二建郡家一、為二編戸民一、永保二安堵一。

又蝦夷須賀君古麻比留等言、先祖以来、貢二献昆布一、常採二此地一、年時不レ闕、今国府郭下、相去道遠、往還累レ旬、甚多二辛苦一、請於二閇村一、便建二郡家一、同二百姓一、共率二親族一、永不レ闕レ貢、並許レ之、

陸奥蝦夷の言上によって二ヵ所の蝦夷村に郡家を建造する内容で、ここで取り上げるのは後半の閇村の問題である。史料によると、陸奥国の蝦夷の須賀君古麻比留らが、先祖以来毎年昆布を陸奥国府に貢献していたが、その道程は遠く往復に数十日かかって辛苦が多いので、これからも貢納を欠かさないために閇村に郡家を建造して欲しいと言上したのに対して、それが許されたのである。

地理的環境　まず地理的環境について次の点を指摘しておきたい。(1)この史料は、神亀元年（七二四）設置の多賀城以前の陸奥国府の存在を示す貴重な史料であるが、この国府は仙台市郡山遺跡Ⅱ期官衙に当たる。郡山遺跡は仙台平野の中央部、名取川に沿って所在し、この川の太平洋に開く河口は海上舟運の港になる。[1] (2)須賀君古麻比留らは昆

布を採集しているから、彼らの居住地は沿海部であること。昆布はコンブ属マコンブに当たり、その分布地域は北海道から宮城県金華山沖であるので、[2]彼らの居住地あるいは閇村の所在地はこの点から限定される。(3)閇村は服属した蝦夷集団による村で、国家によって公的に認められた存在である。閇村は、弘仁二年(八一一)にみえる幣伊村、弊伊村、遠閉伊村などと関係し、また明治十二年の南・北・東・西・中閉伊郡の五郡、現在の上・下閉伊郡の領域から見ると、岩手県沿海部の広域をしめることになるが、この史料の時期の閇村は、岩手県宮古市の宮古湾付近と推測する。宮古湾は天然の良港で一名閉伊浦ともよばれ、湾口の南岬に閉伊崎の地名があり、また北上山地を流れ下る閉伊川が河口を開き、「閉伊」の地名が密集しており、この地域が後には拡大する「閉伊」地名の源の地であろう。閉伊川を三キロメートルさかのぼった北岸に所在する長根I遺跡が古代の閇村との関係が指摘されている。この遺跡は和同開珎・蕨手刀などを出土した古墳二八基を中心とする遺跡である。[3] (4)須賀君古麻比留らの居住地については、蝦夷のウジ名は地名によるから、スカという地名である。スカ地名を検索するため、『角川日本地名大辞典3　岩手県』(一九八五年)の「字名一覧」によって、スカ関係の小字名を探した。同一覧は岩手県立博物館蔵「岩手県管轄地誌」所載の小字名を郡・村別に書き出したもので、明治二十二年以前のものであり、同一覧の「閉伊郡」分を検索したところ、九ヵ所のスカ関係小字名を検出したが、そのうち(2)の沿海部の条件を満たすものは、次の宮古湾岸に一ヵ所、大槌湾岸に二ヵ所あり、この三ヵ所が須賀君氏の居住地の候補になる。

宮古湾岸　A　閉伊郡高浜村(現宮古市高浜)「上須賀」、「中須賀」、「下須賀」　宮古湾奥西岸

大槌湾岸　B　閉伊郡鵜住居村(現釜石市鵜住居)「前須賀」　大槌湾奥西岸

C　閉伊郡箱崎村(現釜石市箱崎町)「須賀」　大槌湾奥南岸

郡家の性格　次に閇村の郡家の性格については、複数の蝦夷集団の貢納物の集積センターと考える。須賀君氏はこ

れまで単独で貢納物の昆布を国府まで運送していたのであるが、閇村に郡家を建造することによって運送の辛苦が軽減するというのは、郡家まで運送すればよくなるのであろう。そこで問題になるのは、郡家から国府までの運送はどうするのかということで、二つの可能性が考えられる。㈠郡家に貢納する複数の蝦夷集団が交替で国府まで運送する。㈡国府から郡家に輸送隊が派遣される。この場合も郡家への貢納が須賀君氏集団だけでなく複数集団で、貢納物の数量が多ければ、国府から輸送隊が派遣されることがあり得るであろう。郡家が良港である宮古湾に設けられた点から見て、㈠でも㈡でも、郡家への運送、かつ国府までの運送は海上舟運を用いたであろう。国府にも受け入れ先として名取川河口の港があった。

複数の蝦夷集団と言ったが、この郡家に貢納してくる蝦夷集団はどれくらいの範囲から来たのであろうか。宮古湾岸くらいの狭い範囲か、それとも三陸沿岸の複数の湾にまたがるような広い範囲か。

閇村蝦夷の帰服　この問題と関係しそうなのは、三陸の蝦夷集団の帰服の問題である。この点については、斉明四～六年（六五八～六六〇）の間、越国の阿倍比羅夫が船団を率いて日本海沿岸沿いに遠征したのと併行して、陸奥国でも太平洋沿岸沿いに遠征したことがあり、その時に閇村の蝦夷が帰服したと考えられることは、すでに指摘されている。(4) 須賀君氏が霊亀元年（七一五）の時点に「先祖以来」昆布貢納を続けているといい、「先祖」には始祖の意味があるから、この集団の帰服が斉明朝の遠征まで遡ることはあり得るのである。この時の阿倍比羅夫の日本海沿岸の遠征で帰服したのは、飽田・齶田（秋田）、渟代（能代）、津軽、渡嶋（北海道）の蝦夷であり、それぞれに郡を設けた。飽田・齶田は雄物川河口あるいは八郎潟、渟代は能代川河口、津軽は十三湖が、それぞれ遠征軍の船泊になり、郡が設けられたのであろう。このように考えると各郡の支配領域の最大限の範囲が推測される。これらの日本海沿岸の例からすれば、三陸沿岸でも複数の湾の蝦夷集団が帰服したことが考えられ、また一方閇村の郡家がカバーする範囲は、三陸沿岸の複数の湾にまたがるようなことはなく、宮古湾岸を中心としそれから少し広がる範囲くらいであろう。このように考えれば、大槌湾は宮古湾の南約二五キロメートル離れているから、須賀君氏集団の居住地は、先の三つのうち宮古湾岸のAが妥当であろう。須賀君氏の申請によって閇村に郡家が建造されたのであるから、同氏の居住地が閇村の遠隔地にあるとは考えにくい。宮古湾岸を中心とする複数の蝦夷集団が閇村という蝦夷村を構成し、須賀君氏の集団はその中のスカという集落に居住していたのである。

昆布の道　国家が閇村の貢納のために特別に郡家の設置を許可したのは、昆布が蝦夷からしか獲得できない陸奥国の特産物で、その収取を確実にするためである。『延喜式』では昆布は、陸奥国から交易雑物として昆布六百斤、索昆布六百斤、細昆布一千斤（民部下）、諸国例貢御贄として昆布、縒昆布をそれぞれ貢献することになっており（宮内省）、昆布の貢納は陸奥国だけに見られ、同国の特産物であった。『和名類聚抄』では昆布の和名は、「比呂女」で一名「衣比須女（えびすめ）」で、その意味はエビスの海藻であり、その植生分布からみて蝦夷の貢納によるところが大きかったからである。関根真隆氏は、正倉院文書で昆布が見える文書は一点だけで、奈良時代に昆布は陸奥からの遠路貢出される貴重な存在で、おそらく高貴の食膳にのみ供された食品であったと推測している。特別に閇村に郡家を設置してその確保を図ったのは、このように貴重な食品で、三陸から北海道にかけての蝦夷からしか獲得できなかったからである。先に国府までの運送について国府側からの輸送隊の派遣を推測したが、昆布がこのように貴重な物産であるとすれば、それはあながち根拠のないことではなかろう。

近年、『平城宮木簡三』の三〇五九号木簡が釈読し直されて、次の釈文が明らかになった。(6)

陸奥国名取郡□□布御贄壱籠　□□　天平元年十一月十五日　三一九×二五×六　〇三一

出土遺構は平城宮東張出部南面西門小子部門の西に位置する南北溝SD四九五一―I区である。表面の腐朽が著しくすべてを釈読できないが、馬場基氏は「名取郡」の下は品目で、昆布であり、一字目の□は糸偏で「細」「縒」「縄」などが想定されるという。妥当な推定である。ここに霊亀元年（七一五）の閇村の昆布貢納と十世紀初めの『延喜式』の陸奥国からの昆布貢進の間に、天平元年（七二九）の陸奥国名取郡から都への贄の昆布貢進が明らかになった。これは贄だから『延喜式』の例貢御贄の前身であろう。先の『延喜式』の規定で、昆布について交易雑物は貢進の数量が定められているのに対して、例貢御贄は定められていない点に注意したい。これは交易雑物が正税を財源として蝦夷との交易で獲得するのに対して、贄は蝦夷の貢納に依存しているので、年ごとに数量が不定になるからであろう。

この荷札で問題になるのは、贄の昆布の貢進主体である名取郡が仙台平野中央部で、昆布の植生分布の南限の金華山沖から離れていることであり、従って当郡で採取した昆布を貢進しているのではなさそうなことである。荷札で名取郡が貢進主体に記されていることは、名取郡が政府に対して贄昆布の貢進の責任を負うということであり、それは現地における昆布の収取・調達に責任を負うということである。一つ考えられるのは、名取郡の郡稲を使って蝦夷らから昆布を交易し、それを名取郡の贄として中央政府に貢進していることである。しかし先に『延喜式』の規定から見たように、贄の昆布は蝦夷らがミツキとして貢納してくるものである。従って名取郡が責任を負うとすれば、それは現地における蝦夷からの収集、さらに国府までの運送の責任であったのではないか。天平元年にはすでに国府は多賀城に移っているが、その前の国府の郡山遺跡Ⅱ期官衙が名取郡にあったことは偶然でないかもしれない。

江戸時代には昆布は生産地の蝦夷地北海道から各地に運ばれ、その道を「こんぶロード」とよんでいる。蝦夷地から北前船を使って日本海沿岸を通り西回り航路によって大阪へ、そこからさらに薩摩↓琉球↓清まで送られ、大規模なこんぶロードが成立していたのである。古代においては、三陸の閇村から陸奥国府へ、さらに都まで昆布の道が続いていたのである。

注

（1）本書第三編第一章「古代国家と郡山遺跡」（二〇〇五年初出）。

（2）関根真隆『奈良朝食生活の研究』一一六頁、一九六九年。新日本古典文学大系『続日本紀二』六、四五五頁。

（3）日本歴史地名大系『岩手県の地名』五八、六二〇、六三五頁、一九九〇年。

（4）熊谷公男「阿倍比羅夫北征記事に関する基礎的考察」（高橋富雄編『東北古代史の研究』所収、一九八六年）、本書第三編第一章「古代国家と郡山遺跡」。

（5）以下、昆布については注(2)関根著書。

（6）馬場基「陸奥国荷札の『発見』」『奈良文化財研究所紀要二〇〇四』二〇〇四年。論文では木簡番号を三〇五八号とするが、三〇五九号が正しい。

【本書編集にあたっての注記】

本章は未発表の新稿である。

第四章　律令における化外人・外蕃人と夷狄

はじめに

本論は、律令国家の蝦夷支配の研究の一環として、養老律令における夷狄の法的位置づけを、化外人、外蕃人との関係において明らかにしようとするものである。古代国家における蝦夷を含む夷狄の位置づけに関しては、石母田正氏の「東夷の小帝国」論がこれまでの研究に大きな影響を与えてきた。この「東夷の小帝国」論はいうまでもなく古代国家の構造全体にわたる議論で、夷狄論はその一部にすぎないが、蝦夷研究にも多大な影響を及ぼしたのである。その「東夷の小帝国」論を、夷狄の問題を中心に整理すると次の通りである(1)。

(ア)東アジア世界には唐帝国を中心とする国際秩序が存し、朝鮮諸国は唐の冊封体制に組み込まれ、日本は冊封体制の外部に位置する「不臣の客」で歳貢は免除されていたが、唐へ朝貢する蕃夷の一国であった(三四六頁)。このような国際秩序の中で、日本は諸蕃(朝鮮諸国)と夷狄(蝦夷・隼人)に君臨する小帝国、すなわち「東夷の小帝国」として大唐国と隣好を結ぶ地位を勝ちとろうとした(三五二頁)。日本の小帝国の地位は大化前代からあったが、大宝律令の制定はこの小帝国の体制を法制的に固めることを一つの課題としていた(三四八頁)。(イ)この小帝国の体制は天皇または国家の統治権の及ぶ範囲を「化内」、その外部の教化の及ばない領域を「化外」と区別し、王権の支配する臣下と人民を「王民共同体」に組織して支配民族とし、化外の民に諸蕃と夷狄を設定し、天皇が王民を支配するとともに諸蕃・夷狄に君臨する体制である（三三〇・三五二頁）。(ウ)化外について詳しくいえば、化外には日本王権との政治的・国家的関係を基準として、「隣国」＝唐国、「諸蕃」＝朝鮮諸国、「夷狄」＝蝦夷・隼人の三類型が設定された（三三〇・三三一頁）。三者の異同について、日本にとって隣国は被朝貢国であるのに対して、諸蕃は朝貢国である。夷狄と諸蕃は日本王権に対して朝貢という関係において同一であるが、夷狄は列島内部にあって教化に従わない諸種族である点と、国家を形成していない点において諸蕃と異なる（三三一・三三二頁）。列島内部における「異民族」である蝦夷・隼人すなわち夷狄は、諸蕃とともに日本の古代小帝国のために欠くべからざる構成要素である（三二五・三二六頁）。

石母田氏以後、日本古代国家の帝国型構造に関する重要な研究として石上英一氏の研究がある(2)。石母田氏の所説をふまえながら、化外として蕃国を設定するとともに、列島内における複合的・多元的民族構造を明らかにする視点から、日本の帝国型構造を考察した。

本論であらためて夷狄を中心に化外、諸蕃の律令条文の検討を行なおうとするのは、石母田氏以来大宝律令が帝国型国家体制の法制化の画期として重視されながらも、これまで律令諸条文の検討が十分行なわれていなかったからである。なお本論で検討するのは、律令における法的な位置づけの問題に限定しており、実態についてでない点を初めにおことわりしておきたい。

一　律令の関係条文

養老律令の条文に見える化外・化内、蕃、夷狄に関係する語句を含む条文を第7表に整理した。これらは関係する語句が養老律令の本文・注文に見えるもので、律疏に見えるものは除いた。化外・化内関係が四条、蕃関係が二一条、夷狄関係が二条、隼人関係が二条あるが、蕃関係にくらべて夷狄関係の条文が少ない。

詳しく見ると、化外・化内関係では、「化外人」が戸令16条、名例律48条、「化外奴婢」「化内」が戸令44条にある[3]。また「境外之人」（戸令44条）、「境外消息」（公式令50条）があり、戸令44条義解・古記（341—6・7）[4]によれば「境外」は「化外」と同じであるから、「境外」も化外関係の条文に含める。後述のように大宝令では戸令16条に「化内人」の語もあった[5]。

蕃関係の条文については第三節で検討することにして、ここでは「諸蕃」と「外蕃」の相違、蕃国と隣国についてふれておく。「諸蕃」と「外蕃」は用例に相違があり、意味が異なる。「諸蕃」の用例は次のとおりである。

諸蕃貢献奇瑋之物（職員令7内蔵寮条）　諸蕃朝聘（同令16治部省条）　与㆓諸蕃㆒市易（関市令6弓箭条）　共㆓諸蕃㆒交易（同令8官司条）

すなわち「諸蕃」は「貢献・朝聘」の主体で、「市易・交易」の客体である。「貢献・朝聘」の主体となる「諸蕃」は、国家関係を結んだ国家としての蕃国であり、「市易・交易」も民間の蕃人ではなく、来朝した蕃使との間のことであり、やはり国家としての意味である。これに対して「外蕃」は「没㆓落外蕃㆒」の用例が顕著である（戸令16没落外蕃条、戸令26結婚条、田令18王事条、賦役令15没落外蕃条）。「没㆓落外蕃㆒」は抄略を被り（「没」）、あるいは風波に遭いて流落し（「落」）、外蕃に在ることで（戸令16没落外蕃条義解）、前者に当たる「被ニ抄略一没在ニ外蕃一」の用例もある（戸令41官戸自抜条）。これらの用例から「外蕃」には国家的な意味は薄く、地域的な意味と考えられる。「外蕃」についてはほかに「外蕃之人」（賦役令15没落外蕃条）、「以ニ公使一外蕃還者」（同令16外蕃還条）の用例があるが、これらも「外蕃」を化外の地域と理解できる。

第7表　養老律令の化外・蕃・夷狄関係条文

語句	令		律	
化外	**2**	戸16・44	**1**	名48
化内	**1**	戸44		
境外	**2**	戸44、公50		
外蕃	**6**	戸16・26・41、田18、賦15・16		
諸蕃	**4**	職7・16、関6・8		
蕃客	**7**	職18・69・70、考25、宮22、関7・9		
蕃使	**2**	軍64、雑29		
蕃人	**2**	公70、雑29		
蕃	**2**	戸41、選11		
蕃賊	**1**	厩15		
夷狄	**1**	職18		
夷人雑類	**1**	賦10		
隼人	**2**	職59・60		

注　ゴシックは条文数。律令の篇目の略称と条文番号を示す。篇目略称は推察されたい。条文番号は令は日本思想大系『律令』、律は『訳註日本律令』による。

石母田正氏は「蕃国」＝朝鮮諸国に対して「隣国」＝大唐を区別して、化外の三類型の二つとした（注（1）前掲書二三〇頁）。しかし、すでに平野邦雄氏が批判するように、諸蕃、外蕃、蕃客、蕃使、蕃国などを通じての蕃の概念には、朝鮮諸国とともに唐も含まれるとみるべきである(6)。

夷狄に関する語句はわずかに二条に見えるだけで、それについては第四・五節で述べる。隼人については隼人を管する職員令60隼人司条と隼人司を管する職員令59衛門府条に規定するが、蝦夷の語句は律令条文には見えない。しかし職員令70大国条に陸奥・出羽・越後三国の守の特別の職掌として定める「兼知ニ饗給。征討。斥候一」は蝦夷に対するものであり、後述のように考課令55増益条の「招慰」は「饗給」と関係する。

二　化外人・外蕃人と夷狄

石母田氏は夷狄を諸蕃・隣国とともに化外の類型に設定したが、律令においては、化外は外蕃、化外人は外蕃人のみをさし、夷狄は化外人の範疇に含まれないことをまず明らかにしたい。(7) この点についてすでに平野邦雄氏が化外人は外蕃人であることを明確にしているが（注(6)論文）、同氏の問題意識は外蕃・帰化などの概念にあるので、夷狄には詳しくふれていない。

化　外　まず「化外」に関する明法家の説と律疏をみておこう。

(1)戸令44化外奴婢条

(a)〈令義解〉謂。教化之所レ不レ被。是為二化外一也。（下略）（義解105―9）

(b)〈令釈〉釈云。法制不レ同。是謂二化外一。（下略）（341―2A）

(2)唐律名例律48化外人相犯条

諸化外人同類自相犯者。各依二本俗法一。異類相犯者。以二法律一論。

疏議曰。化外人。謂下蕃夷之国。別立二君長一者上。各有二風俗一。制法不レ同。其有二同類自相犯一者。須下問二本国之制一。依二其俗法一断上レ之。異類相犯者。若高麗之与二百済一相犯之類。皆以二国家法律一。論二定刑名一。

（――養老律復原部分。……同推定部分。『訳註日本律令二　律本文篇』による。以下律復原条文については同じ）。

(2)名例律48条はこの復原・推定からみて、養老律は本文・疏とも唐律と同文であったとみてよい。この条文は、日本居留の化外人が罪を犯して断罪される場合、同国人の間の場合はその化外人の国の俗法により、異国人の間の場合は日本の法律によることを定めたものである。⑴ⓐの天皇の教化の及ばざる所というのは、化外を礼的な面からとらえ、ⓑ令釈の法制同じからざる所というのは法・制度的すなわち政治的な面からとらえている。⑵名例律の疏によれば、化外とは蕃夷の国で、そこには日本と異なる支配者がいて、異なる風俗と制度・法をもつものと規定され、実例として高句麗と百済を挙げる。⑴ⓑ令釈の「法制不レ同」は⑵の疏の「制法不レ同」をふまえ、⑴ⓐ義解の礼的な「教化所レ不レ被」は⑵の「風俗」に対応する。これらの史料によれば、㋐化外とは天皇の礼的かつ政治的秩序の外側の領域である。㋑化外にある蕃夷の国は、支配者たる王（君長）の下に独自の風俗と法・制度を備えた国家であるといえよう。

外蕃帰還者と帰化者に関する条文　令には日本人が「没二落外蕃一」して帰還した場合と、化外人が日本に帰化した場合の取扱いに関する条文がある。

⑶戸令16没落外蕃条

凡没二落外蕃一得レ還。及化外人帰化者。所在国郡。給二衣粮一。具レ状発（上）二飛駅一申奏。化外人於二寛国一付レ貫安置。没落人（化内人）依二旧貫一。無二旧貫一（ナシ）。任於二近親一付レ貫。並給レ粮。遞送使レ達二前所一。（右傍の○は大宝令復原可能部分。大宝令文が異なる場合は右傍に×を付し、代わる文字を左傍の（　）に記した。令文については以下同じ。）

⑷賦役令15没落外蕃条

凡没二落外蕃一得レ還者。一年以上復三年。二年以上復四年。三年以上復五年。外蕃之人投レ化者。復十年。其家人奴×（婢）。被レ放付二戸貫一者。復三年。

⑶は外蕃没落の者が帰還しまたは化外人が帰化した場合、到着した国郡の衣粮の支給と天皇への報告、彼らの付貫

安置（戸籍への付貫）の方法と安置国への遞送に関する規定である。大宝令では外蕃没落者の付貫の仕方について養老令と異なり、また養老令にない「若有二才伎一者。奏聞聴レ勅」の文が存した（同条古記。280―2A）。(4)は両者に対する給復と、家人・奴の放賤従良の際の給復の規定である。[8] (3)(4)が良に関する条文であるのに対して、賤に関しては戸令41官戸自抜条に日本の官戸・家人・奴婢が外蕃に抄略されて帰還した場合、戸令44化外奴婢条に化外奴婢が帰化した場合（後掲(7)）、いずれも良となすことを定める。良の場合優遇策として給復されるが、賤は放賤従良されるのである。[9]

ところで化外人と外蕃人の関係を考えるために重要なのは(3)(4)の条文である。(3)と(4)は日本人の外蕃没落の帰還者と化外人の帰化者について、それぞれ衣粮支給・付貫安置などの取扱いと給復を定め、条文の構文上次の語句が対応すると考えられる。

(3)戸令16条		(4)賦役令15条
没落外蕃得還	――	没落外蕃得還者
化外人帰化者	――	外蕃之人投化者

したがって(3)の「化外人」は(4)では「外蕃之人」となっており、この点から化外人とはすなわち外蕃人と考えられる。この点に関連して次の二点が注意される。

(ア)大宝令では(3)戸令16条に「若有二才伎一者。奏聞聴レ勅」の文があったことに注目したい。本条の唐令対応条文の戸令19条にはこの文はなく、養老令文とほぼ同じであるから、この文は日本の独自の事情によって大宝令で唐令条文に付け加えられたが、養老令では唐令条文にならって削られたのであろう。この文を引く古記は本条文の末尾に引載されているから、この文は本条文の末尾にあったのであろう。この文は、帰化者で特殊な才伎をもつ者はその取扱いに関して奏聞して勅断を聴けという意味で、その才伎を生かすために一般的な寛国安置という処置をとるのではなく、中央政府への召喚などの処置をとることを含んでいるのであろう。「有才伎者」とは特別な才伎をもった中国・朝鮮などの外蕃人と考えられるから、「化外人帰化者」は外蕃人であって、夷狄は想定されていなかったと考えられる。大宝令におけるこの文の付加は、日本が中国・朝鮮に対して文化的後進国であった立場を反映している。

(イ)(4)賦役令15条の「外蕃之人投化者。復十年」について、『令集解』の古記は同条で「問。外蕃投化者復十年。未レ知。（下略）」（409―2A、後掲(17)）、また賦役令10辺遠国条で「問。化外人投化復十年。復訖之後。課役同二雑類一以不。（下略）」（404―1B、後掲(14)）という問答をそれぞれしている。両者は「問」に引かれ養老令文と同じでないから、大宝令文そのものではなく取意文であるが、大宝令文は前者によって養老令文と同文と考えてよいであろう。注目すべきは、後者の古記がこの「外蕃之人」を「化外人」といいかえている点で、古記が賦役令15条の「外蕃之人」が「化外人」と等置であると考えていたことを示し、(3)戸令16条「化外人」＝(4)賦役令15条「外蕃之人」という考えを支証する。

化外人・外蕃人と帰化　化外人・外蕃人・夷狄の三者の関係を帰化の点から考える。律令では「帰化」について次の条文に定める。

(5)職員令69大宰府条　帥の職掌に「蕃客。帰化。饗讌事」を定める。

(6)職員令70大国条　壱岐、対馬、日向、薩摩、大隅など二島三国守の特別の職掌として「惣知二鎮捍。防守。及蕃客。帰化一」を定める。

前掲(3)戸令16没落外蕃条　「化外人帰化」への対応を定める。

(7)戸令44化外奴婢条

凡化外奴婢。自来投レ国者。悉放為レ良。即付二籍貫一。本主雖二先来投レ国。亦不レ得レ認。若是境外之人。先於二化内一充レ賤。其二等以上親。後来投レ化者。聴二贖為レ良。

前掲(4)賦役令15没落外蕃条　「外蕃之人投レ化者。復十年」を定める。

(8)公式令70駅使至京条

凡駅使至レ京。奏二機密事一者。不レ得レ令二共レ人語一。其蕃人帰化者。置レ館供給。亦不レ得二任来往一。

「帰化」は「来投国」(7)「投化」(4)ともいい、明法家の注釈には、「遠方之人。欽レ化内帰也」（職員令69大宰府条「帰化」義解）、「来投。謂慕二皇化一」（戸令44化外奴婢条「自来投国」穴記 341—2B）などとあり、これらによれば、帰化とは王化・皇化を慕って内帰することであり、外蕃人・夷狄のいずれかを特定しているわけではないが、「化外」「化内」の概念と密接な概念であることは確かである。令文で帰化の主体は「化外人」(3)、「化外奴婢」、「境外之人」の「二等以上親」(7)であり、化外人が王化・皇化に帰するのが帰化なのである。このほか令条で帰化の主体として見えるのは「外蕃之人」(4)、「蕃人」(8)であるから、帰化の主体の点から化外人すなわち外蕃人といえそうであるが、この論証では夷狄を化外人から排除することはできない。

そこで化外人について、職員令において帰化の職掌をもつ官司の点から考察を進める。前掲のように、職員令において帰化を職掌として定められているのは、大宰府の帥(5)と、壱岐、対馬二島、日向、薩摩、大隅三国の守(6)だけである。二島三国守の帰化の職掌は(6)大国条に特別の職掌の一つとして定められているが、これに対して同じく大国条に夷狄の一方の代表である蝦夷に対する「兼知二饗給一（大宝令は「撫慰」）。征討。斥候一」という特別の職掌を定められる陸奥、出羽、越後三国守について、「帰化」の職掌を定めていない点は注目に値する。「饗給」は饗宴と禄を賜与して蝦夷を懐柔して帰服させることであり、大宝令では「撫慰」と記され、懐柔することであったが、養老令では

「撫慰」の具体的方法である「饗給」に書き改めた。「征討」は軍事力で蝦夷を帰服させること、「斥候」は蝦夷の動静を探ることである[10]。蝦夷を帰服させる「撫慰」=「饗給」と「征討」の二職掌を定めながら、「帰化」がないことから見て、令において蝦夷は帰化すべきものと想定されていなかったと考えられる。これは、令において夷狄が帰化すべきものと想定されていなかったことを示し、きわめて重要である。

(3)戸令16没落外蕃条に受け入れた国郡が帰化者の対応に当たることを定め、二島三国守の帰化の職掌はこれらのことに当たることを意味する。すなわち令において二島三国は帰化の受け入れ地と想定されていた。二島三国守の帰化の職掌の対象が外蕃人なのか、隼人なのかが問題となる。壱岐・対馬二島は、地理的に見て新羅人を主とする外蕃人を想定していたことは明らかである。日薩隅三国については、隼人の可能性が皆無ではないが、やはり外蕃人を対象としていたと考えられる。その論拠は何といっても、令において夷狄の一方の代表である蝦夷が帰化の対象となっていないことである。蝦夷と隼人は同じく夷狄であるから、一方が帰化する化外人ではなく、一方がそうであるとは考えられない。これで論証は十分と思うが、次の点も付け加えておく。

すなわち(6)大国条の二島三国守の特別な四職掌は、奥羽越三国守の三職掌とくらべると、すべて隼人ではなく外蕃人を対象とすると考えられることである[11]。両者の職掌を較べると、奥羽越三国守の「饗給、征討、斥候」の三職掌が能動的行為であるのに対して、二島三国守の「鎮捍、防守、蕃客、帰化」の四職掌が受動的行為であることに気づく。「鎮捍」は「防守」と同意であり(穴記、165—1A)、鎮め塞ぐ意である。「征討」と「鎮捍、防守」、「饗給」と「帰化」を対応させれば一層明らかであるが、奥羽越三国は蝦夷に対して「饗給、征討」して帰服させ、「斥候」するのに対して、二島三国は、侵寇するものに対して「鎮捍、防守」し、来朝する「蕃客」、「帰化」するものを受け入れるのである。この両者の相違は、前者が列島内の蝦夷に対する職掌であるのに対して、後者が海を隔てた諸蕃・外蕃人に対する職掌であるからと解釈できる。

日薩隅三国守の四職掌は南方から渡来するものを想定していると考えられるが、地理的に見て日向は問題があろう。しかしこの点はこの四職掌が大宝令では壱岐、対馬、日向（後の薩摩、大隅を含む）について定められており、養老令では大宝二年（七〇二）設置の薩摩国、和銅六年（七一三）設置の大隅国を書き加えたが、大宝令の日向国も残ったと考えられよう。

以上のように考えられるとすれば、大国条において奥羽越三国の蝦夷に関する職掌に対して、日薩隅三国は隼人に関する職掌を特に定めていないことになり、律令における蝦夷と隼人の位置づけを考えるうえで興味深い。

大宰帥の「帰化」の職掌については、諸蕃を対象とする「蕃客」と「饗讌」の間に記されているから、外蕃人を対象とすることは明らかであるが、二つの考え方ができる。一つは大宰府が九国二島を総管するという考えにたって、[12]帥の帰化の職掌は二島三国の帰化を上級官司として統轄する意味であるという考えであり、二つは、穴記が説くように帥の職掌は「皆筑前国及府官行事。不㆑渉㆓九国三島㆒也」（160—5A）という考えにより、大宰府も二島三国と同様に筑前国に渡来した帰化者に当たるという考えである。いずれにしろ帰化の対象が外蕃人であることは変らない。

以上によって、令では帰化の対象として外蕃人が想定され、蝦夷・隼人などの夷狄は想定されていなかった。従って帰化の主体である化外人は外蕃人であり、夷狄は含まれなかったと考えられる。

先の戸令16条と賦役令15条との対応関係、大宝令戸令16条の「有才伎」の帰化者の問題、古記の解釈、そして帰化の主体などの諸点から、令において化外人は外蕃人のみで、夷狄は含まれないと結論できる。

このようにいうと次のような反論が予想される。すなわち(ア)八・九世紀の実例では、蝦夷など夷狄が「帰化」したり、「帰㆓慕王化・皇化㆒」したりする例があること、[13](イ)『令集解』の諸説に夷狄を外蕃人に準じて扱う説があることである。これらに対しては、ここで問題にしているのは、律令の条文の構造において化外人、外蕃人、夷狄がどのように位置づけられるのかということであるから、あまり問題にならないと考える。実際の問題として「饗給」や「征討」の有無にかかわらず、蝦夷が帰服すればそれらは「帰化」ととらえられるであろう。しかし問題なのは律令条文の中で蝦夷が「帰化」すべきものでなく、「饗給・征討」されるべきものと位置づけられていることなのである。(イ)の点についても夷狄を外蕃人に準じて扱う四例のいずれもが、「没ニ落外蕃一」の解釈に関連して、蝦夷・隼人などの夷狄に抄略された場合も「没ニ落外蕃一」に準じて扱うと説いており[14]、帰化について夷狄を外蕃に準じて扱うという説はないことである。令文にそった明法家の説では帰化はやはり外蕃人にかかわることと理解されているのである。

三 諸蕃・外蕃に関する条文

前節の化外＝外蕃を前提に、夷狄との関係を考えるために化外、諸蕃、外蕃に関する律令条文の全体構造についてみておきたい。第7表の化外、蕃関係の語句をもつ条文のほかに内容的に関係する条文をあわせて、それらを内容によってⅠ～Ⅷの七類に分類した（第8表）。Ⅰは蕃使・蕃客などの蕃国からの使者に関するもの（一七条）、Ⅱはその反対に日本から蕃国への使者に関するもの（二条）、Ⅲは外蕃人の帰化に関するもの（六条）、Ⅳは日本人の外蕃没落に関するもの（七条）、Ⅴは日本人の蕃国への帰化に関するもの（四条）、Ⅵは外蕃への警戒に関するもの（七条）、Ⅷはその他（二条）である。以下注意すべき点についてふれておく。

蕃国との間の使者　Ⅰ蕃使については職員令（官員令）で六条に職掌を定めるが、各官司は蕃使に次のように関与する。f壱岐・対馬・日向・薩摩・大隅守は着岸した蕃使を最初に迎え、e大宰府が饗讌する。中央政府ではd玄蕃

第8表　諸蕃・外蕃に関する条文

篇目・条文	内　容
Ⅰ　蕃使	
※a　官員令2太政官条	左右大臣の職掌「朝聘」
b　職員令7内蔵寮条	頭の職掌「諸蕃貢献奇瑋之物」
c　同　令16治部省条	卿の職掌「諸蕃朝聘」
d　同　令18玄蕃寮条	頭の職掌「蕃客辞見讌饗送迎。…監当館舎」
e　同　令69大宰府条	帥の職掌「蕃客。…饗讌」
f　同　令70大国条	壱岐・対馬・日向・薩摩・大隅守の職掌「蕃客」
g　賦役令34車牛人力条	蕃使の往来の時に車牛人力を利用する
h　考課令25玄蕃最条	玄蕃頭・助の最「蕃客得レ所」
i　軍防令64蕃使出入条	蕃使の往来の時、兵士が防援する
j　儀制令17五行器条	蕃客の往来の時、国郡の製作の五行器を用いる
k　宮衛令22元日等儀仗条	蕃客の宴会・辞見に儀仗を立てる
l　公式令1詔書式条	蕃国使に宣する詔書の天皇の称号
m　関市令6弓箭条	諸蕃と弓箭・兵器を市易するを禁ずる
n　同　令7蕃客条	関司が蕃客の所持品を検査する
o　同　令8官司条	諸蕃との交易は官司が民間より先に行う
p　同　令9禁物条	蕃客が別勅に賜った場合は禁物を境外に出すことを許す
q　雑　令29蕃使往還条	蕃使が往来する山陽道の側にはその国の蕃人また奴婢を置いたり、彼らを伝馬子などに充てることを禁ず
Ⅱ　日本から諸蕃への遣使	
a　賦役令16外蕃還条	外蕃・唐国から帰還の公使の課役を免ず
b　選叙令11散位条	蕃に使した場合は内分番の選限を特別に四周とする
Ⅲ　外蕃人の帰化	
a　職員令69大宰府条	帥の職掌「帰化」
b　同　令70大国条	壱岐・対馬・日向・薩摩・大隅守の職掌「帰化」
c　戸　令16没落外蕃条	化外人の帰化者は国郡が衣粮を支給し中央政府に報告し、寛国に付貫安置する
d　同　令44化外奴婢条	化外奴婢が帰化した場合、また境外の人が賤になっていてその親族が投化した場合、良となす
e　賦役令15没落外蕃条	外蕃人の投化者に復十年を給す

f	公式令70駅使至京条	蕃人の帰化者は館に安置して供給する

Ⅳ　日本人の外蕃没落

a	戸　令16没落外蕃条	外蕃没落の帰還者に衣粮を支給し、付貫する
b	戸　令26結婚条	婚約者または夫が外蕃没落し帰還しない場合、女が婚約解消しまたは改嫁することを許す
c	戸　令41官戸自抜条	外蕃に抄略された賤が自ら還ったならば良となす
d	田　令18王事条	征討などで外蕃に没落した人の土地の処分方法
e	賦役令15没落外蕃条	外蕃没落の帰還者に復を給す
f	考課令55増益条	戸口が「没レ賊」は、国郡の戸口減損とする
g	厩牧令15駅長条	縁辺の駅が備品を蕃賊に抄略された時の処置

Ⅴ　日本人の蕃国への帰化

a	名例律6八虐条	八虐の一つ謀叛は本朝に背き蕃国に投じようとすることである
b	賊盗律4謀叛条	謀叛は絞、実行したらば斬
c	考課令55増益条	「戸口入レ逆」は国郡の戸口減損とする
d	捕亡令1囚及征人条	囚や征人などが寇賊に入ろうとした場合の処置

Ⅵ　外蕃への警戒

a	衛禁律32縁辺城戍条	縁辺の城戍が外姦内入・内姦外出を許した場合の罪
b	同　律33烽候不警条	寇賊が辺を犯した時、規定通り烽燧をあげなかった場合の罪
c	擅興律1擅発兵条	寇賊が急に攻撃してきた時は発兵を許す
d	同　律10主将守城条	城を守る主将が賊に攻められたり寇賊を見逃した場合の罪
e	官員令2太政官条	太政大臣の職掌「言辞」
f	軍防令68有賊入境条	賊が境に入ってきたら烽により知らせる
g	公式令50国有瑞条	境外の消息は馳駅で報告する

Ⅶ　その他

a	名例律48化外人相犯条	化外人の間で犯罪があった場合の法律の適用
b	公式令89遠方殊俗条	遠方の殊俗人が来朝した場合の対応

注　※は大宝令にのみ見られるもの。

寮が蕃使を主管し、蕃客の辞見、讌饗、送迎に当たり、宿泊する館舎を監当する。hでは玄蕃頭・助の考課の最として蕃客のことがあげられている。c治部省は玄蕃寮の所管官司として関与し、b内蔵寮は諸蕃の貢献物に関与する。養老令では削除されたが、大宝令ではa左右大臣が「朝聘」の職掌を有した[15]。g・i・j・qの四条は蕃使の京までの往来の際の規定、m・oは蕃使との交易に関する規定、kは京での蕃使の宴会・辞見の際の儀仗の規定、lは蕃国への詔書における天皇の称号の規定である[16]。nは来朝時の蕃使の所持品の検査、pは蕃使が禁物を境外に持ち出すのを許す規定である。

Ⅱ日本から諸蕃への遣使の規定はわずかに二条だけで、内容的にも直接遣使を取り上げたものはない。Ⅰ・Ⅱは日本と諸蕃の国家間の使節に関する規定である。

帰化と没落　これに対しⅢ〜Ⅴは両者の間における個人レベルの移動に関する規定である。Ⅲは外蕃人の帰化で、外蕃人の日本への移動、Ⅳ・Ⅴは日本人の外蕃没落と蕃国への帰化で、日本人の蕃国への移動に関する規定である。

Ⅲは外蕃人の帰化者の受け入れに関するもので、c衣粮支給、付貫安置、e給復、f客館での供給安置、d賤の帰化者の放賤従良などであり、恩典的・優遇的な規定が多い。

Ⅴは日本人の蕃国への帰化で、Ⅲとは正反対のことである。蕃国への帰化は国家からの離脱、反逆であり、八虐の一つの謀叛に当たった。

(9)養老律名例律6八虐条

三曰。謀叛。謂。謀二背レ国従一レ偽。謂。有レ人謀下背二本朝一。将レ投二蕃国一。或欲翻レ城従レ偽。或欲中以レ地外奔上。

謀叛は本注によれば「謀二背レ国従一レ偽」ることであり、疏によればその一つに「謀下背二本朝一。将上レ投二蕃国一」すなわち蕃国へ帰化しようと謀ることがあげられる。b賊盗律4謀叛条によれば謀叛は絞で、実行すれば斬の重罪である。

c考課令55増益条に国郡の戸口減損の一つに「戸口入レ逆」を定め、これは同条の私案によれば（597—7A）、謀叛の蕃国への投化に当たる。国郡司は、所管の戸口が蕃国投化して減少すると考第を降下される定めである（考課令54国郡司条）。帰化という行為が他国の王化への帰服であるとともに、自国の王権からの離脱で、謀叛という重罪に処せられることであることに注意しておきたい。

Ⅳの外蕃没落は、Ⅲ・Ⅴの帰化が自発的な移動であるのに対して、抄略や風波という他動的な原因による移動である。外蕃に没落した後に関する規定（b・d・f）と、外蕃没落者が帰還した時の規定（a・c・e）がある。

外蕃への警戒　Ⅵ外蕃への警戒の規定については、国境に城戍があって、「外姦内入」すなわち外蕃人の侵入と、「内姦外出」すなわち日本人の化外への逃亡を見張り（a）、また寇賊の侵入を見張り（d）、賊が侵入すれば烽によって知らせ（f・b）、兵を発する（c）。またgには「境外消息」があったならば国が馳駅して申上すると定め、「境外消息」について古記は「知下境外有中欲レ襲二中国一之志上者。馳駅也」（866—3B）と解し、外蕃が日本を攻撃しようとする情報を得ることを想定する。e大宝令官員令では太政大臣に「言辞」の職掌があり、古記は「言辞。謂。諸蕃帰化。俘囚等人所レ申消息秘密之辞也」（42—3A）と解し、これはgの境外消息の申上に対応する職掌と考えられる。

律令条文と外交の基本方針　榎本淳一氏は、日本律令制の外交の基本について、天皇が外交権を独占し、公使による外国との通交のみが認められ、私的な出国・海外通交は認められず、外蕃人の国内への受け入れは帰化という形以外にはなかったことを明らかにしたが（注(5)論文）、Ⅰ〜Ⅵの律令条文はこの考えに基づいて説明できる。Ⅰ・Ⅱは天皇の外交権独占に基づく公使による通交に関する規定であり、Ⅴ、Ⅵaは私的通交を禁止する規定であり、その前提の上にたって、Ⅳは没落という他動的原因によって外蕃に移動した場合の規定、Ⅲは国内受け入れとして許された帰化の規定である。

四　諸蕃と夷狄

石母田氏は、夷狄が諸蕃と相違する点について、(ア)夷狄は列島内部において教化に従わない諸種族であり、居住する地域の点、(イ)夷狄が国家関係を前提とする「朝聘之使」を欠き、国家を形成しない状態において隷属している点の二点で異なることを指摘した（三三一・三三二頁）。この指摘は妥当であり、さらに(イ)を中心に両者の相違について深めたい。

蕃客・朝聘と在京夷狄　職員令18玄蕃寮条に頭の職掌として、仏教・僧尼関係のほか、(ア)蕃客辞見、讌饗、送迎、(イ)在京夷狄、(ウ)監当館舎を定める。(ウ)の館舎は、古記・令釈・穴記・古私記・義解（91―6）によれば、蕃客のための平城京・難波の客館(17)、平安京の鴻臚館であるから、(ウ)も蕃客に関する規定である。治部省の卿の職掌に「諸蕃朝聘」が定められているのは、同省が玄蕃寮を管轄するからで（治部省条朱説、87―5）、玄蕃寮の(ア)(ウ)の職掌をふまえている。(イ)在京夷狄については『令集解』の諸説は次のように注釈している。

(10)『令集解』職員令18玄蕃寮条「在京夷狄」

(a)〈令釈〉釈云。謂㆓堕羅。舎衛。蝦夷之類㆒。除㆓朝聘㆒外。蕃人亦入㆓夷狄之例㆒。（91―4）

(b)〈古記〉古記云。在京夷狄。謂㆓堕羅。舎衛。蝦夷等㆒。又説。除㆓朝聘㆒外。在㆑京唐国人等。皆入㆓夷狄之例㆒。（91―5）

(c)〈穴記〉穴云。夷狄。謂。非㆓朝聘㆒来。皆是也。（91―5）

(d)〈跡記〉跡云。雖㆓蕃人㆒。而非㆓国使㆒。皆是也。（91―5）

(e)〈朱説〉朱云。知而（案カ）戸令。与二寛国付貫安置一別何若。戸令為レ主二外国一。此説為レ来二（主カ）在京一歟何。師云。国司申奏之曰。貫レ国之輩。国司掌。貫レ京之徒。京職。但此寮召二取其身一。未レ定レ所レ貫之間掌耳。（91—5）

「在京夷狄」については、古記、令釈が具体例として堕羅、舎衛、蝦夷をあげ、隼人をあげていない点、古記、令釈、穴記、跡記が、外蕃人や唐国人も朝聘または国使でないものは「在京夷狄」に入るとする点などが注意される。しかしこれまでこれらの注釈のために玄蕃頭の職掌に「在京夷狄」を定めている本当の意味が問われてこなかった。この「在京夷狄」は単に私的に京に滞在している夷狄という意味ではなく、朝貢のために上京して在京する公的存在としての蝦夷などの夷狄を指すものと考えられる。考課令25玄蕃最条に玄蕃頭・助の考課の最として「蕃客得レ所」を定め、古記は次のような問答をしている。

⑾『令集解』考課令25玄蕃最条「蕃客得所」

古記云。蕃客得レ所。謂。問二聞情願一。申レ官処分。問。蕃客与二夷狄一若為レ別。答。蕃客稱所者。兼二朝聘并在京夷狄等一也。唯稱二夷狄一所者。不レ入二朝聘之使一也。（568—9B）

この問答は職員令18玄蕃寮条の(ア)蕃客、(イ)在京夷狄の職掌をふまえてなされ、答ではこの条文にいう「蕃客」は「朝聘」すなわち玄蕃寮条の(ア)蕃客ばかりでなく、(イ)在京夷狄も含み、ただ玄蕃寮条で夷狄といっているのは朝聘の使に入らないからであると解している。すなわち玄蕃寮条の在京夷狄は蕃客に準ずる存在であり、従って朝貢のために在京している公的存在としての蝦夷などの夷狄を指すと考えられる。注(7)前稿〔本書第一編第三章〕において、おそくも七世紀中葉斉明朝ごろから原則として毎年蝦夷の上京朝貢が行なわれ、宝亀五年（七七四）に停止されるまで続けられたことを明らかにしたが、この実際に行なわれていた蝦夷の上京朝貢の令における規定が、玄蕃寮条の「在京夷狄」と考えられる。玄蕃寮条で(イ)在京夷狄が(ア)蕃客と(ウ)蕃客の館舎の間に位置することも、在京夷狄が公的な存在であることを示す。後述のように、在京夷狄の扱いをされる帰化した外蕃人の入京者は蕃客の客館に宿泊するから、朝貢の蝦夷もこの客館に宿泊すると考えられ、(ウ)蕃客の館舎が(ア)(イ)の後に位置するのはそのためとも考えられる。(a)令釈、(b)古記が在京夷狄の具体例として隼人を挙げないことに何らかの意味をもたせる考えもあるが、これは本国から朝貢し勤務する隼人は隼人司に管掌され、玄蕃寮が関係しないからにすぎない。

このように蕃客・在京夷狄とも公的に入朝したものであったが、両者を区別するのは「朝聘」であるか否かであった。前述のように玄蕃寮条の蕃客に関する(ア)(ウ)をふまえて、治部省条には卿の職掌として「諸蕃朝聘」が定められているのに対して、「在京夷狄」については⑽(c)穴記が朝聘にあらずして来るものといい、⑾古記が夷狄と称するのは朝聘の使に入らないからであるとしている。玄蕃寮条の⑽(a)令釈、(b)古記、(d)跡記もこのことをふまえて、蕃人、唐国人でも朝聘または国使としてきたものでない在京者は在京夷狄として遇し、玄蕃寮が管掌するとする。明法家諸説が在京夷狄は朝聘にあらずと強調しているのは、在京夷狄が朝貢による公的な存在であることを逆に示している。

朝聘については職員令16治部省条「諸蕃朝聘」の諸説（87—3）、同令2太政官条の古記（44—9B）、師説（45—1A）などで注釈し、治部省条の令釈は『礼記』王制篇を引用して、朝聘とは諸侯が天子に於(ゆ)くことで、毎年大夫を遣すのが小聘、三年に一度卿を遣すのが大聘、五年に一度君自らが行くのが朝であると注釈し、他の諸説も同類である。すなわち諸蕃が日本に「朝聘」する関係とは『礼記』の諸侯と天子との関係に擬せられ、そこでの朝聘使すなわち蕃使は国家的関係における使者と考えられる。

ここで第二節で⑵名例律48化外人相犯条によって、化外＝蕃夷国＝諸蕃は王の下に独自の風俗と法・制度を備えた国家であると指摘したことを想起されたい。「朝聘」の関係はこのような諸蕃と日本との間の国家的関係である。そして「朝聘」と認められない夷狄は、王権が成立せず、礼的・法制的秩序を備えず、国家を形成しない集団なのである。従って外蕃人でも朝聘使ではなく私的に在京するものは、夷狄として遇されるのである。

夷狄扱いの外蕃人　明法家の諸説は朝聘・国使にあらざる在京の外蕃人は夷狄として遇するとするが、律令条文からそのような外蕃人として次の二つの場合が想定される。

一つは帰化した外蕃人が在京する場合である。前掲の在京夷狄についての⑽(e)朱説、師説は、外蕃人を夷狄として遇することを前提にして、帰化した外蕃人が京に付貫される場合があり、付貫前に玄蕃寮が在京夷狄として管掌すると注釈する。⑶戸令16条によれば外蕃人は寛国に付貫安置されることになっていたが、⑽(e)朱説がいうように京に付貫される帰化者もあったと考えられる。

⑻公式令70条に蕃人の帰化者を「置レ館供給」すると定めるが、この館は同条の朱説、穴記（895―2）、また同条文の前半が駅使が京に至った際の規定であることからみて、玄蕃寮が管する京の客館と考えられ、この条文は外蕃人の帰化者の入京を前提とする。前述した大宝令の⑶戸令16条には、才伎ある帰化者は別に奏聞することになっているが、このような帰化者が京に付貫されることがあったのであろう。

⑿公式令89遠方殊俗条

凡遠方殊俗人。来入レ朝者。所在官（ナシ）司。各造レ図。画二其容状衣服一。具序二名号処所并風俗一。随レ訖奏聞。

この条文は遠方の殊俗人が漂着した際、その容状・衣服を図示し、国名・人名、居所、風俗を調べて奏聞するという規定である。遠方殊俗人は、『令集解』の跡記、穴記（911―7）、また容状・衣服、風俗の違いに関心が向けられている所から見て、国交のない外蕃の人で、穴記は例として靺鞨をあげる。漂流などの偶発的な原因で渡来するものが想定されているのであろう。(18) 調査に当たる「所在官司」は大宝令では「所司」となっており、古記は玄蕃寮と解し、今行事として渡来した所の国司とする（911―8A）。義解、穴記、令釈は所在国司または国司・郡司とするが、令の本意は、令文に「来入レ朝」とあるから、古記のいうように玄蕃寮が正しいと考えられる。従って遠方殊俗人は入京したと考えられ、彼らも在京夷狄として玄蕃寮に管掌されたのである。

「在京夷狄」の具体例として、(10)(b)古記、(a)令釈が蝦夷とともにあげる堕羅・舎衛は、この漂着した遠方殊俗人の実例と考えられ、古記、令釈がこのように珍しい国を例にあげるのは実例があったからであろう。堕羅は吐火羅、覩貨邏なども表記され、タイ国メコン川下流域の王国ドヴァラダヴァテイのことといい、舎衛はインドのガンジス川中流域の舎衛という。白雉五年（六五四）四月吐火羅国の男二人、女二人、舎衛の女一人が日向に、斉明三年（六五七）七月覩貨邏国の男二人、女四人が筑紫に漂着し、飛鳥に入京した。吐火羅国は唐に朝貢しており、その朝貢使が漂着してきたらしい。舎衛の女は吐貨羅の男の妻であった。斉明六年（六六〇）七月覩貨羅人が帰国したが、妻は留まった。この妻と考えられる舎衛と堕羅の女が天武四年（六七五）正月に在京していた。[19] 彼女らは八世紀初めごろまで生存した可能性があり、著明な存在であったので、天平十年（七三八）ごろの古記が注釈に例示し、令釈もそれを受けついだのであろう。[20] この堕羅・舎衛人は遠方殊俗人で、在京して夷狄として玄蕃寮に管掌された実例であろう。

帰化と招慰・征討　前述のように化外人＝外蕃人は「帰化」の主体であるが、夷狄はそうでなく、職員令70大国条によれば蝦夷は「撫慰」＝「饗給」と「征討」の客体である。考課令55増益条には国司・郡司の考第昇進の戸口増益の方法の一つとして「招慰」が定められ、本注は「謂下不レ従二戸貫一。而招慰得者上」と記し、義解は蝦夷之類と注する。一方大国条において穴記（164―5A）、古記（164―6A）は、それぞれ同条の「饗給」「撫慰」は増益条の「招慰」と同じことであるとする。以下では三者の代表として「招慰」の語を用いることとする。

律令は同じく王化に帰服するといいながら、外蕃人を帰化の主体に、夷狄（蝦夷）を招慰・征討の客体に位置づける。帰化が「自来投レ国」（(7)戸令44条）といわれるように、外蕃人が主格となる主体的行為であるのに対して、招慰・征討は国家が夷狄を客体として働きかける行為であることをまず確認しておく。

平野邦雄氏は帰化について受け入れる側の王権の成立が不可欠であることを強調した（注（6）論文）。この考えは妥当である。ただし帰化の主体が外蕃人で夷狄が除かれている点から考えると、次の点にも注意したい。前述のように、帰化がある王権・国家への帰服であるとともに、属する王権・国家からの離脱であることである。第三節で見たように、Ⅲ外蕃人の日本への帰化はⅤ日本人の蕃国への帰化と正反対のことである。Ⅲの諸条文に帰化者に対する優遇的受け入れが規定されるのに対して、Ⅴでは蕃国への帰化は国家に背き偽に従う謀叛の重罪に当たると定められていた。外蕃人の日本への帰化は、その国からみればその王権・国家からの離脱であり、謀叛の重罪に当たる行為であるといえよう。要するに、帰化とは、ある王権・国家の礼的、法・制度的秩序から離脱し、他の王権・国家のそれらに帰服することであり、国家の間の人民の移動であるといえる。

律令において夷狄が帰化の主体から除かれたのは、夷狄が王権の下に礼と法・制度の秩序を備える国家とみなされなかったからである。王権への帰服の形として、夷狄は国家が働きかける招慰・征討という形、一方外蕃人は主体的行為である帰化という形が想定されたのは、一つには夷狄が列島内に居住し、外蕃人が海を越えた地に居住するという地理的相違によるところもあるが、それ以上に国家・王権の成立の有無の相違によるのである。日本は外蕃人の帰服は、彼らが他の国家に所属するから彼らの主体的行為である帰化をまたなければならなかったが、夷狄は国家・王権が成立していなかったから、積極的に招慰・征討という形で働きかけて帰服させるべき存在と位置づけられたのである。

五　辺遠国の夷狄

辺遠国条の解釈　夷狄に関するもう一つの条文である賦役令10辺遠国条を検討する。

⒀賦役令10辺遠国条

凡辺遠国有㆓夷人雑類㆒之所。応㆑輸㆓調役㆒者。随㆑事斟量。不㆔必同㆓華夏㆒。

「夷人雑類」は義解、令釈（403―8）によれば夷人の雑類で、夷狄の種々の類である。古記（403―8）は毛人、肥人、阿麻弥人、さらに隼人をあげる。また古記が「夷人と雑類」と解するのは誤りである。「辺遠国」について、「辺」とは律令に辺、縁辺、東辺・北辺・西辺、辺遠・辺遠国、辺要、辺城などの語が見え、要するに国家の支配領域の周縁地域を指す概念である。[21] 中村明蔵氏は、「辺要」が軍事的性格をもつ対外的要地であるのに対して、「辺遠国」は夷狄の居住する国で、具体的には蝦夷の陸奥、出羽、越後、隼人の薩摩、大隅であるとした。[22] 本条に見えるように「辺遠国」の反対概念が「華夏」＝「中国」である（義解）。

本条は構文上主語・述語の関係が不明確であるため、解釈しにくいところがあるが、「輸㆓調役㆒」の主語を「夷人雑類」と解して、「辺遠国の夷人の雑類が居住する所では、彼らが調役を輸す場合は、事情に従って推し量り、必ずしも華夏（中国）と同じくしなくてもよい」と解釈する。[23] 「輸㆓調役㆒」の主語については穴記が「穴云。所謂即夷人等応㆑輸也」（404―2B）と注し、また古記が次のように注釈している。

⒁『令集解』賦役令10辺遠国条古記（404―1）

古記云。問。化外人投化復十年。復訖之後。課役同㆓雑類㆒以不。答。不㆑同也。華夏百姓一種也。

すなわち帰化の化外人が給復十年の後、本条の適用を受けて雑類と同じく課役の斟量がされるのかを問題としているから、夷人雑類が調役を輸納するという理解を前提としている。

唐令条文との関係　唐令では夷狄の負担について次の二条を定める。

⒂唐令（開七）賦役令17条

夷狄新招慰。付㆓戸貫㆒者。復三年。

⒃唐令（開二五）賦役令12条

諸辺遠諸州。有㆓夷獠雑類㆒之所。応㆑輸㆓課役㆒者。随㆑事斟量。不㆔必同㆓之華夏㆒。

このほかに外蕃人の帰化者に給復十年とする賦役令16条があり、[24]ほぼ同内容で⑷日本令賦役令15没落外蕃条に継受されている。

大津透氏は⒃の「辺遠諸州」は異民族支配のためにおいた羈縻州で、⒂も夷狄が内付して羈縻州を置いた時の規定であるとした。[25]この考えを参考に⒂⒃の関係を一応次のように考える。すなわち「辺遠諸州」の語が⒂に見えず⒃に見えることから、⒂は帰服した夷狄のために置く辺遠州が未設置の段階の規定であるのに対して、⒃は辺遠州の存在を前提とする。次に「復」の語が⒂に見えるのに対して⒃には見えない。「復」は本居を去ったり新住の地に移った際の課役免除であるから（注(25)大津透「近江と古代国家」）、⒂は夷狄が招慰によって帰服し本居から移動してきたときの規定で、⒃は辺遠州に居住している段階の規定と考えられる。この二点から、⒂は夷狄が招慰によって帰服・移住し、辺遠州がまだ設置されていない段階の規定であり、⒃はすでに辺遠州に居住し、⒂による復三年が終る段階における規定と考えられる。この考えは両条に関する古記の注釈によっても確認できる。

⒄『令集解』賦役令15没落外蕃条「外蕃之人投化」の古記（409―2）

古記云。問。外蕃投レ化者復十年。未レ知。隼人。毛人赴レ化者。若為二処分一。答。隼人等其名帳已在二朝庭一。故帰レ命而不レ復。但毛人合レ復也。開元令云。夷狄新招慰。付二戸貫一者。復三年。霊亀三年十一月八日太政官符。外蕃免二課役一事。[26]（下略）

これは外蕃人の帰化者への給復十年に関する注釈で、隼人・毛人の夷狄も給復になるかを問題にし、隼人は給復しないが、毛人はすると解する。これは、後述のように帰服した蝦夷が数十年にわたって課役免除されていた事実をふまえた注釈であるが、注目すべきは毛人の給復の根拠に⒂唐令賦役令17条の夷狄の給復三年の条文をあげている点である。これは、古記が⒀大宝令辺遠国条を実際行なわれていた蝦夷の課役免除の法的根拠と考えていなかったことを示す。なお後述のようにこの古記の解釈は誤りと考えられる。

⒁辺遠国条の古記は、辺遠国条の夷人雑類に関する規定が外蕃人にも適用されるかを問題とし、外蕃人の給復十年が終った際に適用されるかを問題としている点が注目される。要するに⒄⒁によれば、古記は蝦夷の課役免除を⒂唐令17条を援用して理解し、辺遠国条は給復が終了して徴収が始まる段階の規定と考えている。この古記の両条の捉え方は、前述の⒂⒃の唐令の段階差の理解に基づくと考えられる。なお⒃の「辺遠諸州。有二夷獠雑類一之所」というややこなれない構文は、夷獠雑類が辺遠州にすでに一定年限居住している状態を表現するものであろう。

唐令のこのような夷狄の課役輸納までの二段階の二条のうち、日本令は第一段階の⒂を継受せず、第二段階の⒃を改変して継受した。改変の重要な点は唐令の「課役」を「調役」に書きかえた点である。日本令における⒂の非継受と⒃の一部改変は密接に関係し、それらは日本令における帰服した夷狄の負担の構想に基づいてなされたのである。

唐令では夷狄も課役輸納が前提となっており、それに至る⒂の復三年、⒃の課役輸納斟量の二段階が設定された。⒀日本令辺遠国条の「調役」とは令制の調と歳役ではなく、令前の原初的なミツキとエダチと考えられる。[27]日本令では、帰服した夷狄には原初的なミツキとエダチを輸納させることが構想されたので、課役輸納を前提とする⒂唐令の給復規定を削除し、⒃の「課役」を「調役」に書きかえて継受したのである。

国家に帰服し支配に組み込まれた蝦夷、隼人は、長期間にわたって課役を負担せず、原初的なミツキ・エダチを負担したが、その法的根拠は⒀辺遠国条にある。そしてこの間は、身分上公民でなく、「蝦夷・俘囚」「隼人」に位置づけられた。蝦夷・俘囚は課役を免除され、一方毎年京あるいは国府・城柵の地方官衙に「調」の貢進のために朝貢し、また「役」として城柵の造営の労役、俘軍とよばれた兵役に従事した（注(27)(7)今泉論文〔本書第一編第一章・第三章〕）。隼人は課役免除の代わりに、原則として六年ごとに京に朝貢して「調」を貢進して風俗歌舞を奏上し、六年間在京して朝儀への参列、風俗歌舞の奏上などの「役」に従事した(28)。

辺遠国の夷狄　夷狄は化外人でないことを明らかにしたが、それではどのような位置づけになるのであろうか。夷狄には国家に帰服して朝貢関係をもつものと帰服していないものとがいたが、前者は辺遠国に支配され、すでに王化に帰しているから化内人であり、後者は辺遠国の支配への組みこみが予定されたものと位置づけられる。

⒀辺遠国条は「辺遠国。有二夷人雑類一之所」として、夷狄が領域的に辺遠国内に含まれることを明示している。辺遠国条のこの部分の構文は⒃唐令の条文を踏襲するから、この点がどの程度意味があるかは疑問もある。しかし、実際に行なわれていた帰服した夷狄の支配組織をみると、国が夷狄を支配していた。

隼人についてはその固有の集団を基礎に郡を置き、その首長を郡司に任じて支配した。隼人郡とよばれた。薩摩国では移民などによる高城・出水二郡のほかに、隼人郡十一郡が置かれた（注(28)中村明蔵「律令制と隼人支配について」）。

奥羽二国では辺境の郡（辺郡）は柵戸など移民による郡が主体をなした。蝦夷はその移民郡内に居住するものと、その外に居住する集団がある。移民郡内では移民集団はその中から任命された郡司——郷長によって支配されたが、蝦夷は別系列で城柵の城司に支配された。移民郡外の蝦夷を支配する組織は郡と村である。郡は隼人郡に対応する蝦夷郡である。郡も村も蝦夷の部族的集団を基礎に置かれ、その首長が郡司または村長に任命された(29)。いうまでもなく蝦夷郡も隼人郡も国に所属して支配された。

蝦夷の村も国に属する公的組織であり、村長も公的な官職的な地位である。天平二年（七三〇）陸奥国は「部下田夷村」に郡家の建置を言上した（『続日本紀』天平二年正月辛亥条）。遠田郡の建郡と考えられているが、この田夷村は陸奥国の「部下」と位置づけられている。蝦夷の村については、陸奥国伊治村（『続日本紀』神護景雲三年六月丁未条）、陸奥国遠山村（同宝亀五年十月庚午条）、出羽国志波村（同・同七年五月戊子条）のように、〇〇国〇〇村と表記されている。〇〇国〇〇郡の表記が郡の機構が国の機構に属することを表すのと同じように、〇〇国〇〇村の表記は、蝦夷の村が国の機構に属していることを示す。大同二年（八〇七）制に、陸奥国司が有功の夷俘に「或授㆓位階㆒。或補㆓村長㆒」していたことが述べられており（『類聚国史』大同二年三月丁酉条）、村長は位階と並列し「補」せられる客体であるから、公的な官職的な地位であることが明らかである。

遠方の支配の弱い蝦夷は、村長も置かず村というとらえ方もできなかったが、やはり国が支配するものと位置づけられていた。渡嶋はその比定地について北海道とする説と本州北端部とする説があるが、北海道と考えてよいであろう(30)。この渡嶋の狄（蝦夷）は、『日本書紀』持統十年（六九六）三月甲寅条に「越度嶋蝦夷」と見え、初め越後国の所管であったが、出羽国建国とともに同国が所管することとなりその朝貢を管轄した。宝亀十一年（七八〇）渡嶋蝦狄の朝貢について出羽国が命じられ（『続日本紀』宝亀十一年五月甲戌条）、延暦二十一年（八〇二）渡嶋狄らの朝貢の時の交易について出羽国司が譴責された（『類聚三代格』延暦二十一年六月二十四日官符）。弘仁元年（八一〇）渡嶋狄二百余人が陸奥国気仙郡に漂着したとき、同国は当国が管するところにあらずとして帰去させることがあったが（『日本後紀』弘仁元年十月甲午条）、これは渡嶋狄が出羽国所管と決まっていたことを示す。

奥羽両国の辺境の領域構造を見ると、南には移民による郡が面的に連続して設けられていた。蝦夷郡には移民郡に接して設けられたものと、飛地的に設けられたものがある。前者の例は移民郡である陸奥国の黒川以北十郡に接していた遠田郡であり、後者の例は陸奥国閇村の郡である（『続日本紀』霊亀元年十月丁丑条）。蝦夷の村は飛地的・散在的に存在し、渡嶋狄のような集団がさらに遠方に存した。そしてこれらの帰服した蝦夷集団の間に未帰服の集団が存していた。このように複雑に入り組んだ領域構造においては、海を隔てた外蕃のように、領域的に截然と化内と化外を分けることはできない。

未帰服の蝦夷も国が管するものと捉えられていた。先にあげた〇〇国〇〇村の表記の中に服属していない蝦夷村も入っている。

(18)『続日本紀』宝亀五年（七七四）十月庚午条

陸奥国遠山村者。地之険阻。夷俘所ㇾ憑。歴代諸将。未㆓嘗進討㆒。（下略）

(19)同・宝亀七年（七七六）五月戊子条

出羽国志波村賊叛逆。与ㇾ国相戦。（下略）

律令において未帰服の蝦夷は「招慰」と「征討」の対象で、帰服させる予定の存在であり、実際には未だ帰服していなくとも国の支配下にあるものと捉えられていたので、国・村の表記がとられたと考える。奥羽両国は移民郡、帰服した蝦夷の郡や村など支配するばかりでなく、未帰服の蝦夷とその土地をも支配下に置くと認識され、この両国の北の境界は郡設置地域で閉じているのではなく、未帰服の地域まで広がっていると観念されていたのである。

おわりに

迂遠な考察を整理して、律令における諸蕃、外蕃人、夷狄の法的位置づけをしておく。

(ア)化外は諸蕃のみであり、化外人は外蕃人をさし、夷狄は含まれない。諸蕃は王権の下に礼と法・制度の秩序を備えた国家である。夷狄は列島内に居住する調庸民・公民化されない諸部族であり、王権・国家を形成せず、礼と法・制度の秩序をもたないとみなされた。

(イ)日本と諸蕃との間では国家間の通交のみが認められ、私的な出国・通交は禁じられていた。律令には、国家的通交に関する蕃国使と日本から諸蕃への遣使に関する規定、私的通交の禁止に関する規定、それらを前提とした外蕃への没落、外蕃人の帰化に関する規定が定められている。

(ウ)諸蕃にくらべて夷狄に関する律令条文は少ないが、律令における夷狄を理解するためのキー・ワードは「朝貢」と「ミツキ・エダチ」である。まず職員令に地方レベルでは、奥羽越三国守に蝦夷に関する饗給（撫慰）、征討、斥候の特別な職掌を定めるのに対して、日薩隅三国守には隼人に関する特別な職掌を定めていない点が注意される。饗給、征討は蝦夷を服属させるための職掌で、饗給はそれとともに地方官衙への朝貢を持続させる役割をもつ。中央レベルでは玄蕃寮の「在京夷狄」が京に朝貢する蝦夷を管掌する職掌である。朝貢の隼人は隼人司に管される。律令における夷狄の属性としてまず「朝貢」が指摘できる。

賦役令10辺遠国条によって、夷狄は令制の課役を負担せず、令前の原初的なミツキ・エダチを負担するものと規定される。このミツキ（隼人はエダチも）は定期的な京または地方官衙への朝貢によって貢進される。要するに律令において、夷狄は令制の課役を負担せず原初的なミツキ・エダチを負担して、定期的な朝貢を行なう集団と法的に位置づけられている。

(エ)諸蕃・外蕃人と夷狄を区別するのは、「朝聘」か否かと、「帰化」か「招慰」「征討」かの二点である。この二点の相違は、王権・国家を形成し、礼と法・制度の秩序を備えるか否かの相違による。諸蕃（朝鮮諸国）が朝聘するのに対して、夷狄は上京朝貢したが、それは朝聘ではない。朝聘は『礼記』における天子と諸侯との関係に擬えられる関係で、礼と法・制度を備えた国家の間の関係である。

(オ)外蕃人は「帰化」の主体であるのに対して、夷狄は「招慰」「征討」の客体に位置付けられる。帰化とは、ある王権・国家の礼と法・制度の秩序に属する人民が、その秩序から離脱するという罪を犯して、他の王権・国家のそれらの秩序に帰服する主体的な行為である。従って帰化は国家間に生起することであるから、夷狄は帰化の主体となり得ない。王権・国家を形成しない夷狄は、王権が積極的に招慰・征討して帰服させるべき対象であり、一方外蕃人は他の王権・国家に属するから招慰・征討することはできない。

(カ)夷狄は課役を負担しないから、調庸民、公民ではない。その中には王権・国家に帰服して朝貢関係を結び原初的なミツキ・エダチを負担する集団と、未だ帰服していない集団がいる。前者は辺遠国の下に隼人郡、蝦夷郡・村などの形で組織化され、また渡嶋狄のように朝貢関係のみを結ぶものもいるが、すでに王化に帰しているから化内人である。後者は招慰・征討の対象であって、辺遠国支配への組み込み、すなわち化内人化が予定される集団である。辺遠国の辺境は複雑に入り組んだ領域構造をしており、化外と化内の境界を截然と引くことができず、未帰服の蝦夷の地も理念的に辺遠国に属すると考えられていた。

以上の結論は「はじめに」に整理した石母田氏の夷狄論に対して、一部修正を加えまた深めた部分もあると考える。

いうまでもないが、本論は律令における法的位置付けに問題を限定して検討した点で、夷狄に関する初歩的考察にすぎない。しかし律令条文は夷狄というものの骨格を作るから、本論の結論は夷狄論の出発点となるであろう。

注

（1）石母田氏の東夷の小帝国論は『日本古代国家論　第一部』（一九七三年）所収の次の三論文において展開されている。A「古代の身分秩序」（一九六三年初出）、B「日本古代における国際意識について」（一九六二年）、C「天皇と『諸蕃』」（一九六二年）。これらは『石母田正著作集』第四巻（一九八九年）にも収録されているが、論旨の要約に当たっては前掲書の頁数で示すこととする。

（2）石上英一「古代東アジア地域と日本」（『日本の社会史』第一巻、一九八七年。〔後に『展望日本歴史　六　律令国家』（二〇〇二年）に再収〕）、「古代国家と対外関係」（『講座日本歴史』2、一九八四年）。

（3）律令条文の条文番号は、律は『訳註日本律令』（東京堂出版）第二・三巻の律本文篇、令は日本思想大系『律令』（岩波書店）による。

（4）『令集解』の諸説は国史大系本のページ数（上段）と行数（下段）で示す。行数は令本文を一行とし、注釈の双行は右列をA、左列をBで示す。

（5）唐律衛禁律31条に「化外人」の語がある。本条の日本律における存在については見解が対立しているが、私は榎本淳一氏「『小右記』に見える「渡海制」について」（山中裕編『摂関時代と古記録』所収、一九九一年）の存在否定説による。

（6）平野邦雄「〝帰化〟〝外蕃〟の概念」（『大化前代政治過程の研究』第五篇第三章、一九八五年）。

（7）今泉隆雄「蝦夷の朝貢と饗給」（高橋富雄編『東北古代史の研究』所収、一九八六年）では、石母田氏の化外の三類型の考えによって考察している。本論でこの考えを改める。〔本書第一編第三章補注1参照〕

（8）唐令では賦役令16条に外蕃没落の帰還者と帰化者の給復、同令18条に部曲・奴婢の放賤従良者の給復を定め（『唐令拾遺』）、養老令賦役令15条はこの二条をあわせたものである（日本思想大系『律令』五八八頁）。

（9）このほか外蕃没落者については戸令26結婚条、田令18王事条の条文がある。

(10) 奥羽越三国守の三職掌については、注(7)前掲今泉隆雄「蝦夷の朝貢と饗給」〔本書第一編第三章〕、同「古代東北城柵の城司制」（羽下徳彦編『北日本中世史の研究』所収、一九九〇年〔本書第二編第二章〕）など参照。

(11) 『令集解』の諸説のうち朱説が四職掌のうち「鎮捍、防守」の対象を問題としている（165―1A）。すなわち、その対象が外賊か部内之人かを問題とし、一応部内之人とするが、「未明」と結び、明確でない。

(12) 倉住靖彦『古代の大宰府』（一九八五年）。

(13) 『続日本紀』天平宝字二年六月辛亥条「帰二慕皇化一」、『類聚国史』延暦十一年正月丙寅条「帰二王化一」、同・同年七月戊寅条「慕二王化一」、同・弘仁七年十月辛丑条「夷俘等。帰化年久。漸染二華風一」、同・弘仁十三年九月癸丑条「帰二朝化一」、同・天長六年六月丙子条「帰二皇化一」、『日本三代実録』元慶三年正月十一日辛丑条「帰二慕聖化一」など。

(14) 戸令26結婚条穴記（302―8）、戸令41官戸自抜条古記（338―9）、賦役令15没落外蕃条義解（義解121―3）、古記（408―7）。

(15) 和銅二年（七〇九）五月右大臣藤原不比等が、執政大臣として初めて弁官庁内で新羅使を引見したが（『続日本紀』和銅二年五月壬午条）、このことは大宝令の左右大臣の「朝聘」の職掌と関係があろう。

(16) 義解・朱説（774―2・3）は来朝の蕃使に対する詔書に関するものとし、令釈（774―3B）は蕃国への遣使のもたらす詔書に関するもので、来朝の蕃使にも准用すると解し、明法家の説が分かれる。

(17) 平城京の客館は『続日本紀』天平十二年正月丙辰条、難波館は同天平勝宝四年七月戊辰条にみえる。

(18) 唐令の対応条文は、外夷が蕃客として来朝したときの規定であり（『唐令拾遺』補遺二）、日本令文は改変している。

(19) 堕羅・舎衛の漂着者に関する史料は、『日本書紀』白雉五年四月、斉明三年七月己丑・七月辛丑、同五年三月丁亥、同六年七月乙卯、天武四年正月丙午朔条。以上の堕羅・舎衛の叙述は日本古典文学大系『日本書紀 下』五七五頁補注三四参照。

(20) 天平勝宝九歳（七五七）八月八日太政官奏（『類聚三代格』）に堕羅舞師、『令集解』職員令17雅楽寮条所引の同寮大属尾張浄足説に度羅儛師（90―4）、大同四年（八〇九）三月二十一日官符（『類聚三代格』）に度羅楽師が見え、雅楽寮で堕羅・度楽舞が行なわれていた。

(21) 注(10)今泉隆雄「古代東北城柵の城司制」〔本書第二編第二章〕、同「律令国家とエミシ」（『新版古代の日本⑨ 東北・北海道』所収、一九九二年〔本書第一編第一章〕）。

(22) 中村明蔵「古代における辺遠国と辺要」（『隼人と律令国家』所収、一九九三年）。

(23)　永山修一「賦役令辺遠国条と南九州」(『宮崎考古』石川恒太郎先生米寿記念特集号上巻、一九八九年)は、本条の適用対象が夷人雑類の居住するような国に住む者(夷人雑類も含む)と解釈する。以下の叙述をもってその批判にかえたい。
(24)　唐令では外蕃・夷狄の負担について、本文のほかに、賦役令6条の胡商など蕃胡が単独で内地州にいる場合の規定、同令7条の租庸調制の施行外の嶺南諸州についての特殊規定がある(大津透「律令収取制度の特質」参照。『律令国家支配構造の研究』所収、一九九三年)。
(25)　大津透「律令収取制度の特質」、「近江と古代国家」。注(24)前掲書所収。
(26)　霊亀三年官符の後に「私」と記し延暦十六年官符が引用されている。「私」以下が『令集解』編者の引用で、開元令と霊亀三年官符は古記の引用である。
(27)　注(24)大津論文、注(21)今泉「律令国家とエミシ」〔本書第一編第一章〕。
(28)　中村明蔵「律令制と隼人支配について」「隼人の朝貢をめぐる諸問題」(『隼人の研究』所収、一九七七年)。注(7)今泉論文〔本書第一編第三章〕、注(24)大津論文。
(29)　注(21)今泉隆雄「律令国家とエミシ」〔本書第一編第一章〕。
(30)　熊谷公男「阿倍比羅夫北征記事に関する基礎的考察」(高橋富雄編『東北古代史の研究』所収、一九八六年)。

【本書編集にあたっての注記】

初出稿は羽下徳彦編『中世の政治と宗教』(一九九四年、吉川弘文館)に掲載。著者自身による補訂稿は存在せず、初出稿を掲載した。

第五章　三人の蝦夷

――阿弖流為と呰麻呂・真麻呂――

はじめに

七世紀半ばから九世紀初めまで律令国家は奥羽両国の辺境において、建評・郡による律令制支配の拡大と蝦夷の服属という辺境政策を展開した。[1]この辺境政策に対して蝦夷はさまざまな対応を見せた。本論で三人の蝦夷というのは大墓公阿弖流為（阿弖利為）と伊治公呰麻呂、吉弥侯部真麻呂である。呰麻呂は宝亀十一年（七八〇）多賀城を失陥させた伊治公呰麻呂の反乱の張本人であり、阿弖流為はそれに続く延暦年間の政府の征討に抵抗した胆沢の首長で、両人が蝦夷の歴史の中の著名人であるのに対して、真麻呂を知る人は多くはなかろう。本論はこれら三人の蝦夷について個人的に解明し、それらを通して律令国家の蝦夷政策に対する蝦夷の対応について考えることを意図している。

一　吉弥侯部真麻呂――帰服への仲介者――

夷を以て夷を懐ける　蝦夷を帰服させる方法は撫慰＝懐柔と征討であるが、撫慰が基本である。その撫慰には城柵の城司らが当たったが、帰服した蝦夷を使うこともあった。帰服の蝦夷に未服の蝦夷を懐柔させて帰服させるのである。「夷を以て夷を制す」という言い方にならえば「夷を以て夷を懐ける」方策と言っていいだろう。[2] 吉弥侯部真麻呂は帰服への仲介者の一人であった。

吉弥侯部真麻呂　神護景雲元年（七六七）十月伊治城が完成し造営関係者の褒賞が行われたが、その中で吉弥侯部真麻呂は伊治の蝦夷の帰服に功績があったとして外従五位下から外正五位下へ二階の特進を遂げた（『続日本紀』神護景雲元年十月辛卯条）。真麻呂は伊治の蝦夷を帰服させたことからみてこの地域の者と推測される。彼の身分は「俘囚」である。蝦夷には身分上「蝦夷」と「俘囚」がいる。「蝦夷」は彼ら本来の部族的集団を保持して帰服したもので「地名のウジ名＋君（公）のカバネ」を持ち、「俘囚」はその集団性を喪失して個人または親族単位で帰服したものので、吉弥侯部を中心に部姓を持つ。[3]

次いでそれから二十五年後の延暦十一年（七九二）十月、真麻呂は大伴部宿奈麻呂とともに蝦夷を懐柔した功績によって外従五位下に叙された（『類聚国史』延暦十一年十月癸未朔条）。真麻呂は先に外正五位下になっていたから、その後何らかの失敗によって位階を奪われたのであろう。ところでこの叙位から九カ月前の同年正月に次のような事件があった。すなわち、斯波村の夷の胆沢公阿奴志己らが「帰降の希望を持っているが、伊治村の俘に邪魔されて自ら国の施設まで行くことができないから帰降のための路を確保してほしい」と使者によって言上してきたので、陸奥国は使者に物を賜って放還した。この報告を受けた政府は、夷狄は不実で利をのみ求めるから、夷の使者に通常以上の賜物をしてはいけないと戒めた、というのである（『類聚国史』延暦十一年正月丙寅条）。このことから九カ月後に先の吉弥侯部真麻呂らの褒賞がなされていること、前述のように真麻呂が伊治の俘囚であるらしいことから、この二つの事件は一連のもので、正月の伊治村俘が真麻呂、胆沢公阿奴志己が十月の帰服した蝦夷に当たると推測する。すなわち胆沢公阿奴志己らが帰服して国の施設に行こうとしたが、真麻呂に話が通していなかったので彼によって帰降の路を阻まれた。そこで使者を派遣したが、国が相手にしなかったので真麻呂に話を通して彼から国へ話をしてやっと帰降が認められた、というようなことではないかと推測する。さらに憶測を付け加えれば、十月に真麻呂とともに叙位された大伴部宿奈麻呂は阿奴志己が派遣した使者に当たるのではないか。彼は阿奴志己らの懐柔・帰服に最初に当たった俘囚で、真麻呂に降路を邪魔されたために使者として国に出向いたが、実績がなかったので相手にされなかったために、真麻呂に話を通して帰服の功績を真麻呂と分け合ったと憶測される。この憶測はおくとしても前の推測によれば、ここで国が帰降の申し出について阿奴志己の使者からでは信用せず、真麻呂の仲介によって初めて受け入れたことに注目したい。このことから真麻呂は国によって専門的な帰服への仲介者と認定された存在であったと考える。延暦十四年（七九五）真麻呂父子は俘囚大伴部阿弖良らに殺害された（『類聚国史』延暦十四年五月丙子条）。事件の原因ははっきりしないが延暦十一年の場合と同様な蝦夷の帰服をめぐる功績の取り合いであることが考えられよう。

　真麻呂のほかに帰服の仲介者として次の例がある。延暦十一年（七九二）十一月に俘囚吉弥侯部荒嶋が夷爾散南公阿波蘇・宇漢米公隠賀を懐柔・帰服せしめて、ともに京に朝貢して朝堂院で饗給を受けそれぞれ外従五位下と夷爵を授けられた（『類聚国史』延暦十一年十一月甲寅条）。阿波蘇らは三ヵ月余前の七月に「遠慕二王化一、情望二入朝一」と申し入れていたが（同延暦十一年七月戊寅条）、この申し入れは荒嶋に懐柔され彼の仲介によって行われたものであろう。先の斯波村夷胆沢公阿奴志己の帰服も含めて延暦十一年頃はちょうど桓武朝の同十三年の征夷の準備が進められている時で、胆沢の北方の蝦夷の爾散南公・宇漢米公氏の帰服は歓迎すべきことであり、政府は宝亀五年（七七四）正月に停止した蝦夷の上京朝貢を特に許して恩典を与えるとともに、彼らの入京に当たって通過してくる国々の国堺でそれぞれ軍士三〇〇騎によって迎接させて示威もしたのである。このほか帰服のためではないが、天平九年（七三七）鎮守将軍大野東人が陸奥出羽連絡路開削のため出兵して陸奥の蝦夷が動揺した時、田夷遠田郡領の遠田君雄人を海道へ、帰服狄の和我君計安塁を山道へ派遣して慰喩鎮撫したのも（『続日本紀』天平九年四月戊午条）蝦夷を以て蝦夷を懐柔した例である。

俘囚吉弥侯部真麻呂は国家の「夷を以て夷を懐ける」という方策の中に組み込まれて帰服への仲介者の役割を果たした。そのように国家と深く結びついたのは、彼が親族あるいは個人単位で帰服した俘囚という身分であったからかもしれない。真麻呂は帰服への仲介者として、知られるだけでも伊治城の造営、また延暦十三年の征討の準備期に大きな功績を挙げて五位の位階を得、伊治村で大きな勢力を持つ俘囚に成長していた。しかし帰服への仲介者という役割の故に殺害されることにもなったのである。

二　伊治公呰麻呂

姓と伊治の地　伊治公呰麻呂の姓の伊治公は「地名のウジ名＋カバネ・公」で、「蝦夷」身分を表し、彼は伊治地方の「蝦夷」の族長であった。「伊治」は「イヂ」と音読するのが通例であったが、多賀城跡出土の漆紙文書に「此治城」とあり、訓の一致から此治城＝伊治城と考えられることから「コレハリ（コレハリ）」または「コレハル」と訓読すべきことが明らかになった(4)。伊治城の支配地域は栗原郡になるが、「コレハリ（コレハル）」と訓ずれば栗原郡の命名も容易に理解できる。呰麻呂のウジ名の伊治もコレハリ（コレハル）と訓読すべきである。郡の設置に当たって「栗原」という和語として意味のある表記に改められたことから見て、「伊治」の表記は表意文字ではなく表音文字として用いられていたのであろう。元来コレハリ（コレハル）という夷語の地名があってそれを「伊治」の表記で表したが、郡名には和語として意味のある「栗原」の表記を当てたのであろう。「治」の訓読にはこれまでハリとハルの両用が示されていた。和語の訓読としては連用形が体言になるからハリと訓ずるのが普通であるが、『倭名類聚抄』の郷名には上総国望陀郡畔治（あはる）郷の例のようにハルの訓もあり、元来が夷語の地名であるとすればハルの可能性もあろう。

伊治城造営　恵美押勝政権のもと奥羽両国では積極策を展開し、天平宝字四年（七六〇）正月出羽の雄勝城とともに陸奥では桃生城を完成し、次いで同五、六年頃秋田城・多賀城を改修した。そしてさらに神護景雲元年（七六七）十月に伊治城が完成した（『続日本紀』神護景雲元年十月辛卯条）。桃生城は海道、伊治城(5)は山道のそれぞれ前線の拠点であった。この城は三〇日もかからず完成し、その計画と造営は牡鹿郡の豪族の出身の陸奥少掾道嶋宿禰三山が中心となって進めた。伊治公呰麻呂は伊治の族長であったから、その協力なしには城の造営は困難であったと思われる。前述のように伊治城造営に当たって蝦夷の帰服に功績があった吉弥侯部真麻呂が、呰麻呂らの蝦夷集団の懐柔・帰服に当たったのであろう。造営に功績のあった蝦夷・俘囚にも敍位されこの中に呰麻呂も入っていたと思われる。宝亀九年（七七八）以前に夷爵第二等を有していたが（同宝亀九年六月庚子条）、この夷爵は造営の功績によって与えられたのであろう。夷爵は「蝦夷」にのみ与えられる令制外的な爵で第一等から第六等まであり、一般の位階である文位と勲位に先行しまた官職には任ぜられない(6)。

呰麻呂という名　呰麻呂の経歴を考える上で彼の名前に注目したい。この呰麻呂の訓が「アザマロ」または「アサマロ」であることはすでに佐々木博康氏によって明らかにされている(7)。私が注目するのは、呰麻呂の名が和人の名であること、「呰」が皮膚の疵の意で、呰麻呂の名が疵という身体的特徴によって命名されたと考えられることの二点である。

呰麻呂の名が和人の名であることは麻呂がつくことで明らかであるが、ちなみに管見の限りで和人で呰麻呂の名をもつものをあげれば次の通りである。すなわち、国造族呰麻呂（大宝二年御野国味蜂間郡春部里戸籍、『寧楽遺文』上巻四二頁)、調曰佐呰万呂(天平二十年経師等上日帳、大日本古文書一〇―三五六頁)、忌部宿禰呰麻呂(『続日本紀』天平宝字元年五月丁卯条)、大伴宿禰呰麻呂(同天平神護元年正月己亥条)、紀朝臣呰麻呂(同延暦四年正月癸卯条)、穴咋呰麻呂(同・同七年八月戊子条)である。国造族呰麻呂は白丁、調曰佐呰万呂は経師であるが、忌部宿禰呰麻呂以下の四人は官人であり、呰麻呂の名が和人に珍しい名でないことがわかろう。蝦夷では伊治公呰麻呂のほかにも出羽国の田夷置井出公呰麻呂がいる(『日本後紀』弘仁三年四月庚子条)。

呰麻呂の名は「呰」字に意味があるが、「呰」字を含んだ名はそのほか管見でも次のようなものがある。すなわち、呰主＝秦倉人呰主(『続日本紀』神護景雲三年十一月壬午条)、真呰＝孔王部真呰(養老五年下総国葛飾郡大嶋郷戸籍に同名別人二人あり、『寧楽遺文』上巻八・一三頁)。古呰＝孔王部古呰(同・同八頁)。呰売(呰女)＝桑原部呰売(神亀三年山背国愛宕郡出雲郷雲上里計帳、『寧楽遺文』上巻一四八頁)、出雲臣族呰売(同郷雲下里計帳・同一六六頁)、秦人広幡呰売(山背国愛宕郡計帳・同一八五頁)、服部呰女(『万葉集』巻二〇―四四二二左註)、巨勢呰女(『日本霊異記』下巻三四話)。呰＝長谷部呰(天平勝宝五年六月十五日丹裏古文書第七四号、尾張国愛智郡日部郷戸主、大日本古文書二五―一一八頁)、＊吉弥侯部呰(『日本文徳天皇実録』仁寿二年閏八月辛巳条)。呰子＝＊吉弥侯部呰子(『類聚国史』弘仁七年三月丙戌条)などであり(＊を付したのは蝦夷)、決して少なくない。ことに男性・女性名の代表である語尾に麻呂・売(女)を付した例が多いのは注意される。これらの人名に含まれる「呰」について『時代別　国語大辞典　上代編』(注16)は皮膚の疵の意をもつ命名かとするが(一三頁)、妥当である。「呰」は「疵」に通じ(『大漢和辞典』二―九五四頁)、「疵」にはきず・あざの意味がある(『角川大字源』一二〇一頁)。さらに古代に「呰」を疵の意味で用いた用例がある。計帳には個人の身体の特徴が注記されているが、神亀三年(七二六)山背国愛宕郡出雲郷雲上里計帳の奴倉麻呂に「右手於呰」(『寧楽遺文』上巻一四八頁)、天平五年(七三三)右京計帳の忌部弥祁斯に「右手呰」(同一四一頁)の注記がある。

両計帳にはほかに「疵」の注記があって傷の意味と考えられるから「呰」は疵の意味と考えられる。古代においてこのように「呰」字を含む人名がバリエーションをもちながら少なからず見られるのは、単にその人の疵という身体の特徴に由来するというだけではなく、計帳の身体的特徴の注記に見えることからみて、計帳作成の際に身体の特徴の注記に関係して命名されたからではないかと推測する。

ここで問題をもどして伊治公呰麻呂が呰麻呂の名を持つ意味について考えよう。彼が和人の名をもつことは伊治の蝦夷集団が国家に服属し畿内の政治・文化を受容していたことを示す。問題は何時にどのような事情で呰麻呂の名が命名されたかということである。呰麻呂の命名がふつうの人名の命名のように誕生時になされたとすれば、伊治の蝦夷集団の服属は呰麻呂の父の代のことということになる。呰麻呂の年齢が彼の初見の宝亀八年（七七七）に（『続日本紀』宝亀八年十二月辛卯条）、かりに三〇歳とすると天平二十年（七四八）の誕生ということになり、これ以前にこの蝦夷集団は服属していたことになる。このようなことはあり得ないことではないが、私は呰麻呂の命名について次のように考える。神護景雲元年（七六七）伊治城造営のころ伊治公氏を中心とする蝦夷集団は服属した。それまで呰麻呂は夷語による蝦夷としての名をもっていたが、服属後伊治公の姓を与えられるとともに和人の名の呰麻呂に改めた。呰麻呂という名が計帳作成の際に観察・注記される身体的特徴の一つの疵に基づくことから、この賜姓・改名は、服属蝦夷の支配・把握のための何らかの名帳の作成の際になされたと推測する。呰麻呂という名は伊治公という姓とともに国家支配に組み込まれた際に付けられたものである。その改名が国家から押しつけられたことなのか、自ら望んだことなのかは明らかでないが。この蝦夷集団全体にこのような賜姓・改名が行われたのであろう。

上治郡と栗原郡　宝亀九年（七七八）六月、呰麻呂は前年四月の山道・海道の蝦夷の征討の功によって、夷爵第二等から外従五位下に叙された（『続日本紀』宝亀八年九月癸亥・同年十二月辛卯・同九年六月庚子条）(8)。呰麻呂は外従五位下という文位を得ることによって初めて官人身分を得ることができたと考えられる。呰麻呂はその後宝亀十一年（七八〇）三月までに上治郡大領の地位に就いていた（宝亀十一年三月丁亥条）。一方それ以前の神護景雲三年（七六九）六月に栗原郡が設置されていた[9]。

この上治郡と栗原郡については、桑原滋郎・平川南両氏は「此治城」の漆紙文書の発見をもとに「此」字と「上」字の字形の類似から、『続日本紀』の「上治郡」は「此治郡」の誤写であり此治郡はすなわち栗原郡であるとするが[10]、これに対して熊谷公男氏は、辺境の郡には移民を基に設けられた移民郡と服属した蝦夷集団を基に設けられた蝦夷郡の二類型があり、郡司には前者では移民系の住民、後者では蝦夷が任じられ、栗原郡は移民郡、呰麻呂が大領である上治郡は蝦夷郡であって、両郡は別の郡と考える[11]。私は熊谷説に従うべきと考える。この問題を考える時に注意しなければならないのは上治郡の設置時期が宝亀九年（七七八）以降、郡名の初見する同十一年までの間と考えられることである。なぜならば、呰麻呂の上治郡大領への任官は、宝亀九年夷爵から外従五位下という文位を授けられ官人身分を獲得することによって初めて可能になったと考えられ、呰麻呂が初代の同郡大領であるとすれば同郡の設置は宝亀九年以降になると考えられるからである。

神護景雲元年（七六七）十月伊治城を設置した後移民をして同三年六月栗原郡を設け、さらに宝亀九年（七七八）六月～十一年三月の間に同郡に隣接して伊治氏を中心とする蝦夷集団を集めて上治郡を設け呰麻呂を大領に任じたと考えるべきである。

反　乱　律令国家の支配は、桃生城・伊治城の設置によって桃生・栗原地方に入ったところで蝦夷の大きな抵抗を受けた。神護景雲四年（七七〇）八月、一度帰服して城柵近辺に移住させられていた宇漢迷公宇屈波宇ら蝦夷集団が城柵を侵略すると揚言して本拠地に逃げ帰った（『続日本紀』宝亀元年八月己亥条）。次いで征討の準備をしていたところ宝亀五年（七七四）七月海道の蝦夷が桃生城を侵略した（宝亀五年七月壬戌条）。弘仁二年（八一一）征夷将軍文室綿麻呂が征夷の終焉に当たって、三八年間の動乱の時代と総括した陸奥動乱の始まりである（『日本後紀』弘仁二年閏十二月辛丑条）。政治的・文化的な地区分けによれば、宮城県北端から岩手県南端の地域に置かれた栗原・桃生・登米・磐井・気仙郡と、その南の大崎地方から牡鹿半島の地域に七一〇年代に建郡されたいわゆる黒川以北の十郡との間には、古墳の築造、アイヌ語地名の分布などにみられるように政治・文化的に大きな断絶があった（注(1)今泉論文）。このような断絶が、律令制支配の拡大が栗原・桃生地方に入ったところで蝦夷の大きな抵抗を受けることになる根底に存した。

宝亀五年の桃生城失陥の後、政府は征討に当たる中で敵がさらに北の胆沢の蝦夷であることを知り、同七年にはその征討に当たった（『続日本紀』宝亀七年十一月庚辰条）。宝亀十一年（七八〇）三月、陸奥按察使参議従四位下紀朝臣広純は覚鱉城造営のために伊治城に駐留していた。同城は胆沢の蝦夷に対処するために伊治城の北に造営が計画された城である。広純に従っていたのは陸奥介大伴宿禰真綱、牡鹿郡大領道嶋大楯、それに上治郡大領伊治公呰麻呂である。その率いる軍の中には俘軍も従っていた。自らの本拠地に按察使紀朝臣広純を迎えた伊治公呰麻呂はここで反乱に立ち上がる。自らの指揮下にあった俘軍に令して、まず道嶋大楯を殺しさらに広純を攻め殺し、介大伴真綱を国府多賀城へ護送させた。この真綱と掾石川浄足は戦意なく多賀城を見捨てて逃走したため城下の民も散去し、そこに入城した伊治公呰麻呂ら蝦夷軍は国府の庫の貴重な品をことごとく奪い、放火して多賀城を焼き尽くしたのであった（宝亀十一年三月丁亥条）。

呰麻呂の反乱の理由について、『続日本紀』同前条は呰麻呂が紀朝臣広純と道嶋大楯へ恨みを抱いていたという人間関係に求め、ことに大楯についてはつね日頃呰麻呂を夷俘と侮辱していたことに深い恨みを持っていたと記す。大楯は同じく郡大領でありながら移民系の豪族である上に、従四位下近衛中将の地位にあって中央貴族として今を時めく道嶋嶋足の一族であり、その威勢をかりての侮蔑であったであろう。これらの個人的な恨みは呰麻呂の反乱の直接のきっかけにはなったのであろうが、その根底には本拠地に城柵を設けられ移民らに己らの大地を占拠されて自らは上治郡に押し込められ、そのうえ城柵造営の労役や俘軍に徴発されることなどへの反発があったと考えられる。大楯への恨みも伊治城造営の主導者がその一族の道嶋三山であったことがその背景にあったのではないか。また蝦夷への差別は姓について「蝦夷」は公姓、「俘囚」は吉弥侯部姓を与えて差別し、また官司における称呼について姓名を称せず夷俘と号して差別するなどいろいろの面についてであった。[12]

国家は呰麻呂の反乱を、「伊治公呰麻呂反」とあるように（宝亀十一年三月丁亥条）、八虐の第一条の「謀反」の実行罪である「反」と断じていた。謀反は「謀危国家」で直接には天皇に対する殺人予備罪であるが、国家に対する転覆予備罪でもある。反はそれらの実行罪である（名例律6八虐条）。謀反は極刑の斬（斬首）に当たり（賊盗律1謀反条）、反は規定がないが当然斬に処せられる。呰麻呂は按察使兼守の広純を殺害した。本国守の殺害は八虐の第八条の「不義」に当たり刑は斬である（名例律6八虐条、賊盗律5謀殺詔使条）。呰麻呂の罪は国守殺害だけでなく、国府の焼亡なども含めて国家転覆の反と断ぜられたのであろう。このような国家の処断にも関わらず、呰麻呂の反乱は国家の転覆や新しい蝦夷国家の樹立をめざしたようなものではなく、陸奥国の最高権力者を殺害し多賀城を失陥させて物資を略奪するに過ぎなかった。

国府の失陥によってその北の地域は国家支配が解体した。呰麻呂のほかの蝦夷の族長も立ち上がり、移民系の公民も国家の支配から離脱した（天応元年正月辛酉朔条）。立ち上がった族長の中には、諸絞・八十嶋・乙代などとともに宝亀九年（七七八）呰麻呂とともに褒賞された吉弥侯部伊佐西古が姓を奪われてあげられていた（天応元年六月戊子朔条）。政府はすぐに征東大使・出羽鎮狄将軍を任じて征討軍を派遣した（宝亀十一年三月癸巳・甲午・四月戊戌条）。しかしこの反乱を契機に陸奥国の動乱はより深く広がっていき、延暦の泥沼の戦争の時代に突入していくのである。そして呰麻呂は捕らえられることなく二度と姿を現さず、歴史の彼方に姿を消してしまったのである。

伊治公呰麻呂は国家に帰服して、国家の支配拡大の政策の中でそれに従って郡大領の地位を得たが、国家の支配の矛盾と蝦夷差別のために離反して反乱に立ち上がった。帰服から離反へという軌跡は蝦夷の国家への対応の一つのあり方であり、神護景雲四年（七七〇）の宇漢迷公宇屈波宇、吉弥侯伊佐西古なども同様のあり方を示した。

三　大墓公阿弖流為

胆　沢　一般的に蝦夷の「村」は小規模な集団であるが、胆沢は「村」名としては見えず、広域の地名と考えられる。北上川西岸の後の胆沢郡と東岸も含む江刺郡をあわせた広域の地名である。七世紀〜八世紀の胆沢を含んだ北上川中流域の蝦夷社会の構造については伊藤博幸氏の優れた研究があるので[13]、それを基礎にして整理しておきたい。(1)北上川本流域と西から合流する支流の胆沢川・和賀川・豊沢川・雫石川などの河口に、七世紀から農耕集落が数多く成立し、七世紀半ばあるいは後半から八世紀にかけて同地域に終末期の群集墳が築造された。(2)集落遺跡と群集墳の構造によれば、蝦夷の村落・社会の構造は下位から大型住居を中心として数棟の竪穴住居によって構成される「ムラ」＝世帯共同体、そのムラの連合としての「村」＝村落共同体、さらに同一支流の河川の治水・灌漑・耕地開発などを通じて結合した「生活圏」を構成していた。(3)同一支流の「生活圏」の結合は緩く、また「生活圏」は互いに孤立・分散していた。文献史料に「村」名の見える蝦夷村は「村」＝村落共同体に当たるであろう。(4)陸奥国が設置された七世紀半ばから八世紀にかけて、朝貢関係によって国家と支配・服属の関係を結ぶ蝦夷が出現していた。前述した天平九年（七三七）陸奥出羽連絡路開削の際に山道の蝦夷の懐柔に当たった帰服狄の和我君計安塁は和賀地方のそのような一人である。

水陸万頃　胆沢の地の状況を示すものとしてよく引かれるのが「水陸万頃」の句である。この句は延暦八年（七八九）の征討の直後の七月十日に征東大将軍紀朝臣古佐美が上った奏状に「(a)所謂胆沢者、水陸万頃、(b)蝦虜存生。(c)大兵一挙、忽為二荒墟一。餘燼仮息、危若二朝露一。」の文に見える（『続日本紀』延暦八年七月丁巳条）。この「水陸万頃」はふつう広い陸地に北上川の大水が漫々とたたえられている状況を述べたものと理解されているが[14]、この「水陸」というのはそのような意味ではなく水田・陸田の意味で、この句は胆沢が水田・陸田が広く営まれた農耕地帯であることをいったものである。その根拠は先の奏状の直前に同じく征東大将軍が上った奏状に胆沢の「水陸之田」について述べていることである。この奏状は征討軍を解いて帰朝することを報告したもので、その中で現在駐屯している胆沢にこのまま駐屯する利益がない理由の一つとして、その時点ではこの地の「水陸之田」の田作りを始める時機を失ったので今年は耕種できず、食料を得られないことをあげている（『続日本紀』延暦八年六月庚辰条）。前引の「水陸」はこの「水陸之田」の省略で、このように省略したのは前引のように「水陸万頃」から下を四字句で揃えるためであり、また「頃」は広義には面積の単位であるが狭義には田積の単位で「万頃」といえば田を意味することができたからである[15]。前引の文は「(a)いわゆる胆沢は水田・陸田が広く営まれ、(b)蝦夷はそれによって生存していた。(c)大軍が一たび攻撃して忽ち荒墟となり、蝦夷の敗残兵はしばらく息うていても、はかないことは朝露のようである。」と解釈する。(a)をこのように解釈すれば(b)とのつながりがよく、また(a)・(b)は(c)と対比的な内容で、(c)を強調するようになっており、修辞的にこれまでの解釈より格段に優れている。この解釈は前述の胆沢における考古学の成果とも一致する。

「水陸万頃」とは誇張した表現であるが、六月の奏状ともあわせて律令国家が胆沢の地を農耕の地と認識して進出を図ったことは明らかであろう。

ウジ名と名　前述のように胆沢への本格的な征討の最初は宝亀七年（七七六）で、次いで覚鱉城の造営が計画された。呰麻呂の乱の後、宝亀十一年、延暦三年（七八四）と征討軍が派遣されるが、桓武朝の本格的な征討は、延暦八年（七八九）征東大将軍紀古佐美・征軍四万人、同十三年（七九四）征夷大将軍大伴弟麻呂・一〇万人、同二十年（八〇一）征夷大将軍坂上田村麻呂・四万人の三回であった。延暦八年の戦闘は征討軍の敗北となり、この時蝦夷軍の首長として大墓公阿弖流為が初見する。二十年征討の後の二十一年に阿弖流為と盤具公母礼の両人の帰降・入京・処刑の史料がみえる。十三年・二十年の戦闘は征討軍が勝利し、『日本後紀』の闕巻のため阿弖流為らの記載はないが、阿弖流為・母礼が蝦夷軍の長として戦ったと思われる。

大墓公阿弖流為（阿弖利為）と盤具公母礼の姓と名について、まずその読みから確認していこう。阿弖流為は初め「賊帥夷阿弖流為」として見え（『続日本紀』延暦八年六月甲戌条）、帰降の時から「夷大墓公阿弖利為・盤具公母礼」と見える（『類聚国史』同二十一年四月庚子条、『日本紀略』同年八月丁酉条）。両人は「夷」（＝蝦夷身分）であるからウジ名は夷語による地名で、また名も夷語によるものであろう。これらの表記は夷語の音を畿内の官人が漢字表記したものである。ウジ名は夷語であるからオオハカとかオオツカのように和語として意味を持つ訓読はさけた方がよく、万葉仮名または字音で読むべきものであろう。[16]大墓は万葉仮名でタ・モと読む。盤具は盤は万葉仮名の読みがないので字音でバンまたはハン、具は万葉仮名でグと読み、盤具はバン・グあるいはハン・グと読む。名は万葉仮名で阿弖流為はアテルヰ、阿弖利為はアテリヰ、母礼は万葉仮名ではモ・レと読むが、礼を字音で読むモ・ライ（呉音）、あるいはモ・レイ（漢音）の可能性も残しておきたい。

及川洵氏は阿弖流為と阿弖利為の表記の違いについて、阿弖利為の表記は降伏後に良字に変えられたものというが、[17]両者の表記の相違が『続日本紀』と『類聚国史』『日本紀略』における違いであることから見て、この違いは夷語を漢字表記する際の『続日本紀』と『類聚国史』『日本紀略』のもとになった『日本後紀』、さらに両書の原史料の表記の差からきたものであろう。『続日本紀』『日本後紀』とも官府の文書・記録をもとに編纂され、『続日本紀』完成の延暦十六年（七九七）は阿弖流為が帰降した同二十一年の前であり、『日本後紀』の編纂は帰降・入京した後であるから両書の原史料の書かれる時点で情報量に差異があり、あるいは『日本後紀』の阿弖利為の方が夷語に近い表記なのかもしれない。俘囚大伴部阿弖良（あてら）は阿弖流為と同名の可能性がある（『類聚国史』延暦十四年五月丙子条）。

ウジ名・名と地名　姓すなわちウジ・カバネは天皇の支配に属した印として天皇から賜与されるもので、蝦夷身分の場合、地名に基づくウジ名＋公（君）のカバネが賜与され、ウジ名は居住地などの地名に基づくのが一般的である。及川氏が指摘するように、[18]大墓公については、奥州市（旧水沢市）羽田町田茂山（たもやま）が、ウジ名大墓の基になった地名の遺称地と考えられる。北上川東岸の伊手川が合流する地点の南で、江戸時代には田茂山村があり、寛永十九年（一六四二）の田茂山村検地帳までさかのぼって確認できる。[19]延暦八年の戦闘の記事によると「阿弖流為之居」が北上川東岸にあったが（『続日本紀』延暦八年六月甲戌条）、田茂山は北上川東岸であるからこれに一致する。阿弖流為が国家に服属した際に、居住地の地名タモに基づいて大墓公の姓が賜与されたのである。

阿弖流為の名に関係のある地名「跡呂井（あとろい）」があることはよく知られたことである。奥州市（旧水沢市）花園町、神明町、常盤に所在し、北上川西岸で、田茂山と向かい合う地点である。「跡呂井」は明治以降の表記で、江戸時代以前は「安土呂井（あとろい）」の表記で、安土呂井村があり、安土呂井の地名は文治年中（一一八五〜九〇）に安土呂井城の築城の記事があって、一二世紀までさかのぼる。[20]地名アトロイが人名の阿弖流為と関係があるのは確かであろう。

ウジ名と地名の関係は、前述のように一般的な蝦夷のウジ名の付け方から説明できるが、名と地名との関係はそう簡単ではない。しかし蝦夷の名が地名と関係する例が、ウジ名ほどではないが、阿弖流為と跡呂井のほかにも、次の通り指摘できる点は注目すべきである。

盤具公母礼　岩手県前沢町の旧母体（もたい）村〔現奥州市前沢区〕

吉弥侯伊佐西古（いさせこ）　陸奥国江刺郡

齶田蝦夷の恩荷（おが）　秋田県男鹿半島

盤具公母礼は、阿弖流為とともに延暦期の戦争を率いた胆沢の蝦夷の族長である。母体（もたい）は北上川の東岸、田茂山から約八キロメートル南の地点である。母礼の読みについては、モレ、モライ、モレイの三つを示したが、地名との関係からいえばモライが妥当であろう。モライならばモタイへの転訛が考えられる。

吉弥侯伊佐西古は宝亀八年（七七七）に志波村の蝦夷を征討した際の功績によって呰麻呂らとともに叙位されたが（『続日本紀』宝亀八年十二月辛卯・同九年六月庚子条）、同十一年の呰麻呂の乱において反乱側に加わったので、天応元年（七八一）には姓を剥奪されて、「賊中之首」の一人として現れる（同天応元年六月戊子朔条）。その名の伊佐西古が江刺子の意で、地名の江刺に基づくことが指摘されている。(21) 恩荷は、斉明四年（六五八）の越国守阿倍比羅夫の北征の際に齶田（秋田）蝦夷として見え、齶田浦神に対して朝廷に仕えることを誓約したとある（『日本書紀』斉明四年四月条）。この恩荷の人名が地名の男鹿によることがすでに指摘されている。(22) これらの三例は、人名阿弖流為と地名跡呂井の関係が孤立した例ではなく、蝦夷の名が地名と関係することがあることを示している。

これらの例も踏まえて、人名の阿弖流為と地名アテルヰとの関係を考えると、まず人名が基になって地名が付けられたのか、あるいはその逆なのかが問題になるが、阿弖流為は反逆者なのだから、その人名に基づく地名が残される

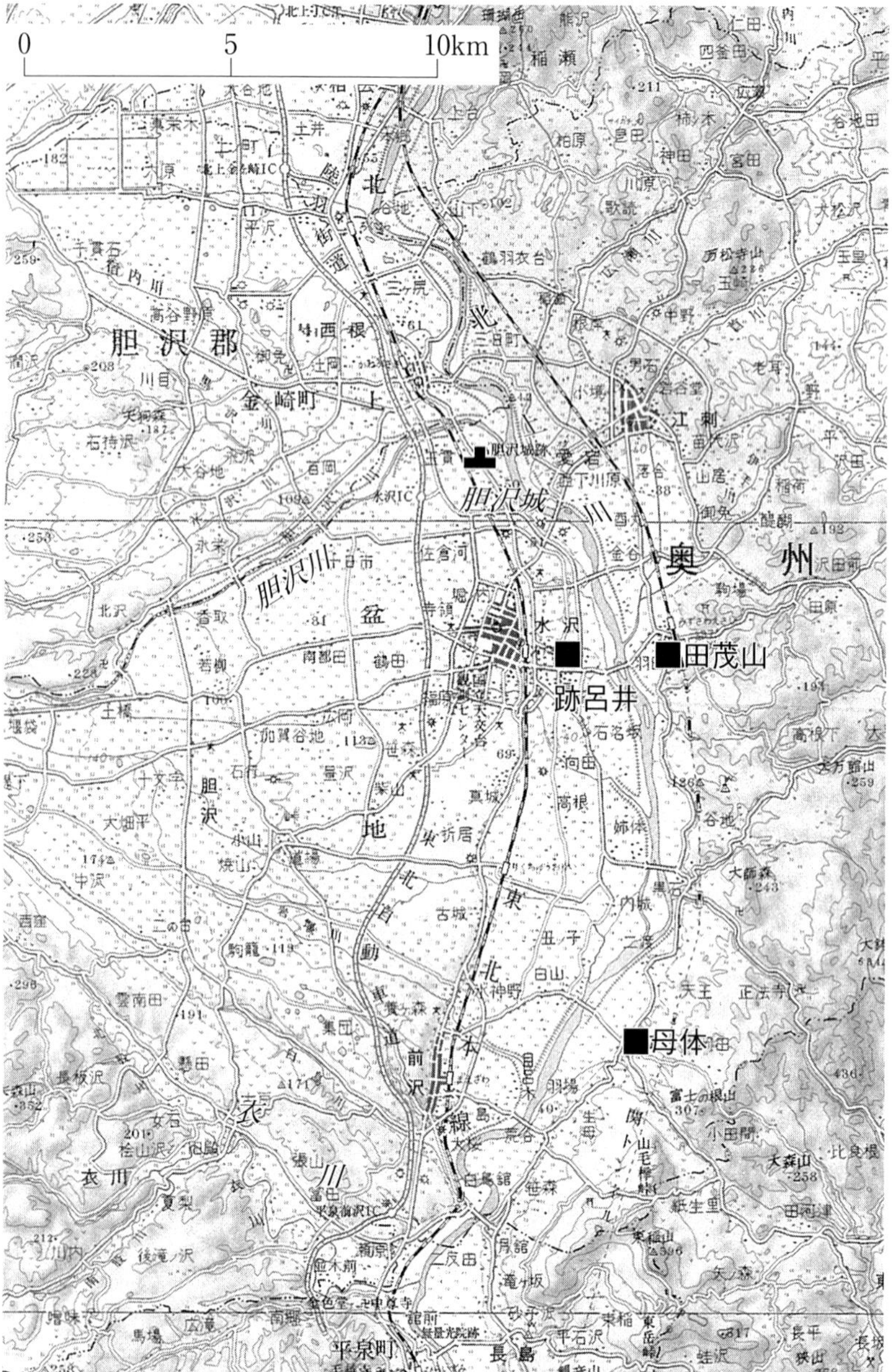

第6図　胆沢地図

ことは許されず、やはりもともと存した地名に基づいてアテルヰという人名が付けられたと考えるべきであり、その経緯は次のように考える。すなわち、地名アテルヰに居住する蝦夷集団が地名によってアテルヰと呼称され、さらにその集団を代表する族長を集団名によってアテルヰと呼称したと考える。このように考えると、阿弖流為という名は、現在の名のように個人名でないことになる。ここで考えておかなければならないのは、このような地名・集団名による族長名の阿弖流為が元来自らが名乗った自称なのか、他から呼称された他称なのかという点である。阿弖流為は当然誕生の際に付けられた別の名を持っていたと思われるから、地名による阿弖流為の名は、国家側が与えた他称であると推測する。その点では姓の大墓公と同じなのである。国家側が、地名アテルヰに居住する蝦夷集団を地名によって阿弖流為と呼称し、さらにその集団を代表する族長を集団名の阿弖流為で呼称したのである。現在の地名の跡呂井は阿弖流為ら蝦夷集団の居住地の遺称地名である。以上のことは阿弖流為のほかの三例についても同様に考えられよう。

国家は、阿弖流為・母礼集団と交渉を持った段階で、その集団、さらに族長を地名によって阿弖流為、母礼と呼称し、次いで彼らが服属した段階に、大墓公、盤具公のウジ・カバネを与えたのである。及川氏は阿弖流為について、延暦八年（七八九）の戦闘時には名のみで、同二十一年の帰降以降姓を記すことから帰降後に賜姓されたと考えるが（注(17)論文）、私は、彼が延暦八年以前にすでに国家に帰服して賜姓されていたが、賊となったので姓を剥奪され、さらに降伏したので本姓に戻されたと考える。その理由はいくら帰降したといっても罪人になるかもしれない者であるから、無姓の者に新たに賜姓することは考えにくいからである。賊となって姓を剥奪されることは伊治公呰麻呂・吉弥侯伊佐西古など例のあることである。前述した七世紀後半以降の国家と北上川中流域の蝦夷との関係から見て阿弖流為が帰服していたことはあり得るだろう。阿弖流為も伊治公呰麻呂などと同じく帰服から離反へと言う軌跡をたどったと見るのである。

この地名との関係で、阿弖流為について言えば、名とウジ名の両者ともに地名に基づいているから、彼の居住地は北上川西岸の跡呂井と東岸の田茂山の二地点にあることになるが、その点をどう考えるかが問題となる。前述のように、東岸の田茂山の地が延暦八年の戦闘の際に見える東岸にあった「賊帥夷阿弖流為之居」に当たる。この戦闘の際には東岸が戦場になり、蝦夷の居の一四村・宅八〇〇許烟が征討軍に焼かれたとあり（『続日本紀』延暦八年六月甲戌条）、東岸に多数の蝦夷の村があり、阿弖流為の居もその中にあった。東・西岸にある阿弖流為の二つの居住地は、地形などから見て、それぞれ別な役割を有していたのではないかと考える。胆沢の地は、北上側西岸地域が西から北上川に合流する胆沢川の扇状地で比較的広い平地が広がるのに対して、東岸地域は北上山地の山麓線が北上川まで迫っていて平地が狭い。後述のように、延暦八年の戦闘では蝦夷軍は西岸を進軍してきた政府の大軍を狭い東岸に誘い込んで叩いたのである。このようなことから考えると、西岸の平地には阿弖流為ら蝦夷の生産基盤となる田地と村があり、東岸には戦略的な意味の住居と村が設けられたのではないかと考える。この両地は北上川を挟んでほぼ向かい合う位置にあって近接しており、有機的な関係にあったのであろう。

大墓公阿弖流為や盤具公母礼を胆沢全体を支配する首長と見る見解もあるが[23]、前述の北上川中流域の蝦夷の村落・社会から見てそのようには考えられず、彼らは征討軍との戦闘に胆沢全体の軍を率いることはあったが、通常は狭い地域を支配する首長だったのである。そのことは彼らが胆沢という広域地名をウジ名とする胆沢公の姓を持たず、大墓や阿弖流為のごとき狭域地名をウジ名・名としていることに現れている[24][25]。

延暦八年の戦闘　蝦夷側が勝利した延暦八年の戦闘についてはすでに詳しく述べたものがあるので[26]ここでは必要な範囲でふれておきたい。征討軍は征東大将軍紀朝臣古佐美の下に、当初、歩兵・騎兵五万二八〇〇余人を動員する計画であったが、実際には征軍二万七四七〇人、輜重一万二四四〇人、あわせて三万九九一〇人が徴発された（『続日本紀』延暦七年三月辛亥・八年六月庚辰条）。征討軍は、延暦八年三月九日に多賀城を出発し胆沢に向かい、北上川西岸を進んで、三月二十八日に胆沢の南を限る衣川を渡り、渡った所の丘陵部に軍営三処を設けたが、それから二ヶ月余動かず、ようやく六月三日に会戦に至った。蝦夷側は東岸に陣して待っていた。征討軍は前・中・後軍の三軍に編成され、中・後軍から各二〇〇〇人、あわせて四〇〇〇人が抽き出されて攻撃軍が編成され西岸から東岸に渡り、前軍は西岸を北進した。中・後軍は阿弖流為の住居付近で蝦夷軍三〇〇人と遭遇して戦闘し、蝦夷軍が退くのを追って蝦夷の村を焼きながら北進した。西岸の前軍は巣伏村で渡河して東岸の中・後軍と合流する計画であったが、蝦夷軍に阻まれて渡河できなかった。東岸に孤立した中・後軍は、北から迫る蝦夷軍八〇〇人に押されて退き、さらに東山から出てきた蝦夷軍四〇〇人に後方を阻まれて挟撃されて、北上川に追い落とされて敗戦したのである（同・延暦八年六月甲戌条）。

大将軍紀古佐美の政府への報告によると、征討軍の戦果は、賊の斬獲首八九級、賊の居の焼亡一四村、宅約八〇〇烟、それに対して被害は、戦死二五人、矢に当たる者二四五人、川での溺死者一〇三六人、甲を捨てて裸身にて游来した者一二五七人であり、また死亡一〇〇〇有余人、傷害を被る者約二〇〇〇人とも記し（同・延暦八年六月甲戌・七月丁巳条）、攻撃に参加した兵員の四分の三が被害を受けたのであった。大将軍は、「大軍一挙」して胆沢の地は荒廃の地となったと強弁して勝利を報告したが、桓武天皇は「虚飭」の報告であると叱責して退けた（同・同八年七月丁巳条）。敗戦であることは明らかである。

政府軍敗北の原因は、第一は政府軍の戦意の闕如である。三月二十八日に胆沢に進軍しながら、四、五月の二ヵ月余滞留して時間を空費した。渡河作戦に敗退した後も、征軍二万七〇〇〇人のうち三〇〇〇人を失っただけで、まだ十分に戦える兵力を残しているのに、食粮運輸の困難を言い立てて解兵してしまい、最初から最後まで戦意が見られないのである。第二は蝦夷軍の作戦にうまくはめられたことである。兵力は、政府軍二万七〇〇〇人に対して、蝦夷軍は政府軍が対戦し推算した合計が約一五〇〇人で、これ以上いたとしても数千人であろう。兵力では政府軍が圧倒的に優勢であり、西岸の平地が戦場となると、大軍が展開できる政府軍が有利であった。このため蝦夷軍は山が迫り平地の狭い東岸に陣を構え、いわば引きこもったのである。やむなく政府軍は渡河作戦を決行するが、大河が障壁となり、また東岸が狭い平地で大軍を展開できないことから、渡河したのは征軍二万七〇〇〇人の一五％に当たる四〇〇〇人に過ぎない。地形に精通する蝦夷軍は政府軍を誘い込み、挟み撃ちして大河に追い落としたのである。兵力で劣勢である蝦夷軍が、大河を挟み、平地の狭い東岸を戦場にすることによって、政府軍の大軍を分断することに成功し、勝利をおさめたのである。

降　伏　延暦二十年（八〇一）九月の戦闘で蝦夷軍は敗北し、翌年正月には胆沢城の造営が始まり、また東国の浪人四〇〇〇人の移住が命じられた。このような中で四月に大墓公阿弖流為・盤具公母礼らが五〇〇余人を率いて坂上田村麻呂のもとに投降した（『類聚国史』延暦二十一年四月庚子条）。元慶二年（八七八）の元慶の乱の際に述べられた古の蝦夷の帰降の法によれば、帰降の条件は武装解除と「面縛待レ命、裁得レ制二其死生一」である（『日本三代実録』元慶二年十月十三日乙亥条）。面縛とは中国の古代からのやり方で、両手を後ろ手に縛り面を前に向けることであり、その状態で死生の裁決を待つのである。阿弖流為・母礼らの投降の理由について、伊藤博幸氏は、国家の権威の象徴である胆沢城の造営、周辺の有力蝦夷集団の和賀公氏、江刺の胆沢公氏などの戦線離脱による孤立化などをあげている(27)。従うべき見解である。

助命嘆願　帰降から三ヵ月後の七月十日、田村麻呂が入京し阿弖流為と母礼の二人も彼に従った。二人も田村麻呂とともに入京したとみてよいであろう（『日本紀略』延暦二十一年七月甲子条）。同月二十五日には百官が上表して蝦夷平定を祝賀する儀式が行われ（同・同年七月己卯条）、八月十三日二人は河内国で斬刑に処せられた。

二人の処分については、田村麻呂が助命を主張したのに対して公卿会議で議論があり、ついに斬刑に決したのである。田村麻呂の主張は「此度任レ願返入、招二其賊類一」と明言されているように（『日本紀略』同年八月丁酉条）、これまで国家が取ってきた「夷を以て夷を懐ける」という方策に則って、阿弖流為と母礼を未服の蝦夷を懐柔・帰服させる帰服への仲介者としようとするものであった。征討の経験が豊かで現地の状況に通暁する田村麻呂は、懐柔・帰服策が征討などよりどれほど有利な方策かを熟知していた。前述のように、田村麻呂が征東副使ながら実質的に指揮を執った延暦十三年（七九四）征討の前の十一年にも懐柔による二件の帰降があった。そして三度の征討に対して蝦夷軍の首長として対抗して声望の高い阿弖流為と母礼が帰服への仲介者となるならば、吉弥侯部真麻呂などと比べようもない大きい力を、この後計画されるさらに北方の征討で発揮できると考えていたであろう。

しかしこのような田村麻呂の申請に対して、公卿会議の主張は「野性獣心、反覆无レ定。儻縁二朝威一、獲二此梟帥一。縦依二申請一、放二還奥地一、所謂養レ虎遺レ患也[28]」というものであった。すなわち、「野性獣心は繰り返し一定しない。今はたまたま朝廷の威によってこの賊の長を捕らえることができた。将軍の申請によって彼らを奥地に放還してやるのは、虎を養って後に患（わずら）いを残すようなものである」といって、後の再度の反乱を恐れて斬刑に処したのである。

史料には阿弖流為らの罪名を記さないが、律によって一応その罪名を考定することができる。しかし実例によれば、実際の罪の決定は法律のみによるともいえず、政治的要素を加えて行われることもあるから、罪名を断じてもあまり意味がないようである。

入　京　阿弖流為らの入京から処刑について、及川洵氏は先ず入京に関して、獄令によれば徒以上の罪は刑部省

第9表　死刑の執行

記号	年　月	処　刑　者	罪・刑	執　　行	史　料
ア	〈長屋王の変〉 天平元年二月	左大臣正二位長屋王 室吉備内親王、膳夫王ら四王	謀反・斬	自家自尽 自経	『続日本紀』天平元年二月癸酉条
イ	〈藤原広嗣の乱〉 天平十二年十一月 天平十三年正月	1 大宰少弐従五位下藤原広嗣 弟綱手 2 逆人広嗣支党死罪二十六人	反・斬	肥前国松浦郡家で斬 下二之所司一、依レ法処焉	同天平十二年十一月戊子条 同天平十三年正月甲辰条
ウ	〈和気王の変〉 天平神護元年八月	従三位和気王 紀益女	謀反・斬	伊豆国に流す途中山背国相楽郡家で絞 同じく山背国綴喜郡松井村で絞	同天平神護元年八月庚申朔条
エ	〈藤原種継の変〉 延暦四年九月	1（首悪）左少弁大伴継人、春宮少進佐伯高成、主税頭大伴真麻呂、大伴竹良、湊麻呂、春宮主書首多治比浜人 2（種継を射殺した人）近衛伯耆桴麻呂、中衛牡鹿木積麻呂	謀反・斬	誅斬 種継の柩前に送った後、山崎の崎南の河頭で斬	『日本紀略』延暦四年九月丙辰・庚申条
オ	〈舎人同士の殺人事件〉 延暦十二年八月	内舎人山部春日、春宮帯刀舎人紀国	帯刀舎人佐伯成人を謀殺	伊予国で捕らえ格殺	『類聚国史』延暦十二年八月丁卯条

で裁判を受けることになっているから阿弖流為らは裁判のために入京したとし、次に斬刑の処刑地が獄令によれば市であるのに河内国杜山であるのはそこに一定の意味があることを指摘した（注(18)論文）。これらの問題について他の例と比較して考えてみたい。

まず阿弖流為らの入京について、及川氏の見解は獄令の誤解であって、獄令2郡決条によれば死罪・流罪は在京諸司では刑部省、諸国では国が裁判して判決を下しその文案を太政官に進上し、太政官が再審して問題がなければ天皇に奏上して決定する。さらに裁判の官司に対応して死刑の執行も京と諸国で行われ（獄令5大辟罪・8五位以上条）、執行場所は市で、京ならば東西市、諸国ならば国府市と推定される（獄令7決大辟条）。阿弖流為らの場合と同様な征討軍派遣の場合については、天平十二年（七四〇）の藤原広嗣の乱に際して大将軍大野東人が広嗣の捕獲を奏上すると、政府はその罪が明らかであるとして「依法処決」すなわち処刑を命じ、東人は広嗣と弟の綱手を肥前国松浦郡家で斬刑に処した（『続日本紀』天平十二年十一月丙戌・戊子条、第9表「死刑の執行」のイ）。この例は征討軍の捕獲者の判決・処刑が地方で行われることがあることを示す。従って阿弖流為らの入京を京での裁判のためとすることはできない。

ここで征夷軍の戦果の処分についてみると、蝦夷に関しては、「斬（斬首）」＝戦闘時の殺害、「獲」＝戦闘時の捕獲、その後の「帰降」として各々人数を数えて報告している[29]。このうち処分が問題になるのは獲と帰降である。弘仁二年（八一一）の征討後には帰降のもののうち「蝦夷」は諸国移配、「俘囚」は当土安置、新獲の夷は京進と命じられた（『日本後紀』弘仁二年十月甲戌条）。八世紀前半から征討後の蝦夷の諸国移配は行われていた[30]。一方捕獲の蝦夷の京進については、弘仁八年（八一七）九月に同二年の征討から逃れていた叛俘吉弥侯部於夜志閉ら六一人が捕獲された際に、例によれば京進すべきところ、彼らの妻子を思う気持ちに免じて城下に留めて妻子を招くことにしたとあり（『類聚国史』弘仁八年九月丙午条）、例によって京進というのは弘仁二年の命令の新獲の夷の京進によるものであろう。また遡って宝亀十一年（七八〇）の征討の際の征東副将軍を督励した勅に、天皇が「佇みて俘を献ずるを待つ」とあり（『続日本紀』宝亀十一年六月辛酉条）、俘虜の京進が行われていたと考えられる。阿弖流為らの入京はこの戦果としての俘虜の京進として行われたと考えられる。そのように考えると憶測になるが、入京から処刑までのほぼ真中の七月二十五日に行われた、百官が上表して蝦夷平定を祝賀した儀式に、阿弖流為ら二人は俘虜として引き出されたのではないだろうか。それは蝦夷平定の戦果を百官に誇示する目的をもっていたであろう。あるいは阿弖流為らの入京の真の目的はこの儀式へ引き出すためであったかもしれない。

処刑地　阿弖流為ら二人の斬刑の執行地は河内国植山または椙山である[31]。前述のように獄令によれば斬刑は京または国府の市で行われることになっていた。弘仁年間以降死刑が停止されたといわれているので[32]、第9表は大宝元年（七〇一）～弘仁十四年（八二三）の間で死刑の執行について調査したものである。史料に死刑と記すものと罪から死刑と推定できるものをあげた。表によれば東西市で死刑が執行された例は確認できない。ア・ウ・エは京で裁判を行った例で令規に従えば東西市で死刑を執行すべきであるが、そうはなっていない。アの長屋王が自家で自殺したのは、獄令7決大辟条の皇親は悪逆以上の罪でなければ自家に於いて自尽を許すという規定の拡大適用である。ウは伊豆国へ配流する途中和気王は山城国相楽郡家で、紀益女は綴喜郡松井村でいずれも絞された。エ―2は藤原種嗣を射殺した伯耆桴麻呂ら二人が山崎の崎南の河頭で斬された。山崎は山城国乙訓郡で、淀川に面し山崎津があって山崎橋が架けられた交通の要衝であり[33]、人の会集するところであるからそこでの処刑は市でのそれと同じ意味があったであろう。もちろん『延喜式』刑部省式死囚条には京の東西市における死刑執行の詳細な規定があり（国史大系本七二二頁）、また天平十三年（七四一）三月には平城京の東西市で小野東人が死刑ではないが杖刑を執行されているから[34]、京の東西市で死刑が執行されなかったとはいえない。イ―2の広嗣支党の死罪二六人は「拠レ法処焉」されたからそのうちの在京者、およびエ―1の「誅斬」として処刑場所を記さない首謀者の大伴継人ら六人、これら両者は令の規定通り東西市で処刑された可能性があろう。しかしそうはいっても京の東西市における死刑執行が一般的であったとはいえない。従って阿弖流為らの処刑地が東西市でなかったことは、特に異とするに足りないのである。

獄令7条によれば、七位以上または婦人で斬刑でない者は「隠処」で絞する定めである。隠処とは『令集解』逸文に依れば令釈は市にあらざる隠処とし、古記、穴記は市と京中にあらざる広野とする。これは衆人の面前での処刑をさける意味で一定の優遇処置であり、ウの紀益女の例はこの適用例である。阿弖流為らの植山または椙山での処刑は、比定地からみて隠処での処刑ということになる。ただし絞刑でなく最も重い斬刑であった。

斬　刑　阿弖流為らの処分について他の場合と比較してかなり特異なのは、実は彼らが斬刑に処せられたことなのである。前述のように戦闘の中で蝦夷が斬・斬首されることはあったし、伊治公呰麻呂の乱では首謀者の誅戮が命ぜられていた（『続日本紀』宝亀十一年五月己卯条）。しかしそもそも、戦闘した蝦夷の首謀者が捕獲されたり帰降した例そのものが珍しいのである。養老四年（七二〇）の按察使上毛野広人殺害・反乱事件（『続日本紀』養老四年九月丁丑条）、神亀元年（七二四）の陸奥大掾佐伯児屋麻呂殺害・反乱事件（同神亀元年三月甲申条）、宝亀五年（七七四）桃生城侵略事件（同宝亀五年七月壬戌条）、同十一年伊治公呰麻呂の反乱事件などいずれも国家にとって重大な事件であったが、その首謀者の逮捕・帰降を記すことがない。

帰降・捕獲の蝦夷についてその処分が知られる例が三例あるが、いずれも許されている。二例は弘仁二年（八一一）の文室綿麻呂の征討に抵抗した俘囚が六年後の同八年になって帰降・捕獲された例である。すなわち一つは弘仁八年七月俘吉弥侯部等波醜らが守小野岑守の懐柔によって帰降した。処分について特に記されていないが、懐柔によって帰降したのであるから許されたと思われる（『類聚国史』弘仁八年七月壬辰条）。二つは前述の同年九月叛俘吉弥侯部於夜志閉ら六一人を捕獲したが、妻子を招くためにいつもの例のようにその身を京進せず城下に留めた（同・同年九月丙午条）。これら二例が征討に対して抵抗したものであるのに対して、第三例目は元慶二年（八七八）の元慶の乱で、蝦夷が反乱して秋田城を失陥させた事件である。この乱では収拾に当たった出羽権守藤原保則が征討より撫慰の方針を採ったので（『藤原保則伝』）、帰降の蝦夷を許すことにした（『日本三代実録』元慶三年正月十一日辛丑・三月二日壬辰条）。帰降者のなかには賊首、酋豪などがいたが（同・同二年十月十二日甲戌条）、彼らの名は伝えられず、この点でも阿弖流為らとは異なる。

阿弖流為と母礼は征討に抵抗し後に帰降したという点では弘仁八年（八一七）の最初の例の吉弥侯部等波醜と同じで、反乱して秋田城を焼亡させた元慶の乱の首謀者よりも罪が軽いと考えられるが、知られる蝦夷の処罰のなかで唯一極刑の斬刑に処せられたのである。それは結局、公卿たちの阿弖流為と母礼に対する恐れと憎しみの帰結であろう。そしてその感情は、胆沢の征討が蝦夷の頑強な抵抗を受けて三次・十数年にわたるきわめて困難な事業であり、特に延暦八年の征討では大敗を帰して煮え湯を飲まされたこと、そしてその張本人が彼ら二人であったことによってもたらされたものであろう。伊治公呰麻呂も大墓公阿弖流為・盤具公母礼も国家への帰服から反抗という同じ軌跡をたどった。しかし阿弖流為・母礼と呰麻呂との間には相違もあった。一つは、呰麻呂が郡大領として国家の支配機構の中に組み込まれながら反乱に立ち上がったのに対して、阿弖流為と母礼は国家との間にゆるい服属関係を結び、その戦いは国家の侵略に対する抵抗であったことである。二つは、呰麻呂の反乱は短期間であったの対して、阿弖流為と母礼の戦いは大軍を相手に十数年三次にわたる長期間であったことである。その背景には胆沢の農耕集落の生産性の高さと、周辺蝦夷集団との連携があったであろう。

おわりに

国家の進出に対する蝦夷の対応について簡単にまとめておこう。国家によって「村」と把握された蝦夷の集団は小規模なものであり、孤立・分散して互いに対立・抗争することがあった。このような社会に国家支配の手が伸びると、蝦夷の中には帰服する集団と反抗する集団が現れた。対立の中で一方が有利になるために国家に帰服すると、他方が反抗するということもあった。帰服した集団の中には、陸奥国遠田郡の郡領遠田君氏を中心とする田夷のように安定的な服属関係を結び律令制支配体制に組み込まれたものもあった。服属した蝦夷は国家の辺境政策の実現のために利用された。城柵造営の労働力として、また征討のために俘軍という兵力として。そして「夷を以て夷を懐ける」という方策における帰服への仲介者として。吉弥侯部真麻呂はその典型であった。辺境政策の実現による矛盾の中で帰服しながら離反し、さらに反抗していった者もいた。伊治公呰麻呂も大墓公阿弖流為もその軌跡をたどったのである。

注

(1) 律令国家の辺境政策についての私見は、本書第一編第一章「律令国家とエミシ」(一九九二年初出) 参照。
(2) 隼人についても同様の方策を採っていた (『続日本紀』和銅三年正月庚辰条)。
(3) 古垣玲「蝦夷・俘囚と夷俘」(『川内古代史論集』四、一九八八年)、同「俘囚身分の成立」(『国史談話会雑誌』四九号、二〇〇八年)、注(1)今泉論文。
(4) 宮城県多賀城跡調査研究所『多賀城漆紙文書』一〇二号解説、一九七九年。
(5) 伊治城跡は宮城県栗原市 (旧築館町) 城生野に所在し、一九七七年から発掘調査を開始し、築垣をめぐらす政庁、築垣をめぐらす官衙域の内郭、築垣・土塁をめぐらす住居域からなる外郭の三重構造となることが明らかになっている。宮城県多賀城跡調査研究所『伊治城跡』Ⅰ～Ⅲ（一九七八～八〇年）、築館町教育委員会『伊治城跡』昭和六二・六三、平成一～一六年度調査報告書（築館町文化財調査報告書第一～一九集、一九八八～二〇〇五年）、栗原市教育委員会『伊治城跡』平成一七年度～二〇年度発掘調査報告書（栗原市文化財調査報告書第一・七・九集、二〇〇六～二〇〇九年）。

（6）板橋源「蝦夷爵考」（『岩手大学学芸学部年報』三―一、一九五二年）、野村忠夫「律令勲位制の基本問題」（一九六六年初出。『律令官人制の研究』所収、一九六七年、吉川弘文館）。

（7）佐々木博康「呰麻呂のよみかた」（一九六二年初出、佐々木博康『平泉と東北古代史―第二編坂上田村麻呂とその周辺―』、一九九一年、岩手出版）。

（8）『続日本紀』宝亀八年十二月辛卯条は伊治公呰麻呂の初見記事で、呰麻呂を夷爵第二等から外従五位下に叙す内容であるが、同条の呰麻呂を含む叙位・叙勲記事の部分は同九年六月庚子条の叙位記事部分と重出である。これについて朝日新聞社本『続日本紀』（佐伯有義編『増補六国史　続日本紀』）は、前者で正五位下に叙された佐伯宿禰久良麻呂が同九年二月庚子条に従五位上とあることから、前者を衍とし、国史大系本も同じ結論である。これに対して岩波書店・新日本古典文学大系本『続日本紀』五は、前者を叙位・叙勲の決定、後者を実施と解釈した（五三〇頁補注34―五五）。妥当な見解と考えられる。

（9）栗原郡設置に関する『続日本紀』神護景雲元年十一月乙巳〔国史大系本による〕条については年月日に『続日本紀』の編纂時の錯簡による誤りがあるとされ、いくつかの説があるが、同三年六月乙巳条に係ける板橋源・佐々木博康両氏、佐伯有清氏の考えが正しいと考えられる。板橋源・佐々木博康「陸奥国栗原郡成立年代に関する私疑」（『岩手大学学芸学部研究年報一八巻〈一九六一〉第一部社会』一九六一年〔『平泉と東北古代史―第一編『続日本紀』の世界―』、一九九一年、岩手出版に再録〕）。佐伯有清「続日本紀」（『古代の日本九　研究資料』一九七一年、角川書店）。

（10）桑原滋郎「多賀城と東北の城柵」（石松好雄・桑原滋郎『古代日本を発掘する四　大宰府と多賀城』一九八五年、岩波書店）、平川南『よみがえる古代文書』（一九九四年、岩波書店）。

（11）熊谷公男「近夷郡と城柵支配」（『東北学院大学論集　歴史学・地理学』二一、一九九〇年）。

（12）『日本後紀』弘仁五年（八一四）十二月癸卯朔条。この弘仁五年制によって夷俘と号するのを止め、「随官位称之」し、無位のものは姓名を称することになった。この制は一般的に夷俘の号をやめると解されているが、「随官位称之」に注意すれば明らかなように、これは公式令68授位任官条に関係する官司における政務・儀式の場での称呼に関する規定である。

(13) 伊藤博幸「七・八世紀エミシ社会の基礎構造」（『岩手史学研究』七〇、一九八七年）。

(14) 高橋富雄『胆沢城』（一九七一年、学生社）、『江刺市史』第一巻通史原始・古代・中世、高橋富雄「古代の江刺」、一九八三年。

(15) 「頃」は古代中国の田積・面積の単位で、一頃＝一〇〇畝で、『日本書紀』では古い面積の単位の「代」の意で用いられているが（岸俊男「方格地割の展開」『日本古代宮都の研究』所収、一九八八年、岩波書店）、ここでは漢語表現として用いているのであろう。

(16) 万葉仮名については三省堂刊『時代別　国語大辞典　上代編』付表「主要万葉仮名一覧表」参照、一九六七年。

(17) 及川洵「アテルイは良字を朝廷から与えられている」（『アテルイ通信』九、一九九四年）。

(18) 及川洵「アテルイをめぐる二、三の問題」（『岩手考古学』四、一九九二年）。

(19) 日本歴史地名大系3『岩手県の地名』二七一頁、田茂山村の項、一九九〇年、平凡社。

(20) 注(19)『岩手県の地名』二五七頁、安土呂井村の項。

(21) 注(14)高橋富雄「古代の江刺」。

(22) 新野直吉『古代東北史の基本的研究』七四頁、一九八六年、角川書店。

(23) 高橋富雄「大墓公阿弖流為と盤具公母礼」『角田文衛博士古稀記念古代学叢論』所収、一九八三年。注(14)高橋富雄「古代の江刺」。

(24) 高橋富雄氏は、大墓公阿弖流為と盤具公母礼のウジ名と名について地名との関係で、次のように解釈する。①人名アテルイと地名アトロイが関係あるものとし、「アテルイというエゾ族長は、古代アトロイの国のキミという意味でアテルイだったのであり、現代跡呂井は、古代アトロイの国の名残りとして、アテルイゆかりの地名だったのである。」とし、さらにアトロイの国は、狭域の地名である現在の跡呂井をこえて、北上川の東・西岸に広くまたがる広汎なクニ（大きなムラ連合）である。②大墓のウジ名の基になる地名は、河東にある大萬館山（おおまんだてやま）であり、『類聚国史』『日本紀略』に記す姓「大墓公」は「大萬公」の誤りであり、「大萬公」はオオマンオキミあるいはオオマノキミと読む。大萬館山の地が東岸にあった「阿弖流為之居」であり、ここがアトロイの国の中心である。③盤具公母礼の名の「母禮」（禮は礼の正字）は東岸の地名の「母體」（體は体の正字）と関係があり、史料の母禮は母體の書き誤りで、名は母體が正しく、モタイと読む。モタイはモタイの国のキミという意味でモタイの名を持つ。姓の「盤具公」は「盤貝公」の書き誤りで、「イワガイ公」と読み、「石ヶ堰公（イワガイノキミ）」＝「石堰公（イワガイノキミ）」の意味である。水沢市〔現奥州市水沢区〕に所在する式内社の石手堰神社は北上川の水上交通の神であり、石ヶ堰とはこの石手堰の意味である。盤具はモタイの国の中の首長モタイの本拠地である（注(23)高橋富雄「大墓公阿弖流為と盤具公母礼」、注(14)同「古代の江刺」）。以上のように、二人の首長のウジ名と名を地名との関係で全体的に解釈したものであるが、史料操作の方法として、現在の地名によって古代の文献史料の文字を改めたり、誤字説による点は賛成できない。もちろん『続日本紀』『類聚国史』『日本紀略』は後代の写本であるが、諸写本間に文字の異同がなければ古代の史料として扱ってなんら問題はない。

(25)　大墓公阿弖流為と盤具公母礼のウジ名と名は夷語であると述べたが、夷語とはアイヌ語系言語であり（本書第一編第一章「律令国家とエミシ」）、その基になった地名はいわゆるアイヌ語地名と考えられる。アトロイとモライに関する山田秀三氏のアイヌ語地名としての検討を参照しておきたい。すなわち「跡呂井」については、アイヌ語地名としては「アッ・ウォロ・イ」で「楡皮を・水にひたす・処」の意であるとする（山田秀三『東北・アイヌ語地名の研究』九五頁、一九九三年、草風館）。at は、オヒョウ、楡皮の意味で、アイヌが繊維原料に用い、柔らかくするために水に浸しうるかすのだという。北海道には同様のアイヌ語地名として、釧路市のアトロウシがある。at-horo-ush-i で、「楡皮を・漬ける・もの（川）」の意である（山田秀三著作集『アイヌ語地名の研究2』一二二頁、一九八三年、草風館）。モライに類似の地名として、北海道の知津狩川の北の小流に望来（もーらい）川があり、元来は Mu-nai「（砂等で）塞がる・川」か、Mo-nai「静かな・川」かとする（同書六五頁）。

(26)　注(14)高橋富雄「古代の江刺」。及川洵「アテルイの謎をめぐって」（『アテルイ通信』五、一九九二年）。

(27)　伊藤博幸「アテルイの降伏について」（『アテルイ通信』八、一九九三年）。

(28)　『日本紀略』延暦二十一年八月丁酉条。「所謂養虎遺患」は『史記』巻七項羽本紀に見える成句によっている。すなわち秦滅亡後に漢王劉邦と楚王項羽が戦い、漢楚が天下を二分する盟約を結び項羽は東に帰った。この時張良と陳平が劉邦に「いま漢軍は勢いがあり一方楚軍は糧食がつきている。今釈弗撃、此所謂養虎自遺患也（いま放置して撃たないのは、いわゆる虎を養って自ら禍根を残すものである）。」と説いたので、劉邦はそれに従ったというのである。

(29)　征夷軍の戦果の処分に関しては、『日本後紀』弘仁二年（八一一）十月甲戌条は斬・獲、帰降、『日本紀略』延暦十三年（七九四）十月丁卯条は斬首・捕虜、『続日本紀』天応元年（七八一）六月戊子朔条は所斬首級、『続日本後紀』承和十五年（八四八）二月壬寅条は斬・獲反叛俘囚、『日本三代実録』貞観十七年（八七五）六月十九日庚午条は殺・獲反虜、同・同年七月五日乙酉条は討殺賊徒、帰降俘囚をそれぞれあげている。

(30) 『続日本紀』神亀二年(七二五)閏正月己丑・宝亀七年(七七六)九月丁卯・同年十一月癸未条、天平十年(七三八)駿河国正税帳(『寧楽遺文』上巻二二一・二二三・二二五頁)、同年筑後国正税帳(同二六七頁)。なお延暦十七年(七九八)より前には諸国移配の対象は「俘囚」であった。

(31) 阿弖流為らの処刑地については、『日本紀略』延暦二十一年八月丁酉条の問題部分に関して『日本紀略』『日本逸史』の刊本に、「杜山」・「植山」・「椙山」という文字の異同がある。神英雄氏は両書の諸写本を調査した結果、杜山は植山のくずし字の誤読による誤り、植山も誤りで、椙山が『日本紀略』の原本の文字であるとして、椙山の地を大阪府枚方市杉(旧・交野郡杉村)に比定した(「蝦夷梟帥阿弖利為・母礼斬殺地に関する一考察」、日野昭博士還暦記念論文集『歴史と伝承』所収、一九八八年)。私は杜山が誤りであることを認めるが、神氏の根拠では一概に植山が誤りで椙山が正しいとはいえないと考えるので、今のところ両説を併記する。なお植山の比定地は枚方市宇山(旧・交野郡宇山村)で、淀川の東岸で京阪電鉄牧野駅の東に位置し、古代には交野郡に属し天皇の遊猟地の交野に含まれる。椙山の比定地の杉はJR片町線長尾駅の東南の丘陵地で、東には山城国堺が近い。

(32) 利光三津夫「平安時代における死刑停止」(『律令制とその周辺』一九六七年、慶應義塾大学法学研究会)。

(33) 日本歴史地名大系26『京都府の地名』(一九八一年、平凡社)二五五頁。

(34) 『続日本紀』天平十三年(七四一)三月庚寅条。『延喜式』刑部省式(国史大系本七二三頁)、東市司式決罪人条(九二八頁)によれば東西市では死刑以外の刑罰も執行することになっていた。

(付記) 初出稿は、門脇禎二編『日本古代国家の展開』上巻(一九九五年一一月、思文閣出版)に掲載。改稿し、特に「三 大墓公阿弖流為」の「ウジ名・名と地名」「延暦八年の戦闘」を書き加えた。

【本書編集にあたっての注記】
本章は著者自身の補訂稿による。

第二編　城柵の辺境支配

第一章　東北の城柵はなぜ設けられたか

研究の視角と課題　古代東北地方の城柵の研究は、これまで考古学と文献史学の二方面から進められてきた。一九六〇年代から活発化した各地の城柵遺跡の発掘調査は、私たちに多くの知見をもたらし、一方、文献史学では、城柵を辺境における律令国家の領域拡大と支配の主体と位置づけた平川南の研究(1)、城柵の近夷郡と蝦夷の支配の内容を解明した熊谷公男の研究(2)などが注目される。これらの研究に学びながら、私は城柵について次のように考えている(3)。すなわち、陸奥国、越後国とその後身の出羽国は、律令国家の支配領域の北端の国で、その支配領域の外にはいまだ律令制支配に組みこまれない蝦夷と彼らの大地が広がっていた。律令国家はこの辺境において、移民による辺郡の設置と蝦夷の服属による律令制支配の拡大という政策を展開した。城柵はこの辺境政策の遂行の主体として設けられ、辺郡の設置、辺郡と蝦夷の支配にあたった。

この城柵の辺境支配のメカニズムの解明のためには、①官制・兵制によって構成される城柵の支配機構、②辺郡の公民と蝦夷の支配組織と支配の内容、③城柵の辺境支配を支える人的・物的基盤、④城柵の施設の構造の特質の意味の四点の課題がある。城柵というと施設としてとらえるのが普通であるが、歴史学上辺境支配の観点から城柵を考察するのならば、①〜③の支配機構・支配制度の問題が重要である。発掘調査によって明らかになった④城柵の施設の構造の意味は、辺境支配の視点から理解すべきである。

城柵の設置　文献史料と発掘調査によって知られる陸奥、越羽の城柵を示すと（四九頁第3表・一九三頁第7図）、陸奥では文献史料から知られるもの一四（そのうち遺跡を確認したもの六）、遺跡が知られるが城柵名の確定しないものの三で、計一七、越羽では前者が八（遺跡確認二）、後者が二で、計一〇が知られる。後者のなかには、前者のうちの遺跡の未確認のものに比定されるものがあるかもしれない。

七世紀半ば最北の国として、陸奥国と越国が設けられ、そのとき最初の版図として建評されたのは、大化前代に国造制が施行された地域で、陸奥では宮城県南端から福島県域、越では越後平野南半までで、これらより北方は蝦夷の地と認識されていた。この蝦夷の地に南から北へ、陸奥では七世紀後半、八世紀初、七六〇年代、九世紀初の四段階、越羽では上記の九世紀初を除く三段階をへて、評・郡の設置による版図拡大と城柵の設置が行なわれた。城柵は一〇世紀まで存続した。

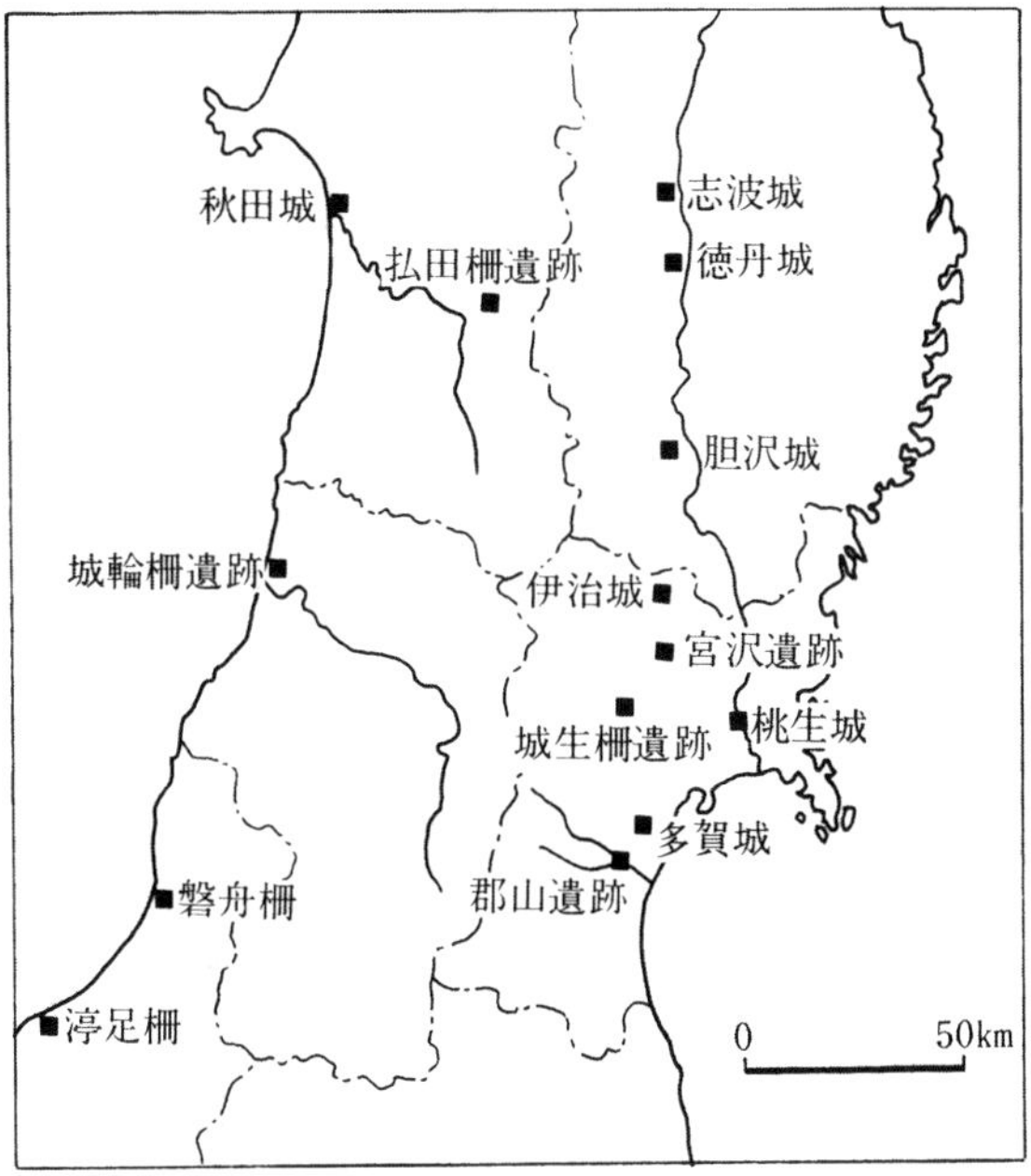

第7図　奥越羽の城柵

城柵の官制＝城司制　城柵の支配機構のうち、官制については、奥越羽三国では律令の規定に基づき八世紀初～九世紀末の間、国司四等官・史生、鎮官などを城主あるいは城司として、城柵に派遣・駐在させる制が行なわれ、これを城司制と呼ぶことにする（4）。

衛禁律24越垣及城条と軍防令52辺城門条に、奥越羽三国の柵と西海道の城に「城主」を置くことを定める。慶雲二年（七〇五）越後守を越後城司にあてた例、天平五年（七三三）陸奥で国司四等官・史生の城柵派遣を前提とした格が発令されたこと、宝亀十一年（七八〇）〜九世紀末の間、出羽で国司の秋田・雄勝城駐在が行なわれ、両城城司が見えることなどから、奥越羽で八世紀初〜九世紀末の間、城柵に国司を城司として派遣・駐在させることが行なわれたことが明らかで、この城司が律令の城主にあたると考えられる。職員令70大国条によれば、諸国の国守は「城」の管轄を職掌とし、さらに奥越羽三国守は、城柵で遂行される蝦夷に対する特別の三つの職掌を有した。国司四等官・史生は、国守のこれらの職掌を分掌することによって城司となり、彼らが城司となりうる法的根拠は国守のこれらの職掌にある。

陸奥で九世紀初に胆沢郡以北の岩手県北上川中流域に拡大した新しい領域の支配の拠点として設けられた胆沢城・志波城（のちに代わって徳丹城）には、鎮官が城司として駐在した。七二〇年代に鎮兵の統轄をおもな任務として設けられた鎮守将軍以下の鎮官は、八世紀には国司が兼任するのが通例で、鎮官兼任国司が城司となっていた。九世紀初に鎮守府が胆沢城に移され、大同三年（八〇八）以降、鎮官が国司と別個に任命されるようになった。この胆沢城鎮守府の成立は、鎮官駐在城司制というべき新しい城司制の成立を意味した。陸奥では九世紀に、前線の胆沢城・志波城（のち徳丹城）の鎮官城司制と、後方の玉造塞・多賀城の国司城司制が併存した。

城司に国司・鎮官の中央派遣官があてられ、城司の職掌が国守の職掌を分掌するものであることからみて、城柵機構は国府機構の分身と位置づけられ、この点で在地豪族によって構成される郡家機構とは根本的に異なる。

城柵の鎮守体制とその基盤　城柵には城司のもとに、軍団兵士、鎮兵、健士などの兵が駐屯していた。敵対する蝦夷の攻撃から、城柵そのもの、辺郡の公民、帰服の蝦夷などを防衛し、また蝦夷を攻撃するための兵力である。陸奥の鎮守体制を見てみる。令制の軍団兵士制が基幹となる兵制で、神亀元年（七二四）〜弘仁六年（八一五）に行なわれた鎮兵制、弘仁六年以降の健士制は令外の制で、補強的な兵制である。軍団兵士は黒川以北の一〇郡（宮城県大崎地方）以南の地域の公民から差点されて軍団に所属し、組を編成して城柵に交替勤務し、私粮を食した。鎮兵は本来、坂東諸国などの他国から徴発されて城柵に通年勤務し、食料は正税から支給された。両制が併行した時期には、城柵への配備は、鎮兵は前線城柵、兵士は後方城柵という大まかな地域分担があった。鎮兵は本拠地が城柵から遠く離れ、通年勤務しかできなかったので、かえって前線城柵に配備されたのである。城柵鎮守の兵力を、当国の中部以南の地域、さらに坂東諸国などに大きく依存していた点に注意したい。

諸国の財政は、正税・公廨・雑稲の公出挙によってまかなわれたが、奥羽両国、とくに陸奥では城柵の維持のために、余分な財政負担を負わなければならなかった。一つは鎮兵粮という鎮兵の食料で、正税の出挙利稲から支出した。陸奥ではこの負担は過重で、総正税利稲で足りない年もあり、弘仁六年の鎮兵制停廃の一因はこの財政負担の過重にあった。もう一つは鎮官公廨である。鎮官城司制が行なわれ、大同三年（八〇八）以降、鎮官が国司と別に任ぜられるようになると、公廨は国司料のほかに鎮官料が設けられた。

柵戸と辺郡　蝦夷の地への城柵の設置と一体となって、他の地域から柵戸と呼ばれる移民が強制的に移住させられ、彼らを公民として郷に編成し郡が設けられた。この郡は辺郡あるいは近夷郡と呼ばれた。建郡は城柵設置と同時か、数年後に行なわれ、移民は城柵設置と同時に、また建郡の前後にも行なわれた。

城柵は建郡後も存続するのが普通で、その下に一つあるいは複数の辺郡を支配した。移民は建郡前には城司に支配され、建郡後は移民のなかから郡司・郷長を任じ、城司―郡司―郷長の機構によって支配された（第8図）。建郡後も城柵が存続したのは、城柵が蝦夷支配と辺郡公民らの防衛の任務を有したからである。より北方に城柵が設けられて前線が北進し、その地域の支配が安定すると廃止される城柵もあったが、拠点的な城柵はなお残された。

柵戸は公民身分であり、移住後一定期間の課役免除の特典があるほかは、公民としての諸負担が賦課された。調庸、

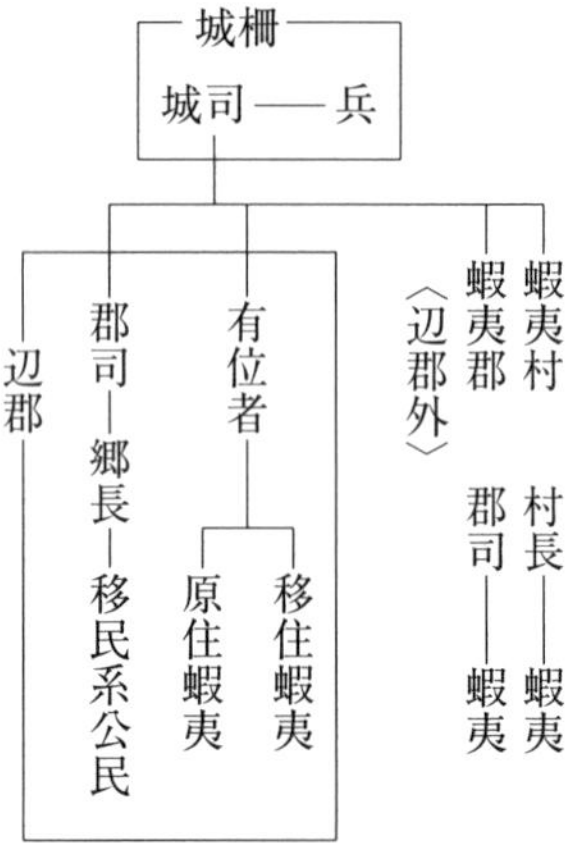

第８図　辺境の支配組織

口分田班給に伴う田租、兵士役、雑徭、公出挙などである。(5) 課役免除については、賦役令14人在狭郷条の公民の狭郷から寛郷への移住の際の規定が適用され、免除期間は本拠地と移住地の路程により、路程一〇日以上は免除三年、五日以上は二年、二日以上は一年であったが、桃生・伊治城への移民が集まらなかったので、神護景雲三年（七六九）、宝亀七年（七七六）には免除期間を令制より長くした。

辺郡の公民は城柵に支配されてその保護を受ける一方、城柵に兵士役、労役、軍粮などを供給して城柵存立の基盤の一部となり、両者は一体的な関係にあった。(6)

蝦夷支配の基本政策と支配組織　職員令70大国条によると、奥越羽三国の守は、一般諸国守と同じ職掌のほかに、特別に蝦夷に関する「饗給（大宝令では「撫慰」）・征討・斥候」の職掌を有した。これらの三職掌は、律令国家の蝦夷政策の基本であり、また実際にも各城柵の城司がこれらの職掌の遂行にあたったのである。饗給＝撫慰とは宴会を催し禄物を給して蝦夷を懐柔すること、征討とは軍事力で討って服属させること、斥候とは物見を派遣して蝦夷の動静を探ることである。すなわち、蝦夷の動静を探りながら、饗給・征討という軟硬の二つの方法で蝦夷を服属させるのである。

服属した蝦夷は律令国家との間に支配・服属の関係を結び、国家の身分秩序に組み込まれた。律令国家の用いる蝦夷に関する表記は多様であるが、「蝦夷」は本来の部族的集団性を保持して帰降したものをさし、地名のウジ名＋君（公）姓を賜与され、「俘囚」は集団性を失い個人・親族単位に帰降したものをさし、吉弥侯部を中心に部姓を賜与された。両者は身分の概念で、このほか用いられる「夷俘」は蝦夷一般をさす(7)。

帰服した蝦夷には、居住地によって①辺郡内居住の者、②辺郡外居住の者がいた。①のなかには、元来その地域の住民で建郡によって辺郡内にとりこまれた者と、元来辺郡外に居住していたが、帰服とともに俘軍や力役にあてるために辺郡内に移住させられた者がいた。辺郡内において移民系公民が、彼らのなかから任ぜられた郡司―郷長に支配されたのに対して、蝦夷は彼らと別個の集団を作って城司に支配された。集団の長には位階が与えられたらしい。

②辺郡の外の北の蝦夷は、本拠地において部族的集団性を保持したまま帰服したもので、その集団を基礎に郡または村を設け、族長を郡司または村長に任じて、城司が支配した（第8図）。村は国の下の公的組織で、村長も官職的な地位であり、郡は蝦夷郡と呼ばれる。蝦夷郡制は村制よりも律令制的に進んだ支配方式であり、蝦夷郡のなかには令制郡の要件を備えたものもあったと思われる。

蝦夷の朝貢と饗給　賦役令10辺遠国条には、蝦夷など夷狄には、事情を斟酌して公民と同じ課役を賦課せず、「調役」を輸納させてもよいと定める。この「調役」とは、令制の調と歳役ではなく、夷狄に特有の原初的なミツキとエダチを意味すると考えられる。蝦夷は辺郡内の者も蝦夷郡の者も、この規定によって、帰服後数代・数十年にわたって、令制の課役を負担せず、それに代わってミツキとエダチを負担し、それに伴い公民身分でなく、「蝦夷・俘囚」身分に位置づけられた。

「調」＝ミツキの貢進は、朝貢という形態で行なわれた。蝦夷は毎年京または国府・城柵などの地方官衙へ朝貢し、「調」を貢進した。両者への朝貢は七世紀後半から行なわれ、宝亀五年（七七四）に上京朝貢を停止し、地方官衙朝貢に一本化された。朝貢は「調」の収取という目的以上に、天皇と国家への服属を誓約する服属儀礼としての意味が大きかった(8)。

「役」＝エダチは、俘軍という兵役、また城柵造営の力役に充当された。この兵役・力役は、令規定による公民に対する賦課の基準・日数によらないものであったと思われる。

城柵に帰降し、また京と地方官衙に朝貢する蝦夷に、饗給すなわち宴会と禄物の賜与が行なわれた。饗給は、蝦夷に帰降をうながし、朝貢を継続させる利益誘導の役割を果たした。蝦夷の一部に食料も支給された。

奥羽両国では、蝦夷の饗給と食料の財源に、本来中央政府の財源として京進すべき調庸物を充当した。令制当初から調庸の布の一部を、饗給における蝦夷の禄（夷禄（いろく））に充て（あ）、七七〇年代から調庸物のすべてを京進せず、蝦夷への支給物に充当するようになったと思われる。『延喜式（えんぎしき）』によれば、両国の調庸の品目は狭布（きょうふ）と米・穀であるが、狭布を夷禄、米・穀を宴会と食料に用いた。

蝦夷は、このような「蝦夷・俘囚」身分の支配を、数代・数十年にわたって受けた後に初めて、公民身分に転換されて公民の姓を賜与され、課役を賦課されることになった。

城柵の施設と支配　発掘調査の進展によって、他の地方官衙と異なる城柵の施設の構造の特質が明らかになってきた。すなわち、①国府・郡家と異なって、広い地域の外周を柵木塀（さくぼくべい）・築地塀（ついじべい）・土塁（どるい）などの外囲施設で囲むこと、②国府である城柵はもちろん、そうでない城柵にも国府型の構造の政庁を設けることの二点である。政治支配を行なう官衙では、そこで行なう政治支配に適合する構造の施設を造ると考えられるから、施設の構造の特質はその政治支配の性格の視点から理解すべきである。

まず①については、本来外囲施設を意味する「城・柵」の語が施設全体を意味することからみて、城柵の施設にとって外囲施設が重要な要素であることは明らかである。外囲施設をめぐらすのは、城柵が敵対する蝦夷に攻撃される可能性のある政情不安定な地域に存するからであり、兵隊の駐屯と対応する。この二点から、城柵が軍事的性格をもつ機構・施設であることは明らかである。

②については、政庁が支配・服属関係を確認する儀礼や政務の場であるので、その存在は城柵が蝦夷や辺郡公民を支配する役割をもつことを示す。このことの意味は、西海道の山城（さんじょう）が新羅（しらぎ）・唐（とう）の侵略に備える純粋に軍事的な施設であるために政庁をもたないことと比較すれば明らかである。そして、政庁の構造が郡家型でなく国府型であるのは、城柵が国司・鎮官の中央派遣官の城司が駐在する国府機構の分身で、ことに政庁が城司に対する蝦夷の服属儀礼である朝貢・饗給の場であるからである。

城柵支配の特質　奥越羽の城柵は、未服属の蝦夷が住して政情の不安定な辺境地域において、律令制支配の拡大とその支配の維持を目的として設けられた支配機構・組織、施設である。城柵は、このような特殊な状況と目的のために、国府・郡家という一般的な地方支配と異なる、城司・兵という機構、辺郡・蝦夷への支配方式、特徴的な施設をもったのである。

注

（1）平川南「古代における東北の城柵について」（『日本史研究』二三六、一九八二年〔『律令国郡里制の実像　上』吉川弘文館　二〇一四に再収〕）。

（2）熊谷公男「近夷郡と城柵支配」（『東北学院大学論集　歴史学・地理学』二一、一九九〇年）。

（3）今泉隆雄「律令国家とエミシ」（『新版　古代の日本⑨北海道・東北』、角川書店、一九九二年〔本書第一編第一章〕）。

（4）今泉隆雄「古代東北城柵の城司制」（『北日本中世史の研究』吉川弘文館、一九九〇年〔本書第二編第二章〕）。

（5）熊谷公男「近夷郡と城柵支配」（注（2））。

（6）熊谷公男「近夷郡と城柵支配」（注（2））。

（7）古垣玲「蝦夷・俘囚と夷俘」（『川内古代史論集』四、一九八八年）。

（8）　今泉隆雄「蝦夷の朝貢と饗給」（『東北古代史の研究』吉川弘文館、一九八六年〔本書第一編第三章〕）。

【参考文献】

工藤雅樹『城柵と蝦夷』（ニュー・サイエンス社、一九八九年。〔のち改稿のうえ『蝦夷と東北古代史』吉川弘文館、一九九八年に所収〕）

他に注（1）（2）（3）（4）（8）の文献。

【本書編集にあたっての注記】

初出稿は吉村武彦・吉岡眞之編『新視点日本の歴史3　古代編Ⅱ』（一九九三年五月、新人物往来社）に掲載。著者自身による補訂稿は存在せず、初出稿を掲載した。

第二章　古代東北城柵の城司制

序　言

律令国家は陸奥・出羽・越後の蝦夷の支配のために城柵を設けた。従って、城柵の性格の解明は律令国家の蝦夷支配の特質を明らかにするために不可欠である。一九六〇年代以来東北各地の城柵遺跡の発掘調査が進展し、城柵の施設としての構造や特質が解明されつつある。城柵の性格の究明のためには、これらの調査研究とともに、城柵による政治的支配の解明が必要であろう。城柵の政治的支配のあり方はその施設としての構造を規定するはずであるから、施設の構造の意味を考える上でもこの面の研究は欠かせない。この問題については、城柵研究に精力的にとりくんでこられた平川南氏の一連の研究が注目される(1)。同氏は、城柵による柵戸や帰降の蝦夷の支配、城柵支配から郡支配への移行、城柵の広域行政府としての性格などから、律令国家の城柵設置の意義を明らかにし、学ぶべき点が多い。しかし同氏の研究も含めこれまでの研究では、城柵の官制や軍制など支配機構の問題に本格的にとりくんだものは少ないように思う。この問題は城柵の性格の解明のために重要である。もちろん、これまでも越後城司や秋田・雄勝城司などに注目してきたし、平川氏も城柵の造営主体の問題や秋田・雄勝城司などから国司の城柵常駐という重要な指摘をしている。しかし、国司の城柵常駐が陸奥ではどうであったか、どのような法令によって何時から始まったのかなどについては明らかでない。そこで、本稿では城柵の官司制についてとりあげ、奥羽越三国において国司や鎮官が城柵に駐在する城司制が、大宝律令に基づいて八世紀初から九世紀末まで行われていたことを明らかにする。なお本稿の要旨は「城柵の官制について」（以下前稿とよぶ。『北日本中世史の総合的研究』所収、一九八八年）に述べたことがある。

一　陸奥・出羽の城司

陸奥の城司　奥羽両国の城柵において、国司の派遣・駐在が行われていた事実を確認することから始める。陸奥についてはまず次の史料がある。

(A)天平五年（七三三）十一月十四日勅符（『類聚三代格』大同五年〈八一〇〉五月十一日官符所引）

天平五年十一月十四日勅符偁、給㆓国司以下軍毅以上㆒護身兵士、守八人、介六人、掾五人、目三人、但遣㆓鎮㆑奥塞㆒者、守十人、介八人、掾七人、目五人、史生傔仗各三人、大小毅各二人、

この格は、陸奥国鎮官に関する大同五年格に引用されているから陸奥国を対象とするもので、辺要国である同国の国司以下、軍毅以上に特に護身兵士を与えることを命じたものと解される。この格で注目されるのは、護身兵士数について国司四等官についての一般規定の次に、「遣㆓鎮㆑奥塞㆒」の場合には国司は人数を増し、史生、傔仗、大・小毅にも兵士を支給するという特別規定を設けている点である。一般規定は国司が国府に駐在する場合、特別規定は国司・軍毅らが前線の城柵に派遣される場合と考えられる。城柵派遣の場合は国府駐在の場合よりも危険性が高いので、兵士を増員し、支給対象も広げたのであろう。

しかしこのように理解するためには「塞」が「城・柵」と同じものであることを明らかにしなければならない。

「塞」が城・柵をさした例として第一に、『続日本紀』神護景雲三年（七六九）正月三十日条があげられる。本史料は鎮兵の代りに柵戸を辺戍にあてる政策の過渡的な処置を命じたものである。すなわち、減員して残った鎮兵五百余人を「暫留二鎮所一（＝多賀城）、以守二諸塞一」らんことと、桃生城への柵戸移配とその安堵後の鎮兵廃止を、陸奥国が奏言したのに対して、中央政府が、「二城」移配の柵戸に規定外の給復を命じた。従って、当面鎮兵が守る「諸塞」とは柵戸が移配される「二城」に当たる。この二城は、奏言中で柵戸移配に言及している桃生城（天平宝字四年正月造営）と伊治城（神護景雲元年十月造営）をさしている。両城は造営以後神護景雲三年六月まで、集中的に柵戸移配の処置がとられているのである。(2) 第二に『続日本紀』天応元年（七八一）九月二十六日条の「復二所レ亡諸塞一」があげられる。この所亡諸塞は前年宝亀十一年三月の伊治呰麻呂の乱で失陥した諸城柵をさす。この反乱によって伊治・多賀城が失陥し、また両城の間に所在する城柵（後述の天平九年の玉造等五柵）のあるものも失陥したと推測される。乱直後から政府は征東使を派遣して多賀城や諸城の回復を図り（『続日本紀』宝亀十一年六月二十八日・七月二十二日・十月二十九日条）、ようやく天応元年に至って一応の成功をみた。従って、所亡諸塞とは伊治城や玉造等五柵のあるものをさしていると考えられる。第三に玉造塞については、玉造柵（『続日本紀』天平九年〈七三七〉四月十四日条）→玉作城（同宝亀十一年〈七八〇〉十月二十九日条）→玉造塞（同延暦八年〈七八九〉六月九日条～『続日本後紀』承和四年〈八三七〉四月十六日条）と呼称が変化する。右の宝亀十一年十月条の玉作城、弘仁六年（八一五）八月二十三日官符の玉造塞の史料（『類聚三代格』）からみて、玉作城も玉造塞も黒川以北十郡の中心的な施設であったと考えられるから、玉作城、さらに溯って玉造柵と、玉造塞は連続する同一の施設とみて誤りない。右の弘仁六年官符で、多賀城、胆沢城に対して玉造塞と区別しているから、塞は城・柵といくらかの相違があったのかもしれないが、同官符で玉造塞は多賀・胆沢両城と同じく兵士駐在の城塞とされていることからみて、基本的に塞は城・柵と同じ機能をもつ施設とみてよいであろう。以上の三点から、「塞」と呼称される施設は「城・柵」と呼称される施設と基本的に同じもので、天平五年格の「鎮㆑奥塞」とはいわゆる城柵に当たると考えられる。思うに、「城・柵」とは外囲いの施設からきた呼称であるのに対して、「塞」（ふさぐ、さえぎるの意）は蝦夷をさえぎるという機能からきた呼称であろう。

この「鎮㆑奥塞」とは具体的には、天平九年（七三七）の大野東人の奥羽連絡路開削の際に鎮守を命じられた、黒川以北十郡の地域に所在した「玉造等五柵」（玉造・新田・牡鹿・色麻柵と名称不明の柵）に当たるとみられる（『続日本紀』天平九年四月十四日条）。この時には持節大使藤原麻呂が派遣され、多賀柵は持節大使、玉造柵は同副使、新田柵は同判官、牡鹿柵は陸奥大掾が鎮し、自余諸柵（色麻柵と名称不明の柵）は「依㆑旧鎮守」という鎮守体制をとった。この時は征東大使が派遣されたのでその官人が玉造・牡鹿柵を鎮守したが、通常は国司らが駐在したのであり、「自余諸柵、依㆑旧鎮守」とはその国司鎮守体制を指すのであろう。牡鹿柵に派遣された陸奥大掾は別の国司と交替したのであろう。以上によって、天平五年ごろ陸奥では国司四等官や史生が、軍毅・軍士を率いて玉造等五柵に派遣されて駐在する体制がとられていたことが明らかである。

第二に承和十一年（八四四）九月八日官符（『類聚三代格』）で、陸奥国司と鎮官をあわせて「辺城之吏」と称していることである。後述のように辺城とは辺要の国にある城の意味で、国府多賀城のように後方にある城とともに、蝦夷と境を接する前線の城をもさしている。従って、国司・鎮官＝辺城之吏という点からみて、国司が鎮官（この時点では胆沢城駐在）とともに辺要の城柵（辺城）に駐在する官であることが明らかである。以上の二史料から、陸奥では八世紀前半から九世紀中葉まで、国司の城柵派遣・駐在が行われていたことが確認できる。

出羽の城司　出羽の国司の城柵駐在については八世紀末から九世紀末まで秋田城司、雄勝城司が存在したことが明らかである(3)。

まず『続日本紀』宝亀十一年（七八〇）八月二十三日条の秋田城停廃問題の史料に初めて秋田城の国司派遣が見える。本史料全体は、狄志良須と俘囚宇奈古らの「己等據ニ憑官威一、久居ニ城下一、今此秋田城、遂永所レ棄歟、為レ番依レ旧還保乎」という言上を受けて、出羽国鎮狄将軍がこれをそのまま奏言したのに対して、中央政府が、秋田城は存続させ、「宜下且遣ニ多少軍士一、為ニ之鎮守一、勿レ令レ衂ニ彼帰服之情一、仍即差ニ使若国司一人一、以為ニ専当上」すこと、及び由理柵への兵士派遣、城下の狄俘・百姓への使者派遣を命じる報答を下すという構成になっている。秋田城に派遣された「使もしくは国司」の使は鎮狄将軍配下の官人、(4)国司はいうまでもなく出羽国司で、ここに秋田城への国司派遣が初めて確認できる。

　ただ本史料については、この時初めて国司派遣が定められたようにも解される点、また秋田城に国府が存したとする見解がある点が問題となる。秋田城国府存置説(5)については、別に論証しなければならないが、私は全時期を通じて秋田城に国府があったとする積極的な根拠はなく、また秋田城への国司派遣はこれ以前から行われ、この直前に一時停止されたが、この命令で復活したと考える。後者についてみると、中央政府の報答が、狄俘の「今此ノ秋田城、遂ニ永ク棄テラレムカ、番ヲ為シテ旧ニ依リテ還ビ保ラムカ」という二者択一的な言上に対して下されている点に注目したい。狄俘の「永ク」と「還ビ」という対照的な表現に注目すれば、秋田城の鎮守はこの直前に一時停止されたと考えられる。すなわち狄俘は城の鎮守停止がこのまま永久に続くのか、あるいは再び鎮守が復活するのかを問うているのである。秋田城停廃問題は宝亀初からおきたが、この年三月の伊治呰麻呂の乱の動揺が出羽にも及び、ここで城の鎮守が一時停止されたため城下の狄俘に動揺を与えたのである。政府は、秋田城鎮守の永久放棄か、または復活かという狄俘の問いに対して、後者を選択した。狄らの言上中の旧来行われていた「為レ番……保」とは直接には軍士らの交替上番を意味し、政府の報答の軍士派遣はこれに対応するが、前述・後述のように城司と軍士の派遣は一体的なものであるから、旧来国司派遣も行われていたと考える。ただし政府の報答は全面的な旧制の復活ではなかった。軍士数は減らされ、派遣官人は鎮狄将軍の官人も対象とされた。これは鎮狄将軍派遣のこの時の臨時的処置で、前述の天平九年の陸奥における征東使の城柵派遣と同じ例である。

次いで『類聚国史』天長七年（八三〇）正月二十八日条に鎮秋田城国司正六位上行介藤原行則がみえ、介の秋田城駐在が知られ、同年閏十二月二十六日格で、出羽国では雄勝・秋田城と国府に国司を配していて人員が足りないので、目一人を大・少目各一人、史生三人を四人に増員することが定められ（『類聚三代格』）、国司らの雄勝城駐在が初めて確認できる。『藤原保則伝』（『続群書類従』八輯上）の元慶二年（八七八）の元慶の乱の記事に秋田城司の語が初めて見える。『日本三代実録』元慶三年（八七九）六月二十六日条によれば、元慶の乱後軍制改革を行い、秋田城に権掾、権大目ら三人の城司、雄勝城に権掾、権大目、少目ら四人の城司、国府に出羽団国司を置き、それぞれの下に軍団幹部と鎮兵・兵士・列士を置いた。城司が軍団幹部・軍士を率いるのは天平五年の陸奥の城柵駐在国司と同じである。

『日本三代実録』仁和三年（八八七）五月二十日条は、出羽守が出羽郡にある国府の最上郡への移転を申請したのに対して、太政官が最上郡が国の南辺にあって行政上不都合なので、現国府近辺の高地への移転を命じたものである。この中で最上郡が不適当な理由の一つとして、国司が出挙収納とその際の饗宴のために国内の各地へ行くにも（「挙納秋饗・分レ頭入レ部」）、秋田・雄勝城へ衆を率いて往復するのにも（「国司上下・率レ衆赴レ城」）、南辺にある最上郡では不都合なことをあげている。(6) 秋田・雄勝城への「国司上下」が国司の城司としての国府と二城との往復をさしている。以上によって、出羽では宝亀十一年（七八〇）から仁和三年（八八七）まで国司が秋田・雄勝城に城司として駐在したことが確認でき、またそのことがそれ以前にも溯ることが推測できた。

なお、『日本後紀』延暦二十三年（八〇四）十一月二十二日条の秋田城の停廃に関する「停レ城為レ郡」の解釈について、「郡」の語が郡司による官司機構と解せることから、国司による城司から郡司への官司機構の転換と理解できることを付言しておく。

二　律令にみえる「城主」

軍防令・衛禁律の城主規定　養老律令には「城主」に関する次の二条文がある。

(B)『養老令』軍防令52辺城門条

凡辺城門、晩開早閉、若有二事故一須二夜開一者、設備乃開、若城主有二公事一、須二出レ城検校一者、不レ得二倶出一、其管鑰、城主自掌、執レ鑰開閉者、簡二謹慎家口重大者一充レ之、

(C)『養老律』衛禁律24越垣及城条

(1)凡越二兵庫垣及筑紫城一、徒一年、陸奥越後出羽等柵亦同、曹司垣杖一百、大宰府垣亦同、国垣杖九十、郡垣杖七十、坊市垣笞五十、(注略)(2)即兵庫及城柵等門、応レ閉忘誤不レ下レ鍵、若毀二管鍵一而開、各杖六十、錯下レ鍵、及不レ由レ鑰而開者、笞卌、余門各減二二等一、若擅開閉者、各加二越罪一等一、即城主無レ故開閉者、与二越罪一同、

(B)条文は、「辺城」の門の開閉と門の管鑰の管理に関する規定で、辺城に「城主」がいることがわかる。(C)条文は、(1)が官の諸施設を囲む施設である城・柵[7]・垣をのり越える罪(越罪)、(2)がそれら外囲いの施設の門の不正な開閉に関する罪の規定である。(2)にみえる「城主」は直接には(1)の「筑紫城」に対応するが、注に「陸奥越後出羽等柵」[8]は筑紫城に同じとあり、(2)冒頭に「城柵等門」と一括されているから、陸奥越後出羽等柵にも適用され、この城主とは筑紫城と陸奥越後出羽等柵のそれである。(2)の「城主無レ故開閉」は(B)条文の辺城門の開閉規定に違反した罪である

から、(B)(C)条文は関係する規定で、両条の城主は同じものである。従って(B)「辺城」は(C)「筑紫城・陸奥越後出羽等柵」に当たり、さらにこの城主は、前節の奥羽両国の城柵駐在国司＝城司に相当すると考えられる。しかしこういうためには(B)(C)とも解決しなければならない問題がある。

軍防令の「城主」　(B)条文の城主については義解が「謂、城主者、掌レ城之国司、即據二三関国一、自余者非也」と注釈して、この辺城の城主は三関（不破・愛発・鈴鹿関）に限るとしている点に問題があるが、この注釈は誤りである。すなわち、第一に、関門の開閉については関市令関門条に別に定められているからである（鈴木拓也氏の指摘による）。第二に、義解は「辺」を畿内の縁辺と解釈したのであろうが、律令の「辺」の概念によればこの解釈は誤りである。律令の中で「辺」に関する条文をみると、軍防令12衛士防人条、衛禁律33烽候不警条の「辺」、厩牧令15駅長条、衛禁律32縁辺城戍条の「縁辺」は諸蕃に対する壱岐・対馬など、賦役令10辺遠国条の「辺遠国」の夷人雑類は毛人、肥人、阿麻弥人、隼人であり（『令集解』同条古記）、仮寧令10遠任公使解官条の「辺要」は壱岐、対馬、陸奥、出羽である（『令集解』同条古記）。軍防令65縁辺諸郡人居条、関市令6弓箭条に「東辺、北辺、西辺」とあり、「辺」とは、蝦夷に対する東辺＝陸奥、蝦狄に対する北辺＝出羽（出羽建国以前の越後）、諸蕃・隼人らに対する西辺＝西海道諸国島をさす概念であると考えられる。第三に、八、九世紀の史料でも奥羽両国の城柵を「辺城」と称した例が指摘できる。前述の『続日本紀』神護景雲三年（七六九）正月三十日条の柵戸を「辺城之戍」に充てるという辺城は桃生・伊治城を、前述の天長七年（八三〇）閏十二月二十六日格の「辺城」は雄勝・秋田城をさし（『類聚三代格』）、前述の承和十一年（八四四）九月八日官符の陸奥の「辺城之吏」は国司・鎮官をさすから、この辺城に当時鎮官が駐在した胆沢城が含まれることは確かである（同上）。貞観十八年（八七六）六月十九日官符の「辺城」も鎮守府胆沢城をさす（同上）。以上によって、「辺城」は令本来の意味では奥羽越三国と西海道の城柵をさし、実例でも奥羽両国の城柵をさすことが明らかになった。従って「辺城」を義解が三関に限るとしたのは令意としては誤りであるが、この注釈は当時(B)条文が三関にも準用されていた実態による二次的な解釈と考えられる。三関の守衛については、職員令70大国条によれば、三関国の守が関に関する「関剗及関契事」を掌さどり、この関守衛の職掌は、国司の目以上が兵士を率いて当たることになっており（軍防令54置関条）、この国司は「関司」とよばれた（考課令49最条など）。そして関の施設は「城」と称された。(9) 私は、三関において国司目以上が兵士を率いて関司として関（城）を守衛する形態が、(B)条文の本来の辺城城主の守衛形態と同じであったので、(B)条文が三関に準用されたと考える。そして逆に、本来の辺城城主の守衛の形態は、三関と同様に国司が城主に当たるものであったと推測する。この意味では義解の「城主者、掌レ城之国司」の注釈は妥当であったのである。「辺城」の意味、辺城城主の守衛形態からみて、辺城城主は前節の奥羽両国の城柵駐在国司＝城司に相当することは明らかであろう。

衛禁律の「城主」 (C)条文については、「城主」に関して疏が「謂、国郡之城主執レ鑰者、不レ依二法式一開閉、与二越罪一同、」と注釈する点に問題がある。「国郡之城主」とは国府・郡家の城主の意とも解されるが、意味が不明瞭である。(C)条文は『唐律』衛禁律24越州鎮戍等垣城条に基づきながら、日本の実情にあわせてかなり改変して作られているが、疏の中にはその改変が徹底しない部分があって、「国郡之城主」の疏も『唐律』の疏をひきついだものと考えられる。『唐律』を継受する上で改変したのは次の四点である。(イ)第10表のように、越罪について唐律では三ランクの罪に分けるが、日本律では五ランクに細分した点。(ロ)唐律第Ⅰランクの罪の州城、鎮・戍城、武庫垣のうち、日本律では第Ⅰランクに筑紫城・陸奥越後出羽等柵（鎮戍城に対応）、兵庫垣（＝武庫垣）をのこしたが、州城に対応する国垣を第Ⅲランクに降した点。(ハ)唐律の第Ⅱランクの県城に対応する郡垣を日本律では第Ⅳランクに降した点。(ニ)(ロ)に対応して、(2)の冒頭でも唐律では「即州・鎮・関・戍城及武庫等門」であるのに対して、日本律では「即兵庫及城

第10表　唐・日律の越罪の比較

唐律 越罪	唐律 施設	対応関係	日本律 施設	日本律 越罪
Ⅰ　徒１年	鎮・戍		筑紫城，陸奥越後出羽等柵	Ⅰ　徒１年
	武庫垣		兵庫垣	
	州　城		曹司垣，大宰府垣	Ⅱ　杖100
Ⅱ　杖90	県　城		国垣	Ⅲ　杖90
Ⅲ　杖70	官府廨垣		郡垣	Ⅳ　杖70
	坊・市垣籬		坊・市垣	Ⅴ　笞50

柵等門」となり国門は余門の扱いとなった点などである。これらの改変は、日本に、唐のような州・県の官衙の所在する都市の外囲いの城壁（＝州・県城）がなかったためになされた。国・郡垣とは国府・郡家の垣（実態としては両者の政庁の垣か）にすぎない。さて「城主」に関しては、唐律では州・鎮・戍・県城があるから疏は「城主無レ故開閉者、謂、州・県・鎮・戍等長官主レ執レ鑰者、不レ依二法式一開閉、与二越罪一同」と解する。そして日本律では、国・郡城がないことによる右記の改変に基づき国・郡が除かれるべきであるのに、唐律の疏の「州県」を機械的に継受して「国郡之城主」と疏することになった。従って城主についてはこの疏の「国郡」は除いて考えるべきであり、前述のように筑紫城・陸奥越後出羽等柵の城主をさすとみるのが妥当である。前述の「辺」の概念、(B)(C)条文が密接に関係することから、両条の城主は同じもので、(B)の辺城とは(C)の筑紫城・陸奥越後出羽等柵をさすと考えられる。

「辺城」の意味　ところで辺城＝筑紫城・陸奥越後出羽等柵は、(10)これまでみてきた蝦夷や諸蕃に直接対峙する前線の城柵ばかりでなく、筑紫すなわち大宰府管内の諸国島と奥羽越三国に所在する城・柵と称されるすべてをさすことに注意したい。(C)条文には単に「筑紫城・陸奥越後出羽等柵」とあってその中で区別していないから、これをそのまま解すればそれぞれの地域にある城・柵すべてをさすと解される。また前の承和十一年（八四四）九月八日官符は、利率変更のために減少した公廨の得分を、「辺城之吏」＝陸奥国司・鎮官に関しては特に論定稲をもって加給したものであるが（『類聚三代格』）、天平五年の護身兵士支給の格のように駐在する場所によって待遇に差を設けず、陸奥のすべての国司・鎮官を辺城之吏ととらえ対象としている。さらに「辺」の語に関連する「辺要」の語は、壱岐、対馬、隠岐、多褹、佐渡、陸奥、出羽などの諸蕃・夷狄に対する前線の諸国島をさした用例（仮寧令10遠任公使解官条の義解・古記、『続日本紀』天平宝字四年八月七日条、『延喜式』民部上）とともに、前者を含めて筑前、筑後、肥前、肥後、豊前、豊後などの西海道諸国一般や大宰府をさした用例があって[11]、「辺」の語が前線の辺境だけを意味するものでないことを示す。

私は、(B)条文の「辺城」は辺要の地域の前線・後方を含む城柵に適用されると考える。従って、多賀城のような国府にも適用され、同城にも城主の地位があり、守が充てられたと思う。このことは後述の越後守が越後城司であることによっても証される。

以上によって、養老律令、おそらく溯って大宝律令に辺要の地域の城柵に城主を置く規定があり、その城主には国司らがあてられることが推測された。第二節の奥羽両国の城柵駐在の国司＝城司はその適用例の一部であった。私はとりあえず、辺要の地域の城柵に国司を城司（城主）として駐在させる制度を城司制とよぶことにしたい。

三　城司制と職員令大国条

越後城司　(B)(C)条文の城主がどのような令条に基づいて置かれたのかを威奈大村墓誌銘の越後城司によって考察する。威奈大村墓誌は彼が埋葬された慶雲四年（七〇七）十月ごろに作られたもので、古代墓誌の優品として著名なものである。(12)威奈真人大村は、持統・文武朝に活躍した貴族官僚で、少納言、侍従、左少弁、越後城司などを歴任し、慶雲四年（七〇七）四月正五位下を極位として越城で卒去した。墓誌銘によれば慶雲二年十一月十六日に越後城司に除せられたとあるが、一方『続日本紀』にはそれから二箇月余のちの同三年閏正月五日条に越後守に任ずとあり、両史料、両官職の関係が問題となる。前者は威奈氏に残された記録に、後者は政府に残された資料に基づくもので、いずれも信憑性があるから、一方を簡単に否定できない。すでに『新潟県史』通史編1（第五章第一節）が指摘するように、私は両史料は同一の事実に関するものと考える。もし別の事実に関するものならば、墓誌銘の故人の事跡を顕彰するという性格から考えて、墓誌銘に正式の官でない越後城司を記しながら、正式の官である守の任官をかきおとすことは考えられない。前稿に詳述したように、本墓誌銘があえて越後城司の語を用いた理由は、本墓誌銘が故人の蝦夷経営の功績を特筆する志向をもっていたので、一般的な越後守でなく、それに直接関係する越後城司の呼称を選んだからであると考えられる。結論をいえば、任官の時日についてはどちらともいえないが、官名は『続日本紀』の越後守が正式なものであり、墓誌銘の越後城司は守のもつ職掌に基づく地位であると考える。そして越後守威奈大村が越後城司でもあるということから、城司の地位がどのような令条に基づくのかを解明できる。

職員令大国条と越後城司　職員令70大国条には、陸奥出羽越後三国（大宝令―出羽ナシ）の守について、国守一般の職掌のほかに、「兼知二饗給（大宝令―撫慰）、征討、斥候一」という特別の職掌を規定する。拙稿（注(6)）で明らかにしたように、奥羽越三国守の特別な職掌は、蝦夷に対するもので、饗給（撫慰）は饗宴・禄物の賜与によって撫慰して蝦夷を支配下に入れること、征討は軍事力によって支配下に入れること、斥候は蝦夷の動静を探ることである。

墓誌銘によれば、越後城司威奈大村は、越後北疆の蝦夷の「柔懐鎮撫」を期待され、それを徳と仁の政治によって実現した。越後北疆（北境）の蝦虜を鎮撫するとあること、また越後国における大村任官前の文武二年（六九八）十二月、同四年二月の石船柵の修営から、大村没後の和銅元年（七〇八）九月の出羽郡建郡への経過からみて、大村の鎮撫は越後国北端の朝日山地を越えた山形県庄内地方（後の出羽郡）の蝦夷への働きかけとみられる。そしてこの越後城司の「柔懐鎮撫」の任務は、大宝官員令大国条の陸奥・越後守の職掌の「撫慰」に一致するから、城司の任務は大国条の守の職掌に基づいてなされたと考える。従って城司の地位は、大国条の三職掌を実現するために設けられたものと解釈できる。大村の場合、越後守が越後城司でもあり、彼が駐在したと思われる国府に城司がいる例である。第二節の奥羽両国の前線の城柵駐在城司は、守に定められた三職掌を、国司・史生らが城司となって分担して遂行したものである。このようなあり方は、前述の三関の守衛について、守に定められた関守衛の職掌を、国司目以上が関司となって分担して遂行したあり方と同じである。

越後城司の呼称の意味　越後城司の呼称の意味について、前稿では、越後城司が国名を冠する呼称であることから個別の城を管轄する秋田・雄勝城司などとは異なり、越後国にある渟足・磐船柵（あるいは都岐沙羅柵も）などの複数の柵を統轄する城司の意味であるとしたが、もう一案として、越後城＝国府を管轄する城司の意味とする考え方も可能である。墓誌銘に大村が没した所として記す「越城」は越後城と同じで、守である彼は国府に駐在したであろうから、国府を越後城と称した可能性は高い。前稿でこの考えを否定したのは、当時国府は渟足柵にあったと推定されるので（前掲『新潟県史』通史編1）、それならば渟足柵司などと称されるべきであると考えたからであるが、渟足柵司よりも越後城司の表記の方が、中国的な文飾の豊かな本銘文に相応しいので、越後城司の語を採用したとも考えられる。ここでは両解釈を并記するに留める。いずれにしろ越後守大村は、国府に城司の地位で駐在するとともに、他の城柵の城司を統轄していたのである。

この越後城司の史料は、大宝律令施行三年後の慶雲二年に、国守が城司になっていたことを示す点と、国守が城司として国府に駐在したことを推測させる点でも重要である。

四　西海道の城司制と鎮官城司制

西海道の城司制　西海道諸国の城柵にも(B)(C)条文が適用されるから、城主（城司）が置かれたと考えられる。その実例として貞観十八年（八七六）三月十三日官符の筑前の大野城司があげられる（『類聚三代格』。倉住靖彦『古代の大宰府』一九八五年参照）。大野城司には、ある時は筑前国司、ある時は大宰府官人が充てられたと考えられる。令制で筑前国は大宰府が帯することになっていた関係で、筑前国司は廃置が繰り返され[13]、その関連もあって大野城の管轄は筑前国と大宰府の間で変化した。弘仁十一年（八二〇）三月四日大宰府牒案（『平安遺文』十巻四九〇〇号）によれば、大野城の管轄については、大同三年（八〇八）の筑前国司の復置とともに同国司が掌することになったが、弘仁十一年頃には大宰府に付され、また延暦十六年（七九七）の筑前国司廃止以前は国司が管轄したらしい。この管轄官司の変化に伴い城司に充てられる官人も変化したであろう。筑前国の城は大宰府との関係でこのような特殊なあり方を示すが、西海道の他国の城司には国司を充てた可能性がある。西海道の城は奥羽越三国の城柵と機能・目的を異にするが、このような国司・大宰府官人の城柵派遣制は城司制の概念に含めてよいであろう。

鎮官駐在城司制　延暦二十一年（八〇二）正月造営が開始された胆沢城には遅くも大同三年（八〇八）七月までに多賀城から鎮守府が移された（『日本後紀』[14]）。この胆沢城鎮守府はいわば鎮官の城柵駐在であり、国司駐在城司制の延長線上に行われたと理解できる。鎮官・鎮守府の歴史についての私見の要点は次の通りである。(イ)鎮官・鎮守府の歴史は、Ⅰ期　神亀～天平勝宝　鎮官が臨時の職である時期。Ⅱ期　天平宝字元年（七五七）～大同　鎮官が常置の官となり官司としての鎮守府が設けられる時期。Ⅲ期　大同以降　胆沢城鎮守府の時期の三期に分けられる。(ロ)Ⅰ・Ⅱ期は鎮官あるいは鎮守府が多賀城にあった時期で、その主な職掌は鎮兵の統轄である。陸奥では軍団兵士制のほかに令外の軍制として鎮兵制が設けられ、その統轄のために令外の鎮官が置かれた。Ⅰ・Ⅱ期には按察使・国司が鎮官を兼任するのが通例で、[15]この兼任体制は、国司の下に軍団兵士・鎮兵を統轄し、軍事権を集中して掌握するためにとられたものである。(ハ)Ⅲ期には、鎮守府の胆沢城移転に関連して、兼任が少なくなり、鎮官が別個に任命されるのが通例となって、鎮守府はⅡ期までのいわば国府機構の中にとりこまれた官司から、国府の被管的官司の面はあるが、独立的な官司となり、九世紀を通じて機構を整備した。その職掌も胆沢城の鎮守と胆沢郡以北五郡の支配となった。

Ⅲ期の胆沢城鎮守府は、国司駐在城司制の流れをくみながら、いわば鎮官駐在の新しい城司制の成立であった。胆沢郡以北に拡大した広大な領域の支配の拠点として設けられた胆沢城には、副国府ともいうべき大規模な機構を必要とした。このために国司だけではまかなえなかったので、これまで鎮兵統轄の職掌をもつにすぎなかった鎮守府の官制を利用し、これを国府機構から切り離して新しい職掌を与え、ここに新城司制＝胆沢城鎮守府が成立した。もちろん、胆沢城鎮守府は、機構や職掌の面で国司駐在城司制と全く同じものではなかったであろう。しかし、鎮官にしろ、前の大宰府官人にしろ、中央派遣官が駐在するという点で、国司駐在城司制と本質的に同じである。

五　陸奥・出羽の城司体制

奥羽両国の城司体制全体について考える。この問題に関しては、すべての城柵に城司が駐在したかという問題がある。国司はその定員に限りがあり、国府での任務もあるからである。文献史料によれば、八、九世紀の城・柵・塞の数は陸奥に一三、出羽に五が確認できる。一方国司・史生の総定員は第11表の通りである。国の官人は四等官・史生のほかに国博士・医師（令制では地方出身者、実態は中央派遣）、陰陽師、国掌、弩師、守の傔仗などあるが、ここでは城司となり得る範囲を、狭く四等官と史生に限定した。城柵数については、支配領域が北へ拡大するとともに、これまで前線であった城柵の城司制が郡司制に転換されることがあったから、同時期に併存する城柵数は前記よりも少なかった。第11表は、文献史料によって城柵の存続期間を決め、八世紀前半・後半、九世紀ごとに城柵数と国司・史生の総定員を比較したものである。城柵の存続時期は初見・終見史料によって決められたものもあるからその前・後にも存在し、また文献史料に見えない城柵もあったかもしれないから、城柵数は一応の目安である。第11表によれば、一応国司・史生の定員で各時期の城柵の城司をまかなうことができるから、私はすべての城・柵・塞と呼称する施設に城司を駐在させるのが原則であったと考える。

しかしながら、奥羽両国ともに八世紀には国司・史生の定員で城司をまかなうのはかなり窮屈な感じで、史料(B)軍防令52辺城門条から想定される城司の複数派遣はとても無理であったであろう。このような国司人員の不足の故に、出羽では天長七年（八三〇）閏十二月国司が増員され[16]、陸奥では胆沢城設置に当たって鎮官を独立の官として駐在させることにした。その上九世紀には城柵を整理して拠点的に設置し、各城柵の城司機構を充実させることになった。出羽では秋田・雄勝城のみに城司を派遣し、元慶三年（八七九）制では権任国司によるものであるが、三人、四人の複数城司制が実現した。陸奥では、中山柵が一度しかみえないことからみて、国府多賀城、鎮守府胆沢城を中心に、両城の間に玉造塞、北端の前線に志波城あるいは徳丹城を置く体制であったと考えられる。おそらく志波・徳丹城には鎮守府から鎮官が派遣されたであろう。多賀城・玉造塞の国司城司制と、胆沢城、志波・徳丹城の鎮官城司制という二つの城司体制をとったとみられる。

第11表　奥羽二国の城柵数と国司・史生定員の比較

陸　奥

時期	城柵塞数	城柵塞名と存続時期	国司・史生の総定員
8世紀前半	6	多賀柵(城)　724○—839	9　(令制大国)
		玉造柵(城・塞)　737—837	(10)　(728年)
		新田・牡鹿・色麻柵・名称不明柵　737	
8世紀後半	5	多賀城，玉作城，桃生柵・城　757	(11)　(775年)
		○—775　伊治城　767　—797	(12)　(779年)
		覚鱉城　780—	12　(798年)
9世紀	5	多賀城，玉造塞，胆沢城802○—	(13)　(854年)

出　羽

8世紀前半	1	出羽柵709—×733→秋田出羽柵733	
		○—737	
8世紀後半	4	雄勝柵・城757○—887	7　(令制上国)
		秋田城760—887，由理柵・大室塞780	(9)　(830年)
9世紀	2	秋田城・雄勝城	(8)　(850年) (9)　(851年)

注(1)　城・柵・塞の存続時期を西暦で示した。初・終の○・×は造営と廃止を示し、それらのないものは初見・終見を示す。年時だけのものは1度しかあらわれないもの。

(2)　国司・史生の総定員は、(　)のない数字は総定員数を示したもの。ある数字は部分的増員によるもの。728＝神亀5年8月条、775年＝宝亀6年3月条、779年＝同10年閏5月条(『続日本紀』)、798年＝延暦17年6月格、854年＝斉衡元年8月格、830＝天長7年閏12月格、851年＝嘉祥4年2月格(『類聚三代格』)、850年＝同3年6月条(『日本文徳天皇実録』)。(補注1)

結　語

これまでの迂遠な考察を整理し、論じ残した問題にもふれて結語とする。養老律令、さらに遡って大宝律令に、辺要である奥羽越三国と西海道諸国の城柵（＝辺城）に城主を置くことが定められていた。奥羽越三国では、この城主の地位は、職員令大国条に定める蝦夷に対する饗給（大宝令では撫慰）、征討、斥候の三職掌を実現するために設けられた。三国の城柵そのものがこれら三職掌の実現のために設けられた施設であった。多賀城のように城・柵と呼称された国府に駐在する守は城主＝城司でもあり、その他の城柵には、国司・史生らが守の職掌を分担して遂行するために派遣されて駐在し、城司となった。城司（城主）とは正式な官ではなく、これらの職掌に基づく行政上の地位と考えられる。このような城司は越後で慶雲二年（七〇五）守が越後城司である例があって、大宝律令施行直後から行われていたことが明らかで、陸奥では八世紀前半から九世紀中葉まで、出羽では八世紀末から九世紀末までその存在が確認できる。九世紀の胆沢城鎮守府は、この国司駐在城司制を前身とする、鎮官駐在の新城司制であり、その北方の志波・徳丹城にも鎮官を城司として派遣したであろう。こうして奥羽越三国では八世紀初から九世紀末まで国司・鎮官による城司制が行われていたと考えて誤りない。

奥羽越三国の城司の職掌は、基本的に職員令大国条の三職掌に基づく蝦夷への支配の拡大と服属した蝦夷の支配であった。支配の拡大は「撫慰」を基本とし、軍事力による「征討」も行った。さらに、城柵へ移配された柵戸の支配にも当たった。柵戸は郡里制施行の際中核となるものであるが、そこに至るまでは城司の支配を受け、城柵に人と物資を供給して城柵存立の基盤となった。「征討」の職掌に関連して、城司は軍団幹部・軍士を率いて駐在するのが通例であった。城柵を鎮守し、柵戸と周囲の公民を蝦夷の攻撃から守った。
西海道では大野城司の存在が確認でき、筑前の特殊な事情から時期によって筑前国司または大宰府官人が城司とな
った。西海道の他国の城柵にも国司らによる城司が駐在したと推測される。奥羽越三国、西海道諸国において国司・
鎮官・大宰府官人などの中央派遣官が城柵に駐在して支配に当たる制度を、城司制の概念でとらえることとする。
城司には国司を中心として、鎮官・大宰府官人など畿内出身の中央派遣官が充てられ、また奥羽越三国では城司の
職掌は守の職掌に基づくことからみて、城司機構は国府機構の分身と位置づけられる。この点で地方出身の郡司によ
る郡家機構とは根本的に異なる。私は、中央派遣官の城司が駐在する施設のみが、城・柵・塞と呼称されたのではな
いかと考える。同じ施設でも郡司が駐在するようになれば、郡家と呼称されるはずである。
考古学の成果によれば、城柵には郡家とは異なって国府なみの政庁が設けられているが、これは城柵が中央派遣官
が駐在する国府の分身の性格をもつからであろう。私は前にこのような城柵の政庁は、蝦夷の朝賀・朝貢などの服属
儀礼に用いられたことを指摘したが（注(6)拙稿）、畿内勢力の全国支配という律令国家の原則からいえば、このよう
な服属儀礼の拝礼の対象になり得るのは中央派遣官のみであって、地方出身の郡司はなり得ないのである。城柵の政
庁は、中央派遣官の城司と蝦夷との間の服属儀礼の場として設けられた面があった。
政治的支配の点から城制（城柵制）という概念を設定しようとするならば、城司制や軍制などの支配機構と、それ
らによる蝦夷や柵戸、公民の支配方式を総体としてとらえる必要がある。紙幅の制約のため八、九世紀における城司
制の存在の論証に精一杯で、城司と郡司の関係も含めて、その職掌や支配方式については十分に論及できなかった。
今後の課題としたい。

注

（1）多くの論文があるが、まとめたものとして「古代における東北の城柵について」（『日本史研究』二三六　一九八二年）。

（2）『続日本紀』天平宝字元年（七五七）四月四日、二年十月二十五日、四年十二月二十二日、神護景雲二年（七六八）十二月十六日、同三年二月十七日、同年六月十一日条。

（3）十〜十四世紀の秋田城の出羽城介、秋田城介については、遠藤巌「秋田城介の復活」（高橋富雄編『東北古代史の研究』所収　一九八六年）参照。

（4）臨時に中央政府が派遣する征討軍の官人は、「――（大）将軍」（鎮東将軍、征夷将軍、征夷大将軍など）、または「――大使」（持節大使、征東大使、征夷大使など）と称され、同一の派遣官人について征東大使・征東大将軍（『続日本紀』延暦七年七月六日・十二月七日条）、また征夷大使・征夷大将軍（同延暦十年七月十三日条、『日本紀略』同十三年正月朔日条）と称した例があるから、鎮狄将軍の官人を「使」と称することはあり得る。なお平川南氏は「使若国司」を本史料の末尾にみえる秋田城下の住民に派遣した専当使とするが（「出羽国府論」『宮城県多賀城跡調査研究所　研究紀要Ⅳ』一九七七年〔のち『律令国郡里制の実像』上　二〇一四年に再収〕）、従えない。

（5）国府の秋田城存置の時期については、(イ)天平宝字〜宝亀初（吉田東伍、新野直吉説）(ロ)天平五年〜延暦二十三年（平川南説）の見解があり、また(ハ)国府の秋田城存置を否定する見解（高橋富雄説）もある。注（4）平川論文参照。

（6）本史料の解釈については本書第一編第三章「蝦夷の朝貢と饗給」（初出は前掲『東北古代史の研究』所収）参照。

（7）「筑紫城・陸奥越後出羽等柵」の「城・柵」の語は、并列する語がすべて「垣」であるから、施設全体としての城柵ではなく、直接にはその外囲いの施設を意味する。しかし、例えば筑紫城を筑紫にある外囲いの施設と解したのでは意味をなさないから、「城・柵」の語には二重の意味がこめられ、施設全体としての「城・柵」の外囲いの施設としての「城・柵」と解釈すべきである。

（8）(C)条文も含め養老律令には「陸奥越後出羽」がみえる。出羽国は和銅五年（七一二）九月に置かれたから、大宝律令の対応条文では「陸奥越後」であったはずである。そして辺要に関するこれらの条文では、出羽国設置後の養老律令では「越後」は削除されるべきであった。以下の文でふれる越後は和銅五年出羽国設置以前のそれである。

（9）『続日本紀』宝亀十一年六月二十八日、天応元年三月二十六日・五月十六日条。なお三関の守衛については野村忠夫「美濃不破関の検討」（『古代を考える』九　一九七六年）参照。

(10) 「筑紫」の範囲については、八世紀の実例によれば大宰府管内の九国三島と考えられる(『続日本紀』大宝二年四月十五日、養老五年六月十日、神亀四年七月二十七日、天平九年九月二十二日、天平神護二年四月七日条。なお井上辰雄「大宰と九国三島の成立」〈『古代の日本』3所収 一九七〇年〉参照)。従って筑紫城は具体的には養老律編纂以前に造営された次の城柵をさす。筑前水城、同大野城、肥前椽城、対馬金田城、肥後鞠智城、三野城、稲積城、唱更国(後の薩摩国)の柵。

(11) 『続日本紀』天平八年五月十七日、天平宝字五年七月二日、宝亀十一年八月二十八日条、『類聚三代格』延暦十一年六月七日格、弘仁七年正月十二日格、元慶二年二月三日格など。

(12) 奈良国立文化財研究所『日本古代の墓誌』『同 銘文篇』、『寧楽遺文』下巻。なお拙稿「銘文と碑文」(『日本の古代』14 所収 一九八八年)で解説と全文の読み下し、現代語訳を試みた。参照されたい。

(13) 渡辺直彦「筑前国司廃置に関する研究」(『日本古代官位制度の基礎的研究』所収 一九七二年)。なお弘仁十一年大宰府牒案の解釈についても同論文参照。

(14) 鎮守府が胆沢城に存した明証として、『日本三代実録』貞観四年(八六二)六月十五日条の陸奥鎮守府正六位上石手堰神が、『延喜式』神名帳によれば胆沢郡にあることがあげられる。

(15) 按察使・国司の鎮官兼任には、按察使が鎮守将軍、守が副将軍を兼任する例、守・介・掾がそれぞれ将軍・副将軍・軍監を兼任する例、一人が按察使・守・将軍の三官を兼任する例がある。宮城県多賀城跡調査研究所『多賀城跡 昭和四五年度発掘調査概報』所収の「陸奥国官人表」参照。

(16) 辺城門条に「若城主有$_{二}$公事$_{一}$、須$_{二}$出$_{レ}$城検校$_{一}$者、不$_{レ}$得$_{二}$倶出$_{一}$」とある。

(補注1) 国司の定員を決めるのに国の等級が問題となる。延喜民部式では陸奥は大国、出羽は上国である。陸奥が大国であることは『続日本紀』神亀元年三月条に大掾がみえるからこの時まで遡るであろう。出羽が上国であることは天長七年閏十二月には確かで、さらに『続日本紀』天平宝字四年正月条に介・掾がみえるからこの時まで遡るであろう。

(補注2) 紙幅の制約のために引用論文は少なめにせざるを得なかった。前引のほかに城柵の官制について注意すべき研究として高橋崇「柵」(前掲『東北古代史の研究』所収)がある。

【本書編集にあたっての注記】

初出稿は羽下徳彦編『北日本中世史の研究』（一九九〇年二月、吉川弘文館）に掲載。著者自身による補訂稿は存在せず、初出稿を掲載した。

第三章　律令と東北の城柵

はじめに

東北地方の城柵の研究は、考古学と文献史学の両方面から進められてきた。一九六〇年代以来進められた東北地方各地の城柵遺跡の発掘調査の成果は大きく、まず考古学の方から新しい城柵論が提起された。工藤雅樹氏は、多賀城跡の発掘において外郭施設が築地塀で内国の国府と同じ政庁をもつことが明らかになったことを根拠に、城柵が軍事的な施設ではなく、国府・郡家と同じ行政的な官衙であることを主張した。(1)この新しい城柵論に対しては文献史学・考古学の両方面から批判が寄せられたが、(2)城柵研究の一転機となったことは確かである。これらの中で平川南氏は、城柵の役割を律令国家の東北政策の中に位置づける研究視角を提示し、(3)この視角は基本的に継承すべきものと考える。(4)

このような研究状況をふまえて、私は城柵の辺境支配のメカニズムの解明のために、研究課題として次の四点を考えている。すなわち、㈠官制・軍制によって構成される城柵の支配機構、㈡辺郡の公民と蝦夷を支配するための組織とそれらに対する支配の内容、㈢城柵の辺境支配を支える人的・物的基盤、㈣発掘調査によって明らかになった城柵の施設の構造の特質の意味の四点である。㈣について敷衍すると、発掘調査によって、一般的な国府・郡家などの地方官衙と異なる、城柵の施設としての構造の特質が明らかになり、次の二点にまとめられる。(5)すなわち、①城柵は官衙域が一般の国府より広大な場合が多く、必ず柵木列、築地塀、土塁などの外郭施設をめぐらす。②国府でない城柵にも、国府なみの規模と構造をもつ政庁が設けられる。城柵のような国家的・政治的な施設は、そこで行われた政治支配に適合する構造の施設をもつから、このような施設の構造的特質を㈠㈡などの城柵の政治支配のあり方から解釈する必要がある。これまで私は以上のような問題関心から、ささやかながら㈠に関連して国司らを城柵に駐在させる城司制、㈡に関して蝦夷の朝貢と饗給の問題について明らかにし、それらの点から城柵の政庁について考えてみた(6)。

ところでこれまでの研究史をふり返って気がつくのは、城柵に関する律令条文のまとまった考察が十分に行われていないことである。律令規定の実効性に疑いがもたれたのかもしれないが、律令は律令国家を運営するための基本法であるから、その検討がなおざりにされてきたことについては不思議な感さえする。本論は、前記の問題関心をもちながら、城柵に関する律令条文を検討し、国守の城柵管掌、「城」と「柵」の異同、城柵の外郭施設の問題について考察をめぐらそうとするものである。

一　「城」「柵」の概念

養老律令の条文(7)にみえる「城」「柵」の語を含む語句を整理して第12表として掲げる。「宮城」「京城」は都城関係の語句であるが、「城」を含むので参考として掲げた。

ここで考察の前提として「城」「柵」の語が表わす概念について明らかにしておく。すでに平川南氏は「城」「柵」には、①狭義には城柵の施設をさす場合と、②広義には城柵が支配する一定の広がりをもった一種の行政区画をさす場合の二つの意味があることを指摘した（注（2）・（3）論文）。

これに対して私は次の三つの意味があると考える。(A)城柵をとり囲む外郭施設。B外郭施設に囲まれたいわゆる城柵の施設全体。(C)城柵に設けられた城司などの機構の三つである。(B)が一般に「城・柵」の意味と考えられるもので、平川氏の①に当たるが、すでに平川氏も指摘しているように、このほかに施設として狭義に(A)外郭施設のみをさす場合がある。辞書の説明によれば「城」は名詞としては、①都市を囲繞する城壁、②その城壁に囲まれた国・都などの

第12表　律令条文に見える「城・柵」

語句	条文
城	軍防令52辺城門条　(11)
	名例律6八虐謀反条(疏)
	衛禁律25私度関条(疏)
	擅興律10主将守城条　(4)
城戍	衛禁律32縁辺城戍条「縁辺城戍」(5)
	衛禁律33烽候不警条
	職制律33駅使稽程条
	職制律34駅使无故以書寄人条(疏)
城牧	職員令69大宰府条(帥の職掌)
	職員令70大国条(守の職掌)
辺城	軍防令52辺城門条「辺城門」(11)
城主	軍防令52辺城門条　(11)
	衛禁律24越垣及城条　(1)
城柵	衛禁律24越垣及城条　(1)
筑紫城	衛禁律24越垣及城条　(1)
	賊盗律27盗節刀条　(9)
陸奥越後出羽等柵	衛禁律24越垣及城条　(1)
	賊盗律27盗節刀条　(9)
城隍	職員令24兵部省条(卿の職掌)
	職員令69大宰府条(大工の職掌)
	軍防令53城隍条　(2)
	賊盗律4謀反条(疏)
城堡	軍防令65縁辺諸郡人居条
宮城・京城	賊盗律27盗節刀条　(9)
宮城垣・京城垣	衛禁律3闌入踰閾為限条　(7)
宮城門	営繕令11京内大橋条
京城門	宮衛令4開閉門条

注 (1)　律・令の条文番号は『訳注日本律令』二・三の律条文番号、並びに『日本思想大系　律令』の令条文番号である。
(2)　末尾の(　)付の数字は本文の引用史料番号である。

意味があり(8)（『大漢和辞典』巻三―一八一頁）、「柵」も①木で作った垣・まがき、②とりでの二つの意味があって（同巻六―二九二頁）、本来「城・柵」には外郭施設とそれに囲まれた施設全体の意味があり、律令条文でもⒶ・Ⓑの二者が区別できる。Ⓑの意味はあまり問題がなく、第12表の「城」「城戍」「辺城」などの「城」が当たる。

外郭施設　Ⓐの意味の例としてはまず次の例がある。

⑴衛禁律24越垣及城条

(a)凡越兵庫垣。及**筑紫城**。徒一年。**陸奥越後出羽(ナシ)等柵**亦同。曹司垣。杖一百。大宰府垣亦同。国垣。杖九十。郡垣。杖七十。坊市垣。笞五十。皆謂。有門禁者。若従溝瀆内入出者。与越罪同。越而未過。減一等。余条未過准此。(b)即兵庫及**城柵等門**。応閉忘誤不下鍵。若毀管鍵而開者。各杖六十。錯下鍵。及不由鑰而開者。笞卌。余門。各減二等。若擅開閉者。各加越罪一等。即**城主**無故開閉者。与越罪同。

前半(a)は、種々の国家的施設を囲繞する塀を越える罪、すなわち越罪を規定し、この中の「筑紫城」の「城」と「陸奥越後出羽等柵」(9)の「柵」は、「兵庫垣・曹司垣・大宰府垣・国垣・郡垣・坊垣・市垣」の「垣」と並記され、越える対象となるから、Ⓐ外郭施設をさすことは問違いない。後述のように「垣」は「築垣」でいわゆる築地塀である。ただし「垣」は上に「兵庫ノ垣」のように施設名がつくが、「城・柵」は筑紫・陸奥越後出羽等の地域名が付くだけだから、この「城・柵」には二重の意味がこめられ、施設全体としての城柵（Bの意味）の外郭施設としての城柵（Aの意味）ということになる。後半(b)の「城柵等門」の「城柵」は(a)の「城・柵」をうけており、Ⓐ Ⓑいずれとも解釈できるが、「兵庫」と並記されているから一応Ⓑの意味と解しておく。

第二に第12表の四条文にみえる「城隍」もⒶ外郭施設を意味する。

⑵軍防令53城隍条

凡城隍崩頽者。役二兵士一修理。若兵士少（及无）×者。聴レ役二随近（ナシ）人夫一。逐二閑月一修理。其崩頽過多。交闕二守固一者。随即修理。役訖。具録申二太政官一。所レ役人夫皆不レ得レ過二十日一。（右傍○は大宝令復原可能部分。養老令文と異なる場合は左傍に×を付し、右傍に大宝令文を注記する。以下同じ）

本条は「城隍崩頽」の際の修理規定である。「隍」は義解に「隍者、城下坑（みぞ）也」とあり、『令集解』職員令24兵部省条の伴記によれば空堀である。「城隍」は「城ノ隍」とも「城ト隍」とも解せ、前者ならば修理の対象は隍のみとなり、後者ならば外郭施設としての城と外堀の意味となり、後者が妥当と考える。令文に「崩頽過多。交闕二守固一者」とあり、義解は「崩頽過多者。謂。不レ制二人出入一」と解する。すなわち、城隍は守固のための施設で、人の出入を制するものであるから、隍＝堀だけとは考えられず、外郭施設としての城と外堀と解すべきと考えられる。他の三条の「城隍」も同じ意味と考えられる。この城隍の問題からは、城柵の外囲施設として、塀としての「城」と外堀の「隍」が組になってあることが知られる。隍は空堀の意味ではあるが、大宰府条の大工が管掌する城隍はまず第一に水城で、それは貯水の堀である。職員令24兵部省条師説によれば「城隍」は史料(1)衛禁律24条などの「陸奥越後出羽等柵」にも適用される。陸奥の城柵遺跡では、柵木列・築地塀・土塁などの外郭施設に外堀が伴なうものとして、郡山遺跡第Ⅱ期官衙（宮城県仙台市）、城生柵遺跡（同加美町）、宮沢遺跡（同大崎市）、胆沢城跡（岩手県奥州市）、志波城跡（同盛岡市）などがあり、この「城隍」に当たるものであろう。

第三に軍防令65縁辺諸郡人居条には、奥羽、西海道の辺郡において人居を防御する「城堡」について規定する。これは、官衙を設ける一般の城柵と異なる、種々議論のある堡村に関する規定である。「堡」について、義解は「謂。堡者。高レ土以為レ堡。墇（ヲギ）二防賊一也」とし、『令集解』同条逸文の朱説は「朱云。城—（堡）者。二事也、大城小城耳」とし、また『肥前国風土記』小城郡条に同郡の地名の由来は、昔同地に造られた「堡」にあるとあり、「堡」とは小規模な土で作った防御施設で、ヲキと訓ずることが明らかである。「城堡」が朱説のように「城卜堡」なのか、「城堡」で一語となるのか確定しにくいが、「城堡」が人居を取り囲む外郭施設であることは確かである。ここでは詳しくふれないが、律令条文以外の史料にも(A)外郭施設としての「城・柵」の用例がみられる[10]。

城司などの機構　(C)城司などの機構を意味する「城・柵」については律令条文には明確にみられない。この概念は平川氏の提言した②行政区画としての「城・柵」という概念の問題と関係する。平川氏は『続日本紀』神護景雲元年（七六七）十一月乙巳条「置二陸奥国栗原郡一。本是伊治城也。」、『日本後紀』延暦二十三年（八〇四）十一月癸巳条の秋田城停廃に際し「停レ城為レ郡」とされていること、さらに『日本書紀』斉明四年（六五八）七月甲申条で都岐沙羅柵・渟足柵が渟代郡・津軽郡と対比して用いられていることなどから、「城・柵」は「郡」に対応する概念であるから、一定の広がりをもつ行政区画を示すものとされ、伊治城・秋田城の例は、それぞれの城が管轄する区域が栗原郡・秋田郡という行政区域に移行したと考えたのである（注(23)論文）。

「城・柵」の概念を「郡」との関係で考えるのは妥当であるが、そのためには「郡」字が表わす概念について検討する必要があり、それには次の三つがあると考えられる。すなわち(a)郡司によって構成される官司機構。(b)施設としての郡家。(c)郡司が支配する里・戸とその領域の三つである。(a)については、職員令74大郡条~78小郡条の「大郡・上郡・中郡・下郡・小郡」が、職員令の中で他の官司と並記され、それぞれの郡が郡司四等官によって構成されているから、この「郡」は機構としての官司を示すことが明らかである。また「(紀伊国)阿提。飯高。牟漏三郡献レ銀也」（『続日本紀』大宝三年〈七〇三〉五月己亥条）、「武蔵国秩父郡献二和銅一」（同和銅元年〈七〇八〉正月乙巳条）のように「郡」が物資貢献の主体となり、さらに「某郡解」のように郡が文書発給の主体となるが[11]、これらの「郡」も機構としての官司と考えられる。(b)施設としての郡家の例としては、史料(1)衛禁律24条の「郡垣」は郡家の垣の意味であろう。また『続日本紀』天平九年（七三七）四月戊午条「従㆓加美郡㆒至㆓出羽国最上郡玉野㆒八十里」、同天平十二年十月癸未条「車駕到㆓伊賀国名張郡㆒」などの出発・到達の地点としてあらわれる某郡は郡家をあらわすものであろう。(c)についてはとりたてていうことはないが、戸令2定郡条で大郡～小郡の五段階の「郡」が規定数の里によって構成されていることを示せば足りる。詳論しないが、「郡」字があらわすこれらの三概念は「国」字にもあてはまり、このことは、郡・国というものが、(a)官司機構、(b)施設としての官衙、(c)支配する戸・里とその領域（「国」の場合は戸・里・郡とその領域）の三つを不可欠の要素として成立するものであることを示す。

平川氏は、前述の「郡」について(c)であるとしてそれに対応する「城」を行政区画としたのである。この城に関する平川氏の考えは、城制は郡制施行の前提であり、夷俘料支給の蝦夷と調庸免除の柵戸を支配する城制から、課役負担者を編付する郡制へ移行するという同氏の考え方と深い関係にある。城制から郡制へという定式は大きな流れとしては認められるが、平川氏も認めるように建郡後も城柵は存続し、城柵と郡が併存することは一般にみられることであった。城柵は柵戸を中心とする近夷郡（辺郡）と帰降の蝦夷を支配し、帰降の蝦夷は近夷郡ばかりでなく城柵から遠く離れた地に居住することもあった（注(4)熊谷論文）。城・柵を行政区画とした場合、それは郡域とどのような関係になるのか。また点的に支配される遠方の蝦夷を含めた城・柵という行政区画が考えられるのかなど、城・柵という行政区画の存在については疑問が多い。私は秋田城停廃の「停㆑城為㆑郡」の「郡」は、(a)郡司機構、あるいは(b)郡家に当るが、(a)が基本的な概念であるのに対して(b)は付随的なものであるので、(a)に当ると考える。従って、それに対応する「城」は、前稿Bで指摘した城司機構に当たる。すなわち、秋田城の停廃は、国司が当たる城司機構から地方豪族が任ぜられる郡司機構への転換であったと考える（前稿B参照）。

このほか「城・柵」が(c)機構を示すと考えられる例として次のようなものがある。「柵養（キカフ）蝦夷」（『日本書紀』斉明元年〈六五五〉七月己卯・同四年七月甲申条）、「城養蝦夷(キカフ)」（同持統三年〈六八九〉正月丙辰条）の「柵・城」は蝦夷を養う主体となるから、施設ではなく機構を示すと考える。また元慶の乱の際の『日本三代実録』元慶二年（八七八）七月十日条には「秋田城下賊地」十二村があげられているが、この十二村は広汎な地域にわたっているから、「秋田城下」というのは本来秋田城司の機構の支配下にあるという意味であろう。

以上のように「城・柵」の語は、本来Ⓐ外郭施設をさし、さらにⒷ外郭施設に囲まれた施設全体をも意味し、次いでⒸそこに設けられた城司などの機構をもさすことになったと考えられる。

二　国守の城柵管掌

私は前稿Bで、奥羽越の城柵は国守が管掌し、各城柵には国司四等官・史生が守の職掌を分担し実現するために城司（城主）として派遣されて駐在したことを明らかにした。ここでは前稿で不十分であった律令条文の検討を補っておきたい。

職員令では、大宰帥と国守に「城牧」の職掌を定める（69大宰府条、70大国条）。「城牧」は「城卜牧」で、両者は特に密接な関係をもつとは考えられないから、「牧」は切り離して「城」だけを考えればよい。この「城」はⒷ施設全体とⒸ機構の両者をあわせたものであろう。この二条文は、一般に城の管轄は国守、また西海道では大宰帥の職掌であることを明示する。西海道諸国における大宰帥と諸国守の関係については、筑前国大野城司について、筑前国の廃置がくり返された関係で時によって筑前国司あるいは大宰府官人が充てられたことからみて（前稿B）、やはり各国守が城の管轄の職掌をもち、その上に大宰帥の上級管轄権が存したと考える。

ところで城柵といえば、奥羽越と西海道が問題となり、大国条には次のように奥羽越三国と西海道の国島の守について特別の職掌の規定があるのに、城が大国条の一般国守の職掌として規定されているのはなぜなのであろうか。

⑶職員令70大国条

守一人。掌（中略）城牧。（中略）其陸奥出(ナシ)羽越後等国。兼知二饗給(撫慰)。征討。斥候一。壱岐対馬日向薩摩大隅(ナシ)等国。惣二知鎮捍。防守。及蕃客。帰化一。三関国。又掌二関剗及関(木)契事一。（後略）

大国条の「城」の規定は全国に一律に城を置くことを想定したものではないが、[12]城柵が奥羽越と西海道のみに設けられたものでない点に注意する必要がある。すなわち天智二年（六六三）八月の白村江の敗戦以降、唐・新羅に対する防衛のための城が造営されるが、それらは西海道以外の瀬戸内沿岸の長門・備後・讃岐から大和・近江にも及んでいたのである。[13]これらの城がいつまで維持されていたかすべてについて明らかでないが、高安城は大宝元年（七〇一）八月廃城とされたが、和銅五年（七一二）八月にも存在し、備後国常城・茨城は養老三年（七一九）十二月に廃城となったから、大宝律令制定時に存続したものがあったと考えられる。城の管掌を大国条に一般国守の職掌として定めたのは、このような西海道、奥羽越以外の国における城の存在に対する用意であった。

このような諸国一般の城の中で、「陸奥越後出羽等柵」「筑紫城」は特別扱いされ（史料⑴衛禁律24条）、東・北・西辺にある城として「辺城」ともよばれた（史料⑾軍防令52辺城門条、前稿B）。大国条に定める陸奥・出羽・越後国と西海道のうち壱岐・対馬二島の特別な職掌は、城柵を拠点として実現されるものであった。

前者の陸奥・出羽・越後国の饗給、征討、斥候は蝦夷に対する職掌である。そのうち養老令の「饗給」は大宝令では「撫慰」となっていた。「撫慰」は『令集解』同条古記によれば、蝦夷などの未編戸民を編戸するために「招慰」することであり、「饗給」は、蝦夷などの未編戸民を編戸するために、饗宴を賜与し禄物を支給することである。「撫慰」も「饗給」も蝦夷を懐柔して編戸民化することであるが、大宝令の「撫慰」はそれを「いたわりなぐさめる」という一般的な表現で表し、養老令の「饗給」は具体的な方法で示したのである（前稿A）。慶雲四年（七〇七）の威奈大村墓誌銘で、彼が越後守で慶雲二年十一月越後城司に任ぜられて蝦夷の「柔懐鎮撫」に当たったのは、奥羽越三国守の「撫慰」の職掌に基づくものであり、このことは城司の地位がこの職掌に基づくこととともに、城司の駐在する城柵が撫慰の拠点であることを示す（前稿B）。九世紀の史料であるが、胆沢城・秋田城が蝦夷の饗宴に用いる城であることを示す史料がある(14)。

斥候については次の律条文が注目される。

(4)擅興律10主将守城条逸文

〔凡〕主将守レ城。（為二賊所一レ攻。不二固守一而棄去。及守備不レ設。為レ賊所二掩覆一者斬。）若連二接寇賊一。被レ遣二**斥候**一。不レ覚二賊来一者。徒二年。

（＊（　）は唐律によって補った部分。）

(5)衛禁律32縁辺城戍条

凡**縁辺之城戍**。有二外姦内入一。（注略）内姦外出一。而**候望者**不レ覚。徒一年半。主司。徒一年。（後略）

斥候は派遣されて敵状を視察し、候望者は城戍にいて外からの侵入者と内からの逃亡者を監視し、いずれも城柵を拠点として職務を果すことになっている。史料(5)衛禁律32条は、疏によれば西辺における諸蕃に対する規定のようであるが、東北の城柵の外郭施設の櫓はこの候望のための施設と考えられ、奥羽でも行われたであろう。このほか『続日本紀』宝亀十一年（七八〇）三月丁亥条には伊治城の北方に覚鱉柵を造ることによって「遠二戍候一」くする、すなわち戍守と候望を遠くすると記し、『日本三代実録』元慶二年（八七八）五月五日条に出羽の蝦夷の乱が陸奥にも動揺を引きおこすので、要害すなわち城柵を拒守し、「兼張二邏、令二其候望一」とあり、「邏」はうかがい見廻ることで、斥候と同じ意味であり、いずれも斥候・候望が城柵を拠点としていたことが知られる。

「征討」については城柵を拠点に行われたことはいうまでもないことである。

西海道については詳論しないが、壱岐・対馬二島では諸蕃に対する「鎮捍、防守、蕃客、帰化」の職掌を城を拠点として行うことになっていた。奥羽越、西辺の国守の特別の職掌規定には城柵の管掌が定められていないが、国守一般の「城」管轄の職掌をふまえて、これら辺国においては、城柵を拠点として、守の職掌を分担して派遣された城司がこれらの特別の職掌に当たることになっていた。城司に国司四等官・史生などが当てられることの法的根拠は、この大国条の国守一般の「城」管掌の規定にある。そして、前稿Bにのべたように、城柵に国府なみの政庁が設けられたのは、中央派遣官の国司が城司として駐在し、その政庁が蝦夷の服属儀礼を受ける場であることがあったからである。

三　城柵の外郭施設と門

第一節でみたように「城・柵」の語には(A)外郭施設の意味があり、城柵全体にとって外郭施設とそれと一体となる門は重要な施設であった[15]。このことについて、衛禁律3・24条の越罪と賊盗律27条の鑰の盗罪に関して、日唐律条の比較によって考察する。

衛禁律の越罪　国家的施設への出入は門から行うことになっており、門によらず外郭施設を越えることは、越罪といって処罰されることになっていた。越罪は衛禁律1闌入大社門条に神社・山陵について、同3闌入踰閾為限条に宮城・京城について、同24越垣及城条（史料(1)）にその他の官衙関係について定められている。ここでは衛禁律3・24条について取り上げる。養老律とともに対応する唐律条文を掲げ、第13表に日唐律の越罪の比較を整理した。

(6)唐律疏議衛禁律24越州鎮戍等城垣条

a諸越二州・鎮・戍城及武庫垣一。徒一年。縣城。杖九十。皆謂。有二門禁一者。越二官府廨垣及坊市垣籬一者。杖七十。侵壊者。亦如レ之。（注略）b即州・鎮・関・戍城及武庫等門。応レ閉忘誤不レ下レ鍵。若応レ開毀二管鍵一而開者。各杖八十。錯下レ鍵。及不レ由レ鑰而開者。杖六十。余門。各減二二等一。若擅開閉者。各加二越罪二等一。即城主無レ故開閉者。与二越罪一同。未レ得二開閉一者。各減二已開閉一等一。（注略）

(7)養老律衛禁律3闌入踰閾為限条

a〔凡〕闌入者。以レ踰レ閾為レ限。至レ閾未レ踰者。宮門杖六十。殿門以内。遞加二一等一。b其越二閤垣一者絞。殿垣遠流。宮垣近流。宮城垣徒三年。京城垣徒一年。

(8)唐律疏議衛禁律3闌入踰閾為限条

a諸闌入者。以レ踰レ閾為レ限。至レ閾未レ踰者。宮門杖八十。殿門以内。遞加二一等一。b其越二殿垣一者絞。宮垣流三千里。皇城減二宮垣一等一。京城又減二一等一。

史料(7)養老衛禁律3条は前半に同律2条の闌入罪に関連する規定を設け、後半bに閤垣（内裏内郭の垣）、殿垣（大極殿院の垣）、宮垣（内裏外郭の垣）、宮城垣、京城垣の越罪を定める。史料(1)養老衛禁律24条は、前半aに兵庫垣以下の越罪、後半bに兵庫垣、城柵に開く門とその他の門（余門）の不正な開閉に関する罪を定める。養老律3・24条に対応する史料(6)(8)唐律条文を比較すると次の二点が異なる（第13表）。

(イ)外郭施設について、唐律では城・垣・籬、日本律では城・垣・柵のそれぞれ三種を定め、各外郭施設が使用され

第13表　日唐律の越罪の比較

条文	唐律		対応関係	日本律	
	越　罪	施　設		施　設	越　罪
衛禁律3条				閤　垣	Ⅰ絞
	Ⅰ絞	殿　垣	------	殿　垣	Ⅱ遠流
	Ⅱ流3000里	宮　垣	------	宮　垣	Ⅲ近流
	Ⅲ徒３年	皇　城	------	宮城垣	Ⅳ徒３年
	Ⅳ徒２年半	京　城	------	京城垣	Ⅴ徒１年
衛禁律24条	Ⅴ徒１年	鎮城，戍城	------	筑紫城，陸奥越後出羽等柵	
		武庫垣	------	兵庫垣	
		州　城	——	曹司垣，大宰府垣	Ⅵ杖100
	Ⅵ杖90	県　城	——	国　垣	Ⅶ杖90
	Ⅶ杖70	官府廨垣	——	郡　垣	Ⅷ杖70
		坊垣・市垣・籬	------	坊垣・市垣	Ⅸ杖50

る施設の例数は、唐律では城六、垣六、籬二、日本律では城一、垣一二、柵一である。詳しくみると、唐律では城が京の皇城・京城、地方では辺境の鎮城・戍城ばかりでなく、州・県城などで広く用いられたのに対して、日本律では、唐律の城に代って垣が多く用いられ、京内の外郭施設のすべて、地方では州・県城に対応する国府・郡家で垣を用い、城は筑紫すなわち西海道の城で用いられるにすぎないものとして定められていた。また日本律では唐律にみえない柵が陸奥越後出羽等柵で用いられることも注意すべきである。柵は構造的には唐律の籬に類似したものかもしれないが、籬が坊・市の外郭施設であるのに対して、柵は辺国の奥越羽の柵で用いるものであるから、本質的に異なるものと考える。

(ロ)越罪については両条あわせて、唐律で七ランク、日本律で九ランクに段階づける。日唐律とも3条に定める天皇・皇帝の居住区を中心としてめぐる外郭施設の越罪が、24条のその他の施設のそれよりも重く、各外郭施設に関しても越罪のランクはほぼ対応するが、その中で唐律Ｖランク（24条のⅠランク）の鎮城・戍城・武庫垣・州城のうち、日本律は前三者に対応する筑紫城・陸奥越後出羽等柵・兵庫垣をＶランクにのこしたが、州城に対応する国垣をⅦランクに下し、また唐律ではⅥランクの県城に対し、日本律では対応する郡垣をⅧランクに下している点が注目される。すなわち越罪について、筑紫城、陸奥越後出羽柵は唐律なみであるのに対して、国・郡垣は軽くされているのである。このことは後半bの門の不正開閉の罪についてもいえる。唐律では、州・鎮・関・戍城、武庫等門の不正開閉の罪を余門と区別して特に重く定めるが、日本律では、兵庫と筑紫城、奥越羽等柵の門のみの不正開閉の罪を重くし、国・郡門は余門扱いとして軽くされている。

賊盗律の門鑰盗罪　次に外郭施設と一体となる門について考えたい。門は外郭施設に開く通行口であるから、門の開閉・管理が厳重に行われなければ外郭施設はその役割を十分に果すことができない。ここでは賊盗律27条の国家的施設とその外郭施設の門の鑰の盗罪について、日唐律条文を比較して検討する。(16)

(9)養老律賊盗律27盗節刀条

凡盗節刀者。徒三年。宮殿門。庫蔵及倉廩。**筑紫城**等鑰。徒一年。国郡倉庫。**陸奥越後出羽（ナシ）等柵**。及三関門鑰亦同。宮城京城及官厨等鑰。杖一百。公廨及国厨等鑰。杖六十。諸門鑰。笞五十。

(10)唐律疏議賊盗律27盗宮殿門符条

諸盗宮殿門符・発兵符・伝符者。流二千里。使節及皇城・京城門符。徒三年。余符。徒一年。門鑰。各減三等。盗州・鎮及倉・厨・廐・庫・関門等鑰。杖一百。縣・戍等諸門鑰。杖六十。(17)

日唐律を比較すると次の二点が相違する。(ハ)唐律は、門符・発兵符・伝符使節と鑰の盗罪を規定するが、日本律では符を削除し、節刀と鑰について定める。(ニ)施設と門の鑰の盗罪について比較すると第14表の通りである。両律とも

第14表　日唐律の鑰盗罪の比較

唐律		対応関係	日本律	
盗罪	施設		施設	盗罪
Ⅰ徒2年	宮門，殿門		宮門，殿門 庫蔵，倉廩，国郡倉庫 筑紫城，陸奥越後出羽柵等門 三関門	Ⅰ徒1年
Ⅱ徒1年半	皇城門，京城門		宮城門，京城門 官　厨	Ⅱ杖100
Ⅲ杖100	州　門 鎮　門 倉，庫 廐，厨 関　門 （余門＝禁苑門）		公　廨 国　厨	Ⅲ杖60
Ⅳ杖60	縣　門 戍　門 諸門｛内外百司門 坊門・市門		関　門 内外百司門 坊門・市門｝諸　門	Ⅳ笞50

四ランクに段階づけ、宮門・殿門（Ⅰランク）、皇城門＝宮城門、京城門（Ⅱランク）、内外百司門、坊・市門（Ⅳランク）は同一ランクに位置づけられているが、次のものの位置づけが大きく変っている。すなわち、①唐律Ⅲランクの鎮門、Ⅳランクの戍門に対して、日本律では筑紫城、陸奥越後出羽等柵の門が宮門・殿門と同じⅠランクに、②唐律Ⅲランクの倉・庫に対して、日本律では庫蔵・倉廩・国郡倉庫がⅠランクに上げられた。③唐律Ⅲランクの関門に対して、日本律では三関門がⅠランクに上げられ、一般の関門はⅣランクに下げられた。④唐律Ⅲランクの州門、Ⅳランクの縣門に対して、日本律では対応する国門・郡門が規定されず、両門はⅣランクの諸門の内外百司門に含まれることになった。筑紫城・奥越羽柵については、越罪においては全体における位置づけでは唐律と変らず、

国・郡垣の罪を軽くすることによって格差がつけられたが、門鑰盗罪においては、唐律よりも二ランクあるいは三ランク重く定められた上に、国・郡門の規定がたてられなかったため、両者の格差はより大きくなった。

衛禁律3・24条、賊盗律27条の日唐律条文の比較の結果、相違点が明らかになった。このことから、これら養老律の三条は唐律を単純に模倣したものではなく、継承しながらも改変を施した独自な内容をもつものであることが明らかで、その改変は当時の日本の実情に基づくものであろう。従って、これら三条の内容は、全くこの通り実施されたとはいえないにしても、法文のみの実態のないものではなく、七世紀後半から八世紀初頭の実情をふまえて制定されたと考えられよう。

「城」と「柵」の異同　衛禁律3・24条について指摘した(イ)に関連して「城」「柵」の異同の問題に関して考察する。この問題については、すでに平川南氏が律令条文以外の用例も含めて検討し、施設全体としての「城」と「柵」の間には構造物としての実態的な相違はなく、東日本における固有城柵名の「柵」から「城」への変化は、律令国家の辺境観念の変化に基づく観念的なものであったと結論づけた（注(2)論文）。私は(イ)で指摘した点からこの問題について考えたい。衛禁律3・24条において、外郭施設として垣・城・柵が区別されており、唐律との比較によれば、これら三種の外郭施設を使用する施設の種類は日本独自であり、特に唐律で一般的である城が筑紫城だけであること、陸奥越後出羽等柵の柵は唐律にはみえないことを考慮すると、やはり垣・城・柵は外郭施設として実態が異なる構造物と考えるべきであり、施設全体としての城と柵も外郭施設の相違に基づく異なるものと考えられる。

しかし律令条文の中で、「城」は広義の意味をもち、外郭施設としての「柵」を含む場合も、施設全体として柵・垣の外郭施設をもつものを含む場合もある。職員令24兵部省条、軍防令53城隍条の外郭施設としての「城隍」の「城」には、『令集解』兵部省条の「城隍」についての師説（100―2・3）が、この「城」には「筑紫城」とともに「陸奥越後出羽等柵」も当たるというように、「柵」も含まれると考えるべきである。職員令69大宰府条・70大国条の「城」、軍防令52辺城門条の「辺城・城・城主」などの「城」にも「柵」が含まれていよう。問題の史料(1)衛禁律24条でも、aの「筑紫城・陸奥越後出羽等柵」をうけてbの冒頭では「城柵等門」と記しながら、後半には「城主」の語を用い、この「城」には城も柵も含まれる。このように「城」が外郭施設としても施設全体としても「柵」を含む広義の意味をもつのは、両者の訓が「キ(乙類)」で通用し得ること、その上に唐律では「柵」がみえないのに対して「城」が一般的で、用例として優勢であるからであろう。

「垣」をめぐらした施設を「城」と称した例としては、衛禁律3条に「宮城垣・京城垣」があり、「垣」をめぐらしながら施設全体は「宮城・京城」と称する。「垣」をめぐらしながら「宮城・京城」の呼称を用いるのは、外郭施設と関係なく、これらの語が中国から受容されたためであろう。

第12表にみるように、日本律令の中でも「柵」は影のうすい存在で、衛禁律24条、賊盗律27条にみえるにすぎず、それも本文に「筑紫城」を掲げ、「陸奥越後出羽等柵」は注文に筑紫城に準ずるという形でみえるのである。このような広義の「城」の語の存在にも関わらず、衛禁律24条で外郭施設として「垣・城・柵」を、賊盗律27条でも「城・柵」を区別しているのは、前者が越罪という外郭施設に直接かかわる規定であり、後者も外郭施設につらなる門の鑰に関する規定であるからと考える。「城」が広義の意味をもちながら、外郭施設に直接関わる条文で、「垣・城・柵」が区別されていることからみて、私は本来外郭施設の構造物としてこれら三者は異なるものであり、施設全体としても外郭施設の相違によって区別されたと考える。城柵の固有呼称において、七世紀後半~八世紀前半の律令制初期においては、越後陸奥出羽の「柵」と西日本の「城」という使いわけがあったのは(注(2)平川論文)、衛禁律の「柵・城」の区別に対応しているとみるべきである。(18)

外郭施設の「城・垣・柵」の構造物の実態については阿部義平氏の論文にほぼ従うことができる（注(2)「古代の城柵跡について」）。すなわち、『営造法式』から中国の「城」「墻（＝垣）」を復原し、これらに対応させて、日本では「城」が朝鮮式山城（石築・土築式）・神籠石山城（基壇上土築式）の外郭施設と水城、「垣」は「築垣」（『延喜式』木工寮式築垣条）でいわゆる築地塀、「柵」は溝を掘って木材を密接して立て並べたいわゆる材木塀に、それぞれ当たると考えられる。[19] 払田柵跡（秋田県大仙市）では外郭北門の東西で、木道に転用された材木塀の完形の材が出土し、材木塀の規模・構造が復原されている。[20] すなわち材木は、長さ四・六メートル、一辺二五～三〇センチの杉の角材で、上端から一～一・二メートルに貫を通す孔（縦三〇～四〇センチメートル・横一〇センチメートル）をうがつ。この材を深さ一メートルの溝に密接して立て並べ埋設し、貫孔に横方向に貫材を通して固定する。地上部分の高さが三・六メートルの材木塀になる。[21]

遺跡の上からみても、九州から西日本にかけて七世紀後半から「城」に当たる神籠石式山城・朝鮮式山城・水城が築造され、一方東北地方でも、多賀城に先行する、七世紀末～八世紀初の郡山遺跡Ⅱ期官衙は外郭に材木列と外堀をめぐらすことが明らかになり、衛禁律における筑紫城と奥越羽柵の区別が律令制初期において確認されつつある。[22]

しかし、多賀城以降の城柵の外郭施設は多様で、築地塀＝多賀城、城生柵遺跡（宮城県加美町）、秋田城（築地塀から柵木列に変更）、胆沢城、志波城。柵木列＝徳丹城（岩手県矢巾町）、払田柵外柵。土塁＝桃生城（宮城県石巻市）、伊治城（同栗原市）であり、また払田柵内柵は柵木列と築地塀が連続し、宮沢遺跡（同大崎市）では一、二本の築地塀の外側に土塁がめぐるという状況である。そして文献史料の上でも、城柵の固有名称に関して、八世紀半ば以降の「桃生城・柵」「小勝柵・雄勝城」「覚鱉柵・城」などの固有城柵名に城・柵が混用される時期を経て、一部の例外を除いて「城」に統一されるようになる（注(2)平川論文）。このような城柵呼称の「城」への統一は、律令において

「城」が広義の意味を有したこと、すなわち「柵」を含み、「垣」をめぐらす施設の呼称でもあったことが、基本的要因としてあったと考える。

このような変化にもかかわらず、ここで結論として強調したいのは、衛禁律24・賊盗律27条の「城」「柵」は、外郭施設の構造物として実態の異なるものとして規定され、大宝律令施行当初には西日本の「城」と奥羽越の「柵」として実現されたということである。「城」は「柵」よりも築造に労働量を多く必要とするもので、防衛施設として堅固なものであると考えられる。律における「城」と「柵」の区別は、両者が対象とする敵に対する律令国家の認識の相違に基づくものであろう。すなわち、律令国家は、個別的・分散的に存在する部族集団である蝦夷よりも、国家として組織された唐・新羅に大きな脅威をもったのであり、このような認識の差が筑紫城と奥越羽柵の外郭施設の相違として律に規定されたものと考える。

城柵の外郭施設と門の重要性　衛禁律・賊盗律の日唐律の比較から指摘できる第二の問題点は、(ロ)(ニ)で指摘した、外郭施設の越罪と門鑰の盗罪に関して、唐律において鎮城・戍城と州城・県城との間で同等か格差が小さいのにくらべて、日本律では筑紫城・陸奥・越後・出羽柵と国府・郡家との格差が大きいことである。詳細はくり返さないが、このことは、城柵における外郭施設と門の重視と、国府・郡家におけるそれらの軽視を示す。

城柵の外郭施設と門の重視は次の規定にも明らかである。すなわち、史料(2)軍防令53城隍条と同65縁辺諸郡人居条には、城柵の城隍と、人居の外郭施設の城堡の修理の規定を特に設け、大宰府では大工が城隍の修営に当たることを定め、中央政府では兵部省が帳によってではあるが、城隍を把握することになっていた（職員令24条）。軍防令53条の城隍の崩頽・修理のことが兵部省に帳によって報告されたのであろう。延暦五年（七八六）四月十九日格では鎮将辺要等官の政績判定基準の一つに「城隍修理」があげられ（注(10)）、城隍の維持・管理は辺要国の重要な任務でありつづけたのである。

門の開閉については次の規定がある。

⑾軍防令52辺城門条

凡**辺城門**。晩開早閉。若有二事故一須二夜開一者。設備乃開。若**城主**有二公事一。須二出レ**城**検行一者。不レ得二倶出一。其管鑰。**城主**自掌。執レ鑰開閉者。簡二謹慎家口重大者一充之。

辺城について義解は三関国のことと解しているが、前稿Bで明らかにしたように、令の本意は、辺城＝筑紫城・陸奥越後出羽柵である。本条で注意すべきは、(イ)辺城の門は、「晩開早閉」すなわち義解によれば日の出後に開門し、日の入前に閉門する、すなわち門の開閉は明るい間に行うのである。(ロ)事故があって夜開く時は、守衛の備えをして開門する。(ハ)門の管鑰は城主が管理し、鑰を執って開閉に当たる者には謹慎家口重大者を充てる点などである。史料(1)衛禁律24条の(b)で城柵等門を「擅開閉者」、すなわち疏によれば「非レ時而開閉者」の場合は徒一年半とするのは、(イ)に違反した罪であり、また「城主無レ故開閉者」は、疏によれば「不レ依二法式一開閉」することで、徒一年とするのである。このほか(b)には城柵等門の締め忘れ、管鍵をこわして開けたり、誤って鍵を下し、また鑰によらず開いた場合の罪を定め、余門より二等重く定める。

他の門の開閉と鑰の管理についてみると、京城内の諸門については、宮衛令4開閉門条とこれに関係する『延喜式』陰陽寮式諸門鼓条によると、二十四節気によって門の開閉の時刻は異なるが、おおよそ日の出前に陰陽寮が第一開門鼓（暁鼓）を撃って宮城の諸門・京城門（羅城門）を開き、日の出後に第二開門鼓を撃って朝堂南門・大極殿閤門を開き、午刻前後に退朝鼓を撃ってこれら両門を閉じ、日の入後に閉門鼓（夜鼓）を撃って宮城諸門と京城門を閉じる定めである。また関市令10関門条に関門について「凡関門。並日出開。日入閉」と定める。すなわち門の開閉は、宮城諸門・京城門は日の出前・日の入後の暁・夕闇の中で、関門は日の出後・日の入後に行うの対して、辺城門＝筑紫城・奥羽越柵の門は日の出後・日の入前の明るいうちに行う定めであった。国府門・郡家門の開閉については規定がなく、宮衛令4条に関係深い公式令60京官上下条の「外官日出上。午後下」の規定が参考になるが、特に令条に規定するほど重要なことでなかったということであろう。特に城柵の門は開閉を明るい間に行い、夜間に開門する場合は特別の備えをすることになっているのは、暗い中で蝦夷の攻撃など不測の事態が起こることを警戒したからである。

次に管鑰の管理については、閤門・宮門・宮城門・京城門の管鑰は御所にあって、後宮十二司の一つの闈司が管理し（後宮職員令9闈司条）、中務省の監物と典鑰がその収納に当たり（職員令3中務省条）、毎日第一開門鼓の三刻（一時間三〇分）前に出し、閉門鼓の三刻後に進上することになっていた（宮衛令4条）。辺城の門の管鑰の管理について特に(ハ)の規定が定められている点は注意すべきである。辺城門の開閉は明るいうちに行い、夜間の開門には守衛の備えをし、門鑰の管理も城主を責任者として厳重にし、これらの諸点に違反した罪は余門より重かったこと、また門鑰の盗罪は宮城の宮門・殿門と同等であることなどは、辺城＝筑紫城・奥羽越柵が強い軍事的緊張下にあることを想定していたことを示す。

このような城柵における外郭施設と門の重視と、一方国府・郡家におけるそれらの軽視は次のような実情と対応している。唐の州城・県城は、州・県の官衙を置いた都市の外郭の城壁と考えられるが、日本では国府・郡家の周囲に外郭施設をもった都市的空間の存在は考えられない。国府では政庁（国庁）の周辺に曹司を置くが、その存在形態には曹司が国庁周辺に散在して、それら全体を囲む明確な区画がない場合（下野・肥前国府）と曹司群全体を囲む区画があり、曹司がその中に整然と配置される場合（伯耆・近江国府）があるが、後者の伯耆国府の例では官衙域の区画は溝にすぎなかった。郡家では郡庁のほかに、正倉・厨・館などの存在が想定されるが、それら全体を囲む外郭施設の存在ははっきりしない。衛禁律24条の「国垣・郡垣」はそれぞれの政庁の区画施設にあてるべきかもしれない[23]。城柵の外郭施設と門の重視と、国府・郡家のそれらの軽視は、発掘の結果明らかになった城柵における朝鮮式山城、柵木列、築地塀、土塁などの外郭施設の厳然とした存在と、国府・郡家の官衙域の外郭施設の不明確さに対応している。

奥羽越の城柵についていえば、柵木列、築地塀、土塁などの外郭施設は、いずれも防備的な施設である。これらの城柵が必らずこれらの外郭施設をめぐらし、門とともに維持・管理について重要視したのは、これらの城柵が蝦夷と境を接し、蝦夷と緊張関係にある政情不安定な地域に設けられた、律令国家の蝦夷支配の根拠地であり、蝦夷の攻撃の脅威が想定されていたからである。陸奥では黒川郡以北十郡の地域が八世紀後半から九世紀にかけても安定しなかったが、多賀城・郡山遺跡がおかれた仙台平野＝宮城郡・名取郡の地とて、七世紀半ば陸奥国が建国されたころは蝦夷の地であり、多賀城は宝亀十一年（七八〇）の伊治呰麻呂の乱に失陥したのであった。城柵は兵士・鎮兵が駐在し、征討の拠点ともなったのだから、軍事的な性格をもっていたといえよう。

むすびにかえて

城柵に関する律令条文の検討の結果、国司の城柵管掌、城と柵の異同、城柵における外郭施設と門の重視などの点が明らかになったが、これらは発掘調査によって明らかになった城柵の施設の構造の特質と対応する。論理の筋からいえば、律令という基本法に規定された城柵の政治支配に適合する構造の施設が造られたというべきである。城柵の研究は考古学と文献史学の共同によって進められていくべきであるが、小論では律令条文の検討と考古学の成果の対照を試みてみた。

注

（1）工藤雅樹「多賀城の起源とその性格」（伊東信雄ら編『古代の日本　八』所収　一九七〇年）、「東北古代史と城柵」（『日本史研究』一三六、一九七三年）。近年の同氏の新見解については『城柵と蝦夷』（考古学ライブラリー五一、一九八九年〔のち改稿のうえ『蝦夷と東北古代史』一九九八年に所収〕）参照。

（2）虎尾俊哉『律令国家と蝦夷』（一九七五年）、平川南「古代の城柵に関する試論」（『原始古代社会研究　四』所収、一九七八年）、阿部義平「古代の城柵跡について」（『国立歴史民俗博物館研究報告』第一集、一九八二年）、同「古代城柵政庁の基礎的考察」（『考古学論叢』所収、一九八三年）。

（3）平川氏の城柵に関する論文は、注（2）のほかにも多い。研究を総括したものとして「古代における東北の城柵について」（『日本史研究』二三六、一九八二年）。

（4）近年の注目すべき研究として、高橋崇「柵」（高橋富雄編『東北古代史の研究』所収　一九八六年）、熊谷公男「近夷郡と城柵支配」（『東北学院大学論集　歴史学・地理学』二一、一九九〇年）などがある。

（5）近年の城柵の発掘調査のまとめとしては、進藤秋輝「東国の守り」（『日本歴史考古学を学ぶ　上』、一九八三年）、研究代表者岡田茂弘『東日本における古代城柵遺跡の研究』（科学研究費報告書、一九八五年）など参照。

（6）今泉隆雄「蝦夷の朝貢と饗給」（本書第一編第三章　初出は『東北古代史の研究』所収、一九八六年。以下、前稿Aという）、「古代東北城柵の城司制」（本書第二編第二章　初出は羽下徳彦編『北日本中世史の研究』所収、一九九〇年。前稿B）。

（7）養老律令によって考察するが、基本的にはその内容は大宝律令に溯る。もちろん両律令で異同のある場合は注記する。なお養老律、唐律は、律令研究会編『譯註日本律令』二・三による。

（8）『類聚名義抄』（法中）は「城　音成　ミヤコ　アツチ　サカヒ　カキ　ツク　キツク」と『大漢和辞典』と同様の意味を掲げる。

（9）「筑紫」は大宰府管内の九国三島で、「筑紫城」はこの地域にある城に関していっている。史料⑴も含めて養老律令には「陸奥越後出羽」あるいは「陸奥出羽越後」がみえる。出羽国は和銅五年（七一二）九月に置かれたから、大宝律令の対応条文では「陸奥越後」であるはずである（前稿B注（8）・（10））。

（10）『日本書紀』雄略十四年四月甲午、崇峻即位前紀の「稲城」。同皇極三年（六四四）十一月条「家外作二城柵一」「穿レ池為レ城」。同天武元年（六七二）六月丙戌条　筑紫国の城について「峻レ城深レ隍」。『続日本紀』延暦五年（七八六）四月庚午条、『類聚三代格』

同年四月十九日格に「城隍修理」など。

(11)『類聚三代格』元慶四年（八八〇）三月二十六日官符、同八年十月十七日官符、仁和二年（八八六）十月二十三日官符など。

(12)「城」と並記された「牧」も全国に画一に設置することを意図したものではない。山口英男「八・九世紀の牧について」（『史学雑誌』九五―一、一九八六年）参照。

(13)長門国の城（『日本書紀』天智四年〈六六五〉八月・同九年二月条）、＊讃岐国屋島城（天智六年十一月条）、備後国常城、茨城（『続日本紀』養老三年〈七一九〉十二月戊戌条）、＊倭国高安城（『日本書紀』天智六年十一月条）、近江国三尾城（同天武元年〈六七二〉七月辛亥条）などが文献史料上知られ（＊を付したものは遺跡の確認できるもの）、またこの時期に築造されたと考えられる朝鮮式山城の遺跡として、城山城（香川県坂出市）、大廻小廻山山城（岡山市）などがある。

(14)『類聚三代格』貞観十八年（八七六）六月十九日官符、『日本三代実録』元慶二年（八七八）九月五日、同三年正月十一日条など。前稿A参照。

(15)城柵の外郭施設の重要性については、阿部義平「古代の城柵跡について」注(2)、佐藤宗諄「日本古代の"城"についての覚書」（『国立歴史民俗博物館研究報告』第十集、一九八六年）に指摘がある。

(16)宮衛令16諸門関鍵条によれば、管・鍵が錠前、鑰が錠前を開くカギである。

(17)門符・発兵符・伝符は、それぞれ門の開閉、発兵、駅乗のための合符である。

(18)慶雲四年（七〇七）威奈大村墓誌銘の「越後城司・越城」の用例は、本墓誌銘が唐風の文飾豊かな銘文であることを考慮すべきである（今泉隆雄「銘文と碑文」『日本の古代』一四所収、一九八八年）。

(19)朝鮮式山城の外郭施設は版築技法による土築構造が基本で、谷部では水の処理などのために石築構造を用いる。規模は大野城の例では、高さ四～五メートル以上、六メートルまで、基底幅六～八メートルほど、上端幅四メートルぐらいと想定され、中国の「城」に当たる。遺跡の分布は注(13)参照。神籠石式山城は切石列石の基壇上に版法技法で土を積んだもので、やはり「城」に当たり、遺跡の分布は、九州から山口・岡山・愛媛県などの瀬戸内海沿岸で、朝鮮式山城とほぼ同じである。しかしその年代には問題があり、阿部氏は七世紀前半と考え、大宝律令制定時まで存続し得るか微妙で、大宝律令の「城」にあてうるかは問題がある。注(2)阿部論文参照。

(20)『倭名類聚抄』（元和古活字本）によれば「柵。説文云。柵音索編二竪木一也」とする。

(21) 秋田県教育庁払田柵跡調査事務所編秋田県文化財調査報告書第二八九集『払田柵跡Ⅱ―区画施設―』二二〇頁、一九九九年。

(22) 多賀城は『続日本紀』天平九年(七三七)四月戊午条に「多賀柵」、天平宝字六年(七六二)十二月一日多賀城碑、『続日本紀』宝亀十一年(七八〇)三月丁亥条に「多賀城」と記されていながら、発掘調査の結果、その外郭施設は第Ⅰ期から第Ⅳ期まで築地塀であり、このことが、「柵」「城」が構造物として異ならないことの根拠とされた。ところがその後東辺南部と西辺中央部の低湿地で、第Ⅲ期以降柵木列を用いていることが明らかになり(第四一・四七次調査)、さらに、近年の外郭東辺の調査において、これまで検出されていた東辺築地塀と東門は第Ⅲ期のある時期以降のもので、今回新たにこれらの東側に第Ⅰ~Ⅲ期の築地塀と門を検出し(第五四次調査)、さらにその南方の丘陵部で古い築地塀に接続する可能性のある二時期にわたる柵木列塀と新しい塀と組み合う櫓状建物を検出した(第五五次調査。『宮城県多賀城跡調査研究所年報、一九八八年』)。すなわち多賀城の外郭施設は、第Ⅰ・Ⅱ期から築地塀と柵木列を併用し、柵木列の構築が低湿地という理由だけでない可能性が出てきたのである。未確定な部分があるので今後の調査の成果を待ちたい。

(23) 以上については山中敏史「国衙・郡衙の構造と変遷」(『講座日本歴史2』所収、一九八四年)、山中敏史・佐藤興治『古代の役所』(一九八五年)参照。

(付記) 初出稿は、新野直吉・諸戸立雄両教授退官記念会編『秋田地方史の展開』に掲載(一九九一年三月)。若干の内容的な補訂を施した。

【本書編集にあたっての注記】
本章は著者自身の補訂稿による。

第四章　八世紀前半以前の陸奥国と坂東

はじめに

陸奥国は大化元年（六四五）の改新のクーデターの後ほどなくして、大化五年（六四九）～白雉四年（六五三）の間に設けられたと考えられる（常陸国風土記、文献G）。この国はその北に広がる地域とそこに住む蝦夷を支配下に組みこむ課題を負い、その事業の遂行のために東国、特に坂東諸国に大きく依存し、これに伴ない多くの坂東人が陸奥に来住した。ところで近年の考古学の調査・研究の進展によって、これまで考えられていたより早い時期に、より北方に律令国家の支配が拡大し、坂東人が来住したことが明らかになりつつある。小論では郡山・名生館両官衙遺跡の調査と東北地方出土の関東系土器研究の成果に基づき、七世紀後半～八世紀前半の宮城県域における律令国家支配の拡大と坂東人の来住について一試論を提出してみたい。

一　地方官衙遺跡と関東系土器の遺跡

まず小論で問題とする宮城県域の古代の政治的地理区分についてのべると、丘陵に隔てられて、南から名取・宮城郡の仙台平野、黒川以北十郡、栗原地方の三地域に分かれる。「黒川以北十郡」は八世紀後半に用いられたいい方で、黒川・賀美・色麻・富田・玉造・志太・長岡・新田・小田・牡鹿の十郡で、西部の鳴瀬・江合川流域の大崎平野から海岸部の牡鹿地方までの地域である。栗原地方は迫川とその支流の流域で、七六七年伊治城が建造され、同年または七六九年に栗原郡が置かれた。このさらに北が八世紀末に征夷の焦点となる胆沢の地である。以下、三地域ごとに、多賀城以前に設けられた二つの地方官衙と主な関東系土器出土の遺跡について記す。

【仙台平野】

郡山遺跡（仙台市郡山）　仙台平野のほぼ中央部、東流する名取川と広瀬川の合流点西方に位置する。遺構は五段階に分れるが、ここでは問題となるのは第二～四段階の遺構である。第二段階は竪穴住居群で、広く七世紀前半の年代が与えられる。第三段階は第Ⅰ期官衙で、七世紀中葉～末葉の年代で、造営基準線が真北から東へ三〇度前後あるいは四〇度ふれる。外郭施設は未検出であるが、遺構は次の第Ⅱ期官衙域にほぼ重なり、東西四〇〇メートル、南北六〇〇メートル以上に広がる。政庁の一部かという大規模な掘立柱建物群、材木を密接して建て並べた塀や一本柱列塀によって区画された倉院・官衙域、また竪穴住居群などがある。官衙域では掘立柱建物と雑舎と思われる竪穴建物が計画的に配置される。第四段階は第Ⅱ期官衙と付属寺院で、七世紀末～八世紀初の年代で、造営基準線はほぼ真南北方位である。官衙域は東西四二八メートル、南北四二三メートルのほぼ正方形（四町四方）で、面積は一八ヘクタール。外郭施設は材木列塀で、南面に南門を開き、四隅などに櫓を設け、外側に堀を廻らす。中央部南寄りに政庁（東西八一メートル、南北九四メートル。地割によって推定）があり、掘立柱建物の正殿・後殿を検出した。寺院は官衙の南にあり、寺域は地割によって方二町で、西辺を官衙西辺にそろえ、北辺を官衙南辺の南一町におく計画的配置と推定される。中枢部は材木列塀に囲まれ、東西八一メートル、南北一三二メートルの規模で、この内部北寄りに掘立柱建

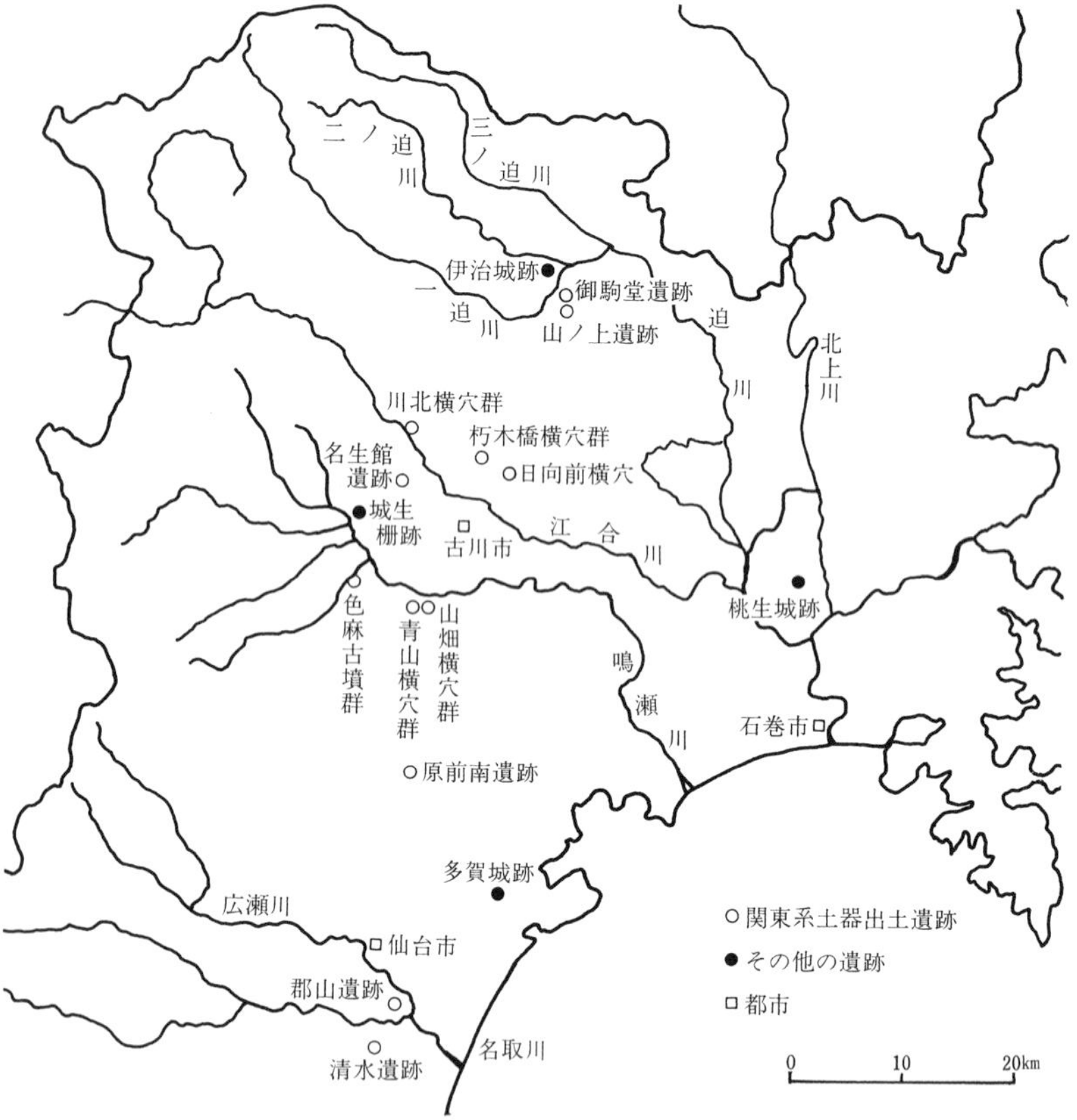

第9図　宮城県の関東系土器出土の遺跡

物の僧房、その南に講堂の基壇を検出した。関東系土師器は、第二段階竪穴住居、第Ⅰ期官衙の竪穴住居・竪穴建物から鬼高式後葉、第Ⅱ期官衙外堀西南部から鬼高式末―真間式初のものが、多くは東北在地系の土師器と共伴した。

　官衙の性格については断定できる程遺跡の内容が明らかでなく、陸奥国府、城柵、名取郡家の可能性が考えられるが、第Ⅱ期官衙は全体または政庁の規模からみて郡家とは考えにくい。陸奥国府は城柵の形態をとるが、前二者のうちでは多賀城以前の国府の可能性が高いと考える。その根拠は(イ)多賀城の創建される神亀元年（七二四）（多賀城碑による）ごろに第Ⅱ

期官衙が廃絶する。(ロ)付属寺院が種々の点で多賀城廃寺と共通性があり、同廃寺の前身と考えられる（文献AⅦ）。(ハ)七世紀後半から霊亀二年（七一六）までの陸奥国は山形県内陸部の最上・置賜郡を管轄したが、郡山遺跡は交通路からみて奥羽山脈東側の領域と両郡を支配する国府として好適な位置にあった（文献G）ことなどである。第Ⅰ期官衙については陸奥国設置時の国府の可能性も考えておくべきであろう。

清水遺跡（名取市田高）　郡山遺跡の南々西四・三キロメートル、名取川南岸にある古墳前期〜平安後期の集落遺跡である。八群に分類される土器群のうち、第Ⅴ群土器は鬼高式後葉に類似する関東系土師器と在地系栗囲式新段階の土師器、陶邑第Ⅲ期に対応する須恵器からなり、七世紀中・後葉あるいは後葉の年代が与えられている。

【黒川以北十郡】

名生館遺跡（古川市大崎〔現大崎市〕）　大崎平野の西北端の河岸段丘上にある地方官衙遺跡である。発掘調査は段丘東寄り中央部の城内地区と東南部の小館地区を中心に行った。城内地区では、A（七世紀末以前）、B（七世紀末〜八世紀初）、C_1（八世紀後半）、C_2期（八世紀後半〜九世紀後半）の四期の遺構がある。B期が政庁で、一本柱列塀に囲まれた東西五三メートル、南北六一メートルの方形の区画内に正殿・西脇殿二棟がある。いずれも堀立柱建物で、正殿は瓦葺である。A・C_1期は掘立柱建物群、C_2期は掘立柱建物・竪穴住居群である。小館地区は掘立柱建物・竪穴住居群があり、Ⅰ（七世紀後半か）、Ⅱ、Ⅲ（八世紀前半）、Ⅳ期（同後半）の四期に分かれる。関東系土師器は、小館地区から城内地区よりも多く出土した。前者では竪穴住居一二軒、土壙から出土した。竪穴住居は切合い関係から時期決定がむずかしいが、関東系土師器とともに在地系栗囲式土師器や日の出山窯・木戸窯の須恵器が共伴するから、八世紀前半までに埋没したと考えられる。城内地区では土壙・溝、掘立柱建物柱穴抜取穴から関東系土師器が出土した。

本遺跡の性格については、城内地区C_2期の竪穴住居出土の「玉厨」の墨書土師器、また本遺跡が古代の玉造郡域に属することから、玉造柵または玉造郡家など玉造郡の中心的官衙と考えられる。

色麻古墳群（加美郡色麻町上郷・高野）大崎平野の西南端、鳴瀬川支流の花川の中・下流域の両岸に所在する。直径一〇メートル前後の小円墳の群集墳で、約五〇〇基あり、一二二基を調査した。主体部は確認した九九基のうち横穴式石室八六基、竪穴式小石室九基、箱式石棺四基である。副葬品は少なく、供献された土師器・須恵器が多数出土した。土器は三段階に分けられ、大部分の古墳が追葬しない単葬墓なので土器の年代が古墳の築造年代を示す。時期によって関東系土師器の出土状況が変化する。〈第一段階〉在地系土師器と関東系土師器をそれぞれ主体とする古墳がある。前者は栗囲式新段階、後者は鬼高式終末（Ⅲ式新段階）で、須恵器は陶邑ＴＫ四六～四八号窯、飛鳥Ⅲ・Ⅳに対応する。七世紀中・後葉の年代が与えられている。〈第二段階〉関東系土師器を主体とする古墳がなくなり、在地系土師器を主体とする古墳から少量の関東系土師器が出土する。在地系土師器は栗囲式と国分寺下層式の中間段階のもの、関東系土師器は鬼高式終末～真間式初のもので、須恵器は長根窯、日の出山窯のものに類似し、畿内の陶邑Ⅲ・Ⅳ期、飛鳥Ⅴに対応する。七世紀末～八世紀初の年代が与えられている。〈第三段階〉在地系土師器、須恵器のみが出土し、八世紀前葉の年代が与えられている。主体部については、横穴式石室は三段階すべてにあり、時期が下るとともに石室が小規模となる。竪穴式小石室は第二段階だけに確認でき、箱式石棺は時期が明らかでない。三段階すべての横穴式石室、竪穴式小石室には平面形の側面がふくらむ胴張りがみられる。横穴式石室の胴張りは群馬県西南部、埼玉県西北部の古墳にみられ、この地域の古墳に系譜をひくものと考えられている。

この地域では、このほかに八世紀前半・平安時代の竪穴住居の集落である**原前南遺跡**（黒川郡富谷町富谷）から八世紀前半の真間式系土師器、大崎平野では、平野北縁の**日向前横穴古墳**（遠田郡田尻町沼木〔現大崎市〕）の羨道床面から色麻古墳群第二段階に類似する関東系土師器、同北縁の**朽木橋横穴古墳群**（古川市小野〔現大崎市〕）、同西北部の**川北横穴古墳群**〔玉造郡岩出山町上野目（現大崎市）〕、同南縁の**山畑横穴古墳群**〔志田郡三本木町蟻ヶ袋（現大崎市）〕、**青山横穴古墳群**〔同町坂本（現大崎市）〕からも八世紀前半を下らない関東系土師器が出土している（文献C）。

【栗原地方】

御駒堂遺跡〔栗原郡紫波姫町堀口（現栗原市）〕　伊治城の東南一・五キロメートルに位置する。七世紀末から九世紀初までの竪穴住居の集落である。土器は五群に分けられ、関東系土師器は第一・二群段階にのみある。第一群土器は在地系の東北北部の第Ⅰ型式土師器を主体とし、少量の関東系鬼高式後葉〜真間式初葉の土師器を伴ない、七世紀末〜八世紀初の年代が与えられている。第二群土器は、関東の真間式系土師器を主体とし、少量の在地系土師器、須恵器が伴ない、八世紀前半の年代が与えられている。本遺跡の竪穴住居総数四二軒のうち、第二群段階は同時併存ではないが二二軒あり、その前後は数軒ずつで、この段階に竪穴住居が急増し、その後急減する。本遺跡の南六〇〇メートルの**山ノ上遺跡**〔紫波姫町堀口（現栗原市）〕の竪穴住居からも本遺跡第二群関東系土師器と同じものが出土し、両者は一体的な遺跡と考えられるから、この段階の住居数はさらに多くなる。この段階の竪穴住居のカマドの構造は、関東地方のそれと同じである。

二　官衙遺跡と関東系土器の歴史的背景

二つの官衙遺跡の存在と関東系土師器出土遺跡の歴史的意義と背景について考察する。まず官衙・城柵は律令国家の支配の拠点として設けられたものであるから、その存在はその地域における国家支配の成立を意味する。従って、郡山・名生館遺跡の存在は、七世紀中葉の仙台平野、七世紀末の大崎平野において、すでに律令国家の支配が成立していたことを示す。私は、少なくとも仙台平野までは、陸奥建国の七世紀中葉に名取・宮城郡の前身の評が置かれたと考える。

関東系土器については、清水遺跡の報告書は(イ)関東で作ったものを搬入した。(ロ)関東の人が東北地方で作った。(ハ)東北の人が関東の土器をまねて作った、という三つの可能性を指摘している。この時代には交易による土器の搬入は考えにくいから、関東系土器は坂東人の移動によってもたらされたと考える。(ハ)の場合も東北人が近隣に移動してきた坂東人との交流を通して学んだものと考えられる。坂東人の陸奥への移動は自発的なものもあったが（『続日本紀』宝亀三年十月十一日条）、多くは国家の政治的強制によるもので、そのような例として史料の上では、柵戸などの移民、鎮兵、征夷の際の軍士や物資の運搬夫などが考えられる。

官衙遺跡の関東系土器は国家的強制によって移動した坂東人に関わることが明らかなものであるが、ここでは竪穴住居出土の土器に注目して結論のみを記す。郡山遺跡第二段階の竪穴住居は第Ⅰ期官衙に先行するものであるが、やはり官衙建造に伴なう坂東人の移民に関するもので、彼らは官衙建造に使役されたのであろう。同遺跡第Ⅰ・Ⅱ期官衙、名生館遺跡の竪穴住居出土の関東系土器は官衙域内に坂東人が居住したことを示すが、彼らは坂東から徴発される鎮兵の前身、あるいは近隣の坂東移民の村落から徴発された徭役民の可能性がある

色麻古墳群は、報告書のいうように、土器ばかりでなく石室形態の関東的特徴から坂東移民の墳墓であり、御駒堂遺跡第二群段階、山ノ上遺跡は、土器とカマドの関東的特徴とこの段階における集落の急激な大規模化からみて、坂東移民の集落と考えられる。

色麻古墳群に関連して黒川以北十郡の坂東移民について考える。奥羽・越後三国の移民の一形態として柵戸がある。柵戸は城柵の建造と一体のもので、城柵の支配下にあってその保護をうけて開拓に当たるとともに、城柵存立の人

的・物的基盤となり、郡里制施行に当たってはその中核となったと考える。陸奥中北部への移民は、坂東八国と駿河・信濃・甲斐、陸奥南端の白河・磐城・磐瀬郡などからなされ、史料上の早い例は霊亀元年（七一五）五月の坂東六国からの富民千戸（二十郷分）、次いで養老六年（七二二）八月諸国からの柵戸千人移配の記事であるが（『続日本紀』）、私はこれは黒川以北十郡への第二次移民で、七世紀中葉に第一次移民があったと考える。その根拠は(イ)越後では大化三年（六四七）、四年渟足・磐舟柵に柵戸が移配され、七世紀中葉に柵戸移配が国家の政策として行われていた。(ロ)『和名類聚抄』によれば、陸奥の郡・郷名に同国南部の郡名、坂東諸国の国・郡名と同じものがあり、それらは移民の出身国・郡名を付けたものと考えられる。これらの郡・郷名の分布は移民された地域を示し、それは北は江刺・胆沢郡まで及ぶが、陸奥中南部の宮城・名取・曰理・行方・標葉・安積郡などでも移民があったことが知られる。これらの地域の移民は、城柵に伴なう柵戸の形態でないものも多かったと思うが、その移民の時期として最も可能性が高いのは七世紀中葉の陸奥建国に伴なう立評の時であろう（文献G）。名取郡の清水遺跡・郡山遺跡第二段階の関東系土器はこの時の移民に関係するものであろう。以上から、陸奥でも越後と同じように七世紀中葉に移民政策がとられたことが想定できる。色麻古墳群の存在はこの時期の移民が黒川以北十郡地域の一部に及んでいたことを示す。天智二年（六六三）の白村江の戦いに同地域の信太（志太）郡から兵士が徴発されていたことは（『続日本紀』慶雲四年五月二十六日条）、この移民による国家支配の成立を物語る。大崎平野では、出土瓦の年代から名生館遺跡B期と同時期の七世紀末〜八世紀初の古川市〔現大崎市〕伏見廃寺、色麻古墳群の東南一キロメートルの色麻町一の関遺跡、中新田町〔現加美町〕菜切谷廃寺などの官寺の存在から、対応する官衙・城柵の存在が想定できる。これらは色麻古墳群の始まりより少し遅れるが、大崎平野の移民は城柵に伴なう柵戸の形態である可能性が高い。その場合名生館遺跡のA期・I期の年代に注目すべきである。

奥越両国の柵戸移配策は大きくは大化の改新以後の国評制施行の中に位置づけられる。辺境の特殊事情から柵戸移配を行ったが、最終目的は建評であったろう。七世紀後半に黒川以北十郡地域に建評があったかどうかは慎重な検討を要するが、天智二年の兵士徴発からみると、同地域の一部に建評された可能性は高い。慶雲四年（七〇七）に確認できる信太郡はその一つであり、和銅六年（七一三）十二月に玉造地方に置かれた丹取郡は第一次移民の成果であろう（『続日本紀』）。大崎平野は古墳時代に継続して古墳が築造された北限地域で、大和政権との間に支配・服属関係が成立していた点では仙台平野と基本的に同じであったから、七世紀後半の国家が陸奥政策において大崎平野に対して仙台平野と基本的に同様の政策をとることは大いにあり得ることであった。そして霊亀元年千戸、養老六年千人の第二次の大量移民によって黒川以北十郡がいっせいに建郡された。『和名類聚抄』によれば、これら諸郡は平均三・二郷と小規模で、ほぼ同規模であり、陸奥南部の郡名、坂東諸国の国郡名をもつ郡・郷が顕著であり、移民によって人為的に編成された郡郷と考えられる（文献G）。前記の黒川以北十郡の関東系土器出土の横穴古墳群や集落にはこの時の移民に関するものが含まれよう。

御駒堂遺跡第二群段階はちょうど黒川以北十郡の第二次移民の時期に当たり、その移民の一部が栗原地方にも及んだものと考える。この移民は八世紀前半までの国家の蝦夷支配が、より北方に及んでいた状況の中に位置づけられる。岩手県域の北上川流域とその支流の和賀・胆沢川流域にある矢巾町藤沢狄森古墳群、和賀町〔現北上市〕江釣子古墳群、金ケ崎町西根古墳群は七世紀後半～八世紀の群集墳で、中央政府から賜与された和同開珎、銙帯金具、馬具などを副葬する（伊藤博幸「七、八世紀エミシ社会の基礎構造」『岩手史学研究』七〇、一九八七年）。霊亀元年十月香河村の陸奥蝦夷第三等邑良志別君宇蘇弥奈、閇村の蝦夷須賀君古麻比留は郡家を建てることを許され、また天平九年（七三七）の大野東人の奥羽連絡路開削の際には帰服狄和我君計安塁が活動した（『続日本紀』）。閇村は弘仁二年（八一一）

の征夷にみえる幣伊村で後世の閉伊郡（岩手県東部海岸寄りの地域）、和我君氏の居地は後の和賀郡（和賀町〔現北上市の一部〕周辺）に当たり、江釣子古墳群はこの地にある。邑良志別君氏の居地は『延喜式』神名帳の栗原郡遠流志別石神社、胆沢郡於呂閉志神社（現在は於呂志閉神社）、『日本後紀』弘仁二年七月条の邑良志閉村のいずれかに関係するであろう。これらの蝦夷は姓や蝦夷爵を賜わっているから、国家との間に支配・服属の関係を結んでいた。この関係は蝦夷集団が定期的に朝貢する形態であり、各蝦夷集団と国家との個別的な関係で、全ての蝦夷には及んでいなかったから、領域的でなく点的な支配であり、郡里支配の前段階であった。しかしこのような蝦夷支配が八世紀前半までに十郡より北の地域に及んでおり、栗原地方への移民はこのような蝦夷との政治的関係の中で支配拡大をめざした拠点集落の設置を意図したものであろう。霊亀元年十月の閇村・香河村の蝦夷の郡家建造申請は、同年五月の千戸移民の直後になされたことからみて、移民に触発されて行われたと考えられ、それはこの時の移民が十郡より北方へも及んでいたことを示唆する。御駒堂遺跡で第三群段階（八世紀前半）に規模が縮小し関東系土器が出土しなくなるのは、移民集落の短期間における退転を示すが、それはこの移民に城柵が伴なわなかったからであろう。

三　移民の社会と蝦夷の交流

多数の柵戸が移住した黒川以北十郡の一部には、古墳の存在からみてすでに古墳時代に農耕社会が成立し、農耕する蝦夷、すなわち田夷が存した。このような地域ではどのような支配が行われ、どのような社会が形成されたか。色麻古墳群が移民のみの墳墓と考えられること、移民の郷名に出身地の国郡名を付していることから、柵戸は彼らだけの村落を作り、郷に編成されたと考えられる。郡レベルについては、遠田郡が十郡に囲まれながら行政上十郡と区別されていたことが注目される。遠田郡は田夷遠田公氏が郡領で、田夷を主体とする郡であるから、この区別は十郡が移民が郡司となり、柵戸を主体とする郡であったからと考えられる。牡鹿郡領道嶋（初め丸子）氏は移民郡司の例である。国家はこのように柵戸と田夷を区別して支配するのを原則としながらも、蝦夷の公民化を最終目的としていたから、蝦夷にそのような働きかけをしたであろう。柵戸は開拓とともに蝦夷に農耕を教喩する役割も担わされていた（『続日本紀』霊亀二年九月二十三日条）。田夷の郡郷支配への組みこみがどの段階で実現したかわからないが、色麻古墳群が関東的石室形態を維持しながらも、時期が下るとともに在地系土器が多くなることからみて、柵戸と蝦夷の間に種々の交流があったことは明らかである。天平七年（七三五）五月郡領補任について譜第氏族の郡領職の世襲と独占を抑制するために譜第氏族を郡司四等官に同時に補任することを禁ずるが、特例として陸奥の近夷郡は許された（『類聚三代格』）。この近夷郡は時期からみて黒川以北十郡に当たるが、この特例が設けられたのは、十郡が各地からの移民による郡であるので、一般諸郡と異なり伝統的な共同体的諸関係が未成熟で、郡領となる移民有力者の支配力が弱かったために、国家がその支配を保障してやる必要があったためと考えられ、移民の郡における特殊な社会関係がうかがえる。

小論では、近年の考古学の成果によって、七世紀後半～八世紀前半の陸奥における国家支配の拡大とそれに伴なう国家的強制による移民に関する試論を提起し、不十分ながら移民と蝦夷の交流についてふれてみた。


〈文献目録〉紙幅の都合で十分に関連論文をあげられなかった。依拠した報告書と関連する拙稿のみを掲げる。

A仙台市教育委員会『郡山遺跡』Ⅰ～Ⅷ、一九八一～八七年。

B宮城県多賀城跡調査研究所『名生館遺跡』Ⅰ～Ⅵ、一九八一～八六年。古川市教育委員会『名生館遺跡』Ⅶ～Ⅸ、一九八七～八九年。

C宮城県教育委員会『東北新幹線関係遺跡調査報告書』Ⅴ所収「清水遺跡」「日向前横穴古墳」一九八一年。

D宮城県教育委員会『東北自動車道遺跡調査報告書』Ⅲ所収「山ノ上遺跡」一九八〇年。

E宮城県教育委員会『東北自動車道遺跡調査報告書』Ⅵ所収「御駒堂遺跡」「原前南遺跡」一九八二年。

F宮城県教育委員会『宮城県営圃場整備等関連遺跡詳細分布調査報告書（昭和五九年度分）』所収「色麻古墳群」一九八一年。

G今泉隆雄「陸奥国の建国と郡山遺跡」「名生館遺跡と県北の支配」（『図説　宮城県の歴史』所収、一九八八年）。


【本書編集にあたっての注記】

初出稿は『地方史研究』三九―五、一九八九年一〇月に掲載。著者自身による補訂稿は存在せず、初出稿を掲載した。

第五章　天平九年の奥羽連絡路開通計画

はじめに

天平九年（七三七）に陸奥国多賀柵と出羽国の秋田村出羽柵を連絡する道路の開通計画が行われたことは、東北古代史上著名な事実である。すなわち多賀柵（宮城県多賀城市）から陸奥国賀美郡家（同県加美町東山遺跡）を経、西進して奥羽山脈を越えて出羽国最上郡玉野（山形県尾花沢市）に至り、そこから新庄盆地を北進して比羅保許山に至り、山形・秋田県境の山地を越えて男勝（雄勝、横手盆地）に出、そこから秋田の出羽柵（秋田市）に至る道路である。この計画は、賀美郡家―比羅保許山の間の道路を開通したが、男勝の征討が行われず、結局完全には実現しなかった。この計画は道路開通を目的とするものであるが、多数の遠征軍を動員し、男勝の征討をめざした大規模な軍事行動であった。

このことについては、『続日本紀』に次の二条の詳細な記事を載せる。

史料1　『続日本紀』天平九年（七三七）正月丙申（二十一日）条

先レ是、陸奥按察使大野朝臣東人等言、「従二陸奥国一達二出羽柵一、道経二男勝一、行程迂遠。請、征二男勝村一、以通二直路一。」於レ是、詔二持節大使兵部卿従三位藤原朝臣麻呂、副使正五位上佐伯宿祢豊人・常陸守従五位上勲六等坂本朝臣宇頭麻佐等一、発三遣陸奥国一。判官四人。主典四人。

史料2　『続日本紀』天平九年四月戊午（十四日）条

遣陸奥持節大使従三位藤原朝臣麻呂等言、「（Ⅰa）以二去二月十九日一、到二陸奥国多賀柵一。与二鎮守将軍従四位上大野朝臣東人一共平章。且追二常陸・上総・下総・武蔵・上野・下野等六国騎兵惣一千人一。聞三山海両道夷狄等、咸懐二疑懼一。仍差二田夷遠田郡領外従七位上遠田君雄人一、遣二海道一、差二帰服狄和我君計安塁一、遣二山道一、並以二使旨一慰喩鎮撫之。仍抽二勇健一百九十六人一、委二将軍東人一。四百五十九人分三配玉造等五柵一。麻呂等帥二所レ餘三百卌五人一、鎮二多賀柵一。遣二副使従五位上坂本朝臣宇頭麻佐一鎮二玉造柵一。判官正六位上大伴宿祢美濃麻呂鎮二新田柵一。国大掾正七位下日下部宿祢大麻呂鎮二牡鹿柵一。自餘諸柵、依レ旧鎮守。（Ⅰb）廿五日（二月）、将軍東人従二多賀柵一発。**四月**一日、帥二使下判官従七位上紀朝臣武良士等及所レ委騎兵一百九十六人、鎮兵四百九十九人、当国兵五千人、帰服狄俘二百卌九人一、従二部内色麻柵一発。即日到二出羽国大室駅一。出羽国守正六位下田辺史難波将二部内兵五百人、帰服狄一百卌人一、在二此駅一相待。以二三日（四月）一、与二将軍東人一共入二賊地一。且開レ道而行。但賊地雪深、馬芻難レ得。所以、雪消草生、方始発遣。同月十一日（四月）、将軍東人廻至二多賀柵一。

《（Ⅱa）自導二新開通道惣一百六十里一。或剋レ石伐レ樹、或填レ澗疏レ峯。従二賀美郡一至二出羽国最上郡玉野一八十里、雖二惣是山野形勢険阻一、而人馬往還無二大艱難一。従二玉野一至二賊地比羅保許山一八十里、地勢平坦、無レ有二危嶮一。狄俘等曰、『従二比羅保許山一至二雄勝村一五十餘里、其間亦平。唯有二両河一、毎レ至二水漲一、並用レ船渡。』（Ⅱb）四月四日、軍屯二賊地比羅保許山一。先レ是、田辺難波状偁、『雄勝村俘長等三人来降。拝首云、［承聞、官軍欲レ入二我村一、不レ勝二危懼一。故来請降］』者。東人曰、『夫狄俘者、甚多二奸謀一、其言無レ恒。不レ可二輙信一。而重有二帰順之語一、仍共平章。』難破議曰、『発レ軍入二賊地一者、為下教二喩俘狄一、築レ城居上レ民。非三必窮レ兵残二害順服一。若不レ許二其請一、凌圧直進者、俘等懼怨、遁二走山野一。労多功少。恐非二上策一。不レ如、示二官軍之威一、従二此地一而返。然後、難破、訓以二福順一、懐以二寛恩一。然則、城郭易レ守、人民永安者也。』東人以為レ然矣。又東人本計、早入二賊地一、耕種貯レ穀、省二運レ粮費一。而今春大雪、倍二於常年一。由レ是、不レ得三早入二耕種一。天時如レ此、已違二元意一。其唯営二造城郭一、一朝可レ成。而守レ城以レ人、存レ人以レ食。耕種失レ候、将何取給。且夫兵者、見レ利則為、無レ利則止。所以、引レ軍而旋、方待二後年一、始作二城郭一。但為三東人自入二賊地一、奏三請将軍鎮二多賀柵一。今新道既通、地形親視。至二於後年一、雖レ不二自入一、可二以成一レ事》者。

(Ⅲ) 臣麻呂等愚昧、不レ明二事機一。但東人久将二辺要一、尠二謀不一レ中。加以、親臨二賊境一、察二其形勢一、深思遠慮、量定如レ此。謹録二事状一。伏聴二勅裁一。但今間無レ事、時属二農作一。所レ発軍士、且放且奏。」

史料1がこの計画の発端の記事で、陸奥按察使大野朝臣東人の提案によって、この計画のために持節大使藤原朝臣麻呂ら持節使が任命・派遣されたことを記す。史料2は計画が終了した後の持節大使藤原麻呂の政府への報告をそのまま載せたもので、計画実行の詳細を記す。新日本古典文学大系本『続日本紀二』(1)の注釈に従って、史料2はⅠ～Ⅲの番号を付し、さらに細分してa・bを付す。

これまでこれらの史料によって、この連絡路開通計画そのものについて、さらには奈良時代前半の律令国家の東北経営の性格などについて論じられてきた。本稿でこの連絡路計画について改めて取り上げようとするのは、次の二つの理由による。第一に、史料1についてはその解釈に問題が残されてきたが、近年の発掘調査などによる古代駅路の解明によって、その問題に新しい観点から考察できるのではないかと思われること、第二に、史料2について、新大系本の新しい校訂と解釈によって、これまでよりも正しい解釈ができるようになったことである。本稿は新大系本の注釈に導かれながらこの二条の記事を読み直そうとする試みに過ぎない。

渡辺信夫先生の研究業績の中で近世交通史は重要な分野であった。追悼論文を献呈するに当たって、これにちなんで古代交通に関する問題を取り上げてみようと思った次第である（『続日本紀』からの史料の引用は日を干支で示すことにして特にことわらないこととする）。

一　天平九年計画の前と後

天平五年の秋田出羽柵と雄勝村建郡　まず天平九年計画の理解のためにその前と後のことを述べておく。

史料3『続日本紀』天平五年（七三七）十二月己未条

出羽柵遷二置於秋田村高清水岡一。又於二雄勝村一建レ郡居レ民焉。

天平五年（七三七）十二月に出羽国出羽郡（山形県庄内平野）にあった出羽柵を秋田村高清水岡に遷置し、それに伴い雄勝村に建郡することが命じられた。この秋田村出羽柵は現在調査されている秋田市寺内の秋田城跡の第Ⅰ期の遺構に当たり、天平宝字に改称する秋田城の前身である。この出羽柵遷移は出羽国の前線を、庄内平野から秋田平野へ一挙に九〇キロメートルも前進させようとするものであった。

天平九年の男勝征討を考えるためにはこの雄勝村建郡の記事は重要である。この雄勝村建郡は出羽柵の秋田村遷置と一体的に計画され、「建レ郡居レ民」とあるから、南方の公民の移民によって建郡しようとしたものである。一般的に蝦夷の居住地域における建郡は、城柵の設置、その付近への移民、移民を編成した郡の設置の順序で進められる(2)。この時の雄勝村建郡については、権郡・蝦夷郡の形態も含めてこの時実現されたとする説と、天平宝字三年（七五九）九月己丑の雄勝・平鹿二郡の設置まで実現されなかったとする説があるが、私は後者の説を妥当と考える。これまでも指摘されているが、史料1によれば天平九年の遠征の際には男勝村は征討の対象であり、また史料2によれば、この時の男勝への侵入の際に、おれば当然出てきてよい雄勝郡司の姿は全く見られないし、かえって「雄勝村俘長等三人」が帰降を請うているからであり、天平九年の軍事行動を考える上で雄勝郡の存在を前提にすることはできない。

天平五年の雄勝村建郡記事が建郡の実現を示すものでないとすれば、出羽柵の秋田村遷移も同様であり、私はこの二つの記事はそれらの命令を意味するものと考える。雄勝村建郡が出羽柵の遷移と同時に命令されていることから、この建郡命令は天平九年の出羽柵への道路開通の命令の始まりと考える。天平五年の雄勝村建郡と同九年の道路開通の間にはずれがあるようにも見えるが、後述のように道路の設置のためには公民制施行＝建郡が必要であるから、この二つは一体的なことなのである。天平九年の計画には雄勝村建郡のことは明記されていないが、史料2のⅡbの田辺難波の言に雄勝における「築レ城居レ民」、東人の本計に建郡の前提である「営二造城墎一」について言及されていることは注意される。天平九年の計画の起点は同五年の雄勝村建郡命令にある。

実は天平九年の計画の前段階の征討が行われていた。熊田亮介氏は(3)、天平八年四月戊寅条の陸奥出羽両国の有功の郡司と俘囚二十七人への叙爵褒賞の記事に注目して、これ以前に天平九年の計画の前段階として、奥羽両国にわたって軍事行動が行われ、史料2に見える鎮撫のために派遣された帰服狄和我君計安塁、陸奥軍に従った帰服狄俘二四九人、出羽軍に従った帰服狄一四〇人、また比羅保許山から雄勝までの状況を言上した狄俘らは、この時の軍事行動によって帰服したものであることを明らかにした。また同氏はこの時の軍事行動の対象地域には、和我君計安塁の本拠で、奥羽山脈をはさんで雄勝に近接する和我地方（岩手県和賀郡）が含まれていることを指摘するが、比羅保許山から男勝までの状況を言上した狄俘はその辺の状況に通暁しているものであるから、男勝の南の比羅保許山麓の新庄盆地辺もその対象地域に含まれていたと考えられる。天平九年の軍事行動はそのときに急に計画されたものではなく、すでに前年四月以前に動き始めていたのであり、それは九年の道路開鑿の前段階として、地形の調査、蝦夷の状況の探索、さらに進んで蝦夷の帰服を行ったのであろう。そしてその計画の開始はさらに遡って天平五年十二月と考えられる。おそらくは、まず天平五年十二月から秋田村出羽柵の造営が開始され、一方雄勝村建郡・道路開鑿は蝦夷との関係からうまくいかず、同八年四月以前からの征討で動き出し、同九年の雄勝征討と道路開通計画に至るのであろう。

天平宝字三年の雄勝・平鹿郡と駅路　天平九年の軍事行動では、一部の道路の開通が実現したが、ついに雄勝の征討が行われず、計画は完全には実現しなかった。そしてこの計画を受けて雄勝の征服を実現させたのが、天平九年から二三年後の天平宝字四年（七六〇）正月の雄勝城の完成である。雄勝城の造営は、陸奥按察使兼鎮守将軍藤原恵美朝臣朝猟によって陸奥国桃生城の造営と併行して行われ、天平宝字元年七月には城柵の前提となる柵戸の雄勝移配が始まり（天平宝字元年七月戊午条）、同二年十月には造営が開始され（同二年十月甲子条）、同四年正月の造営完成の褒賞で終わりを告げる（同四年正月丙寅条）。天平九年に東人は雄勝征討を断念するに当たり、「引レ軍而旋、方待二後年一、始作二城墎一」「至二於後年一、雖レ不二自入一、可二以成一レ事」（史料2Ⅱb）などと雄勝の征討を後代に託す言を述べているが、天平宝字四年正月丙寅の雄勝城造営褒賞の勅では、これに呼応して「昔先帝数降二明詔一、造二雄勝城一。其事難レ成、前将既困」と述べ、天平宝字の雄勝城造営・雄勝平定が、天平九年の東人の計画を受け継いだものであることが知られる。この雄勝平定のなかで、天平宝字三年九月己丑に雄勝・平鹿郡の建郡と玉野・避翼・平戈・横河・雄勝・助河六駅の設置による駅路の開通が実現された。天平九年の道路開通計画を考える上で、天平九年の計画を引き継いだ天平宝字の雄勝平定の成果の一つが駅路の開通であったことを念頭に置くべきである。

二　連絡駅路開通計画

陸奥国府から出羽柵へ　ここでは史料1を検討するが、この史料でこれまで解釈が問題になってきたのは、「従陸奥国達出羽柵、道経男勝、行程迂遠。請、征男勝村、以通直路。」という東人の言上の部分である。まず「従陸奥国達出羽柵」は、この計画で連絡する道路の起点と終点を示す。出羽柵は明らかに地点であるから、それに対する「陸奥国」も地点である。さらに前稿で述べたように、(4)「国」字には領域のほかに、機構としての官司、施設としての国府の意味があるから、この「陸奥国」は領域としての陸奥国ではなく、施設としての陸奥国府と考えられる。後述のように道路は賀美郡家を起点に造られたが、そこからは作戦行動の出発点の多賀柵に道路が連絡していたから、この陸奥国府は多賀柵と重なる。当たり前のことのようであるが、この史料は天平九年に多賀柵が陸奥国府であることを示す貴重な史料である。また逆に起点が「陸奥国」と記されるのに対して、終点は「出羽国」ではなく「出羽柵」と記されているから、出羽柵は国府ではなく、単なる城柵と考えられる。通説では秋田村出羽柵は当初から出羽国府であったとされているが、私は秋田村に移った出羽柵は城柵で、古代を通じて秋田の出羽柵とその後身の秋田城には一度も国府が置かれたことがなく、国府は一貫して庄内に置かれたと考えている（注(4)論文）。この連絡路は陸奥・出羽国府間ではなく、陸奥国府多賀柵と出羽国北端の城柵の出羽柵を連絡しようとしたものである。養老五年（七二一）八月に陸奥按察使はこれまでの陸奥・石城・石背三国に加えて出羽国も管轄することになった。この連絡路は、出羽国司を管轄する按察使が駐在する多賀柵と、出羽国司が城司として駐在する出羽柵の間の連絡ために計画されたものと考えられる。

従来の解釈　これまで問題になってきた東人の言上については、次の二つの解釈があった。まず第一の説は、(5)「経」字の上に「不」字を補って、「従陸奥国達出羽柵、道不経男勝、行程迂遠。請、征男勝村、以通直路。」とし、「陸奥国から出羽柵に達するのに、道が男勝を経なければ行程は迂遠であるので、男勝村を征討して直路を通じたい」と解釈する。多賀柵から出羽柵に行くのに、奥羽山脈を越えて最上川沿いに庄内に出て、そこから日本海沿岸を北上する道があったが、それでは迂遠になるので、新庄盆地から北上して雄勝（横手盆地）を縦断し、出羽柵に至る最短距離の道路を開くと理解するのである（第10図参照）。これに対して第二の新野直吉氏の説は、(6)「不」字を補わず、「陸奥国より出羽柵に達するに、道男勝を経れば行程迂遠なり。請ふ、男勝村を征して以て直路を通ぜんことを」と訓読する。出羽開拓の北進路は多賀城から奥羽山脈を越えて最上川流域を経てその下流庄内に出て、日本海岸を雄物川河口まで北進するが、「道経男勝、行程迂遠」とは、この北進路の途中の日本海岸の由理から内陸部の男勝郡家に立ち寄ることにすると迂遠になるという意味で、そこで男勝郡家を経由する直路を開きたいと理解する。第一の説は解釈は論理が通るが、史料にない「不」字を補うのが難点である。第二の新野説は、天平五年の雄勝村建郡を前提にしているが、前述のようにこの建郡は実現していなかったから、まずこの点に難点がある。もし建郡が実現していたとしても、なぜ出羽柵へ向かう日本海岸を北進する道が男勝郡家に立ち寄らなければならないのであろうか。男勝郡家に連絡するにしても、出羽柵へ向かう道は日本海岸を北進し、男勝郡家に連絡する道は途中から分岐するほうが出羽柵への連絡

第10図　多賀柵から出羽柵へ

は合理的であろう。

私の解釈　この二説は異なっているようで、実は次の二点で共通する。第一に、道路の「迂遠」「直路」の問題は多賀柵から出羽柵までの全行程のことで、両者をそれぞれ「遠回りの道」「最短距離の道」と解釈する。第二に、「迂遠」と「直路」の対比において、「直路」の男勝経由の道に対して、別地経由の「迂遠」な道が想定されている。この二点について私見では、第一の点については、「迂」に「曲げる」、「直」に「真っ直ぐ」の対比的な意味があることから、両者は対比的に、道の行程が「迂遠」であるとは道が曲がって遠いの意味に対して、「直路」とは直線道路の意味と解釈する。第二の点については、「迂遠」と「直路」はいずれも男勝を通る道について言っていると理解する。「道経男勝」について、第一の説は「不」を補って「道不経男勝」＝「へざれば」＝「経ないとすると」（順接確定条件）、または「へざらば」＝「経ないならば」（順接仮定条件）と、第二の説は「ふれば」＝「経るとすると」（順接確定条件）とそれぞれ解釈していると思われ、いずれもこの句が下の句「行程迂遠」に対する条件を示すと理解するが、私は「男勝をへて」＝「男勝を経ていて」と、単に事実を述べていると解釈する。すなわち、これまでの「迂遠」な道もこれから作る「直路」も男勝を通るのである。同じく男勝を通る道について言いながらなぜ「迂遠」と「直路」になるのかと言えば、その鍵は両者の間にある「征」字である。同じく男勝を通る道でも、「征」服されていないから「迂遠」な道であるのに対して、「征」服された後だから「直路」になるのである。この文は、これまで冒頭に「従陸奥国達出羽柵」とあることから、「迂遠」と「直路」の問題が陸奥国府から出羽柵までの全行程の間のことと理解され、指摘した二点のように解釈されてきたのであるが、この文の構成は、まず陸奥国府から出羽柵までの連絡という目的を述べ、さらにその中で特に問題となる男勝の征討と直路開通に焦点をしぼるようになっていると理解すべきである。実際には道路の工事は、賀美郡家―比羅保許山の間は問題なく進み、それは前述のように天平八年の征討で蝦夷が帰服していたからであるの対して、男勝は未征服の地であった。このような状況であったので、この計画では、男勝征討とそこにおける直路開通が最大の課題と考えられていたのである。

直路と迂遠な道　ここで再び「直路」についてであるが、これは国家が設ける道であるから官道である。八〇年代以降、考古学・歴史地理学の調査・研究によって、古代の官道、特に駅路が直線道路であることが明らかになってきた。(7) もちろん直線道路といっても二点間を一直線に結ぶのではなく、地形に制約されて屈曲しながらもできるだけ直線的に通した道路である。この「直路」とはこのような直線的道路である駅路と考えられる。このことは、次の二点からも裏付けられる。一つは、前記のように天平九年の計画を引き継いだ天平宝字の雄勝征討において、天平宝字三年（七五九）に駅路・六駅の設置が実現したことである。二つは、賀美郡家―比羅保許山の間の一六〇里の道の工事が、「或は石を剋み樹を伐り、或は澗を塡み峯を疏る」とあるように（史料2Ⅱa）、切り通しを作り樹木を切り谷に盛り土をするという土地に大きな改造を加えるものであったことである。このような工事が行われたのは、この道が地形にそった道ではなく、直線的な駅路であったからである。この道は男勝の道に連絡するから、男勝に計画された「直路」もこの道と同性格の直線的な駅路と考えられる。

駅路には駅家があり、駅戸が置かれなければならず、そのためには公民制支配の成立が必要である。田辺難波が男勝の征討について「築レ城居レ民」すなわち城柵の造営と柵戸の移民を述べているのは（史料2Ⅱb）、公民制支配の成立を意図していたのである。そしてこのために男勝村の征服が必要であった。「征二男勝村一」と「以通二直路一」の間には、征服→城柵築造→移民→建郡→駅路開通という論理的なつながりがあった。

そうすると「迂遠」な道とは何かといえば、それは人工的な「直路」＝駅路に対するものであるから、自然に発生した曲がりくねった遠まわりの道ということになる。まだ男勝が征服されていないので、そのような道しかなかったのである。すなわちこの文は、現在男勝は征服されず、そこを通る道は、自然発生的な曲がりくねった遠い道なので、男勝村を征服して直線的な駅路を通じたいという意味と考えられる。これ以前に多賀柵と出羽柵の連絡に男勝の自然発生的な「迂遠」な道を使っていたか否かは問題ではなく、そのような道しか存在しないと認識されていたということである。なお前半で「道経㆓男勝㆒」、後半で「征㆓男勝村㆒」といい、男勝について「村」字が有無するが、前者の「男勝」は道が通るから地域名であり、後者の「男勝村」は「征」の対象で、蝦夷すなわち人間集団を示すから、「村」字が付いているのである。

以上の考えをふまえてこの文を読み下すと、「陸奥国より出羽柵に達するに、道は男勝を経て、行程迂遠なり。請ふ、男勝村を征して、以て直路を通ぜむことを」となり、敷衍して口語訳すると、「陸奥国府から出羽柵に行くには、道は男勝を通り、（まだ征服していないので）道すじは曲がりくねって遠い。そこで男勝村を征討して、直線道路の駅路を通すことを請う」となる。

これまではこの計画について単に道路というだけで、それが国家的にどのような性格の道路なのかを問題にしなかったことが実は問題なのである。この計画は官道たる駅路の開通計画なのであり、そのためには移民によるその地域の公民制の施行と、直線的道路を通すための大規模な工事が必要だったのである。そしてこの計画が陸奥国府多賀柵と出羽柵を駅路で連絡しようとするものであることが明らかになれば、その目的も明確になる。この駅路開通の目的は、第一に、駅制が緊急通信を目的としたものであることから見て、出羽柵で緊急事態が生じたとき、城司から多賀柵の陸奥按察使に緊急に報告するためである。第二に、木下良氏は古代官道の軍用道路としての性格を指摘しているが[8]、この駅路は出羽柵で変事があった際に、陸奥国から軍を送り込む軍用道路として考えられていたのではないだろうか。第一の点から引き出せることとして注目されるのは、出羽柵の城司が庄内の出羽国府の出羽守を経ずに、直接多賀柵の陸奥按察使に報告できるらしいことである。これは陸奥按察使が出羽国の城司を直接管轄する権限を有したことを意味する。

三　天平九年の軍事行動

1　史料2の構成

Ⅱは東人言上　ここでは史料2を検討するが、この史料に関して新大系本は次の二点の重要な指摘をしている。すなわち、第一に、藤原麻呂の言上のなかに、大野東人の麻呂への言上であるⅡ（《　》の部分）を引用していることである。Ⅰbはこの軍事行動の経過の総括、Ⅱaは道路の開鑿の成果の総括で、ⅠとⅡの間に内容的な区切りがあり、またⅡの末尾には引用を示す「者」字があるから、Ⅱが何かの引用であることは明らかである。Ⅱの冒頭には「自導二新開通道惣一百六十里一」とあるが、この軍事計画の実行に当たったのは東人で、道路の開通を「自導」したといえるのは東人だけであるから、Ⅱを言上したのは東人であると考えられる。Ⅱの直前のⅠbに「同月（四月）十一日、将軍東人廻至二多賀柵一」と計画を終了した東人が多賀柵に帰還したことを記すが、Ⅱはこの帰還した東人が麻呂にした報告の言上であり、それでここに引用されているのである。本来はⅡの前に「東人言」などの文があって然るべきであるが、「将軍東人廻至二多賀柵一」と重なるので省略されたのであろう。さらにⅡのなかには狄俘等の言上、出羽守田辺史難波の状、難波と東人の対話が引用されている。史料2は全体が麻呂の政府への言上であるが、そのうちⅠ・Ⅲが麻呂の言上の文、Ⅱがその中に引用された東人の言上の文であり、解釈に当たってはこの違いを認識しておくことが必要である。

三月一日は四月一日　第二に重要な点は第一の点に関係しているが、Ⅰbの二番目の日付を「四月一日」と正しく校訂したことである。この部分は底本が「四月一日」であるにも関わらず、国史大系本『続日本紀』は『大日本史』に倣って上下の文によるとして「三月一日」に改めていた。国史大系本は、「四月一日」の前の日付が二月「二十五日」で間があきすぎ、後の日付が「同月十一日」、次いで「四月四日」であり、「四月一日」のままでは「同月十一日」が四月十一日になり、その後に「四月四日」がきて日付が順に並ばなくなるので「三月一日」と改悪したのである。しかし新大系本の校注者の一人である青木和夫氏(9)が詳しく述べているように、「四月四日」はⅡ東人の帰還後の報告に出てくるから、麻呂の言上（Ⅰb）の四月「十一日」の日付より前の日付であるのは当然なのである。「三月一日」としていた時には、東人の軍事行動は二月二十五日から四月まで一連のものと考えられていたが、「四月一日」にすることによって、東人の軍事行動は、二月二十五日から三月にかけての第一次作戦行動と、四月一日〜十一日の第二次作戦行動の二回があり、その間に東人軍が出羽国から陸奥国へ一度帰っていたことが想定されることになった。

以上をふまえて、史料2の内容の構成について述べる。Ⅰは麻呂の言上の文で、Ⅰaは遠征に入る前の準備段階に関することで、Ⅰbは二月二十五日〜四月十一日のこの作戦行動全体の経過の総括である。このうち（二月）「二十五日」の部分が第一次作戦行動の開始で、「四月一日」以降が第二次作戦行動であり、第一次作戦行動について開始しか述べないのは、次のⅡaに総括的な記述があるからである。Ⅱは東人の帰還後の麻呂への言上を引用した部分で、Ⅱaは二月二十五日から始まる第一次作戦行動、すなわち陸奥国賀美郡家から出羽国比羅保許山までの道路開鑿工事を総括する。Ⅱbは第二次作戦行動である男勝征討ができなかった理由を田辺難波と東人の対話を引用しながら述べる。Ⅲが再び麻呂の言で、Ⅱの東人の言上を受けて男勝征討をやめたことを述べて締めくくる。

2　持節使の到着

天平九年の軍事行動の経緯をみていきたい（第15表）。まず正月二十一日に持節使が任命され、平城京を出発した。持節使の構成は大使一人、副使二人、判官・主典各四人で、持節大使は藤原朝臣麻呂、副使は佐伯宿祢豊人・坂本朝臣宇頭麻佐で、判官は大伴宿祢美濃麻呂・紀朝臣武良士の二人の名が知られる（第16表）。藤原麻呂は不比等の第四子で京家の祖、この時参議兵部卿従三位で、議政官を代表して、この軍事行動を総監する役割を担ったのであろう。この時四十三歳で（『公卿補任』）、帰京後の天平九年七月に薨じた。持節使は二月十九日に多賀柵に到着し、京から多賀柵まで二十八日かかっている。[10]一方、常陸・上総・下総・武蔵・上野・下野六国から一〇〇〇人の騎兵を徴発した。神亀元年（七二四）三月に陸奥国海道の蝦夷が反乱した時、麻呂の兄藤原朝臣宇合を持節大将軍、小野朝臣牛養を鎮狄将軍として征討するが、副使坂本宇頭麻佐、判官紀武良士は、後にでてくる大野東人、田辺難波とともにこの征討に参加して褒賞されており（神亀二年閏正月丁未条）、征討の経験者であった（第16表＊印）。

二月十九日到着後、行動開始の日は不明であるが、軍事行動の終了は東人の多賀柵帰還の四月十一日であるから、全軍事行動は二月十九日からとして最長で四十六日間となり、この間準備段階、二月二十五日から三月下旬にかけての第一次作戦行動、四月一日〜十一日の第二次作戦行動の三段階に分けられる。

3　準備段階

蝦夷の鎮撫　大使麻呂は陸奥按察使大野朝臣東人と相談して軍事行動の準備に取りかかる。まず陸奥国の山道・海

第15表　道路開通作戦の経過

月　日	ユリウス暦	事　　項
1月21日	2／24	持節大使藤原麻呂らを任命し京を出発。
2月19日	3／24	持節大使藤原麻呂ら坂東騎兵1000人を率いて、多賀柵に到着。
		準備行動　山道・海道の蝦夷を鎮撫し、多賀柵等6柵に官人と兵を配備する。
2月25日	3／30	**第1次作戦**　大野東人らが軍5944人を率いて多賀柵を出発。これから3月下旬にかけて奥羽両軍が陸奥国賀美郡家から出羽国比羅保許山までの160里の新道を開鑿する。陸奥軍は一度陸奥国にもどる。
4月1日	5／5	**第2次作戦**　東人が率いる陸奥軍が色麻柵を出発し、出羽国大室駅に到着。待機する出羽守田辺難波が率いる出羽軍と合流。
4月3日	5／7	東人・難波が率いる奥羽両軍が大室駅を出発。
4月4日	5／8	比羅保許山に到着。東人が難波と協議して雄勝侵入を断念。
4月11日	5／15	東人が多賀柵に帰還。
4月14日	5／18	藤原麻呂が政府に報告。

注　ユリウス暦の項はユリウス暦の換算月日。湯浅吉美『増補日本暦日便覧』による。

道の蝦夷が大軍の行軍に驚き疑懼を抱いたので、海道に田夷遠田郡領遠田君雄人、山道に帰服狄和我君計安塁を派遣して慰喩・鎮撫した。帰服した蝦夷を未服の蝦夷の鎮撫・帰服に当たらせるのは辺境経営の常套手段であった[11]。この頃陸奥国の北辺の郡はいわゆる黒川以北十郡と遠田郡からなり、宮城県北部の大崎平野から牡鹿地方に当たり、このうち海寄りの牡鹿・小田・新田・長岡・遠田五郡を海道、内陸部の志太・玉造・富田・色麻・賀美・黒川六郡を山道と区別した。移民によって建郡した黒川以北十郡に対して、遠田郡は田夷とよばれる農耕蝦夷を集めて設けた郡で、天平二年（七三〇）正月辛亥に建郡され、遠田雄人はその初代の郡領で、遠田君氏はその後譜第郡領氏族になる。和我君計安塁は岩手県和賀地方（和賀川流域、岩手県北上市付近）の蝦夷の族長で、前述のように天平八年の征討で帰服した可能性がある。計安塁が建郡

第16表　官人・兵などの配備

城柵鎮守

＜陸奥国＞

多賀柵　持節大使従三位藤原麻呂・（副使正五位上佐伯宿祢豊人）　騎兵345人

玉造柵＊持節副使従五位上坂本朝臣宇頭麻佐　｝
新田柵　持節判官正六位上大伴宿祢美濃麻呂　｝
牡鹿柵　陸奥大掾正七位下日下部宿祢大麻呂　｝騎兵459人
色麻柵　｝従来通りの城司
名称不明柵　｝

＜出羽国＞

国府・出羽柵　不明

蝦夷鎮撫

海道　田夷遠田郡領外従七位下遠田君雄人

山道　帰服狄和我君計安塁

遠征軍

＜陸奥軍＞

＊陸奥按察使兼陸奥守鎮守将軍従四位上大野朝臣東人

＊持節判官従七位上紀朝臣武良士

（ほかに持節判官２人・主典４人，牡鹿柵以下３柵配備の城司以外の陸奥国司）

騎兵196人・鎮兵499人・軍団兵士5000人・帰服狄俘249人　総計5944人

＜出羽軍＞

＊出羽守正六位下田辺史難波

軍団兵士500人・帰服狄140人　総計640人

注　（　）は推定による。＊は神亀元年征討の参加者。

地域から遠く隔てた地域の蝦夷であることから見ると、この時鎮撫の対象になった地域は、建郡地域の山・海道とともにそれぞれの延長の未建郡地域を含むものと思われる。

城柵鎮守軍と遠征軍の構成

次に多賀柵と玉造等五柵へ官人・騎兵を配備し、通常の城柵鎮守体制を変更した。坂東六国の騎兵一〇〇〇人は、大使藤原麻呂らが鎮する多賀柵に三四五人、玉造等五柵に四五九人を配備し、遠征に向かう大野東人が一九六人を率いた（第16表）。玉造等五柵は黒川以北十郡に設けられた城柵で、史料2に見える玉造・新田・牡鹿・色麻柵の四柵と、もう一柵である。騎兵の配備のあり方から見て多賀柵は玉造等五柵には入らず、もう一柵は柵名不明としておくしかない。(12)騎兵は弓射騎馬の精鋭部隊で、わざわざ坂東から徴発してきたのに、そのうち八〇四人（八〇・四パーセント）は陸奥国の城柵鎮守に残し、肝心の遠征軍に率いられたのが一九六人（一九・六パーセント）に過ぎなかった理由については後述する。

ここで通常の城柵鎮守体制と比較して、この時の鎮守体制の意味を考えてみたい。(13)通常は城柵には城司が兵を率いて駐在していた。この時期の多賀柵・玉造等五柵の通常の鎮守体制は、鎮官兼任の国司四等官・史生などが城司となり、鎮兵と軍団兵士を率いて駐在していた。軍団兵士は国司、鎮兵は鎮守将軍以下の鎮官が管轄するから、城司が鎮官兼任の国司であることと、鎮兵と軍団兵士が駐屯することは、官制と軍制が対応しているのである。

この通常の鎮守体制が、この軍事行動のなかでどのように変わったか。後述のように、この軍事行動は、二月二十五日からの第一次作戦行動と、四月一日からの第二次作戦行動に分かれて行われ、史料2の遠征軍の官人・兵の構成に関する記載の大部分は第二次作戦行動に関するものであるが、これも後述のように第一次の官人・兵の構成は第二次と同じと考えられるので、このことを前提に話を進めたい。

まず兵については、東人の遠征軍に従った兵のうち鎮兵四九九人、当国の軍団兵士五〇〇〇人はこの時期の陸奥国のそれぞれの総数と思われる。通常はこれらの鎮兵・軍団兵士が多賀柵と玉造等五柵に配備されており、この軍事行動においてそれらは全部引き上げられて、東人軍に従軍し、その代わりに坂東の騎兵が多賀柵に三四五人、玉造等五柵に四五九人の総計八〇四人が配備されたのである。六柵の通常体制の配備人数を考えると、鎮兵は通年勤務の長上兵であるから四九九人（本来は五〇〇人か）がそのまま配備人数になるのに対して、軍団兵士は番（組）を分けて交替勤務する番上兵であるから、配備人数は五〇〇〇人を番数で除さなければならないが、番数は不明である。弘仁六年

（八一五）八月二十三日官符では、陸奥国で六団兵士六〇〇〇人を六番に分け、一番の兵士数が一〇〇〇人である（『類聚三代格』）。兵士役の負担が大きく変わってはまずいから、仮にこの六番を適用すると、一番の兵士数すなわち配備人数は八三三人、また番数を団数と同じくして五番とすると一〇〇〇人となり、鎮兵数四九九人を加えた六柵の配備人数は、前者なら一三三二人、後者ならば一四九九人となり、いずれにしろ六柵の配備騎兵数八〇四人よりかなり多い。通常配備数に対する騎兵数の比率は、前者が一三三二人ならば六〇パーセント、一四九九人ならば五四パーセントとなる。すなわちこの軍事行動に当たって、城柵鎮守の兵を通常の軍団兵士・鎮兵から、その五〜六割の人数の騎兵に変えたのである。騎兵は精鋭部隊であるから、この変更によって、城柵の鎮守能力が大幅に低下したことにはならないが、せいぜい通常の能力の維持か、それをやや下回る程度になったということであろう。

次に官人の配備については、多賀柵を大使藤原麻呂、玉造柵を副使坂本宇頭麻佐、新田柵を判官大伴美濃麻呂、牡鹿柵を陸奥大掾日下部大麻呂に、それぞれ鎮守させた。通常の官人の城柵鎮守体制は城司である国司が駐在していたから、「自余諸柵、依レ旧鎮守」とは自余諸柵すなわち色麻柵と名称不明の柵の二柵ではこれまでの城司が駐在するということであり、牡鹿柵はこれまでの城司に代わって大掾の大麻呂を派遣したのである。持節使が鎮守することになった多賀・玉造・新田柵の三柵では、これまでの城司に加えて持節使官人が派遣されたのではなく、城司に代わって持節使官人が派遣されたのであろう。そのことは多賀柵で明らかである。多賀柵の城司はいうまでもなく陸奥守大野東人であったが、彼は遠征に行ったので、大使麻呂が彼に代って鎮守したのである。同じような例で、宝亀十一年（七八〇）八月乙卯に、停廃されていた秋田城に、この時派遣されていた鎮狄使もしくは出羽国司一人を派遣することになるが、征討使と城司の国司が重複しては派遣されなかった（注(4)今泉論文）。

大使藤原麻呂はこの作戦の全期間を通じて多賀柵を動かなかった。史料2Ⅱbの東人の言に「但為三東人自入二賊地一、奏三請将軍（麻呂）鎮二多賀柵一。」とあるのは、実行された軍事行動について述べているが、これによれば、東人の遠征と麻呂の多賀柵鎮守の任務分担は、東人からの提案であり、東人がこの作戦行動を天皇へ奏請した時の初めからの計画であった。持節使のうち、大使藤原麻呂、副使坂本宇頭麻佐、判官大伴美濃麻呂は城柵を鎮守し、判官紀武良士は遠征軍の東人に従い、これら四人は動きが明記されているが、ほかの持節使はどうしたであろうか。ここでは多賀柵鎮守についての「（藤原）麻呂等……鎮二多賀柵一」（Ⅰa）、東人が率いたことについての「帥二使判官従七位上紀朝臣武良士等……二」（Ⅰb）のそれぞれの「等」に注意すると、後者には判官武良士とともに、判官以下の官人すなわち美濃麻呂以外の判官二人、主典四人が含まれ、前者には大使麻呂とともに動向不明の副使佐伯豊人が含まれると考えられる。すなわち多賀柵には大使麻呂とともに副使のうち位階の上位の佐伯豊人が鎮し、東人には判官紀武良士とともに判官二人、主典四人が従ったのであろう。多賀柵は国府として重視され大使・副使が鎮守し、この軍事行動全体の作戦本部の役割を担った。騎兵の配備についても、玉造等五柵の一柵平均九二人に対して、多賀柵は三四五人で重視された。副使が鎮守した玉造柵は多賀柵に次いで重視された。八世紀後半以降玉造柵は拠点城柵として存続するが、すでにこの時期にも他の四柵より重視されていたのである。

陸奥国は大国で、この時点の国の官人の定員は、国司四等官六人（守、介、大・少掾、大・少目各一人）、史生四人（神亀五年八月壬申条）、国博士・医師各一人の総計一二人であるが、このうち三城柵（牡鹿柵・色麻柵・名称不明の柵）の鎮守に残った三人を除いた大部分が、東人の指揮下に入って遠征に加わった可能性が高い。

多賀柵など六柵への官人・兵の配備については、官人は牡鹿・色麻柵・名称不明柵の三柵には国司が城司として残ったが、多賀・玉造・新田柵の三柵では陸奥按察使・陸奥守・鎮守将軍大野東人をはじめ城司だった国司は遠征に行き、それに代わって持節大使・副使二人・上位の判官が鎮守についた。兵はこれまで六柵に配備されていた軍団兵士・鎮兵はすべて遠征に送り出され、それに代わってその五～六割の人数の坂東の騎兵が配備された。城柵鎮守軍と遠征軍の間できれいに分かれるわけではないが、前者が持節使の大使・副使・上位の判官、後者が按察使・守・鎮守将軍を首として国司、持節使では下位の判官・主典によって構成されていることを見ると、前者は中央派遣の持節使、後者は現地の国司などを中心とするものだったといえよう。兵も前者が持節使が率いてきた他国の騎兵、後者が現地の軍団兵士・鎮兵を中心としていたのである。(14) 城柵への官人・兵の配備は大軍の行軍に対する蝦夷の動揺などの不測の事態に備えるためであった。

4　第一次作戦行動

第一次と第二次作戦行動　Ⅰの麻呂言上は日付をおって作戦行動全体の経過を総括するのに対して、Ⅱの東人言上は、遠征軍が比羅保許山に到着した四月四日の日付を記すのみで、ａに道路開通工事の総括、ｂに雄勝征討を断念した経緯を記し、両者の書きぶりは異なっている。軍事行動の復元のためには、ⅠとⅡをどのように関連させて読むかが問題となる。新大系本は、Ⅰｂの二月二十五日の東人の多賀柵出発と、次の四月一日の東人の色麻柵出発の間が三十六日間もあくこと、さらに四月一日に始まる作戦行動が四日間という短期間に終了したことから、二月二十五日に始まる第一次作戦行動によって道路開鑿工事の一部が行われ、このために四月一日に始まる第二次作戦行動は短期間に終了したと考えたのである。

問題は第一次・第二次作戦行動の内容である。Ⅱａには道路開鑿工事について、賀美郡家―玉野間、玉野―比羅保許山間のそれぞれ八〇里、あわせて一六〇里の道路が開通したと記し、新大系本は、Ⅰｂに記す第一次作戦行動によって賀美郡家―玉野間、第二次作戦行動によって玉野―比羅保許山間の道路が開通したと考える（新大系本三一五頁注二三・二四、三一六頁注二、三一七頁注一四）。この考えは、Ⅱａに見える玉野とⅠｂに見える大室駅が同地と見た上で、Ⅰｂに四月一日に田辺難波の出羽軍が東人の出羽軍と大室駅で合流してから、「且開ㇾ道而行」とあるのを、「且つ、道を開きて行む」と訓じて、大室駅＝玉野―比羅保許山間の道路の開通工事をしたと解釈したことによると思われる。しかし賀美郡家―玉野間、玉野―比羅保許山間の道路はいずれも八〇里なのに、それぞれの工事期間が前者が二月二十五日からのほぼ一月間、後者が四月一日からの三日間と大きく異なるのは、いくら山間（前者）と平地（後者）という地形の違いがあったとしても不合理である。私は、「且開ㇾ道而行」を「且に道を開きて行かむとす」と訓じ、開道の実行ではなく予定であり、その対象は玉野―比羅保許山間ではなく、男勝と解釈する。すなわち、この部分は、難波軍は東人軍とともに賊地比羅保許山に入り、さらに男勝に道を開鑿して進もうとしたが、雪が深かったので断念したと理解するのである。Ⅰｂ「以二三日一、与二将軍東人一」以下が、Ⅱｂの四月四日以下と対応するのである。この解釈をふまえて、私は第一次作戦行動によって、賀美郡家―玉野―比羅保許山の間の一六〇里の道路が開鑿され、第二次作戦行動は男勝の征討と道路開鑿を計画したものであったができなかったと理解する。

すなわち史料2の記事と二次の作戦行動の関係を示すと、Ⅰｂのうち、「（二月）廿五日」以下が第一次、「四月一日」以下が第二次、Ⅱのうち、Ⅱａが第一次、Ⅱｂが第二次の作戦行動についてそれぞれ記す。以上をふまえて第一次・第二次作戦行動について述べる。

第一次作戦行動　第一次作戦行動は二月二十五日大野東人が遠征軍を率いて多賀柵を出発するところから始まるが、その後の足取り、遠征軍の官人・兵の構成については記さず、史料2Ⅱａにただ遠征の成果としての道路の開通について記すのみである。第一次作戦行動の遠征軍の官人・兵の構成は、第二次作戦行動と同じだったと考えられる。その根拠は第一に、史料2のⅠｂ冒頭に、二月二十五日以降の第一次作戦について、東人が多賀柵を出発することに続けて、四月一日以降の第二次作戦について、同じく東人を主語にして官人・兵を率いることを記すこと、第二に、準備段階で東人に委ねられた騎兵（勇健）一九六人が第二次作戦行動の東人軍の中にそのまま現れることである。すなわち官人は、陸奥按察使・陸奥守・鎮守将軍大野東人を首として、紀武良士ら持節使判官三人、主典四人と、大掾日下部大麻呂ら三人を除く陸奥国司らによって構成されていた。兵は、坂東からの騎兵一九六人、鎮兵四九九人、軍団兵士五〇〇〇人、帰服狄俘二四九人の総計五九四四人である。このうち鎮兵四九九人（本来五〇〇人か）と軍団兵士五〇〇〇人は、この時点の陸奥国のそれぞれの総数ではないかと思われる。この頃陸奥国の軍団は白河・安積・行方・名取・玉造団の五団で兵士は五〇〇〇人であった[15]。

　出羽守田辺難波は軍団兵士五〇〇人、帰服狄一四〇人を率いて第二次作戦行動に参画したことが記されているが、第一次作戦でも同じ軍を率いて出羽国側の玉野—比羅保許山間の道路開鑿には参画したと考えるべきである。出羽国でも遠征に伴う不測の事態に備えて、国府と新設の出羽柵に官人・兵を配備したであろう。出羽国の軍団は弘仁五年（八一四）以降出羽団一団で兵士一〇〇〇人であることが分かるだけであり、それ以前は複数団置かれた可能性が指摘されているが[16]、一団一〇〇〇人としても遠征軍の残りの五〇〇人は国府・出羽柵に配備されたのではなかろうか。また熊田亮介氏が指摘したように、奥羽両軍に従った帰服狄俘は天平八年の征討で帰服したものであろう。

　開鑿した道路は陸奥国賀美郡から出羽国最上郡玉野まで八〇里（四二・六キロメートル）、玉野から賊地の比羅保許山まで八〇里のあわせて一六〇里（八五・二キロメートル）である[17]。道路開鑿の起点である「賀美郡」は地点を示すから賀美郡家の意味であり、東山遺跡（宮城県宮崎町（現加美町））に当たる[18]。ここから玉野までの八〇里の道は「雖二物是山野形勢険阻一、而人馬往還無二大艱難一。」と言われているから、奥羽山脈を越える道で、軽井沢峠越えの道と推定され、そこから玉野に至る[19]。玉野は峠の西の尾花沢市にあったものであろう[20]。玉野から比羅保許山への八〇里の道は

「地勢平坦無有危嶮」とあり、新庄盆地を北進する道である。比羅保許山は神室山地の神室山（標高一三六五メートル）とする説が有力であり[21]、道は男勝（横手盆地）に入る手前まで作られたのである。前述のように、この一六〇里の道路開鑿の工事は、「或は石を剋み樹を伐り、或は澗を填み峯を疏む」という地形を改変するものであったが、これはこの道が直線的な駅路であったからである[22]。第二次作戦行動で陸奥・出羽両軍の合流したところとして大室駅が見えるが（Ⅰb）、これはこの駅路開設の成果であろう。この道路開鑿工事で蝦夷の間に特に問題が生じなかったのは、天平八年の征討でこの地方の蝦夷が帰服していたからである。

発掘調査の成果によれば、八世紀末以前の駅路は平野部では両側溝を備え、路幅は両側溝心々距離で一二メートル前後が多いという（注(7)中村太一『日本の古代道路を探す』、木下良「古代道路研究の現況」）。峠越えの道では注(21)の倶利伽羅峠越えの北陸道の六〜七メートル幅の例のように狭いこともあったであろう。工事期間は第二次作戦が四月一日に始まるから、工事終了を三月二十五日と仮定すると、工事期間は二月二十五日〜三月二十五日の三十日間、労働力は陸奥・出羽軍あわせて六五八四人、推算延べ人数一九万七五二〇人、これらによって、幅六〜七メートルの峠越えの道路を含めて、幅一二メートル前後の道路を八五キロメートルにわたって造成したのである。工事期間はユリウス暦に換算すると、三月三十日（二月二十五日）〜四月二十九日（三月二十五日）に当たる。

陸奥軍は、狄俘から比羅保許山から男勝村まで五〇余里（五〇里＝二六・六キロメートル）あることや地勢の状況の情報を得て、一度陸奥国に引き上げた。第二次作戦の出発点が色麻柵であるから[23]、軍は同柵にもどって駐屯したのであろうが、東人は多賀柵に帰り、持節大使麻呂に第一次作戦行動の報告をするとともに、第二次作戦の相談をしたであろう。

5　第二次作戦行動

第二次作戦行動についての史料は、史料2のⅠbの四月一日以降の部分と、Ⅱbである。この作戦は男勝の征討をめざしたものである。四月一日に東人軍は第一次作戦行動と同じ遠征軍で、色麻柵を出発し、その日のうちに出羽国大室駅に到着した。出羽守田辺難波は出羽軍（軍団兵士五〇〇人、帰服狄一四〇人）を率いて大室駅で待っていた。奥羽両軍はここで合流し、三日に賊地に入り四日に比羅保許山に至り駐屯した。ここで東人と難波が協議し、男勝の征討を断念してこの作戦を中止し、東人は軍を引き返して十一日に多賀柵に帰還した。(24) 大室駅は玉野と同地とされ、色麻柵―大室駅（玉野）の行軍が一日、大室駅―比羅保許山間が二日しかかからなかったのは、すでに第一次作戦行動によって、賀美郡家―比羅保許山間の駅路が開通していたからである。

男勝征討・道路開鑿の断念の事情は次の通りである。先に、大軍の男勝村侵入を恐れた同村の俘長等三人が来降したのを受けて、難波がこのことを東人に伝えていた。難波の意見は、大軍を率いて賊地に侵入したのは、その威によって俘狄を威圧・懐柔し、その上で城柵を築造して移民を居住させるためであり、征討するのはよい策ではなく、今は大軍によって威を示したので、男勝に入らず帰るべきであるというものである。職員令70大国条に陸奥・出羽・越後三国の守の蝦夷に対する職掌として「饗給（大宝令では「撫慰」）」「征討」を定める。いずれも蝦夷を帰服させるための職掌で、「撫慰」は蝦夷を撫慰・懐柔すること、「饗給」は饗宴と禄を与えることで、撫慰・懐柔の方法を規定したものである。「撫慰」＝「饗給」と「征討」は律令国家の蝦夷政策の基本方針を示しているが、難波の考えは、征討より撫慰・懐柔を重視するものであった。また蝦夷の帰服の上に城柵の設置と柵戸の移民が考えられていたことも注意すべきである。

東人の考えは、難波の意見に賛成した上で、もともと城柵の兵の食糧を確保するために男勝に入って耕種し穀を貯える計画であったが、この春は例年に倍する大雪のために耕種できないので、男勝進出を断念するというものである。ここでも城柵の築造が計画されている。城柵の築造、そのための「耕種貯穀」は遠征のなかで実現が考えられているから、ここでの「耕種」は移民による本格的な開発ではなく、遠征軍による雑穀の畑作であろうか。男勝進出断念の理由は大雪であった。麻呂の言上でも男勝で大雪によって馬の芻が得られないことを断念の理由としている（Ⅰb）。四月四日はユリウス暦の五月八日に当たり、この時期まで雪が残るというのだから、この春は相当な大雪であったのであろう。

東人の報告を受けた麻呂は、東人が多年辺境経営にあたりその謀がほとんど当たるので、東人の判断に従った。東人は、養老四年（七二〇）九月の蝦夷反乱で前任者が殺害された後に陸奥按察使に任命されたと思われるから、すでに十七年間にわたって辺境経営に当たってきたベテランであった。出羽守難波も神亀元年（七二四）の征討に携わった時に出羽国司であったとすれば、少なくとも十三年間にわたって辺境経営に当たってきたことになる。今回の遠征は、もともと東人の提案で始まり、その実行に当たっても、中央から持節使が派遣されながらも大使麻呂は多賀柵を動かず、辺境の事情に精通する陸奥按察使東人、出羽守難波ら現地の官人によって遂行されたことは注意されるべきである。『続日本紀』にはこの遠征の褒賞記事がなく、麻呂・東人など関係者の位階勲等をみても変化がないので、褒賞は行われなかったらしい。最大の目的の男勝征討が実現できなかったからであろう。

むすび

迂遠な考察をまとめて結びとする。

⑴天平九年の奥羽連絡路開通計画は、同五年十二月の出羽柵の秋田村遷移と一体的な雄勝村建郡命令に始まる。この時から秋田村出羽柵の造営が開始される一方、同八年四月以前に前段階としての和我・新庄地域を含む征討が行われ、九年二月から道路開通の軍事行動が開始される。

⑵天平九年正月丙辰条の大野東人の言上は、陸奥国府から出羽柵に行くのに、道は男勝を通り、まだ未征服地なので道すじは曲がりくねって遠い。そこで男勝村を征服して直線的な駅路を通じたいと解釈される。この計画は陸奥国府多賀柵と出羽柵を駅路で結ぶことを内容とし、その目的は出羽柵で緊急事態が発生した際に出羽柵の城司から陸奥按察使に緊急に報告することと、出羽柵に陸奥国の軍を送り込むことである。

⑶持節使到着の二月十九日以後、計画が開始され、準備段階、二月二十五日~三月下旬の第一次作戦行動、四月一日~十一日の第二次作戦行動の三段階で実行された。準備段階では陸奥国山道・海道の蝦夷の鎮撫、城柵の鎮守体制の変更が行われ、第一次作戦では賀美郡家—比羅保許山の一六〇里（八五キロメートル）の駅路の開鑿工事が行われ、第二次作戦行動では比羅保許山まで進み、男勝の征服と道路開通をめざしたが、大雪のために実現できなかった。この計画は天平宝字二~三年の藤原朝獦による男勝征討に引きつがれて実現した。

⑷官人の構成は、中央から派遣された持節使は、その上層部の大使、副使二人、上位の判官一人が、陸奥国司三人とともに陸奥国の城柵の鎮守にまわり、遠征軍は陸奥按察使大野東人の指揮下に、持節使の判官・主典六人を加えな

第17表　兵の配備

	陸奥			出羽		計	
	遠征軍		城柵鎮守	遠征軍			
軍団兵士	5,000	*84.1*		500	*78.1*	5,500	*74.4*
鎮　兵	499	*8.4*				499	*6.8*
帰服狄俘	249	*4.2*		140	*21.9*	389	*5.3*
坂東騎兵	196	*3.3*	804			1,000	*13.5*
計	5,944	*100.0*	804	640	*100.0*	7,388	*100.0*

注(1)　正体は人数、斜体はパーセント。
(2)　出羽では国府・城柵鎮守の兵の存在が予想されるが、人数が不明なのでここでは入れない。

がらも、出羽守田辺難波をはじめ陸奥・出羽国の現地の官人で構成された。この軍事行動全体に参加した兵あるいは労働力は総数七三八八人で、他国からの坂東騎兵、奥羽両国の軍団兵士・鎮兵などの正規兵、帰服狄の三つから構成されるが、このうち奥羽両国の正規兵が八一パーセントをしめ、現地兵がこの軍事行動の中核となった[25]（第17表）。この計画全体は大野東人が政府に提案したものであり、大使藤原麻呂に多賀柵鎮守をさせることなどの細部の計画も彼の考えにより、実行に当たっては、最終的な決定は上にいただく大使麻呂によらなければならないが、男勝進出中止決定は東人と田辺難波の協議で実質的に決まっていたのである。この軍事行動は、計画から実行まで、陸奥按察使大野東人を中核にした現地の官人が主導権を握って行い、官人と兵も現地の奥羽両国を中心に組織されていたのである。

(5)　奥羽両国遠征軍の中で両国の正規兵（軍団兵士・鎮兵）総数は五九九九人であるが、両国を比較すると、出羽国五〇〇人（兵士）に対して、陸奥国は五四九九人（兵士五〇〇〇人＋鎮兵四九九人）で圧倒的に多い。陸奥では坂東騎兵が城柵鎮守に当たったので、正規兵全部が遠征に従った点を割り引かなければならないが、それにしてもほぼ一〇倍の数である。この軍事行動は両国にわたるものではあるが、最大の課題は男勝征討で、出羽国を中心とするものであった。それにも関わらず、両国の間でこのような兵数の差になったのは、両国の保持する兵力の差、その基盤となる国力の差によるものと思われる。この軍事行動には、陸奥国の大きな兵力と国力をつぎこんで、出羽国の事業を成し遂げるという面があったのである。陸奥按察使藤原朝猟の統轄下に行われた、天平宝字二～三年の雄勝城造営、同四～六年ころの秋田城改修などでも（注（4）論文）、このようなやり方が行われたのではなかろうか。陸奥按察使管轄下に行われる奥羽両国一体の征討や造営などの事業の実態を考える上で注意されることである。

(6)最後に坂東の騎兵の配備についてふれておきたい。坂東六国から徴発した騎兵一〇〇〇人は、この軍事行動の総兵員七三八八人の一三・五パーセントに当たり、奥羽両国の兵力を補強するためのものである。騎兵は弓射騎馬で、歩兵にくらべて移動が迅速で機動力に優れた精鋭部隊であり、わざわざ坂東から一〇〇〇人を徴発してきたのに、そのうち八〇四人（八〇・四パーセント）は陸奥の城柵鎮守に回され、肝心の陸奥遠征軍に従ったのが一九六人（一九・六パーセント）にすぎなかったのは何故であろうか。この点については、騎兵を徴発した当初の計画では、騎兵のすべてを遠征軍に投入する予定であったが、後の事情でこのように変更されたと考える。その事情とはこの年大雪のために馬の芻が得られず、多数の騎兵の投入が不可能であったことである。史料Ｉｂでは賊地の雄勝が大雪で馬の芻が得られないことを第二次作戦行動中止の理由にあげているが、この年は豪雪地帯の横手盆地＝雄勝だけでなく、奥羽山脈を隔てた陸奥側でも大雪で、作戦地域では馬の芻が得られなかったので、せっかく徴発してきた騎兵の八割を陸奥の城柵鎮守に残さざる得なかったのであろう。

注

（1）　新日本古典文学大系　青木和夫・稲岡耕二・笹山晴生・白藤禮幸校注『続日本紀二』（一九九〇年、岩波書店）。以下、新大系本と称する。

（2）　熊谷公男「近夷郡と城柵支配」『東北学院大学論集歴史学・地理学』二一、一九九〇年。今泉隆雄　本書第一編第一章「律令国家とエミシ」（一九九二年初出）。
（3）熊田亮介「天平九年、大野東人の遠征をめぐって」『日本歴史』五〇〇号、一九九〇年。
（4）今泉隆雄　本書第三編第三章「秋田城の初歩的考察」（一九九五年初出）。
（5）和島芳男「奈良時代陸羽連絡策の研究—特に天平九年の雄勝征伐を中心として—」（『史学雑誌』五三編一号　一九三二年）、『秋田県史』第一巻古代中世編第三編第三章第二節「陸奥出羽連絡路の開設と雄勝城」（一九六二年）、虎尾俊哉「律令国家の奥羽経営」（『古代の地方史』六、奥羽編　一九七八年〔『古代東北と律令法』一九九五年に再収〕）。このうち和島論文が詳しい。
（6）新野直吉「大野東人の征夷軍事行動」（『軍事史学』九号、一九六七年）、『古代東北の開拓』第三章「鎮守政策の進展」（一九六九年）、「天平九年四月十四日条一節の試解」（『出羽路』二一号）、『古代東北史の基本的研究』三章「鎮守政策の展開」（一九八六年）。ここでは一番新しい『古代東北史の基本的研究』による。
（7）古代道路研究の現況を示すものとして、木下良編『古代を考える　古代道路』（一九九六年）、同「古代道路研究の現況」（『古代交通研究』一〇号、二〇〇一年）、中村太一『日本の古代道路を探す　律令国家のアウトバーン』（二〇〇〇年）を参照。
（8）木下良「古代交通研究上の諸問題」『古代交通研究』創刊号、一九九二年。
（9）青木和夫「天平期の東北経営」『米沢史学』七号、一九九一年。
（10）天平九年は正月、二月、三月とも大月で三十日までである。湯浅吉美『増補日本暦日便覧』。
（11）今泉隆雄　本書第一編第五章「三人の蝦夷—阿弖流為と呰麻呂・真麻呂—」（一九九五年初出）。
（12）この不明の柵を『日本後紀』延暦二十三年正月乙未条に見える小田郡中山柵とする説がある。
（13）城柵の鎮守体制については、今泉隆雄　本書第二編第二章「古代東北城柵の城司制」（一九九〇年初出）、第一編第一章「律令国家とエミシ」を参照。
（14）すでに北啓太氏は奥羽の征討軍について、養老四年の征夷までは中央からの征夷使と東国・北陸の広い範囲から軍を徴発したのに対して、神亀元年以降は征夷使が派遣されても現地の官人を中心とし、兵も現地の兵を中心に組織されたことを指摘しているが、この例はその具体的なあり方を示す（北啓太「征夷軍編成の一考察」『書陵部紀要』三九、一九八七年）。
（15）鈴木拓也「古代陸奥国の軍制」『古代東北の支配構造』一九九八年。
（16）鈴木拓也「古代出羽国の軍制」同前。

(17) 一里＝五三三メートルで換算した。青木和夫「飛駅の速度」『日本律令国家論攷』一九九二年。

(18) 東山遺跡は大崎平野の西端、宮城県宮崎町〔現加美町〕鳥嶋・鳥屋ヶ崎の丘陵上に所在し、八世紀中頃〜一〇世紀前半の地方官衙遺跡である。外側を地形に従って不整形に築垣で囲み、外郭南門を開き、内部に郡庁院、倉庫群、掘立柱建物群、竪穴住居などが確認されている。この遺跡を賀美郡家と推定するのは、遺跡の構造、この地が古代賀美郡域内と推定されること、「上厨」（賀美厨の意味）の墨書土器の出土などによる（宮城県多賀城跡調査研究所多賀城関連遺跡発掘調査報告書第一二〜一八冊『東山遺跡』Ⅰ〜Ⅶ、一九八七〜一九九三年）。また一九九六年からの調査で、東山遺跡の丘陵の南に隣接する河岸段丘上の壇の越遺跡で、東山遺跡と関連深い町割の遺構が明らかにされた。八世紀中頃に東西一・二キロメートル、南北〇・八キロメートルの範囲に、一町（約一〇九メートル）間隔の東西・南北方向の道路による町割が作られ、その内部に掘立柱建物や竪穴住居が設けられている。さらに八世紀後半には、東山遺跡、その東に隣接する早風遺跡、壇の越遺跡を囲む外郭施設が設けられた。外郭施設は北から東にかけては土塁、西から南にかけては材木列塀と築垣である（宮崎町教育委員会『壇の越遺跡』Ⅱ〜Ⅳ、一九九九〜二〇〇三年、加美町教育委員会『壇の越遺跡』Ⅴ〜Ⅻ、二〇〇四〜二〇〇七年、『第二八回古代城柵官衙遺跡検討会資料集』「壇の越遺跡」二〇〇二年）。近年大崎地方の城柵・官衙遺跡で外郭の土塁が発見され、これらの遺跡の外郭施設もそれらと一連のものと考えられる。しかしこのように郡家の外に町割を設けるのが、賀美郡家に特有のことであるのか、または辺境の郡家に一般的なことであるのかは、今後の調査研究を待たなければならないが、前者とすれば、壇の越遺跡は、東山遺跡すなわち賀美郡家が陸奥国の出羽国への出入口として重要な郡家であることを示している。

(19) この近辺の峠として国道三四七号の鍋越峠越えと軽井沢峠越えがあるが、前者は明治二五年に開通した新しい道であるの対して、後者は江戸時代に軽井沢越最上街道として使われ、戦国時代にも延沢銀山が発見されて利用されている古い道であり、後者の可能性が高い。明治以来廃道になっている。渡辺信夫監修『東北の街道』「軽井沢越最上街道」一九九八年。

(20) 新野直吉氏は、玉野を尾花沢市丹生正厳に比定し、大室駅も同地とする。この比定は吉田東伍氏『大日本地名辞書』（第五巻四四二七・二八頁）に始まる。天平宝字三年の六駅に玉野駅があり、宝亀十一年十二月庚子条に大室塞が見える。

(21) 新野直吉氏は、比羅保許（ひらほこ）山を神室山に比定し、この計画の男勝にこえる峠を、国道一三号の雄勝峠ではなく、その東の有屋から秋田県の役内川上流にぬける有屋峠越えの道と推定する。天平宝字三年の六駅に平戈（ひらほこ）駅がある。

(22) 賀美郡家—玉野間の道は軽井沢峠越えの道を含むが、古代の峠越えの駅路として、北陸道の加賀・越中国境の倶利伽羅峠越えの駅路が、西井龍儀氏の踏査によって明らかにされている。この古道は峠の西では石川県津幡町に一・五キロメートル、東では富山県小矢部市に二・五キロメートル残り、地形の制約から鈍角に折れるところもあるが、尾根・丘陵頂部付近をほぼ直線に通り、丘陵を掘りこみ、または片側を開鑿しており、道幅は大体六〜七メートルという。西井龍儀「倶利伽羅峠の古道」（『古代交通研究』七号、一九九七年）。

(23) 色麻柵は宮城県中新田町（現加美町）城生の城生柵遺跡とする説、色麻町一の関の一の関遺跡を色麻柵付属寺院としその近辺に推定する説がある。城生柵遺跡は東山遺跡の東東南四・五キロメートル、一の関遺跡は東山遺跡の東南八・五キロメートルに位置する。城生柵遺跡は東山遺跡と同じく鳴瀬川の北に、一の関遺跡は南に所在する。

(24) 「出羽国守正六位上田辺史難波、……在二此駅一相待。以二三日一、与二将軍東人一共入二賊地一。」について、国史大系本は「在二此駅一相待以二三日一。」と句点を打ち、東洋文庫『続日本紀2』（四六頁）、宇治谷孟『続日本紀上』（講談社学術文庫三六四頁）はこの句点によって、難波がこの駅に滞在し待機すること三日で、と解釈する。新大系本は、引用史料のように句点を打ち、「三日」を四月三日とし、「共入二賊地一」の日付とする。ここでは後者による。

(25) この軍事行動に参加した兵として、この他に、本文でふれた出羽国の国府・出羽柵鎮守の兵が想定されるが、人数が不明なのでここでは無視する。

（付記）初出稿「天平九年の奥羽連絡路開通計画について」は『国史談話会雑誌』第四三号（二〇〇二年）に掲載。同誌は東北大学渡辺信雄教授の追悼記念号である。改題し、全体的に補訂を加え、特に二八七頁「むすび」に(6)を書き加えた。

【本書編集にあたっての注記】

本章は著者自身の補訂稿による。

第三編　個別城柵の考察

第一章　古代国家と郡山遺跡

はじめに

郡山遺跡[1]は七世紀半ば〜八世紀前葉の間の地方官衙遺跡で、陸奥国の歴史はもちろん律令国家形成・確立期の古代国家の辺境経営を解明する上で重要な意義をもっている。本稿は、郡山遺跡が地方官衙としてどのような性格の官衙であったのか、さらに古代国家の辺境経営の中でどのような役割を果たしたのかという課題の解明をめざしている。遺構を分析し、特にⅡ期官衙については宮都との比較の視点から検討し、さらに七世紀中葉の評制の施行と陸奥国の設置から、八世紀前葉に至る辺境経営の全体の中に郡山遺跡を位置づけることによって、これらの課題の解明に迫りたいと思っている。Ⅱ期官衙付属寺院の郡山廃寺の性格についても言及する[2]。

一九七九年以来仙台市教育委員会が継続的に実施している発掘調査は、大きな成果を上げ、郡山遺跡の輪郭が明らかになっているが、まだ全容が解明されたわけではないから、本稿の検討は現時点の一仮説に過ぎないが、このような検討作業はこれからの発掘調査を進めていく上で一定の意味をもつものと考えられるので、大胆に推測・憶測も含めて述べることとする。またいうまでもなく、本稿は私個人の見解であって調査機関の公的な見解でないことを、あらかじめお断りしておきたい。

なお本稿では、第5図「奥越羽三国の地区区分」（本書第一編第二章　四五ページ）を随時利用してのべるので参照されたい。

一　郡山遺跡の概要

郡山遺跡の遺構について、後の論述の前提として、Ⅰ期官衙・Ⅱ期官衙、郡山廃寺の遺構に関する私の理解を示す。(3)遺構についてふれる前に遺跡の立地に関して注意すべき点にふれる。

1　郡山遺跡の立地

仙台平野ではその中央部を名取川が東流し、北西から広瀬川が合流する。郡山遺跡は両河川の合流点の北西一・五キロメートルに位置し、仙台平野全体から見てほぼ中央部に当たる。広瀬川は郡山遺跡のすぐ北を東南流し、名取川は南一・五キロメートルを東流して、広瀬川の合流点から六キロメートル下って太平洋に河口を開く。

この立地については次の二点の利点が指摘できる。一つは、両河川が郡山遺跡の北から東、南の防衛上の障壁になることである。二つは、郡山遺跡が両河川を通して河川・海上交通の便宜が得られることである。平野内部では、両河川の舟運によって物資の運送などが可能であろうし、名取川河口と通じて太平洋の海上交通と連絡することができる。現在名取川河口には北に井土浦、南に広浦という潟湖があって閖上港を開き、古代の地形については明らかでないが、古代にも名取川河口が郡山遺跡の海上交通の港になったことが推測される。この点は後述する斉明朝における船団の北征との関連で注意しておくべきことである。

2　Ⅰ期官衙

外郭と規模　Ⅰ期官衙の年代は、出土土器から七世紀半ば〜末葉と推定されている（第11図）。施設の造営基準方位は、真北に対して西に五〇〜六〇度振れる。このように方位を表示するのは、Ⅰ期官衙の正面が東南方向と考えられるからである。全体の外囲施設は材木列塀であり、東南・西南・西北辺を確認している。東北辺については材木列塀（SA二一三〇・SA二〇三〇）を検出しているが、外郭塀とするには問題が残されている(4)。西南辺の長さは二九五・四メートルで、西南—東北は遺構の広がりから六〇四メートル以上であり、全体の面積は一七・八ヘクタール以上になる。官衙全体の平面形は、少しゆがんでいるが古代の地方官衙では珍しい長方形になる。外囲の材木列塀の外には溝はないと考えられていたが、第一七八次調査で東南辺材木列塀SA二〇五五の外に八メートル離れて平行する大溝SD二一五〇を検出した。幅六・三メートル、深さ一・一メートルの規模の大溝で、北を流れる広瀬川に接続して運河に用いられた可能性が指摘されている(5)。他の三辺については溝は未確認である。

現在調査は遺構検出地域の北部で進んでおり、この地域に掘立柱塀・材木列塀・板塀などで囲まれた中枢区、北・南倉庫区、北・南雑舎区、鍛冶工房区などがある。

中　枢　区　中枢区は西南—東北は東南辺が九一・六メートル、西北辺が推定九二・〇メートル、西北—東南は東北辺が一一八・六メートル、西南辺が推定一二〇・三メートルの規模の方形の区画で、a・b期の二小期がある。a・b期を通じてその構造は大きく変わらない。東北辺・西南辺に掘立柱建物を配し、その建物の間をa期には掘立柱塀、b期には板塀でつなぐ。東南辺は中央部に門を開き、その両側に長い掘立柱建物を配し、西北辺は未調査である。中枢区内部は一部小規模な掘立柱柱穴を検出しているが、その構造はまだわからない。東南辺の門が正門らしく、中枢区、

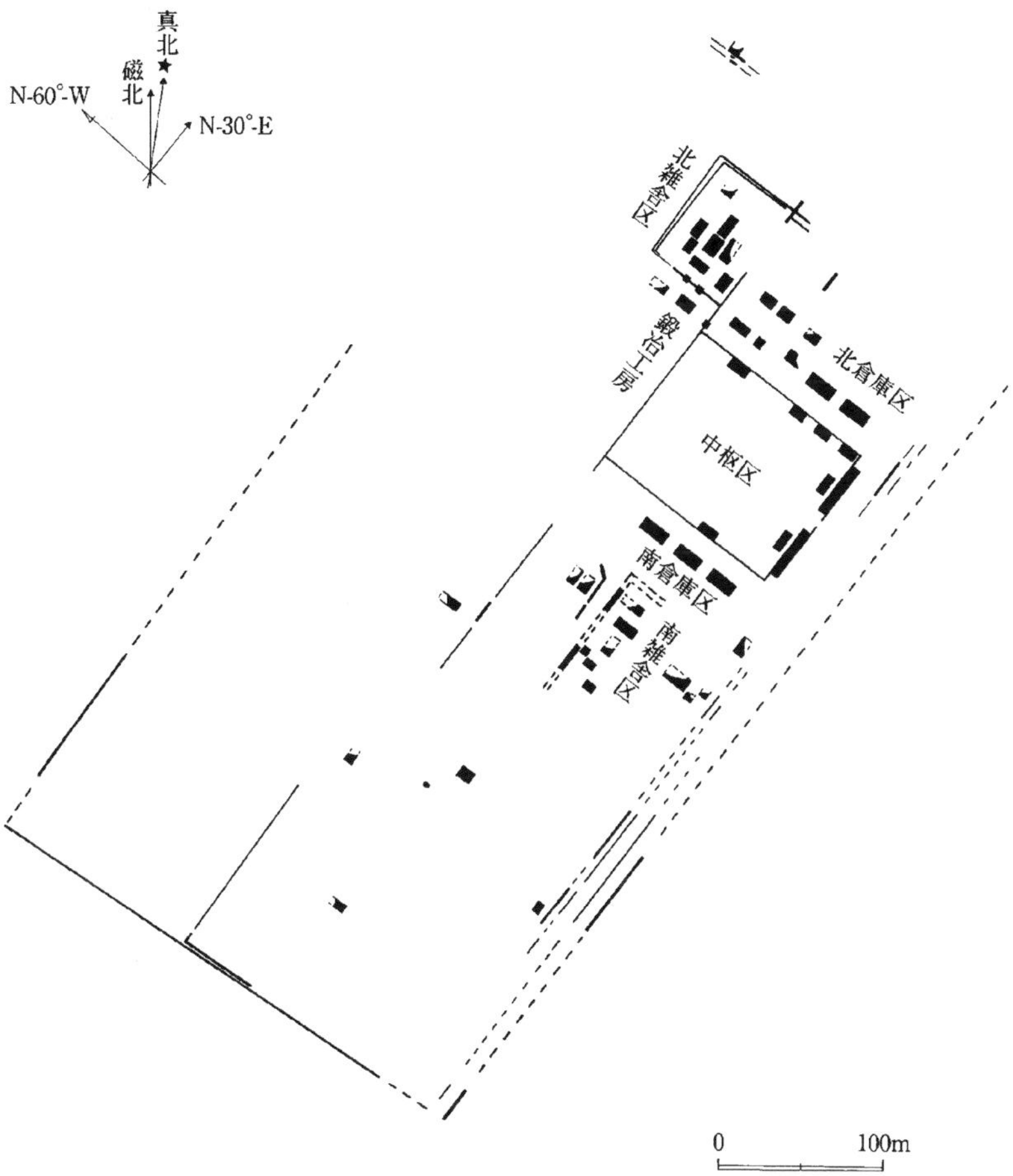

第11図　郡山遺跡Ⅰ期官衙

ひいてはI期官衙全体の正面は東南辺と推測される。この時期の地方官衙の政庁については例が少ないので判断がむずかしいが、岡山県宮尾遺跡、広島県下本谷遺跡などの郡家の政庁は、各辺の塀にそって長い建物を配置する例がみられるから、この地区がI期官衙の中枢部である政庁に当たると推測する。

倉　庫　区　中枢区の東北に北倉庫区、西南に南倉庫区があり、最大四期の遺構の重複があるが、大きくは中枢区に対応してa・b期の二期に分けられる。a期には、北倉庫区では北・南列の二列に総柱建物の倉庫が並び、南倉庫区も同様に倉庫が二列に並ぶと推測され、b期には両倉庫区で一部の倉庫を取り払い、側柱建物が建てられるが、これも倉庫と推測される。

雑　舎　区　北倉庫区の西北に北雑舎区、南倉庫区の西南に南雑舎区がある。北雑舎区は四辺を材木列塀あるいは掘立柱塀で囲み、各辺によって変遷がある。全体の形はゆがんだ方形で、全体の規模は東南—西北五一～五四メートル、西南—東北六五～六六メートルである。西北辺と西南辺に門を開く。内部には竪穴建物と掘立柱建物を整然と配置する。東南辺塀内側の土坑から畿内産土師器が一点出土している。南雑舎区は西北・東北辺を溝、東南辺を材木列塀で囲み、全体の規模は西北—東南九〇メートル、東北—西南六〇メートル以上で、内部に掘立柱建物・竪穴建物、竪穴住居がある。

鍛冶工房区　北雑舎区の西南に鍛冶工房と総柱建物の倉庫を検出している。鍛冶工房は平面が長方形の竪穴建物で、内部に五基の鉄の鍛冶炉を備え、多量の鉄滓、鉄製の甲の小札、鍛造の剥片、鞴の羽口が出土し、武器の製造などを行っていたと推測される。その西にも同様の竪穴建物があるので、この地区は鍛冶工房区であったと思われる。

第18表　Ⅱ期官衙の外郭の規模

		計測値	大尺換算値	1大尺値
南北	材木列塀	423.2－423.8m	1190大尺	35.56－35.61㎝
	大溝内側	434.9－435.7m	1225大尺	35.50－35.56㎝
	外溝内側	533.0－533.5m	1500大尺	35.53－35.56㎝
東西	材木列塀	425.1－430.9m	1200大尺	35.42－35.90㎝
	大溝内側	438.6－440.5m	1240大尺	35.37－35.52㎝
	外溝内側	534.7m	1500大尺	35.64㎝

3　Ⅱ期官衙

Ⅱ期官衙の年代は、出土土器・瓦から七世紀末～八世紀前葉と推定されている。Ⅱ期官衙はⅠ期官衙に重複し、ほぼ同位置に建造された。造営基準方位は、Ⅰ期官衙と大きく変わり、ほぼ真南北である。

外郭と規模　Ⅱ期官衙の平面形はほぼ正方形で、外囲施設として材木列塀をめぐらし、その外に二条の溝をめぐらす（第12図）。材木列塀の材木は直径三〇センチメートルほどの栗の丸材である。材木列塀はⅠ期・Ⅱ期官衙を通じて多用されるが、養老律衛禁律24越垣及城条に定める「柵」という塀に相当する。(6)払田柵跡（秋田県大仙市）では材木列塀の完形の材木が出土し、規模と構造が復原されており、参考までに記すと地上高三・六メートルの塀である。(7)二条の溝は、内側から大溝、外溝と呼称し、材木列塀と大溝、大溝と外溝のそれぞれの間は遺構の稀薄な空閑地になっている。Ⅱ期官衙の外郭の特徴は、外囲施設の材木列塀の外に、二重に溝と空閑帯をめぐらすことである。

調査によって、Ⅱ期官衙の四辺で材木列塀、大溝、外溝が確認され、三者それぞれの南北・東西の距離の数値が示されたので、それらを第18表に掲げる。(8)材木列塀は相対する辺の距離、二つの溝についてはそれぞれの内岸間の距離の数値である。これら三つによって囲まれた区域はいずれも東西が南北よりやや長いが、

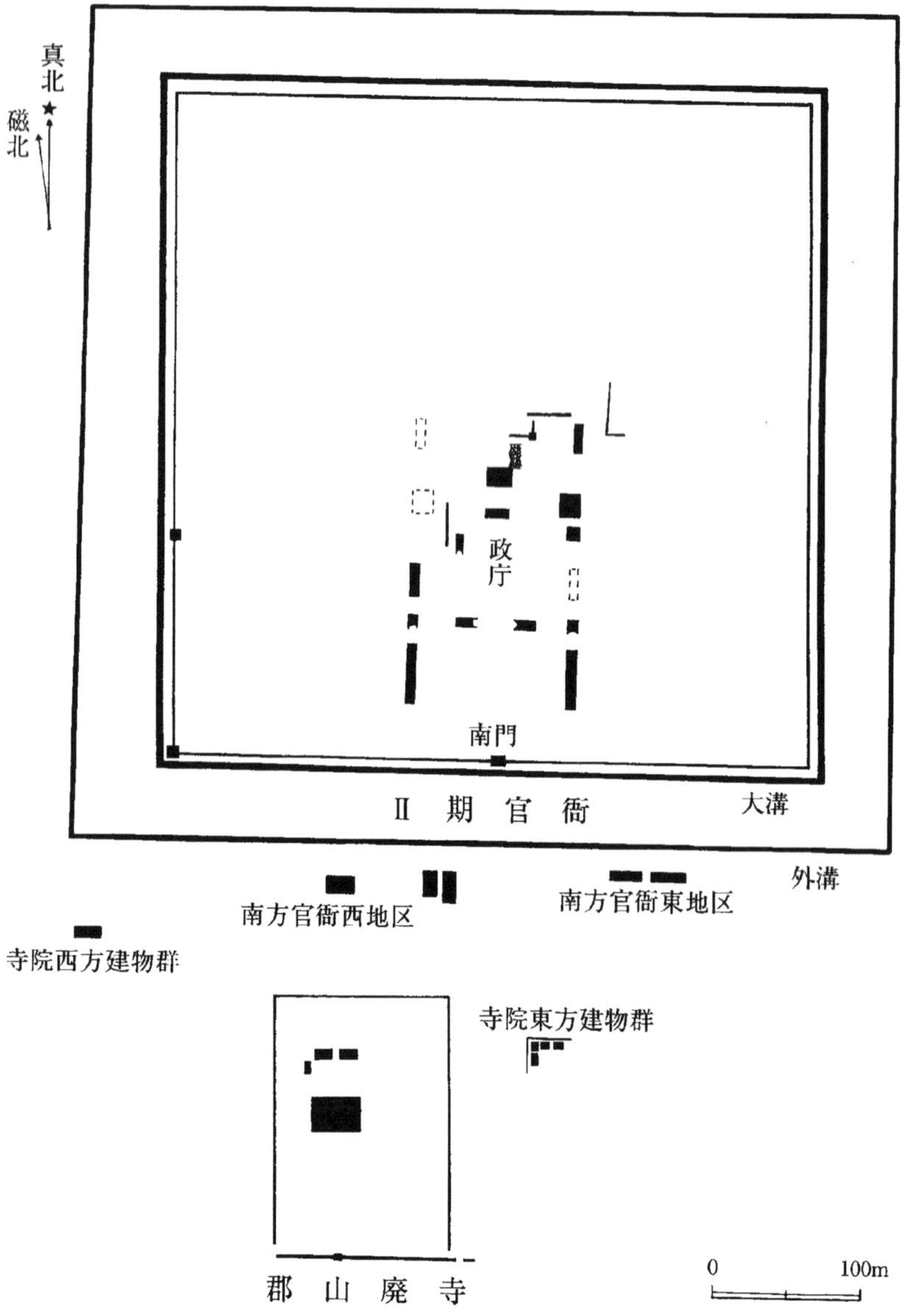

第12図　郡山遺跡Ⅱ期官衙

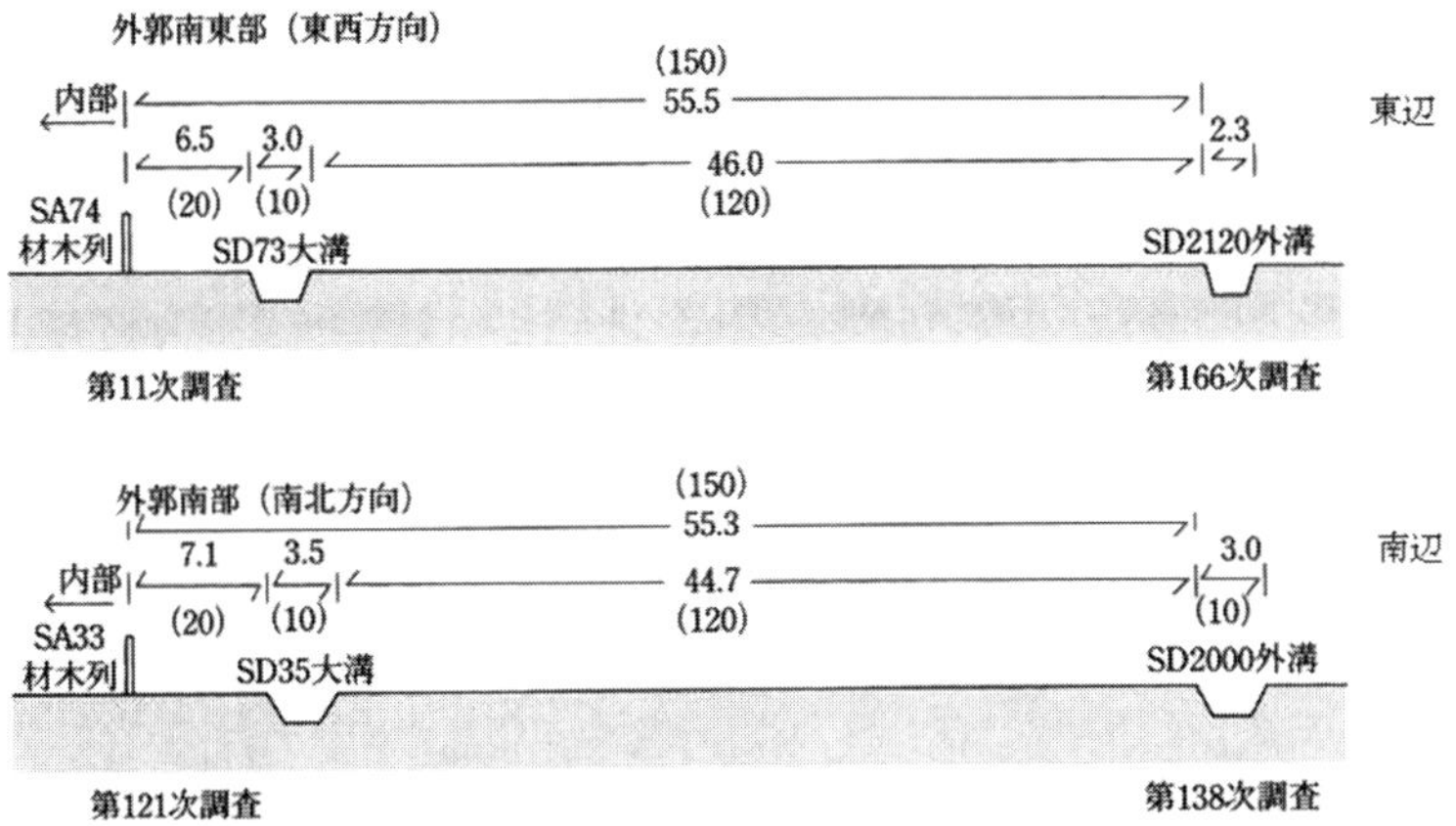

第13図　外郭材木列から外構までの構造模式図（『仙台市文化財調査報告書第296集　郡山遺跡26』所載図に一部加筆　単位は m、（　）は大尺）

ほぼ正方形である。Ⅱ期官衙の官衙域は材木列塀に囲まれた区域になるが、その面積は約一八ヘクタールで、多賀城の総面積七四ヘクタールの四分の一である。

調査によれば、溝の規模は、大溝が幅三〜五メートル、深さ一メートル、外溝が幅三・四〜五メートル、深さ一・二〜一・七メートルである。材木列塀と二つの溝の規模、配置間隔は調査地点ごとに少しずつ異なっているが、それらを整理して模式的に示したのが第13図である。(9)

外郭塀南辺中央に南門を開く。この門は柱穴四個を検出しているだけで、これまで三間×二間の八脚門としていたが、五間×二間の十二脚門になる可能性が高い。

材木列塀には櫓が設けられている。南辺に四基、西南隅に一基、西辺に一基を検出している。南辺の櫓は材木列塀の内側にあり、二形式がある。A類は柱穴が二列で桁行三間×梁行一間のもの、B類は柱穴三基が一列に塀と平行に並ぶもので、塀と連結したものである。南辺の中点から一〇〇大尺間隔にA・B類が交互に配置されるらしい。西辺と西南隅の櫓は南辺とは形式が異なり、塀をまたぐ形式のものである。(10)

中枢区　外郭南門を入った中央部の南部に中枢区がある（第14図）。

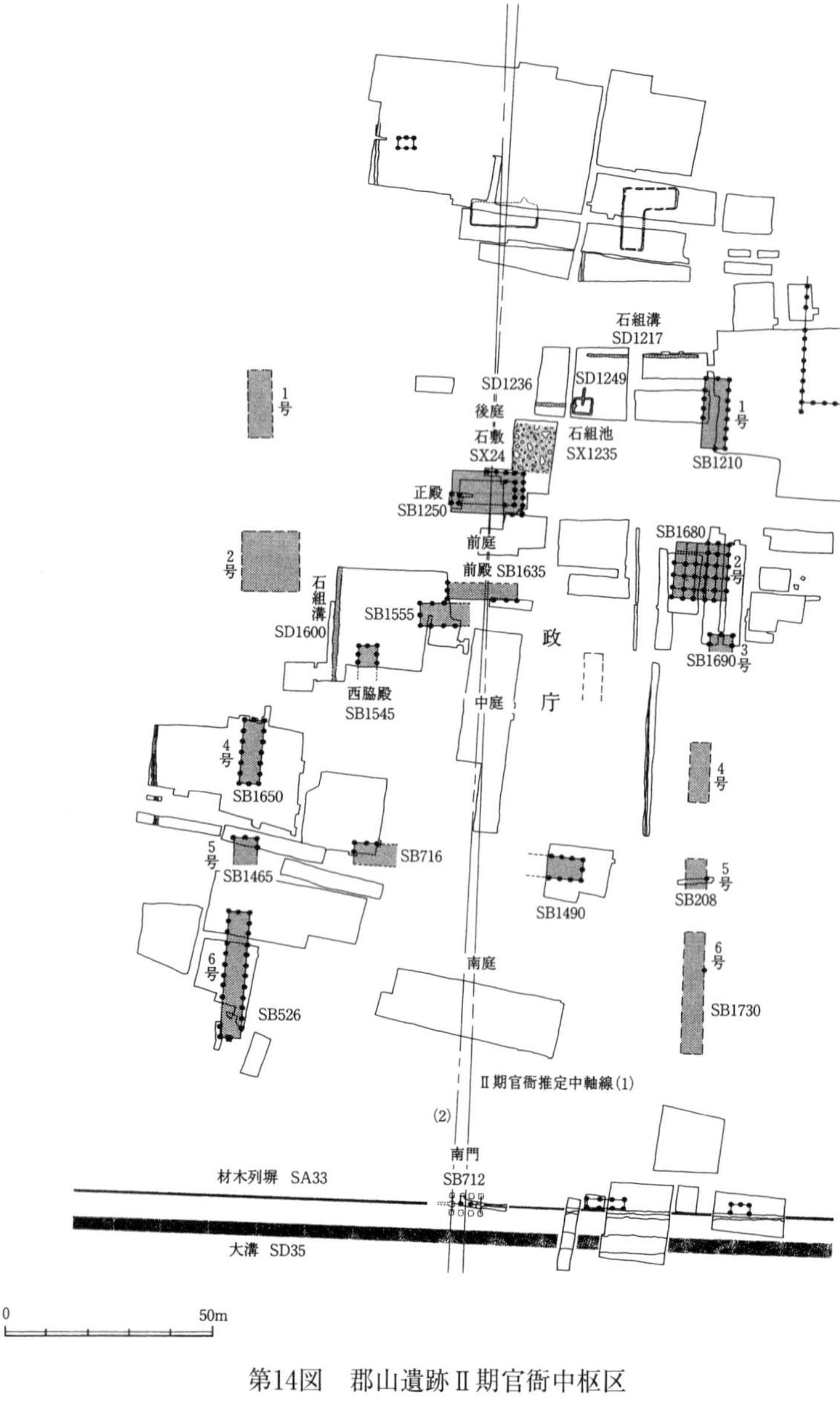
石組溝
SD1217
SD1236
SD1249
後庭
石敷
SX24
石組池
SX1235
1
号
SB1210
正殿
SB1250
前庭
前殿 SB1635
2
号
SB1680
石
組
溝
SD1600
SB1555
政
庁
SB1690
3
号
西脇殿
SB1545
中庭
4
号
SB1650
5
号
SB1465
SB716
SB1490
SB208
6
号
SB526
南庭
SB1730
II期官衙推定中軸線(1)
(2)
南門
SB712
材木列塀　SA33
大溝　SD35
0
50m

第14図　郡山遺跡II期官衙中枢区

A・B期の二小期があり、両者は建物の振れが異なり、A期の建物群は真北に対して東に〇～五度、B期は真北に対して西に二～六度である。B期の建物群は全体の建物配置が復原できないのでここではふれない。

A期の建物群は、全面的に検出されていないが、仮想中軸線を基準に東西対称に建物が配置されると考えられ、基本的に正殿の南にロの字形に建物を配置し、北に石敷と石組池を置き、これらの東西の外側に南北方向に各六棟の南北棟建物を配置すると復原できる。正殿SB一二五〇は外郭南門の北約一八〇メートル、官衙域の中心点より南に位置し、八間（一七・四メートル）×五間（一〇・八メートル）の四面廂付東西棟建物である。正殿の南約一六メートルに前殿SB一六三五がある。六間×二間で正殿と梁をそろえる。[11] SB一六三五の西南に西脇殿南北棟SB一五四五（三間以上×二間）がある。SB一六三五の南六五メートルに二棟の東西棟SB七一六（三間以上×一間以上）、SB一四九〇（四間以上×二間）がある。中軸線に対して東西対称に二棟が並ぶか、あるいは一棟の建物になる可能性もある。SB一六三五・一五四五・七一六・一四九〇が先に述べたロ字形の配置の建物群である。正殿の北に石敷、石組池、後述する東列第1号南北棟建物SB一二一〇がある。

以上の建物群の西の外に南北に並ぶ三棟（SB一六五〇・一四六五・五二六）、東の外に五棟の南北棟建物（SB一二一〇・一六八〇・一六九〇・二〇八・一七三〇）をそれぞれ検出している。これらは中軸線に対して東西対称に配置されると考えられるので、未検出も含めて、東・西列に各6棟の南北棟建物が配置されると復原し、各列北から1～6号の番号を付してよぶこととする。東列2号SB一六八〇は四間×四間の身舎のまわりに一間の廂あるいは縁をめぐらす楼閣建物であり、ほかの建物は梁行二間の南北棟建物である。

中枢区の構造　中枢区A期の施設に関してその全体構造を把握する。中枢区が外郭南門を入った官衙域の中央部南部に位置することからみて、中枢区の中にこの官衙の中枢部の政庁があることは確かであろう。後述のようにⅡ期官衙は陸奥国府と考えられるが、国府の政庁は国守を中心に官人らが会集し、儀式・宴会・政務を行う場である。この中枢区建物配置は八世紀の国府と異なり、また一部塀や溝を検出しているが、全体を区画する施設はなかったようなので、建物がどのようにまとまるのかが明確でない。全体構造を次のように理解する。

正殿を中心に、その南に、前殿と東西列2号建物に囲まれた前庭、さらに南にロ字形に配置された建物に囲まれた中庭、北に東西列第1号建物に囲まれた後庭があり、その中に石敷、石組池が配置される。正殿はここでの行事の主宰者である国守が南面して座す殿で、前殿はそれに対して属僚が北面して座す建物と解する。2号楼閣建物は前庭を荘厳する意味をもつものであろう。中庭の南の空間も何らかの役割を果たす場合が考えられ、これを南庭とよぶ。後庭については後述する。以上が政庁であり、このほかの東・西列の各3〜6号建物は、曹司と理解する。これらを政庁の一部ではなく曹司とするのは、これらが梁行は同じであるが桁行が不揃いであること、正殿との間に中庭区が入り、正殿と一体的に使うことができないこと、Ⅱ期官衙域に曹司に当たるような建物群が検出されていないことなどの理由による。この官衙では、政庁の周辺に曹司を集めて配置し、政庁と曹司の一応の区別があるが、両者が関係ある構造であると理解する。

工　房　官衙域内では外郭の東・西辺の内側に工房がある。東辺では外郭東南隅の北約七〇メートルの地点に鉄鍛造、銅鋳造、漆などの工房、西辺では西南隅の北約一四〇メートルの地点に鉄・漆の工房がある。後者はⅡ期官衙建造中に操業していたものである。

設計尺度　前に掲示した材木列塀、大溝、外溝に囲まれた区域の計測値について、古代の尺に換算して設計尺度を考えたい。養老令の規定によれば、尺には令大尺（高麗尺）と令小尺（天平尺）があり、両者の関係は一大尺＝一・二小尺で、測地には令大尺を用い（雑令1度十分条・同2度地条）、大宝令の規定も同じと推測できる。測地尺は大宝令以前から令大尺であり、和銅六年（七一三）に令小尺に変わると考えられている。

Ⅱ期官衙の造営は出土遺物によって七世紀末と推定されているので、一応Ⅱ期官衙は令大尺で設計されたと思われ、前に示した材木列、大溝、外溝に囲まれた区域の数値を令大尺に換算する。古代の尺度の実長には若干の幅があるので、それぞれの換算尺数値を仮定して、一令大尺の数値を算出してその妥当性を確かめるという方法をとることにする。その結果は第18表の通りである。(12)

造営尺度が令大尺であった藤原宮、平城宮、平城京跡の遺構の実測値から算出した一大尺数値は次の通りである。(13)

藤原宮　三五・五九センチメートル

平城宮　三五・五二六センチメートル

平城京　三五・五三二センチメートル

表の仮定換算尺から算出された一大尺数値はこれらの数値に近いので、仮定換算尺数値は妥当と考えられる。これらの換算尺数値の内、外溝の東西・南北の数値が計測値では若干の差があるが、いずれも一五〇〇大尺、材木列塀の東西が一二〇〇大尺という完数値になる点は注目すべきである。特にこのうち、外溝の一五〇〇大尺は一里に当たり（雑令4度地五尺為歩条）、外溝に囲まれた区域は一里四方の正方形に設計されていたと考えられる点は特筆に値する。

4　郡山廃寺

遺構　郡山廃寺はⅡ期官衙の付属寺院で、官衙の南の西よりに所在する（第12・15図）。Ⅱ期官衙と同時期に造営され、廃絶はⅡ期官衙より遅れて八世紀中頃である。伽藍中枢部は四辺を材木列塀で囲み、その規模は東西が北辺で一二〇メートル、南辺で一二五メートル、南北が一六七メートルであり、南辺がやや長い四辺形を呈し、その面積

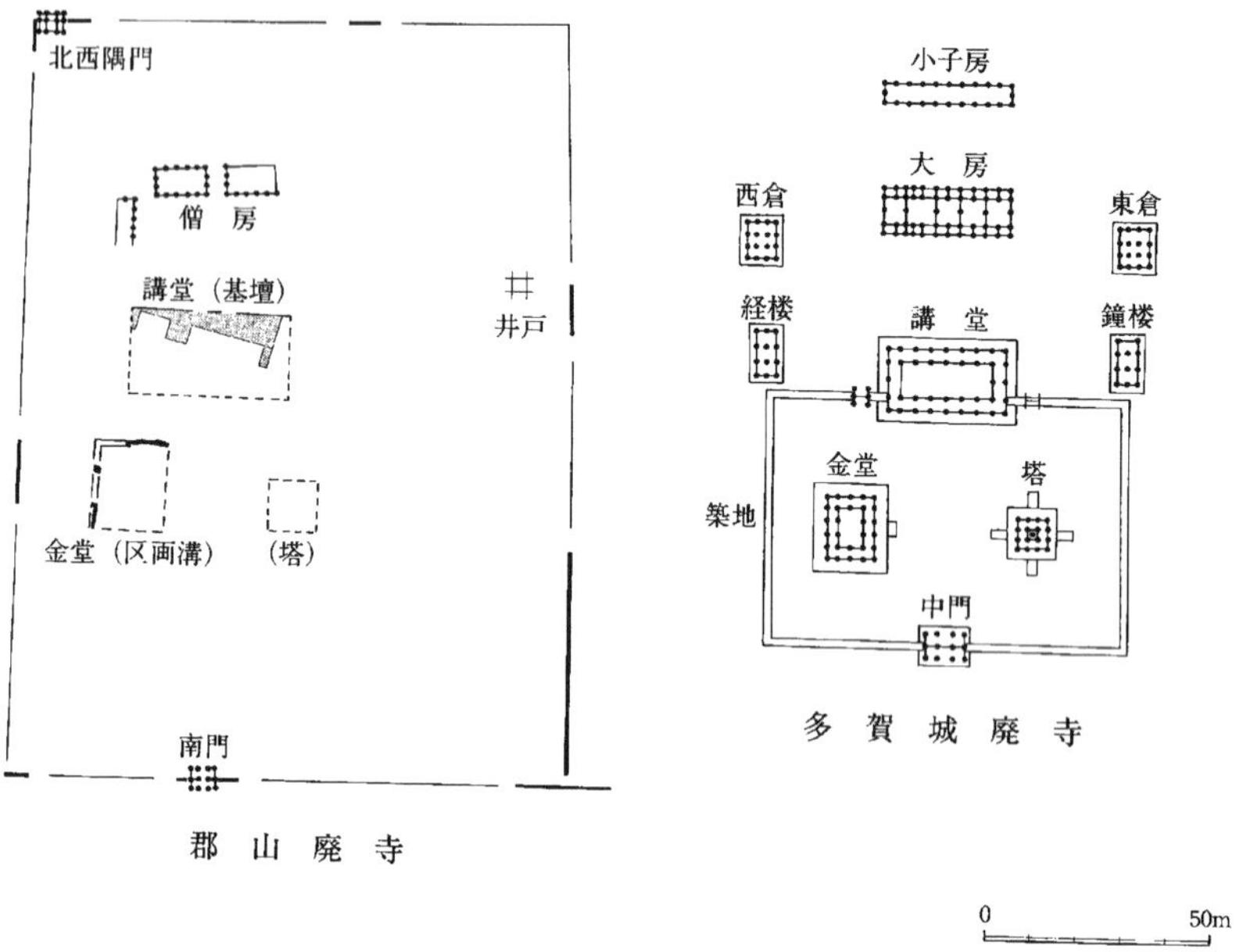

第15図　郡山廃寺と多賀城廃寺

は約二ヘクタールである。南辺塀が東辺塀より東へ一一メートルのびていて、寺域はこの区画よりさらに東へ広がる。南辺の西からほぼ三分の一の地点に南門SB一八八〇を、北辺の西端に隅門SB八三四をそれぞれ開く。両門とも三間×二間の八脚門で、北西隅門が桁行五・四メートル、梁行四・三メートルで、桁行五・一メートル、梁行四・一メートルの南門より、少し大きい。

主要堂宇はすべての遺構を検出していないが、南門を通る南北線を中軸線として配置されると推定される。講堂SB一〇〇は南門の北、伽藍中枢域の中央西よりにある東西棟基壇建物である。発掘区の土層断面で基壇版築と掘込地業を検出しているだけであり、基壇規模は東西三二メートル以上、南北一二メートル以上である。桁行が長いことから講堂と推定された。僧房は講堂の北にある掘立柱建物群で、A～C期の三期がある。C期が整った配置になり、伽藍中軸線をはさんで東西に2棟の東西棟建物SB八九〇・九〇〇（三間×

五間)、西建物の西南に南北棟建物SB八六〇(二間×四間以上)があり、建物群が南に開くコ字形に配置されると推定される。講堂の西南に瓦葺き基壇建物の存在が推定される。基壇北辺・西辺と考えられる溝を検出し、溝から大量の瓦が出土したことから、瓦葺き基壇建物の存在を推定した。このほか未調査であるが、講堂の東南、瓦葺き基壇建物の東に、かって礎石があり、礎石建物の存在が推測される。

講堂の東、東辺材木列塀の内側六メートルに井戸SE一五七があり、木簡三点が出土し、第2号木簡には「□学生寺」、第3号木簡は写経料紙に界線を引くための定木で、「優婆塞」を意味する習書が記される。第2号については後述するが、第3号はこの遺跡が寺院であることを示す。

出土瓦 郡山廃寺の出土瓦は、八弁単弁蓮華文軒丸瓦、ロクロ挽き重弧文軒平瓦、粘土板桶巻作り無段丸瓦、粘土板桶巻作り平瓦である(14)。これらの出土瓦は製作技法などから多賀城・多賀城廃寺の創建瓦より古いと考えられている。軒平瓦・平瓦の製作技法について、畿内では藤原宮以前には粘土板桶巻作りであるのに対して、平城宮以後には一枚作りになるが、郡山廃寺出土瓦は粘土板桶巻作りであるの対して、多賀城・多賀城廃寺創建瓦は粘土板桶巻作りで作ったものを凹型あるいは凸型の一枚型を用いて調整しており、前者が後者に先行することが明らかである。また軒平瓦は多賀城・多賀城廃寺創建瓦がヘラ描き重弧文であるのに対して、郡山廃寺はロクロ挽き重弧文であるが、このロクロ挽き重弧文は都では川原寺・山田寺を最古として七世紀後半に盛行し、平城宮創建以後には生産されなくなる。進藤秋輝氏は、これらをふまえて郡山廃寺の瓦の年代を七世紀末~八世紀初めに考定した。

郡山廃寺と多賀城・多賀城廃寺創建瓦の軒瓦は類似する点があり、前者が後者の直接の祖型であると考えられる。八弁単弁蓮華文軒丸瓦(15)と重弧文軒平瓦の組み合わせが同じであるし、特に軒丸瓦の文様は、多賀城廃寺出土の一〇類の軒丸瓦のうち第10類と、郡山廃寺のものが一部相違する点もあるがよく似ており、郡山廃寺の瓦は多賀城・多賀城廃寺創建瓦の直接の祖型であると考えられる。多賀城・多賀城廃寺の瓦は同時期の平城宮の瓦とは異なる点があり、七世紀後半の瓦と類似する点があるが、それは郡山廃寺の瓦を基にして作られたからであると指摘されている。郡山廃寺の瓦が国府多賀城とその付属寺院の多賀城廃寺の瓦の祖型であることは、郡山廃寺、郡山遺跡の性格を考える上で重要である。南門、講堂、瓦葺き基壇建物、井戸ＳＥ一五七から鴟尾が出土している。

伽藍配置　遺構の検出が十分でないが、郡山廃寺は多賀城廃寺と共通する点があるので、郡山廃寺の伽藍配置は多賀城廃寺と同じと推測される（第15図）。多賀城廃寺の伽藍配置は、西に東面する金堂、東に三重塔、その南に中門、北に講堂を配置し、中門から講堂に連なる築垣で囲み、講堂の北に僧房を置く。東西に塔と金堂を配置する点に特徴があり、この伽藍配置は基本的に大宰府の付属寺院である筑紫観世音寺と同じである（第16図）。

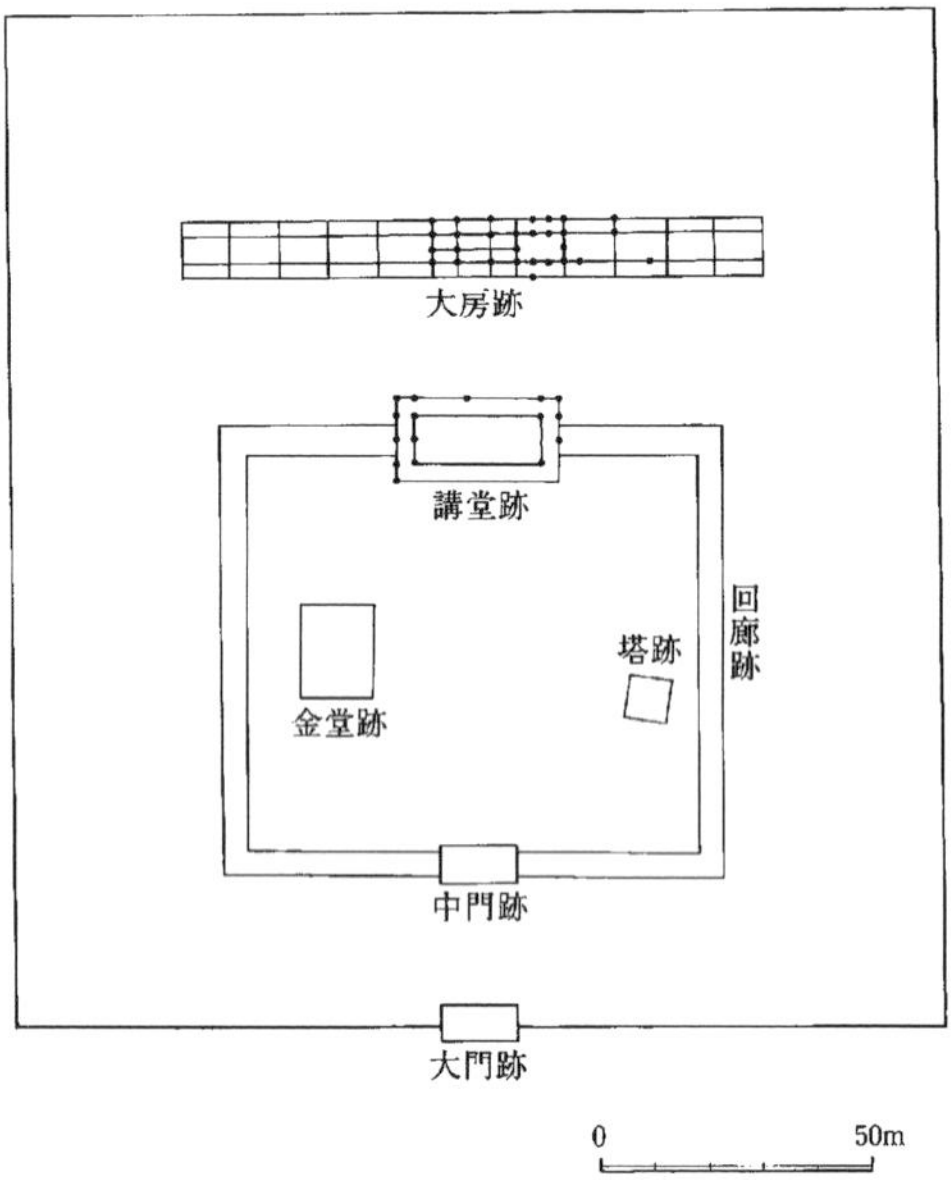

第16図　筑紫観世音寺

郡山廃寺と多賀城廃寺との密接な関係で指摘すべきは、まず先に指摘した①両寺の間の軒瓦の継承関係であり、さらに建物配置の点では次の二点が付け加えられる。②講堂基壇の東西長について郡山廃寺が三二メートル以上、多賀城廃寺が三一メートルである点、③講堂と僧房の距離について、郡山廃寺では僧房Ｃ期の東西棟建物南辺と講堂基壇北辺の距離が二四メートル、多賀城廃寺では大房南辺と講堂基壇北辺の距離が二三メートルである点である。(16)

以上の三つの共通点から、基本的に多賀城廃寺は郡山廃寺を継承して造営され、郡山廃寺の伽藍配置は多賀城廃寺を基に復原できると考えられる。すなわち、講堂ＳＢ一〇〇と僧房を基に考えると、講堂の西南の基壇建物が東面する金堂、東南の礎石の所在から推定される建物が塔であり、基本的に多賀城廃寺と同じ伽藍配置になると推定できる。

二　Ⅱ期官衙と宮都

Ⅱ期官衙について宮都との比較の視点から検討する。結論を先にいえば、Ⅱ期官衙は構造の点で藤原宮と共通点があり、基本的に藤原宮の宮城をモデルに設計されたが、それとともに前代の飛鳥の京との共通点も指摘できる。まず前者について官衙構造の面から、次に後者について政庁の石組池をめぐる服属儀礼の面から考察する。

1　Ⅱ期官衙と藤原宮

藤原京は持統八年（六九四）十二月〜和銅三年（七一〇）三月の一六年間の宮都であり、まだ京域は確定していないが、はじめて条坊制がしかれ宮城が設けられ、最初の律令制宮都と位置づけられている。Ⅱ期官衙はこの藤原宮の宮城と構造の面で共通する点が二点、関連する点が一点指摘できる。

官衙域・宮城域と中枢部　まず第一にⅡ期官衙の官衙域と藤原宮の宮城域の平面形がいずれもほぼ正方形で、かつ中枢となる政庁と大極殿・朝堂が、官衙域・宮城域の南北中軸線上の中央部から南部に位置する点である（第12・17図）。前述のようにⅡ期官衙域は、やや東西に長いがほぼ正方形を呈している。一方、藤原宮の宮城域は、条坊の南北二条、東西二坊の計四坊を占め、外郭に大垣として掘立柱塀をめぐらし、その規模は東西九二五・四メートル（二

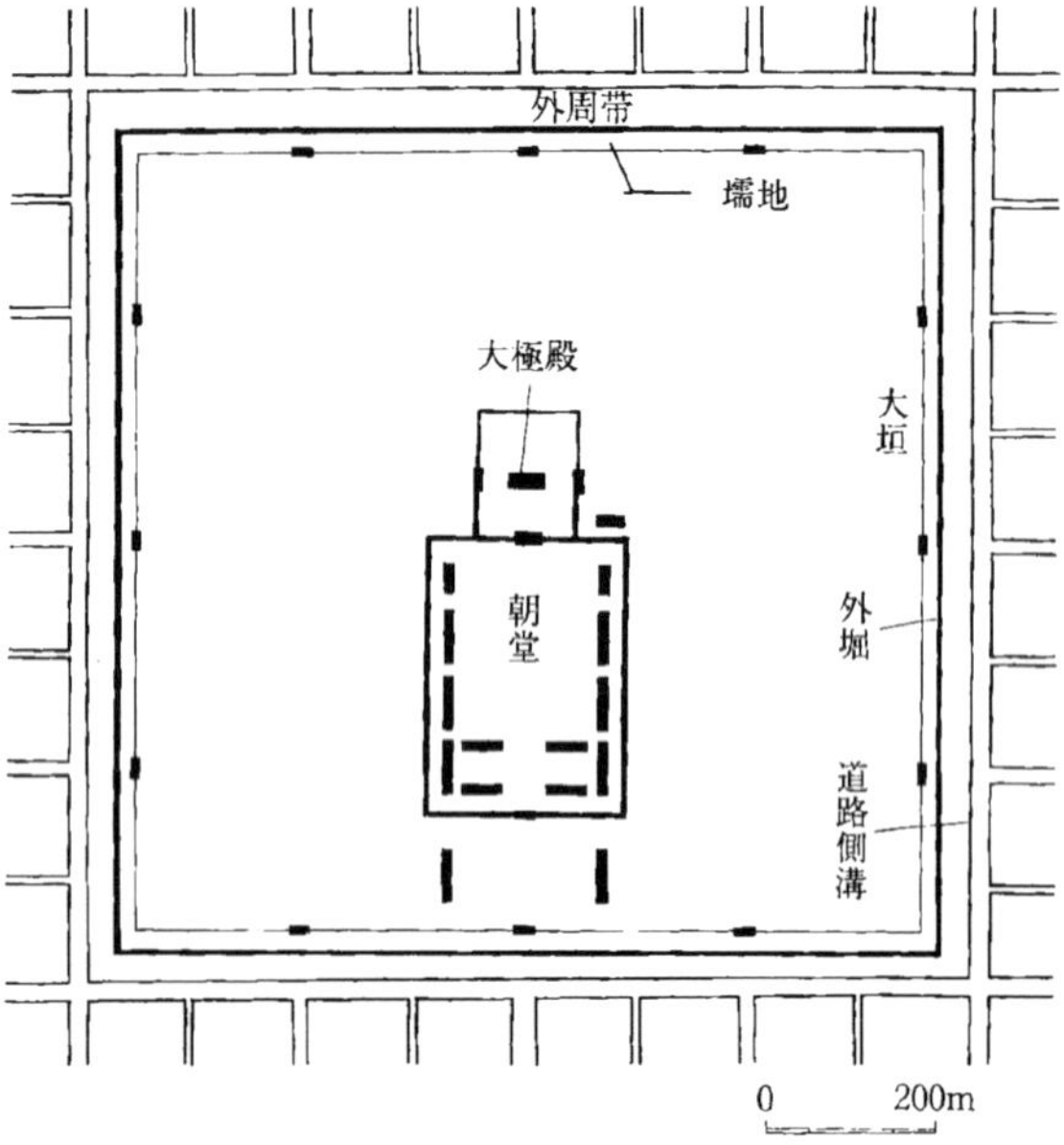

第17図　藤　原　宮

六〇〇大尺）、南北九〇六・八メートル（二五五〇大尺）で、やはりほぼ正方形をしている。東西にやや長い点も共通する。

Ⅱ期官衙の政庁と藤原宮の大極殿・朝堂は、儀式・饗宴・政務という同じ機能を持つそれぞれの中枢の施設である。Ⅱ期官衙では政庁が、藤原宮では大極殿・朝堂が、官衙域、宮城域それぞれの南北中軸線上の中央部から南部にかけて占地する。

これまでⅡ期官衙の正方形の官衙域と政庁の位置の意味については、例えば胆沢城にも例があるために城柵の一つの類型とみられて特に問われることがなかったが、Ⅰ期官衙からⅡ期官衙への転換は大きなものであるし、このような構造の地方官衙は七世紀後半から八世紀初めには例がないから、その成立は大きな意味があると考えなければならない。

宮都の歴史において、正方形の宮・宮城域と中枢施設がその中軸線上の中央南部に位置する構造は、藤原宮に始まると考えられる。孝徳朝の難波長柄豊碕宮（六五一～六五四年）に当たる前期難波宮では、内裏・朝堂とともに、朝堂南に外郭南門、外郭の南辺と西辺の塀を検出し、一応宮域は東西六七〇メートル以下、南北約六五〇メートルの方形に推定復原されているが、その推定宮域内には自然地形の深い落ち込みがあって宮域が方形になるのかも危ぶまれ、また宮西辺を宮中軸線で東に折り返した線より東で官衙の遺構が検出されているから、中枢部は宮域の中軸線上にないことは確かである。[17] 飛鳥では斉明朝の後飛鳥岡本宮（六五六〜六六七年）に当たる伝承板蓋宮跡Ⅲ—A期、天武・持統朝の飛鳥浄御原宮（六七二〜六九四年）に当たる同Ⅲ—B期で、内裏に当たる内郭の外に外郭の東辺の塀を検出しているが、外郭は地形からみて不整形になるらしい。また天智朝の近江大津宮（六六七〜六七二年）は地形的制約から外郭が整備されたとは考えられない。[18] 以上から、ほぼ正方形の宮城域の中軸線上に中枢部を置く構造は藤原宮で成立したものと考えられる。藤原宮における正方形の宮城の成立は、内裏、大極殿・朝堂を中核として中央官衙を統合した宮城の成立と関係し、また条坊制の成立に基づく。条坊制の成立によって、都城の単位として正方形の街区である坊が造り出され、宮城はその坊を単位に設定されることによって、正方形になったのである。

外郭の構造　第二に、藤原宮との共通点として指摘できるのが外郭の構造である。前述の通り、Ⅱ期官衙の外郭は、外囲施設の材木列塀の外に壖地を隔てて大溝、その外に空間帯を隔てて外溝がめぐり、外囲の塀の外を二重に溝と空閑帯がめぐる構造になっている。藤原宮では外囲施設として掘立柱塀の大垣がめぐり、その外に壖地を隔てて外堀、さらにその外に外周帯とよぶ空閑帯、最も外に条坊の大路の側溝がめぐる。すなわち大垣の外に、外堀と大路側溝という二重の溝、その間に壖地と外周帯という二重の空閑帯をめぐらしているのである。平城宮以降の宮都では宮城の大垣の外は壖地を隔ててすぐに大路の側溝が位置し、このような大垣外の構造は藤原宮に特有なものである。

井上和人氏によると、藤原宮の外郭の大垣、堀の設定は、心々距離でなく大垣—堀岸、堀幅として設計されており、大垣の各面で設計値が異なっており、その数値を示すと次の通りである。大垣—外堀岸の距離（壖地幅）は東面五〇大尺（一七・八メートル）、西面四五大尺（一五・九メートル）、北面六〇大尺（二一・三メートル）、南面は場所によって異なり、東部で四〇大尺（一四・一六メートル）、中門前で五〇大尺（一七・七〇メートル）、西部で六五大尺（二三・〇一メ

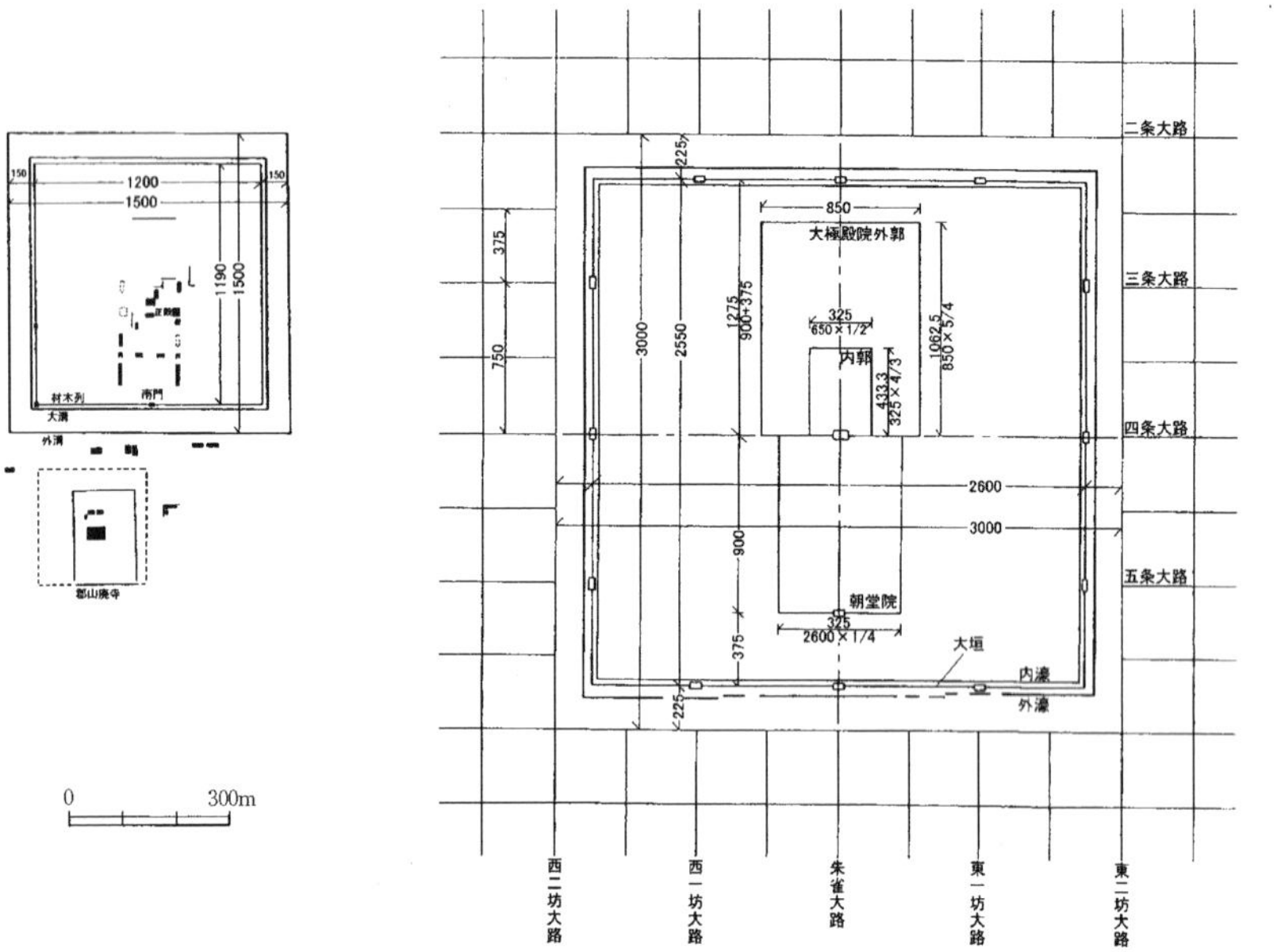

第18図　藤原宮と郡山遺跡Ⅱ期官衙の地割（藤原宮の図は井上：1984を基に作成。平間亮輔・斎藤義彦「郡山遺跡の遺構変遷」（第34回古代城柵官衙遺跡検討会資料集）より。単位は大尺）

ートル）、外堀幅は東面・北面・南面一五大尺（五・三一メートル）、西面三〇大尺（一〇メートル）、外堀岸—大路側溝岸（外周帯幅）はすべてについて分からないが、南面が八〇大尺（二八・三メートル）、東面が三八メートル余である(19)。

以上の通り、Ⅱ期官衙と藤原宮の外郭の構造は、外囲の塀の外を二重の溝と空閑帯がめぐる点で同じである。

官衙域・宮城域の規模　第三に、藤原宮と関連する点として、Ⅱ期官衙の規模が藤原宮に対して、長さで二分の一、面積では四分の一であることである(補注1)。ここで比較の対象とするのは、藤原宮の大路側溝内側の区域とⅡ期官衙の外溝内側の区域で、前者の一辺は三〇〇〇大尺であるのに対して、前述の通り後者は一五〇〇大尺であり、Ⅱ期官衙の規模は藤原宮に対して、一辺の長さで二分の一、面積では四分の一になるのである（第18図）。

この一五〇〇大尺という数値は、測地単位である三〇〇歩＝一里に当たるとともに（雑令4度地五尺為歩条）、藤原京・平城京の条坊設定において基準となる長さである点に注意すべきである。すなわち両京では条坊設定に当たり、一五〇〇大尺＝一里間隔の方格を基準に大路を設定し、大路に囲まれた「坊」という街区が設けられる。藤原宮はこの条坊制の東西二坊・南北二条の四坊に設定されたので、大路側溝に囲まれた区域が三〇〇〇大尺＝二里四方になるのである。

Ⅱ期官衙は藤原宮モデル　Ⅱ期官衙と藤原宮が、全体のほぼ正方形の平面形と中枢部の位置、外郭の構造の点で共通し、さらに規模の点で関連することから、両者が設計の上で密接な関係にあることは明らかである。両者の関係について、地方官衙をモデルとして宮城が設計されたと考えるよりも、宮都である藤原宮をモデルとしてⅡ期官衙が設計されたと考えるのが自然であろう。すなわち、Ⅱ期官衙は全体平面形、中枢部の位置、外郭などの官衙の構造について藤原宮宮城をモデルとし、規模については長さで二分の一、面積で四分の一に縮小して設計されたのである。これほど密接な関係を持って宮都をモデルに設計された地方官衙はほかにはないであろう。このことは、Ⅱ期官衙が古代国家にとって特別に重要な官衙であったことを示していよう。

Ⅱ期官衙が藤原宮をモデルに設計されたといっても、外郭の構造について、藤原宮では最外の溝が大路の側溝で、条坊地割と一体的な構造であるのに対して、Ⅱ期官衙では官衙域の外に方格地割の存在が想定できないという相違がある点は注意しなければならない。Ⅱ期官衙は、藤原宮の外郭を条坊地割から切り離して模倣しているのであろう。この外郭の外の広い空閑帯は、Ⅱ期官衙を荘厳に見せる仕掛であろう。

ところで材木列塀、大溝、外溝のうち、外溝の区域が、モデルにした藤原宮の二分の一の一里四方に設定されているのであるから、Ⅱ期官衙の設計において最も重要な意味を持つのは外溝であろう。外溝がⅡ期官衙の設計計画の大枠になっているのである。例えば、外溝の方一里の線を基準に、内側の大溝、材木列塀が設定されているのであろう。

Ⅱ期官衙造営年代の上限　Ⅱ期官衙が藤原宮をモデルに設計されていることは、Ⅱ期官衙の性格、および造営年代を考える上で重要なことである。後者については、Ⅱ期官衙の造営時期の上限を、藤原宮の造営年代によって定めることができるのである。

すでに報告書でⅡ期官衙の造営年代について出土土器などを論拠に七世紀末とされているのに、あえて本稿でⅡ期官衙の造営年代について論及するのは、出土土器によって七世紀末という場合、年代の幅がどの程度なのか、また本当に七〇〇年以前なのかという点に関して明確でないからである。古代史では七〇一―七〇二年の大宝律令施行の前か後かで歴史的位置づけが変わってくる。以下では、出土遺物による年代を前提にしながら、宮都との関係でⅡ期官衙の造営年代について、可能な限り狭く限定して提示したい。

藤原宮・京の造営過程は複雑で、文献史料と発掘調査の成果によって次のように考えられる。すなわち、天武五年（六七六）に「新城」が造営され、のちに藤原京に引き継がれる条坊地割が施工されたが、造都の工事は中断された。同十三年（六八四）三月に同地で藤原宮の宮城の位置が決定されて工事が再開されるが、朱鳥元年（六八六）九月天武天皇の死亡によって再び工事は中断された。持統四年（六九〇）正月の持統即位後、十月ころから宮城の工事が再開され、同八年（六九四）十二月に遷都した。[20] 藤原宮の宮城域や大極殿・朝堂の位置、外郭の構造などの基本設計が、持統朝の造営工事再開の持統四年に決まっていたのは確かであるが、さらにさかのぼって天武十三年の宮城位置の決定の際に定まっていた可能性もあり、Ⅱ期官衙の造営年代の上限を一応天武十三年とすることができるが、しかし宮城のために新しく設計された構造が、それが造営され機能していないうちに地方官衙で採用されることは考えにくい。従ってⅡ期官衙の造営年代の上限は、安全性を考えれば天武十三年（六八四）であるが、藤原宮遷宮の持統八年（六九四）十二月と考えておきたい。

2　Ⅱ期官衙と飛鳥の京

Ⅱ期官衙政庁の正殿北の後庭にある石組池は、地方官衙では例のない珍しい遺構であるが、飛鳥の石神遺跡によく似た池がある。この二つの池をめぐって、蝦夷の服属儀礼の観点から、Ⅱ期官衙と飛鳥の京との共通点を指摘する。

Ⅱ期官衙政庁後庭　Ⅱ期官衙政庁の正殿の北には、石敷・石組池・南北棟掘立柱建物などがあり、これらは一体的なものとして、一つの儀礼空間を構成していると考えられる。

石敷SX二四は砂利の上に拳大の扁平な円礫を敷いたもので、正殿SB一二五〇の北側柱に接し、南北幅一三メートルで、東西は一一メートルを確認しているだけだが、正殿の北に広がっていたと推定される。正殿の東・南は調査したが石敷を検出できず、表土などからの円礫の出土が少ないので、存在しなかったと思われ、正殿の北だけに敷設されていたと推測できる。

第19図　郡山遺跡の石組池（南より、仙台市教育委員会提供）

石組池SX一二三五は、正殿の東北角から東北一九・五メートル、石敷北縁から北四メートルに位置する（第19図）。平面形は内法で東西三・七メートル、南北三・五メートルのほぼ正方形で、深さは石敷面の高さから見て七〇センチメートルと推定される。四辺の側壁は垂直に立ち、川原石を小口積みし最下段には大きい石をすえ、裏込めに粘土と黒褐色シルトをつめ、底面は裏込めに粘土・褐色シルトを敷いた上に、部分的にしか遺存しないが、扁平な円礫を敷く。側壁・底の裏込めの工法は池に貯水するためである。

給水・排水のための石組溝が敷設されている。池の北一一メートルに東西溝ＳＤ一二一七があり、その西端で直角に南に折れ、南北溝ＳＤ一二四九となり、この溝が池の北辺中央部に接続する。これらが給水のための溝である。池西辺中央部から西へのびる東西溝ＳＤ一二三六があり、これが排水のための溝である。ＳＤ一二一七は内法幅二〇～三三センチメートルで、底に扁平な円礫を敷き側石を立てる。ＳＤ一二三六は内法幅五〇センチメートルで、遺存状況が悪く底石のみが残る。政庁の西に南北石組溝ＳＤ一六〇〇があり、ＳＤ一二三六はこれに接続すると推定される。池とＳＤ一二四九・ＳＤ一二三六の接続部は、池の側石上縁から三〇センチメートルほど切り込んだ形で溝の底面があり、給水溝ＳＤ一二四九から給水すると排水溝ＳＤ一二三六から流出するが、池には約四〇センチメートルの深さに貯水する。[21] 池・溝を石組にしているのは池に浄水を貯めるためである。池の東二七メートルに東列1号南北棟掘立柱建物ＳＢ一二一〇がある。桁行七間（一八・三メートル）×梁行二間（五・六メートル）で、床張りである。池は建物のほぼ西正面に位置し、両者は一体的な関係にある。この方形の石組池は地方官衙には例がなく、古代の遺跡でも珍しく、飛鳥の石神遺跡の池が注目される。

飛鳥石神遺跡　藤原京の東南に接する飛鳥の地域には、藤原京の前、崇峻五年（五九二）遷宮の豊浦宮から持統八年（六九四）に終わる飛鳥浄御原宮に至るほぼ一世紀間にわたって、一時宮が外に出ることはあったが、歴代の諸宮が営まれ、中央政府の諸施設や寺院なども設けられ、『日本書紀』に「倭京」という京が形成されていた。飛鳥の中央には、蘇我氏が崇峻元年（五八八）に発願した日本最初の本格的伽藍である飛鳥寺が所在し、その南の伝承板蓋宮跡には、舒明の岡本宮（Ⅰ期）、皇極の飛鳥板蓋宮（Ⅱ期）、斉明の後飛鳥岡本宮（Ⅲ―A期）、天武・持統の飛鳥浄御原宮（Ⅲ―B期）が重複して検出されている。[22]

石神遺跡は飛鳥寺寺域の西北隅に接して位置し、七世紀半ば〜八世紀前半の年代で、A〜D期の四期の遺構が重複している。方形石組池があるのはA期とB期であるが、ここではA期の池SX一〇一〇に注目する。A期は七世紀半ばの斉明朝に当たり、そのうちA―3期が最も整備され、東西に建物群が設けられている（第21図）。西建物群は四辺を長廊で囲み、中に多くの建物を配置し、中枢的な施設である。東建物群は西より規模が小さく、四辺に桁行方向に長い建物を配置して全体を囲み、全体は南北四〇・四メートル、東西二四・七メートルの規模であり、その内部に北

第20図　飛鳥石神遺跡の石組池（奈良文化財研究所提供）

に一〇間×五間の四面廂付南北棟建物の正殿、南に六間×二間の東西棟建物の前殿を配置する。石組池SX一〇一〇は前殿を取り壊した後に空閑地の西寄りに設けられている。この池は平面形が一辺六メートルの正方形で、深さが八〇センチメートル（第20図）。側壁は垂直に川原石を二、三段に積み、四隅には立石を据え、裏込めは粘土と砂を版築状に互層に積み固める。底は粘土を敷いた上に小石を敷く[23]。給・排水の溝はないが、裏込めの工法からみて貯水したものである。

　石神遺跡A―3期の遺構は、須弥山石（しゅみせんせき）とよばれる須弥山をかたどった石製の噴水施設が出土していることから、『日本書紀』斉明紀にみえる須弥山の園池に当たると考えられている。ここでは朝貢してきた蝦夷などの夷狄の服属儀礼が行われた[24]。

　Ⅱ期官衙と石神遺跡の二つの方形石組池は、平面規模こそ差があるが、構造などで共通し、両者は同じ用途に用いられたものと思われる。その際

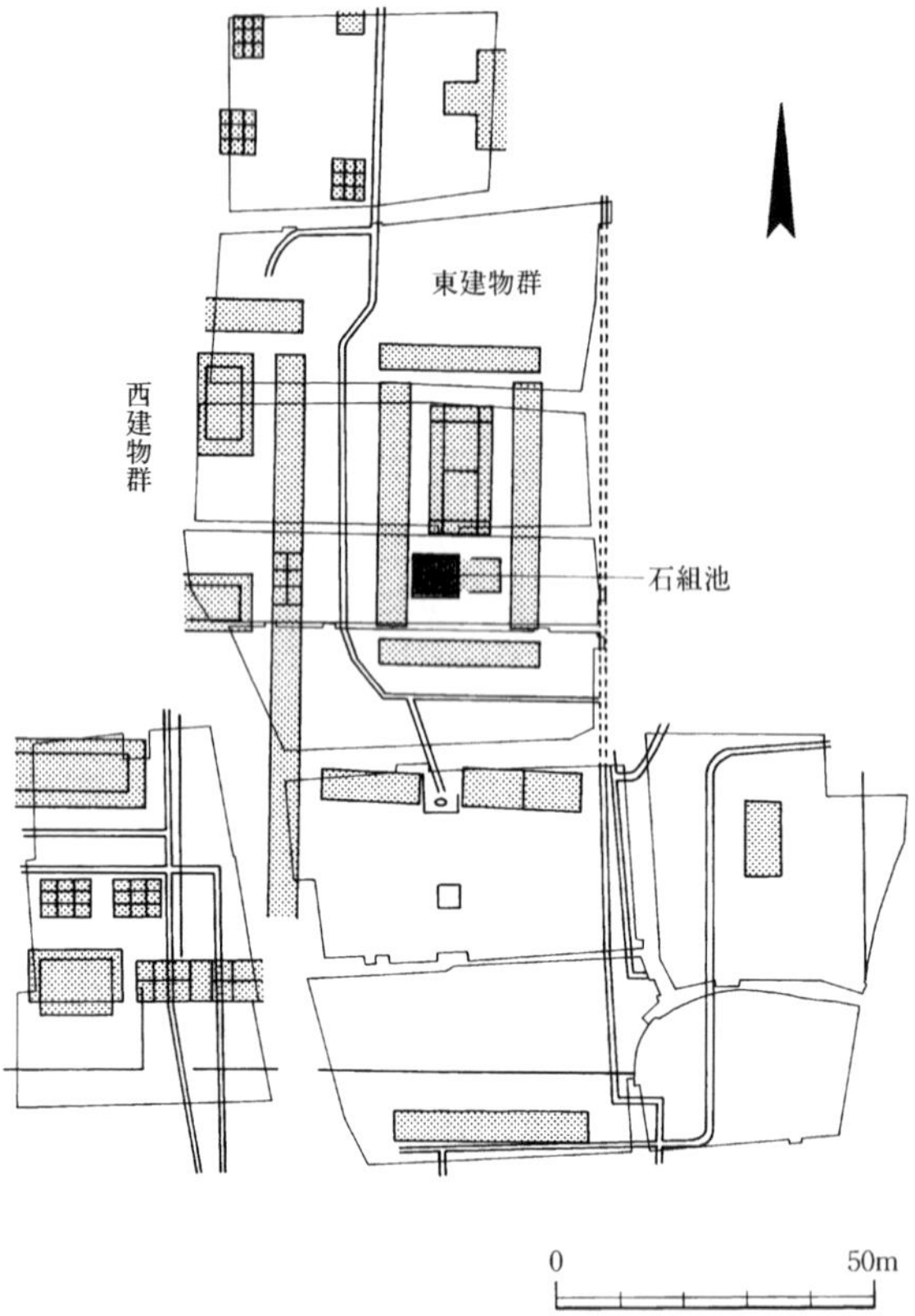

第21図　石神遺跡遺構図（『奈良国立文化財研究所年報2000-Ⅱ』図44を改変）

Ⅱ期官衙政庁と石神遺跡で行われた共通のことは、蝦夷の服属儀礼であるから、この点から考察すべきである。

飛鳥の服属儀礼　蝦夷は遅くも七世紀半ばから毎年都と国府・城柵などの地方官衙に朝貢し、天皇に服属することを誓約する服属儀礼を行った。都での蝦夷・隼人などの夷狄の服属儀礼は七世紀と八世紀では、行う日時、場所、性格を変えた。七世紀には日時を定めず神聖な場で行い、天皇への服属を神聖なるものに誓約する呪術的性格のものであり、八世紀には大極殿・朝堂で行う元日の朝賀に参列して、天皇に直接誓約する儀礼的な性格のものになった。元日の朝賀は臣下一般が天皇への服属を示す儀礼であり、七世紀にはこれと別の日時・場所で別個に行われていた夷狄の服属儀礼が、八世紀には朝賀に組み込まれたのである。

七世紀に夷狄の服属儀礼が行われたのは、斉明朝には須弥山の園池であり、天武・持統朝には飛鳥寺の西の斎槻の広場である。経典によれば、須弥山とは仏教の世界観において世界の中心にある聖山で、そこには帝釈天を中心に三十三天・四天王・衆天などの天部が住む。石神遺跡から出土した須弥山石は、この須弥山をかたどった石製の噴水施設で、ここには須弥山世界を具現化した、須弥山石を中心とする園池が設けられていたと推測される。『日本書紀』によれば、斉明三・五・六年（六五七・六五九・六六〇）に須弥山の園池で、覩貨邏、粛慎などの夷狄とともに陸奥と越の蝦夷の服属儀礼が行われた（『日本書紀』斉明三年七月辛丑、同五年三月甲午、同六年五月条）。石神遺跡から七世紀半ばから八世紀初めを下限とする東北地方で製作された内黒土師器が数十点出土していることは(25)、この遺跡が蝦夷の服属儀礼を行った須弥山の園池に当たることを裏付ける。

　須弥山にいます帝釈天をはじめとする諸天は仏教を護る威力のある神であり、須弥山の園池で行う夷狄の服属儀礼は、この威力のある神々に対して天皇への服属を誓約する神聖で呪術的な性格のものである。須弥山の園池における服属儀礼がこのような神聖なものであるとすれば、そこに設けられた石組池は、儀礼を行う前に心身を清める禊（みそぎ）に用いられたと考えられる。禊は、本来水中で裸身を振り動かして外来の威霊を振り付け発動させて、純潔無垢の始原の状態に立ち返る、すなわち再生する呪術的行為であるが、のちには心身の穢れを神聖な水によって洗い清めるものになり(26)、祭祀・奉幣・祈禳・参詣などの前に行った(27)。この夷狄の服属儀礼も神聖なる諸天に対して行う呪術的な儀礼であったので、その前に禊を行う必要があったのである。『日本書紀』敏達十年閏二月条に、服属した蝦夷の族長が大和に来朝し、泊瀬川（初瀬川）の川中に下りて「三諸岳」すなわち神山である三輪山に対して天皇への忠誠を誓約したとあるが、泊瀬川に下りたのは禊のためであろう。この石組池は神聖な服属儀礼のための禊に用いられたのであり、石組池であるのは、禊のために浄水が必要であるからであろう。

　天武・持統朝に夷狄の服属儀礼を行ったのは、飛鳥寺の西にある斎槻の広場である。斎槻は神の依ります神聖なケヤキで、飛鳥寺の西にあった大槻の下が、天武朝には儀礼場として整備されたらしい。天武六年（六七七）〜持統九年（六九五）の間、蝦夷・隼人・多禰嶋人などの夷狄の服属儀礼が行われた（『日本書紀』天武六年二月、同十年九月庚戌、同十一年七月戊午、持統二年十二月丙申、同九年五月丁卯条）。ここでの夷狄の服属儀礼は、斎槻に依ります神に対して、天皇への服属を誓約するものである。

ところで夷狄の服属儀礼が七世紀型から八世紀型に変わったのは、大宝元年（七〇一）元日の朝賀からと考えられる。確認されるもののうち七世紀型の最後の例は持統九年（六九五）五月丁卯に斎槻の広場で隼人が相撲をしたこと（『日本書紀』）、さらに場所は記載されていないが、文武三年（六九九）四月己丑に越後の蝦狄が叙位されたのは京への朝貢に伴うものと考えられ、日時が元日でないことからみて七世紀型のものと見られ、一方八世紀型の最初の例は和銅三年（七一〇）正月壬子朔に藤原宮の大極殿・朝堂の朝賀に蝦夷・隼人が参列した例である（『続日本紀』）。すなわち服属儀礼の変化は六九九～七一〇年の間に起こったのであるが、この間で可能性が高いのは大宝元年元日の朝賀であろう。この時の朝賀は「文物之儀」が備わったと記すように（『続日本紀』大宝元年正月乙亥朔条）、大宝令の完成による儀式の整備のなかで朝賀も整備され、この時にこれまで臣下と諸蕃の使者によって行われていた朝賀に夷狄も参列することになったのであろう。ここで、持統八年十二月藤原宮への遷宮以降も文武四年までは、夷狄の服属儀礼が飛鳥の斎槻の広場で行われていた点に注意しておきたい。

Ⅱ期官衙政庁の服属儀礼　蝦夷は七世紀後半から都とともに国府・城柵などの地方官衙に朝貢し、服属儀礼を行ったと考えられる。養老令職員令大国条の陸奥・出羽・越後守の職掌に「饗給」があるが、これは地方官衙に朝貢してきた蝦夷に饗宴と禄物を賜与することで、大宝令官員令では「撫慰」となっているが、内容は同じである。「撫慰」＝「饗給」は蝦夷の地方官衙朝貢に対応する職掌であり、浄御原令では不明であるが、七世紀後半に行われた蝦夷の地方官衙朝貢に対応して大宝令に明文化されたのである。

地方官衙において蝦夷の服属儀礼や饗宴が行われるのは政庁であり、Ⅱ期官衙でも政庁で蝦夷の服属儀礼が行われたであろう。その政庁後庭に、飛鳥の蝦夷の服属儀礼を行う須弥山の園池＝石神遺跡の石組池とよく似た池があるのであるから、その池は石神遺跡の池と同じく蝦夷の服属儀礼に関わる禊を行うためのものと考えられる。この池が石神遺跡の池と同じく石組池であるのは、禊のために浄水を貯めるためであり、北の石組溝から給水すると一定の水位を保ちながら西の石組溝から排水する構造であるのは、穢れを流出させるためであろう。このような禊の池を備える政庁後庭のおける服属儀礼は、飛鳥の須弥山の園池と同じく、呪術的な性格の服属儀礼と考えられる。実はⅡ期官衙は時期からいえば、飛鳥の服属儀礼場の中でも天武・持統朝の斎槻の広場に対応するが、まだこの遺跡は確認されていないので、石神遺跡を参考にして考えたのである。

太白山　この政庁後庭の服属儀礼で誓約の対象となった神聖なものは何であろうか。蝦夷の服属儀礼で誓約の対象になったものは、さきに上げた飛鳥の須弥山と斎槻、大和の神山として著名な三輪山（三諸山）などのほか、阿倍比羅夫の斉明四年（六五八）の北征の際に齶田（秋田）の蝦夷が誓約した齶田浦神があり、また同じく同五年の北征の際に飽田・渟代・津軽・胆振鉏の蝦夷を集めて大饗し、「彼地神」（在地の神）を祭ったのも誓約のためであろう（『日本書紀』斉明四年四月、同五年三月条）。このうち須弥山はかなり特殊なもので、神木・神山・浦神などの自然物が一般的だったのである。また須弥山、斎槻、三輪山が朝廷側の信仰の対象であったのに対して、齶田浦神・彼地神が在地の神である点に注意しておきたい。

憶測にわたるが、これらの例を参考にして、私はⅡ期官衙政庁における服属儀礼で誓約の対象になったのは、郡山遺跡の西方に望まれる太白山ではないかと考える(28)（第22図）。太白山はヲイデ（生出）森・ヲド（烏兎）ガ森ともよばれ、これらが本来の山名であろう。郡山遺跡のほぼ西方八・二五キロメートルにあり、標高は三二一メートルである

第22図　郡山遺跡からみた太白山（仙台市教育委員会提供）

が、すこぶる目立つ独特の円錐形の山容の独立峰で、仙台平野南部からはどこからでも望むことができ、郡山遺跡からはもちろん西方にその山容が望まれる。名取川河口の閖上港の漁民は、海上から望んで帰港の際や漁場の区分けのための目印としたという。地質学的にこの山は、地下から上昇したマグマが冷え固まってできた安山岩の周囲が浸食されてできた残丘で、頂上部は安山岩の岩盤が露出して石群が散在し、また中腹にも直方体の巨石が散在する。山頂に大同二年（八〇七）に勧請したと伝える貴船神社の小祠をまつる。大同二年の年次は信ずるに足りないが、京都の貴船神社は高龗（たかおかみ）神を祀り、雨水を掌る祈雨・止雨の神であり、貴船神社を祀っているのは、この山の南麓を名取川が流れることと相まって、この山が仙台平野の雨水の神として信仰されていた残影を示すのかもしれない。

山頂にウドの大木が生えていたという巨木伝承や巨人伝承などの江戸時代以降の伝承が残るだけで、中世以前の史料に見えないのが難点であるが、めだった円錐形の山容をしている点は神体山に共通し、頂上の石群や中腹の巨石は磐座になりうるものであって、太白山は神の山として信仰の対象になりうる条件を備えている。蝦夷の服属儀礼で三輪山という神の山、また在地の神である齶田浦神や彼地神が誓約の対象になっていることから、Ⅱ期官衙の服属儀礼における誓約の対象は太白山である可能性を指摘しておきたい。

政庁の儀礼構造　Ⅱ期官衙政庁は正殿の南に前庭・中庭、北に蝦夷の服属儀礼のための後庭がある。一般的に政庁での儀礼は、主宰者が天皇の代理人として正殿で南面して行う。主宰者が正殿で南面することになる前庭・中庭では、官人らとの通常の儀礼が行われたのであろう。この政庁には官人らとの通常の儀礼の場である前庭・中庭と区別して、蝦夷の儀礼の場を後庭に設けたのである。七世紀に飛鳥の京では、内裏と朝庭で官人らの儀礼が行われ、それと区別して夷狄の儀礼の場が須弥山の園地と斎槻の広場に設けられたが、Ⅱ期官衙では二つの儀礼の場を政庁に統合しながら、南の前庭・中庭と北の後庭に分けたのである。

後庭における儀礼では、蝦夷は石組池で禊をして、石敷の上で西方の太白山に向かって誓約の儀礼をし、東の南北棟建物ＳＢ一二一〇は饗宴などに用いられたのではなかろうか。後庭における儀礼で、主宰者が正殿に出座すると、南面する蝦夷に対して北面することになりかねず、はなはだ具合が悪いことになるが、飛鳥の服属儀礼に天皇は出御しないから、Ⅱ期官衙政庁でも主宰者は出座しなかったであろう。

Ⅱ期官衙造営年代の下限　Ⅱ期官衙の造営年代を考える上で、政庁後庭に七世紀型の夷狄の服属儀礼を行うための施設が設けられていた点は重要である。前述のように都では夷狄の服属儀礼は大宝元年（七〇一）元日を境に七世紀型から八世紀型に改められた。政府の出先である地方官衙を新営するのに、すでに都で古くなった儀礼を行う施設を建造することはあり得ないから、七世紀型の服属儀礼の施設を備えるⅡ期官衙の造営年代の下限は文武四年（七〇〇）ということになる。Ⅱ期官衙政庁での服属儀礼も、都と同時期に七世紀型から八世紀型に代わったであろう。

3　Ⅱ期官衙の造営年代と宮都との関係

Ⅱ期官衙の造営年代は、藤原宮をモデルにしていることから、その上限が持統八年（六九四）、七世紀型の服属儀礼のための施設をもつことから、その下限が文武四年（七〇〇）に措定できる。すなわちⅡ期官衙の造営年代は六九四〜七〇〇年の間に推定できる。この推定は出土遺物からの推定造営年代の七世紀末と矛盾しない。土器などの年代は一時期が二〇年前後の幅のあるものであるが、以上の考察によって造営年代を狭く限定できる。またⅡ期官衙出土の造営期の土器の年代を狭く限定できることによって、東北地方の土器編年に年代の定点を与えることができるであろう。

Ⅱ期官衙は基本的に藤原宮をモデルにして設計されたが、そこには飛鳥の京と関わる要素もあった。藤原京は飛鳥浄御原宮の時代に施工された条坊地割を利用して設けられ、『日本書紀』に「新益京」と記されるように、まさしく飛鳥の京の拡大であり、遷宮後も夷狄の服属儀礼が斎槻の広場で行われ続けたように、飛鳥と関係を持ち続けたが、大宝令の完成に伴う儀式の整備によって、夷狄の服属儀礼の場は藤原宮の大極殿・朝堂に統合された。Ⅱ期官衙がモデルにしたものは、大宝律令施行より前の藤原宮だったのである。

三　陸奥国と評の設置

大化元年（六四五）六月、中大兄皇子・中臣鎌足ら改新派は、朝廷の実権を握っていた蘇我入鹿を滅ぼし（乙巳の変）、大化の改新といわれる政治改革を開始した。七世紀後半を通じて進められる律令制国家の建設の出発点となる。大化の改新において、地方支配組織はそれ以前の国造制から評制に転換され、さらにその上に国が設置され始める。この全国的な地方支配組織の転換は陸奥の地域にも波及した。

1　東国国司と蝦夷

東国国司　乙巳の変から二ヵ月後の大化元年八月に、改新政府は「東国国司」とよばれる八組の使者を東国に派遣した(29)(『日本書紀』大化元年八月庚子条)。東国国司は国司とはいうものの、今後の政治改革のために、人口・田地面積や地方の政治秩序の調査、武器の収公という臨時的な任務をもって派遣された使者である。東国の範囲については諸説あるが、のちの参河・信濃から陸奥南部にかけての地域で、この地域を八区域に分け、各区域は令制の数カ国分に当たる広域である。八組の中の紀麻利耆拕を長官とする組は、のちの陸奥南部と上野を管轄地域に含んでいた。この組は派遣に当たって、武器の収公について「辺国近与蝦夷接境処者、可尽数集其兵、而猶仮授本主」すなわち「辺国」で蝦夷と境を接する地域では武器を集めて数えた後に、元の持ち主に授けるようにという例外的な命令を与えられていたにも関わらず(同条)、国造が送ってきた武器を持ち主に返さず国造に与えるという失策を犯した(同二年三月辛巳条)。この「辺国」は、令制の国はまだ設置されていず、また後者の史料で国造が活動しているから、国造のクニにあたり、その中でも大和王権の支配領域の周縁にある国造のクニと考えられる。

国造と蝦夷　九世紀半ばに編纂された『先代旧事本紀』巻十「国造本紀」には全国の国造の名が記されているが、それによると陸奥国の国造は、道奥菊多(後の菊多郡)、石城(磐城郡)、染羽(標葉郡)、浮田(宇多郡)白河(白河郡)、石背(磐瀬郡)、阿尺(安積郡)、信夫(信夫郡)、思(曰理の誤り、曰理郡)、伊久(伊具郡)の一〇国造であるが、『常陸国風土記』によると、このうち道奥菊多・石城国造は、七世紀半ばにその領域が常陸の多珂国造の領域に含まれていた。この国造制施行地域がⅠ区である。先の辺国とはこれら陸奥の国造すべてか、最北の信夫・曰理・伊久国造であろう。

前引の「辺国近与蝦夷接境処者」によると、この辺国の国造の外の地域、すなわちⅡ'・Ⅱ区以北がこの時点で蝦夷の居住地域と認識されていたと考えられる。また改新政府がその発足の時点から、蝦夷に注意を払い軍事的に警戒していた点も注目すべきである。このことが越における渟足柵・磐舟柵、陸奥における郡山遺跡の設置につながってい

越後・出羽国
渟足柵設置，柵戸移配。 磐舟柵設置，柵戸移配。 阿倍比羅夫の第1回北征。 阿倍比羅夫の第2回北征。 阿倍比羅夫の第3回北征。 これ以前に越後国設置。 12 磐舟柵を越後国に改作させる。 4 磐舟柵を越後・佐渡国に改作させる。 9 越後国出羽郡設置。 3 越後国蝦夷の反乱。7 出羽柵初見。 9 出羽国設置。10 陸奥国最上・置賜郡移管命令。 9 出羽国に柵戸400戸移配。最上・置賜郡移管実現。

第19表　奥越羽年表

元号	西暦	陸奥国・一般
大化　1	645	
3	647	
4	648	
	7世紀中葉	この頃郡山遺跡Ⅰ期官衙設置。
5	649	全国的に立評開始。クニの評への転換。
白雉　4	653	評の分割・新置。
4－5	653-654	この頃陸奥国設置。
斉明　4	658	阿倍比羅夫北征と同じ頃陸奥の北征。
5	659	3　陸奥・越の蝦夷を飛鳥の須弥山の園池に饗す。道奥国司初見。
6	660	
天武　5	676	1　陸奥国司に錦位以上を任ずる。
13	684	3　藤原宮宮域の位置決定。
14	685	
持統　2	688	12　飛鳥寺西の槻の下で蝦夷を饗す。
3	689	1　優嶒曇郡城養蝦夷みえる。6　浄御原令を頒下す。
8	694	12　藤原宮遷宮。
	694-700	この頃郡山遺跡Ⅱ期官衙建造。
文武　2	698	この頃筑紫観世音寺完成か。
文武　4	700	
大宝　1	701	3　大宝令施行。
慶雲　2	705	この年蝦夷反乱。
4	707	5　信太郡みえる。
和銅　1	708	
2	709	
5	712	
6	713	12　陸奥国丹取郡設置。
霊亀　1	715	5　坂東6国から1000戸移民。10　陸奥国府みえる。
2	716	
養老　2	718	5　石城・石背国分割。
3	719	4　全国的に按察使設置。
4	720	9　陸奥国蝦夷の反乱。陸奥按察使初見。
6	722	閏4　改革開始。この年石城・石背国併合。多賀城造営開始。
神亀　1	724	この年多賀城完成。Ⅱ期官衙から国府移転。

注　事項の文の頭の数字は月を示す。

くのである。

『日本書紀』には東国国司に関して詳細な記事を載せるが、同様の任務を持った使者は、東国以外にも、大化元年八月、東国国司と同時に倭国の六御県（高市・葛城・十市・志貴・山辺・曾布県）に、同年九月に諸国にも派遣された（大化元年八月庚子・九月甲申条）。越については、東国国司の派遣地域に北陸道を含める見解もあるが、そうでないとしても諸国の使者の中に入っていた可能性が高い。東国国司などのこれらの使者の派遣は、全国的には今後展開される評の設置などの準備であり、陸奥と越にとってはすぐに始まる辺境政策の準備の意味も持っていた。

2　評の設置

天下立評　評の設置は、国に先行して大化五年（六四九）から全国的に開始され、この年は「天下立評」の年といわれ評制の全面的な施行が始まった年である(30)。『常陸国風土記』によると、常陸国では、惣領の高向臣と中臣幡織田連が、まず大化五年に常陸にあった新治・筑波・茨城・那珂・久慈・多珂国造のクニを評に転換して六評を置き、加えて香島神社に関連して那珂のクニと下総の海上のクニから分割して香島評を置き、次いで白雉四年（六五三）にすでに置かれた評から分割して白壁・河内・信太・行方・石城評の五評を置き、それぞれに評の官を任じた。香島神社に関係する香島評の例は特例で、基本的には大化五年の国造のクニの評への転換、白雉四年の評の分割・新置という二段階によって評の設置が行われた。この孝徳朝の立評によって、全国的に八世紀にある郡の大部分の前身の評が設置されたと思われる。惣領は政府から派遣され令制の国数カ国分の広域を管轄する地方官で、後には大宰ともよばれ、高向臣と中臣幡織田連は坂東と陸奥南部を管轄地域とし、評と国の設置に当たったのである。

陸奥の立評　陸奥に関しては、『常陸国風土記』多珂郡条によって、白雉四年に多珂評から石城評が分割・新置されたことがわかるだけであるが[31]、常陸とともに惣領高向臣と中臣幡織田連によって、国造制施行地域（I区）で大化五年に国造のクニの評への転換、白雉四年に評の分割・新置が行われ、八世紀にみられる郡の前身の評が成立したと考えられる。すなわち曰理・伊具・宇多・行方・標葉・石城・信夫・安積・石背・白河評の一〇評である。越でも同様に国造制施行地域の1区まで評が設置されたであろう。

3　陸奥国の設置

陸奥国設置　評制の施行を受けて孝徳朝のうちに、その上に陸奥国が設置された。『日本書紀』で陸奥国の確実な存在を示す初見史料は、斉明五年（六五九）三月条に「道奥与越国司」とある道奥国司の存在を示す史料である。この史料は、道奥国司が越国司阿倍比羅夫と同時期に北征をしたことによって褒賞・叙位された記事で、後の「陸奥」ではなく、「道奥」という古い用字を用いていることから信拠できると考えられる[32]。

さらに『常陸国風土記』によって、陸奥国の設置は孝徳朝にさかのぼると考えられる。同書の巻首の総記に、常陸国の設置について、相模国の足柄岳の坂（相模国と駿河国の境の足柄山の峠）より東の地域を「我姫国（あづま）」（東国の意）とよび、孝徳天皇の時に惣領高向臣と中臣幡織田連を遣わして我姫国すなわち「自坂已東之国」を八国に分け、その一つが常陸国であると伝える。「自坂已東之国」すなわち足柄山の坂より東の地域は八世紀に「坂東」とよばれ、八国あったので「坂東八国」といわれ、孝徳朝に我姫国に置かれた八国はこの坂東八国に当たると思われるかもしれないが、この八国には坂東八国の一つの安房国は含まれず、代わって陸奥国が入っていたとみなければならない。『常陸国風土記』の撰述年代については諸説があるが、和銅五年（七一二）五月から郷里制の始まる養老元年（七一七）か、あるいは石城国が設置された同二年五月までの間と考えられ、一方安房国が上総国から分置されたのは同時の同二年五月であるからである。『常陸国風土記』が、まだ存在しない安房国を孝徳朝に設置された八国に含めて数えることはあり得ないのである。『続日本紀』神亀元年（七二四）四月癸卯条に「坂東九国」の記載があり、これは坂東八国と陸奥国と考えられるから、陸奥国が坂東に含められることがあった。従って孝徳朝に我姫国に置かれた八国は、安房国を除く坂東の七国と陸奥国であったとみられる。一般的に国の設置は評よりも遅れ、また先の常陸における大化五年、白雉四年の立評作業では、香島評・石城評など国を越えて行われ、立評時点における国の存在がうかがえないから、道奥国の設置は、孝徳朝のなかでも評制施行が完了した白雉四年か翌年の五年であろう。当初の陸奥国の領域は評制が施行されたⅠ区である。

早川庄八氏は、令制国の設置は一斉に行われたのではなく、地域によって遅速があり、天智朝初めから全国的に成立し始め、天武朝までかかり、『常陸国風土記』にみえる孝徳朝における坂東の八国の設置の伝承は信じがたいとし(33)、そのほかに天武十二年（六八三）十二月、同十三年十月の諸国の国界確定の記事を重視して令制国の成立時期を天武朝まで下げる考えもあって、その成立時期を遅くみる見解が有力である。しかし、『常陸国風土記』の記事については、惣領の高向臣と中臣幡織田連が大化五年、白雉四年に立評に当たった事実は動かせないから、彼らによる八国設置の記事も簡単には否定できないと考える。

国制成立の意味　令制国を構成する要素について、「国」字の意味から考えると、①国司によって構成される官司機構、②施設としての国府、③国司が支配する郡―里―戸とその支配領域の三つであるが、これら三要素を備えた国制は、国府の建造からみるとようやく大宝律令施行以後に完成するのである。律令制国郡支配の本質は、在地豪族の郡司を中央派遣官の国司が管轄して中央集権的地方支配を実現するところにあり、この観点から国制の形成過程において重視すべきは①の要素であり、中央から国宰（国司の前身）が派遣されて評の官の上に常駐する体制の成立をもって、国の成立の端緒と考えてよいと考える。天武朝の国界の確定を重視する見解は③を国にとって重要な要素と考えるのであるが、評は一定の領域をもつものであるから、国宰が派遣されその管轄する評が決まれば、自ずと国の領域が決まるのであり、天武十二年、十三年の国界の確定は国相互の境界の最終的な調整を意味するものではなかろうか。また先の斉明五年（六五九）三月条「道奥与越国司」では、越国は道奥国と併記され国として扱われている。令制国の成立という場合、八世紀の国と同じ境域をもった国の成立を考えがちであるが、七世紀後半の国制の形成過程においては後の国と同じ境域の国と後の国の数カ国分の境域をもつ国が併存し、いずれもが中央派遣の国宰・大宰が常駐する国であったのではなかろうか。国制の成立過程をこのような視角から考えることも必要であろう。

孝徳朝末年、白雉四、五年頃の陸奥国の設置は、新たに設けられた評と評の官を管轄する国宰の派遣・常駐体制の成立であった。同じころ越国も設置されたであろう。

四　七世紀後半の辺境経営

郡山遺跡は陸奥国の辺境経営に重要な役割を果たしたと思われるが、『日本書紀』には陸奥国よりも越国の辺境経営に関する記事が多く収められている。すなわち孝徳朝における渟足柵・磐舟柵の設置と、斉明朝における阿倍比羅夫の北征である。近年の研究や考古学の成果によって陸奥国でも越国と同様の辺境経営が行われたことが明らかになってきた。郡山遺跡の性格の解明のためには、この奥越共通の辺境政策という視点が必要である。

1　官衙と移民

越の城柵と移民　越では大化三年（六四七）に渟足柵を造り柵戸を移配し、同四年磐舟柵を造り越と信濃から柵戸を移配した（『日本書紀』大化三年、四年条）。さらに斉明四年（六五八）に阿倍比羅夫の北征に従った都岐沙羅柵造が叙位・褒賞され、都岐沙羅柵の存在が知られる（同斉明四年七月甲申条）。これら三柵は遺跡が未確認であるが、その所在地について、渟足柵は越後平野中央の信濃川河口の右岸、新潟市山の下松島・王瀬地区[34]、磐舟柵は同平野北端の村上市岩船神社付近、旧岩船潟のほとりとする見解が有力視されている。現在阿賀野川は信濃川の東に河口を開くが、この河口が開削されたのは一八世紀前半で、それ以前は阿賀野川の流路は西に折れて信濃川に河口付近で合流していた。渟足柵推定地は信濃川河口の東、阿賀野川流路の北に位置する。

都岐沙羅柵の所在地については、磐舟柵以北の日本海沿岸とする説、新潟・山形県境の鼠ヶ関付近とする説のほか、磐舟柵の別称とする説などがある[35]。磐舟柵以北の地といえば、城柵の立地からみて山形県の庄内平野になるが、この時点でそこまで支配が北進したかは疑問である。磐舟柵別称説は、さきの阿倍比羅夫の北征の褒賞記事の斉明四年七月甲申条で、渟足柵造と都岐沙羅柵造が褒賞されているのに磐舟柵造がみえないことを根拠とし、確かにこの北征に磐舟柵造が参加しなかったと考えるのは不自然である。都岐沙羅はト・キサラでアイヌ語で「沼の耳」と解され、アイヌ語地名で沼の一部がくびれたようになっているところをトキサラと呼ぶから[36]、旧岩船潟を「沼の耳」と解すれば、都岐沙羅という柵名はアイヌ語の原地名により、磐舟という柵名は日本語で付けた名称と解釈できるかもしれない。

陸奥の官衙と移民　『日本書紀』には記載はないが、陸奥でも越と同じく同時期にⅡ区に地方官衙の設置と移民が行われたことが、考古学の成果によって明らかになってきた。地方官衙はいうまでもなく、七世紀半ばにⅡ区仙台平野に設けられた郡山遺跡Ⅰ期官衙である。後述するようにこれは越の渟足・磐舟柵に対応する地方官衙である。

移民については、関東系土器の出土によって明らかになってきた。[37] 関東系土器は、器形・製作技法が関東地方出土の土器と類似するもので、[38] Ⅱ・Ⅲ区、その北の栗原地方の官衙・集落・墳墓など四一遺跡から出土し、その年代は六世紀末葉～八世紀中葉である。この土器は墳墓・集落からも出土することから、関東地方から出土地域に移って定住した移民がもたらしたものと考えられる。これまで宮城県域出土の最古の関東系土器の年代については七世紀中葉と考えられていたが、近年村田晃一氏は須恵器坏模倣形態の関東系土師器に注目して、その年代を六世紀末～七世紀中葉と改め、坂東から仙台平野への移民がⅠ期官衙以前からその成立時期にかけてあったことを指摘している。この時期の関東系土器出土遺跡は、仙台平野で九ヵ所の集落遺跡が知られる。福島県域でもこの時期の関東系土器の出土が指摘されている。菅原祥夫氏によれば、阿武隈川中流域の福島県本宮町高木遺跡で、六世紀末～七世紀初めに大溝に囲まれた囲郭集落が成立し、六世紀末・七世紀初め～七世紀後半の関東系土器が出土し、ほかにも同県域では関東系土器は約一〇ヵ所の遺跡から出土する。関東系土器の出土からみて、六世紀末～七世紀前半に福島県域から仙台平野にかけて坂東からの移民があり、仙台平野ではこの移民がⅠ期官衙成立の基盤となった。七世紀後半には、関東系土器はⅡ区仙台平野を中心にⅢ区にも拡大していく。Ⅱ区では官衙が郡山遺跡、集落が南小泉・下飯田遺跡など一〇遺跡、Ⅲ区では墳墓が矢本横穴墓群、集落が四遺跡などであり、Ⅰ期官衙の成立とともにⅡ区を中心にⅢ区まで坂東移民があったことが知られる。このように越で七世紀中葉に渟足・磐舟柵が設けられ柵戸が移配されたのに対応して、同時期に陸奥でも郡山遺跡Ⅰ期官衙が設けられ坂東からの移民が行われた。

2　船団による北征

阿倍比羅夫の越国の北征　『日本書紀』には斉明四年（六五八）から六年（六六〇）にかけて、阿倍比羅夫が船団を率いて日本海沿岸にそって北征したことに関する詳細な記事を載せる。この史料の解釈については多くの論者の見解があるが、ここでは熊谷公男氏の研究(39)によって北征の概要を記す。「越国守」阿倍比羅夫は斉明四、五、六年の三回、船団を率いて日本海沿岸を北上して遠征を行った。

〈第一回斉明四年〉　四月に、それ以前から帰服していた渟代（能代）・津軽蝦夷を先導役として、齶田（秋田）に至って、齶田蝦夷を帰服させ、渟代・津軽郡を置いて郡領を任じた。さらに有間浜（津軽十三湊）に進み、そこに渡嶋（北海道南部）蝦夷を召して大饗し帰服させた。七月に服属した蝦夷が飛鳥京に朝貢し饗給をうけ、遠征に従った渟代・津軽郡の大領・少領・勇健者、柵養蝦夷、都岐沙羅柵造・判官、渟足柵造を褒賞して叙位した。この時は渡嶋蝦夷が帰服したが、遠征軍が至ったのは津軽有間浜までである。

〈第二回斉明五年〉　三月に遠征軍が出発し、飽田（秋田）・渟代・津軽郡の蝦夷とその虜、胆振鉏の蝦夷を一所に集めて大饗し、その地の神を祭った。さらに肉入籠に至った時、問菟の蝦夷が後方羊蹄に政所を置くことを進言したので、郡領を置いて帰った。遠征の功績により道奥と越の国司、郡領・主政に叙位した。肉入籠、胆振鉏、後方羊蹄は渡嶋の地名と思われるから、この時の遠征は渡嶋に至った。

〈第三回斉明六年〉　三月に遠征し、陸奥の蝦夷を案内役にして渡嶋の大河に至ると、対岸にいた渡嶋の蝦夷が、粛慎の船に攻撃されるので保護を求めてきた。遠征軍は粛慎と交易などの接触を試みたが失敗し、粛慎は弊賂弁嶋の柵に帰り、戦闘になり、粛慎を打ち破った。五月飛鳥京の須弥山の園池で粛慎を饗した。この時は渡嶋が遠征の目的地であった。

この三回の遠征は、齶田（秋田）・渟代（能代）・津軽から渡嶋（北海道南部）に及ぶものであった。『日本書紀』は船団について、第一・二回が一八〇艘、第三回が二〇〇艘と記し、その数はそのまま信じられないが、大規模な船団であったのは確かであろう。船の大きさについては後述する。第二回に越国の国司、郡領・主政が褒賞叙位され、第三回に従軍した能登の豪族の能登臣馬身龍が戦死していることから、この遠征軍は越国守の下に越国内の評制軍を編成し、それに渟足柵・都岐沙羅柵の官人、その柵の支配下の蝦夷（柵養蝦夷）なども従軍していた。八世紀以降信濃川の河口港が越後平野の内水面と海上交通の結節点として重要な港であったことからみて、この遠征の根拠地はおそらくその河口港に近い渟足柵であったでろう。

陸奥国の北征　すでに熊谷公男氏が明らかにしているが、陸奥国でも比羅夫の北征と同時に太平洋沿岸沿いに船団による北征が行われた。同氏によれば、比羅夫の斉明五年第二回遠征において、道奥国司が越国司とともに褒賞・叙位されているのは、この時に陸奥国でも太平洋沿岸沿いに遠征が行われたと考えざるを得ず、『常陸国風土記』香島郡条に天智朝に覓国（くにまぎ）のために陸奥の石城で船を造らせたという所伝はこの時の遠征のためであり、『続日本紀』霊亀元年（七一五）十月丁丑条に、陸奥国閇村（へい）（岩手県中部海岸）の蝦夷が先祖以来昆布を貢献していたというのはこの遠征の際に服属したものである。『日本書紀』に越国の遠征については詳細に記載するのに対して、陸奥国の遠征の記載がないのは、たまたま比羅夫の遠征に関して阿倍氏家記が残され『日本書紀』がそれを採用したからであるとする。従うべき見解である。

陸奥国の遠征の時期について、越国第二回遠征と同時に行われたのは前述の通りで、第三回遠征の際に陸奥蝦夷を比羅夫の船に乗せて案内させたとあるから、この時にも陸奥国の遠征があったのであろう。陸奥国の船団は越国の船団と合流して渡嶋の遠征に加わり、陸奥蝦夷が案内役をしているのはこの時以前に陸奥の船団は渡嶋の遠征を行ったことがあったのであろう。『常陸国風土記』が陸奥国の遠征を天智朝にかけていることについては、斉明七年七月に斉明が死去し中大兄皇子が称制することに注意するべきである。越国第三回遠征は同六年六月の粛慎の朝貢の時には終了しているが、陸奥国の遠征はこれより少し遅れて中大兄皇子称制の時期まで行われたので、『常陸国風土記』は陸奥国の遠征を天智朝にかけて記しているのであろう。このように考えると陸奥国の遠征は越国の遠征とほとんど同時期に併行して行われたと考えられる。そうだとすれば、両国の北征は国が個別的に計画したようなものではなく、中央政府の命令によって行われた国家的事業であることは明らかである。

船と鉄の調達　陸奥国の遠征軍は、斉明五年の際に道奥国司とともに郡領・主政が褒賞・叙位されているから、越国と同じように、Ⅰ区の評の評制軍を主体として編成されていたであろう。この遠征ではⅠ区が軍隊ばかりではなく、船や鉄など物資の調達の面でも基盤となっていたことに注意したい。

前述の『常陸国風土記』香島郡条の記事についてふれると、天智朝に覓国（くにまぎ）に遣わすために陸奥国石城の造船者に大船を造らせたが、流されて座礁し、『常陸国風土記』が編纂された八世紀初めに香島郡の浜にその残骸を残していたというのである。これは遠征のための大船を石城評が建造していたことを示す。またこの残骸の船の大きさを長さ一五丈（四五メートル）、幅一丈（三メートル）余と記し、奥越の北征に用いた船の大きさを知ることができる。さらにこの記事は、この陸奥国ひいては越国の北征が「覓国」といわれるものであることを示す。

福島県浜通り地方の北部、相馬地方には日本有数の大規模な製鉄遺跡群があり、南相馬市・新地町・相馬市・飯舘村の四市町村にまたがって通時代的に二一一に上る製鉄遺跡がある。ここではその一部の金沢地区製鉄遺跡群について能登谷宣康氏の論文(40)（補注2）によって一瞥すると、同遺跡群は南相馬市の旧原町市と旧鹿島町にかけて所在し、海岸から直近の丘陵にかけて、一キロメートル四方の区域に、製鉄炉一二三基、木炭窯一五二基、鍛冶炉二〇基、ほかに竪穴住居、掘立柱建物、木炭焼成土坑などがある。古代の行方郡域で、遺跡群の南二キロメートルに行方郡家と推定される泉廃寺跡がある。七世紀後半〜一〇世紀前葉の年代の中で五期の変遷をたどり、I期は七世紀後半で、二一基の製鉄炉を検出し、その中には吉備と近江の製鉄炉に似たものがあり、この製鉄工房群が中央政府の関与の下に始められたことを示唆する。注目すべきはI期の開始が七世紀第3四半期で、斉明朝の陸奥国の北征と時期が重なることである。中央政府の関与の下にこのような製鉄工房群が大規模に開始されたのは、何らかの国家的事業が契機となったと思われるが、それは斉明朝に国家的事業として行われた北征であったのではなかろうか。この製鉄工房群は斉明朝の陸奥国の北征の軍需品などの調達のために開始されたと推測する。

斉明朝の北征の根拠地が、越国では渟足柵であったの対応して、陸奥国では郡山遺跡I期官衙であったであろう。名取川の河口港は、例えば石城評の船、行方評の鉄など、I区から海上輸送されてくる種々の物資の集結港として重要な役割を果たすことができた。名取川河口の南一四キロメートルに、I区の福島県中通り地方を北流してきた阿武隈川が河口を開いている点も注意しておくべきことである。

以上、七世紀後半の辺境経営が、孝徳朝の蝦夷の地における城柵あるいは官衙の設置と移民、斉明朝の北征に関して、越国と陸奥国で軌を一にして進められたことを明らかにしてきた。この点は次節で郡山遺跡の性格を考える上で重要である。

五　郡山遺跡の性格

郡山遺跡の性格については、これまで名取郡家、城柵、陸奥国府説などが提起され、それらについては正報告書第4章に整理されているのでここでは再説しない。ただ名取郡家説については、規模からみて郡家ではないと考える。筆者はすでに前稿2・3で、Ⅰ期官衙は城柵、Ⅱ期官衙は陸奥国府とする見解を述べたことがある。(41)

1　Ⅰ期官衙と渟足・磐舟柵

Ⅰ期官衙については、次の四点から越国の渟足柵・磐舟柵に対応する城柵と推定する。

奥越の辺境経営　第一に、前節に述べたように、七世紀後半に陸奥国と越国では、城柵あるいは官衙の設置と移民、船団による北征という同じ政策による辺境経営が行われた。越国に渟足柵・磐舟柵という城柵が設置されたことからすれば、陸奥国でも当然城柵が設置されたと考えられる。

Ⅰ期官衙と渟足柵・磐舟柵　第二に、郡山遺跡と渟足柵・磐舟柵は、七世紀半ばに蝦夷の地に設置された点で共通する。渟足・磐舟柵設置以前の越後平野の状況については注(34)に述べた通りである。

城柵の構造　第三に、Ⅰ期官衙が施設の構造として城柵の条件を備えていることである。国府・郡家などの地方官衙と異なる城柵の構造の特徴は、官衙域全体を囲む材木列塀・築垣などの外郭施設を備えることと、国府型の政庁をもつことの二点である。このことは、城柵が政情不安定な蝦夷の居住地に存するために軍隊が駐屯すること、中央派遣官の国司などが城司として駐在するという機構的な面と対応する。(42)Ⅰ期官衙は、材木列塀による外郭施設を備え、政庁の内部構造がはっきりしないが政庁をもっており、一応この城柵の構造的条件を満たしていると考えられる。

畿内産土師器　第四に、八世紀以降の城柵には国司・鎮官などの中央派遣官が城司として駐在し[43]、おそらく七世紀後半にも同様であったと考えられる。Ⅰ期官衙の北雑舎区の土坑SⅠ二六一から畿内産土師器（飛鳥Ⅲ）が出土しているが、これはⅠ期官衙への中央派遣官すなわち城司の下向を示している。

以上から、Ⅰ期官衙は城柵であり、時期からみて越国の渟足柵・磐舟柵に対応して設けられた城柵と考える。前稿3では渟足柵との対応のみ考えていたが、小林昌二氏の指摘に従い、（前掲注(34)小林昌二「渟足・磐舟柵の研究序説」）渟足柵・磐舟両柵に対応するものと考えを改める。越後平野では二城柵であるのに対して、仙台平野では一城柵であるのは、両平野の広さの違いによるものであろう。越後平野はその北端から信濃川河口まででも五〇キロメートルあるのに対して、仙台平野はその北端から阿武隈川河口まで二五キロメートルで、その広さに大きな隔たりがあった。越後平野は広かったので二城柵を設け、磐舟柵が前線城柵、渟足柵がその後援をする城柵という位置づけであり、仙台平野はそれにくらべて狭かったので、Ⅰ期官衙が渟足・磐舟両柵の役割を担ったのであろう。

Ⅰ期官衙は、蝦夷の地への支配領域拡大と蝦夷の帰服の拠点として設けられた。それは主にはⅡ区仙台平野を対象とするが、Ⅲ区大崎平野も視野に入れていた。七世紀半ばの関東系土器の出土から知られるように、Ⅰ期官衙の設置に伴い、Ⅱ区を中心にⅢ区も含めて坂東から移民が送り込まれ、彼らを編成してⅡ区の仙台平野には名取・宮城評が設置[37]された。

2　Ⅱ期官衙と陸奥国府

神亀元年（七二四）に多賀城が造営されて陸奥国府になるが、Ⅱ期官衙は、次の四点から多賀城以前の陸奥国府と考える。

陸奥国府への駅路　第一に、多賀城創建以前の養老三年（七一九）時点の陸奥国府が仙台平野にあったと考えられることである。同二年五月に陸奥国からほぼⅠ・Ⅱ区を割いて石城・石背二国を置いたのに伴い、同三年七月石城国に駅路を開き一〇駅家を設置した（『続日本紀』養老三年七月丁丑条）。この駅路は石城国府の設置に伴い、常陸国府まで来ている東海道の駅路を石城国府まで延長し、さらに陸奥国府に連絡するための一環として設けられたものである。平城京からの連絡だけを考えれば石城国府まで延長すればよいが、陸奥国府まで延ばしたのは陸奥国で非常事態が起きた際に陸奥国府から石城国府に緊急連絡する必要があったからであろう。この駅路は弘仁二年（八一一）四月に廃止されたが、その記事にはこの駅路を「陸奥国海道十駅」と記していること（『日本後紀』弘仁二年四月乙酉条）、石城国府が国名からみて石城郡（いわき市）に所在したと思われることから、この駅路は福島県浜通り地方を北進し、内陸部中通り地方を通る東山道の玉前駅（たまさき）に接続したと考えられる（第23図）。宮城県岩沼市の阿武隈川北岸にある「玉崎」が玉前駅の推定地である。阿武隈川南岸までが石城国北端の曰理郡で、北岸の玉前駅は陸奥国名取郡に属する。[44]多賀城跡出土の木簡によると、九世紀に玉前剗（たまさきのせき）が存在したことが知られるが[45]、石城国が停廃されて国境でなくなった後にも玉前剗が存続したのは、玉前が道の合流する交通の要衝であったからであろう。現在でも岩沼市は、中通りの国道四号と浜通りの国道六号、JR東北本線と常磐線の合流する交通の要衝である。以上のように、海道十駅の駅路が想定できるとすると、この駅路は石城国府と陸奥国府を連絡するために設置されたものであるから、養老三年時点に陸奥国府は駅路の合流点の玉前駅の北に位置していたと考えられ、玉前駅は仙台平野の南端に位置するから、陸奥国府は仙台平野以北に存したことになる。この時点でⅢ区大崎平野はまだ政情が安定していないから、陸奥国府は仙台平野に所在したと考えるのが妥当である。郡山遺跡は玉前駅推定地の北一六キロメートルに位置し、この距離は厩牧令14諸道置駅条に定める駅間距離三〇里＝一六キロメートルに一致する。

Ⅱ期官衙から多賀城へ　第二に、出土土器からみて、Ⅱ期官衙の廃絶時期が多賀城創建期かそれよりやや下る時期で、大局的にみると、同じ仙台平野の中で、大規模城柵がⅡ期官衙から多賀城へ交替したと考えられ、このことはⅡ期官衙が有した役割が多賀城に引き継がれたことを想定させる。多賀城は陸奥国府であるから、Ⅱ期官衙が有した役割は同じく国府であったと考えられる。以前にはⅡ期官衙の廃絶時期と多賀城の創建時期をほぼ同時期とされることがあったが、現在は右記のように改められている。

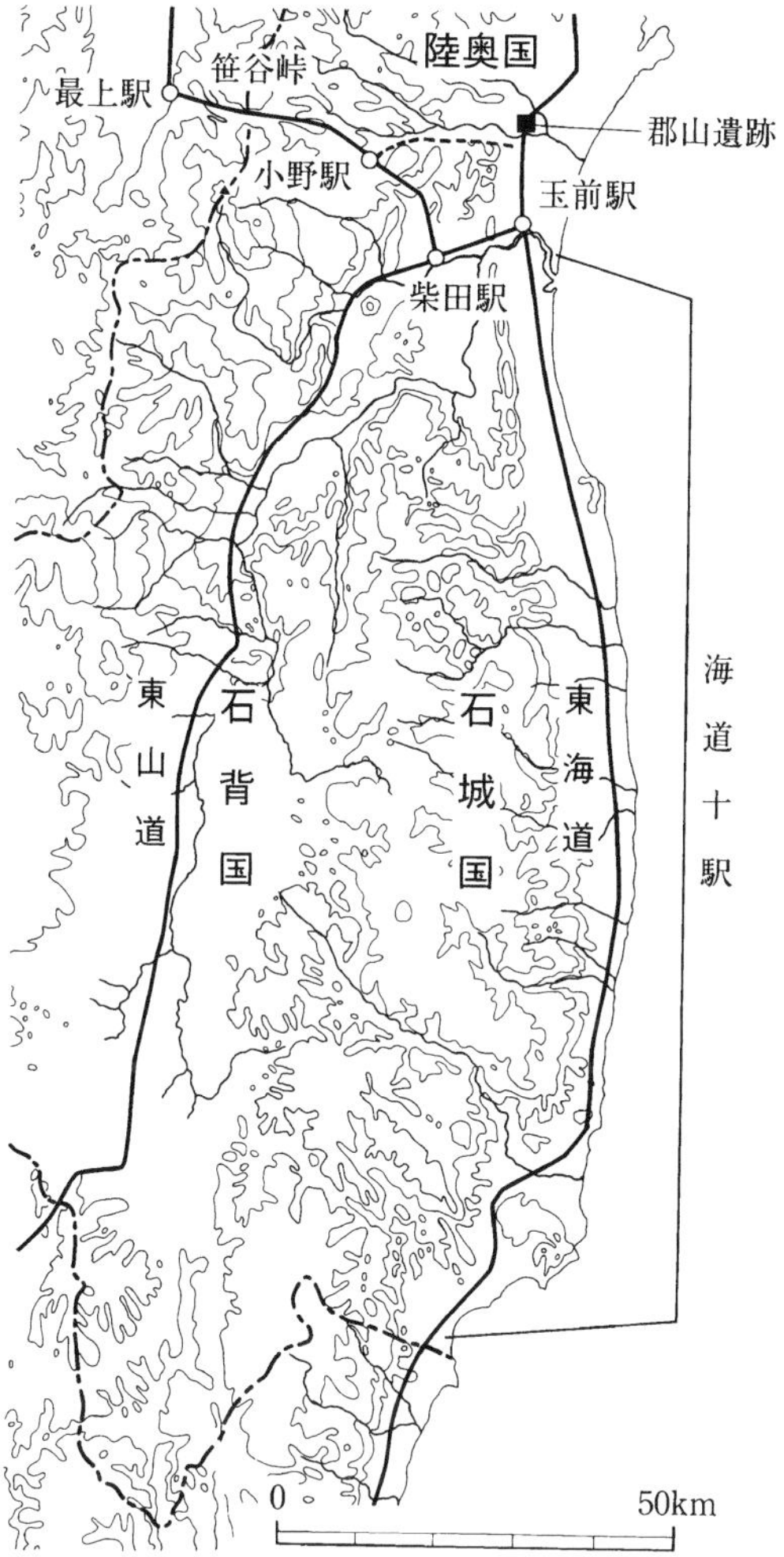

第23図　海道十駅駅路図

郡山廃寺から多賀城廃寺へ　第三に、Ⅱ期官衙と多賀城のそれぞれの付属寺院である郡山廃寺と多賀城廃寺との間には、軒丸瓦文様の継承関係、推定を含むが伽藍配置の共通性があることから、郡山廃寺が多賀城廃寺の前身であると考えられる。多賀城廃寺は国府付属寺院であるから、郡山廃寺も同じであったと考えられる。この時期に陸奥国には、Ⅲ区に名生館遺跡付属の伏見廃寺（大崎市）、城生柵遺跡付属の菜切谷廃寺（加美町）、一の関遺跡（色麻町）などの官衙付属寺院があるが、それらは堂一棟だけのもので、郡山廃寺・多賀城廃寺のように伽藍を備えた寺院は特別なものである。

藤原宮モデル　第四に、前述のようにⅡ期官衙は藤原宮宮城をモデルとして、規模を長さで二分の一に縮小して設計された。このことは、Ⅱ期官衙が単なる城柵や郡家ではなく、陸奥国最高の官衙である国府と考えなければ説明できない。これほど密接な関係をもって宮都をモデルに設計された地方官衙はほかには見あたらず、Ⅱ期官衙は国府の中でも特別なものと考えるべきであろう。

以上の四点によって、Ⅱ期官衙を多賀城以前の陸奥国府と推定する。『続日本紀』霊亀元年（七一五）十月丁丑条に、これ以前から閇村の蝦夷が陸奥「国府郭下」に昆布をもって朝貢したと記し、多賀城以前の陸奥国府の存在が史料に確認できるが、この国府がⅡ期官衙に当たるのである。

七世紀半ばにⅡ区以北の蝦夷の地を支配するために城柵としてⅠ期官衙を設けたが、七世紀後半を通してⅡ区仙台平野の政情が安定してきたので、より南に存したと推定される国府をこの地に移すためにⅡ期官衙が建造された。郡山遺跡は、Ⅰ期官衙からⅡ期官衙へ、Ⅱ・Ⅲ区の蝦夷の地を支配する城柵から、陸奥国全体を支配する国府へと大きく性格を転換した。

ここで一言付け加えておくが、Ⅱ期官衙は国府といっても、施設として城柵の構造を備えており、多賀城と同じく城柵の形態を取る国府である。

国府からの道　Ⅱ期官衙設置時の陸奥国の版図は、Ⅰ・Ⅱ'・Ⅱ区、Ⅲ区の一部、2'区であり、郡山遺跡の位置は版図の中で少し北に偏しているが、Ⅰ区に対しては内陸部へは東山道、沿海部へは玉前から分岐する海道によって連絡し、そして奥羽山脈を越えた2'区最上・置賜評へは、名取川沿いに西進し笹谷峠を越えて最上評（山形盆地）へ至る道が通じていたと思われる（第23図）。『延喜式』兵部式の駅路によれば、出羽国への駅路は東山道の柴田駅（宮城県柴田町付近）から分かれ西北進して小野駅（川崎町小野が遺称地、釜房ダムの西）に至り、そこから西進して笹谷峠を越えて出羽国最上駅（山形市付近）に至った。笹谷峠越えの道は少なくとも『延喜式』までさかのぼる古道である。郡山遺跡と小野駅はほぼ東西に位置し、両者の間は名取川とその支流の碁石川沿いの道で連絡できた。霊亀二年（七一六）九月に最上・置賜二郡を出羽国に移管する以前の陸奥国府は、奥羽山脈を隔てて、その東と西の2'区を管轄しなければならない困難さをもっていたが、笹谷峠越えの道を想定すると、実は郡山遺跡はこの時期の国府として好適な位置であった。

3　郡山遺跡と渟足柵・磐舟柵

渟足柵・磐舟柵は、郡山遺跡と同様な変遷をたどった。天武十二、十四年（六八三、六八五）以前に越国から分立した越後国は、沼垂・石船評（2区）によって構成されたが、この時期の越後国府は両柵のうち、後方にあり、信濃川・阿賀野川の内水面交通をおさえる位置にあった渟足柵に置かれたであろう。渟足柵は郡山遺跡と同じく、城柵から国府へという変遷をたどったのである。

磐舟柵については、『続日本紀』に文武二年（六九八）十二月に越後国に「修理」せしめ、同四年二月に越後・佐渡国に「修営」せしめたとみえる（文武二年十二月丁未、同四年二月己亥条）。「修理」「修営」と記すのは改作のことで、また二条の記事が重複しているかにみえるのは、文武二年に越後国が改作を始め、同四年にそれに佐渡国が加わったと解釈すべきである。先に郡山遺跡Ⅱ期官衙の造営時期を、持統八年（六九四）〜文武四年（七〇〇）の間と推定したが、郡山遺跡と磐舟柵の改作の時期は重なるのである。郡山遺跡と磐舟柵は創建も改作もほぼ同時期に行われた。まことに郡山遺跡と渟足柵・磐舟柵は密接な関係をもった城柵であった。このように密接な関係をもって変遷したのは、両者が、政府が奥越両国において一体的に進めた辺境経営の中で設置・経営された城柵であるからであろう。

坂井秀弥氏は、日本海側の越後・庄内・秋田平野が、太平洋側の仙台・大崎平野などにくらべて、集落遺跡・古墳の状況からみて人口が少なく、城柵設置以後もすぐには人口が増加しなかったこと、太平洋側の城柵が内陸部を確実に支配下に入れて北進したのに対して、日本海側の城柵は沿海沿いに飛び石状に北進し、日本海を隔てて大陸に面することから、北方地域との交通・交渉の拠点としての役割が大きかったことを指摘し、郡山遺跡と渟足柵・磐舟柵の相違点を強調している(46)。坂井氏の考古学の成果による指摘は聞くべき点があり、両者は自然環境、古墳・集落の状況などの点で異なっているから、当然両者の間には相違することがあるが、また両者が対応する変遷をたどっている点を無視すべきではない。両者の間では、共通点と相違点を明らかにしていくことが必要であろう。

4　郡山廃寺と多賀城廃寺・筑紫観世音寺

郡山廃寺について、憶測にわたることになるが多賀城廃寺・筑紫観世音寺との関係で考えられるところを記しておく。

多賀城廃寺と筑紫観世音寺　多賀城廃寺は陸奥国府多賀城の付属官寺として、多賀城と同時期に創建され一〇世紀半ばまで存続する。諸国の国分二寺より早く、陸奥国で国府付属官寺が設けられたのは、仏教の呪術的な力によって、この国が特別に担った辺境経営と蝦夷対策が順調に進展することを祈るためであろう。

多賀城廃寺は史料に現れないためにその寺号が明らかでないが、次の二点から寺号は観世音寺であると考えられるようになった。①伽藍配置が基本的に筑紫観世音寺と共通すること、②多賀城城外の山王遺跡東町浦地区の東西大路跡の北の土坑から「観音寺」（観世音寺の略記）と記す墨書土師器坏が出土していることの二点である。この土坑からは一〇世紀前葉の油煙の付着した灯明皿に用いた土器が二〇〇個体以上出土し、その中の一点の土師器坏に「観音寺」と墨書されていた。これらは多賀城廃寺が執行した万灯会などの仏教法会に用いられたものと考えられ、「観音寺」は多賀城廃寺の寺号と考えられた。(47)

筑紫観世音寺は、中国・朝鮮諸国に対する外交・国防に当たる大宰府の付属官寺で、大宰府の東に三町四方の寺域をしめる。その伽藍配置は、東に五重塔、西に東面する金堂、北に講堂、南に中門を開き、中門から講堂へ連なる回廊が取り囲み、中門の南に南門があって寺域全体を築垣が取り囲み、基本的に多賀城廃寺と同じである（第5・6図）。

その創建に関しては、斉明天皇が百済の役に出征中、斉明七年（六六一）に筑紫で亡くなったので、天智朝に天智天皇が母の追善のために建立を発願したが、造営過程についてはいくつかの見解がある。一つは、創建造営は八世紀半ばまでかかったとする見解である。栗原和彦氏は、和銅二年（七〇九）に大宰府が造営を督励され、養老七年（七二三）に僧満誓が造筑紫観世音寺別当として派遣され、天平十七年（七四七）に僧玄昉が派遣されて造営にあたり、同十八年に供養がなされるなど八世紀まで造営が継続した史料があり、また発掘調査で七世紀末にさかのぼる遺構が少ないことから、創建造営は和銅二年の命令以後に本格化し、天平十七年に完成したとする。(48)

二つは七世紀末までにある程度伽藍が整ったとする見解である。高倉洋彰氏は、観世音寺の創建瓦である老司Ⅰ式が藤原宮の瓦と時期的に併行するものであることをふまえて、朱鳥元年（六八六）に大和川原寺から筑紫に伎楽が送られたことを重視し、この年には寺院としての活動を可能にする程度に伽藍が整備されたとし、また田村圓澄氏は、同じく老司Ⅰ式の瓦の年代をふまえて、現存の梵鐘が創建以来のもので、戊戌年（文武二年＝六九八年）の銘をもつ京都妙心寺の梵鐘と兄弟鐘であることを重視して、梵鐘の使用は寺院における僧尼の活動の開始を意味するから、文武二年までには伽藍中枢部は竣工していたとし、両氏は、和銅二年以降の八世紀の営作は仏像・荘厳具などを中心とするものであるとする(49)。

私は基本的に老司Ⅰ式の年代を重視する立場から(50)、後者の見解が妥当であり、老司Ⅰ式の年代を藤原宮の瓦と同時期とすると高倉氏の朱鳥元年は少し早すぎるので、田村氏の見解に賛成である。建立の目的は、斉明天皇の追善に加えて、対外関係の順調な進展であり、斉明天皇追善のために金堂に阿弥陀三尊像、対外関係のために講堂に観世音菩薩像を安置し、観世音寺の寺号はこの観世音菩薩像によるのである。多賀城廃寺の寺号が観世音寺であるならば、この寺にも観世音菩薩像が安置されたであろう。政府は、諸蕃と蝦夷に対峙する西と東の辺境の官衙に付属する寺院を、安置仏像・寺号・伽藍配置を同じくして建立したのである。

密教的観音信仰　この東西二つの官寺を理解するためのキーワードは観音信仰である。速水侑氏によれば、古代日本における観音信仰は、七世紀後半には死者の追善を目的としたが、八世紀には密教的な観音信仰が盛んになり、鎮護国家的な性格が期待され、天平十二年（七四〇）の藤原広嗣の乱、天平宝字元年（七五七）の橘奈良麻呂の乱、神護景雲三年（七六九）の県犬養姉女の陰謀など反乱や陰謀に際して、観音はその威神力によって国家に背くものを鎮圧するものとして信奉された(51)。

二つの観世音寺は、このような密教的観音信仰に基づき、広くは鎮護国家のために、狭くは諸蕃と蝦夷という国家の敵を鎮圧するために、観世音菩薩像を安置して建立されたと考える。もっとも速見氏は密教的観音信仰の盛行を奈良朝と考えており、筑紫観世音寺をこの信仰に基づいて考えるのは時代的に早すぎるかもしれないが、また同氏は、密教的観音信仰に基づく変化観音像は白鳳末の遺品があること、密部の観音関係経典が斉明七年（六六一）に唐から帰朝した道照によって将来された可能性も指摘しているから、密教的・鎮護国家的観音信仰がすでに七世紀末に行われていてもおかしくないと考える。持統三年（六八九）に陸奥国の蝦夷の沙門自得が、金銅薬師仏像とともに観世音菩薩像を与えられているのは、このような観音信仰に基づくものであろう（『日本書紀』持統三年七月壬子朔条）。

郡山廃寺は観世音寺か　この筑紫観世音寺と多賀城廃寺の関係をふまえ、郡山廃寺が多賀城廃寺の前身の国府の寺で、両寺と伽藍配置を同じくすることを考え合わせると、実は郡山廃寺こそが最初に筑紫観世音寺と対になって建立された寺院であり、さらに多賀城廃寺と筑紫観世音寺の建立の基盤になった密教的観音信仰を考え合わせると、郡山廃寺も観世音菩薩像を安置し、その寺号が観世音寺であったことが憶測される。郡山廃寺は、筑紫観世音寺と伽藍配置を同じくし、その創建年代はⅡ期官衙の造営年代六九四～七〇〇年に近い時期と推測され、筑紫観世音寺と同時期か少し遅れた時期に創建されたのである。

もちろん寺号を観世音寺とすることについては、郡山廃寺の井戸ＳＥ一五七から「□学生寺」と墨書する第二号木簡が出土している点が気にかかる。「学生寺」がこの寺の寺号になるかもしれないからである。しかし次の二点からその可能性はないと考える。すなわち、第一は「寺」字についての疑問である（第24図）。この木簡は、上は第一字の墨痕で、下は「寺」字でそれぞれ折れ、左は「学生」二字の左辺にかけて割れている。「寺」と読んだ字について、注意すべきはこの字が上の「学生」二字の中心線よりも右に寄っていることであり、左辺が割れていることからみて、この字は「寺」とするよりも、割れた部分に扁があって「寺」を旁とする文字、例えば「侍」とか「待」とかとみるべきであろう。第二は学生寺が固有の寺号になるのかという疑問である。「学生」といえば古代ではまず大学寮や国学の学生が想起され、もちろん仏教関係でも、①大寺にあって学問を修めた僧。②学識。学問。③寺院にあって外典を修学する少年などの意味で用いられるが（『日本国語大辞典』三巻四四〇頁「学生」の項）、いずれの意味でも固有の寺号としては疑問がある。

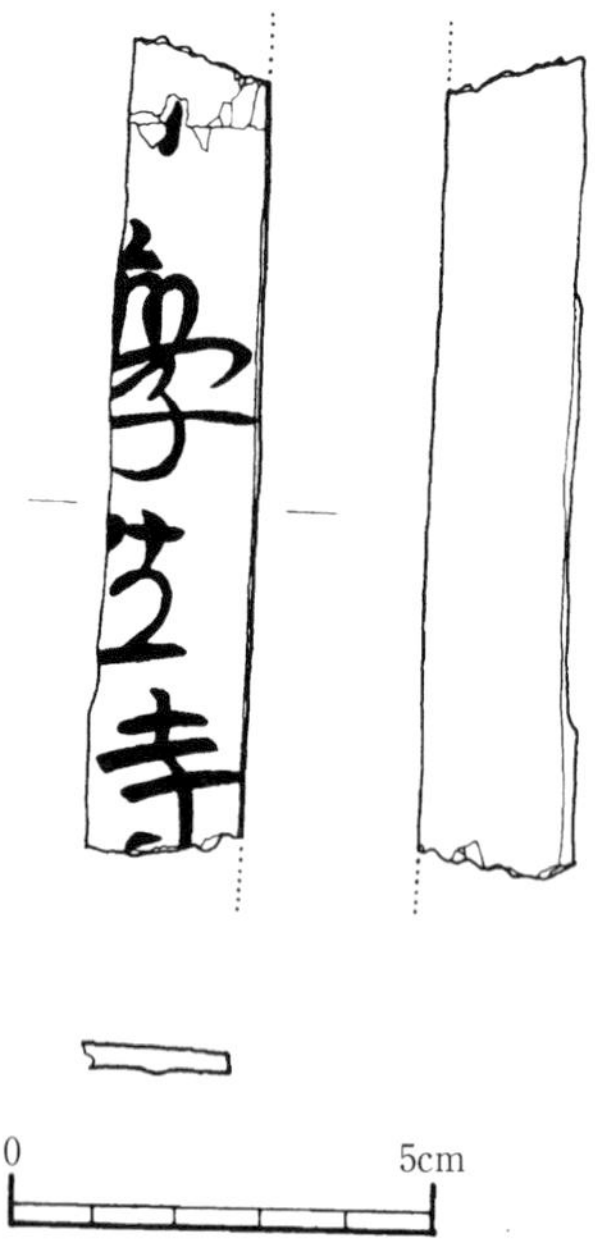

第24図　第２号木簡

以上から、郡山廃寺は、筑紫観世音寺と同時期かすこし遅れて、同じく密教的観音信仰に基づき、安置仏像・寺号・伽藍配置を同じくして創建され、次いで多賀城廃寺が郡山廃寺を継承して建立されたと憶測される。もちろん大宰府と陸奥国府Ⅱ期官衙は官司として格の違いがあり、郡山廃寺は筑紫観世音寺より規模が小さかった。しかし、郡山廃寺を筑紫観世音寺と安置仏像・寺号・伽藍配置の点で同じくしたのは中央政府の考えによるものであろうし、そのことは政府が郡山廃寺、ひいては陸奥国府Ⅱ期官衙を重視していたことを示していよう。

なお郡山廃寺は出土土器からみて八世紀半ばまで存続した可能性があるから、多賀城廃寺と併存した時期があるが、しかしこの点は藤原京薬師寺や飛鳥の飛鳥寺が平城京に移った後も、それぞれの本寺が存続していたことを考えれば、特に異とするに足りない。

以上の考えは、三寺が共通の伽藍配置をもち、諸蕃と蝦夷に対峙する辺境の官衙の附属寺院であること基礎に、国家の敵を鎮圧する密教的観音信仰を考え合わせて、推測に憶測を重ねたものであり、さらに今後の発掘調査による検証が必要である。

六　郡山遺跡の時代

郡山遺跡の時代は七世紀半ば～七二四年の間で、この八〇年に近い時代は律令国家が形成・確立するとともに、奥越羽三国で辺境経営が本格化した時代である。前節までの考察をふまえて、この時代の陸奥国の歴史の中に郡山遺跡を位置づけてその意味について考え、論じ残した問題についてふれたい。

1　Ⅰ期官衙——城柵の時代——

移民と名取・宮城評　Ⅰ期官衙は七世紀半ばに城柵として設置された。この城柵は蝦夷の地であるⅡ区を主たる対象としⅢ区をも視野に入れ、評の設置による支配領域の拡大と、蝦夷の帰服の拠点として設けられた。

前述の関東系土器の出土から知られるように、城柵設置以前から坂東の移民が送り込まれ、それを基盤に城柵が設けられ、七世紀後半にはⅡ区を主としⅢ区にも坂東から移民が送り込まれた。『和名類聚抄』の郷名では、名取郡に磐城郷、宮城郡に磐城・白川・多賀郷があり、常陸国多珂郡からとともに、陸奥国南部の磐城・白河郡からも移民があったことが知られる。Ⅱ区のうち仙台平野は名取・宮城郡からなるが、移民を編成してその前身の名取・宮城評が設けられる。八世紀には城柵設置と移民から数年後に郡を設置するのが普通であるが、Ⅰ期官衙の設置の際にはどうであったろうか。

鈴木拓也氏は、越国渟足評の建評年代について、斉明四年（六五八）～天武十二、十四年（六八三、六八五）の間とする。斉明四年には渟足柵造が存在し、評制が施行されれば柵造は評造に転換されるので、この時点ではまだ建評さ

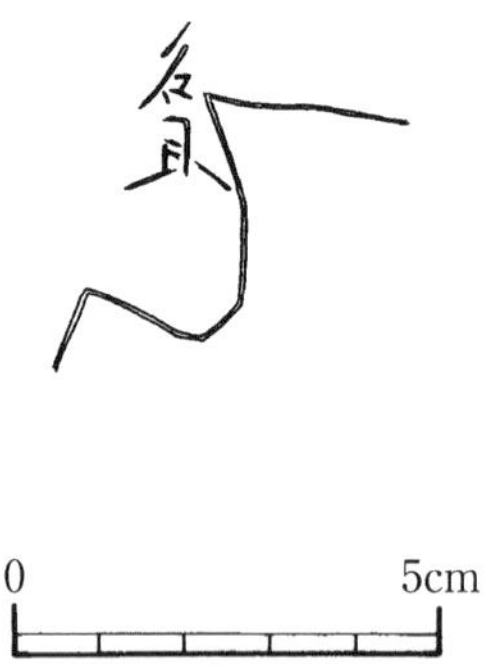

第25図　「名取」刻字土師器

れていないと考えられるからである。天武十二年、十四年は沼垂評・磐船評によって構成される越後国成立の下限である。(51) 建評以前は柵司—柵造によって構成される「柵」という官司に移民が直接支配されたのであろう（前稿2）。

陸奥国では『日本書紀』持統三年（六八九）正月丙申条に「陸奥国優嶝曇(うきたま)郡城養蝦夷」が出家することを許されたとみえ、優嶝曇郡は2′区の置賜郡で、この時点に評が設けられていたことが確かめられる。後述のように2′区はⅡ区と政治支配上同質な地域であるから、一応持統三年を名取・宮城評の立評時期の下限とすることができる。また『続日本紀』慶雲四年（七〇七）五月癸亥条に、斉明七年（六六一）の百済の役に出征した陸奥国信太郡人が唐の捕虜になっていたが、慶雲四年三月に帰国した遣唐副使とともに帰国したとある。信太郡はⅢ区の志太郡（宮城県松山町〔現大崎市〕付近）に当たり、慶雲四年には志太郡が建郡されていたこと、さらに斉明六年ころに立評は確認できないが、この地に兵士を徴発できるような国家支配が及んでいたことが知られる。

Ⅱ区の郡山遺跡については、Ⅰ期官衙の土坑SK四六から底面に「名取」と刻字した土師器が出土している（第25図）。年代は狭く限定できず、Ⅰ期官衙の時期とするしかない。「名取」を名とするのは、郡名、里名、軍団名（『類聚三代格』弘仁六年八月二十三日官符）、「名取公・朝臣」の氏の名（『続日本紀』天平神護二年十二月辛亥条）があるが、刻字の「名取」は土器の時期からみて軍団・氏の名ではなく、評名か里名であろう。評名ならもちろん、里名だとしても、この土器の時期には名取評が成立していたと考えられる。

以上のように、Ⅱ区における名取・宮城評の成立年代を決める確かな史料はないが、越国の例からその年代を下げるのには疑問がある。前述のように、仙台平野では七世紀に集落遺跡が多く、移民の集落もみられるのに対して、越後平野では、自然環境から生産力が低く、集落遺跡は七世紀にはほとんどなく、このような状況のために「柵」が直接柵戸を支配する体制が長く続いたとも考えられるからである。2区では渟足柵―沼垂評、磐舟柵―磐船評という一柵の下に一評を管轄する体制であるが、このことは「柵」の直接支配が継続したことと対応している。Ⅱ区では郡山遺跡―名取・宮城評という一柵の下に二評を管轄する体制であった。確証はないが、Ⅱ区では名取・宮城評の立評は越後平野のように遅れなかったのではないかと考える。

前述の持統三年（六八九）正月丙申条の「陸奥国優嶐曇郡城養蝦夷」の出家の記事によると、2'区米沢盆地では持統三年までには優嶐曇評が設けられ、また「城養蝦夷」がいるから城柵も設けられ、城養蝦夷が出家しているから寺院が付属したと考えられる。2'区はⅡ・Ⅱ'・Ⅲ区とともに古墳時代に古墳が継続的に築造され大和王権との間に一定の政治的支配関係を結んでいた地域であるから、優嶐曇評の柵はⅠ期官衙とそれほど隔たらない時期に、2'区の拠点として設けられたと推定することも可能である。

蝦夷の服属　Ⅰ期官衙は、Ⅱ・Ⅲ区の蝦夷を服属させ支配するための拠点でもあった。斉明元年（六五五）七月、難波宮で朝貢してきた越と陸奥の蝦夷が饗宴を受け、「柵養蝦夷」と津刈（津軽）蝦夷が叙位された（斉明元年七月己卯条）。柵養蝦夷は城柵に支配され饗給を受ける蝦夷で、Ⅰ期官衙、渟足・磐舟柵は、蝦夷に働きかけて服属させ、朝貢・饗給によって支配した。斉明四年の阿倍比羅夫の遠征でも渟足柵か磐舟柵の支配下の「柵養蝦夷」が従軍していたし（斉明四年七月甲申条）、優嶐曇評の柵にも「城養蝦夷」がいた。この城養蝦夷は出家したから、寺院・仏教が蝦夷の服属に一定の役割を果たしていた。

斉明朝の北征　斉明四、五、六年（六五八～六六〇）の越国の北征とほぼ同時期に、陸奥国でも北征が行われ、同六年には両国の船団は合流して渡嶋に至った。この北征の根拠地となったのが、Ⅰ期官衙と渟足柵で、それぞれの外港である名取川・信濃川河口がその船団と物資の集結港であった。

斉明朝の北征の目的について、これまで種々論じられているが、近年の研究として、熊谷公男氏はこの北征は国内問題であり、各地の蝦夷集団と個別的に貢納制的政治関係を結ぶことによって大和政権の政治支配の下におこうとしたもので、律令制下の国郡制の面的な拡大に対して、貢納制支配の点的な拡大を意図したものであるとする（注(39)前掲論文）。一方、坂井秀弥氏は七世紀後半の北東アジアの緊迫した国際情勢を重視して、阿倍比羅夫の北征は北方領域の確定を目的としたものとする（注(46)前掲論文）。この北征の成果として各地の蝦夷と支配関係を結んでいるから、この北征が蝦夷の服属を意図していないとはいえないが、次の二点からこの北征の契機として対外問題を重視すべきであると考える。

第一に、奥越羽でこのような船団による遠征が行われたのは、この時限りで後にはみられず、ちょうどこの時期が対外関係がきわめて緊迫した時期であること、第二に、七世紀半ばの国家の支配領域は陸奥国は仙台・大崎平野、越国は越後平野どまりで、それに比べてこの北征の対象地域があまりに北に突出していることである。奥越の船団は渡嶋に至ったが、直線距離で北海道南端まで大崎平野からは三二五キロメートル、越後平野北端からは三五〇キロメートルあり、越国の船団は山形県庄内平野・秋田県本庄平野をとばして、秋田・能代・津軽・渡嶋の蝦夷と関係を持った。この北征がひたすら北を目指していたように感じられる。

対外関係について大局的にみると、六一八年（推古二十六）に建国した唐が強大な帝国を建設して東アジア諸国に政治的・軍事的な圧力を加え、一方朝鮮半島では高句麗・百済・新羅の三国が鼎立して対立・抗争していた。唐帝国の外圧の中で生き残っていくために朝鮮三国、倭は国制改革に取り組み、大化の改新の原因の一つはこの外圧であり、対外関係は改新政府の大きな課題であった。唐と高句麗の対立と朝鮮三国の抗争の中から、六四三年（皇極二）に唐・新羅対高句麗・百済の対立・抗争の構図が成立した。唐の第一の攻撃目標は高句麗で、六四五、六四七、六四八年（大化元、三、四年）の三次にわたり征討の大軍を起こした。改新政府はそれ以前の百済・高句麗との親交の方針から、六四六年（大化二）から親百済を基本としながらも新羅を通して唐とも通交する方針に転換するが、この二面外交は六五七年（斉明三）に新羅との関係が悪化して破綻した。この前後、唐は六五五、六五八年（斉明元、四）に高句麗を征討し、六六〇年（同六）に百済を征討して滅ぼし、倭は百済救援戦争に巻き込まれていった。[53] このように倭をめぐって国際情勢が緊迫化し、いつ非常事態が起こるかわからない時に、政府には国内問題のために奥越両国で大軍を動かす余裕はなかったはずであり、この時期に大軍を動かすとすれば、それは国際情勢の緊迫化を契機としたとしか考えられない。

詳論する暇はないが、すでに早く室賀信夫氏が、当時の地理観をふまえて、阿倍比羅夫の北征が日本の国土と大陸との地理的関係を明らかにするための地理的探検であり、高句麗・粛慎への北方航路の開拓を目指したものであると述べていることは示唆に富んでいる。[54] 先に『常陸国風土記』が陸奥の北征を「覓国（くにまぎ）」と表現していることを指摘した。文武二年（六九八）南嶋へ派遣された使者も「覓国使」といわれている[55]（『続日本紀』文武二年四月壬寅、同四年六月庚辰条）。「覓国」は「クニマギ」と訓じ、国を探し求める、求め尋ねるの意で、[56] 地理的探索・探検を意味していよう。私は室賀氏の見解をひきついで、奥越両国の北征は、国際情勢の緊迫化の中で、国土の北部と大陸の地理的関係を明らかにする地理的探索・探検であり、より限定していえば高句麗への北方航路を開拓することを目的としたと考える。大陸に面した越の北征についてはこれまでもこのような考えが指摘されたが、太平洋側の陸奥の北征については不審があるであろう。しかし奥越両国の北征は同時期に行われ、その上共同作戦を行っているから、両者の目的は同じだったはずである。つい私たちは現代の地理的知識を以てこの問題を考えがちであるが、当時政府は北方の蝦夷から地理的な情報を得ていたとしても、国土の北部と大陸との関係に関して現代のような正確な地理的知識を持っていたとは考えられず、この問題はこのことを前提に考えなければならない。室賀氏が指摘するように、政府は高句麗使が北方から越に渡来することから、高句麗が国土の北方にあると認識し、日本海・太平洋沿岸沿いにひたすら北をめざせば、高句麗に到達すると認識していたのではなかろうか。これまでの筑紫から半島南部を経由する航路以外に、新たに列島沿岸沿いに北進して高句麗に至る航路を開拓しようとしたのであろう。

北征開始の前年の六五七年に新羅との関係が破綻したことが、北征の直接の契機となったと思われる。渟代・渡嶋などの蝦夷と服属関係を結んだのは、さらに北方へ進むための中継基地の設置を意味するに過ぎなかった。この事業は結局六六一年の百済の役の勃発で中断のやむなきに至ったが、養老四年（七二〇）渡嶋津軽津司を風俗視察のために靺鞨国へ派遣したのは、これを引き継ぐものであろう（『続日本紀』養老四年正月丙子条）。

以上のように考えると、Ⅰ期官衙は東アジアの国際情勢の中で、対外関係の拠点としての役割を担わされたことがあったことになる。名取川河口港は陸中沿岸の閇村を経て、渡嶋につながり、さらに大陸を望んでいたのである。

天武朝の陸奥国司　天武朝に陸奥国は特に重要な国として位置づけられていた。天武五年（六七六）正月、国司（国宰）には大山位（後の六位相当）以下の人を任ずることにしたが、特に陸奥国司は畿内・長門国とともにそれより上の小錦位（後の五位相当）以上の者を任ずることにした（『日本書紀』天武五年正月甲子条）。養老令では国は大・上・中・下国の四等級に分かれ、守の相当位階は大国が従五位上、上国が従五位下、中国が正六位下、下国が従六位下である。天武五年にはまだ体系的な官位相当制は成立していなかったが、その萌芽がみられ、その中で陸奥国司は、辺要の国司として重要視され、高位の者を充てることにされたのである。

陸奥国府と観世音寺　七世紀後半を通じてⅡ区の政情が安定してきたので、六九四～七〇〇年の間にⅡ期官衙が造営され、より南に設けられていたと推測される陸奥国府がここに移された。それは藤原宮をモデルとして設計されていたことからみて、諸国国府の中でも特に重視されていたと思われる。附属寺院は、筑紫観世音寺と同じく、密教的観音信仰に基づき、観世音菩薩像を安置し寺号を観世音寺とし、伽藍配置も同じくして建立され、このことも、政府がこの辺境の寺、ひいては陸奥国府を重視していたことを示す。陸奥国府Ⅱ期官衙がこれら二点において他国の国府より重視されていたことは、先の天武五年の陸奥国司に他国より高位のものを任ずる規定と対応する。

大宝令以前の藤原宮の時代には、夷狄の服属儀礼は、飛鳥の斎槻の広場で行われる呪術的な性格のものであったので、Ⅱ期官衙でも同じ性格の服属儀礼を行うために、政庁後庭に禊のための石組池を設けた。大宝令の完成に伴い大宝元年（七〇一）から夷狄も大極殿・朝堂で行う元日朝賀に参列するようになり、陸奥国でもさほど間をおかず、朝貢してきた蝦夷は、元日に国司・郡司が政庁前・中庭で国守を拝賀する儀式に参加するようになったと思われる。従って、政庁後庭で呪術的な服属儀礼が行われたのは数年間のことであった。

陸奥国司と城司　大宝元年から二年にかけての大宝律令の施行によって、陸奥国の政治も同律令によって行われることになる。Ⅱ期官衙は陸奥国府なので、守以下の国司が駐在した。『延喜式』民部上によれば陸奥国は大国で、神亀元年（七二四）三月に陸奥大掾の存在が確認でき（『続日本紀』神亀元年三月甲申条）、大掾が置かれたのは大国のみだから、この時点で大国であるのは確かである。大国の守の相当位階は従五位上で、後述のように和銅年間の二人の陸奥守の任官時の位階は従四位下と従五位上であり、また前述のように天武五年制で陸奥国司は特別に他国司より高い小錦位（五位相当）以上の者を任じることになっていたから、大宝当初から陸奥国は大国であったと思われる。従って、陸奥国司は大国の定員により、守、介、大掾・少掾、大目・少目各一人、史生三人の計九人がいたことになる。国司は国内の政務を総轄し、行政・司法・軍事・祭祀などすべてを掌った。大宝当初の陸奥国の管郡数は、Ⅰ区が一〇郡、Ⅱ'区が一郡、Ⅱ区が三郡、2'区が二郡、Ⅲ区が一郡以上（志太郡）で、計一七郡以上と推定され、陸奥国府はこれらの郡を郡司を通して管轄した。

陸奥守は越後守とともに、一般国の守の職掌のほか、蝦夷に対する「撫慰・征討・斥候」の職掌、すなわち蝦夷の動静を探り、蝦夷を懐柔的・軍事的方法で服属させる職務を有した（職員令70大国条）。陸奥国には「柵」すなわち城柵が置かれ、そこには「城主」が駐在し、城門の管鑰を掌どり城門の開閉に責任を持つことになっていた[57]（軍防令52辺城門条）。城主はほかの史料では「城司」とみえるので、本稿では城司というが、当初は国司四等官・史生などが充てられた。Ⅱ期官衙は国府であるとともに城柵であったから、越後守威奈真人大村が越後城司でもあったように（威奈真人大村骨蔵器銘文、『続日本紀』慶雲三年閏正月庚戌条）、陸奥守がこの城柵の城司でもあった。前述のように、城司制は七世紀後半にもさかのぼって行われていたと思われ、Ⅰ期官衙にも、前述の持統三年（六八九）正月丙申条の優嶗曇評の柵にも城司（柵司）が派遣されていたであろうし、同柵が大宝以後にも存続していれば、国府から介以下の国司が城司として派遣されていたであろう。後述のように、Ⅱ期官衙の時期はⅢ区への進出が政治的な課題であったが、陸奥守が駐在するⅡ期官衙は、南の郡の一般的行政とともに、蝦夷に対する職掌によって、Ⅲ区への進出とそこに設けられる城柵を通しての辺郡の支配の根拠地の役割を果たすのである。

陸奥守と按察使　Ⅱ期官衙に赴任した陸奥守は次の四人が知られる。

和銅元年（七〇八）三月丙午条　従四位下上毛野朝臣小足を陸奥守に任ず。

和銅二年（七〇九）七月乙卯朔条　従五位上上毛野朝臣安麻呂を陸奥守に任ず。
養老四年（七二〇）九月丁丑条　按察使正五位下上毛野朝臣広人が蝦夷の反乱によって殺害される（以上『続日本紀』）。
神亀元年（七二四）　按察使兼鎮守将軍大野朝臣東人が多賀城を造営する（多賀城碑）。

前二者は陸奥守の任官記事で、後二者は陸奥守と記さず按察使と記すだけであるが、陸奥国按察使は陸奥守が兼任するから陸奥守にも任じられていたと思われる。大野東人は神亀元年でⅡ期官衙に赴任したか時期的に微妙であるが、彼は養老六年（七二二）に開始された多賀城の創建に当たったからⅡ期官衙に赴任してきたとみてよい。おそらく養老四年九月の前任者上毛野広人の殺害の直後に陸奥按察使兼陸奥守に任じられたのであろう（前稿3）。大野東人は、国府のⅡ期官衙から多賀城への移転に当たった人として、記憶されるべきである。大宝令制当初の四人の陸奥守のうち三人が上毛野氏であるのは、同氏が元来上野の豪族で大化前代から東北経営に関与していた氏であるからである（『日本書紀』舒明九年条）。

按察使は養老三年（七一九）七月に全国的に設置され、特定の国の守を任じて周辺の三、四国を管轄させた。国守より大きな権限をもち国を越える広域を管轄する上級広域地方官である。陸奥国按察使は『続日本紀』同四年九月丁丑条に初見するから、それまでに任じられ、上毛野広人が最初の陸奥国按察使であった。管轄国は当初石城・石背二国で、同五年八月出羽国が加わった（養老五年八月癸巳条）。全国的な按察使制はしばらくして行われなくなり、陸奥国按察使のみが残るが、それは蝦夷対策や辺境政策のために奥羽両国を一体的に、国守より大きな権限をもって管轄する必要があったからである。Ⅱ期官衙にはその最末期の四、五年間ではあるが、陸奥国按察使を兼任する陸奥守が駐在し、分国した石城・石背国、さらに出羽国をも管轄したのである。

防備の兵士　Ⅱ期官衙は城柵だったので、防備のために兵士が駐屯し、その兵士は大宝令で創始された軍団制によってまかなわれた。鈴木拓也氏は、陸奥国には神亀五年（七二八）四月以前に安積団・行方団（Ⅰ・Ⅱ'区）、名取団（Ⅱ区）、丹取団（Ⅲ区）の四団があり、各団の兵士は一〇〇〇人であったことを明らかにした(58)。丹取団の設置は、和銅六年（七一三）十二月の丹取郡設置以後であろうから（和銅六年十二月辛卯条）、大宝当初は丹取団はなかったであろう。出羽国では出羽団一団のみで、その兵士は2・2'区から徴発されたと思われるから、大宝当初に陸奥国の2'区に1団があった可能性がある。従って陸奥国の軍団は、大宝から霊亀二年（七一六）までは、安積・行方・名取団と、それに可能性として2'区の一団で、計四団、兵士四〇〇〇人、2'区が出羽国に移管された後は、それに代わり丹取団が加わって、同じく四団、兵士四〇〇〇人だったと推測できる。蝦夷の地であったⅡ'・Ⅱ・Ⅲ・2'区に軍団制が施行され兵士を徴発できるようになったのは、これらの地区の公民制の充実を示す。これらの兵士が、Ⅱ期官衙や置賜郡の柵などの城柵に交替で勤務して（番上）その防備に当たり、また征討にも徴発された。軍団制が未成立の大宝令以前には評が徴発する評制軍によって城柵の防備が行われたであろう。

出羽国分国(59)　郡山遺跡が国府になるとともにⅢ区への本格的な進出が開始され、Ⅱ期官衙の時代は、多数の移民によってⅢ区の「黒川以北十郡」の建郡に取り組んだ時期であり、この事業は蝦夷の反乱をうけ困難を極めた。一方、越後国でも文武二年（六九八）の磐舟柵改修に続いて、3区への進出が開始され、ついには越後国からの出羽国の分国に至る。まずは越後国の状況について一瞥しておく。

文武二年から開始された越後平野北端の磐舟柵の改修は、さらに北の3区庄内平野への進出の準備であった。慶雲二年（七〇五）十一月あるいは同三年閏正月に越後守に任じられた威奈真人大村は、磐舟柵を根拠地に3区の蝦夷を懐柔して帰服させた（威奈真人大村骨蔵器銘文、『続日本紀』慶雲三年閏正月庚戌条）。さらに3区に出羽柵を設けて柵戸を移配し、和銅元年（七〇九）九月に出羽郡を置いた（『続日本紀』和銅元年九月丙戌・同二年七月乙卯朔条）。この3区への進出は、すぐに蝦夷の反発を生み同二年三月に蝦夷が反乱したが、政府はすぐに征討軍を派遣して鎮圧した（同和銅二年三月壬戌・同年八月戊申条）。この反乱の鎮圧をうけて、同五年九月政府は新たな版図である出羽郡を越後国から分けて出羽国を置き、一郡だけでは国の体裁をなさないので陸奥国から置賜・最上郡の二郡を分けて出羽国に所属させることを命じた（同和銅五年九月己丑・同年十月丁酉条）。さらに出羽郡の充実のために同七年十月に二〇〇戸、霊亀二年（七一六）九月に四〇〇戸の柵戸を移民した（和銅七年十月丙辰・霊亀二年九月乙未条）。そして霊亀二年九月に置賜・最上二郡の分郡が実現し、実質的に出羽国が成立した。

名生館遺跡と赤井遺跡　陸奥国ではⅡ期官衙と同時期に、Ⅲ区で名生館遺跡と赤井遺跡でこの地区最初の官衙が成立する。(60)名生館遺跡は大崎平野の西北部、大崎市（旧古川市）大崎字名生館に所在し、黒川以北十郡の山道の玉造郡に属する。七世紀中葉～九世紀後半の集落・地方官衙遺跡で、Ⅰ期～Ⅵ期の変遷をたどり、丹取・玉造郡家と推定されている。赤井遺跡は石巻海岸平野、東松島市（旧矢本町）赤井に所在し、黒川以北十郡の海道の牡鹿郡に当たる。七世紀前半～九世紀前葉の集落・地方官衙遺跡で、大きく二期に分かれ、さらに集落に当たるⅠ期が三小期、官衙に当たるⅡ期が六小期に分かれ、官衙は牡鹿郡家・牡鹿柵と推定されている。仙台・大崎平野の七世紀中葉～八世紀中葉の土器は五段階に編年され、郡山遺跡Ⅱ期官衙の土器はそのⅢ段階（七世紀末～八世紀初頭）に属し、名生館遺跡Ⅱ期、赤井遺跡Ⅱ―1期の土器がそれと同段階であり、両遺跡ではこの時期に官衙が成立すると考えられている。両遺跡ともこれ以前に関東系土器を伴う集落があり、そこに官衙が成立してくるのである。Ⅲ区にはこれ以前から移民が行われ、国家の進出が一部あったが、Ⅱ期官衙の成立に伴い、官衙が設けられいよいよ本格的に進出が始まったのである。

慶雲二年（七〇五）に陸奥国で蝦夷の反乱があったが、その征討軍には武蔵国から軍士が徴発されていたから、かなり大規模な反乱だったとみられ（『日本文徳天皇実録』嘉祥三年五月丙申条）、この反乱は上記のⅢ区への本格的な進出が招いたものであり、またその進出は反乱によって頓挫したであろう。

霊亀元年の移民　和銅六年（七一三）十二月Ⅲ区に丹取郡（のち玉造郡と改称）を設置し（『続日本紀』和銅六年十二月辛卯条）、次いで霊亀元年（七一五）五月に坂東六国から富民一〇〇〇戸を柵戸としてⅢ区に移配することが命じられた（同霊亀元年五月甲戌条）。一〇〇〇戸は二〇郷分に当たり、現存戸籍の戸の平均戸口数約二〇人によれば、二万人余にのぼる大量移民である。Ⅲ区は、移民によって建郡された「黒川以北十郡」と蝦夷による遠田郡によって構成され、前者は牡鹿・小田・新田・長岡・志太・玉造・富田・色麻・賀美・黒川郡の十郡で、行政上まとまった地域として捉えられていた（『続日本紀』延暦八年八月己亥条）。『和名類聚抄』では富田郡がなくなり九郡となっているが、一郡が二～五郷、総郷数が三一郷で、十郡とすれば一郡平均三・一郷であり、この十郡は規模が小さく均一な郡である。このような郡が広い大崎平野にあるのは、政策的に同時期に一斉に建郡されたからであり、それはこの霊亀元年の一〇〇〇戸移民によるものと考えられる。Ⅲ区にはすでに七世紀後半から移民が行われ、志太郡・丹取郡が置かれていたが、それに一〇〇〇戸の移民を加えて十郡に再編されたのである。

この時期は土器編年のⅣ段階に当たり、名生館遺跡・赤井遺跡は改修され、前者がⅢ期、後者がⅡ—2期に当たる。名生館遺跡Ⅲ期は郡家の政庁があり、和銅五年（七一二）建郡の丹取郡家と推定されている。またこの官衙の付属寺院の伏見廃寺がこの時期に創建された。赤井遺跡ではⅡ—2期の竪穴住居から「上郷」「余郷」の墨書土器が出土し、いずれも牡鹿郡の郷であり、移民後ほど経ない時期に同郡で郷里制が施行されていたことがうかがえる。Ⅲ区ではこの時期に、このほかに南小林遺跡、権現山遺跡、三輪田遺跡（大崎市）などで官衙が設けられた。これらの遺跡はまだ十分に内容が明らかでなく、官衙の性格も明らかでないが、これらの考古学的な事実は、一〇〇〇戸移民によるⅢ区の全面的建郡と対応する。

石城・石背国分国と狭域陸奥国　Ⅲ区の全面的建郡による領域の拡大をふまえて、養老二年（七一八）五月陸奥国から石城・石背国の二国が分国された（『続日本紀』養老二年五月乙未条）。石城国は石城・標葉・行方・宇太・曰理・菊多郡の六郡、石背国は白河・石背・会津・安積・信夫郡の五郡で、この二国の領域は伊具郡を除くⅠ・Ⅱ'区に当たる。霊亀二年（七一六）に2'区を出羽国に割き、いまⅠ・Ⅱ'区を失って、陸奥国はⅡ・Ⅲ区のみを領域とする狭域の国になった。すなわちⅡ期官衙はこの狭域陸奥国の国府になったのである。

陸奥国の養老二年前後の管郡郷数の変化を、『和名類聚抄』の郡郷によって試算してみると、養老二年以前は二四郡一四三郷で、以後は一四郡六五郷であるから、郷数において新陸奥国は旧陸奥国に対して四五パーセントに縮小したことになる。また軍団・兵士数については、以前は行方・安積・名取・丹取団の四団・兵士四〇〇〇人であったが、以後は石城国域の行方団、石背国域の安積団を失うから、名取・丹取団の二団・兵士二〇〇〇人になり半減した。

この石城・石背国の分国と狭域陸奥国の成立は、大局的には和銅・養老年間に政府が地域の実情に即して地方支配を強化するために全国的に進めた分国政策の一環であり、陸奥国に即していえば、国造制以来の伝統的支配があって律令制支配の確立したⅠ区と、蝦夷の地に新たに建郡したⅡ・Ⅲ区、すなわち支配の伝統と充実度の異なる両地域を分離し、それぞれの実情に即して支配を強化しようとした施策であった。Ⅱ'区会津盆地は蝦夷の地であったが、その位置が中通りの西、奥羽山脈の中に孤立し、交通上中通り地方の岩瀬地方から猪苗代湖の南を経由する道で連絡していたので、（補注3）中通り地方と一体となって石背国を構成することになった。

越羽両国では、すでに蝦夷の地に建郡した新領域を分国する方式が行われていた。七世紀後半に越国を三国に分割して新領域の2区を越後国とし、和銅五年（七一二）には新領域の3区に陸奥国からの2'区を加えて出羽国を分国した。狭域陸奥国の成立はこのような辺境の国で採られていた分国の方式が適用されたものである。

しかし石城・石背国は短期間のうちに陸奥国へ再併合された。その時期は、確実にいえば養老五年（七二一）八月～神亀元年（七二四）四月の間であるが、後述の養老六年の陸奥国改革と同時期と推定され、狭域陸奥国の期間はわずかに四年間であった。

国府Ⅱ期官衙の終焉　霊亀元年以来の全面的立郡、官衙の造営などによる支配の強化に対して、Ⅲ区の蝦夷は反発を強め、養老四年（七二〇）九月反乱を起こした。この反乱は大規模なもので、Ⅲ区の支配を覆すほどの深刻な打撃を与えた。政府はすぐさま征討軍を派遣して反乱を鎮圧し、次いで養老六年から陸奥国の支配体制再構築のために改革に取りかかった。養老六年閏四月太政官奏を中心とするその改革は、大きくいえば、第一にⅢ区の支配を再建し強化すること、第二に石城・石背国を再併合し、Ⅰ・Ⅱ'・Ⅱ区の国力と軍事力を増強して、Ⅲ区の辺境経営の基盤とすることである。長期間にわたり調庸の徴収をやめ代わって負担の軽い税布を徴収して公民の負担を軽減し、それによって生じた余力によって公民を耕地の開発に向かわせ、軍団制を強化し、国力と軍事力の増強を図った。軍団制強化のため陸奥国から都に出仕していた舎人・兵衛、衛士・仕丁などを本国に帰させ、また坂東諸国の兵士を城柵に勤務させる鎮兵制を創始した。Ⅲ区支配の拠点として玉造柵など五城柵が整備され、それと一体的に同時期に、多賀城がこれら新支配体制の根拠地として創建された。多賀城は養老六年（七二二）ころから造営を開始し、神亀元年（七二四）に完成し、Ⅱ期官衙から国府が移された。それは国府Ⅱ期官衙の終焉を意味した。

国府Ⅱ期官衙の時代の陸奥国の政策的課題は、Ⅲ区における律令制支配の確立であり、Ⅱ期官衙はその政策実現の根拠地の役割を果たした。霊亀元年の大規模移民によってその政策は一時実現したが、養老四年の蝦夷反乱によってその支配は深刻な打撃をうけ、これに対して新支配体制構築が進められ、それに適合する新国府多賀城が創建され、ここにⅡ期官衙はその役割を終え、終焉を迎えたのである。

おわりに

これまでの歴史叙述で律令国家形成期の辺境経営といえば、『日本書紀』に記述が残されているために、越の渟足柵・磐舟柵の設置、阿倍比羅夫の北征であり、これらは高校の教科書にも記載されているが、陸奥について記されることは少ない。郡山遺跡はこの空白の陸奥の辺境経営ばかりではなく、多賀城以前の陸奥はもちろん越羽の辺境経営を解明するために、多くの情報を与えてくれる。その意味で重要な歴史的意義をもつ遺跡であるから、後世に残すために十全の保存策を講じ、活用していくことが必要である。私はこの遺跡が渟足柵・磐舟柵と並んで教科書に記載され、国民に広く知られる日が来ることを願っている。

注

(1) 郡山遺跡は二〇〇六年八月に国史跡に指定され、その指定名称は「仙台郡山官衙遺跡群／郡山官衙遺跡／郡山廃寺跡」である。官衙と廃寺の総称である「仙台郡山官衙遺跡群」の下に、内訳である「郡山官衙遺跡」「郡山廃寺跡」を併記する。これが本遺跡の正式名称であるが、本稿では報告書名として使っているので、官衙遺跡は「郡山遺跡」、廃寺跡は「郡山廃寺」の名称を使用することとする。

(2) 筆者の郡山遺跡に関する論考は次のものがある。「郡山遺跡へ・郡山遺跡から」(前稿1とする。『市史せんだい』四、一九九四年)、「陸奥国の始まりと郡山遺跡」(前稿2。『仙台市史　通史2　古代中世』、二〇〇〇年)、「多賀城の創建—郡山遺跡から多賀城へ—」(前稿3。『条里制・古代都市研究』一七、二〇〇一年〔本書第三編第二章〕)。本稿では前稿の考えを改めた部分がある。

（3）郡山遺跡の発掘調査報告書は、仙台市教育委員会から「仙台市文化財調査報告書」として『郡山遺跡』の題のもとに一九八〇年から毎年刊行されている。二〇〇五年に正報告書として『郡山遺跡発掘調査報告書』総括編（一）（二）（仙台市文化財調査報告書第二八三集、長島榮一編集・執筆）が刊行されて、二〇〇四年度第一六五次調査までの発掘調査の成果が総括された。本稿は発掘調査の成果については主にこの正報告書により、その後の成果についてはその後の年報を参照し、前者の場合は特に記載せず、後者の場合はそのよる報告書を掲記した。毎年の報告書については正報告書一四頁に掲載されているので参照されたい。本稿の初出稿は正報告書の付章として掲載されたものである。なお報告書のほか、調査担当者が著した著書として、長島榮一『郡山遺跡　飛鳥時代の陸奥国府跡』（日本の遺跡三五、二〇〇九年）が刊行され、最も最新の郡山遺跡の調査成果のまとめと考察となっている。

（4）仙台市教育委員会『郡山遺跡二七』（仙台市文化財調査報告書第三〇七集、二〇〇七年）一二・一〇六頁（平間亮輔執筆）。

（5）同前『郡山遺跡二七』二八・一〇六頁（平間亮輔執筆）。

（6）今泉隆雄「律令と東北の城柵」（『秋田地方史の展開』一九九一年〈本書第二編第三章〉）。

（7）払田柵跡では外郭北門の東西で、木道に転用された材木列塀の材木が出土した。その完形の材木は、長さ四・六メートル、一辺二五～三〇センチメートルの杉の角材で、上端から一～一・二メートルに位置に貫を通す孔（縦三〇～四〇センチメートル・横一〇センチメートル）を穿つ。この材を深さ一メートルほどの溝に密接して立て並べて埋設し、貫孔に横方向に貫材を通して固定する。地上高三・六メートルの材木列塀になる。秋田県教育庁払田柵跡調査事務所編・秋田県文化財調査報告書第二八九集『払田柵跡Ⅱ―区画施設―』一二〇頁（一九九九年）。

（8）仙台市教育委員会『郡山遺跡二六』（仙台市文化財調査報告書第二九六集、二〇〇六年）九〇頁（平間亮輔執筆）。国家座標を使用して検出遺構の座標値を読み取り、外郭の真北からの振れ〇度四八分五五秒を使用して距離を計算している。

（9）同前『郡山遺跡二六』九三頁第46図。

（10）仙台市教育委員会『郡山遺跡二八』（仙台市文化財調査報告書第三二七集、二〇〇八年）三九頁（平間亮輔執筆）。

（11）ＳＢ一六三五のすぐ南に東西棟ＳＢ一五五五を検出している。推定五間×二間で中軸線より東にはのびず、ＳＢ一六三五と切り合い関係がないが、ＳＢ一六三五より新しいと推定されている。

（12）一般的に遺跡・遺構の実測値を古代の尺度に換算しようとする場合、次のような問題があることを念頭に置くべきである。すなわち、現在の遺跡・遺構による計測値は、長距離の場合、図面上で計るか、座標値によって計算するかであるが、その数値は水平距離であるのに対して、古代における実測は地表に沿って縄をひいて計測したものであることである。従って地表面が傾斜していたり、凹凸があると、現在の計測値が古代の計測値より短めにでることがある。郡山遺跡の前記の三つの数値について東西が南北より長い。郡山遺跡は全体に北から南へ緩く傾斜する地勢であるから、古代本来では東西南北が同じであるのに、南北が短い計測数値になっていると考えられないでもない。しかし後述のように郡山遺跡のモデルになった藤原宮でも宮城域の東西が南北より長いので、郡山遺跡のこの状況はそのまま認めることにする。ただし、外溝の区域の換算尺数値が東西南北とも一五〇〇大尺でありながら、一大尺数値に差があるのは以上述べたことが関係しているのであろう。

(13) 井上和人「古代都城制地割再考」(『古代都城制条里制の実証的研究』二〇〇四年、一九八四年初出)。

(14) 郡山廃寺の出土瓦については、進藤秋輝「多賀城創建をめぐる諸問題」(高橋富雄『東北古代史の研究』所収、一九八六年)、辻秀人「古代陸奥国の瓦」(『仙台市史　通史2　古代中世』二〇〇〇年)による。

(15) 多賀城・多賀城廃寺の軒丸瓦は重弁蓮華文軒丸瓦とよび慣わしている。

(16) 以上の三点についてはすでに仙台市教育委員会『郡山遺跡Ⅶ』(仙台市文化財調査報告書第九六集、一九八七年)八三頁に指摘されている(木村浩二執筆)。

(17) 積山洋「孝徳朝の難波宮と造都構想」(塚田孝編『大坂における都市の発展と構造』所収、二〇〇四年)。

(18) 林部均「古代宮都と国家形成」(『歴史評論』六五五、二〇〇四年)。

(19) 注(4)前掲井上和人「古代都城制地割再考」、同「藤原宮南面外郭施設設定規格復原考」(『古代都城制条里制の実証的研究』二〇〇四年)。奈良国立文化財研究所『藤原宮』一九八四年。

(20) 林部均「条坊制導入期の古代宮都」(『古代宮都形成過程の研究』二〇〇一年)。

(21) 標高で示すと、SD一二四九の池との接合部付近の底面が一〇・二四メートル、SD一二三六の池との接合部付近の底面が一〇・二一メートル、池の底面が九・八三メートルであり、貯水の水位は、一〇・二一―九・八三＝〇・三八メートルとなる。

(22) 小澤毅「伝承板蓋宮跡の発掘と飛鳥の諸宮」(『日本古代宮都構造の研究』二〇〇三年、一九八八年初出)、林部均「伝承飛鳥板蓋宮跡の年代と宮名」(『古代宮都形成過程の研究』二〇〇一年、一九九八年初出)。

(23) 石組池SX一〇一〇については、奈良国立文化財研究所「石神遺跡第六次調査」、『飛鳥・藤原宮発掘調査概報一七』五五頁(一九八七年)。

(24) 須弥山の園池＝石神遺跡と斎槻の広場については、今泉隆雄「飛鳥の須彌山と斎槻」(『古代宮都の研究』一九九三年、一九九二年初出)、蝦夷の服属儀礼については同「蝦夷の朝貢と饗給」(高橋富雄編『東北古代史の研究』一九八六年)を参照。
(25) 奈良国立文化財研究所『飛鳥・藤原宮発掘調査概報一五』一九八五年。
(26) 三橋健「年中行事における禊・祓・物忌」(日本民俗研究大系編集委員会編『日本民俗研究大系三』所収、一九八三年)、青木紀元『日本神話の基礎的研究』第三編第一章第三節「ミソギ・ハラヘ」、一九七〇年。
(27) 『古事類苑』神祇二、「祓禊」解説、一八九八年。
(28) 以下、太白山については、新しいふる里づくり講座「おいで」編集委員会編『もうひとつの仙台―生出』四号「特集　知られざる太白山」(一九九一年)を参考にし、また伝承については『仙台市史　特別編6民俗』(一九九八年)を参照した。
(29) 東国国司についての近年の成果として、大津透「大化改新と東国国司」(『新版古代の日本⑧関東』所収、一九九二年)を参照。
(30) 以下、評制の施行については、鎌田元一「評の成立と国造」(『律令公民制の研究』二〇〇一年、一九七七年初出)による。
(31) 石城評の立評については今泉隆雄「陸奥国と石城郡」(いわき市埋蔵文化財調査報告第七二冊『根岸遺跡』所収、二〇〇〇年)参照。
(32) 国名「陸奥」のよみは「みちのおく」で、古くは「道奥」の表記も用いられた。「陸奥」の表記は、大宝四年(七〇四)四月に諸国印が鋳造され全国の国名表記が公定された際に、公定されたと思われる(鎌田元一「律令制国名表記の成立」(『律令公民制の研究』二〇〇一年、一九九五年初出)。「みちのおく」は国家の支配領域を連絡する道のもっとも奥、すなわち支配領域の最末端という意味で、陸奥国が辺国であることに基づく命名である。表記が「道奥」から「陸奥」へ公定されたのは、陸奥国が内陸の東山道に属せしめられたからであろう。
(33) 早川庄八「律令制の形成」『岩波講座日本歴史2　古代2』所収、一九七五年〔『天皇と古代国家』二〇〇〇年再収〕。
(34) 渟足柵については、小林昌二氏を代表者とする科学研究費のグループが二〇〇〇年から四年間にわたって、遺跡の探索に努めた。渟足柵の遺称地名である沼垂町は、江戸時代に信濃川河道の変化によってその所在を五回変えたが、小林氏は寛文十二年(一六七二)ごろの古地図の検討から、旧沼垂町を新潟市山の下松島・王瀬地区に比定し、ここを渟足柵の所在地と推定してボーリング調査を行い、残念ながら遺跡の発見には至っていないが、同地が最も有力な推定地である。(科学研究費『前近代の潟湖河川交通と遺跡立地の地域史的研究』平成一二～一四年度研究経過報告書(二〇〇一～二〇〇三年)、同平成一二～一五年度研究成果報告書

（二〇〇四年）、研究者代表者小林昌二。小林昌二「未発見『渟足柵』の調査などをめぐって」『新潟史学』四八、二〇〇二年）。

なお小林氏はこれらの研究によって新たな渟足柵像を提起している。同氏の渟足柵研究は、渟足柵以前の越後平野における国造と部民設置に関する見解、渟足柵設置の目的についての対外関係の重視などの点に新しい視角があり、学ぶべき点が多いが、ここでは本論との関係で、渟足柵・磐舟柵設置以前の2区（越後平野東半部）における王権の支配の問題についてふれておきたい。小林氏は、両柵設置以前にすでに、沼垂郡域に「国造本紀」にみえる高志深江国造が置かれ、磐船郡域に物部が設置され、2区に大和王権の支配が及び、両柵はそれらを前提に設けられたと考えている（「渟足・磐舟柵の研究序説」前掲『前近代の潟湖河川交通と遺跡立地の地域史的研究』平成一二〜一五年度研究成果報告書所収）。しかしそれらの支配はあまり大きくは考えられないであろう。小林氏は沼垂郡域の高志深江国造の存在について、和島村八幡林遺跡出土木簡による沼垂郡の西隣の蒲原郡域における高志君氏の存在を前提に、平城京二条大路木簡中の天平八年（七三六）頃の荷札木簡「越後国沼足郡深江×」にみえる「深江」が深江郷で、高志深江国造に関係するもので、沼垂郡域にその実在が証されたと考えた。孝徳朝の立評では国造のクニは評に移行するが、ここでは高志深江国造のクニは深江評にならず、柵戸の移配によって沼垂評が置かれた。一般的に国造のクニの名はのちの郡あるいは国の名に一致するが、深江国造のクニは郷の名に一致するから、この国造のクニはのちの郷域程度の領域だったことになる。さらに『和名類聚抄』の沼垂郡の郷は足羽・沼垂・賀地郷の三郷で、九世紀には深江郷は消滅している。これらのことから考えると沼垂郡域に高志深江国造が存在したとしても、その支配は小領域の拠点的なものであったであろう。（補注4）

坂井秀弥氏は自然環境と考古学の成果によって、両柵設置以前の越後平野全体の状況を、次のように描き出している。すなわち、古代の越後平野には信濃川・阿賀野川の二大河川を中心に中小の河川が流れるが、平野が平坦で、信濃川・荒川を除く河川は海岸にそって横たわる新潟砂丘によってさえぎられて河口を開くことができず、砂丘の内側には多くの潟湖と後背湿地が広がり、河川の流域には氾濫原が広がっており、このため耕地の開発が進まず、生産力が低かった。この平野では、集落遺跡は六世紀に少数見られるが、七世紀にはほとんど無く、ようやく七世紀末〜八世紀初に増加してくる。古墳は前期古墳は比較的数が多いが、中期古墳は未確認で、六世紀後半〜七世紀にはほとんどみられない。八世紀に入ると鮭を中心とする内水面漁業を管轄する官衙が設けられてくる（坂井秀弥「古代越後平野の環境・交通・官衙」『木簡研究』一七、一九九五年。「水辺の古代官衙遺跡」『古代王権と交流3　越と古代の北陸』一九九六年）。以上によれば、両柵設置以前の2区は、大和王権の支配が及んだとしても、それは拠点的なもので、大部分は潟湖・後背湿地・氾濫原などで内水面漁業を生業とする蝦夷の居住地であったのではなかろうか。

(35) 新潟県『新潟県史通史1原始・古代』第5章第1節、一九八六年。
(36) 山田秀三著作集『アイヌ語地名の研究』第一巻九八・一二二・一五五頁、一九八二年。
(37) 関東系土器と坂東移民については以下を参照。今泉隆雄「八世紀前半以前の陸奥国と坂東」(『地方史研究』二二一、一九八九年〔本書第二編第四章〕)、同「関東系土器と坂東からの移民」(『新版古代の日本⑨　東北・北海道』所収、一九九二年)、同「移民と土器・地名の移動」(『県史4　宮城県の歴史』所収、一九九九年)、同「古代東北辺境における移民」(平成一二年度東北大学教育研究共同プロジェクト成果報告書『人の移動にともなう社会と文化の変動についての総合的研究』、二〇〇一年東北大学大学院文学研究科刊行)、村田晃一「飛鳥・奈良時代の陸奥北辺―移民の時代―」(A論文、『宮城考古学』二、二〇〇〇年)、同「七世紀集落研究の視点(一)」(B論文、『宮城考古学』四、二〇〇二年)、菅原祥夫「東北古墳時代終末期の在地社会再編」(『原始・古代日本の集落』所収、二〇〇四年)、高橋誠明「多賀城創建にいたる黒川以北十郡の様相―山道地方―」、佐藤敏幸「多賀城創建にいたる黒川以北十郡の様相―海道地方―」、長島榮一「仙台平野における多賀城創建までの様相」、以上三編は『第二九回古代城柵官衙遺跡検討会資料集』所収(二〇〇三年)。村田A論文では、関東系土器を四期に分け、第一期の年代を七世紀中葉としたが、B論文でその年代を六世紀末〜七世紀中葉に改めている。なお前掲資料集五六―五七頁第3図「関東系土師器を出土する遺跡の各段階における分布」参照。
(38) 東北在地の土師器は、坏が内面に黒色処理とミガキを施し、外面の体部と口縁部の境に段を有し、甕が体部外面がハケ目調整とするのに対して、関東系土器は坏が内面に黒色処理を施さず、ナデ調整をし、甕が体部外面がケズリ調整をする。前掲『第二九回古代城柵官衙遺跡検討会資料集』五八頁。
(39) 熊谷公男「阿倍比羅夫北征記事に関する基礎的考察」(高橋富雄編『東北古代史の研究』所収、一九八六年)。
(40) 能登谷宣康「金沢地区の古代鉄生産」(『福島考古』四六、二〇〇五年)。
(41) すでに同様の見解は阿部義平「城柵と国府・郡家の関連―仙台市郡山遺跡をめぐって―」(『国立歴史民俗博物館研究報告』第二〇集、一九八九年)で述べられている。
(42) 今泉隆雄「東北の城柵はなぜ設けられたか」(『新視点日本の歴史』三古代編所収、一九九三年〔本書第一編第一章〕)。
(43) 今泉隆雄「古代東北城柵の城司制」(羽下徳彦編『北日本中世史の研究』所収、一九九〇年〔本書第二編第二章〕)。
(44) 厩牧令14諸道置駅条によれば駅間距離は三〇里(＝約一六キロメートル)であるから、一〇駅間距離は一六キロメートル×九＝

一四四キロメートルとなり、玉前駅―石城・常陸国境間距離をJR常磐線の岩沼駅―勿来駅間距離に置き換えて、時刻表で検すると一五九キロメートルとなり、その差は一五キロメートル。前者一四四キロメートルに一〇駅南・北端駅―両国国境間の距離を加えれば、両者はほぼ一致するであろう。駅間距離は地形によって伸縮するが、浜通りはほぼ平坦な地勢であるからほぼ令規定通り駅が設置されたのであろう。上の一致は駅路想定の妥当性を裏付ける。

(45) 宮城県多賀城跡調査研究所年報一九八四『多賀城跡』五五頁。

(46) 坂井秀弥「日本海側の古代城柵と北方社会」(『考古学ジャーナル』四一一、一九九六年)。

(47) 高倉敏明「山王遺跡」(多賀城市史編纂委員会編『多賀城市史四　考古資料』第二章一三、一九九一年)。

(48) 栗原和彦「観世音寺」(太宰府市史編集委員会編『太宰府市史　考古資料編』第二編第六章第一節、一九九二年)。

(49) 高倉洋彰「筑紫観世音寺史考」(九州歴史資料館編『九州歴史資料館開館十周年記念　大宰府古文化論叢　下巻』所収、一九八三年)、田村圓澄「観世音寺草創考」(『日本歴史』四四〇、一九八五年)。

(50) 老司Ⅰ式の年代については、森郁夫「老司式軒瓦」(前掲『九州歴史資料館十周年記念　大宰府古文化論叢　下巻』所収)による。

(51) 速水侑「奈良朝の観音信仰について」(同編民衆宗教史叢書第七巻『観音信仰』所収、一九八二年)。

(52) 鈴木拓也「古代東北の城柵と移民政策」(『古代東北の支配構造』所収、一九九八年)。

(53) 東アジアの国際情勢については、堀敏一「唐初の日唐関係と東アジアの国際政局」(『東アジアの中の古代日本』所収、一九九八)年、鈴木靖民「七世紀東アジアの争乱と変革」(『新版古代の日本二』所収、一九九二年)を参照。

(54) 室賀信夫「阿倍比羅夫北征考」(『古地図抄―日本の地図の歩み―』所収、一九八三年、一九五六年初出)。

(55) 南嶋の覓国使については、中村明蔵「南島覓国使と南島人の朝貢をめぐる諸問題」(『古代隼人社会の構造と展開』一九九八年)、山里純一「南島覓国使の派遣と南島人の来朝」(『古代日本と南島の交流』一九九九年)がある。

(56) 『日本書紀』神代下天孫降臨に「覓国」に「矩貳磨儀」の訓を付す。「覓」の意は、捜し求める、求める(『大漢和辞典』巻一〇―三二四頁)、「マグ」の意は、求め尋ねる(『時代別国語大辞典上代篇』六六九頁)。また氏姓に倭漢氏系に国覓直・忌寸氏がいるのも注意される。

(57) 城司制については注(43)今泉隆雄「古代東北城柵の城司制」〔本書第二編第二章〕、注(6)同「律令と東北の城柵」〔本書第二編第三章〕参照。

(58) 鈴木拓也「古代陸奥国の軍制」(『古代東北の支配構造』一九九八年)。

(59) 以下の項目については前稿3で詳論した。

(60) 第二九回古代城柵官衙遺跡検討会(二〇〇三年三月)において、シンポジウム「律令国家の周縁部における地方官衙の成立と変容—多賀城創建にいたる黒川以北十郡の様相—」が行われ、黒川以北十郡の地方官衙遺跡の成立の問題が整理された。以下名生館遺跡・赤井遺跡をはじめⅢ区の官衙遺跡については、同検討会の資料集『第二九回古代城柵官衙遺跡検討会』所収の高橋誠明「多賀城創建にいたる黒川以北十郡の様相—山道地方—」「名生館遺跡官衙遺跡の概要」、佐藤敏幸「多賀城創建にいたる黒川以北十郡の様相—海道地方—」「赤井遺跡—古代牡鹿柵・牡鹿郡家—の概要」による。

(補注1) 初出稿では、Ⅱ期官衙と藤原宮の共通点として、第一の官衙域・宮城域と中枢部、第二の外郭の構造の二点を指摘しただけで、第三の官衙域・宮城域の規模の問題は平間亮輔・斉藤義彦両氏の指摘に基づいて、本稿で追加した点である。初出稿の段階では、調査成果として外溝・大溝間の距離が算出されていなかったので、設計尺度の項では、材木列塀の東西幅が一二〇〇大尺であることを指摘し、これが大宝令以前の一歩＝六大尺制で二〇〇歩の完数になることを強調した。その後『郡山遺跡二六』第四章総括(二〇〇六年)において、調査担当者の平間亮輔氏によって、第1表の数値が算出され、各数値の大尺換算値が示されて外溝間の距離が一五〇〇大尺にあたることが指摘され、さらに平間亮輔・斉藤義彦氏「郡山遺跡の遺構変遷」(『第三四回古代城柵官衙遺跡検討会資料集』二〇〇八年)によって、外溝間距離一五〇〇大尺が藤原宮の大路側溝間距離三〇〇〇大尺の二分の一に当たることが指摘された。この指摘はⅡ期官衙と藤原宮との関係を規模の上で明らかにした点で非常に重要である。初出稿で強調した材木間距離＝一二〇〇大尺＝二〇〇歩という点よりも、Ⅱ期官衙が外溝間距離で藤原宮の二分の一に設計されている点が本質的で重要な問題と考えたので、本稿では設計尺度の項も書き換えた。

(補注2) 相馬地方の製鉄遺跡群については、シリーズ「遺跡を学ぶ」21・飯村均『律令国家の対蝦夷政策・相馬の製鉄遺跡群』(二〇〇五年)が刊行され、金沢地区とともに宇多郡に属する武井地区製鉄遺跡群(福島県新地町)についてもまとめられている。

(補注3) 鈴木啓氏によると、福島県中通り地方と会津盆地は、古い時代から、猪苗代湖の南の岩瀬郡天栄村の鶴沼川—阿賀川沿いの道路で連絡できたという(同氏『南奥の古代通史』二四頁、二〇〇九年)。石背国の国府は石背郡に設置が予定されていたのであろうが、それは石背郡(須賀川市西部・岩瀬郡)が中通り地方から会津盆地への道の分岐点であったからであろう。

（補注4） 小林昌二氏は関連する著書として、『高志の城柵　謎の古代遺跡を探る』（新大人文選書1、二〇〇五年）を刊行されている。

（付記）初出稿は、仙台市教育委員会『郡山遺跡発掘調査報告書』総括編（一）（仙台市文化財調査報告書第二八三集、二〇〇五年）に付章「古代国家と郡山遺跡」として掲載。初出稿以後の調査成果などによって内容を補訂した。大きな補足は補注を付けた。

【本書編集にあたっての注記】
本章は著者自身の補訂稿による。

第二章　多賀城の創建

——郡山遺跡から多賀城へ——

はじめに

陸奥国府多賀城は、七二四年から一〇世紀半ばまで、陸奥国内支配、さらには奥羽の辺境支配の根拠地であった。本稿はこの多賀城の創建の事情と意義について論じようとするものである。(1)

多賀城の創建について『続日本紀』は何も記さず、唯一多賀城碑に、多賀城は神亀元年（七二四）に按察使兼鎮守将軍大野東人が置くところであると記されている。同碑は明治・大正以来、偽作説が有力であり、多賀城の神亀元年創建は疑われてきた。しかしここ十数年来、多賀城碑の再検討がなされ、碑文にあるとおり、按察使鎮守将軍藤原恵美朝臣朝獦が行った多賀城改修を記念して、天平宝字六年（七六二）十二月一日に建てられた真碑であると考えられるに至った。(2)さらに一九九七年十二月に碑の覆屋の改修に伴って碑の発掘調査が行われ、現在碑が据えられている穴の下層に当初据えられていた穴を検出し、碑が当初から現在地点に建っていて、一度倒れたのち一七世紀前半に再び立て直されたと考えられると報告されている。(3)多賀城では外郭南門から政庁南門へ中心道路が設けられていたが、これによれば、碑が建っていた地点は外郭南門を入ったところのこの道路のすぐ東で、現在と同じく碑はこの道路に正面を向けて建っていたことになり、改修の記念碑を建てるのにまことにふさわしい地点である。一九九八年六月に碑は国重要文化財に指定された。多賀城碑の史料的信憑性が回復されることによって、多賀城の創建年は神亀元年に確定した。このことが現在多賀城の創建を論ずることができるようになった前提である。

最近熊谷公男氏は、多賀城の創建についてその四年前の養老四年（七二〇）に起きた大規模な蝦夷の反乱を重視し、この反乱を契機に陸奥国の支配体制が大きく転換し、その新たな支配体制の構築の一環として多賀城が創建されたという新しい多賀城創建論を提起している。(4) 私はこの考え方に賛成であり、さきに『仙台市史通史2　古代中世』で同様の視角からその概要を述べたことがある。(5)

ところで多賀城は陸奥国の最初の国府ではなかった。『続日本紀』霊亀元年（七一五）十月丁丑条に陸奥国府が見え、多賀城以前の陸奥国府の存在が確認できる。私はこの旧国府が仙台市郡山遺跡Ⅱ期官衙であると考えている。従って多賀城の創建とは郡山遺跡から多賀城への国府の移転だったのである。多賀城の創建について考えるのに、この旧国府郡山遺跡から新国府多賀城への移転という視角も必要であろう。本稿では多賀城の創建について、養老四年の蝦夷の反乱を契機とする陸奥国の新支配体制の構築という視角とともに、郡山遺跡から多賀城への国府移転という視角から考察したい。

なお第26図「奥越羽三国の地区区分」（三七二ページ）によって論じていくので、陸奥、越後・出羽の地区区分について述べておく。この地区区分は律令国家の支配領域の拡大、すなわち評・郡の設置の段階によるものである。(6)

〈陸奥国〉

Ⅰ区　福島県域と宮城県南端の角田市・亘理町。阿武隈川河口以南。

Ⅱ区　仙台平野以南。名取川・広瀬川流域。郡山遺跡・多賀城が所在。

Ⅲ区　宮城県北の大崎平野から牡鹿地方にかけての地域。鳴瀬川・江合川流域。

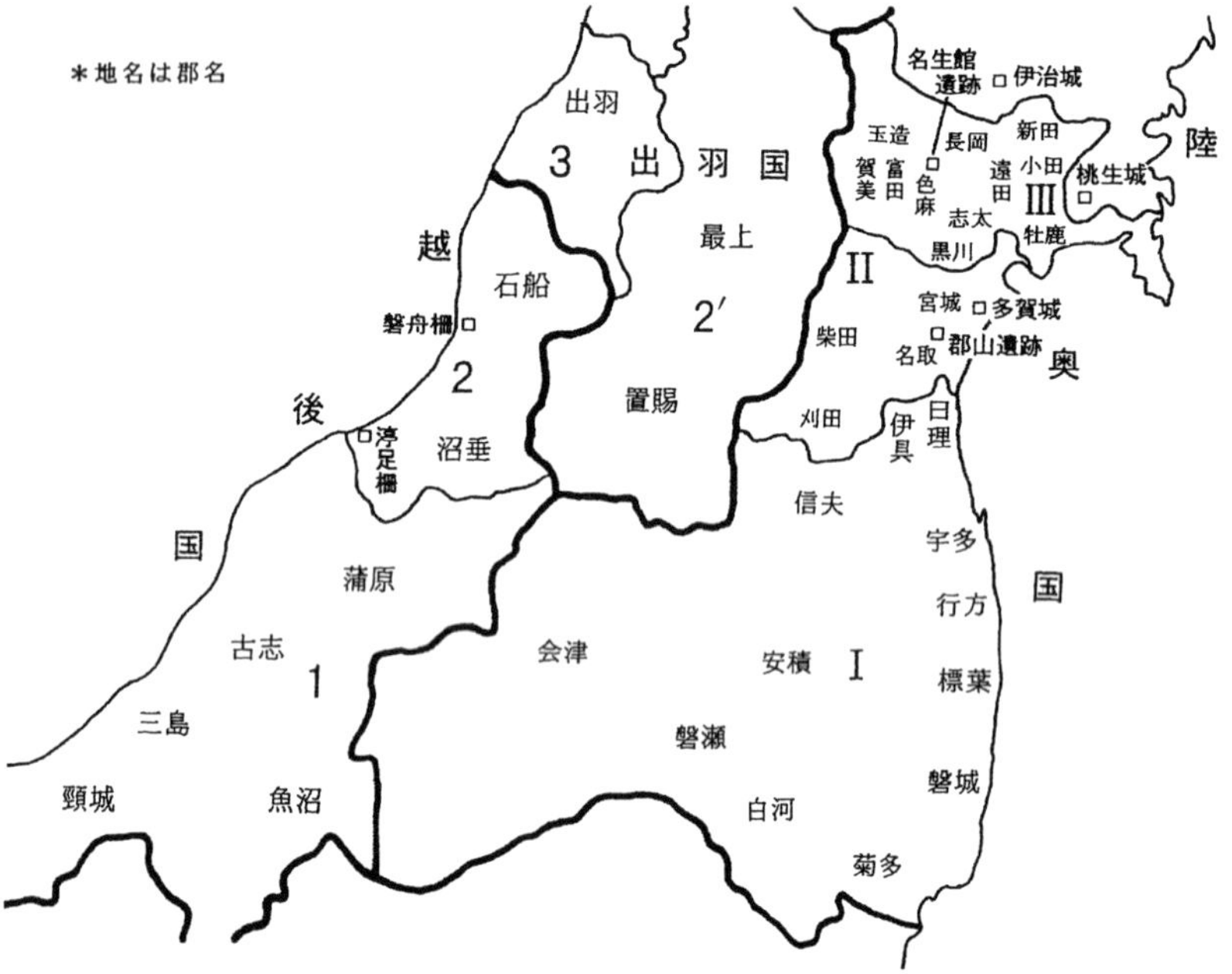

第26図　奥越羽三国の地区区分

〈越後・出羽国〉

1区　越後平野の信濃川河口以南。

2区　越後平野北半。

2'区　山形県山形・米沢盆地。霊亀二年（七一六）まで陸奥国所管。

3区　山形県庄内平野。

一　七世紀後半の陸奥と越後

七世紀半ばから八世紀初めまでの陸奥国の状況について、越後国を参考にして明らかにする。このことは郡山遺跡の性格を考えるために必要であり、また多賀城以前のⅡ・Ⅲ区の状況を明らかにすることでもある（第20表参照）。

東国国司と蝦夷　乙巳の変から二ヶ月後の大化元年（六四五）八月、改新政府は「東国国司」とよばれる八組の使者を東国へ派遣した。[7] 東国国司の任務は、人口・田積・地方の政治秩序の調査と、武器の

第20表　郡山遺跡関係年表

年　代	陸　奥		越・越後
大化1（645）	6　乙巳の変　8　東国国司派遣		
3（647）		郡山遺跡Ⅰ期	渟足柵設置、柵戸移配
4（648）			磐舟柵設置、柵戸移配
5（649）	建評開始		
白雉5（654）	この頃までに道奥国設置		
斉明4（658）			阿倍比羅夫　第1回北征
5（659）	3　陸奥・越の蝦夷を須弥山で饗す		第2回北征
6（660）	5　粛慎を須弥山で饗す		第3回北征
7（661）	信太郡人百済の役に出征		
天智朝（662～71）	北征のため造船		
天武14（685）			これまでに越後国設置
持統2（688）	12　飛鳥寺西槻下で蝦夷を饗す		
3（689）	1　優嶜曇郡あり		
文武2（698）		Ⅱ期	12　磐舟柵修理
4（700）			4　磐舟柵修理
慶雲4（707）	5　信太郡あり		
霊亀1（715）	10　陸奥国府あり		
養老3（719）	閏7　石城国に十駅を置く		
神亀1（724）	多賀城創建		

注　文頭の数字は月を示す。

収公などを行うことであった（大化元年八月庚子条）。東国国司のうち紀臣麻利耆拕を長官とするグループは、陸奥の南部と上野をその管轄地域に含み、武器の収公に関して、「辺国近与蝦夷接境処者、可尽数集其兵、而猶仮授本主」と例外的な処置をするように指令を受けていたが（同月庚子条）、翌二年に帰還した際に、このグループは国造が送ってきた兵器を本主に返さず国造に与えたとして、指令違反を指摘された（同二年三月辛巳条）。この「辺国」とは、この時点にまだ令制国はなく、また後者の史料で国造が活動しているから、国造のクニに当たり、その中でも大和朝廷の支配領域の最も周縁の国造のクニと考えられる。全国的な国造名を記す『先代旧事本紀』巻十「国造本紀」によれば、陸奥の国造は、道奥菊多（後の菊多郡の地域、養老二年まで常陸国多珂郡域）、石城（磐城郡）、染羽（標葉郡）、浮田（宇多郡）、白河（白河郡）、石背（磐瀬郡）、阿尺（安積郡）、信夫（信夫郡、以上福島県域）、思（曰理の誤り、曰理郡）、伊久（伊具郡、以上宮城県南部）の一〇国造である。ただし『常陸国風土記』多珂郡条によれば、このうち道奥菊多・石城国造は、七世紀半ばにはその領域が常陸の多珂国造の領域に含まれ、国造でなかったことが明らかである。これらの国造制施行地域は会津地方を除くI区に当たる。先の「辺国」の国造は、これらの国造すべてか、最北の信夫・伊久・曰理国造に当たり、前引の「辺国近与蝦夷接境処者」によれば、辺国の国造のクニの外が蝦夷の居住地であったこと、また東国国司が蝦夷に備えていたことがわかる。

国評の設置　改新政府は、政府が派遣した惣領などの手によって大化五年（六四九）から全国的に評の設置を開始した。常陸の例では、まず大化五年に国造のクニを評に転換し、ついで白雉四年（六五三）にその評を分割して新しく評を置いた。(8)陸奥については『常陸国風土記』多珂郡条によって、多珂国造のクニを転換した多珂評から白雉四年に石城評を分割したことがわかるだけであるが、常陸と一緒に、国造制施行地域で、大化五年に国造のクニの評への転換、さらに白雉四年に評の分割・新置が行われて、評制が施行されたと考えられる。日本海側の越でも、同様にして新潟平野南半部の国造制施行地域（1区）まで、評制が施行されたと思われる。

この評制の施行を受けて、その上に孝徳朝のうちに道奥国が置かれる。『日本書紀』で陸奥国の存在を示す初見史料は、斉明五年（六五九）三月条に「道奥与越国司」とある道奥国司の存在を示す記事である。これは道奥国司が阿倍比羅夫の北征に参加して越国司とともに褒賞を授位された記事で、後の「陸奥」ではなく「道奥」という古い用字を用いていることから信拠できると思われる。これから斉明五年以前に道奥国司が派遣されていたことがわかる。さらに『常陸国風土記』によって道奥国の設置は孝徳朝にさかのぼると考えられる。同書の巻首の総記に、常陸国の設置について、相模国の足柄岳の坂（駿河・相模国界の足柄山の峠）より東の地域を「我姫国」（東国の意）と称し、孝徳天皇の時に惣領の高向臣と中臣幡織田連を派遣して、我姫国すなわち「自坂已東之国」を八国にわけ、その一つが常陸国であると伝える。足柄山の坂と信濃・上野国界の碓氷峠の坂より東の地域は奈良時代に「坂東」とよばれ、八国あったので「坂東八国」と称され、『常陸国風土記』の「我姫国」＝「自坂已東之国」に置かれた八国はこの坂東八国に当たると思われるかもしれないが、この八国には坂東八国の一つの安房国は含まれず、道奥国が入っていたとみなければならない。『常陸国風土記』の撰述年代については諸説があるが、和銅五年（七一三）五月から、郷里制の始まる養老元年（七一七）か、石城国が設置された同二年五月までの間とする説が有力であり[9]、これに対して安房国の設置は養老二年五月であるからである。撰述年代が養老二年まで下がるにしても、設置されたばかりの安房国を孝徳朝に設置された八国に含めて数えることはないであろう。後述のように神亀元年（七二四）四月癸卯条に坂東八国と陸奥国をあわせた「坂東九国」の記載があり、陸奥国が坂東に含まれることがあった。従って、孝徳朝に「我姫国」に設置された八国は坂東の安房国を除いた七国と道奥国であり、道奥国は孝徳朝に設置されたと考えられる。一般的に令制国の設置は評制の施行より遅れるから、道奥国の設置は孝徳朝の中でも建評事業が完了した白雉四年（六五三）以後、すなわち白雉四、五年ころと思われる。当初の道奥国は先の評の設置地域を版図とするものであった。

早川庄八氏は、令制国の設置はいっせいに行われたのではなく、地域によって遅速があり、全国的に成立するのは天智朝初めであり、天武朝までかかり、『常陸国風土記』の孝徳朝における坂東の八国設置の伝承は信じがたいとし[10]、また天武十二年（六八三）十二月～同十四年十月の諸国の国界確定の事実から天武朝まで下げる見解もあって、その成立時期を遅くみる考えが有力である。全国的な令制国の設置が一斉に行われたものではなく、長期間を要したというのは、早川氏の指摘の通りであるが、『常陸国風土記』の記事については、惣領が大化五年、白雉四年に評の設置に当たったのは動かせない事実であるから、彼らによる八国設置の記事も簡単には否定できないと考える。

令制国というものの構成要素について「国」字の用例によって考えると、①国司によって構成される官司機構、②施設としての国府、③国司が支配する郡－里－戸とその領域の三つによって構成されるが、その三要素すべてを備えた国制は、国府の建造からみてようやく大宝律令施行以降に完成するのである。国界の確定を重視するのは③を重視するのであるが、七世紀後半の中央集権的な国評制の形成過程を考える上では、中央から国宰（国司の前身）が派遣されて評の官の上に常駐する体制の成立を重視すべきである。孝徳朝における道奥国の成立は、新たに置かれた評と評の官を管轄する国宰の派遣・常駐体制の成立であった。

蝦夷の地への進出　東国国司が蝦夷に備えたのを受けて、道奥国と評の設置に前後して、道奥国でも越国でも蝦夷の地、すなわち道奥国のⅡ・Ⅲ・2'区、越国の2区への進出が開始される。『日本書紀』には越国についての記載があるので、まずそれによると次の二つのことが行われた。

第一に2区において、大化三年（六四七）に渟足柵を造り柵戸を移配し、同四年磐舟柵を造り越と信濃から柵戸を移配した（大化三年・四年条）。両城柵の遺跡はまだ発見されず、所在地ははっきりしないが、渟足柵は信濃川・旧阿賀野川河口の北岸の新潟市山ノ下・河渡地区、磐舟柵は村上市岩船神社付近に推定され[11]、いずれも2区である。柵戸は他地域からの強制的な移民で、彼らを公民に編成して評が置かれる。七世紀半ば～九世紀初めに行われた蝦夷の地における評・郡の設置は、城柵の設置と、柵戸の移配という点で、国造制施行地域とは異なる形態をとった。

第二に斉明四年～六年（六五八～六六〇）の三年間に三次にわたって、越国守阿倍比羅夫が船団を率いて日本海沿岸沿いに北征し、秋田・能代・津軽・渡島（北海道南部）の蝦夷との間に支配関係を結んだ[12]。第一が面的に領域を拡大していくのに対して、第二は海から点的に拠点を確保していく形態である。

『日本書紀』に記載がないが、道奥国でも越国と同様のことが行われたことが明らかになってきた。まず第一の点については、Ⅱ・Ⅲ区で柵戸の移民が行われ、地方官衙が設置されたことが、考古学の成果によって明らかになってきた。すなわち、①Ⅱ・Ⅲ区における関東系土器の出土と、②同地区における地方官衙遺跡の発見である。①関東系土器とは、東北地方在地の内黒土師器と異なり、関東地方出土の土師器と製作技法・器形が類似する土師器であり、Ⅱ・Ⅲ区の集落・墳墓・地方官衙などの三六遺跡から、東北在地の土器とともに出土する。年代は七世紀半ば〜八世紀前半である（第27図）。この土器は墳墓からも出土することからみて、関東からそれぞれの地に移ってきて定住した人々がもたらしたものと考えられる。[13]陸奥国の柵戸移配の最古の史料は霊亀元年（七一五）五月甲戌条で、八世紀の柵戸の供給地域は坂東を中心に東国であるが、これらの関東系土器の出土は、すでに七世紀半ばから坂東からⅡ・Ⅲ区に柵戸の移配があったことを示している。

②の地方官衙遺跡は、Ⅱ区に七世紀半ば〜八世紀初めの郡山遺跡（仙台市、後述）、Ⅲ区に名生館遺跡（古川市〔現大崎市〕）がある。名生館遺跡は第2期が出土瓦から七世紀末〜八世紀初めで、それに先行する第1期は七世紀後半にさかのぼる。この二つの遺跡を含めⅡ・Ⅲ区には、製作技法からみて多賀城創建期瓦に先行する七世紀末〜八世紀初めの瓦を出土する官衙とその付属寺院の遺跡が所在する（第28図）。すなわちⅡ区には郡山遺跡Ⅱ期官衙・郡山廃寺・富沢瓦窯（前二者の瓦窯、仙台市）、Ⅲ区には名生館遺跡第2期・伏見廃寺（古川市〔現大崎市〕）、一の関遺跡（寺院、色麻町）、菜切谷廃寺（城生柵遺跡の付属寺院、中新田町〔現加美町〕）であり、これらから七世紀後半〜八世紀初めにⅡ・Ⅲ区に国家支配の拠点となる官衙が設置されたことが知られる。[14]

文献史料では、慶雲四年（七〇七）五月癸亥条に、斉明七年（六六一）の百済の役に出征した陸奥国信太郡の人が

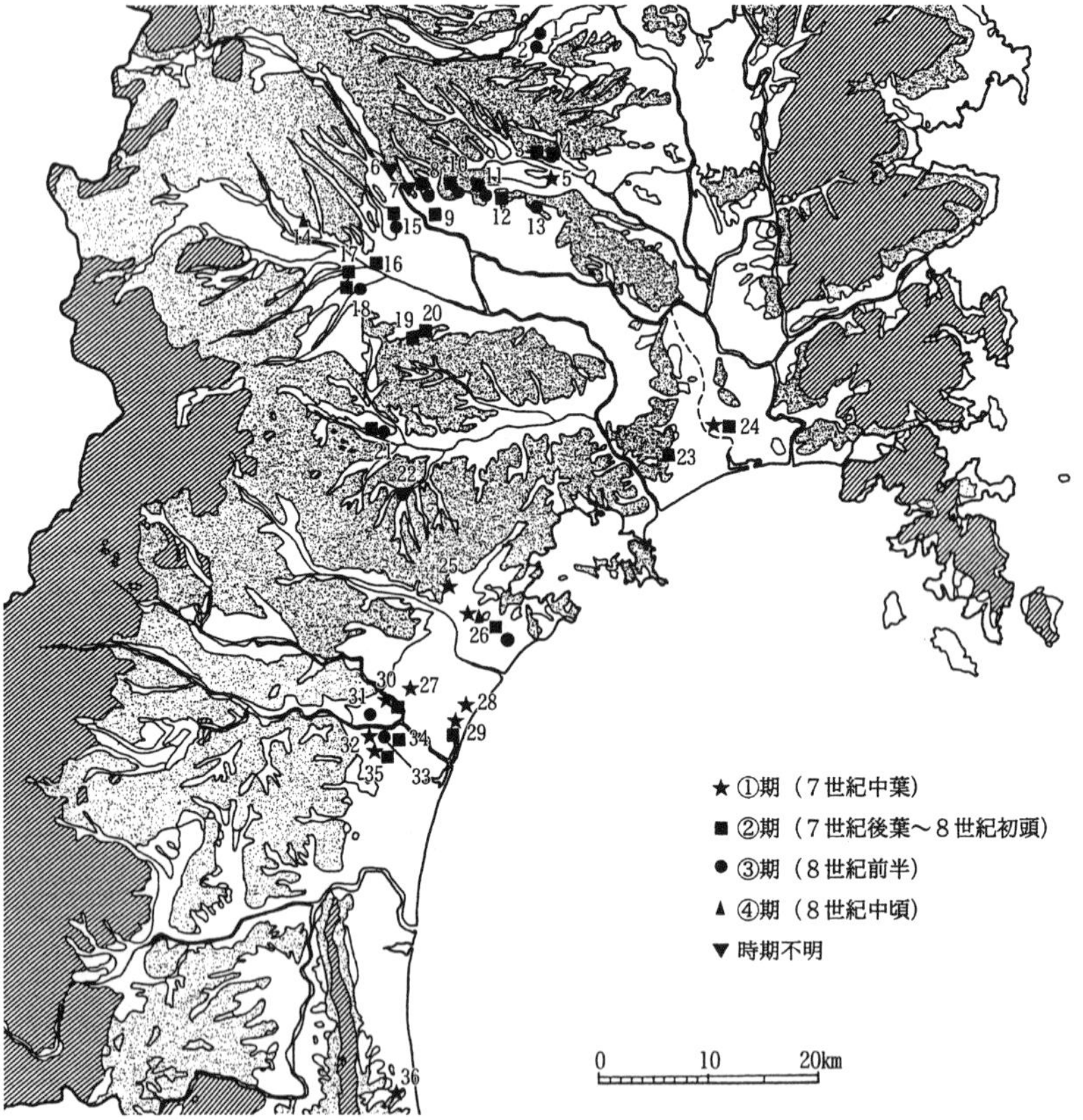

No.	遺　跡　名	種　別	時　期	No.	遺　跡　名	種　別	時　期
1	御駒堂遺跡	集落	③期	19	青山横穴墓群	墳墓	②期
2	山ノ上遺跡	集落	③期	20	山畑横穴墓群	墳墓	②期
3	大境山遺跡	集落	②期	21	一里塚遺跡	官衙・集落	②期
4	民生病院裏遺跡	集落	②期	22	原前南遺跡	集落	③期
5	泉谷館跡	集落	①期	23	矢本横穴墓群	墳墓	②期
6	川北横穴墓群	墳墓	不明	24	赤井遺跡	官衙・集落	①・②期
7	日光山古墳群	墳墓	不明	25	八幡崎B遺跡	集落	①期
8	新谷地北遺跡	墳墓	②・③期	26	山王遺跡	集落	①～④期
9	南小林遺跡	官衙	②期	27	南小泉遺跡	集落	①期
10	宮沢遺跡・三輪田遺跡・権現山遺跡	城柵・寺院・集落	②・③期	28	藤田新田遺跡	集落	①期
11	朽木橋横穴墓群	墳墓	②・③期	29	下飯田遺跡	集落	①・②期
12	日向前横穴墓群	墳墓	②期	30	郡山遺跡	城柵・官衙・寺院・集落	①・②期
13	新田柵跡・八幡遺跡	城柵・集落	③期	31	六反田遺跡	集落	③期
14	東山遺跡	郡家	④期	32	栗遺跡	集落	①期
15	名生館遺跡・上代遺跡	郡家・集落	②・③期	33	中田南遺跡	集落	②期
16	地蔵車遺跡	集落	②期	34	中田畑中遺跡	集落	②期
17	蝦夷塚古墳群	墳墓	②期	35	清水遺跡	集落	①・②期
18	色麻古墳群	墳墓	②期	36	狐塚遺跡	集落	①期

第27図　関東系土師器の分布（注13村田晃一文献による）

1　郡山遺跡　2　富沢瓦窯跡　3　仙台市小田原案内　4　多賀城跡　5　多賀城廃寺　6　亀岡遺跡　7　日の出山窯跡群　8　土器坂窯跡　9　色麻一の関遺跡　10　城生遺跡　11　東山遺跡　12　菜切谷廃寺　13　名生館遺跡　14　伏見廃寺　15　大吉山窯跡群　16　三輪田安養寺遺跡　17　小林壮厳寺遺跡　18　木戸瓦窯跡群

第28図　多賀城創建前と多賀城創建期の瓦（注14文献による）

唐の捕虜になっていたが、慶雲四年三月に帰国した遣唐使副使とともに帰国したとある。信太郡はⅢ区の黒川以北十郡の一つの志太郡（宮城県松山町付近〔現大崎市〕）に当たるが、この記事からすでに慶雲四年に志太郡が存したこと、さらに斉明七年ころこの地に兵士を徴発できるような国家支配が及んでいたことが知られる。2'区については、持統三年（六八九）正月丙辰条に、陸奥国優嶒曇郡の城養蝦夷が出家することを許されたとある。優嶒曇郡は2'区の後の出羽国置賜郡に当たるが、この時は陸奥国の所管で、この記事から持統三年の時点で置賜郡の前身の優嶒曇評が置かれたこと、城養蝦夷がいるからこの地に城柵が設けられたこと、また蝦夷が出家しているからその城柵に寺院が付属していたことが推定できる。2'区でもⅡ・Ⅲ区でも、城柵・寺院・評の組み合わせの支配の拠点が設けられていた。このように陸奥国でも七世紀半ばから後半にかけてⅡ・Ⅲ・2区に支配の拠点の官衙が設けられ、柵戸が移配され、七世紀後半のうちには建評されたと思われる。ただしⅢ区の建評は全面的なものではなかった。

第二の船団による北征については、『常陸国風土記』香島郡条に、天智朝（六六二—六七一）に「覓国（くにまぎ）」に派遣するために陸奥国石城の造船集団に大船を造らせたが、流されて香島郡の浜辺に座礁し、風土記が編纂された八世紀初めにその残骸が残っていると記している。「覓国」の字義は国を求める、探すことであるが、文武二年（六九八）四月に南島に「覓国使」が派遣され、同三年十一月に帰還し、その成果として多褹・夜久・菴美・度感等人が朝貢しているから、(15)この使者は未服属の人との間に政治的関係を結ぶのを目的としていたのである。阿倍比羅夫の北征もこの覓国使の一つの形態であろう。陸奥国の天智朝の覓国使派遣の成果と考えられるのが、霊亀元年（七一五）十月丁丑に陸奥国の蝦夷が先祖以来国府に昆布を貢献していたとして、閇村に郡家を建てることを申請していることである。この蝦夷は海岸部に居住し、閇村は岩手県の三陸沿岸のいずれかと思われ、先祖の時に朝貢関係を結んだから、これは天智朝の覓国使派遣の成果であろう。越国より少し遅れるが、陸奥国でも太平洋沿岸沿いに船団による北征が行われたのである。

このように陸奥国で越国と軌を一にして同様の辺境経営が進められたことは、郡山遺跡の性格を考える上で重要である。そしてこの経営によって、陸奥国では七世紀後半から、蝦夷の地であるⅡ区、2'区、Ⅲ区の一部に、城柵・官衙を設置し、柵戸を移配して評の設置が行われたのである。

二 郡山遺跡

1 郡山遺跡の概要

郡山遺跡は、仙台平野のほぼ中央部、仙台市郡山二～六丁目に所在する地方官衙遺跡である。仙台平野のほぼ中央部を名取川が東流し、北から東南流する広瀬川が合流するが、郡山遺跡はこの合流点の西に位置する。名取川は合流点から六キロメートル下って太平洋に河口を開き、郡山遺跡は名取川・広瀬川の河川、また太平洋の海上交通を利用するのに好適な位置にあった。Ⅰ期官衙・Ⅱ期官衙の二時期の遺構が重複し、Ⅱ期官衙の南には付属寺院の郡山廃寺がある。時期はⅠ期官衙が七世紀半ば～末、Ⅱ期官衙・郡山廃寺が七世紀末～八世紀初めと推定されている。遺跡の詳細な検討は別稿を用意することとして、ここでは当面必要な限りで遺跡の概要を記すこととする（第三編第一章第11・12・14図 二九五・二九八・三〇〇ページ）[16]。

Ⅰ期官衙 施設の基準方位が北に対して西に五〇～六〇度振れる。全体を囲む外囲施設は溝に柱状の材木を密接して埋め込んだ材木列塀である。養老律衛禁律24越垣及城条に見える「柵」に当たる施設である。東北辺が未検出であるが、全体の規模は東南―西北二九五・四メートル、西南―東北五六〇メートル以上で、面積は一六ヘクタール以上。この全域内部を材木列塀、板塀、掘立柱塀などで区画して、中枢区、倉庫区、雑舎区を設ける。中枢区は官衙の政庁と考えられ、東南辺を正面とするが、内部施設の構造はまだわからない。倉庫区は中枢区の東北辺・西南辺の外にあり、掘立柱建物の倉庫が建ち並んでいる。雑舎区は北・南雑舎区があり、前者は材木列塀・掘立柱塀で囲み、内部に掘立柱建物と大規模な竪穴建物を配置する。北雑舎区の南の外には、鍛冶炉を備えた大規模な竪穴建物の鍛冶工房がある。

Ⅱ期官衙　Ⅱ期官衙はⅠ期官衙を撤去して建設し、その基準方位は南北方向である。外囲施設は材木列塀で、全域は東西四二八メートル、南北四二二メートルのほぼ正方形であり、面積は一八ヘクタール。材木列塀の外に大溝をめぐらす。外囲の塀の南辺のほぼ中央部に、この官衙の正門である南門を開く。外囲の塀をまたいで、四隅と各辺の三等分点に櫓を設けていたらしい。南門を入った南半部中央に中枢部があり、建物はすべて掘立柱建物である。全域の中央部南寄りに正殿に当たる大規模な東西棟建物があり、その南に前殿に当たる長い東西棟建物、その南に西脇殿の南北棟建物、さらに南に2棟の東西棟建物がある。正殿の北には石敷・石組みの方形池・石組みの溝がある（後述）。これらの施設群の東西の外側に東西対称に南北にならぶ各六棟の南北棟建物（1～6号建物）が復原でき、そのうち2号建物は楼閣建物である。この中枢部では外側を囲む塀がなかったらしいので、これらの建物群がどのようにまとまるのかはっきりしないが、私は内側の石組池から正殿・脇殿・二棟の東西棟建物までが政庁に当たり、その外側の東西列建物の南の各四棟（3～6号）は曹司に当たると考える。この政庁の構造は、建物配置や方形池の存在の点で、八世紀以降の国府政庁と大きく異なっている。

外囲の材木列塀の南の外には郡山廃寺と官衙建物群がある。官衙建物群には、官人の居宅と推定している寺院東方建物群、倉庫の寺院西方建物群、政庁正殿より大規模な東西棟建物がある南方官衙西地区などがある。

郡山廃寺　郡山廃寺はⅡ期官衙の南の外にある付属寺院である（第三編第一章第15図、三〇四ページ）。伽藍全域は材木列塀で囲み、規模は東西一二〇～一二五メートル、南北一六七メートルで、面積は二ヘクタール。南辺の西から三分の一の位置に南門を、北辺の西端に北西隅門を開く。南門の中軸線の北に講堂に当たる基壇建物、その北に掘立柱建物の僧房がある。講堂の西南に区画溝と大量の瓦の出土から瓦葺き建物の存在が推定され、東南にはかつて礎石があって、礎石建物の存在が推定される。所用軒瓦は単弁蓮華文軒丸瓦と重弧文軒平瓦で、製作技法・文様から多賀城・多賀城廃寺創建期瓦に先行する七世紀末～八世紀初めと考えられ、とくに単弁蓮華文軒丸瓦は多賀城・多賀城廃寺創建期瓦と文様がよく似ていて、それの祖型と考えられる(17)。郡山廃寺は、この瓦の文様、講堂の規模、講堂と僧房の距離などの点で、多賀城廃寺と共通性があることからみて、郡山廃寺は多賀城廃寺の前身の寺であり、両寺は基本的に伽藍配置を同じくすると考えられる。従って、郡山廃寺の講堂西南の建物が東面する金堂、東南の建物が塔と推定される。

2　郡山遺跡の性格

Ⅰ期官衙と渟足柵　郡山遺跡の性格については、この地が古代の名取郡で郡山の地名を残すことから名取郡家とする説があったが、規模からみて郡家ではないであろう。Ⅰ期官衙については、次の三点から越国の渟足柵に対応する城柵と推定する。

すなわち、①第1節に述べたように、大局的にみて陸奥国と越国では、七世紀後半に柵戸の移配と建評、船団による北征という同じ政策による辺境経営を進めた。そうであるならば、陸奥国にも渟足柵に対応する城柵が当然設けられたはずである。②郡山遺跡は、設置年代が七世紀半ばである点と、その位置が評制施行の外の蝦夷の居住地である点で、渟足柵と同じである。③国府・郡家などの地方官衙と異なる城柵の施設の特徴は、全体の外囲施設をもつこと、国府型の政庁を設けることである。[18] Ⅰ期官衙はまだ政庁の構造が明確でないが、政庁が存在することは確かであり、外囲施設も存在するから遺跡の構造の面で城柵と考えることが許される。

Ⅱ期官衙は国府　Ⅱ期官衙については、次の三点から陸奥国府と推定する。

①多賀城創建の五年前の養老三年（七一九）時点に陸奥国府は仙台平野にあったと考えられる。養老二年五月に陸奥国からほぼⅠ区を割いて石城国・石背国が分国され、これに伴い同三年閏七月石城国に駅路を開き一〇駅家を設置した（養老三年閏七月丁丑条）。この駅路は石城国府の設置に伴い、常陸国府まで来ている東海道を石城国府まで延ばし、さらに陸奥国府へ連絡するための一環として設置されたものである。この駅路は弘仁二年（八一一）四月に廃止されたが、その記事でこの駅路が「陸奥国海道十駅」といわれていること（弘仁二年四月乙丑条）、石城国府が国名からみて石城郡（いわき市）に所在したと推定されること、また地勢などの三点からみて、この駅路は福島県浜通り地方の太平洋岸沿岸を北進し、内陸部中通りを走る東山道の玉前駅に接続したと考えられる。宮城県岩沼市の阿武隈川北岸に「玉崎」の地名を遺し、ここが玉前駅の推定地である。阿武隈川南岸までが石城国北端の曰理郡で、川を北に渡った玉前駅は陸奥国名取郡に属する。多賀城跡出土の木簡によると、九世紀に玉前剗があったことが知られるが、[19] 石城国が停廃され国界でなくなった後も玉前に剗が存続したのは、この地が道の合流する交通の要衝だったからであろう。現在でも、岩沼市は、中通りの国道四号と浜通りの国道六号、中通りのＪＲ東北本線と浜通りの常磐線がそれぞれ合流する交通の要衝である。以上のように駅路を想定できるとすれば、この駅路は石城・陸奥国府の連絡を目的として設置されたものであるから、養老三年閏七月時点に陸奥国

府は駅路の合流点の玉前駅より北に位置したと考えられ、玉前駅は仙台平野の南端に位置するから、陸奥国府は仙台平野以北に存したことになる。この時点では大崎平野はまだ政情が安定していないから、陸奥国府は仙台平野に存したと考えるのが妥当である。

②Ⅱ期官衙廃絶期と多賀城跡創建期の出土土器からみて、Ⅱ期官衙の廃絶と多賀城の創建が同時期と考えられる。同じく仙台平野に存する大規模な城柵であるⅡ期官衙と多賀城の間でこのような交替があったことは、Ⅱ期官衙が持っていた機能が多賀城に引き継がれたことを想定させ、多賀城は陸奥国府であるからその前身のⅡ期官衙も国府であったと推定できる。

③二つの官衙の付属寺院である郡山廃寺と多賀城廃寺の間には、軒瓦文様の継承関係、推定を含むが伽藍配置の共通性があり、これらから郡山廃寺は多賀城廃寺の前身と考えられる。多賀城廃寺は国府付属寺院であるから、郡山廃寺も同じ性格をもつものである。この時期の陸奥国の寺院において、Ⅲ区の官衙付属寺院が堂一堂だけであるのに対して、郡山廃寺と多賀城廃寺は伽藍を備えている点で特別な寺であった。

以上の三点から、郡山遺跡Ⅱ期官衙を多賀城以前の陸奥国府と推定する。霊亀元年（七一五）十月丁丑条に、これ以前から蝦夷が陸奥「国府郭下」に昆布をもって朝貢することが見え、これによって多賀城以前の陸奥国府の存在を文献史料によって確認できるが、この国府がⅡ期官衙に当たるのである。

七世紀半ばに蝦夷の地（2区以北）の支配のために城柵としてⅠ期官衙を設けたが、七世紀後半を通して柵戸の移配による建評が進められ、仙台平野が政治的に安定してきたので、より南にあったと思われる国府をこの地に移すためにⅡ期官衙を建造した。Ⅱ期官衙建造時の陸奥国はⅠ・Ⅱ区、Ⅲ区の一部、2’区を版図とし、その位置は版図の中では少し北に偏しているが、Ⅰ区に対しては内陸部へは東山道、沿海部へは玉前から分かれる海道、そして奥羽山脈を越えた内陸部の2′区に対しては名取川沿いに西進し、笹谷峠を越えて最上評（山形市付近）へ至る道が通じていたと思われる。『延書式』の出羽国への駅路は、東山道から柴田駅（宮城県柴田町付近）で分かれ、西北進して小野駅（川崎町小野が遺称地、釜房ダムの西）へ至り、そこから西進して笹谷峠を越えて出羽国最上駅に至った。笹谷峠越えの道は『延書式』までさかのぼる古道であった。そして郡山遺跡からは名取川沿いの道で小野に連絡できた。霊亀二年（七一六）に最上・置賜郡が出羽国に移管される以前の陸奥国は、奥羽山脈を隔ててその東と西の2′区を管轄しなければならなかったが、笹谷峠越えの古道を想定すると、実は郡山遺跡の場所はこの時期の国府として好適な位置だったのである。

郡山遺跡と渟足柵　Ⅰ期官衙は蝦夷の地であるⅡ区以北を管轄し、そこに柵戸移配による建評を進め、さらに移民と蝦夷を支配する城柵であったのに対して、Ⅱ期官衙はⅠ・Ⅱ・Ⅲ・2′区を版図とする陸奥国全体を支配する国府であり、郡山遺跡はⅠ期官衙からⅡ期官衙へ大きく性格を変えたのである。そして越後国の渟足柵も同様の変遷をたどった。越国は遅くも天武十二～十四年（六八三～六八五）の諸国の国界確定までには越前・越中・越後三国に分割されるが、大宝二年（七〇二）三月甲申に越中国の頸城・古志・魚沼・蒲原四郡を越後国に移管するまでは、越後国は沼垂（渟足）・石船郡の二郡であり（2区）、この時期の越後国府は渟足柵にあったと考えられ、渟足柵も城柵から国府へという変遷をたどったのである。郡山遺跡と渟足柵は、政府が奥越両国で進めた同様の辺境政策の中で設けられた双子の城柵であった。偶然のことであるが、現在郡山遺跡については遺跡が遺され、渟足柵については『日本書紀』という文献史料が知られるだけであるから、郡山遺跡について考察するのには『日本書紀』の渟足柵の記事を参考にし、渟足柵について考察するのには郡山遺跡の発掘成果を参照しなければならない。比喩的に言えば、郡山遺跡は陸奥の渟足柵であり、渟足柵は越後の郡山遺跡であるといえよう。

三　Ⅱ期官衙と蝦夷の服属儀礼

前述のように、Ⅱ期官衙政庁の構造は多賀城など八世紀以降の国府とは異なり、一段階古い国府政庁の構造を示すと考える。とくに正殿北の石組み方形池は特殊であり、この池をめぐって、Ⅱ期官衙政庁の一段階古い要素について検討したい。

二つの石組池　Ⅱ期官衙政庁の正殿の北には石敷・石組池・石組溝が一体的に存する。石敷は正殿の北に接してあり、拳大の丸石を敷いたもので、南北幅一三メートル、東西は一一メートルを確認している。正殿の東・南には石敷はなかったらしい。石組池は正殿の東北一九・五メートルに位置し、東西三・七メートル、南北三・五メートルのほぼ正方形の平面で、深さは七〇〜八〇センチメートルと推定される。側壁は垂直に川原石を小口積みし、最下段に大きい石をすえ、裏込めに粘土・シルトをつめる。底は粘土・シルトを敷いた上に扁平な円礫を敷く。石組溝は池の給水・排水のためのもので、給水溝は池の北一一メートルに東西溝があり、これが南に折れて池の北辺に接続し、排水溝は池の西辺から西にのびる（第三編第一章第14図・第19図）。この池は貯水用で、池・溝を石組みにしているのは清水をためるためである。このような石組方形池は古代の遺構として珍しいもので、地方官衙政庁では例をみない。

この石組み方形池の類例として注目されるのが、飛鳥の石神遺跡の方形池である（奈良県明日香村）[20]。七世紀に都が置かれた飛鳥では平地の中央に、日本最初の本格的伽藍である飛鳥寺があり、石神遺跡は同寺寺域の西北隅に接して位置する。石神遺跡は七世紀半ば〜八世紀前半の年代で、A〜D期の四期の遺構がある。石組み方形池はA期とB期にあるが、ここではA期の池に注目する。A期は七世紀半ば斉明朝に当たるが、そのうちA―3期が最も整備され、この時期には東西に建物群が設けられる。西建物群は四辺を長廊で囲み、中に多くの建物を配置していたらしく、中枢的な施設である。東建物群は西よりもコンパクトにまとまり、四辺に桁行方向に長い建物を配置して全体を囲み、南北四〇・四メートル、東西二四・七メートルの規模で、内部には北に一〇間×五間の四面廂付き南北棟建物の正殿、南に六間×二間の東西棟建物の前殿を配置する。方形池は前殿を取り壊した後に空閑地の西寄りに設けている。この池は一辺が六メートルの正方形の平面で、深さが八〇センチメートル。側壁は垂直に川原石を二、三段に積み、四隅には立石を据える。裏込めは粘土と砂を版築状に互層に積み固める。底は粘土を敷いた上に小石を敷く（第三編第一章第20図）。給・排水の溝はないが、貯水したものと考えられる。A—3期は、この遺跡から須弥山石とよぶ、須弥山をかたどった石造の噴水施設が出土していることから、斉明三、五、六年（六五七・六五九・六六〇）条に見える須弥山の園池に関係するものと考えられている[21]。

飛鳥の服属儀礼　郡山遺跡Ⅱ期官衙と石神遺跡の二つの石組み方形池は、大きさはやや異なるが、形態・構造などはよく似ているので、私はこの二つは同じ用途をもち、いずれも蝦夷の服属儀礼に用いられたと考える。蝦夷は遅くも七世紀半ばから毎年都と国府・城柵など地方官衙へ朝貢し、天皇へ服属することを誓約する服属儀礼を行った。都での服属儀礼は、大宝律令施行を境にしてその性格が変わり、七世紀には天皇への服属を神聖なるものに誓約する呪術的な性格のものであり、八世紀には大極殿・朝堂で行う元日の朝賀に参列して天皇を拝礼して、天皇に直接誓約する儀礼的な性格のものであった。七世紀の蝦夷を含む夷狄の服属儀礼は、斉明朝には須弥山の園地、天武・持統朝には飛鳥寺の西にあった斎槻の広場で行われた[22]。

須弥山とは仏教の宇宙観において世界の中心にある聖山であり、この山には帝釈天・三十三天・四天王・衆天などがすむと経典に説かれている。斉明紀の須弥山とは、この経典に説く須弥山世界を園池の形で具現化したものであり、それは石神遺跡A—3期の遺構に当たる。『日本書紀』によれば、斉明三、五、六年にこの須弥山の園池で覩貨羅・粛慎などの夷秋とともに陸奥・越の蝦夷の服属儀礼が行われた。石神遺跡からは七世紀半ばから八世紀初めを下限とする東北産の内黒土師器が数十点出土しているが、このことは石神遺跡が斉明紀の須弥山の園池であり、そこで蝦夷の服属儀礼が行われたことを示している。須弥山に住む帝釈天などの諸天は仏教を護る威力のある神々であり、須弥山の園池で行う蝦夷を含む夷秋の服属儀礼は、この威力のある神々に対して天皇への服属を誓約する神聖で呪術的な性格のものである。須弥山の園池すなわち石神遺跡での服属儀礼が、このような呪術的で神聖なものであるとすれば、そこに設けられた方形池は、蝦夷など夷秋が誓約の前に身を清めるために行った禊ぎに用いたものと考える。『日本書紀』敏達十年閏二月条に、服属した蝦夷の族長が大和に来朝し、泊瀬川に降りて三輪山に向かい服属を誓約したとあるが、泊瀬川に降りたのは禊ぎのためであろう。この方形池を石組みにして清水をためるようにしているのは禊ぎに用いたからである。天武・持統朝に夷秋の服属儀礼を行った斎槻とは、神が降臨する神聖な槻（ケヤキ）であり、この時期には斎槻に宿る神に対して誓約する形の服属儀礼が行われた。呪術的性格の服属儀礼は誓約の対象を変えながら大宝律令施行前の七世紀いっぱい行われた。

郡山遺跡の服属儀礼　蝦夷は都へとともに七世紀後半から国府と城柵へ朝貢し、その政庁で服属儀礼を行ったと考えられる。郡山遺跡Ⅱ期官衙すなわち国府の政庁は蝦夷の服属儀礼を行う場であり、そこに設けられた石組み方形池は、石神遺跡の池と同じく、服属儀礼の際に蝦夷が禊ぎに用いた池であり、従ってそこでの服属儀礼は呪術的で神聖な性格のものであったと考えられる。正殿北の石敷は服属儀礼そのものを行う場であろう。この政庁は正殿の南に前殿・脇殿・庭などをもつとともに、北に蝦夷の服属儀礼のための石敷・石組池を備えていたのである。一般的に政庁での儀礼は天皇の代理人である主宰者が正殿で南面して行うから、正殿の南の地区は通常の儀礼を行い、蝦夷の儀礼の場はそれと区別して北に設けたのである。飛鳥の倭京では臣下一般の儀礼は朝庭、夷狄の儀礼は須弥山の園池・斎槻の広場と分けて行ったが、郡山遺跡ではそれら二つの儀礼を政庁に統合しながら、南・北の庭に分けたのである。ここでは資料の関係上、石神遺跡＝須弥山の園池との関係で述べたが、時期的にみるとⅡ期官衙の呪術的な服属儀礼の場は、飛鳥寺の西の斎槻の広場に対応するものである。

郡山遺跡Ⅱ期官衙でこのような神聖で呪術的な服属儀礼が行われたとすれば、誓約の対象となる神聖なものがなければならない。蝦夷の服属儀礼で誓約の対象になったものは、先の須弥山・斎槻のほかに、大和の神山として著名な三輪山（敏達十年閏二月条）、阿倍比羅夫の北征の際に齶田（秋田）の蝦夷が誓約した齶田浦神（斉明四年四月条）などであり、これらの中で須弥山はかなり特殊なものに思われる。私は、これらの例から郡山遺跡で誓約の対象になったのは、郡山遺跡の西方に望まれる太白山であると推測する。太白山はヲイデ森・ヲドガ森ともよばれ、標高三二一メートルの低山であるが、大変目立つ円錐形の独特の山容である。このような山容は神体山に共通し、山中には磐座になりうる巨石が存し、神の山になりうる条件を備える。石組池で禊ぎした蝦夷は石敷の上に進み、正殿に座する儀礼の主宰者の前で、西方の神山の太白山に向かって服属儀礼を行ったのであろう。

Ⅱ期官衙から多賀城政庁へ　飛鳥で蝦夷の呪術的な服属儀礼を行っていたのを受けて、Ⅱ期官衙政庁には同様な服属儀礼を行うために特に石組池と石敷が設けられた。都の大極殿・朝堂で毎年元日に行う朝賀は、臣下の天皇への服属儀礼であり、それは天皇を拝礼して天皇に直接誓約する形のものであった。都における蝦夷の服属儀礼は、大宝律令施行以後、蝦夷がこの朝賀に参列し、朝賀に組み込まれて行われるようになった。神聖物を媒介とする呪術的なものから、拝礼という形態で天皇に直接誓約する儀礼的なものに変わったのである。地方に目を向けると、多賀城の政庁の構造は、宮城の大極殿・朝堂、太政官・八省などの上級官庁などを受け継いで、正殿・東西脇殿が庭をコ字形に囲む構造で、そこには禊ぎのための池は設けられていなかった。ここでの蝦夷の服属儀礼は、元日に朝賀と連動して国府の政庁で行われる朝拝（儀制令18元日国司条）に組み込まれていたと考えられる。多賀城における服属儀礼は、都での変化に対応して、拝礼という儀礼的なものに変わったのである。新しい服属儀礼が、すでにⅡ期官衙で大宝律令施行後に始まった可能性もあるが、郡山遺跡Ⅱ期官衙は古い儀礼、多賀城は新しい儀礼に、それぞれ対応する構造を備えた官衙であることは明らかである。宮都では、条坊制による都城、宮・官衙を囲い込んだ宮城、宮中枢部の大極殿の三つを備えた律令制宮都は、藤原京で成立し、飛鳥の倭京と宮はその前段階の宮都であった[23]。大局的にみると、郡山遺跡Ⅱ期官衙は倭京がもつ古い要素をもつ国府であり、多賀城は藤原宮・平城宮に対応する国府であるといえる。ただしⅡ期官衙に藤原宮がもつ新しい要素があったことも確かである。

なお、以下で述べる神亀元年以前の陸奥国の事件や施策が、郡山遺跡国府の時期のことであることを念頭に置いてほしい。

四　養老四年の蝦夷反乱

八世紀初めに越後・陸奥両国でそれぞれ3区、Ⅲ区への領域の拡大が進められ、この結果、越後国からは出羽国、陸奥国からは石城・石背国が分国された。このような政府側の動向が奥羽両国のいずれでも蝦夷の反乱を引き起こした（第21表参照）。

出羽国分国　越後国では文武二年（六九八）十二月丁未、文武四年二月己亥の二度にわたって2区北端の磐舟柵が修営されるが、これは3区への進出の準備であった。これをふまえて慶雲二年（七〇五）十月か同三年閏正月に越後

第21表　多賀城の創建

年　号	西暦	事　　項
慶雲2	705	陸奥国蝦夷の反乱。
和銅1	708	9 越後国出羽郡設置。
2	709	3 越後国蝦夷の反乱。7 出羽柵初見。
5	712	9 出羽国設置。10 陸奥国最上・置賜郡の出羽国移管命令。
6	713	12 陸奥国丹取郡設置。
7	714	10 出羽柵に柵戸200戸移配。
霊亀1	715	**5 坂東6国の富民1000戸を陸奥に移配**。10 陸奥の香河・閉村に建郡。
2	716	9 出羽に柵戸400戸を移配。陸奥国最上・置賜郡の出羽国移管。
養老1	717	2 出羽に柵戸400戸を移配。
2	718	**5 陸奥国から石城・石背国を分国。**
3	719	7 出羽柵に柵戸200戸移配。全国的に按察使設置。
4	720	**9 陸奥の蝦夷反乱、按察使殺害**。征夷将軍・鎮狄将軍派遣。11 陸奥・石城・石背の祖調庸減免。征軍士の調庸など免除。
5	721	4 征夷将軍・鎮狄将軍帰京。6 陸奥の辺郡の調庸免除。征軍士に給復。8 陸奥按察使が出羽を管す。10 陸奥の柴田郡から刈田郡を分郡。
6	722	4 陸奥の征夷関係者褒賞。**閏4 陸奥按察使管内で調庸を停廃し、税布徴収を開始し、農桑の勧課と軍事教習を命ず。都への出仕者の帰国命令。鎮兵制創設のため鎮所への私穀運送命令。石城・石背国を陸奥国に併合**。8 鎮所に柵戸1000人移配。**この年多賀城と辺郡城柵・郡家の造営開始。**
7	723	2 常陸の大領が鎮所に私穀運送。
神亀1	724	2 陸奥国鎮所に私穀運送。陸奥国鎮守軍卒を柵戸とすることを許す。3 陸奥の海道蝦夷反乱、大掾殺害。4 蝦夷持節大将軍任命。5 鎮狄将軍任命。11 征夷将軍・鎮狄将軍帰京。**この年多賀城完成。**
5	728	陸奥国白河団設置、丹取団を玉造団に改称。

注　文頭の数字は月を示す。

守に任命された威奈真人大村が磐舟柵を拠点に3区の蝦夷を懐柔して服属させ（慶雲三年閏正月庚戌条、威奈真人大村骨蔵器銘文）、さらに出羽柵を設置して（和銅二年七月乙卯朔条初見）柵戸を移配し、和銅元年（七〇八）九月丙戌に3区に出羽郡を設置した。この3区への進出はすぐに蝦夷の反発を生み、和銅二年三月蝦夷が反乱したが、政府はすぐに征討軍を派遣して八月までに鎮圧した（和銅二年三月壬戌・同年八月戊申条）。この反乱の鎮圧を受けて、同五年九月政府は新たな版図である出羽郡（3区）を越後国から分けて出羽国を建国し、一郡だけでは国の体裁をなさないので陸奥国から置賜・最上郡の二郡（2'区）を分けて出羽国に所属させることにした（同和銅五年九月己丑・同年十月丁酉朔条）。さらに出羽郡の充実のために、同七年十月丙辰に二〇〇戸、霊亀二年（七一六）九月乙未に四〇〇戸の柵戸を移配した。

陸奥国の霊亀元年の移民　慶雲二年（七〇五）に陸奥国で蝦夷が反乱を起こしたが、その征討軍に武蔵国から軍士が徴発されているから、かなり大規模な反乱であったとみられる（嘉祥三年五月丙申条）。陸奥国でも、越後国守威奈大村の動きに対応するようなⅢ区への進出の動きがあり、それが蝦夷の反乱を招いたのであろう。この政府側の動きは、磐舟柵改修に対応する七世紀末の郡山遺跡Ⅱ期官衙＝国府の造営に連動するものであったであろう。

これらの動向を受けて、霊亀元年（七一五）五月甲戌に陸奥国に相模・上総・常陸・上野・武蔵・下野六国から富民一〇〇〇戸が柵戸として移配され、本格的にⅢ区への進出が始まる。この柵戸の大部分は、次の二点からⅢ区に移住させられたと考える。①Ⅱ区までは七世紀後半までに建評され、Ⅲ区の北の桃生・栗原などへの移配・建郡は天平宝字三年（七五九）の桃生城の設置以後のことであり、柵戸移配・建郡の大局的な段階からみて、Ⅲ区への移配と考えられる。②陸奥・出羽国の移民による郡の郷名には、移民を出した郡・国の名が付けられることがあり、これによって移民を供給した国郡、受け入れた郡郷がわかる。Ⅲ区のそれらの郡・郷名は第22表の通りで、これによるとⅢ区

第22表　陸奥国Ⅲ区の移民の郡郷

Ⅲ区の郡郷名		対応する国郡名	
郡名	郷名	国名	郡名
黒川	新田	**上野**	新田
黒川	白河	陸奥	白河
賀美		**武蔵**	賀美
賀美	磐瀬	陸奥	磐瀬
色麻	相模	**相模**	
色麻	安蘇	**下野**	安蘇
玉造	信太	**常陸**	信太
志太	志太	駿河	志太
新田		**上野**	新田
小田	賀美	**武蔵**	賀美
牡鹿	賀美	**武蔵**	賀美

注　ゴシックは霊亀元年に移民を出した国。

への柵戸の供給地域は相模・常陸・上野・武蔵・下野の五国と陸奥国南部の二郡で、先の柵戸の供給国六国とくらべると、上総国が見えず、陸奥国南部二郡が入っているほかは一致する。

Ⅲ区は移民による郡である「黒川以北十郡」と蝦夷による郡である遠田郡からなる。遠田郡は天平二年（七三〇）正月辛亥に蝦夷を集住させて置いた郡である。黒川以北十郡は移民を中心にする郡で、牡鹿・小田・新田・長岡・志太・玉造・富田・色麻・賀美・黒川郡の十郡で（延暦八年八月己亥条）、行政上まとまった地域として捉えられていた[24]。『和名類聚抄』では富田郡がなくなって九郡になるが、一郡が二～五郷、総郷数が三一郷で一郡平均三・一郷であり、小規模で均一な郡であり、先の越後・出羽国の郡など他の地域には見られない特徴である。広い大崎平野にこのような小規模・均一な郡があるのは、政策的に同一時期にいっせいに建郡されたからであろう[25]。

霊亀元年の柵戸一〇〇〇戸は二〇郷分に当たり、『和名類聚抄』の三一郷にくらべてもかなりな数であり、現存戸籍の戸の平均戸口数二〇人余によれば[26]、戸口数は二万人余になるが、富民を柵戸としたとあるから移民口数は二万人より多いであろう。Ⅲ区ではすでに七世紀後半に一部建評がされ、慶雲四年（七〇七）に志太郡の存在が確認でき、和銅六年（七一三）十二月辛卯には丹取郡が設置されていた（後に玉造郡と改称）。Ⅲ区では七世紀後半以来の建評に霊亀元年の移民を加えて、黒川以北十郡の骨格が成立した。

黒川以北十郡の成立時期について、熊谷氏は神亀元年前後を考えるが[27]、私は霊亀元年の柵戸移配によってその骨格が成立したと考える。後述のように養老四年（七二〇）の反乱後、同六年八月にⅢ区に一〇〇〇人の柵戸が移配され、神亀元年（七二四）鎮守軍卒を柵戸とするなどの処置がなされるが、これらは霊亀元年の一〇〇〇戸（二万人以上）とくらべると格段に数が少なく、反乱後の郡再建のための補充的な移民と考えられ、また次に述べる養老二年の石城・石背国の分国がⅢ区における領域の拡大を前提とすると考えるからである。

石城・石背国の分国　Ⅲ区への大量移民と領域の拡大に関連して、養老二年（七一八）五月乙未に陸奥国から石城・石背国の二国が分国され、陸奥国はⅡ・Ⅲ区の狭い領域となる。石城国は、陸奥国から割いた石城・標葉・行方・宇太・曰理郡と常陸国多珂郡から割いた菊多郡のあわせて六郡で、福島県浜通り地方と宮城県亘理郡に当たる。石背国は、陸奥国から割いた白河・石背・会津・安積・信夫郡の五郡で、福島県中通り・会津地方に当たり、この二国の領域は伊具郡を除いたⅠ区である。

石城・石背国の分国は、出羽国の分国とともに、大局的にみると、和銅～養老年間に政府が、地域の実情に即して地方支配を強化するために全国的に進めた分国政策の一環である(28)。陸奥国に即していうと、石城・石背国の領域は国造制支配が行われ、早くから評制が施行されて律令制支配が確立している地域であるのに対して、新しい陸奥国の領域は、元来蝦夷の居住地で移民によって評・郡を設置した地域であり、この分国は、これらの支配の伝統と充実度の異なる両地域を分離し、実情に即して支配を強化しようとした施策である。越羽二国では、蝦夷の地に移民によって建郡・拡大した新領域を分国する方式が、早くから採られていた。七世紀後半に越国を三分した際には新領域の2区（沼垂・石船評）が越後国として分国され、さらに和銅五年（七一二）には新領域の3区に陸奥国の2′区をあわせて出羽国を分国した。石城・石背国の分国は、辺境国で採られていたこのような分国の方式を、陸奥国にも適用したものである。

出羽国分国に伴う最上・置賜郡の分割と、石城・石背国の分国は、陸奥国の霊亀元年の大量移民の施策と密接に関係している。なぜなら陸奥国側から見ると、二郡・二国の分割はⅠ区・2'区を割かれることであったから、それに代わる何らかの領域の拡大が必要であったはずであり、それがすなわち霊亀元年の大量移民によるⅢ区領域の拡大であったと考えられる。分郡・分国はⅢ区の領域の拡大を前提としてはじめて可能であったのであり、二つの施策は密接に関係していた。このことをよく示すのが最上・置賜二郡分割である。最上・置賜二郡の出羽国への分割については、『続日本紀』には和銅五年（七一二）十月丁丑条と霊亀二年（七一六）九月乙未条の二つの記事があるが、その間に霊亀元年五月の陸奥国のⅢ区への一〇〇〇戸移民を入れてみると、その間の事情が次のように理解できよう。和銅五年十月に二郡分割が命令されたが、陸奥国側の事情ですぐには実施できず、霊亀元年五月にⅢ区の一〇〇〇戸移民計画が立案・命令されて領域の拡大に見通しが立ったので、翌同二年九月に二郡分割が実施されたと。2'区は『和名類聚抄』では村山郡が最上郡から分割されているが（仁和二年十一月十一日丙戌条）、この三郡の総郷数が二一郷で、Ⅲ区の移民数の一〇〇〇戸＝二〇郷とほぼ匹敵するのは偶然ではないであろう。このようにみてくると、養老二年の石城・石背国の分国は、霊亀元年の移民の命令から三年後であるが、この移民が実行されてⅢ区の支配領域の拡大と充実がある程度実現し、黒川以北十郡の骨格が成立したから命令されたことと考えられる。

石城・石背国分国後の支配体制　陸奥国の城柵を中核とする辺郡の支配体制は、恒常的には国内の南の律令制支配が確立した地域を物的・人的な基盤として成り立っているが、石城・石背国の分国によって、陸奥国はその領域を大幅に縮小し、この基盤の多くを失うことになった。

この点を第一に軍団数の問題でみてみる。城柵の鎮守のためには軍団兵士が交替で勤務していた。大宝律令施行後の陸奥国の軍団についてはよくわからないが、鈴木拓也氏の研究を参考にすると(29)、Ⅰ区の石城国域に行方団、石背国域に安積団、Ⅱ区に名取団の三団があったと思われる。その後和銅五年の丹取郡建郡、霊亀元年の一〇〇〇戸の移民によって、Ⅲ区に丹取団がおかれ、養老二年以前はこれらの四団であったと思われる。これが石城・石背国の分国によって、陸奥国の軍団は丹取・名取団の二団になった。陸奥国の軍団は養老三年の軍団兵士削減にも関わらず、一団が兵士一〇〇〇人であったから、四団兵士四〇〇〇人から二団二〇〇〇人に変わったことになる。これは辺郡の城柵の鎮守体制の大幅な弱体化である。

第二に郷数の変化を『和名類聚抄』によってみてみたい。物資と人の徴発は人を単位に行われるから、郷数すなわち戸数の変化に意味があると考えるからである。史料として『和名類聚抄』を使うほかないが、同書を使用するのにはいくつかの問題がある。『和名類聚抄』の郷名は九世紀に存した郷と考えられているが、八世紀初めとの間には一〇〇年以上の年代の隔たりがあり、その間の国ごとの郷数は増加・減少など変化しているものがある。(30)『和名類聚抄』の郷数はそのようなものであることを承知しておく必要がある。また『和名類聚抄』の諸本の間で、郡ごとの郷数に相違があるが、ここでは元和古活字那波道圓本によることにする。(31)

元和古活字本『和名類聚抄』によると、養老二年以前の陸奥国の国域の総郡郷数は二四郡一四三郷である。その内訳は石城・石背国域（Ⅰ区から菊多・伊具郡を除く）が一〇郡七八郷、Ⅱ区に伊具郡を加えた領域が五郡三四郷、黒川以北十郡の領域（Ⅲ区から遠田郡を除く）が九郡三一郷である。これが石城・石背国分国によって石城・石背国域を失うから、新しい狭域の陸奥国は一四郡六五郷になり、郷数において旧陸奥国に対して四五パーセントに縮小したことになる。他の二国の郡郷数は、石城国が六郡三四郷（菊多郡を含む）、石背国が五郡四九郷で、陸奥国の郷数が最多ではある。この四五パーセントの数値は前述のように問題のある郷数を基礎にしているが、陸奥国の郷数が半分以下になったとみてよいのではないか。前述の軍団兵士数の半減と対応する数値である。

調庸・力役などは人を単位に賦課されるから、狭域陸奥国におけるその数量は半分以下になり、公出挙なども同様であろう。奥羽では本来京進すべき調庸の一部が、朝貢してきた蝦夷に与える夷禄の財源に当てられており、力役は城柵の造営に当てられ、これらが辺境経営を支えていたのであるが、その収入が半分以下になったのである。もちろん辺境経営は陸奥一国だけで支えられていたのではなく、坂東諸国などから物資・人の供給を受けていたのであり、石城・石背国もそれらと同じ地域として位置づけられたのであるが、他国から物資・人を徴発するためには政府の許可が必要であり、陸奥守の権限で日常的に行うことはできない。養老三年（七一八）七月全国的に上級広域地方官である按察使が設置され、陸奥国でも陸奥守が陸奥按察使になり、石城・石背国を管轄したので、陸奥按察使の権限によって石城・石背国から人・物資の徴発が可能であるとも考えられるが、按察使の権限は国郡司の監察が主で、直接行政に関与するのは政府に許可されたことに限られており、日常的に行政一般に関与することはできなかった(32)。

狭域陸奥国の成立によって、Ⅲ区で展開される辺境経営の基盤は、客観的にみて弱体化した。しかし政府は、政治的に安定してきたⅡ区、建郡したばかりのⅢ区によって辺境経営を支えることができ、さらにⅠ区を切り離すことによって、陸奥国府がその行政の負担を軽くして、辺境経営に力を集中することができると判断したのであろう。しかし、この判断が陸奥の蝦夷の力を過小評価したものであることをすぐに思い知らされることになる。

養老四年の蝦夷の反乱　養老四年（七二〇）九月、陸奥国で蝦夷が反乱を起こし、按察使上毛野朝臣広人が殺害された（養老四年九月丁丑条）。陸奥国の最高権力者の按察使の殺害は、政府に大きな衝撃を与えた。史上蝦夷の反乱で按察使が殺害されたのは、これから六〇年後の宝亀十一年（七八〇）三月の伊治公呰麻呂の反乱の時とこの時の二回だけである。伊治公呰麻呂の反乱の際は、覚鱉柵の造営のために伊治城に駐屯していた按察使紀朝臣広純が、呰麻呂の内応にあって殺害された。今回の上毛野広人も、支配の整備が進むⅢ区の城柵の造営などのために出張していて難に遣ったものであろうか。政府はすぐさま持節征夷将軍に多治比真人県守、持節鎮狄将軍に阿倍朝臣駿河麻呂を任命し、陸奥・出羽はもちろん石城・石背・遠江・常陸・美濃・武蔵・越前などから軍士を徴発して征夷軍を編成して、奥羽二国に送りこみ（養老四年九月戊寅条、『類聚国史』同年十一月甲戌条）、同五年四月に将軍が帰京したから（同五年四月乙酉条）、同年春までには鎮圧した。

この反乱は、Ⅲ区において、霊亀元年の大量移民による支配の拡大と強化に、蝦夷が反発して起こしたものである。養老四年十一月甲戌、陸奥・石城・石背三国の租調庸を減免し（『類聚国史』）、翌年の同五年六月乙酉、陸奥国の辺郡（Ⅲ区）の今年の調庸を免除し、さらに後述のように同六年閏四月乙丑、陸奥・出羽・石城・石背国の調庸を停止するなどの大改革が相次いで発令されたことからみて、この反乱がⅢ区に深刻な打撃を与え、移民してようやく定着した辺郡の公民が離散する状況であった。このように深刻な打撃を与えた原因の一つは、石城・石背二国分国による城柵の鎮守体制の弱体化にあったであろう。

五　多賀城創建と新支配体制

1　養老六年の施策

養老四年の蝦夷の反乱によってⅢ区の支配が深刻な打撃をこうむり、これを克服するために、政府は陸奥国に新しい支配体制を構築していき、その支配の根拠地として多賀城が創建される。

政府は、養老六年四月丙戌に征夷に功労のあった将軍以下に勲位を授けて褒賞して反乱鎮圧に始末をつけ、これをうけて、翌月閏四月に陸奥按察使管内の支配体制を転換する重要な命令を発した。

『続日本紀』養老六年（七二二）閏四月乙丑条

太政官奏曰、〔第一項〕廼者、辺郡人民、暴被寇賊、遂適東西、流離分散。若不加矜恤、恐貽後患。是以、聖王立制。亦務実辺者、蓋以安中国也。望請、(a)陸奥按察使管内、百姓庸調侵免、勧課農桑、教習射騎。更税助辺之資、使擬賜夷之禄。其税者、毎卒一人、輸布長一丈三尺、濶一尺八寸、三丁成端。(b)其国授刀・兵衛・々士、及位子・帳内・資人、并防閤・仕丁・采女・仕女、如此之類、皆悉放還、各従本色。若有得考者、以六年為叙、一叙以後、自依外考。(c)即他境之人、経年居住、准例徴税。以見来占附後、一年而後依例。

〔第二項百万町歩開墾計画・第三項出挙利率引き下げ―省略〕

〔第四項〕又言、用兵之要、衣食為本。鎮無儲粮、何堪固守。募民出穀、運輸鎮、可程道遠近為差、委輸以遠二千斛、次三千斛、近四千斛、授外従五位下。奏可之。其六位已下、至八位已上、随程遠近運穀多少、亦各有差。語具格中。

この太政官奏は四項目からなり、第一項はここで取り上げる陸奥按察使管内を対象にするもの、第二項は百万町歩開墾計画、第三項は出挙の利率を三割に引き下げる命令、第四項は鎮への穀の運送の命令である。第二項以下の対象地域について第一項と同じく陸奥按察使管内とする見解があるが(33)、ここでは佐々木常人氏の見解に従い(34)、第二項以下は全国を対象にするものと考える。ただし第四項は陸奥国の鎮に関係するものなので取り上げる。

第一項の内容　第一項は陸奥按察使管内を対象にする。陸奥按察使は養老四年九月丁丑条に初見し、同五年八月癸巳に出羽国がその所管となるが、按察使は複数の国を管轄するから、陸奥按察使はその任命とともにすでに石城・石背国を管轄していたと思われる。従って、この陸奥按察使管内は陸奥・出羽・石城・石背の四国になる。実はこのことについては、後述するように石城・石背国の陸奥国への併合の時期が問題となるが、これ以前に併合されていたとしても、この陸奥按察使管内がこの四国の領域を対象にしていることは変わらない。

第一項はかなり難解であるが、鈴木拓也氏の研究によって理解できるようになったので、ここでは鈴木氏の見解を参照して述べる(35)。第一項は次のa・b・cの三項からなる。

a 項　四国で調庸の徴収を停止し、農桑の勧課と射騎の教習を行う。調庸に代わって、税として布を徴収し夷禄に当てる(36)。この新税を便宜的に税布とよぶことにする。奥羽では蝦夷が地方官衙に朝貢すると饗給を受け夷禄を賜与されたが、この夷禄と饗給の財源には本来京進すべき調庸の一部を国に留めて充当していた。ここで調庸が停止されたので、その夷禄に充当するためだけに税布の徴収を始めたのである。一丁当たりの税布の大きさは調庸布のほぼ四分の一であり、この改正は公民にとって大きな負担の軽減である。この調庸制の停止と税布制は、天平十八年（七四六）ころにやめられ、通常の令制の調庸制に復帰すると推定されている。この新制は二四年にわたって行われたから、一時的な臨時の処置ではなく制度改正であった。

b 項　陸奥按察使管内から京に出て勤務している授刀舎人・兵衛・帳内・資人・防閤・位子・采女、衛士・仕丁・仕女を、本国に帰還させる(37)。授刀舎人・兵衛・帳内・資人・防閤はいわゆるトネリ、位子は出身法上の身分であるが、トネリに任じられない場合は式部省・兵部省に留省されて勤務することがあり、采女は後宮の下級宮人で、以上は下級官人であり、衛士・仕丁・仕女は中央力役として徴発された者である。このうち授刀舎人・兵衛・位子・帳内・資人などは京で内分番として勤務していたので、帰国後も官人となれば、最初の成選は内分番と同じく六考を選限とし、その後の成選は「外考」すなわち外長上（八考）・外散位（一〇考）の選限によることとした。帰国後の最初の選限を内分番なみにして優遇するのは、帰国命令によって内分番の資格を失うからである。この選限に関する規定は、授刀舎人以下が帰国後も本国で官人として勤務することを前提にしている。この命令は、この時の一時的なものであるが、今後も原則として陸奥按察使管内からはこれらの中央出仕を禁止し、中央力役を免除することを意味するものであろう。

c項　他国から陸奥按察使管内に移住してきた人すなわち柵戸の免税期間の短縮に関する規定で、a項に関連して定められた。柵戸は、令制では賦役令14人在狭郷条を適用して、本居地と移住地と間の路程によって三段階に分けて移住後三年・二年・一年の間復を与えられていたが、ここでは、これまでに移住して年を経ている者（「経年居住」）はa項の通り税布を徴収し、新しく移住してくる者（「見来占」）は一年間免除した後に税布を徴収することにし[38]、免税期間を短縮したのである。移住後の給復は移住者が生活基盤を作るための優遇処置であるが、ここでは調庸制から税布制の転換によって負担が軽減されたこともあって、免税期間を短縮し、移民からも夷禄の財源である税布を速やかに徴収できるようにしたのである。

第一項―負担軽減の意味　a・b項を中心として第一項の施策の目的を考えてみる。熊谷公男氏は第一項の目的について、負担の軽減によって蝦夷の反乱で打撃を受けた辺郡の人民の民力を回復するとともに、勧農・軍事教練、都への出仕・出役者の帰国によって、奥羽の国力、特に軍事力を強化し、あわせて蝦夷対策としての夷禄の税源を確保しようとしたものとされた。おおむね賛成であるが、しかしa項の調庸制から税布制の転換による公民負担の軽減は、反乱で打撃を受けた辺郡（Ⅲ区）の公民の動揺をしずめ民力を回復するためというよりは、調庸停止の後に記す「勧課農桑」「教習射騎」のためであると考えるべきである[39]。それは、この負担軽減が辺郡だけでなく陸奥按察使管内を対象にし、また一時的なものでなく制度改正による長期に及ぶことを見れば明らかであろう。すなわち負担を軽減し、それによって生み出される余力を以て、陸奥按察使管内の公民を「勧課農桑」「教習射騎」に向かわせようとしたものである。このように理解しないと、この文章の中で「勧課農桑」「教習射騎」は唐突で落ち着きのわるいものになる。第一項は、冒頭に「廼者、辺郡人民、暴被寇賊、遂適東西、流離分散。若不加矜恤、恐貽後患。」とあるように、養老四年の蝦夷の反乱によって辺郡（Ⅲ区）の公民が離散してその支配が打撃を受けたことが、この施策の契機となっていることは明らかであるが、この施策は、辺郡の復興を負担軽減による民力の休養によって行おうとしたのではなく、負担軽減によって陸奥按察使管内全体の国力と軍事力を増強し、そのことによって辺郡支配を支える基盤を強化しようとしたのである。負担の軽減はそれ自体が目的なのではなく、「勧課農桑」「教習射騎」のための手段であった。

勧課農桑　それでは大幅な負担軽減をしてまで行おうとした「勧課農桑」「教習射騎」とはどのようなことであろうか。いずれも四字句の簡単な文言であるが、その内容を検討してみよう。「勧課農桑」は文字通りの意味は農作と養蚕を百姓に勧め割り当てることであるが、職員令70大国条の国守、68摂津職条の大夫の職掌に定められ、戸令1為里条の里長の職掌にも「課殖農桑」とあるように、地方官の重要な職掌であり、このために地方官の成績判定基準として重視された。和銅五年（七一二）の国守が毎年属郡を巡行する際の郡司の成績判定基準に「勧課農桑、人少匱乏」（和銅五年五月甲申条）、養老三年（七一九）の按察使が国司を訪察する際の判定基準に「勧課農桑、国阜家給」（『類聚三代格』養老三年七月十九日太政官奏）、延暦五年（七八六）の国司・郡司・鎮将辺要等官の判定基準に「勧課農桑、積実倉庫」がそれぞれ定められている（延暦五年四月庚午条、『類聚三代格』同月十九日太政官奏）。

この「勧課農桑」という四字句は一般的な農作の奨励とともに、耕地の開発の奨励も意味する。農作の奨励については、戸令33国司巡行条の毎年国守が属郡を巡行して郡司・百姓を訪察する事項に、「勧務農耕」があり、義解・令釈によれば、これは国守が春に巡行して農作を奨励することであるという。耕地開発の奨励については、考課令54国郡司条に、管内の田地・戸口の増加・減損に応じて国司・郡司の考第を昇降することを定めるが、その田地の増加について「勧課田農、能使豊殖」とあり、それは熟田のほかに墾発したものであるという。職員令68摂津職条の大夫の職掌の「勧課農桑」について、『令集解』の伴記はこの国郡司条の「勧課田農、能使豊殖」をあげる。地方官の成績判定基準のうち、和銅五年の郡司の能の基準の「勧課農桑、人少匱乏」は、その反対の不の基準「田疇不開、減闕租調」からみて、田地の開発を意味すると考えられる。延暦五年の判定基準については大同四年（八〇九）九月の観察使起請でその意味が論じられているが、その中で「勧課農桑、積実倉庫」は考課令54国郡司条の田地の増加・減損との関係から論じられている（『類聚三代格』大同四年九月二十七日官符）。以上のように「勧課農桑」の四字句には農作の奨励とともに耕地の開発の奨励の意味が含まれ、この第一項a項の「勧課農桑」は、公民の負担を大幅に軽減して行われることであるから、一般的な農作の奨励だけではなく、耕地の開発の奨励を主たる目的とするものと考える。

教習射騎　「教習射騎」については「射騎」の内容について考えてみよう。「射騎」の用例は少なく、類似する「騎射」の用例が多い。「騎射」は五月五日節会の用例が多く、乗馬しての弓射の意味であるが、「射騎」は「教習」に注目すると「弓馬」の言い換えで、「弓と馬」＝「射と騎」であり「武芸」を意味する。武芸をその代表の弓＝射と馬＝騎で表すわけである。[41]従って、「教習射騎」とは武芸の教習すなわち軍事教練であり、いうまでもなく軍団兵士を対象とするものである。調庸制から税布制への転換によって負担が軽減されるが、軍団兵士は令制では徭役すなわち庸と雑徭を免除されていたから（賦役令19舎人史生条）、兵士の税布輸貢量は公民一般より少なくされたと思われる。そのうえ兵士戸の戸口の負担も軽減された。北啓太氏によれば、軍団兵士の軍事教習は軍団および国府において、国内上番の一環として個別的な武芸の教習と集団戦法の基礎的な訓練を行ったという。[42]奥羽の場合、兵士の国内上番は城柵鎮守の勤務であるから、負担を軽減して武芸を教習するというのは、城柵勤務のほかに軍事教練をして、結局これまでより上番日数が長くなるのであろう。

第一項a項は、調庸制から税布制への転換によって公民の負担を軽減し、それによって生じる余力によって開発に向かわせて耕地を拡大し、租・正税の徴収を増大させて国力を増強し、かつは軍団兵士の上番日数を増加して軍事教練をして、軍事力を強化しようとするものであった。そして熊谷氏が注意するように、このように負担を軽減しながらも、蝦夷支配のために必要な夷禄のみを確保するために税布制を新設した点も注意すべきである。

京出仕者の帰国　b項の命令は、大きくは女性を含むから陸奥按察使管内の人口増加策であるが、重点は男性にあり、軍団兵士制の強化を目的としたものである。天応二年（七八二）閏正月二十六日に陸奥出羽両国から京に出て王臣家に仕えたり浮宕している者を、本国に帰還させる太政官符が発令されたが（『類聚三代格』寛平五年七月十九日官符所引）、鈴木拓也氏は、その官符に引用された「陸奥出羽人在京者不別雑色皆還本郷」という法令がこの養老六年格のb項に当たることを指摘した(43)。天応二年官符はこの法令に関して「寔是豊辺戍備外禦之術也」と述べていて、辺境の防衛の強化策であることを示している。帰国した者のうち、衛士・仕丁は兵士に当てられるが、授刀舎人・兵衛・帳内・資人などのトネリはいずれも武官的な性格を持ち(44)、またその出身階層からみて、軍団の幹部、征夷軍の編成の際にはその幹部と当てられたと思われる。兵衛は郡領の子弟がなり、授刀舎人も兵衛と出身階層が同じであり(45)、令制では帳内と職分資人は内六位～初位の官人の子と庶人、位分資人は初位の子と庶人が当てられ、養老三年十二月甲寅格によって位分資人に外六位～内外初位・勲七等の子が当てられることにされた。兵衛・授刀舎人の出身階層は郡領層、帳内・資人は郡領層とともに有力農民層であり、郡領層は軍団の軍毅に、有力農民層はその下の校尉・旅帥・隊正などに当てられる可能性がある。b項の命令に、帰国後も官人として仕えることを前提とした選限に関する規定を設けていたのはこのためである。

この帰国策は軍団幹部・兵士を増加・確保するだけでなく、より積極的な意味を持っていたと思われる。トネリは中央政府に仕えて天皇に仕える道を知り官人としての素養を身に付けた者であるから、トネリの軍団幹部への任命は、一つには中央政府に忠実なトネリを辺境の軍団に送り込むことを意図し[46]、二つにはａ項の軍事教練と関係して中央の軍事技術を陸奥按察使管内に移植することを意図したものではないかと考えられる。

ｂ項のトネリや中央力役者の帰国は、中央政府に忠実なトネリらを軍団の幹部に当てて、中央の軍事技術を移植し、さらに兵士を増加して陸奥按察使管内の軍団制を増強しようとするものであった。このことはこの帰国の一時的なことであるが、今後はトネリや中央力役としての中央出仕をやめ、軍団の幹部と兵士を確保しようとしたのである。ｂ項は軍事力の強化という点で、ａ項の軍事教練と共通の施策である。

第四項―鎮所への運穀　第四項は、人民から私穀を出させて鎮所（鎮）に運ばせ、その穀量と距離に応じて位階を授けるというもので、鎮所への食料の蓄積を目的としたものである。これが実際に行われたことは、養老七年（七二三）二月戊申に常陸国那賀郡大領宇治部直荒山が、神亀元年（七二四）二月壬子には一二人が陸奥国鎮所に穀を運んでそれぞれ外従五位下を授けられた記事に明らかである。この叙位者は、常陸国那賀郡大領の宇治部荒山、上総国と推定される日下部使主荒熊、下総国香取郡の香取連五百嶋など坂東の豪族もいるが、内位を持ち中央官人である大伴直南淵麻呂・錦部安麻呂、河内と推定される烏安麻呂、近江国高島郡の郡領氏族である角山君内麻呂などがおり、かなり広範囲に献穀がなされた（新日本古典文学大系『続日本紀二』補注九―六〇―六四参照）。『続日本紀』に見える者は外従五位下を叙位されているから、二〇〇〇～四〇〇〇斛の大量の穀を供出したのであるが、第四項に「其六位已下、至八位已上、随程遠近運穀多少、亦各有差。」とあり、『続日本紀』は原則として六位以下の叙位を記さないから、この記事のほかにも六位以下を叙位された多数の献穀者があったと思われる。

第四項については熊谷公男氏が詳細に検討し、鎮所は一般的に兵士などが駐屯している施設で、その施設の軍事的機能に着目した呼称であり、奥羽両国では城柵をさすが、養老六年〜神亀元年に見える陸奥国鎮所は辺郡（Ⅲ区）にこの時期に建造される城柵に当たり、この穀の運輸は、神亀元年に成立した辺郡の城柵の鎮守に配備される鎮兵の食料を蓄積するために行われたことで、辺郡の軍事力増強の一環であるとされた。おおむね従うべき見解である。

石城・石背国の併合　養老二年（七一八）に分国された石城・石背二国は廃止され、再び陸奥国に併合されるが、その時期については、土田直鎮氏は、蝦夷の反乱後辺境統一指揮の必要が認識され、出羽国が陸奥按察使の所管となった養老五年頃とし(47)、熊谷氏は、辺郡支配の再編・強化が一段落し、多賀城が成立する神亀元年（七二四）まで引き下げた方がよいとされる。私は二国の廃止・併合は養老六年の施策と一体的にほぼ同時に行われたと考える。

石城・石背二国の存在と廃止・併合を示す史料として、一般的には存在については『類聚国史』養老四年十一月甲戌条の「陸奥・石城・石背三国」とあるもの、廃止・併合については『続日本紀』神亀五年四月丁丑条に陸奥国に白河軍団を置くという記事が指摘されている。さらに進んで次の二つの記事が指摘できる。存在については、養老五年八月癸巳に、一部の按察使の管轄国が変更され、陸奥按察使が出羽国を管轄することになる。前述のように按察使は近隣の二〜四国を管轄するが、この時に出羽国が管轄国となったというのは、少なくともこの時点までは石城・石背二国が陸奥按察使の所管国として存在していたことを示すと考えられる（注(47)土田直鎮論文）。次に併合については、神亀元年四月癸卯条に、三月に起きた蝦夷反乱の征討のために、「坂東九国」の軍三万人に軍事教練をし、物資を陸奥鎮所に運搬させたとある。この「坂東九国」は坂東八国ともう一国であるが、もしこの時に石城・石背両国が存続していたと仮定すると、その一国は陸奥・石城・石背三国のいずれか一国となる。しかし征討の負担について、坂東八国が負担するのに、三国のうち一国は負担するが他の二国が免れることははなはだ不自然であり、あり得ることではない。これはすなわちこの時に石城・石背両国が存在しているという仮定が誤りなのであり、もっとも自然なのは、すでにこの時石城・石背国は陸奥国に併合され、この「坂東九国」は坂東八国と両国を併合した陸奥国であると考えることである。すなわち神亀元年四月には二国は廃止・併合されていた。従って石城・石背国の廃止・併合の時期は、一応養老五年（七二一）八月～神亀元年（七二四）四月の間と考えられる。

ここで養老六年の施策との関係でいうと、これ以前に二国が陸奥国に併合されていないと、この施策の第一項は十分な効果が上げられないと考えられる。前述のように、第一項の施策は、石城・石背二国が存続するにしろ、廃止されたにしろ、二国の領域も対象地域としていた。

第一に、石城・石背国域のa項の耕地拡大による国力増強、軍事教練とb項の帰国策による軍団制の増強は、石城・石背二国が分国されたままでは、陸奥国の辺郡の経営に直接は結びつかないということである。このうち耕地拡大や軍事教練はすぐには効果を上げないであろうが、b項の帰国策はすぐに実行されたであろう。帰国策によって石城国の行方団、石背国の安積団はその軍事力が増強されても、二国が分国されたままでは陸奥国の辺郡の城柵の鎮守に兵士を送ることができない。

第二に、a項の税布に関しては次の二点が指摘できる。①新たに徴収される税布はすべて陸奥国の辺郡（Ⅲ区）の蝦夷に対する夷禄に当てられるが、石城・石背二国が分国されたままであると、石城・石背二国から徴収される税布は使途が宙に浮くことになる。税布の徴収は養老六年から開始されたであろう。②二国が分国されたままとすると、養老二年以前の陸奥国の調庸量に対して、同六年以後の同国の税布量は激減することである。前述のように、養老二年の二国分国によって、『和名類聚抄』による限り陸奥国の郷数は四五パーセントに減少し、さらに同六年の調庸制から税布制への転換によってその収入は二五パーセントに減少するから、二国が分国されたままとすれば、陸奥国の養老六年以後の税布量は同二年以前の調庸量の一一パーセント（〇・四五×〇・二五）に激減する。二国が併合されていれば、税布量は養老二年以前の調庸量のほぼ二五パーセントが確保される。養老二年以前の夷禄の全調庸量に占める割合がわからないから断定できないが、養老六年の調庸制から税布制への転換による収入の減少は、陸奥国が二国を併合して徴収地域の拡大が行われることを前提に実施されたと考えるべきである。以上から、養老六年の第一項の施策は、二国が併合されていなければ十分に効果が上げられなかったのであり、従って二国は養老六年閏四月以前に併合されたと考えられる。

併合の時期について、前述の上限養老五年八月と新しい下限である同六年閏四月の間で、可能性があるのは、土田氏がいう養老五年八月の陸奥按察使の出羽国管轄の時か、この同六年閏四月の施策の時であると考えるが、私は次の三点から後者の時にほぼ同時に併合されたと考える。①今述べたように養老六年の第一項と石城・石背国併合が密接に関係している。②土田説は養老五年八月の陸奥按察使の出羽国管轄を辺境指揮の統一と考えて、その文脈のなかで二国併合を考えるが、辺境指揮の統一ということからいえば、二国が分国されたままでも、按察使の管轄になっていれば可能なことであり、それに対して、養老六年の施策は日常的な政務に関わることで、どうしても併合されていなければ不都合である。③養老四年の反乱後、陸奥国の支配体制の本格的な転換に取り組んだのが養老六年閏四月の施策であることである。前述のように、政府は蝦夷の反乱鎮圧事業に養老六年四月丙戌に征夷の功労者を褒賞してようやく始末を付け、翌閏四月に支配体制の転換として打ち出したのがこの施策であった。以上から石城・石背国の併合は養老六年の施策と一体的にほぼ同時に行われたと考える。

実は、廃止・併合の時期は養老律令の改訂作業の打ち切りの時期と微妙に関係する。というのは、養老令では戸令14新付条と軍防令48帳内条に、大宝令にはなかった「石城・石背」国の字句が付加されているからである。養老律令の成立は通説では養老二年といわれるが、実はそれ以後も改訂作業が行われており、二国の廃止が改訂作業打ち切り以前だとすれば養老令のこの二条の「石城・石背」は削除されるはずであり、養老令に二国が記載されているのは二国の廃止が改訂作業打ち切り以後であることを示す。野村忠夫氏は養老令の編纂期間について、当該時期に発令された法令と養老令条文の比較検討から、養老律令の改訂作業は養老二年以後も継続され、同四年八月の編纂の主宰者の藤原不比等の死去によって頓挫したが、その後も形式的に続けられ、同五年六月〜同六年二月の間に打ち切られたと推定している[48]。これによれば、改訂作業打ち切りの下限は同六年二月で、私の二国の廃止・併合の推定はその後の閏四月であるから、養老令の二条に石城・石背国が記載されていることと矛盾しない。

以上から、養老二年五月に分国された石城・石背二国は、同六年閏四月の施策と一体的にほぼ同時期に廃止されて再び陸奥国に併合された。両国の存続期間はわずか四年間であった。養老六年の施策は、先の第一項・第四項だけではなく、石城・石背二国の陸奥国併合という陸奥国国制の大転換を伴っていたのである。

石城・石背国域は、国造制施行地域で早くから評制が施行されて律令制支配が確立し、辺郡の城柵の辺境経営に人と物資を供給する基盤の地域であった。養老二年にⅡ・Ⅲ区からの人と物資の徴発によって辺境経営をまかなえるという判断のもとに、Ⅰ区を陸奥国から切り離して石城・石背国を建てたが、この分国によって陸奥守はその権限によって両国域から人と物資を徴発できなくなり、辺境経営の基盤は著しく弱体化した。この弱体化のために養老四年の蝦夷の反乱は大規模化し、整備途上の辺郡（Ⅲ区）の支配に深刻な打撃を与えた。蝦夷の力を過小評価していたことに気づいた政府は、石城・石背国を再び陸奥国に併合して陸奥守の下に一体的に支配し、陸奥国の辺境経営の人的・物的基盤として位置づけ直し、この新しい国域において負担の軽減をして国力と軍事力の増強を図って辺境経営の基盤の強化を行おうとしたのである。

2　陸奥按察使と鎮官・鎮兵

按察使の出羽国管轄　養老六年の施策に先立って、同五年八月癸巳に陸奥按察使が出羽国を管轄することになった。按察使は同三年七月庚子に全国的に設置され、この時は陸奥按察使が置かれなかったが、同四年九月丁丑には存在していた。前述のように、設置当初の陸奥按察使は陸奥・石城・石背三国を管轄していたが、さらにここで出羽国が加わったのである。按察使は一国の守を任じて隣接二～四国を管轄させ、管国を巡行して国司・百姓を監察するとともに、時には国司より大きな権限をもって直接行政に関与することもある上級広域地方官である（注(32)今泉論文）。ここで陸奥按察使が出羽国も管轄することになったのは、奥羽に共通する辺境経営と征夷を、按察使の持つ上級広域の権限をもって一体的に行おうとしたものである。

征夷に注目すると、北啓太氏が、奥羽の征夷軍の編成（城柵造営・道路開削を含む）が養老と神亀の間で大きく変化したことを指摘していることが注意される(49)。すなわち養老四年（七二〇）の征夷までは中央から征夷使が派遣され、軍士は東国・北陸道などから広く徴発されたが、神亀元年～宝亀十一年（七八〇）の征夷では、神亀元年（七二四）、天平九年（七三七）には征夷使が派遣されたが中核は奥羽両国の官人であり、これ以後宝亀十一年までは征夷使が派遣されず、軍士の徴発地域も坂東に限定され、神亀元年ごろの鎮兵制の成立にともない奥羽両国の兵力を中核として征夷事業が遂行されたと指摘している。これに加えて、和銅二年、養老四年、神亀元年の三度の征夷では、陸奥と、越後または出羽の両国の一方に蝦夷の反乱があった場合、主戦場の国に征〇〇使（将軍）、他方の国に蝦夷の鎮撫のために鎮〇〇使（将軍）が派遣されたが、天平九年以降は両国に征討使が派遣されることがなくなることも注意される。すなわち養老四年までの征討は中央派遣の両国の征討使によって別個に行われたが、神亀元年以降は現地の官人を中核にして按察使の上級・広域の権限の下に両国を統一的に行われるようになったのである。このようなために陸奥按察使の出羽国管轄が必要であった(50)。

このあり方の好例が、天平九年の奥羽連絡路開削と天平宝字年間の奥羽両国の城柵の造営・改修である。前者では持節大使藤原麻呂が派遣されたが、実質的には陸奥按察使兼陸奥守鎮守将軍大野東人が主導権を握って、出羽守田辺難波とともに陸奥国多賀柵から出羽国秋田出羽柵までの道路の開削事業に当たった（天平九年正月丙申・同年四月戊午条）。後者では陸奥国按察使兼鎮守将軍藤原朝獦が天平宝字三年（七五九）の陸奥国桃生城と出羽国雄勝城の造営と（天平宝字四年正月丙寅条）、それに引き続く同四、五年ころの秋田城と多賀城の改修に当たった(51)。陸奥按察使の権限は、奥羽両国にとって狭く征夷だけではなく、もう少し広く辺境経営一般にも必要だったと思われる。全国的な按察使制は神亀末には実質を失い始めるが、陸奥按察使はこの辺境経営のために後まで存続することになる。

鎮官と鎮兵制の成立　陸奥国の城柵の鎮守は元来当国から徴発した軍団兵士によって行われていたが、これを補強するために令外の軍制として鎮兵制が創設された。軍団兵士は当国から徴発され城柵に交替勤務する番上兵で、食料は自弁であったのに対して、鎮兵は本来坂東を中心とする他国から徴発され、城柵に長期間勤務する長上兵で、食料は国が支給した。神亀元年二月乙卯条に見える「陸奥国鎮守軍卒」がこの鎮兵と実質的に同じものであり、鎮兵制は神亀元年までに成立したと考えられている(52)。熊谷氏が指摘するように、養老六年の第四項の辺郡の鎮所（城柵）への穀の運送は、鎮兵制の創設に当たってその食料を蓄積しようとするものであるから、鎮兵制の創設は養老六年に構想されていたことになる。

鈴木拓也氏が指摘するように、鎮兵制創設の事情については、鎮兵が城柵造営の労働力として使役されることがあったから、この時期に行われた多賀城と辺郡の城柵の造営に使役するために創設されたと考えられる(53)。鎮兵制は流動的な制度で、陸奥国で征夷・城柵造営などが行われたり軍事的緊張が高まったりした時に増員・存続し、それらがなくなると減員・廃止されることからみると、鎮兵制がこれらの城柵の造営に関係して創設されたというのは当たっていよう。この点は重要で、この考えによれば、辺郡城柵の造営・準備と一体的に行われた多賀城の造営の計画は、鎮兵制創設の構想に伴い鎮所への運穀が命じられた養老六年に開始されたと考えられる。鎮兵制はこれらの造営が終わった後も存続し、城柵の鎮守に当たったから、鎮兵制の創設は辺郡城柵の軍事力の強化を目的としたものであることはいうまでもない。この後、辺郡の城柵の鎮守は軍団兵士と鎮兵の混成軍によって行われることになる。

鎮兵制の創設と同時にこの令外の鎮兵を管轄するために、鎮守将軍以下の鎮官という令外の官職が設けられた(54)。鎮官は鎮兵の統轄とともに征夷の職掌を有した。大同三年（八〇八）まで陸奥国司は、陸奥守が鎮守将軍、介が副将軍を兼任するように鎮官を兼任するのが普通であり、陸奥守は鎮守将軍を兼任することによって、軍団兵士と鎮兵の統轄権を統一的に掌握し、介以下は鎮官を兼任して辺郡の城柵の城司となり、兵士と鎮兵を率いて城柵の鎮守に当たった(55)。北啓太・鈴木拓也両氏が指摘するように、ある意味では鎮官と鎮兵は臨時に派遣される征夷使と征夷軍士を陸奥国に常駐させたものである（注(49)北論文、注(54)鈴木論文）。蝦夷の反乱などがあった時、臨時に征夷使を派遣し他国から軍士を徴発することをできるだけ避け、陸奥国の官人と常駐する兵力で対処できる体制を構築したのである。

3　多賀城創建と辺郡の城柵

多賀城の創建と玉造等五柵　多賀城は神亀元年（七二四）にほぼ完成し、国府が郡山遺跡から移ってくるが、前述のようにその造営の開始は養老六年（七二二）のことと考えられる。完成年の神亀元年まで長くとっても三年間で、多賀城より規模も格も低い桃生城でも造営に三年を要しているから(56)、養老六年には造営工事が開始されていたと考え

るべきであろう。(57)

多賀城の造営と一体的に同時期にⅢ区辺郡の城柵・郡家の造営・整備が行われた。このことは、Ⅲ区の官衙・寺院の遺跡から多賀城創建期瓦が出土することによって知られる。すなわち城生柵遺跡・菜切谷廃寺（中新田町〔現加美町〕）、名生館遺跡・伏見廃寺（古川市〔現大崎市〕）、東山遺跡（宮崎町〔現加美町〕、賀美郡家跡）、一の関遺跡（色麻町、寺院跡）、亀岡遺跡（鳴瀬町〔現東松島市〕）、推定新田柵跡（田尻町〔現大崎市〕）である（注(14)進藤論文、第3図）。これらのうち、名生館遺跡は和銅六年建郡の丹取郡、後に改称された玉造郡の郡家の可能性が高く、東山遺跡（賀美郡家）とともに郡家遺跡である。さらに天平九年四月戊午条にⅢ区の城柵としていわゆる「玉造等五柵」として玉造柵・新田柵・牡鹿柵・色麻柵の四柵の名が見えるが（一柵は名称不明）、これらの遺跡のなかには推定新田柵跡をはじめとしてこれら五柵、あるいはその付属寺院に当たるものが含まれていると思われる。また前述のように、これらの遺跡のうち菜切谷廃寺、名生館遺跡・伏見廃寺、一の関遺跡は多賀城創建期瓦に先行する七世紀末～八世紀初めの瓦を出土するから、この時期の造営は新造ではなく改修・整備と考えられる。

多賀城創建期瓦は、Ⅲ区の瓦窯から多賀城・多賀城廃寺およびⅢ区の官衙・寺院に供給されていた。すなわち下伊場野（松山町〔現大崎市〕）、木戸（田尻町〔現大崎市〕）、日の出山（色麻町）、大吉山瓦窯（古川市〔現大崎市〕）の四瓦窯である。これらの瓦窯はⅢ区の官衙・寺院に近いのに対して、多賀城からは三〇～四〇キロメートルも離れているから、この一体的な造営事業が、Ⅲ区の城柵・官衙に重点を置いたものであったことがわかる。

Ⅲ区辺郡の再建　Ⅲ区の城柵・郡家の造営・整備は、蝦夷の反乱によって打撃を受けたⅢ区の支配を再建し、さらに強化をめざしたものであった。そしてこのことと一体的に、Ⅲ区の辺郡の再建のために、養老六年八月丁卯に柵戸一〇〇〇人が陸奥国の鎮所すなわちⅢ区辺郡の城柵に移配され、神亀元年二月乙卯に他国から来ていた鎮守の軍卒で希望する者は、柵戸として父母妻子を率いて陸奥国に本貫を移すことが許された。反乱で離散した民を集めるとともに、これらの柵戸を加えてⅢ区の郡が再建されたのである。霊亀元年に成立した黒川以北十郡は、養老四年の蝦夷の反乱で打撃を受けたが、これらによって再建された。

この時期のⅢ区の状況を示すヘラ書きをもつ平瓦が木戸瓦窯跡で表採されている。

□郡仲村郷他辺里長

二百長丈部呰人

この平瓦は多賀城創建期のもので、ヘラ書きは平瓦の凹面に粘土が乾かないうちに書かれている。上部が欠損していて郡名が欠けているが、『和名類聚抄』によれば仲村郷は黒川以北十郡の一つである新田郡の所管である。この平瓦の時期は、郷里制の記載になっていることから、一応霊亀三年（七一七）〜天平十一・十二年（七三九・七四〇）の交わりと推定できるが、さらに多賀城創建期の瓦であることから、養老六年（七二二）以降の年代が与えられる。先の多賀城創建期瓦の四瓦窯の前後関係については、瓦の技法の検討などから、下伊場野・木戸が先行し、両者の間では前者が古い可能性があり、木戸の操業期間は短く、次いで造営のピークを迎えた段階に日の出山が操業され、大吉山がこれに次ぐと推定される(58)。瓦窯の操業期間をどの程度に見積もるか明確でない点があるが、これらの事実をふまえると、木戸の操業時期すなわちこの平瓦の年代は、養老六年以降、神亀元年を下らない年代を与えられそうであり、ヘラ書きは粘土が乾かないうちに書かれているから、この史料の年代も同じである。ヘラ書の「里長」は郷里制の里の里正、「二百長」は軍団で二〇〇人の兵士を管轄する校尉に当たる。いうまでもなくこれらの瓦窯は国が経営する官窯であり、造瓦の労働力には雑徭によって公民が徴発されたと思われ、このヘラ書きは、里正丈部呰人が同里の雑徭の公民を率いて木戸瓦窯の造瓦作業に従事し、製品の納入に当たってその責任の所在を明らかにするために記されたものと考えられる。このような理解にたつと、このヘラ書きからは次のことが指摘できる。この時期に新田郡では、郡郷里制が施行され、雑徭が行われ、校尉を出していることから軍団兵士も徴発されていた。この校尉丈部呰人は丹取軍団の所属であろう。丈部呰人が里正と軍団の校尉を兼任することから、この地域では行政と軍事を一体とする支配体制が採られていた。すなわち蝦夷の反乱の鎮圧から間もないころに新田郡では律令制公民支配が行われていたのである。官営の瓦窯の経営の前提にはこのような支配があった。このような状況をどのように評価すべきか。新田郡では蝦夷の反乱の影響を受けなかったか、または受けても速やかに支配が再建されたかのいずれかであろう。

養老六年に始まる多賀城の造営が、Ⅲ区辺郡における城柵・郡家の造営・整備、郡支配の再建と強化、鎮兵制創設による軍事力の強化などと一体的に同時に進められたことは、多賀城の創建の意義を考える上で重要である。すなわち多賀城はⅢ区辺郡の支配の中核になる城柵の支配を後援する根拠地の設置の意味を持っていたと考えられる。

むすび

養老四年の蝦夷反乱後の陸奥国の新支配体制の構築は、地域的に次の三つに分けて整理できる。①Ⅲ区辺郡については、離散した公民を集め新たな柵戸を加えて黒川以北十郡を再建し、その支配の拠点として城柵・郡家を造営・整備した。特に城柵は辺郡支配の中核であり、天平九年に見える「玉造等五柵」が置かれた。鎮兵制を創設し、軍団兵士制とともにこれら城柵の軍事力を増強した。②陸奥国全体については、石城・石背国を再併合してⅢ区辺境支配の人的・物的基盤として位置づけ直した。京への出仕者・出役者を帰国させて軍団幹部・兵士を確保し、調庸制から税布制への転換によって公民負担を軽減して、その余力によって、公民に開発による耕地の拡大を勧め、軍事教練を強化し、これらによって国力・軍事力を強化することを図った。これは、Ⅲ区辺郡における城柵を中核とする辺境経営に人と物資を供給する基盤の増強である。③奥羽両国については、陸奥按察使に出羽国を管轄させて、奥羽両国の辺境経営を一体的に進める体制を作った。多賀城はこれらの新支配体制の構築の一環として創建され、この支配体制の根拠地であった。

この新支配体制を官制の面から見ると、陸奥守は新設された鎮守将軍と、出羽国を管轄することになった陸奥按察使を兼任して多賀城に駐在する。陸奥守は守の権限によってⅠ・Ⅱ区の諸郡を郡司を通して支配した。介以下は鎮官を兼任して軍団兵士と鎮兵を率いて城司としてⅢ区辺郡の城柵に赴任し、郡司を通しての辺郡公民の支配と蝦夷の支配に当たる。陸奥守は鎮守将軍の権限をあわせて城司を管轄してⅢ区を支配する。さらに陸奥守は陸奥按察使を兼任して奥羽両国の辺境経営を一体的に進める。陸奥按察使・鎮守将軍を兼任する陸奥守が駐在する多賀城は、このような官制を通して辺境を含む陸奥国内支配と、奥羽両国の辺境経営の根拠地として設定されたのである。

新支配体制の構築は、反乱によって打撃を受けたⅢ区辺郡の支配の再建・強化と、その辺境経営の基盤として、併合されたⅠ区とⅡ区の国力・軍事力を増強することを内容とする。多賀城は創建の時点で、これから支配を強化し蝦夷へ支配を拡大して行くべきⅢ区の中核となる城柵の後援の役割を担い、そのためにⅠ・Ⅱ区の律令制支配の成果を結集する場であった。その意味で多賀城はⅢ区とⅠ・Ⅱ区の結節点に位置づけられる。多賀城は、仙台平野中央部にあった郡山遺跡の東北方一三キロメートル、平野北辺に横たわる丘陵の東部に位置し、丘陵を北に越えるとⅢ区南端の黒川郡である。この地はⅠ・Ⅱ区の律令制支配の成果を結集し、Ⅲ区の支配を後援するために好適な地であり、多賀城の位置は創建の時点でこの城が担った政策的課題によって選択されたのである。

養老六年は、表21に見るように陸奥国の新支配体制の構築のための諸施策が集中的に命令された年である。主要な施策のうち、養老六年をはずれるのは同五年の陸奥按察使の出羽国管轄だけである。この意味で養老六年は陸奥国支配体制の大転換が着手された年であった。おそらく反乱が鎮圧された同五年春から新支配体制の構想が策定されて、六年からいっせいに実行に移されたのであろう。この陸奥国支配体制の転換に当たったのは、陸奥国の現地では大野朝臣東人であり、中央では右大臣長屋王を首班とする政府であった。東人が陸奥国に関わったことを示す最初の史料は、多賀城碑に神亀元年に東人が多賀城を置いたとする記事であるが、当然東人は多賀城造営に最初から関わったであろうから、養老四年九月の蝦夷の反乱によって按察使上毛野広人が殺害された直後に、その後任の陸奥按察使兼陸奥守に任命され、さらに最初の鎮守将軍に任じられたと思われる(59)。中央では石城・石背国の分国などの政策を進めた右大臣藤原不比等が、養老四年八月に薨じ、翌五年正月長屋王が右大臣に進んで長屋王政権が成立し、この政権が蝦夷反乱を受けとめて支配体制の転換を決定した。養老六年の施策は「太政官奏」として提起されているが、このような支配体制の構想は現地の実状をふまえなければ策定できないから、おそらく東人を中心とする陸奥国が原案を作り、それを受けて政府が決定したのであろう。

この支配体制の構想は養老六年から順次実現されていき、多賀城完成の神亀元年ごろには一段落したが、最終的には前述のように調庸停廃・税布徴収の体制は天平十八年（七四六）まで維持され、国力と軍事力の増強が図られていった。この新体制による支配強化に反発して、神亀元年三月にⅢ区東部の海道の蝦夷が反乱して大掾を殺害する事件が起きたが（神亀元年三月甲申条）、これによってこの体制が変更されることはなかった。神亀五年四月にⅠ区に白河軍団を加え、天平十八年十二月にⅢ区に小田軍団を加えて六団六〇〇〇人となるとともに、他国からの鎮兵の徴発を停止して、陸奥国自前の軍団兵士で城柵鎮守をまかなう体制が実現したが（注(53)鈴木拓也「古代陸奥国の軍制」）、これはこの国力・軍事力増強政策の成果の一つである。この長期にわたる政策の実現に中心的な役割を果したのは、ほかならぬ大野東人その人であった。東人は天平十一年四月壬午に参議に任じられるまで、養老四年からとすれば足掛け二〇年間にわたって、陸奥按察使兼陸奥守に鎮守将軍を加えて陸奥国の最高権力者として在任し続けた。この異例に長い陸奥国在任は、彼がこの政策策定の中心人物であったが故に、その実現を担わされたからであろう。

最後に郡山遺跡Ⅱ期官衙国府と多賀城の違いをまとめておこう。

①所在位置　郡山遺跡Ⅰ期官衙は、城柵として、Ⅲ区への進出を視野に入れながらも仙台平野の蝦夷の地への評制の施行を目的としたので、仙台平野中央部に置かれ、Ⅱ期官衙は国府となりながらも同位置を踏襲した。前述のように多賀城はⅢ区の城柵の後援の役割を担ったので、仙台平野北端すなわちⅡ区北端に移った。

②規　模　郡山遺跡Ⅱ期官衙は一八ヘクタールで、多賀城はそのほぼ四倍の七四ヘクタールに拡大した。

③政　庁　Ⅰ期官衙政庁は呪術的な蝦夷の服属儀礼のために石組池と石敷を設けたのに対して、多賀城政庁はそれらを設けず、正殿・東西脇殿が庭をコ字形に囲む構造であり、そこでの服属儀礼は拝礼という儀礼的なものであった。服属儀礼とその施設という点では、Ⅱ期官衙は律令制宮都の前段階の倭京に、多賀城は律令制宮都の藤原宮・平城宮に対応する国府ということになる。外郭施設についてⅡ期官衙は材木列塀であるのに対して、多賀城第Ⅰ期は全面的でないが、築垣を採用している。宮都の宮城垣は、藤原宮が掘立柱塀であるのに対して平城宮では築垣であり、時期的に当然のことではあるが、多賀城は平城宮を前提に造営された。

注

（1）　本稿は二〇〇一年三月の条里制・古代都市研究会大会の報告「多賀城の創建—郡山遺跡から多賀城へ—」を基にし、すでにその概要を「郡山遺跡から多賀城へ—多賀城の創建—」(『文化財信濃』二八—一、二〇〇一年)で述べたことがあるが、本稿が詳論であり、また前稿と見解を変えた点がある。

(2) 安倍辰夫・平川南『多賀城碑—その謎を解く—』雄山閣出版、一九八九年。今泉隆雄「多賀城碑は真物か偽物か」『図説宮城県の歴史』一九八八年。

(3) 宮城県多賀城跡調査研究所『宮城県多賀城跡調査研究所年報一九九七　多賀城跡』一九九八年。

(4) 熊谷公男「養老四年の蝦夷の反乱と多賀城の創建」『国立歴史民俗博物館研究報告』第八四集、二〇〇〇年。(特に断らない限り、熊谷氏の見解はこの論文による)

(5) 仙台市史編さん委員会『仙台市史通史編2　古代中世』第二章「陸奥国と仙台平野」(今泉隆雄)二〇〇〇年。

(6) 今泉隆雄「律令国家とエミシ」『新版古代の日本⑨　東北・北海道』一九九二年(本書第三編第一章)。

(7) 近年の東国国司に関する研究として、大津透「大化改新と東国国司」参照。『新版古代の日本⑧　関東』一九九二年。

(8) 評制の施行については、鎌田元一「評の成立と国造」参照。『律令公民制の研究』所収二〇〇一年。(一九七七年初出)

(9) 秋本吉郎校注　日本古典文学大系『風土記』一九五八年。

(10) 早川庄八「律令制の形成」『岩波講座日本歴史　第二巻』一九七五年(『天皇と古代国家』再収、二〇〇〇年)。

(11) 坂井秀弥「渟足柵研究の現状」『新潟考古』第五号、一九九四年。

(12) 阿倍比羅夫の北征については熊谷公男「阿倍比羅夫北征記事に関する基礎的考察」参照。『東北古代史の研究』所収、一九八六年。

(13) 今泉隆雄「八世紀前半以前の陸奥国と坂東」『地方史研究』二二一、一九八九年(本書第二編第四章)。村田晃一「飛鳥・奈良時代の陸奥北辺—移民の時代—」『宮城考古学』二、二〇〇〇年。

(14) 進藤秋輝「多賀城創建をめぐる諸問題」『東北古代史の研究』一九八六年。

(15) 文武二年四月壬寅・同三年七月辛未・同年十一月甲寅・同四年六月庚辰条。中村明蔵「南島と律令国家の成立」『隼人と律令国家』所収、一九九三年。

(16) 郡山遺跡の報告書は仙台市教育委員会『郡山遺跡I～21』一九八一～二〇〇一年。なお今泉隆雄「郡山遺跡へ・郡山遺跡から」(『市史せんだい』四、一九九四年)参照。

(17) 注(14)進藤論文、辻秀人「古代陸奥国の瓦」仙台市史編さん委員会『仙台市史通史2　古代中世』二〇〇〇年。

(18) 今泉隆雄「東北の城柵はなぜ設けられたか」『新視点日本の歴史3古代編』一九九三年〔本書第二編第一章〕。
(19) 『宮城県多賀城跡調査研究所年報一九八四　多賀城跡』五五頁、一九八五年。
(20) 石神遺跡については奈良国立文化財研究所『飛鳥・藤原宮跡発掘調査概報一二～一九・二二～二四』一九八六～九四年。
(21) 石神遺跡と須弥山の園池については今泉隆雄「飛鳥の須彌山と斎槻」参照。『古代宮都の研究』所収一九九三年。
(22) 蝦夷の服属儀礼については今泉隆雄「蝦夷の朝貢と饗給」参照。『東北古代史の研究』所収、一九八六年〔本書第一編第三章〕。
(23) 今泉隆雄「律令制都城の成立と展開」『古代宮都の研究』一九九三年。
(24) 黒川以北十郡については天平十四年（七四二）正月己巳条に「黒川郡以北十一郡」に赤雪が降ったと見え、この十一郡は黒川以北十郡と遠田郡に当たり、赤雪という自然現象であるので遠田郡も含んでいる。黒川以北十郡はこの時までに成立していた。
(25) 延暦十八年（七九九）三月辛亥に富田郡が色麻郡に、讃馬郡が新田郡に、登米郡が小田郡に併合され、『和名類聚抄』では登米郡が復活しており、『和名類聚抄』の三郷には黒川以北十郡設置後に置かれた讃馬郡の郷が加わっていることになる。
(26) 宮本救「戸籍・計帳」『古代の日本⑨　研究資料』一九七一年。
(27) 熊谷公男「黒川以北十郡の成立」東北学院大学『東北文化研究所紀要』二一、一九八九年。
(28) 和銅～養老年間の国の分立は次の通りである。和銅六年四月丹波国から丹後国、備前国から美作国、日向国から大隅国、霊亀二年四月河内国から和泉監、養老二年五月越前国から能登国、上総国から安房国、養老五年六月信濃国から諏方国をそれぞれ分国。
(29) 鈴木拓也「古代陸奥国の軍制」『古代東北の支配構造』一九九八年。
(30) 池辺彌「和名類聚抄郡郷里駅名解説」『和名類聚抄郡郷里駅名考證』一九八一年。
(31) 今回調査したのは元和古活字那波道圓本、高山寺本（いずれも京都大学文学部国語学国文学研究室編『諸本集成倭名類聚抄本文編』一九八六）、名古屋市博物館本（名古屋市博物館編名古屋市博物館資料叢書二『和名類聚抄』一九九二年）であるが、収載郷数の多い順に示すと元和古活字本、名古屋市博本、高山寺本の順であり、その違いの主な原因は駅家郷・余戸郷の扱いにある。高山寺本は余戸郷・駅家郷を載せない傾向があり、名古屋市博本では「駅家」が固有郷名の注記になり、駅家郷としてたたない場合がある。ここでは収載郷数の多い元和古活字本によった。なお元和古活字本の郡の間の郷名の重複などについては前掲『和名類聚抄郡郷里駅名考證』によって改めた。
(32) 今泉隆雄「按察使制度の一考察」『国史談話会雑誌』一三、一九六九年。

(33) 代表的なものとして、村尾次郎「百万町歩開墾計画」(『律令財政史の研究』第五章第三節、一九六一年)、田名網宏「養老六年の百万町歩開墾計画について」(『続日本紀研究』九―三、一九六二年)がある。
(34) 佐々木常人「百万町歩開墾計画に関する一考察」『東北歴史資料館研究紀要』一〇、一九八四年。
(35) 鈴木拓也「陸奥・出羽の調庸と蝦夷の饗給」『古代東北の支配構造』一九九八年。
(36) 問題になる部分について、鈴木拓也氏の解釈によって訓読を示す。「陸奥按察使管内、百姓の庸調を侵め免し、農桑を勧課し、射騎を教習せしめむ。更に辺を助くる資を税りて、夷に賜ふの禄に擬てしめむ」
(37) 大宝律令施行によって兵衛・采女は全国から貢進されることになり、大宝二年四月壬子に西海道七国・越後国からも貢進することが命令されたが、陸奥国は貢進しないことにされた。しかし養老六年格によれば貢進されていたのである。帳内は親王・内親王に与えられるトネリ、資人は大納言以上と五位以上に与えられるトネリで、前者を職分資人、後者を位分資人という。養老令軍防令48帳内条によれば、帳内・資人には三関国、西海道諸国、越中・越後国とともに、陸奥・石城・石背国から取らないことになっているが、大宝令にはこの部分の規定がなかった(日本思想体系『律令』補注一七―四八b)。防閤は養老三年十二月庚寅に始まる制度で、五位以上の家に与えられたトネリで、詳細はわからないが、中国の防閤からみて護衛に当たる武官的性格のものであり、神亀五年二月甲子に廃止(『国史大辞典』一二、五七四頁)。
(38) 問題になる解釈について鈴木拓也氏の解釈によって訓読を示す。「もし他境の人、年を経て居住せば、例に准じて税を徴し、見に来たり占むるを以て付けて後、一年にして後例に依らむ」
(39) 熊谷氏は第一項冒頭の「務実辺者、蓋以安中国也」の「辺」を辺郡と解して辺郡を充実させると解している。「辺」という概念は支配領域の周縁部を指し、その領域には西海道全体を指す「辺要」、「辺国」、「辺郡」など広狭があり、ここの「辺」は「中国」に対するから「辺国」の意味で、陸奥按察使管内の四国を指す。
(40) 「射騎」の用例は天平宝字元年八月辛丑条に六衛府の射騎田、同宝亀八年五月丁巳条に五月五日節会の射騎が見える。
(41) 「弓馬」の教習については、職員令79軍団条に軍毅の職掌として「調習弓馬」、考課令52兵衛条に兵衛の考第判定基準に「便習弓馬」、軍防令11衛士上下条に衛士の武芸教習について「教習弓馬」、天平宝字六年(七六二)二月辛酉条に健児に関して「練習弓馬」があり、考課令52条の「弓馬」については義解・古記が弓と馬と解している。「武芸」の教習については、慶雲元年(七〇四)六月丁巳条に軍団兵士について「教習武芸」、宝亀十一年(七八〇)三月辛巳条に「段富百姓才堪弓馬者、……専習武芸」とあり、後者の例は「弓馬」と「武芸」の関係を示す。
(42) 北啓太「軍団兵士の訓練に関する一考察」『続日本紀研究』二二四、一九八二年。
(43) 鈴木拓也「陸奥・出羽の浮浪逃亡政策」『古代東北の支配構造』一九九八年。
(44) 帳内・資人の武官的性格については、中山薫「資人についての一考察」『続日本紀研究』八―一一、一九六一年。横谷愛子「帳内資人についての一考察」『続日本紀研究』一五二、一九七〇年。
(45) 井上薫「舎人制度の一考察」『日本古代の政治と宗教』所収、一九六一年。
(46) 天平宝字元年正月甲寅に六衛府のトネリを軍毅に任命することが命令されているのは、同様の意図である。今泉隆雄「八世紀郡領の任用と出自」『史学雑誌』八一―一二、一九七二年。
(47) 土田直鎮「石城石背両国建置沿革余考」『奈良平安時代史研究』所収、一九九二年（一九五二年初出）。
(48) 野村忠夫『律令政治の諸様相』序章「養老律令の編纂」一九六八年。
(49) 北啓太「征夷軍編成についての一考察」『書陵部紀要』三九、一九八七年。
(50) 神亀元年の征夷は按察使の出羽国管轄以後のことであるが、陸奥国に持節大将軍、出羽国に鎮狄将軍が派遣された（神亀元年四月丙申・同年五月壬午条）。しかし征夷の行賞で持節大将軍藤原宇合、副将軍高橋安麻呂は褒賞叙位されたものの、鎮狄将軍小野牛養は叙位されていず（神亀二年閏正月丁未条）、鎮狄使の活動が実際どれほどのものであったか疑わしい。北啓太氏が指摘するようにこの時の征夷は按察使大野東人が中心となって行われた。
(51) 多賀城・秋田城の改修については、今泉隆雄「秋田城の初歩的考察」参照。虎尾俊哉編『律令国家の地方支配』所収、一九九五年〔本書第三編第三章〕。
(52) 板橋源「陸奥出羽鎮兵考」『岩手史学研究』八、一九五一年。
(53) 鈴木拓也「古代陸奥国の軍制」「払田柵と雄勝城に関する試論」『古代東北の支配構造』一九九八年。
(54) 鎮官については鈴木拓也「古代陸奥国の官制」参照。『古代東北の支配構造』一九九八年。
(55) 城司については今泉隆雄「古代東北城柵の城司制」参照。『北日本中世史の研究』一九九〇年〔本書第二編第二章〕。
(56) 桃生城・雄勝城の造営は天平宝字元年には開始され（天平宝字元年四月辛巳条）、同三年九月に完成した（同三年九月己丑・庚寅条）。

(57)　熊谷公男氏は多賀城と玉造等五柵の造営開始の時期を養老六年前半前後とされる。その際多賀城の政庁南門と外郭南門をつなぐ道路を横断する暗渠から出土した木簡についての平川南氏の見解（「多賀城の創建年代―木簡の検討を中心として―」『国立歴史民俗博物館研究報告』五〇、一九九三年）を根拠の一つとしているが、これらの木簡は断片的で解釈の可能性の幅が大きいので、ここでは採らない。

(58)　宮城県多賀城跡調査研究所『多賀城関連遺跡発掘調査報告書第一九冊　下伊場野窯跡群』一九九四年。

(59)　大野東人の陸奥国の官職で確認されるのは、天平元年九月辛丑陸奥鎮守将軍現任、同九年正月丙申陸奥按察使現任、同十一年四月壬午陸奥国按察使兼陸奥守鎮守将軍現任である。多賀城碑の按察使兼鎮守将軍従四位上勲四等の官位は陸奥国在任中の極位極官である。

【本書編集にあたっての注記】

初出稿は『条里制・古代都市研究』一七号（二〇〇一年一二月）に掲載。著者自身による補訂稿は存在せず、初出稿を掲載した。

第三章　秋田城の初歩的考察

一　研究史

秋田城については、論者によって時期が異なるが、九世紀初め以前のある時期に出羽国府が置かれていたというのが現在の通説である。本論はこの通説を批判し[1]、関係史料に関する新しい解釈に基づき、秋田城と出羽国府の変遷に関する新見解を提起しようとするものである。この問題は秋田城の理解のためばかりでなく、国府の所在地の問題であるから、古代の出羽国さらに奥羽両国の歴史を考えるために重要なことである。

すでに平川南氏「出羽国府論」[2]において行われているが、ここで行論の都合上秋田城と出羽国府に関する研究史を簡単に整理しておく。これまでこの問題については秋田城に国府があったことがあるとする見解と、あったことはないとする見解が存した。前者には吉田東伍氏、新野直吉氏、平川南氏、船木義勝氏の見解があり、本論ではこの説を秋田城・国府説と略称する。後者には喜田貞吉氏、高橋富雄氏の見解があり[補注1]、これを秋田城・非国府説と略称する。現在後者は少数意見であり、前者は論者によって国府存続の時期が異なるが、通説的見解であり、とりわけ平川氏の見解が有力視されている。

吉田東伍氏—国府説の始まり　秋田城・国府説の先駆けとなったのは一九〇七年の吉田東伍氏の「出羽国府遷廃

考」[3]で、その説は次の通りである。⑴和銅年間（七〇八～一四）出羽郡の庄内平野の最上川の南の地に出羽柵が設けられ、国府と鎮城の機能を持っていたが、天平五年（七三三）出羽柵が秋田村に移り、新しい出羽柵に鎮城の機能が移った。旧城は最上河辺の意で河辺府と呼ばれ、国府の機能が残った。⑵天平宝字年中（七五七～六四）に秋田城に国府も移った。⑶宝亀年中（七七〇～八〇）国府が秋田城から河辺府へ戻った。⑷仁和三年（八八七）国府が河辺府から近側の地に移った。

喜田貞吉氏の非国府説　次いで一九二三年に喜田貞吉氏が「出羽国府の所在と夷地経営の弛張」[4]で次のような秋田城・非国府説を主張した。⑴和銅の出羽柵は庄内の山形県藤島町〔現鶴岡市〕古郡の地で、出羽郡衙が置かれ、和銅五年（七一二）出羽国建国とともに国府も置かれた。⑵天平五年（七三三）出羽柵が秋田村に遷移し、征夷の策源地の機能のみが新府に移り、国府は旧府に残った。⑶天平宝字年間出羽柵を秋田城に拡張した。⑷宝亀六年（七七五）国府を河辺府に移した。河辺府は仁和三年の出羽郡井口の国府で、庄内の最上川の南の余目町〔現庄内町〕の地である。⑸宝亀十一年（七八〇）秋田城の停廃問題が起こり、延暦二十三年（八〇四）停廃されて城の機能は河辺国府に移されたが、天長七年（八三〇）以前に秋田城は復興された。⑹仁和三年（八八七）出羽郡井口の河辺国府が付近の高所に移された。この見解は紀行文に載せられたせいか研究史において正当に評価されてこなかったが、民政の府としての国府と征夷の策源地としての城柵の秋田城とを区別してそれぞれの変遷をたどる点、国府の所在地を一貫して庄内とする点は注目すべきで、基本的枠組みとしては継承すべきものと考える。

高橋富雄氏の秋田城移転説　高橋富雄氏はそれまでに主張していた秋田城・国府説を放棄して、一九七一年に「秋田城をめぐる諸問題」[5]で非国府説の立場に立って秋田城に関する独自な見解を主張した。秋田城は秋田市寺内の現在秋田城跡と称される遺跡とその北方二五キロメートルに所在する石崎遺跡に比定され、両者の間で移転したとする見解で、「秋田城移転説」と言うべき考えである。(1)これまでの秋田城＝国府説が国府の移転問題と秋田城の移転問題を混同しているのは誤りで、両者は区別すべきであり、国府は一貫して庄内の出羽郡に存した。(2)天平五年（七三三）秋田村に移転した出羽柵は寺内秋田城跡である。(3)天平宝字後半に建置された秋田城は石崎遺跡である。この建置とともに出羽柵は秋田川辺（雄物川）の意味で河辺府と称された。(4)延暦二十三年（八〇四）石崎遺跡の秋田城は廃されて秋田郡衙となり、秋田城は寺内の河辺府に移り、この後両者が併存する。喜田氏と同じく(1)の妥当な指摘をしながら、この見解がその後有力な説にならなかったのは、主な主張点である二つの遺跡の存在を前提にした「秋田城移転説」に問題があったからである。

新野直吉氏の旧説　新野直吉氏はいくつかの論著で秋田城・国府説を主張し、時期により考えに変化が見られる。早い時期の見解を一九七六年の「宝亀六年紀十月十三癸酉日条一段の解義」(6)によってみてみたい。この論文は基本的に吉田説を受け継いで論旨をより明確にしている。(1)和銅に出羽郡に設けられた出羽柵は国府・出羽郡衙・征狄所である。(2)天平五年（七三三）出羽柵が秋田村に移り、国府は理念としては新出羽柵に移るべきであったが、条件が整わず旧柵に残された。(3)秋田村出羽柵は天平宝字年間秋田城が築営されて国府が移され、秋田城の呼称もこの時に始まる。(4)宝亀六年（七七五）国府が秋田城から出羽郡の旧府の河辺府に南遷する。(5)宝亀十一年（七八〇）秋田城の停廃問題が起こり、この時に秋田城司が始まる。延暦二十三年（八〇四）秋田城が停廃され秋田郡に移行する。

平川南氏の国府説　平川南氏は一九七七年に「出羽国府論」で吉田、新野、高橋三説を全面的に批判し、新しい秋田城・国府説を展開した。(7)(1)出羽郡の出羽柵は和銅五年（七一二）の出羽建国とともに国府になった。(2)天平五年（七三三）出羽柵は秋田村に移り、国府も新柵に移った。(3)天平宝字年間出羽柵は秋田城と改称された。(4)宝亀初め国府の秋田城から出羽郡井口の河辺府への移転問題がおこり、宝亀十一年（七八〇）にも問題になった。(5)延暦二十三年（八〇四）秋田城について「城を停め郡と為す」ことが命じられ、秋田城は国府の機能を含めた城が停廃され、秋田城を中心とする地域に秋田郡という郡制が施かれ、国府は河辺府に移された。これ以降も秋田城は存続し、国司が常駐して秋田郡を中心とする北辺地域の行政・軍事の中心的な府の役割を果たし、また秋田郡衙も併置された。国府の秋田城の存置期間は、新野説の天平宝字年間（七五七〜六四）から宝亀六年（七七五）までの十数年間に対して、平川説では天平五年（七三三）から延暦二十三年（八〇四）までの七十一年間で、大幅に長くなった。

『払田柵の研究』の見解　新野氏は一九七八年の『古代東北史の人々』で高橋・平川説を批判し、あらためて自説を主張したが、その後考えを改める。一九八六年の『古代東北史の基本的研究』では⑷の国府の秋田城から河辺府への南遷の時期について宝亀十一年の後まもなくのころとした。新野氏と船木義勝氏の共著で一九九〇年に刊行された『払田柵の研究』は払田柵跡（秋田県大仙市）に関する新知見を基に出羽国府についての新見解を主張した。年輪年代測定法によって払田柵跡の創建年代が延暦二十年〜二十三年（八〇一〜〇四）に考定されたことによって、払田柵跡を延暦二十三年秋田城から国府が移されたとされる河辺府に比定し、次のように考えた。⑴天平五年（七三三）出羽柵の秋田村移転に伴って国府も新府に移された。⑵天平宝字年間秋田城が整備された。⑶延暦二十三年国府が秋田城から河辺府に移されたが、この河辺府は庄内ではなく、払田柵跡に当たる。⑷弘仁六年〜十年（八一五〜一九）に国府が河辺府から出羽郡井口の城輪柵跡に移された。本書には平川説をどのように受けとめたか記されていないが、秋田城と出羽国府との関係については結果的には平川説と同じである。平川説が有力視されているという所以である。

以下、秋田城・国府説に対して、⑴関係文献史料の検討、⑵国府が秋田城に置かれた理由または出羽国府の役割、⑶秋田城跡出土の木簡・漆紙文書の検討の三点から批判することとする。

二　関係史料の検討

天平五年出羽柵と国府　秋田城・国府説を関係する文献史料の解釈から検討する場合、(1)天平五年（七三三）の秋田出羽柵の段階、(2)天平宝字以降の秋田城の段階の二つに分けて検討する必要がある。(1)の段階については平川氏が論証しているだけだからその根拠を見てみよう。(ア)天平九年（七三七）陸奥国多賀柵から出羽柵までの連絡路の開削が計画されるが、これは養老五年（七二一）陸奥按察使が出羽国を管轄することになり、両国の連絡を緊密にするために両国の国府の間の連絡路を整備しようとした計画と解釈できるから、出羽柵は国府と考えられる。次の点はあまり明瞭に論拠として主張されていないが一応挙げておこう。(イ)出羽柵という柵名は国名を負ったもので、本来秋田村に移転した時点で秋田柵と改称すべきものであるが、出羽柵のままであるのは国府であるからである。いずれも解釈論的な論拠で決定的な根拠にならない。

(ア)については、連絡路開削に関する直接の史料である史料Aがその根拠を否定する。（補注2）

A『続日本紀』天平九年（七三七）正月丙申条

先レ是、陸奥按察使大野朝臣東人等言、「従二陸奥国一達二出羽柵一、道経二男勝一、行程迂遠。請征二男勝村一、以通二直路一」

（後略）

この史料の「出羽柵」の理解について重要なのは、「陸奥国」「出羽柵」が道路の出発点と到達点を示し、両者がセットになる概念であること、そして「出羽柵」に対するこの「陸奥国」が陸奥国域の意味ではなく、陸奥国府の意味であることである。後者については、次の二点を根拠とする。すなわち(1)律令制下では「国」という字は「郡」字と同じく多義的であり、(ア)国司によって構成される官司機構、(イ)官司機構が所在する施設としての国府、(ウ)国司が支配する郡―里―戸とその領域という三つの意味がある。[8] (2)この史料で「陸奥国」「出羽柵」は道路の出発点・到達点で、いずれも地点であるから、「出羽柵」はいうまでもなく施設をさし、それに対する「陸奥国」は(ア)(ウ)ではなく、(イ)の施設としての国府の意味である。

(1)について詳論しておこう。(ア)官司機構については職員令で国司ら官人によって構成される「大国・上国・中国・下国」が他の官司と併記されていることに明らかであり、また「某国言」や「某国献」のように言上・献上の主体になっているのもこの例である。(イ)施設としての国府については戸令19造戸籍条に戸籍は一通を「留国」とある例、衛禁律24越垣及城条の「国垣」の例は国の施設を指す。史料Aの「陸奥国」は地点を示し、出羽柵という施設に対応するから国府を指すことが明らかな例である。(ウ)については省略する。

史料Aの「陸奥国」は、関係する天平九年四月戊午条の遠征記事の出発点となった多賀柵を具体的には指すが、[9] この史料で出発点の多賀柵を「陸奥国」すなわち陸奥国府と表記しているのに対して、到達点は「出羽国」ではなく単に「出羽柵」と表記することからみて、出羽柵は国府でないと考えられる。出羽柵が国府ならば「陸奥国」に対応して「出羽国」と表記されるはずだからである。この連絡路開削は、秋田村出羽柵が出羽国最北の城柵として重要であったから、陸奥按察使が直接連絡を取ることができるようにするために計画されたと解釈できる。

平川氏の(イ)の論拠はそのものに矛盾を含んでいる。出羽柵が国名を負った柵名であるから国府であるのならば、秋田城に改称したら国府でないということになりかねない。

出羽柵から秋田城への改称については次のように考える。「出羽（いでは）」の地名ははじめ越後国の郡名・柵名として見え（『続日本紀』和銅元年九月丙戌・二年七月乙卯朔条）、のちに国名になるが、通説でいうように、「出羽」は出端（いでは）、すなわち出っ張った所という意味で、越後国から新たに拡大した領域という意味で付けられた呼称と考えられる。天平五年（七三三）移転の秋田村出羽柵は新しい出端の地の柵と言う意味で出羽柵の名を継承したのであろう。そしてその後結果的に出羽柵は国名を負った柵名と認識されるようになったであろうが、出羽柵の時代は出羽柵がこの国で唯一の城柵であったので、特に不都合はなかった。秋田城の名の初見は天平宝字四年（七六〇）三月十九日丸部足人解の「阿支太城」で（『大日本古文書』二五ノ二六九頁）、天平宝字三年雄勝城が設置されて出羽国の城柵が複数になったことを理由として、この頃出羽柵から秋田城に改称されたと推測される。城柵が複数になったことによって出羽国の柵と取られかねない出羽柵の名を一方に付けておくことができなくなったので、所在地の地名によって秋田城と改称したのである。城柵が複数化することによって城柵名が相対化したといえよう。以上、二点の論拠が否定されたので天平五年以降秋田村出羽柵に国府が存したとは考えられない。

秋田城・国府に関する史料　次に⑵天平宝字以降の秋田城について検討する。関係史料を掲げる。

B『続日本紀』宝亀六年（七七五）十月癸酉条

出羽国言、蝦夷餘燼、猶未二平殄一。三年之間、請二鎮兵九百九十六人一、且鎮二要害一、且遷二国府一。勅差二相模・武蔵・上野・下野四国兵士一発遣。

C『続日本紀』宝亀十一年（七八〇）八月乙卯条

出羽国鎮狄将軍安倍朝臣家麻呂等言、「狄志良須・俘囚宇奈古等欵曰、『己等拠二憑官威一、久居二城下一。今此秋田城、遂永所レ棄歟、為レ番依レ旧還保乎』」者。下レ報曰、「夫秋田城者、前代将相僉議所レ建也。禦レ敵保レ民、久経二歳序一。一旦挙而棄レ之、甚非二善計一也。宜下且遣二多少軍士一、為中之鎮守上。勿レ令レ衂二彼帰服之情一。仍即差二使若国司一人一、以為二専当一。又由理柵者、居二賊之要害一、承二秋田之道一。亦宜二遣レ兵相助防禦一。但以、宝亀之初、国司言、『秋田難レ保、河辺易レ治。』者。当時之議、依レ治二河辺一。然今積以二歳月一、尚未二移徙一。以レ此言レ之、百姓重レ遷明矣。宜下存二此情一、歴二問狄俘并百姓等一具言中彼此利害上。」

D『日本後紀』延暦二十三年（八〇四）十一月癸巳条

出羽国言。「秋田城建置以来卌餘年。土地墝埆、不レ宜二五穀一。加以孤二居北隅一、無レ隣二相救一。伏望。永従二停廃一、保二河辺府一。」者。宜乙停レ城為レ郡、不レ論二土人・浪人一、以下住二彼城一者上編附甲焉。

E『日本三代実録』仁和三年（八八七）五月廿日癸巳条

先レ是、出羽守従五位下坂上大宿祢茂樹上言。「国府在二出羽郡井口地一。即是去延暦年中、陸奥守従五位上小野朝臣岑守、拠二大将軍従三位坂上大宿祢田村麻呂論奏一所レ建也。去嘉祥三年地大震動、形勢変改、既成二窪泥一。加之海水漲移、迫二府六里所一。大川崩壊、去レ隍一町余。両端受レ害、無レ力二隄塞一。堙没之期在二於旦暮一。望請。遷二建最上郡大山郷保宝士野、拠二其険固一、避二彼危殆一。」者。（中略）太政官因二国宰解状一、討二覈事情一曰。「避レ水遷レ府之議、雖レ得二其宜一、去レ中出レ外之謀、未レ見二其便一。何者、最上郡地在二国南辺一、山有而隔、自レ河而通、夏水浮レ舟。纔有二運漕之利一。寒風結レ凍、曾无二向路之期一。況復秋田雄勝城、相去已遥、烽候不レ接。又挙納秋饗、国司上下、必有二分頭入部一、率レ衆赴レ城。若沿レ水而往、泝水而還者、徴発之煩更倍二於尋常一、逓送之費、将レ加二於黎庶一。晏然無事之時、縦能兼済、警急不虞之日、何得二周施一。以レ此論レ之、南遷之事、難レ可二聴許一。須下択二旧府近側高敞之地一、閑月遷造、不レ妨二農務一。用二其旧材一、勿上レ労二新採一。官帳之数、不レ得二増減一、勅宜下依二官議一、早令上レ行レ之。」

秋田城・国府説の批判　これら四史料のうちB・Eは国府に関すること、C・Dは秋田城に関することである。Bは宝亀六年（七七五）に国府移転などのために鎮兵を徴発したことを、Eは仁和三年（八八七）出羽郡井口にあった国府を近側の高所に移転すること、およびこの国府が延暦年間に建てられたことを記す。これらに対して、Cは秋田城について、宝亀初と同十一年（七八〇）に問題が起こったことを記す。Dは延暦二十三年（八〇四）秋田城が停廃され秋田郡がおかれたこと、また同城がその時から四十余年前すなわち天平宝字年間に建置されたことを記す。このように二つに分けられるにも関わらず、これまでの秋田城・国府説の論者はこれらの四史料が秋田城にある国府の停廃・移転に関するものと考えてきた。しかしいうまでもなく、国府と城柵は一部重なるが、異なるものである。陸奥国では多賀城が国府であるが、それ以外にも多くの城柵が存するから、国府は城柵であるが、城柵は必ずしも国府であるとは限らない。そこで秋田城・国府説の論者はこれら四史料が相互に関係するものであり、国府の移転、秋田城の移転・停廃はいずれも秋田城にある国府の移転または停廃であることを論証するのに苦心してきたのである。

新野氏は注(6)論文で、B宝亀六年（七七五）の国府移転の記事が秋田城にある国府の移転を意味すると解釈した。その根拠は、Bに「蝦夷餘燼、猶未㆓平殄㆒」すなわち蝦夷が不穏な状況にあるので国府を移転するとあるから、国府は状況の不安定な地域にあり、この時点でそのような場所は秋田城であるというのである。しかしBを注意深く読めば明らかなように、「蝦夷餘燼、猶未㆓平殄㆒」は鎮兵徴発の理由であって、国府移転の直接の理由ではない。この史料自体が国府移転を命じたものではなく、坂東からの鎮兵の発遣を命じたものであることに注意すべきである。蝦夷の不穏な状況が国府移転の直接の理由ではないから、国府が状況不安定な地域にあったとはいえず、この国府を秋田城とするわけにはいかない。国府の移転は政治的な空白状況を生じさせるから、国府が状勢の不安定な地域になくとも、蝦夷の襲撃など不測の事態が予想されたので鎮兵が徴発されたのであろう。

平川氏は、B・C・D・Eの四つの史料が相互に関連し秋田城にある国府の移転・停廃に関するものと考える。その主な論拠は次の通りである。⑴国府移転に関するB宝亀六年（七七五）条の「鎮㆓要害㆒」は、秋田城停廃に関する

C宝亀十一年（七八〇）条の由理柵への兵の派遣に当たる。⑵Bの宝亀六年の国府移転はCにいう宝亀初の秋田城停廃に当たる。この点は新野氏も指摘している。⑴⑵からB・Cは密接な関係にある。⑶D延暦二十三年（八〇四）条で秋田城の停廃の理由として挙げる「土地墝埆、不レ宜二五穀一。加以孤二居北隅一、無レ隣二相救一。」という状況は城柵としては当然のことで、城柵停廃の理由にはならず、国府移転の理由と考えられるから、これは国府移転についていっているのである。⑷E仁和三年（八八七）条で延暦年中に出羽郡井口の地に国府を建てたというのは、Dで延暦二十三年に秋田城の国府を停廃して河辺府に移したことに当たる。

⑴⑶は解釈論的な根拠で決定的な論拠ではない。⑴については、Bの要害鎮守がCの由理柵への兵派遣に相当するということの意味が、必ずしも明瞭でない。Bは国府移転に関連して恐らく宝亀七年（七七六）から同九年までの三年間坂東から鎮兵を徴発して要害を鎮守し、Cでは宝亀十一年に問題になっていた秋田城の放棄を一応取りやめるとともに、由理柵の防御のために兵を派遣するというのである。「相助防御」とあることから見て、既に鎮守に当たっている当国の兵士に加えて、秋田城と同じく鎮狄使の率いる軍士を派遣したのであり、鎮狄使が派遣されている間の秋田城の停廃問題が決着が着くまでの一時的な処置であろう（後述）。両者は時期・目的・状況が異なり、「要害」の語が共通するからといって相当するものとはいえない。

⑶のD延暦二十三年（八〇四）条の解釈は後述するが、ここに述べられた秋田城停廃の理由は確かに前線の城柵がおかれた一般的な状況であるが、だからといって城柵停廃の理由にならないと言うのは言い過ぎであろう。このような状況下に何とか維持してきた城柵が状況の変化によって維持できなくなった時、城柵をとりまく根本的な状況が停廃の理由として挙げられたのであると考えられる。

⑵⑷はそれぞれ別な史料に見える国府と秋田城のことが時期的に重なることが根拠となっているが、注意深く見れ

ば明らかなように重ならないのである。

⑵のBの宝亀六年の国府移転とCの宝亀初の秋田城停廃の関係については、次の二点が指摘できる。すなわち、①宝亀は十一年間あるが、その中で宝亀六年（七七五）を「宝亀之初」とはいえないということである。②宝亀初に秋田城が移転したというのは史料の誤解で、秋田城の移転は計画も実行もされていないことである。②についてはCの解釈に関して後述することとして、①について、十一年間ある宝亀年間の中で宝亀六年（七七五）を「宝亀之初」とはいえないというのは常識的な判断であるが、試みに『続日本紀』に見える「宝亀初」が具体的に何時を指すのかを他の史料によって検討した。九例あり、すべて薨卒死伝であり、「宝亀初」は宝亀元年（七七〇）六月から三年二月に当たる。[10] Cとこれらの例は宝亀初を見る時点が異なる。Cの「宝亀初」は、この時の政府の命令に記されているから宝亀十一年（七八〇）八月から、後者の九例は『続日本紀』編者による薨卒死伝であるから延暦十六年（七九七）以前の同書編修時点から見た宝亀初であるが、Cは宝亀の最後の年から見ているのであるから、両者の間で宝亀初が指す時期に違いがあるとは考えられない。平川氏はC宝亀十一年条に言う宝亀初のことは「宝亀六年の記載を含めた宝亀初の議を指している」とするが、宝亀初のことに宝亀六年のことが含まれないのは自明のことである。従ってBの宝亀六年の国府移転がCの宝亀初の秋田城停廃に相当するというわけにいかない。

ここで述べた①と後に詳述する②によって、Bの宝亀六年の国府移転とCの宝亀初の秋田城停廃とを同じこととするわけにはいかない。

⑷Eの延暦年中の出羽郡井口の地における国府建造とDの延暦二十三年の秋田城国府の河辺府移転の関係については、次の二点が指摘できる。すなわち、①これまでD延暦二十三年条は秋田城または国府の河辺府への移転を命じたものと考えられてきたが、政府の命令はいずれも河辺府への移転を決定したものではないことである。②Eにいう延

暦年中の国府建造は実は弘仁六年~十年であり、延暦二十三年の秋田城停廃とは時期が異なることである。②については後述するが、①については、D延暦二十三年条は、出羽国が「永従㆓停廃㆒、保㆓河辺府㆒。」と提案したのに対して、政府が、秋田城を停め、それに代わって秋田郡を置き、同城に支配されていた百姓を土人・浪人を論ぜず編付することを命じたものである。ここで政府の命令には河辺府のことが一言も触れられていない点に注意したい。これまでは出羽国の言上に「保㆓河辺府㆒」とあることから、河辺府への移転が主張されたのであるが、政府の命令は前述の通りで、河辺府にはふれず、これがこの時の決定と考えられる。あるいはこの史料には省略があり、政府の命令は出羽国の言上の「保㆓河辺府㆒」を当然ふまえていると考える向きがあるかもしれないが、そのようには考えられない。出羽国の提案の秋田城の停廃と「保㆓河辺府㆒」の二つのうち、政府の決定に前者は記されているのに対して、後者は記されず、それに代わって秋田郡の設置と百姓の編付が記されているからである。Dは、出羽国が秋田城の停廃と「保㆓河辺府㆒」を提案したのに対して、政府は前者は採用し、後者は採らず、それの代案として秋田郡の設置と百姓の編付を命令したものと理解すべきである。政府と地方官司の間では、前者が後者の提案を全面的に採用する場合、全面的に否定する場合、一部を採用して一部を否定する場合などのやり方があるが、この場合は最後のやり方である。以上から、延暦二十三年に秋田城にしろ国府にしろ河辺府に移転したことはないから、Eの延暦年中の国府建置と重ねることはできない。延暦二十三年秋田城の河辺府への移転の事実が否定されたことによって、このことを前提にする平川説のほかの説——高橋氏が石崎遺跡の秋田城が河辺府＝寺内秋田城跡に移ったとする説、新野・船木両氏が秋田城の国府が河辺府＝払田柵跡に移転したとする説も成立しない。

　ここで述べた①と後述の②Eの国府建造が延暦年中でないことから、Eにいう延暦年中の国府建造とD延暦二十三年の秋田城の停廃は同じこととするわけにはいかないのである。

以上、(1)〜(4)の四つの論拠は成立しないから、B〜Eの四つの史料は、相互に関連する秋田城にある国府の停廃・移転に関するものでない。従って秋田城に国府が設けられたという根拠はなくなった。B・Eは国府に関すること、C・Dは秋田城に関することであり、両者の史料が記す事柄は全く別個のことなのである。

新野・平川両氏の秋田城・国府説の論拠を検討した結果、秋田村出羽柵にも秋田城にも国府が設けられたという文献史料上の根拠がないことが明らかになった。

三　出羽国府の役割

秋田城・国府説が主張する秋田城に国府が設けられた理由を批判し、出羽国府の役割から見て国府が秋田城に設けられる必然性がないことを述べる。その前に後論と関係するので、私がこれまで述べてきた城柵についての見解を必要な限りでまとめて示しておく。(11)

城柵制　私は城柵を辺国（辺要国）における政治支配の制度ととらえ、これを城柵制と呼んでいる。城柵制は官制・兵制による支配機構、および蝦夷と辺郡に対する支配方式からなる。城柵には国司・鎮官などの中央派遣官が城司（城主）として駐在し（城司制）、軍団兵士・鎮兵・健士などの兵が駐屯して支配機構を構成する。城柵の周囲には南の他の地域から柵戸が移民され、彼らを公民に編成して辺郡が設けられ、城司に支配される。柵戸は公民であり、一定年限の調庸免除の後は調庸を賦課される。城司は蝦夷を服属させ、彼らを移民の郡のうちに居住させ、あるいは蝦夷郡に編成し、またはその集団のまま蝦夷村として支配する。蝦夷は帰服後も数代・数十年にわたって調庸を免除され、それに代って原初的なミツキ・エダチを負担し、その間は「蝦夷・俘囚」の身分である。城柵制は全国的な一般的支配制度である国・郡・里制とは異なる、辺国特有の蝦夷の居住する辺境における国家支配の拡大とその支配のための制度である。私見はこれまでの見解と次の二点で異なる。これまでの見解が城柵を施設としてとらえがちであったのに対して、国家の辺境支配を明らかにするために支配制度の観点から考察したこと、城柵の官制として城司制を指摘したことである。これまでも九世紀の秋田・雄勝城司の存在が指摘されていたが、律令の奥羽越の辺城の城主の規定などから城司制が八世紀初から九世紀末までの城柵一般の支配機構であることを明らかにした。

秋田城に国府が設けられた理由　秋田城はD延暦二十三年（八〇四）条に「北隅ニ孤居シ」と言うように出羽国の領域の北端に位置し、延暦二十三年まで郡制も施行されていなかったのである。このような地域に、七十一年間という長期間はもちろん、十数年間という短期間でも国府が設けられていたというのは極めて奇異な感じがする。このことは陸奥国府の多賀城と比較すれば明らかであろう。陸奥国府多賀城が仙台平野の東北隅に設けられたのは、「多賀城碑」によれば神亀元年（七二四）のことであるが、この頃すでに多賀城の北方域の大崎地方から牡鹿半島にかけていわゆる「黒川以北十郡」が建郡されており、玉造柵などの五柵が設置され、国府は蝦夷と境を接する最前線から離れて後方に位置した。

それでは出羽国府が領域の最北端の秋田城に所在する理由を、秋田城・国府説の論者はどのように考えているのであろうか。平川氏はこの理由について直接答えず、ただ国府の度重なる移転が複雑な政治情勢によると述べるだけである。新野氏は一九九〇年に「古代秋田城の一性格」(12)において、氏の持論である、北アジアと日本海沿岸部との間の海路による交流、すなわち「北の海みち」論のなかに秋田城を位置づけ、国府が秋田村出羽柵・秋田城に置かれたのは北から来る渤海使の来航に対応するためであるとした。渡部育子氏も同様の見解を示している(13)。この両氏の挙げる理由は説得力に乏しい。もし秋田城が渤海使に対応する役割を持っていたとしても、そのようなことには城司で十分対応できるはずであり、国府を設けなければならないという必然性はないと考えられる。新野氏は秋田城司の始まりを宝亀十一年と考えているが、注(1)前稿のように私は天平五年秋田村出羽柵に城司が置かれたと考える。私の城司制論の提起以前には城柵の官制機構を問題とする意識が乏しく、出羽柵・秋田城の官制も曖昧なままで、あるいはそこに秋田城・国府説が出てくる余地があったのではないかと思う。

またそもそも秋田城が渤海使受け入れの役割を持って設けられたということ自体、確証がない。渤海使が出羽国に来着した際に秋田城に安置供給された事実は確認できない。一方、宝亀四年（七七三）能登国に来着した渤海使に対して、政府は、先にこの道を取りて来朝することを禁じているから、今後は古例・旧例によって大宰府に来朝することを命じ（『続日本紀』宝亀四年六月戊辰・同八年正月癸酉条）、この頃から政府は渤海使の受け入れ先を従来から外交の窓口であった大宰府に限定しようとしていたのである。神亀四年（七二七）～延喜十九年（九一九）の間の渤海使の来着地は、出羽六、越前四、能登・隠岐・加賀・但馬各三、出雲二、越後・対馬・長門・若狭各一であり、日本海沿海諸国にわたっている。これは航海技術が未熟なために航路が自然条件に左右されたためであり、このような状況では受け入れ先を一カ所に指定しても有効でなかったであろう。(補注3)

出羽国府の役割　出羽国内における国府の役割の観点から秋田城・国府説を検討してみる。職員令大国条によれば陸奥・出羽・越後三国の守は、その職掌として一般諸国の守と同じもの、および蝦夷に対する「兼知二饗給（大宝令では撫慰）、征討、斥候一」という二つを有した。前者は南の律令制支配が確立している地域に、後者は北の蝦夷の居住する地域に対する職掌である。奥羽両国においては、後者の職掌による蝦夷の地への支配領域の拡大とその支配が最大の政治目標で、前者の律令制支配はこの事業を支える基盤の役割を果たした。すなわち蝦夷の地への支配領域拡大の事業は、南の地域の律令制支配から得られる人と物資をつぎ込むことによって実現された。この意味で先の二つの職掌が固く結合して奥羽両国の政治が行われたのである。機構的には北の前線に城柵を設け城司が駐在して蝦夷と辺郡の支配に当たり、国府にある守がこれを統轄するとともに南の諸郡の律令制支配にも当たるのである。神亀元年（七二四）に置かれた陸奥国府多賀柵はこの国府の二つの役割を果たすのに適合する位置に設けられた。多賀柵の所在地は、律令制支配が確立した諸郡の最北の宮城郡、仙台平野の東北隅に突き出た丘陵上で、北の丘陵を越えるといわゆる「黒川以北十郡」である。これら十郡は柵戸の移住によって新しく設けられた辺郡で、まだ政治的に安定せず、玉造柵など五柵が設けられた。国府多賀柵は五柵を統轄して十郡の支配・充実に当たるとともに宮城郡以南の諸郡を支配するという二つの役割を果たすのに好適な位置に設けられたのである。奥羽両国の守の職掌、すなわち国府の役割については蝦夷に関するものが注目され、その重要性を指摘するのは正しいが、ここでは南の諸郡の律令制支配にも注意を促したいのである。出羽国の最北端に位置する秋田城では南の諸郡の律令支配は著しく困難であったであろう。

このように国府の南の諸郡の律令支配の役割、また陸奥国府多賀柵の例から見て、出羽国の最北端で、郡制も施行できなかった秋田城に国府が置かれたとはとても考えられない。以上のことはE仁和三年条の出羽国府の南遷問題の記事から史料的にも裏付けることができる。

仁和三年の国府南遷問題　Eによれば、仁和三年（八八七）出羽守が、山形県庄内地方の出羽郡井口にあった国府が嘉祥三年（八五〇）の地震によって水害を被ったので、国の南部の山形盆地の最上郡の大山郷保宝士野に移転することを言上したが、これに対して太政官は最上郡南遷案を採らずに、現国府の近側の高所への移転を命じた。この記事で太政官が最上郡移転案を否決した理由の中で、最上郡に移転したならば、同郡は国の南部に位置し国内交通に河川を利用しなければならないので、北の秋田城・雄勝城が遠く離れており烽候の連絡も取れず、まして国司が「挙納秋饗」のために手分けして国内各地に入部し（「分頭入部」）、勤務の往復のために秋田城・雄勝城へ衆を率いていく際に（「国司上下」「率レ衆赴レ城」）河川を利用すると公民の負担が尋常の時に倍すると言われている点が注目される。交通・通信の問題について、秋田城・雄勝城との交通・通信と、「挙納秋饗」のための交通について難点が指摘されている。前者は国府の城柵統轄に関すること、後者の挙納秋饗は出挙の春の貸し付けと秋の収納、それに伴う秋の饗宴で、一般行政に関することである。秋田城と最上郡では国域の北端と南部という違いがあり、秋田城では城柵統轄・蝦夷支配については問題がなかったが、南の一般的な律令制支配のためには最上郡と同様な支障があったはずである。この史料は出羽国では国府が国域の端に遍在すると、一般的な律令制支配に支障があることを明示している。

四　木簡と漆紙文書の検討

秋田城跡の発掘調査の進展はめざましく、私たちに多くの知見をもたらしている。しかし、遺構の構造すなわち建物の配置などから、秋田城跡が城柵の形態をとる国府なのか、単なる城柵なのかを判別する方法はまだ考え出されていない。発掘調査の成果の面からこの問題を考えるのには、秋田城跡出土の文字史料が注目される。これまで同城跡出土の文字史料については二冊の報告書が公刊され、その中で一部の木簡、漆紙文書に関して、秋田城跡が国府であることを示すものであることが述べられている(14)。しかし、木簡・漆紙文書の解釈は、出土遺跡の性格との関係で変わってくるのであって、複数の可能性があり、報告書は秋田城・国府説を自明の前提として、それらのうちの可能性の一つを選択しているに過ぎず、当然ながらその結論は国府説を支証しているようにみえる。しかしその前提を除けば別の解釈も可能なのであり、木簡・漆紙文書が直接秋田城・国府説の論拠になるものでないことは明らかである。か

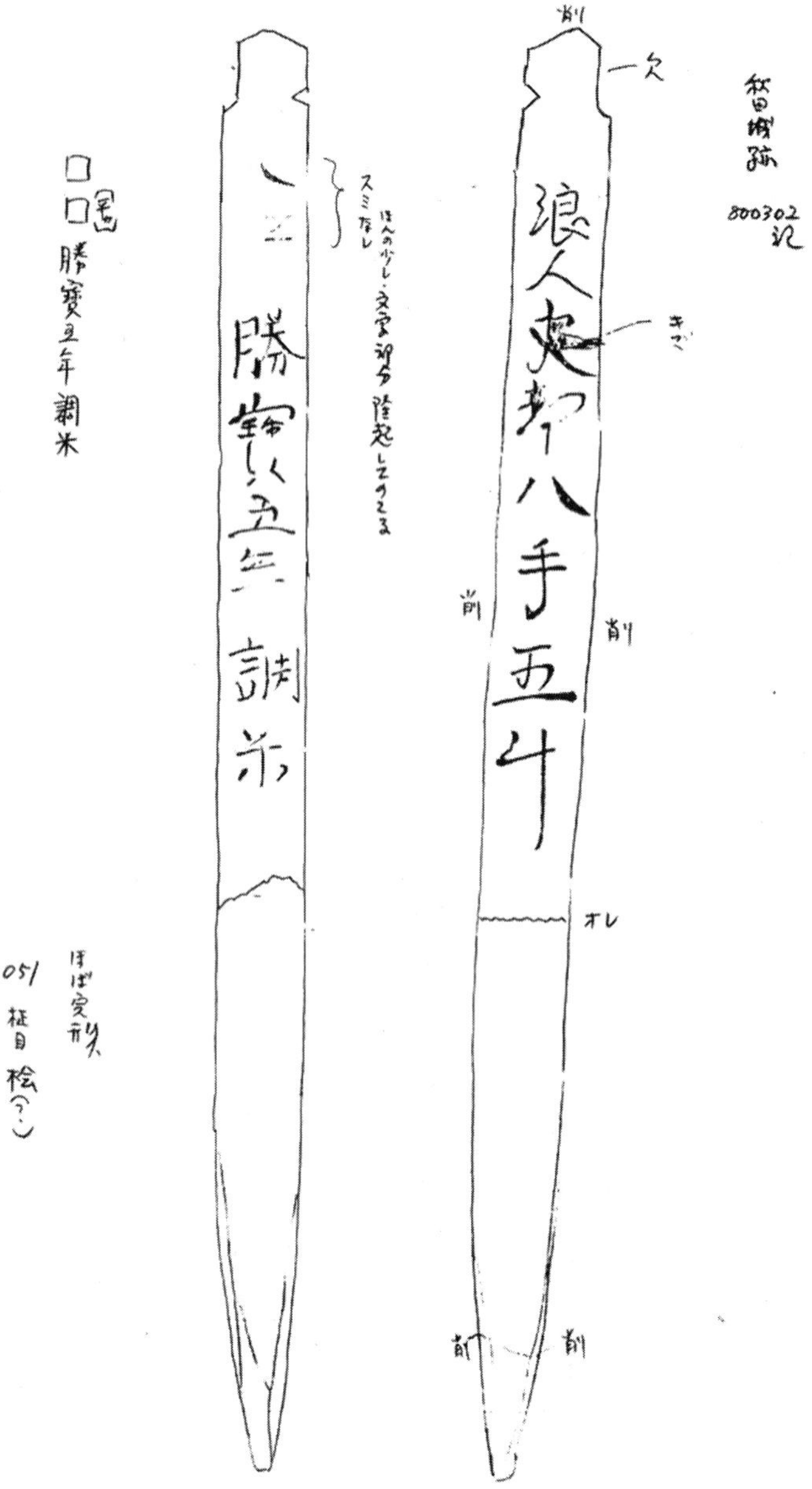

第29図　秋田城跡出土「勝宝」木簡著者自筆調書

えってある史料はこの説の障害になりかねない場合もある。

木簡では、二の天平勝宝五年（七五三）調米の荷札について、奥羽両国では調は当国に納めることになっているから秋田城跡から出土したことは秋田出羽柵が国府であることを示すとする（『文字資料』Ⅱ。ほかに調米荷札は六四がある）。

F・「浪人丈部八手五斗」
・「　　勝寶五年調米」　　三七〇×二五×七　〇三三（『文字資料』Ⅱ木簡二）[補注4]

前稿で明らかにしたように、奥羽両国では八世紀初めから調の一部を、朝貢してきた蝦夷の饗給の料に充て、七七〇年代から京進をやめすべてをそれらに充てることになった。調米は蝦夷の饗給のうち饗宴と食料に充てられる。蝦夷への饗給は国府とともに城柵でも行われ[15]、秋田城で蝦夷の饗宴が行われたことは、秋田城跡出土の木簡七一の狄の饗宴料の文書木簡からも明らかである。秋田城跡で出土した調米荷札は、同城で行われた蝦夷の饗給に調米があてられ、その消費段階に荷物からはずされて廃棄されたものであろう。報告書は秋田城跡から出土した調米荷札を調米の収納段階にはずされて廃棄されたと考えているのであるが、調米を饗給に当てる消費段階にはずされ廃棄されたとも考えられるのである。

漆紙文書では二の出挙貸付帳文書断簡が国府に備えられていたものとする（『文字資料』Ⅰ）。この考えはそのような文書の存在を消極的に推測した早川庄八氏の考えを基にした推測にすぎず、秋田城・国府説を前提にした考えと言わざるを得ない。

九は天平六年（七三四）出羽国出羽郡井上郷計帳歴名の裏に二次的に天平宝字三年（七五九）具注暦を書写したものである。これについては、国府＝秋田城に保管されていた計帳が廃棄され、国府でその裏に京から頒下された具注暦を書写し、国府内の官司に頒下されたと考えている（『文字資料』Ⅱ）。この考えも秋田城・国府説を前提にしており、その前提をはずせば次のようにも考えられる。すなわち秋田城でない国府において、廃棄された計帳を用いて京から頒下された具注暦によって書写し、秋田城に頒下されたと。

一一は天平宝字三年（七五九）と推定される出羽国解の末尾断簡で、差出の位署書きの署名は守小野朝臣竹良、介百済王三忠で、「竹良」「三忠」の自署がある。

G「　送以解

天平寶字

従五位下行守勲十二等小野朝臣『竹□〔良〕』

□六位上行介百済王『三忠』

（『文字資料』Ⅱ漆紙文書一一）

これは出土当時秋田城・国府説を証明するものといわれたが、差出の位署書きに守・介の自署を持つ解が秋田城跡から出土したのであるから、実は困った史料だったのである。そのため『文字資料』Ⅱは自署があるにも関わらずこの文書を案文と解釈した。しかし次のように理解するのが妥当であろう。(1)自署があるからこの文書は正文である。(2)この文書が出土した秋田城が充先と考えられるとすれば、差出に自署する守、介は、この時秋田城にいなかった。(3)書止め文言が、太政官あての際の「謹解」ではなく、所管官司あての際の「以解」であるから、この文書の充先は出羽国の被管官の陸奥国按察使である。(4)文献史料から天平宝字三年頃陸奥国按察使藤原恵美朝獦が秋田城にきていたと考えられ、この解は別の所にいた出羽守・介から秋田城にきていた陸奥国按察使にあてられ、そこに残されて廃棄されたものである。(4)について詳述する。後述のように天平宝字三年（七五九）に出羽国雄勝城と陸奥国桃生城が造営され、同四年頃から秋田城と多賀城の改修が始まった。陸奥国按察使藤原朝獦は雄勝城・桃生城の造営と多賀城の改修に最高責任者として当たり、雄勝城造営のために出羽国に下向した（『続日本紀』天平宝字四年正月丙寅条、多賀城碑）。彼は秋田城の改修にも関与したと考えられる。C宝亀十一年（七八〇）条に「秋田城者、前代将相僉議所建也。」とあり、「将相」とは将軍と宰相である。出羽柵の秋田村建置の天平五年からこの時までに出羽国に将軍に当たる者が派遣されたと考えられるのは天平九年（七三七）の陸奥按察使兼鎮守将軍大野東人と天平宝字三年（七五九）の鎮守将軍でもあった朝猟の派遣だけであり、この秋田城の建置は後者に当たり、この「将相僉議」とは鎮守将軍の朝猟とその父の大保恵美押勝ら宰相が衆議して秋田城改修を決めたと解される。同四年に始まる秋田城改修のために同三年雄勝城に下向した朝猟が、秋田城まで行った可能性は極めて高いと考えられる。（補注5）

五　秋田城と出羽国府の変遷

前節までの三点の検討によって、秋田城・国府説が成立せず、秋田城に関する史料C・Dと国府に関する史料B・Eは区別すべきことが明らかになった。以下ではこれら史料の新しい解釈によって、秋田城と出羽国府の変遷をたどることにする。

天平宝字年間の秋田城改修　天平五年（七三三）十二月出羽郡の出羽柵が秋田村高清水岡に遷置された。次いで天平宝字年間に秋田城と改称し改修される。天平宝字年間には恵美押勝政権の下に奥羽両国で積極策が展開され、陸奥で桃生城の建置、多賀城の改修、出羽で雄勝城の建置が行われ、秋田城の改修はそれらと一体のものであった。

Dによれば、秋田城は延暦二十三年から四十余年前に建置された。これはこの時点の秋田城の施設が四十余年前に建設されたことをいったもので、実際は出羽柵の改修であった。延暦二十三年（八〇四）から四十年前が天平神護元年（七六五）であり、「余年」をどの程度にとるかが問題であるが、この年から数年前である。雄勝城・桃生城の造営は天平宝字元年（七五七）四月から柵戸の移配がみられるが、同二年十二月の坂東の騎兵・鎮兵・役夫などの徴発から始まり、三年九月にはほぼ完成し、(16)四年正月には最終的に完成して関係官人の褒賞が行われた。『続日本紀』天平宝字四年正月丙寅条の両城完成の褒賞の記事によれば、この両城の造営は陸奥国按察使兼鎮守将軍藤原恵美朝獦の統轄下に陸奥国司・鎮官、出羽国司らによって行われた。この褒賞記事には秋田城の造営についてふれず、また雄勝・桃生城の造営と秋田・多賀城の改修が重なっては負担が重すぎるから、秋田城・多賀城の改修は前二城の完成を待って始められたのであろう。天平宝字四年（七六〇）三月十九日丸部足人解は、彼が京へ米を進上できない言いわけに「阿支太城」への米運搬の綱丁に当てられたことを挙げている（『大日本古文書』二五ノ二六九頁）。この越前からの米の運搬は秋田城改修のためと考えられるから、改修は四年の初めに開始されたのであろう。前述のように朝獦は恐らく三年に秋田城に来ているが、これは改修の準備のためと推測される。「多賀城碑」には多賀城は天平宝字六年十二月修造と記すが、秋田城の改修も五年あるいは六年に完了したのであろう。おそらく奥羽両国で、桃生城・雄勝城の造営と多賀城・秋田城の改修がそれぞれセットとして、時期をずらして行われたのであろう。

出羽柵から秋田城への改称は、阿支太城の初見が天平宝字四年三月で、改修完了以前であるから、改修に直接伴うものではなく、前述のように雄勝城の造営を契機とするものと考えられる。

D延暦二十三年条に「秋田城建置以来、卌余年」といわれたのは、その時点の秋田城が天平宝字四～六年頃建設され、同三年か四年ごろから秋田城の名称が始まることをふまえていると考えられる。高橋氏の「秋田城移転説」は二つの秋田城が存するとするが、その根拠は考古学的には石崎遺跡の存在であり、文献史料の上では天平五年の出羽柵の秋田村遷置とDによる天平宝字年間の秋田城建置との間に時期的な食い違いがあることである。しかし前者については、すでに多くの論者によって指摘されているように、石崎遺跡の調査が未だ部分的であり、調査成果が十分に明らかにされていない現状では、遺跡の性格が不明であり、またこの遺跡が八世紀後半に遡るという証拠もないから、[17]この遺跡を前提に秋田城問題を論ずることはできない。秋田城に比定できる遺跡が二つあることを前提にせず、文献史料の解釈のみからいえば、Dについては前述の解釈が可能であるから、あえて二つの秋田城の存在を考える必要はない。

宝亀・延暦の秋田城停廃問題　秋田城に関する史料C・Dについてのこれまでの解釈には誤りがあるので、以下このことについて述べるが、結論を先に示しておこう。(1)秋田城については宝亀初、同十一年に問題が生じ、延暦二十三年に一応決着がついた。これまでそこで問題となったのは秋田城またはそこの国府の停廃とその河辺府への移転であり、延暦二十三年（八〇四）にはそれらのことと秋田郡の設置が実現したと考えられてきたが、これは誤りである。まず強調しておきたいのは、前述のように延暦二十三年に決定されたのは秋田城の停廃と秋田郡の設置であることである。そして、そこに至るまでに問題となっていたのは秋田城の停廃と同城支配下の百姓の河辺府支配下への移住であり、同城の河辺府への移転は問題とならなかった。(2)ここで問題となってきた河辺府とは、出羽郡の旧国府でも、寺内秋田城跡の出羽柵でも、払田柵跡でもなく、河辺郡府である。

河辺府への移転は計画されず　(1)については、C宝亀十一年（七八〇）条の「宝亀之初、国司言、『秋田難レ保、河辺易レ治』者。当時之議、依レ治ニ河辺一。然今積以ニ歳月一、尚未ニ移徙一。以レ此言レ之、百姓重レ遷明矣。」またD延暦二十三年条の出羽国の言上の「永従ニ停廃一、保ニ河辺府一。」が、これまで秋田城または国府の河辺府移転を示すものと解釈されてきた。しかし国府や城柵の移転記事について、B・Eの出羽国府や、次に掲げる出羽柵・志波城、山城国府・但馬国府などの城柵・国府の移転に関する記事を見ると、「遷置」「遷立」「遷建」「遷」などの遷移を明確に示す表記を取っていて、Cの「秋田難レ保、河辺易レ治」やDの「永従二停廃一、保二河辺府一。」の表記が河辺府への移転を意味するとは考えられない。

H『続日本紀』天平五年（七三三）十二月己未条〈出羽柵〉

出羽柵遷二置於秋田村高清水岡一。

I『日本後紀』弘仁二年（八一一）閏十二月辛丑条〈志波城〉

（前略）其志波城。（中略）須下去二其処一遷中立便地上。

J『日本紀略』延暦十六年（七九七）八月戊寅条〈山城国府〉

遷二任山城国治於長岡京南一。（後略）（「任」は「移」の誤りか）

K『日本後紀』同二十三年（八〇四）正月壬寅条〈但馬国府〉

遷二但馬国治於気多郡高田郷一。

これらの国府・城柵の移転の史料は、施設の遷移について述べるが、その前提には国・城柵の機構の存続があるのである。そもそも国府・城柵の移転とは施設の移動であるとともに、そこに所在する国・城柵の機構の移動なのである。後述のようにDは一義的には秋田城の機構の停廃について述べているのであるから、移転を意味するとは考えられない。そもそも秋田城にしろ出羽国府にしろ機構を停廃したものを移転するというのは論理的な矛盾である。

Cの「移徙」や「百姓重遷」を移転を意味すると考えているのかもしれないが、後者の「百姓、遷ルヲ重カル」の「遷」の主語は秋田城ではなく百姓としか考えられないから、これらは百姓の移住について述べていると考える。(18) Cの問題の部分を解釈すると次の通りである。「宝亀初に出羽国司が『秋田は保り難く、河辺は治め易し』と言上してきたので、当時は河辺を治めることに決定した。しかし今（宝亀十一年）まで歳月を積むのになお未だ百姓は移徙（移住）していない。このことから言えば、百姓が遷るのを嫌がっているのは明らかである。従ってこの事情をくんで秋田城支配下の狄・俘囚、百姓の望みを聞いて利害を考え、最終判断をすべきである。」

延暦二十三年条の解釈（補記1）　D延暦二十三年（八〇四）条の解釈については、前述したように、出羽国が秋田城の停廃と「保河辺府」の二つを提案したのに対して、政府は前者の秋田城停廃は採用したが、後者については受け入れず、その代案として秋田郡の設置を命令したことをまず想起してほしい。出羽国の言上の「保河辺府」は「河辺府ヲ保(まも)ル」と訓じ、それに対する政府の代案が秋田郡の設置と百姓・浪人の編付であることからみて、宝亀初の決定と同じく、停廃した秋田城の代わりに河辺府を守り、同城の支配下の百姓・浪人を河辺府の支配下に移住させようとしたものであろう。この百姓・浪人は柵戸として移民されたもので、秋田城によって支配・保護され、両者は一体的なものであったから、城柵が停廃されるとすれば当然その処置が問題になったのである。

次に政府の決定の秋田城の停廃と秋田郡の設置とは、前述した城柵制に関する私見によれば、秋田城の城司とその支配下の兵を停廃し、秋田郡を置いて郡司を任命し、城司の支配下にあった百姓を郡の下に編成して支配させたということであると考えられる。これ以前に行われた秋田城の停廃も城司と兵の停廃である。延暦二十三年には、出羽国が秋田城を停廃してその支配下の百姓を河辺府支配下に移住させる秋田放棄策を提案したのに対して、政府は移住はさせず秋田を確保するが、負担の重い城柵は停廃して秋田郡を設けて支配させることにしたのである。政府の決定はやむを得ず取られた次善の策であった。

出羽国は、秋田城の停廃と河辺府への移住の理由に、痩せ地で穀物がとれないこと、さらに北隅に孤居して助けがないことを挙げている。これは具体的に言うと、一つには秋田城の柵戸の百姓の生活の困難さであり、二つには秋田城の城柵制の維持の困難さである。前者は、柵戸の百姓が農耕を十分展開できず、敵対する蝦夷から攻撃される危険性にさらされていることである。後者は城柵制の維持のための兵とその食料の問題である。鈴木拓也氏によれば[19]、秋田城の鎮守体制は宝亀十一年（七八〇）頃は軍団兵士による交替勤務（番上）で、八世紀末に出羽国の恒常的な鎮兵制が確立して延暦二十三年時点では鎮兵による連続勤務（長上）であったと推定されている。鎮兵の食料は正税出挙の利稲が充てられ、その負担は重かった。弘仁六年（八一五）陸奥国の鎮兵制が廃止された最大の理由は鎮兵粮の負担の過重であった。宝亀頃の軍団兵士による鎮守の時期には、出羽国の軍団は出羽郡の出羽団一団だけで、兵士は出羽郡以南から徴発されたから、秋田城への交替勤務・往復の負担が重かったと思われる。柵戸の生活が安定し、秋田城の周辺の公民制が充実すればそこから兵士を取り、または食料を調達することができたが、その条件がなかったので食料を支給しながら鎮兵を配し、あるいは南の軍団兵士による交替勤務によって鎮守したのである。城柵制の維持はこれらの負担に耐えられるかどうかの問題である。そして城柵が停廃されれば柵戸は蝦夷からの攻撃を受ける危険性が増すのである。

宝亀と延暦二十三年の施策についてくらべると、出羽国の考えは、宝亀初も延暦二十三年も、秋田城の停廃とその支配下の百姓の河辺（府）への移住、すなわち秋田放棄策だったのである。当事国にとっては秋田城の維持は大きな負担だったのであろう。

宝亀初にはその二点を決定したが、百姓は秋田からの移住を嫌がり、結局実現しなかった。延暦二十三年に出羽国から同じ二点の提案があったが、政府が秋田城を停廃しながらも秋田郡を設置してその下に編付したのは、そのような百姓の動向があったからであろう。

平川氏は延暦二十三年に秋田城の国府の機能を含めた城を停廃したが、その後も秋田城は存続し、国司が常駐して秋田郡を中心とする行政・軍事の中心的な府の役割を果たしたと考えるが、城を停廃しながら城が存続するというのは理解しがたいことである。私は延暦二十三年（八〇四）に前述の意味で秋田城の城柵制は停廃され、再び秋田城が見える天長七年（八三〇）正月癸卯までに（『類聚国史』）、史料はないが、秋田郡をおいたまま城柵制が復活したと考える。城柵制の停廃は城を維持するための負担の過重のためにやむを得ず行われたことであるから、政府としては維持が可能になれば復活したいはずである。

宝亀十一年の施策（補記1） ここであらためてC宝亀十一年（七八〇）条の解釈と同年の施策について述べよう。宝亀十一年三月陸奥国で伊治公呰麻呂の乱が起こり多賀城以北は大混乱に陥り、政府は征東大使を任じ、一方出羽国に余波が及ぶことを防ぐために出羽国鎮狄将軍を任じた。Cは、秋田城に遣わされてきた鎮狄将軍安倍家麻呂が、同城の支配下にあった狄志良須・俘囚宇奈古らの言上を受けてそれをそのまま政府に言上したのに対して、政府が報を下して命令したという構成になっている。ここで次の二点に注意したい。[20]

(ア)宝亀十一年八月以前に秋田城の城柵制は停止されており、狄・俘囚の言上は秋田城がこのまま永久に停廃されることを危惧するものであった。これについては、狄俘の「今秋田城、遂ニ永ク棄テラレムカ、番ヲ為シ旧ニ依リテ還ビ保ラムカ」という言上に注目したい。後半部は「為番」に注意すれば明らかなように、軍団兵士による秋田城の交替鎮守を旧のように再び行うかについて述べている（注（19）鈴木論文）。「遂ニ永ク棄テラレムカ」と「旧ニ依リテ還ビ保ラムカ」という対照的な表現に注目すれば明らかなように、秋田城の鎮守はこの前に停止されていたと考えられる。狄俘は秋田城の鎮守の停止がこのまま永く続くのか、あるいは復活するのかを問うているのである。注（1）前稿で明らかにしたように、ここで放棄・復活が問題となっているのは兵の駐屯だけでなく、城司の駐在も含めた城柵制全体と考えられる。秋田城の城柵制は天平五年の出羽柵設置に始まり、宝亀初にその停廃と支配下の百姓の河辺郡移住が決定されたが、宝亀十一年までに実現していなかった。宝亀初以降の城柵制については、停廃が同十一年まで継続していたとみる考えと、その後復活してふたたび停廃されたとみる考えが可能であるが、狄・俘囚の言上の口吻からみるとこの時点の停廃はあまり古いこととは思われず、また宝亀初以降出羽国において蝦夷との間が緊張したこともあったから、後者の考えをとることとする。宝亀七年二月に始まる陸奥国の征夷に関する志波村の蝦夷を中心とする戦いが始まるころには復活しており、同九年六月にそれが終わった後にふたたび停止し(21)、十一年三月の伊治公呰麻呂の乱が起こり、その余波を受けたので狄俘の言上に至ったと一応推測しておく。

(イ)鎮狄将軍に下した政府の決定は次の通りである。(a)秋田城は停廃せず、多少の軍士を暫く派遣して鎮守させ、鎮狄使もしくは出羽国司の一人を駐在させる。(b)秋田城を承ける由理柵にこれまでに加えて兵を派遣する。(c)(a)(b)の決定は暫定的なものであり、宝亀初からの経緯をみると秋田城支配下の狄・俘囚と百姓の考えを聞いて利害を考慮して最終判断をすべきである。これらについて注意したいのは、(a)については秋田城に派遣された兵が「且ラク多少ノ軍士ヲ遣ハス」とあること、「軍士」というからこの兵は鎮狄将軍の率いる兵であること（註(19)鈴木論文）、城に派遣された官人の「使若シクハ国司」の「使」は、新野氏や注(1)前稿で述べたように鎮狄使であることなどである。この官人派遣の処置は城司制が停止されていたために行われたもので、新野氏が言うようにこの時に城司制が始まったのではない。鎮狄使に城柵を鎮守させた前例として、天平九年（七三七）奥羽連絡路開削の際に持節使が陸奥の四柵を鎮守したことがある（『続日本紀』天平九年四月戊午条）。「且ラク」といい、鎮狄使とその軍士を使っていることからみて、この処置が暫定的なものであったことは明らかである。(b)の由理柵への増派の兵も鎮狄使の軍士であろう。このような暫定的な処置であったために「但シ以ヘラク」として宝亀初からの経緯にふれて(c)の指示が出されたのである。その指示の結果の最終判断は、延暦二十三年条の段階では城柵制が行われているから、城柵制の復活であったと思われる。秋田城の停廃と復活の問題は、宝亀初から延暦二十三年以降まで、城柵制の必要性とそれを維持するための負担の問題の間で揺れ動いたのである。

河辺府は河辺郡府である　前述(2)の河辺府の性格を考える上で重要なのは、秋田城の停廃に伴いその支配下の百姓を河辺に移住させ、あるいは河辺府の支配下に置こうとしたことである。このことおよび「府」ということからみて、河辺府が支配機構を備えた官衙であることは明らかである。これまで河辺府を出羽郡の旧国府または秋田の旧出羽柵としてきた考えは、施設としてだけ考えているのであり、河辺府が律令制地方行政機構の何に当たるのかを考える視角に欠けている。また「河辺府」は延暦二十三年に初見し、宝亀初には「河辺」とみえるだけであるが、両者は同一の施策の中に見えるから河辺府の存在は少なくとも宝亀初まで遡る。従ってこの点でも、河辺府を延暦二十三年に建設された払田柵跡＝新国府とすることはできない。

河辺府を河辺郡府とする根拠は次の通りである。(ア)延暦二十三年に出羽国の「保二河辺府一」の提案に対して、政府はその代案として秋田郡の建郡とそれへの百姓の編付を命じた。すなわち「保二河辺府一」という施策の内容は秋田郡の建郡などによって代替できることである。(イ)河辺府は行政機構を備えた官衙であるから「河辺」は最上川や秋田川(雄物川)の河辺というような一般的な意味ではなく、機構を備えた行政上の公的な地名であり、出羽国ではその候補として挙げられるのは河辺郡と出羽郡河辺郷である。(22) (ウ)『続日本紀』延暦二年六月丙午朔条に出羽国雄勝・平鹿二郡の「郡府」の再建のことが見え、郡の官衙を郡府と言うことが明らかである。(エ)河辺郡は秋田の南隣の郡であるから、秋田城の停廃に伴いその支配下の百姓を移住させ編付するのには適当な郡である。

以上から「河辺府」は河辺郡府の略記と考えられるが、ここでやはり問題になるのは当時一般的に用いられた「郡家」と記されず、郡府の省略の「府」字が用いられた理由であろう。私は「河辺府」と言われたのは、この郡家が一般のそれとは異なる、辺境に設けられた軍事的・防御的性格を持った施設であるからであると考える。その根拠は次の二点である。(1)すでに岸俊男氏が指摘しているが[23]、律令官司では官司名に「府」を付ける官司は軍事的性格を持っていること、(2)前掲の『続日本紀』延暦二年条の「郡府」の用例は国史などの文献史料の中で唯一の例で、それが出羽国北部の辺境の雄勝・平鹿二郡であり、河辺郡も北端の郡であることである。

(1)については、「府」とは本来百官が治める所であり、文書を収める蔵の意であるが[24]、『続日本紀』の範囲で「府」の付く官司を挙げると次の二つに分かれる。(ア)中央官司＝衛門府・衛士府・兵衛府・中衛府・外衛府・近衛府・鎮国衛府などの衛府、(イ)地方官司＝大宰府、鎮守府、筑紫府（大宰府）、鎮西府、国府、郡府である。(ア)の衛府はいうまでもなく中央政府の軍事的官司であり、(イ)の大宰府は諸蕃に対する軍事的な役割を持ち、鎮西府は大宰府の廃止後その軍事的役割を受け継ぐものとして設置された（『続日本紀』天平十五年十二月辛卯条）。そして岸氏は国府も潜在的に軍事的役割を持っていたとする。国司は軍団を管轄するのであるからそのような面があったであろう。(2)については、愛知県岡崎市矢作川河床遺跡から「郡府」と記す墨書土器が出土していることが問題となる。奈良末〜平安初の須恵器で、荒木敏夫氏が検討し、「郡府」は「郡家」と同じ意味で、奈良末〜平安初に「国府」の用語に準じて作られたとする[25]。私は、政府の命令などの政治性の高い公的な記録と土器の整理などのために日常語を用いて記された土器の墨書では史料の性格が異なり、同じ語でも同列には扱えないと考える。墨書土器の「郡府」は「国府」の用語に準じて用いられたものであろうが、延暦二年条の「郡府」は同種の史料の中で考えるべきで、(1)(2)から前述のように考える。河辺府＝河辺郡府も軍事的・防御的性格をもつ施設であり[26]、それ故に「河辺府ヲ保ル」といわれ、秋田城の代わりの役割を果たすことが考えられたのである。もちろん城柵と郡府では国司の城司と兵が駐在するか、在地出身の郡司が支配するかという違いがある。

出羽国府の変遷[補記2]　出羽国府の所在地について明確なのは、E仁和三年（八八七）条の出羽郡井口地の国府で、Eによれば「延暦年中」に陸奥守従五位上小野岑守が坂上田村麻呂の論奏によって建置したとあるが、すでに指摘があるように、(27)小野岑守は弘仁六年(八一五)正月壬午に陸奥守に任ぜられているので(『日本後紀』)、建置年代の延暦年中と矛盾することになる。延暦年中というのは坂上田村麻呂が国府の建置を提案した時期で、小野岑守が実際に建設したのは弘仁六年以降と考えるべきであろう。この言上をした坂上茂樹は田村麻呂の孫であり、言上の中で建置が田村麻呂の論奏によることを記すのは祖父の功績を顕彰しようとしたもので、建置の年代を延暦年中と記したのは、この意識によるものであろう。この史料では位階・官職は当時のものを記しているから、岑守が陸奥守従五位上であるのは弘仁六年(八一五)正月~同十年正月の間であり、(28)国府建置はこの時期と考えられる。また坂上田村麻呂の論奏の時期は、征夷大将軍従三位の時期からみて、延暦二十三年(八〇四)正月~同二十五年五月の間と考えられる。(29)前述のように、Eの出羽国府建置は、その年代が「延暦年中」ではなく弘仁六年~十年の間であるから、Dから主張される延暦二十三年の秋田城国府の河(もと川)辺府移転と同一のこととするわけにいかないのである。

この出羽郡井口の国府は仁和三年近側の高所に移転される。井口の国府が酒田市城輪柵遺跡に、移転の国府がその東三キロメートルの八幡町〔現酒田市〕八森遺跡に比定されている。城輪柵遺跡の調査によれば、後に八森から城輪に再移転されたらしい。(30)(補注6)

これまで言われてきたように、和銅五年(七一二)設置の出羽国の最初の国府は、出羽郡にあったと思われる出羽柵に置かれたと考えられる。天平五年(七三三)十二月出羽柵が秋田村に遷るが、国府は旧地に残り、次いで宝亀六年(七七五)十月国府の移転が命じられる。この次が弘仁六~十年の出羽郡井口の国府の建設で、城輪柵遺跡の発掘調査の成果によれば、これは同地における改造ではなく、別地からの移転による新建と考えられている。このようにみると出羽国府は、出羽柵の後、宝亀六年(七七五)、弘仁六年~十年(八一五~八一九)、仁和三年(八八七)、その後の再移転と四度移転し、所在地は四ヵ所で、そのうち城輪柵遺跡・八森遺跡の二ヵ所が確認されていることになる。四度の移転は多すぎる感がしないでもなく、宝亀の移転は七年から九年までの三年間に計画されたが、当時の蝦夷との緊張関係からみて実現されなかった可能性も考えておいた方がよい。もし宝亀の移転が実現していたとすれば、その所在地は、前後の国府が出羽郡にあること、前述の出羽国府の役割からみて、庄内とみるのが妥当である。庄内には出羽柵と宝亀の国府の二つの国府の遺跡が未だ眠っている可能性がある。今後の調査の進展に期待したい。

むすび

要約してむすびとする。

(1)秋田城・国府説について、論拠となる文献史料の解釈、国府が秋田城に置かれた理由と出羽国府の役割、秋田城跡出土の木簡・漆紙文書の三点から検討した結果、すべての説が成立せず、秋田出羽柵・秋田城に国府が置かれたことはなく、秋田城に関するC宝亀十一年条・D延暦二十三年条と、国府に関するB宝亀六年条・E仁和三年条とは区別して理解すべきことが明らかになった。高橋氏の秋田城移転説も成立しない。

(2)天平五年（七三三）出羽郡の出羽柵が秋田村に移転し、秋田城の端緒となる。この時点から城司と兵による城柵制が行われていたと考える。天平宝字三年（七五九）雄勝城が設けられたことを契機として、同四年三月までに出羽柵が秋田城と改称される。桃生城・雄勝城の完成に続いて同四年から五年または六年まで、多賀城とともに秋田城が改修される。この四城の造営・改修は陸奥国按察使藤原恵美朝猟の統轄下に行われたことで、朝猟は雄勝城・秋田城に下向したと思われる。

(3)（補記1）宝亀初に秋田城を城柵制を停め、その支配下の百姓を南隣の河辺郡に移住させることを決めた。この後城柵制は復活し再停廃されたと推測する。宝亀十一年（七八〇）陸奥国の伊治公呰麻呂の反乱のために派遣された出羽国鎮狄将軍に対して、秋田城の支配下の狄・俘囚が秋田城がこのまま永く停廃されるのかについて危惧の思いを言上したので、政府は鎮狄使または国司、鎮狄使の軍士の派遣などの暫定的な処置を決め、狄・俘囚、百姓の意見を聴取することにし、この結果秋田城は復活した。延暦二十三年（八〇四）出羽国が秋田城の停廃と百姓の河辺郡移住を提案してきたのに対して、政府は秋田城の城司と兵を停廃し、その支配下の百姓を新たに秋田郡を設けて支配させることにした。天長七年（八三〇）までに秋田城の城柵制は復活した。秋田城の停廃・復活は城柵制の必要性とその維持のための兵や物資の負担の問題の間で揺れ動いたのである。河辺府については諸説があったが、「河辺郡府」の略記で、「府」＝「郡府」といわれるのは辺境に設けられた軍事的・防御的性格をもった施設であるからと推測する。

(4)（補記2）和銅五年（七一二）出羽国の設置当初国府は出羽郡の出羽柵に置かれた。宝亀六年（七七五）国府の移転が命じられ、実行されたとすれば庄内地方の内であろう。弘仁六〜十年（八一五〜一九）の間に出羽郡井口に移転し（城輪柵跡）、次いで仁和三年（八八七）東方の高所に移転し（八森遺跡）、さらにその後井口に戻った。移転を繰り返したが、国府は一貫して庄内にあったと思われる。出羽国府は北方辺境支配に当たる秋田城・雄勝城の後援とともに、南部の律令制支配の確立地域を支配する一般行政に当たるから、出羽国のほぼ中央の庄内は国府の所在地として適地であったと考えられる。

本論は秋田城にこびりついていた国府説を洗い落とし、関係史料に新しい解釈を施したにすぎない。初歩的考察と題する所以である。これまで多くを学んできた先学の見解に心ならずも批判を加えることとなったが、これは、秋田城・国府説が誤っているのならば、八世紀の出羽国の歴史の理解に少なからざるゆがみをもたらすと思ったからである。なお蛇足ながら、国府が置かれなかったといっても、秋田城跡の遺跡としての価値が変わらないことはいうまでもない。

注

(1) 城司制の観点から秋田城・国府説が成立しがたいことは、先に今泉隆雄「古代東北城柵の城司制」（羽下徳彦編『北日本中世史の研究』所収、吉川弘文館、一九九〇年）で述べた。本書第二編第二章。

(2) 平川南「出羽国府論」（宮城県多賀城跡調査研究所『研究紀要Ⅳ』、一九七七年）。〔「文字史料からみた出羽国府論」と改題して平川南『律令国郡里制の実像』上巻（吉川弘文館、二〇一四年）に再収。〕

(3) 吉田東伍「出羽国府遷廃考」（『歴史地理』一〇―三、一九〇七年）。

(4) 喜田貞吉「庄内と日高見」のうち「出羽国府の所在と夷地経営の弛張」（一九二三年初出。『喜田貞吉著作集』第一二巻　斉東史話・紀行文、平凡社、一九八〇年）。

(5) 高橋富雄「秋田城をめぐる諸問題」（『日本歴史』二八一、一九七一年）。

(6) 新野直吉「宝亀六年紀十月十三癸酉日条一段の解義」（『続日本紀研究』一八六、一九七六年）。

(7) 注(2)「出羽国府論」。さらに「古代東北城柵再論」（東北歴史資料館『研究紀要5』、一九七九年）で再論し、本文の⑵については後者にいたって明言している。

(8) 八木充「国府・国庁・国衙」（『日本古代政治組織の研究』所収、塙書房、一九八六年）。今泉隆雄「律令と東北の城柵」（『秋田地方史の展開』所収、一九九一年）、本書第二編第三章。

(9) 平川氏は八世紀前半に多賀城が国府であることの根拠に、この天平九年の多賀柵と出羽柵との連絡路開削が奥羽両国の国府間連絡と解釈できることを挙げているが（「律令制下の多賀城」宮城県教育委員会・宮城県多賀城跡調査研究所『多賀城跡　政庁跡本文編』所収、一九八二年）、本文の通りそれは妥当でない。私見のように、史料Aの「陸奥国」が国府の意味で、天平九年四月戊午条の「多賀柵」がこれに対応することによって多賀柵が天平九年時点に国府であったことが論証できる。

(10) 「宝亀初」と見える史料を上に、その時期を示す史料を下に掲げる。宝亀六年五月己酉条―同元年六月壬辰朔条。同十年十二月

己酉条―同二年三月庚午条。同十一年十一月戊子条―同二年三月庚午・十一月庚戌条。天応元年六月辛亥条―宝亀元年九月乙亥条。延暦二年三月丙申条―宝亀二年十一月己酉条。延暦二年七月庚子条―宝亀元年十月己丑朔・同二年三月庚午条。延暦四年八月庚寅条―宝亀元年九月乙亥・二年十一月丁未・三年二月丁卯条。延暦五年正月戊戌条―宝亀元年八月壬子・九月乙亥条。延暦七年六月丙戌条―宝亀二年閏三月戊子朔・七月丁未条。

(11) 注(1)今泉隆雄「古代東北城柵の城司制」(本書第二編第二章)。「律令国家とエミシ」(『新版古代の日本⑨ 東北・北海道』所収、角川書店、一九九二年)、本書第一編第一章。「東北の城柵はなぜ設けられたか」(『新視点 日本の歴史三 古代編Ⅱ』、新人物往来社、一九九三年)、本書第二編第一章。

(12) 新野直吉「古代秋田城の一性格」(『政治経済史学』二九五、一九九〇年)。

(13) 渡部育子「出羽における国郡制形成過程の特質」(『新潟史学』二七、一九九一年)。

(14) 秋田市教育委員会・秋田城跡調査事務所『秋田城出土文字資料集』(一九八四年)、同『秋田城跡出土文字資料集Ⅱ』(一九九二年)。以下『文字資料』Ⅰ・Ⅱと略記する。報文の執筆者は平川南氏である。

(15) 注(11)「律令国家とエミシ」。今泉隆雄「蝦夷の朝貢と饗給」(『東北古代史の研究』所収、吉川弘文館、一九八六年)、本書第一編第三章。

(16) 『続日本紀』天平宝字元年四月辛巳・二年十二月丙午・三年九月己丑・同九月庚寅条。

(17) 石崎遺跡については、秋田県五城目町教育委員会『秋田県五城目町石崎遺跡発掘調査概報』(一九七二年)、同『秋田県五城目町石崎遺跡発掘調査報告 第一―第三回合報』で略報告されている。

(18) 直木孝次郎他訳注『続日本紀4』(東洋文庫 一九九二年)のこの部分の口訳は「人民が移住を重荷としていることは明らかである。」とあり、私見と同じく百姓の移住と解釈している(一四九頁)。

(19) 鈴木拓也「古代出羽国の軍制」(初出『国史談話会雑誌』三三、一九九二年。『古代東北の支配構造』所収、一九九八年。出羽国の恒常的鎮兵制の開始時期について、前者では延暦二十一年(八〇二)としていたが、後者では八世紀末に変えたので、今これに従う。)。

(20) 狄・俘囚の言上の部分はCに『』で示したとおりで、鎮狄将軍がそれをそのまま言上したと考えた。高橋富雄氏や注(18)の直木孝次郎『続日本紀4』の考えも同じである。新野氏は狄らの言上を「遂永所レ棄歟」までとし、「為レ番」以下を将軍の言とした。

新野説では「保ル」の目的語がないという難点がある。私見では将軍の言がないことになるが、狄らの言上をそのまま言上したので『続日本紀』では省略されたのであろう。

(21)『続日本紀』宝亀六年十月癸酉、同七年二月甲子、同年五月戊子、同九年六月庚子条。

(22) 河辺郡は『続日本後紀』承和十年（八四三）十二月乙卯条に初見するが、天平宝字三年（七五九）九月己丑の雄勝・平鹿二郡の建郡、また宝亀十一年（七八〇）八月乙卯の由理柵の存在（飽海郡）などから（『続日本紀』）宝亀初までの建郡は十分にありうる。

(23) 岸俊男「国府と郡家」（『古代宮都の探究』所収、塙書房、一九八四年）。

(24)『令集解』職員令2太政官条「官府」に関する跡記、令釈（五三頁九行）。『続日本紀』和銅元年二月戊寅条の「百官之府」はその意味である。

(25) 荒木敏夫「『郡府』墨書土器小考」（『岡崎市史研究』六、一九八四年）。郡府については山中敏史氏にご教示を得た。

(26) 軍事的・防御的施設の郡府が具体的にどのようなものかは明らかでないが、陸奥国賀美郡家跡と推定されている東山遺跡（宮城県宮崎町〔現加美町〕）が外郭に築地塀をめぐらしていることは参考になる。（補注7）

(27) 柏倉亮吉・小野忍「城輪柵遺跡の内郭と性格について」（『山形県民俗・歴史論集』第二集、一九七八年）。

(28) 小野岑守は弘仁六年正月壬午に陸奥守に任ぜられ、十一年正月十一日の阿波守任命まで在任したと思われ、また弘仁四年正月辛酉に従五位上に、十年正月丙戌に正五位下に叙されたから、陸奥守従五位上であったのは弘仁六年正月〜十年正月の間である。

(29) 延暦年中の征夷大将軍従三位坂上田村麻呂の論奏の時期について官職・位階などから考えると、坂上田村麻呂が征夷大将軍に在任したのは、延暦十六年十一月五日〜二十年十月二十八日、および同二十三年正月二十八日〜大同元年十月十二日（現任）の二回で、従三位であった期間は延暦二十年十一月七日〜大同四年三月三十日であり、延暦は二十五年五月十八日に大同に改元されているから、その時期は延暦二十三年正月〜二十五年五月の間ということになる。

(30) 城輪柵跡、八森遺跡については『庄内考古学』一九の特集「城輪柵跡とその周辺の村落」（一九八五年）を参照。

（補注1） 虎尾俊哉氏「律令国家の奥羽経営」（高橋崇編『古代の地方史』第六巻奥羽編所収、一九七八年）は、天平五年（七三三）の出羽柵の庄内から秋田への北進に当たり、出羽柵と出羽国府とが分離し、出羽国府は庄内に残されたと主張し、秋田城・非国府説の一つである。その根拠は、秋田が国府の所在地として北に偏りすぎていること、天平九年の奥羽連絡路開削事業における出羽守田辺難波の行動が秋田が国府であるとすると解しがたいことである。

（補注２）天平九年の奥羽連絡路開通計画については、本書第二編第五章「天平九年の奥羽連絡路開通計画」参照。

（補注３）渤海使来着による秋田城・国府説については、新野直吉氏の専著『古代日本と北の海みち』（一九九四年）、秋田城跡鵜ノ木地区の正式報告書『秋田城跡Ⅱ―鵜ノ木地区―』（二〇〇八年）などが刊行されたので、それらへの批判を含めて、本書第三編第四章「秋田城と渤海使」で別に論じた。

（補注４）二号木簡については、一九八〇年三月二日に原物の調査をし、観察の結果、「勝寶」の上に「天平」の二字を認めることができた。第1図はその際に取った調書である。

「天平」の二字はすでに墨痕は残っていなかったが、図示のように書蹟の一部が材木表面に隆起していて文字と認めることができた。第一字は「天」の最終画の右払い、第二字は「平」の右上半部の残画で、「天平」と釈読できる。

墨は炭素粉末を膠で固めたもので、木簡面に書かれた墨書は、膠が材木の導管にしみ込み、その表面に炭素粉末が固着した形になっている。炭素粉末の固着が多ければ墨書は明瞭となり、少なければ薄くなる。この木簡で墨痕が残っていないのは、炭素粉末の固着がなくなっているのである。木簡では墨痕が残っていなくても、書蹟の部分が材木面に隆起して残る場合がある。木簡は、一二〇〇年以上も土中にある間に材木面が浸食されることがあり、その場合、墨の膠がしみ込んでいる部分とそうでない部分の間で、木部の浸食差ができて墨痕の部分が隆起して残るのである。「天平」の二字の隆起部分はこのようにして残ったものである。このような木簡では、表面に水が付着していては隆起部分が判別しにくいので、水を吸い取って乾き気味にして、斜光線を当て隆起部分に影を作って読み取る。この木簡は、全体的に墨書の残りが悪く、特に「勝寶五年」面の残りが悪く、「天平」は墨痕が落ちている上に隆起部分の残りも一部である。この木簡は樹種が肉眼による観察でヒノキと推定され、柾目板で堅緻な晩材部（秋材部）が密に通っていて、墨書がしみ込みにくいので、墨書の残りがよくないのである。

『文字資料』Ⅱの図版は赤外線テレビの画像の写真であるが、「天平」の二字は痕跡がない。これは炭素の固着が残っていなければ当然である。また三五ミリのカラー写真が残されているが、これにも「天平」の痕跡は認められない。このような隆起した文字の撮影は、釈読の場合と同じように表面を乾き気味にして、斜光線を角度を変えながらあてて撮影しないとうまく写らない。

二〇一一年二月七日に原物の再調査をした。現在保存処理がなされていて、墨書全体は肉眼では読み取れず、赤外線テレビで初めて釈読できた。「天平」の二字の隆起部分は残っていなかった。一般的に保存処理によって、木簡の大きさが縮小したりするなどの変化が起きることがあるが、この木簡でも表面の微妙な隆起は改変されてしまったのであろう。この木簡は、第二五次調査で井戸SE四〇六から、一九七八年一一月二日に出土しているが（秋田城跡発掘調査事務所『昭和五三年度秋田城跡発掘調査概報　秋田城跡』）、最初の調査はそれから一年四月後のことであるから、保存状態の良好な段階に調査したことになる。

以上のように、「天平」の二字の釈読について現在では著者の調書を信用するかどうかと言うことになるが、木簡の内容の理解の点からみても「天平」の二字があった方がよいと考える。

『文字資料』Ⅱでは、「勝寳」の上に空白があるので「浪人」の面を表面にして釈文を掲げるが、「天平」の二字を補うと両面の書き出しの高さが同じになるから、表裏を入れ替えた左のような釈文の可能性があり、その方が理解が容易である。

L・「□□〔天平〕勝寳五年調米」
　・「浪人丈部八手五斗」

一般的に荷札の書式は貢進主体（国郡郷貢進者など）＋貢進物の税目・種目＋品目＋数量＋貢進年月日であり（今泉隆雄「貢進物付札の諸問題」『古代木簡の研究』）、この木簡の新旧いずれの釈文もこの書式にあわない。旧釈文では、表の「五斗」という数量の後に裏の「調米」という税・品目が来るのに違和感を覚える。新しい釈文は冒頭に年紀が来るのが特徴である。冒頭に日付が来る書式は、荷札だけでなく、文書、金石文を含めて大宝令より前の七世紀に行われていたことがすでに指摘されているが（岸俊男「木簡と大宝令」『日本古代文物の研究』所収、一九八七年）、その書式とも同じでないし、時期がずれるのでこの点からは説明できない。この荷札で冒頭に年紀を記すのは、年紀を強調しているので、荷札の一般的な日付が貢進の日付を示したのとは異なり、貢進年が遅れたために、天平勝寳五年分の調米であることを示す記載と考えるのが一案である。荷札の中に、貢進が遅れたために、某年分ということを示すために「去」字を付して、末尾ではなく中間に記した例がある。

M　参河国播豆郡析嶋海部供奉□〔去〕天平十八年十二月料御贄佐米□「䑋六斤」　『平城宮発掘調査出土木簡概報四』四頁
〔後に奈良文化財研究所『平城宮木簡七』（二〇一〇年）に一二八一四として所収〕

N　・美濃国□〔去〕十一年米五斗

・　延暦八年　（九五）×一六×三　〇三二

（『長岡京木簡一』七一）

O　讃岐國阿野郡川内郷去四年白米五斗□　一五〇×二四×二　〇三三

（『長岡京木簡一』九三）

Mは平城宮跡、N、Oは長岡京跡から出土したもので、中央政府に貢進されたものなので、国・郡名から書き始めているが、この荷札は出羽国内で輸貢されたので、この部分を省略するとLのような年紀が冒頭に来る書式になるであろう。この荷札をこのように理解するとこれの作成時期は天平勝寶五年とするわけにはいかず、それ以降ということになる。

この荷札は浪人の調米貢進に関するもので、浮浪人については制度の変遷があるが、この荷札は天平八年（七三六）～宝亀十一年（七八〇）の間行われた制度に基づくものである。天平八年制は、逃亡後八年経った者は本貫地の計帳から除かれ、所在地において計帳と別の帳簿（浮浪人帳）で把握され調庸と力役を徴収するというものである（岡崎玲子「日本古代の浪人に関する基礎的考察」『国史談話会雑誌』五〇号、二〇一〇年）。

（補注5）秋田城跡出土の文字史料としては、木簡・漆紙文書のほか多数の墨書土器があるが、『秋田市史』第一巻先史・古代通史編（二〇〇四年）の第六章第三節一「秋田城の機能」（鈴木拓也氏執筆）がそれらの墨書土器について国府説・非国府説に関連して全体的に検討し、「守」「介」「掾」「目」「権目」など国司の官職かと考えられるものに注目し、その中で特に国府説の根拠となるかもしれない「守」の墨書に注意しているが、この「守」の墨書土器は九世紀前半と後半のもので、国府説ではすでに国府ではなくなっている時期のものであり、国府説の根拠にはならず、「守」は吉祥句の可能性もあるとする。

（補注6）仁和三年（八八六）の出羽国府移転については、八森遺跡の正報告書である『八森遺跡　古代編』（八幡町埋蔵文化財調査報告書第一一集。山形県八幡町教育委員会発行、二〇〇二年）が刊行されたので、その成果と見解を参考にして詳論しておく。『日本三代実録』仁和三年（八八六）五月二十日癸巳条によると、仁和三年の国府移転問題の原因は、嘉祥三年（八五〇）に庄内地方を中心に起こった大地震によって地形が改変し（『日本文徳天皇実録』嘉祥三年十月庚申条にも史料がある）、出羽郡井口の地の国府に二方面から水害が迫ってきたことである。一方は海水が張り国府から六里（約三・二キロメートル）に迫り、他方は大川が崩壊し閉塞されて水が氾濫して国府の隍から一町（一〇九メートル）余に迫り、国府が水没する危険性が生じたのである。それで出羽守が最上郡大山郷に移転することを提案したが、政府はその案を採らず、旧国府の近側の高敞の地に旧材を使って遷造することを決定した。

本文に記し前記報告書でも明らかにされているように、出羽郡井口の旧国府が城輪柵遺跡（山形県酒田市城輪）、近側の高敞の地の新国府が八森遺跡（酒田市八幡町市条字八森＝旧八幡町）にそれぞれ比定されている。城輪柵遺跡は庄内平野北半部の標高一〇～一三メートルの沖積地に所在する国府跡で、その年代は九世紀初め～一一世紀前半で、遺構はその間に六時期の変遷をする。北方一・五キロメートルに日向川・荒瀬川、南方九・三キロメートルに最上川がそれぞれ流れる。八森遺跡は城輪柵跡の東方二キロメートル、出羽山地から西に延びる標高六〇メートルの八森丘陵上に所在する。政庁を中心とする遺構が検出され、その年代は出土土器から九〇〇年前後と推定されている。

移転の原因になった二つの水害について報告書は次のように解釈している。すなわち国府から六里まで海水が迫った水害は、南の最上川の流域の砂堆積層が地震で陥没し、そこに海水が入り込んだものであり、一方、一町余に迫った大川の氾濫は北の日向川・荒瀬川が地震で崩壊して閉塞されて氾濫したものである。前者については、最上川河口部流域は、標高五メートル以下の谷底平野氾濫原と酒田三角州からなる厚い砂堆積層で、地震によってこの砂堆積層が陥没し、そのうえ一〇世紀初頭を頂点として温暖化が進行して海水面が上昇し、陥没地帯に海水が徐々に侵水した。この水害については嘉祥三年（八五〇）の地震から三六年後に水害が問題になっていることが注意されるが、海水の侵入が地震による陥没に加えて温暖化による海水面上昇であると考えれば納得できることである。城輪柵跡から酒田三角州の範囲までの最短距離は約三・二キロメートルで、海水が六里（約三・二キロメートル）まで迫ったということとも合致する。

八森遺跡は城輪柵跡の東方三キロメートルの標高六〇メートルの八森丘陵に所在し、「旧府近側高敞之地」の記載に合致する。八森遺跡は、年代的に城輪柵跡の六期変遷のⅡ期とⅢ期の間に位置づけられ、国府は八森遺跡から城輪柵跡に再移転したと考えられている。旧国府は結局海水の侵水によって水没せず、温暖化が止まって海水面が下降したので城輪柵跡に再移転できたのであろう。

（補注7）　東山遺跡についての新しい調査成果については、本書第二編第五章「天平九年の奥羽連絡開通計画」参照。

（補記1）　秋田城の宝亀・延暦年間の変遷の背景・理由に関しては、旧稿以後に、熊田亮介・鈴木拓也両氏によって新しい見解が示されているので、それらにもとづいて再考したい。旧稿本文の「五　秋田城と出羽国府の変遷」の「延暦二十三年条の解釈」「宝亀十一年の施策」、「六　むすび」の(3)の部分を改訂することになる。

宝亀初の秋田城の停廃と支配下の百姓の移住計画について、熊田亮介氏は、この施策が秋田城の河辺府移転ではなく、秋田の百姓の河辺郡移住の計画の決定であることを認めた上で、この移住の原因が宝亀二年（七七一）六月ごろ秋田の北の野代湊で蝦夷の蜂起があって賊地になっていたためであるとし（『古代国家と秋田』、塩谷順耳等著『秋田県の歴史』五二頁、二〇〇一年）、さらにこの時の施策に、秋田城の停止が伴ったかは再考の余地があるとしている（「蝦狄と北の城柵」『古代王権と交流3　越と古代の北陸』所収、一九九六年。〔のち「古代国家と『夷狄』」と改題し『古代国家と東北』吉川弘文館、二〇〇二年に所収。〕）。

野代湊は能代市の米代川河口と考えられ、この地域の野代の蝦夷はもとは秋田城の支配下にあったものであるが、この時期に支配から離脱していたことについては、『続日本紀』宝亀二年六月壬午条に渤海国使の船十七隻が「出羽国賊地野代湊」に到着したと記し、野代湊が賊地になっていたことが知られる。野代の蝦夷が国家支配から離脱し、秋田の百姓が攻撃される恐れがあったので秋田から河辺郡に移住させようとしたと考えられる。熊田氏が疑問を呈された秋田城の停止については、やはり百姓の移住とセットで命令されたと考える。宝亀初のことについては、出羽国司の言上は取意文で、「秋田保り難く、河辺治め易し」と状況を述べている部分を引用しているが、この言上によって河辺を治めることに決定し、そのことの内容が秋田の百姓の河辺への移住であった。秋田の百姓が河辺へ移ってしまうのだから、宝亀初の命令には秋田城の停廃が含まれていたと考える。

「秋田保り難し」という認識からは当然秋田城の停廃が導き出される。後述のように宝亀十一年時点に、秋田城は停廃されており、その停廃を継続するか否かが問題となっていたが、ここで宝亀初のことが回顧されているのはそれが秋田城停廃の始まりだったからであろう。

以上から、宝亀初＝宝亀二年頃に、野代の蝦夷の脅威が迫ったので、政府は秋田城の停止と秋田の百姓の河辺郡への移住が決定したが、移住計画は百姓が嫌がったので宝亀十一年まで実現せず、それに伴って秋田城の停廃も実現しなかったと考えておきたい。

宝亀十一年（七八〇）の秋田城の停廃については、熊田亮介氏（「秋田城と秋田郡」『秋田市史研究』四、一九九五年）と鈴木拓也氏（『秋田市史』第一巻先史・古代通史編　第七章第一節二の2「秋田城」、四五一頁。二〇〇四年）が次のように指摘している。すなわち同十一年三月の陸奥国の伊治公呰麻呂の反乱に連動して出羽国の雄勝・平鹿郡で蝦夷が蜂起して百姓を攻撃したのに対して、雄勝城に兵力を集中させるために、秋田城の兵を雄勝城に回したので秋田城の守衛を一時停止させることになった。また鈴木氏は同年五月に朝貢してくる渡嶋の蝦夷に対するねんごろな饗給を鎮狄将軍と出羽国司に命じているのは、渡嶋蝦夷の朝貢先は秋田城であったから、この時点に秋田城の機能が停止されていることを示すとしている。いずれも妥当な見解である。

胆沢・和賀の岩手県北上盆地南部と雄勝・平鹿郡の秋田県横手盆地南部は、間に奥羽山脈を挟んで東西に位置し、胆沢川沿いの国道三九七号、和賀川沿いの国道一〇七号あるいはＪＲ東日本北上線のルートで連絡されていたので、陸奥国の蝦夷の反乱が出羽国へ波及していったのである。蝦夷の反乱に対して、陸奥国では宝亀十一年三月癸巳に征東使を、出羽国では同月甲午に出羽鎮狄将軍に安倍朝臣家麻呂を任命して派遣して鎮圧に当たらせた。鎮狄将軍はこの時期に軍事以外にも出羽国の政治に関与したようで、渡嶋蝦夷の饗給、秋田城の停廃問題に関与したのはその例である。鎮狄将軍の下には征討軍として軍士が編成され、出羽国のほかに他国からも兵士が徴発されていた。『続日本紀』天応元年（七八一）正月辛酉条に、この征討に関する「従₂軍入₁陸奥出羽₁諸国百姓」の田租免除の記事があり、諸国の百姓が奥羽の軍士として従軍していた。当初秋田城鎮守の兵も鎮狄将軍指揮下の軍士に編成されて雄勝城に配備され、Cの八月時点では他国兵を含めた軍士から割いて秋田城と由理柵に配備したのであろう。

ところで秋田城は延暦二十三年（八〇四）時点には城柵制が復活しているが、その時期は伊治呰麻呂の反乱による奥羽の混乱が一応鎮定された時期で、天応元年（七八一）五月以前と考えられる。征東使は天応元年六月戊子に征東軍を解兵して、戦果を上げないままに解兵したとして桓武天皇に叱責され、鎮狄使は宝亀十一年十二月庚子条までその活動が見えるが、将軍の安倍家麻呂が天応元年五月癸未に上野守に任じられているから、これ以前に鎮狄将軍と征討軍も完了して、出羽国の兵士も通常の秋田城鎮守に戻ったのではないかと考えられる。

延暦二十三年（八〇四）の秋田城停廃については、熊田亮介氏（前掲「蝦狄と北の城柵」）、鈴木拓也氏（「払田柵と雄勝城に関する試論」注(19)書所収、一九九八年。『秋田市史』第一巻先史・古代通史編　第七章第一節三の3「雄勝城への兵力集中と秋田城の停廃」）が、払田柵遺跡＝第二次雄勝城説に基づき、第二次雄勝城の造営との関係で解釈した。すなわち、払田柵遺跡の比定については諸説あったが、年輪年代学の検討によって外柵・外郭の材木の伐採時期が八〇一年（延暦二十年）冬〜八〇二年春であり、これが延暦二十一年（八〇二）正月の毎年越後・佐渡国から米・塩を鎮兵の食粮として雄勝城に運送する命令と重なることなどから、払田柵遺跡が横手盆地南部にあった雄勝城を、同北部に移転建造した第二次雄勝城であり、その造営開始時期は延暦二十一年正月頃であると考えられた。鈴木氏によれば、雄勝城への鎮兵の集結は雄勝城の造営のためであり、出羽国の鎮兵全員が雄勝城に配備され、その結果秋田城から鎮兵が引き上げられたので延暦二十三年に停廃されることとなった。第二次雄勝城の造営は、桓武朝の第四次征討計画のためで、陸奥国では北上盆地に同二十一年正月に胆沢城、同二十二年三月に志波城の造営が開始され、第二次雄勝城はこれらと連携して、征夷政策の北への拡大に備え、横手盆地を北から保護する目的で造営された。鈴木氏は、秋田城の復活について、第四次征討計画が延暦二十四年の徳政相論によって中止となり、弘仁二年（八一一）の征討を最後に征夷が終焉するのに伴い、同二年末〜三年初めごろに秋田城への兵が再配備され、秋田城が復活すると考える。従うべき見解と考える。

以上から、宝亀・延暦の秋田城の変遷は次のように考えられる。すなわち、宝亀初＝宝亀二年（七七一）頃、秋田の北の野代の蝦夷が国家支配から離脱し、秋田城に脅威を及ぼしたので、政府は秋田城の停止とその支配下の百姓の河辺郡への移住を決定したが、百姓が移住を嫌がったために、移住と秋田城の停廃は宝亀十一年（七八〇）まで実現しなかった。同十一年三月、陸奥国で起こった伊治呰麻呂の反乱に連動して、出羽国で雄勝・平鹿郡で蝦夷の蜂起が起こり、秋田城の兵を雄勝城に回さなければならなかったので、秋田城の守衛が停止されて城柵制が停止された。同年五月、本来秋田城に朝貢してきた渡嶋蝦夷の饗給を鎮狄将軍と出羽国司に命じたのは、この時点に秋田城が停止され秋田城司がいなかったからである。同年八月、このような一時的な城柵制の停止状況において、秋田城支配下の蝦狄・俘囚が秋田城停止の不安を訴えてきたのを受けて、政府は、秋田城に城司の代わりに鎮狄使もしくは出羽国司を派遣し、鎮狄使配下の軍士を割いて鎮守させ、由理柵にも軍士を配置した。これらはあくまでも暫定的な処置で、秋田城に関する処分は、宝亀初からの動向から見て、蝦狄・俘囚、百姓の意見を聞いて決定することにされた。秋田城の城柵制は、出羽国の混乱がおさまり、鎮狄将軍をやめた天応元年（七八一）五月頃までには復活した。陸奥国で桓武朝の第四次征討が計画され、延暦二十一年（八〇二）の胆沢城、同二十二年の志波城の造営と連携して、出羽国でも同二十一年正月ころから、横手盆地南部にあった雄勝城の同北部への移転造営が開始された。第二次雄勝城＝払田柵遺跡の造営である。この造営のために出羽国の鎮兵すべてを雄勝城に集結させた結果、秋田城から鎮守の鎮兵が引き上げられ、同二十三年（八〇四）十一月に秋田城の城柵制が停止された。第二次雄勝城の完成がいつかは明らかでないが、第四次征討計画は延暦二十四年の徳政相論で中止となり、弘仁二年（八一一）の征討を最後に征夷が終焉するのに伴い、同二年末～三年初め頃に秋田城に兵が再配備され、城柵制が復活する。

このように見てくると、宝亀・延暦の秋田城の停止の問題について、その原因として第一に注意しなければならないのは、他の地域の動向が原因になっていることである。宝亀初の秋田城の停止と百姓移住の原因は野代の蝦夷の脅威であり、宝亀十一年、延暦二十三年の城柵制の停止は陸奥国の動向に関連した雄勝城への兵の集結である。第二に、秋田城停止の根本には出羽国の正規兵力の少なさがあったことである。出羽国の軍団数は九世紀に出羽団が一団、兵士一〇〇〇人であり、八世紀については分からないが、陸奥国のように六団もあることはなかったであろう。恒常的な鎮兵制はようやく八世紀末に成立した。このような軍制ではいわゆる「一府二城」といわれる国府、秋田城、雄勝城の平時の鎮守は可能であっても、非常時には十分でなかった。宝亀十一年、延暦二十三年の秋田城の城柵制の停止は、雄勝城への兵力の集中によって生じたのである。本文では秋田城の停止の原因について、柵戸の百姓の生活の困難さと城柵制の維持の困難さを上げて、後者については兵力負担の問題を上げたが、出羽国軍制の軽微さがこのことの根本的な原因だったのである。

（補記2）　弘仁六年（八一五）正月～同十年（八一九）正月の間の出羽国府の造営については、第一に、史料Eに出羽国府でありながら陸奥守である小野岑守がその造営に当たったと記すこと、第二にこの時期に造営されたことの意味の二点の問題があるように思う。

まず第一の問題については、結論を先に述べれば、史料Eは陸奥守小野岑守が出羽国府造営を主導したように記すが、実際はそのようなことではなく、陸奥守が陸奥国の力役の提供などによって造営に関与し、出羽国司と共同して造営に当たったということではないかと考える。そのように考えるのは、一つは陸奥守が出羽国府造営を主導するというのはその職掌からみてはなはだ異例のことであるという一般的な判断であり、二つは国府造営の期間中に陸奥守が陸奥国で活動していることが明らかであるからである。後述のように、造営時期については、その開始時期が前述より一年繰り下がって弘仁七年正月以降であり、同七年正月～十年正月と推定される。この期間は厳密には造営期間ではなく、造営完成の上限と下限を示すに過ぎず、造営が同七年正月以降に開始され同十年正月以前に完成したことを示すが、出羽国府の造営であるからこの三年間がほとんど造営期間と考えてよいであろう。この造営期間のまっただ中の弘仁八年七月五日に、陸奥守小野岑守は、おそらく同二年の征討の際に逃れていた俘囚らを帰降させた功績で褒賞され、次いで同年九月二十日にも陸奥国で「叛俘」六十一人が捕えられた（『類聚国史』弘仁八年七月壬辰・九月丙午条）。後者には直接岑守にはふれていないが、前者と一連のことであり、同八年七月から九月にかけて陸奥守岑守は任国で同二年征討から逃れた俘囚らの帰降・捕獲の仕事に当たっており、出羽国府造営期間中を通じて出羽国に駐在して造営を専当していたとは考えられない。

陸奥守の出羽国府造営への関与を考える上で、八世紀に出羽国の大規模事業に陸奥国から兵や力役が提供されたことがあったことが想起される。天平九年（七三七）に陸奥国多賀柵と出羽国の秋田村出羽柵との間の連絡道路開通工事が行われた（本書第二編第五章「天平九年の奥羽連絡路開通計画」）。この事業には持節大使が派遣されたが、実質的には、陸奥按察使大野東人の指揮下に進められた。奥羽両国にまたがる事業で両国国司を指揮して進めなければならなかったので、両国を管轄する上級広域の権限を持つ陸奥按察使が事業の統轄に当たったのである。この事業に動員された両国の正規兵数は、出羽国五〇〇人（軍団兵士）に対して、陸奥国は五四九九人（軍団兵士五〇〇〇人＋鎮兵四九九人）であり、出羽国の一〇倍以上である。この事業は両国にまたがるものであったが、実は最大の課題は出羽国男勝村の蝦夷を征討し道路を設けることであったから、この事業は陸奥国の大きな兵力と国力をつぎこんで、出羽国の事業を成し遂げるという面があったのである。本文で述べたように、天平宝字二～三年（七五八～七五九）の陸奥国桃生城、出羽国雄勝城の造営、同四～六年の陸奥国多賀城、出羽国秋田城の改修が、それぞれの国司だけによるのではなく、陸奥按察使藤原朝猟の統轄下に行われたのは、天平九年の工事と同様に陸奥国から出羽国への援助が行われたからであると考えられる。このように出羽国の事業に陸奥国の援助が行われたのは、両国の間で大きな国力の差があったからである。ちなみに九世紀前半の陸奥・出羽国の国力差を課丁数で見てみると、陸奥国については弘仁六年（八一五）に軍団兵士・健士制の基礎として、課丁数三三二九〇人、勲位五〇六四人、計三八三五四人（弘仁六年八月二十三日太政官符、『類聚三代格』）、承和六年（八三九）に給復に関して百姓三〇八五八人（『続日本後紀』承和六年三月乙酉条）という数字が上げられており、出羽国については承和八年に給復に関して百姓二〇六六八人と言う数字があり（同承和八年二月甲寅条）、百姓数も給復に関していわれているから課丁数と考えてよいであろう。これによると出羽国の課丁数は陸奥国の三分の二ほどであったと考えられる。

八世紀の例からみて、弘仁年間の出羽国府造営にも、出羽国内からの力役の徴発はもちろんあったが、陸奥国からも力役の提供があり、それに伴い陸奥守が造営に関与したので、史料Eにおける陸奥守の造営担当の記述になったと考える。

これに関連して陸奥按察使の官制の変化についてふれておかなければならない。八世紀の奥羽両国にまたがる事業は陸奥按察使が統轄し、この時期には按察使は陸奥守を兼任していたが、大同三年（八〇八）以降、按察使と陸奥守が別個に任じられることになり公卿の兼任で遙任であった。すなわち弘仁六年正月〜同七年十二月在任の巨勢野足は中納言従三位、同八年正月〜同十一年在任の藤原冬嗣は権中納言従三位から大納言正三位に昇任した。これらはこれ以降定例化していく按察使遙任の先駆けである。もしこの時按察使が任地赴任であったならば、陸奥国からも力役の徴発があった出羽国府造営は按察使の統轄下に進められたであろうが、遙任だったために出羽守と陸奥守が共同するような形で行われたのであろう。陸奥守が出羽国のことに関与することができたのは、八世紀に按察使を兼任した陸奥守が出羽国のことに関与したという伝統が関係しているかもしれない。

（鈴木拓也氏「古代陸奥国の官制」注(19)著書所収）、その当初は按察使は任地に赴任したが、出羽国府造営の時期には按察使は公卿

この問題について出羽国側から見ると、国府造営期間中に出羽守が在任しなかった可能性がないでもない。弘仁三年（八一二）十一月〜天長七年（八三〇）閏十二月の間出羽守の在任者を史料上確認できない（『青森県史』資料編古代1第Ⅵ部北方関係官人補任表）。ただし天長五年四月十四日官符が出羽守の傔仗を設置しているのでこの時には在任したと考えられ、在任を確認できないのは弘仁三年十一月〜天長五年四月の間になる。出羽守が不在任のために陸奥守が出羽国府の造営を主導した可能性が全くないわけではないが、いうまでもなく『日本後紀』は闕巻が多く、弘仁四年三月〜同五年六月の間の巻二十三、同七年正月〜天長十年二月の間の巻二十五〜四十が闕けているので、史料上確認できないからといって一概に在任していないとはいえず、また前述のように陸奥守が

造営期間中を通じて出羽国で造営に専当していたわけでもないことからみると、やはり出羽守が在任して造営を主導し陸奥守はそれに協力したと考えるのが穏当であろう。国府造営のような重要事業は当該国守の主導のもとに行うのが自然である。

もちろん史料Eの陸奥守が造営を主導したという記述と陸奥守が協力するということとの間にはずれがあるが、史料Eの記述が出羽国府造営を主題とするものでなく、そのことについて歴史的事実としてふれるに過ぎず、造営時期を延暦年中とするなど不正確であることに注意しなければならない。憶測になるが、史料Eの出羽守の言上のもとになった資料、例えば出羽国府造営の褒賞の記事などがあり、そこには陸奥守・出羽守など褒賞者の名が記されていたが、言上にはその中で前に記されている高位者の陸奥守の名だけが拾い上げられたというようなことも考えられる。史料Eの陸奥守が出羽国府造営を主導したという記述は、そのままは受け取れないが、その背景には出羽国府の造営に陸奥国からの力役の援助がありそれに伴って陸奥守がそれに関与したということが想定される。

次に第二の問題については、出羽国府造営の時期は、律令国家の征夷政策が延暦二十四年の徳政相論によって積極的な版図拡大策から消極的な版図維持策に転換し、さらに弘仁二年の文室綿麻呂の征夷の終了によって征夷が終焉した時期に位置づけられる（熊谷公男氏「平安初期における征夷の終焉と蝦夷支配の変質」『東北学院大学東北文化研究所紀要』二四号、一九九二年）。この征夷の終焉にともない、民力回復するために陸奥国は弘仁三年〜六年の四年間、出羽国は同三年〜五年の三年間給復された（『日本後紀』弘仁二年閏十二月辛丑・己酉条）給復は調・庸と雑徭の免除であるが（『令集解』賦役令14人在狭郷条古記、日本思想大系『律令』補注10賦役令14「復と免課役」五八八頁）、実は出羽国府造営はこの給復あけに行われたのである。造営時期について、さきに弘仁六年正月〜同十年正月の間と推定したが、先に述べたように陸奥国の力役すなわち雑徭も使ったとすれば、造営の開始は陸奥国の給復あけの弘仁七年（八一六）正月以降となり、造営時期は弘仁七年正月〜十年正月の間と若干狭めることができる。出羽国府造営は征夷の終焉、さらに民力休養のための給復あけに取り組まれた事業だったのである。

九世紀初め造営の城柵は、徳政相論を境に積極的征夷政策の時期と消極的征夷政策の時期のものに分けられ、延暦二十一年（八〇二）造営開始の胆沢城、同二十二年造営開始の陸奥北端の志波城、同年頃造営の出羽国の第二次雄勝城（＝払田柵遺跡）は前者に属し、いずれも同二十三年に計画された第四次胆沢征討のために造営された。これに対して弘仁二年〜三年に造営された徳丹城は後者に属し、征夷終焉後、雫石川の氾濫被害を受けた志波城に代わって南に後退して設けられた小規模な城柵である。出羽国府はいうまでもなく後者に属するのであるが、徳丹城が志波城の河川被害に対処するために征夷終焉直後に急いで造営されたのに対して、給復あけにおもむろに造営された感が深い。本文に述べたように、この出羽国府の造営計画は延暦二十三年正月～二十五年五月の間に征夷大将軍坂上田村麻呂の論奏によって決まったものである。この論奏の時期は同二十四年十二月の徳政相論と時期が微妙であるが、後の実現の経緯や庄内平野における国府の造営ということから見て、第四次胆沢征討のために胆沢城、志波城、第二次雄勝城などと同時に緊急性を持って計画されたものではなく、征夷政策転換後に計画されたものであり、したがってその論奏の時期は延暦二十四年十二月～同二十五年五月の間のこととなる。この出羽国府の造営は、徳政相論による征夷政策の転換後、延暦二十四年十二月～同二十五年五月ころに征夷大将軍坂上田村麻呂の提案によって計画されたが、すぐに着手されず、征夷の終焉、さらにその後の奥羽両国の給復期間が終わった後、計画から十年以上経過して、弘仁七年正月（八一六）～同十年（八一九）正月の間に、出羽国が主体となりながら、陸奥国が力役などの支援をし陸奥守小野岑守も関与する形で造営された。このような造営の経過を見ると、この出羽国府は征夷終焉後の出羽国支配体制の拠点として設けられたものと考えられる。

（付記）初出稿「秋田城の初歩的考察」、虎尾俊哉編『律令国家の地方支配』に掲載、一九九五年七月。論旨を明確にするために手を入れた部分があるが、基本的に旧稿のままであり、補訂すべきことは補注・補記に記した。補注は補うべきこと、補記は旧稿の改訂すべきことである。ここでは、（補記1）は「五　秋田城と出羽国府の変遷」の「延暦二十三年条の解釈」「宝亀十一年の施策」、「六　むすび」の（3）の部分、（補記2）は「五　秋田城と出羽国府の変遷」の「出羽国府の変遷」「六　むすび」の部分に関わる。

【本書編集にあたっての注記】
本章は著者自身の補訂稿による。

第四章　秋田城と渤海使

はじめに——その後の成果と問題点——

私は前稿「秋田城の初歩的考察」[1]（本書第三編第三章）において、ある時期に秋田城に出羽国府が設けられていたという見解（以下、「秋田城・国府説」と称す）を批判し、古代を通じて秋田城には出羽国府が設けられたことはなく、出羽国府は一貫して庄内平野に置かれ、秋田城は国司が城司として駐在する城柵であることを主張した。秋田城・国府説は、主に秋田城と出羽国府の変遷に関する文献史料と、秋田城跡出土の木簡・漆紙文書などの文字史料の解釈によって主張されていたが、前稿では両者の解釈を批判してこの説が成立しがたいことを主張した。

本稿で問題とするのは、秋田城への渤海使来着との関係からの秋田城・国府説であるが、この見解はすでに前稿の段階で新野直吉氏によって主張され[2]、前稿では、渤海使が秋田城に安置・供給された事実が確認できず、秋田城が渤海使受け入れの役割を持っていたことは確証がないこと、もし秋田城が渤海使受け入れの役割を持っていたとしても城司として駐在する国司で対応できるので、国府である必然性はないことなどの点から批判した。しかし前稿の発表前後以降、この見解について、新野氏の新しい研究が提出され[3]、また秋田城跡の発掘調査において渤海使の来着の根拠となると考えられる考古学的事実が明らかになったとして、強く主張されるようになってきたのである。本稿はあらためてこの見解を批判しようとするものである。

前稿で検討した秋田城と出羽国府の変遷に関する文献史料と、秋田城跡出土の木簡・漆紙文書の文字史料の解釈については、その後それらを覆すような決定的な反論が行われたとは考えていないので、本稿は前稿が成立することを前提に論じていくことにする。

渤海使との関係からの秋田城・国府説は、一つは主唱者である新野直吉氏が『古代日本と北の海みち』で主張した北の海みち論、渤海使と秋田城との関係、二つは秋田城跡鵜ノ木地区の便所遺構で検出した寄生虫卵の二つで構成されているので、これらを中心に紹介して検討を加えることからはじめたい。

新野直吉氏『古代日本と北の海みち』 新野氏が『古代日本と北の海みち』で主張される「北の海みち」論は次のような説である。すなわち大陸と日本列島の間には古い時代から「北の海みち」とよぶ航路が存し、交流が行われていた。「北の海みち」とは、朝鮮半島北部・沿海州→大陸東岸北上→間宮海峡横断→樺太島西岸南下→宗谷海峡横断→北海道島西岸南下→津軽海峡横断→津軽半島・秋田男鹿半島という北回りの航路であり（四四頁）、陸に沿いかつ狭い海峡を横断する航路であるので、航海技術の未熟な段階には、広い日本海を横断するより格段に安全であり、渤海使はこの航路によって来朝したとする。この「北の海みち」論ははなはだ魅力的な見解で、渤海使が第一次神亀四年（七二七）から第一三次延暦十四年（七九五）までの間、六回も出羽国に来着したのはこの航路を使っていたからであるのは確かである。

新野氏は、秋田城が国府であることについて、前稿で指摘したようにこれ以前の論文で文献史料によって論じたのを受けて、本書では秋田城跡出土の木簡・漆紙文書などの文字史料によって論証することを試みている。新野氏の論法では、秋田城が渤海使の受け入れのために設けられた施設であるから国府であるというのではなく、国府であることは別の諸点から論証でき、そのことを前提として、天平五年に国府機能を持った出羽柵が庄内から秋田へ一〇〇キロメートル北進して設けられたのは、渤海使を受け入れるためで、秋田出羽柵・秋田城は渤海使受け入れの外交機能を持っていたと述べ（九一頁）、また秋田城が国府であることと渤海使受け入れの関係については、「かくして庄内から秋田高清水に一挙に北進した出羽柵は、聖武朝から北方の外交を含めた行政事務を所掌し、孝謙朝を経て淳仁朝には秋田城と呼称されるように充実し、奈良朝における北辺の国府として渤海外交でも要衝としての立場を占めることになるのである。」（九一頁）と述べている。

そこで新野氏が秋田城跡出土の木簡・漆紙文書などから秋田城・国府説の論拠としてあげた点を整理すると次の通りである（八一頁）。すなわち①木簡第二号の勝宝五年（七五三）調米荷札は秋田城が調米を納入するか、消費する施設であることを示す。②木簡第三号の「飽海郡」「最上郡」と記す習書木簡は秋田城が出羽国一国に関係することを示す。③漆紙文書第二号の出挙関係文書、④漆紙文書第八号の天平宝字元年（七五七）以降の出羽国大帳案、⑤漆紙文書第九号の裏に天平宝字三年具注暦を書写する和銅七年（七一四）戸籍断簡の三点は秋田城の国府機能を示す。⑥漆紙文書第一〇号の蚶形駅家から介御館務所充ての文書は秋田城に国府があって出羽介が在庁していたことを示す。⑦漆紙文書第一一号の守小野竹良・介百済三忠が差出に自署した文書は秋田城に守・介が在庁していたことを示す。

これらのうち、①③⑤⑦については、すでに前稿の四において反論しているところであり、国府説の根拠にならない。②については習書であるから取り立てて取り上げることもないし、秋田城が城柵であるとしても飽海郡、最上郡とも関係があるであろう。⑥は秋田城に出羽介が駐在していることを示すが、それは秋田城司としての介であると考えれば何ら問題はない。従って、本書によっても秋田城が国府であることが論証されたとはいえない。

なお新野氏は二〇一三年三月に『古代東北と渤海使』を刊行し、第一次神亀四年（七二七）～第一三次延暦十四年

（七九五）の間の出羽国に来着した六回の渤海使と天平十八年（七四六）の来航集団について詳述して、日渤交渉の歴史を明らかにし、東北地方の日本海側が、ユーラシア大陸の北の海みちを受けることによって、古代日本の対外関係の要地であり、外交の要衝として大宰府や北陸地方と比肩する地域であることを主張するが（四〇・一五九頁）、秋田城・国府説について新しい論点を提示しているわけでないのでここではふれない。

『秋田城跡Ⅱ―鵜ノ木地区―』　一九九四年六月～九五年七月に秋田城外の鵜ノ木地区で実施された秋田城跡第六三・六四次調査で水洗便所遺構を検出し、その沈殿槽の土壌の中に寄生虫の一つの有鉤条虫の卵を検出し、これが渤海使来着の考古学的根拠とされた[4]。鵜ノ木地区の調査成果については、二〇〇八年三月、その正式報告書『秋田城跡Ⅱ―鵜ノ木地区―』[5]が刊行され、この地区に渤海使を迎える客館の存在を推定しているので、この報告書のあらましを紹介する。すなわちこの地区の古代の遺構は、秋田城創建の七三三年～一〇世紀前半の間にⅠ期～Ⅴ期の五時期の変遷をたどる。この地区の中心的施設は寺院で、地区の中央部にⅠ期～Ⅴ期を通じて存続し、天長七年（八三〇）の史料に見える四天王寺と推定されている。渤海使の客館は、Ⅱ期（七六〇年代～八〇四年）に寺院の建物の東に付設された建物群で、その中に特異な構造の水洗便所遺構がある。ここに客館を推定する根拠は、この水洗便所遺構が他に例のない特異な構造であることと、便所遺構の土壌からの有鉤条虫卵の検出である。有鉤条虫はブタの摂食で感染し、古代日本にはブタを常食する食習慣がなく、大陸にはブタ食の習慣があるので、この便所の利用者は大陸からの外来者、すなわち渤海使と推定され、Ⅱ期に渤海使の客館が推定できる。古代において本来寺院は客館の機能を果たしたので、明確な考古学的根拠はないが、Ⅰ期に寺院が渤海使の客館として利用されたことを推定する。この地区の西北部に池があるが、Ⅲ期～Ⅴ期（八〇四年～一〇世紀前半）にこの池の岸に祓所の祭祀場が設けられた。さらに渤海使来着と秋田城・国府説の関係については、「（出羽柵の庄内から秋田への）北進の背景には、当時渤海使の来航があった出羽国の北に国府を伴う城柵、中央政府に直結した枢要施設を大きく北進させ、直接的に渤海使や北方民族への対応に当たる外交施設としての役割も担わせたとする説が示されている（新野説―筆者注）。いずれにせよ、外国使節に対する初期の対応（「日本来着当初の対応」の意か―筆者注）は、来着地の国府が行うのが通例であり、奈良時代に出羽国府が存在した可能性が高く、最北の城柵であった秋田城は、来航した渤海使節の対応を行った可能性が極めて高いと判断される。」（二七四頁）と述べ、ここには、秋田城は渤海使を受け入れる施設であるから国府であるという論理がみられる。

秋田城跡の発掘成果の総括　『秋田市史』第一巻先史・古代通史編[6]（二〇〇四年三月刊）と伊藤武士氏『日本の遺跡12　秋田城跡　最北の古代城柵』[7]（二〇〇六年七月刊）は、これまでの秋田城跡の発掘調査の成果を総括して有益であり、両者の秋田城と渤海使との関係、秋田城・国府説に関する見解を見ておきたい。

『秋田市史』第一巻では、第六章で秋田城跡の調査成果と秋田城の性格に関する諸説を整理し、その第三節では（鈴木拓也氏執筆）、秋田城・国府説と非国府説について両論併記の立場で諸説を整理し、渤海使については、便所遺構の有鉤条虫卵の検出、鉄製鍔釜の出土から、秋田城来着を認めるが、秋田城の機能については、北方から毎年朝貢してくる渡嶋・津軽などの蝦夷の受け入れが大きな役割であり、渤海使受け入れの窓口である可能性を認めながら、それは八世紀の七〇年間にわずかに六回だけであり、北方の蝦夷の朝貢にくらべると頻度が少なく、これら対北方交流の一環と位置づけ（三九七頁）、秋田出羽柵の設置を渤海使受け入れのためであるとする考えとは一線を画する。

秋田城跡の発掘担当者である伊藤武士氏の著書では、秋田城跡の発掘調査成果によって、秋田城の機能と役割について整理し、秋田城は、行政機能、対蝦夷の軍事機能、蝦夷の朝貢・饗給機能という城柵としての基本的機能に、物資集積管理機能（焼山地区の倉庫群）、鍛冶・漆工・木工などの生産機能、対大陸（渤海）外交・対北方交流機能という最北の城柵としての地域的特性による機能を付加された特殊広域行政施設であり、それら機能・役割は時期によって変遷することを指摘する（一三八・一八三頁）。渤海使については、特異な水洗便所遺構とそこから検出した有鉤条虫卵と、秋田城跡出土の鉄製鍔釜から、渤海使の秋田城来着を認め客館の存在を推定し、秋田城の外交施設としての機能を強調し、新野氏の説によって意義付けをしている（一四八頁）。国府・非国府説については、両説を整理・紹介し、国府説の成立には課題があるとしながらも、平川南氏の国府説が現在最も有力な説であるとし（一四七頁）、国府説を認めている叙述が散見される（一三三・一四八・一八三頁）。伊藤氏の国府説は平川氏の論文によっており（注(7)前掲「秋田城跡の調査成果について」）、平川論文についてはすでに前稿で批判をしているので、ここではふれない。

問題点　以上見てきたように、秋田城・国府説について、新野氏の秋田城跡出土文字史料による論証はすでに批判しているので、現在残されている秋田城・国府説の根拠は、鵜ノ木地区の水洗便所遺構における有鉤条虫卵の検出から推定される渤海使の秋田城来着の事実ということになり、この見解の検討が必要になる。

この見解は、次の二段階に分けられ、関係を図式的に示す。

第一段階＝ⓐ秋田城跡水洗便所遺構の沈殿槽の土壌における有鉤条虫卵の検出→ⓑ有鉤条虫はブタの摂食で感染する→ⓒ古代日本ではブタは常食せず、大陸では常食しているから、この有鉤条虫卵は渤海使が残したものである→ⓓ秋田城に渤海使が来着しており、鵜ノ木地区Ⅱ期遺構に渤海使の客館が存した→ⓔ秋田城は渤海使の受け入れ施設である

第二段階＝ⓔ秋田城は渤海使の受け入れ施設である→ⓕ来着した渤海使の対応は到着地の国府が行うのが通例である→ⓖ秋田城は出羽国府である

これらの主張に対して、私は次のように二段構えで批判したい。

第一段階＝有鉤条虫はブタだけではなく、ブタの原種のイノシシにも寄生するのではないか。もしそうだとすると、有鉤条虫卵の検出から、ブタの摂食者＝渤海使とともにイノシシの摂食者の可能性も考えなければならなくなる。

第二段階＝秋田城が渤海使の受け入れ施設であるから国府であるという見解は、世に喧伝されているわりに、これまで説得的・論理的な説明がなく、はなはだわかりにくい。先に報告書の文章を引用したのはそのためであるが、煎じ詰めれば、「いずれにせよ、外国使節に対する初期の対応は、来着地の国府が行うのが通例であり、奈良時代に出羽国府が存在した可能性が高く、」という部分になるかと思うが、これは妥当なのであろうか。これまでこのことについて説得的な説明を行うことができなかったのは、国司を含む地方官司が、渤海使に対してどのような職権を持ち、それに基づいてどのような対応を取ったのか、またどの地方官衙で対応を行ったのかということが明らかにされなかったからであり、本稿ではこれらの観点からこの問題を批判する。

以上、二つの問題点を指摘したが、渤海使受け入れ施設による国府説は、前述のように、第一段階→第二段階、ⓐ→ⓖというように重層的な論理構造になっているから、例えば第一段階あるいはⓐが成立しなければ、第二段階あるいはⓖの最終的結論は成立しないことになるが、本稿では一部のみを批判するのではなく、第一段階のⓐ→ⓔ、第二段階のⓔ→ⓖの命題それぞれを検討する仕方で批判することにする。

一　有鉤条虫とブタ・イノシシ

まず第一段階の命題についての疑問を述べると、有鉤条虫卵の検出はブタを摂食した者のみを指し示すのであろうか。言い換えれば有鉤条虫はブタのみに寄生するのかということである。周知のように、ブタはイノシシを家畜化したもので、両者は基本的に同じ形質であるから、有鉤条虫がブタに寄生するのならばイノシシにも寄生するのではなかろうか。そうだとすれば、日本の古代においてイノシシの摂食は行われているから、有鉤条虫卵の検出が大陸からの外来者、すなわち渤海使のみを指し示すことにはならないのではないか。この問題はブタだけでなく、イノシシまで広げて考える必要がある。

弥生のブタ　日本列島では、縄文・弥生時代から奈良時代にかけてイノシシの肉が食用に当てられていた。そしてこのような中でブタの飼育も行われており、一概に古代の日本でブタの飼養と食習慣がなかったとはいえない。西本豊弘氏によれば、日本列島では縄文時代中期から晩期にかけてイノシシの一時的な飼育が行われ、弥生時代には繁殖まで管理する本格的なブタの飼育が行われており、このブタは日本在来のイノシシを家畜化したものではなく、大陸から稲作とともにもたらされたものである。弥生時代のブタの骨格遺体の出土地域は九州〜愛知県が中心で、東は神奈川県まで確認できるが、西日本が中心である。(8)

大和政権の猪養部　大和政権においては猪養あるいは猪養部（猪甘部）が設定され、「猪」の飼育を行っていた。(9)古代史料における「猪」字は野生のイノシシと家畜のブタの二つの意味があることに注意しなければならない。「猪」字は正字「豬」の俗字で、中国ではイノシシとブタを意味し、日本でも両者の意味を有しており、イノシシであることを明確にするために「山猪」（『日本書紀』崇峻五年十月丙子・十一月乙巳条）、「野猪」（『日本後紀』延暦十八年二月乙未条）などの用例もある。古代史料の「猪」字はブタをも意味するのである。猪養部が飼養した「猪」は、飼養されたものであること、さらに弥生時代以来のブタの飼育の事実をふまえるとブタと考えられる（注(9)前掲佐伯論文、注(8)前掲西本・新美著書）。猪養あるいは猪養部は、中央伴造である猪使連、地方伴造である猪甘部君や猪甘首の管掌の下にブタの飼育に当たり、その肉を天皇の食膳に供していたと考えられる。猪養部あるいは猪養の分布は、大和・山城・摂津・和泉・丹波・播磨・伊勢国すなわち畿内とその周辺国であり、また『播磨国風土記』に猪養が日向の「肥人」を以て当てたという伝承があって、猪養あるいは猪養部は南九州の肥人や隼人を編成したと考えられ、これらから猪養部などによるブタの飼育の地域は、畿内とその周辺国、南九州などと考えられる。先の弥生ブタの飼育地域もあわせて考えると、弥生から大和政権の時代のブタの飼育地域は、西日本が中心で、東北には及ばない。京から秋田城に下向した官人がブタを摂食していた可能性を排除できないが、ブタからは秋田城跡の有鉤条虫について説明することはむずかしいので、ここではイノシシから考察することが必要である。

イノシシの食用　先にもふれたように、日本列島では、縄文・弥生時代から奈良時代にかけてイノシシの肉が食用に当てられていた。縄文・弥生時代については、イノシシの骨格遺体などの考古学的資料によって、歴史時代については藤原京・平城京・長岡京からの出土木簡に「猪」の肉や干肉の荷札によって知られる[10]。野生獣の中ではイノシシはシカと並んで、狩猟と食肉の主要な対象であった。七世紀末から八世紀にかけて仏教思想から殺生禁断や動物の放生が行われて、肉食がすたれたように考えられたりもするが、『延喜式』に収載する多くの「猪」に関する規定を見ると、少なくとも十世紀初めまで「猪」の利用が行われていたことが知られる。すなわち、猪の用途は、①食用（宍）、②祭祀の幣帛（宍、皮）、③孔子を祭る釈奠の犠牲、④薬用（膏、脂、蹄）⑤その他（膏＝瑩太刀料、造太刀・鞍料。毛＝作御靴料、髪＝屏風料）など多様であり（注(8)前掲新津著書）、それらは陸奥・上野・信濃・美濃・飛騨・近江・甲斐・相模・伊豆・美作・備中・紀伊・阿波・豊前国と大宰府から、中男作物、交易雑物、神税の交易雑皮、贄、年料雑薬、六衛府貢進物などの貢進種目として収取された[11]。先の木簡荷札と『延喜式』の「猪」はブタである可能性を排除できないが、『延喜式』の「猪」の貢進地域が先の猪養部の分布と重ならないところから見ると、『延喜式』の「猪」はイノシシとみてよいだろう。

東北のイノシシ　以上は都を中心としたことであるが、東北地方のイノシシについてみると、東北地方に住む蝦夷の一部が狩猟採集を生業としていたことは明らかである。[12]斉明四年（六五八）に齶田の蝦夷の恩荷が、自分らが弓矢を持っているのは官軍と戦うためでなく、食肉を得る狩猟のためであると、阿倍比羅夫に誓ったという有名な事実があって（『日本書紀』斉明四年四月条）、齶田（秋田）の蝦夷が狩猟と肉食をしていたことが確認できる。

古代の東北でイノシシの狩猟が行われていたことをいうためにはイノシシの生息地域が問題となる。現在イノシシは東北地方北半部では多雪のために生息しないと考えられているからである。近年イノシシは西日本で増加し、その生息地域を北に拡大し、東北地方ではこれまでの宮城県域から岩手県一関市まで拡大していることが新聞報道で伝えられているが、それでもそれより北では生息がはっきりしない。[13]この点について、西本氏は、現在東北地方北半部でイノシシが生息しないのは、明治以降のブタコレラの流行によってニホンイノシシが多量に死亡した影響が残っているからであると推測している。これ以前に東北北半部におけるイノシシの生息を示す資料が残されているからである。江戸時代には、八戸藩では「八戸藩日記」などの藩の記録によると、延享二年（一七四五）～寛政十年（一七九八）の約五〇年間はイノシシの増加期で年間一〇〇〇頭以上が捕獲された年もあり、延享二・三年はイノシシの食害によって飢饉が起こり「猪飢饉（けがち）」とよばれたという。[14]

時代をさかのぼって縄文時代には、青森県北部を除いて東北地方の縄文時代の遺跡では早期～晩期にイノシシの骨格遺体が出土し（注(8)前掲西本・新美著書）、また後期～晩期にイノシシをかたどった猪形土製品が北海道から中国地方にかけて出土し、東北・関東地方が多く、東北では青森・岩手が特に多く、この地域におけるイノシシの生息が推測される（注(8)前掲新津著書）。

秋田城跡のイノシシ遺体　そしてこの二つの時代の間の八世紀においては秋田城跡からイノシシの骨が出土してい

る。第五四次調査において秋田城跡外郭東辺の内側、東門の南に、築垣の築造の採土のための土取り穴ＳＫ一〇三一を検出した。[15] この穴は東西約一五メートル、南北約二五メートル、深さ三～四メートルの大きなもので、堆積土から多くの豊富な内容の遺物が出土し、動物の骨の中にイノシシの骨があった。東辺外郭は四期の変遷をたどり、１・２期は築垣、３・４期は材木塀で、この穴は秋田城創建の天平五年（七三三）にさかのぼる可能性のある１期築垣築造の際に掘られ、３期材木塀が建造された八世紀末・九世紀初まで開いていて、その間に土が堆積した。すなわちこの穴の出土遺物は七三三年～八世紀末・九世紀初の範囲の時期のものということになる。イノシシをはじめとする出土の動物の骨については未整理のためか報文でふれられず、出土状況・層位、骨の状況などの詳細は不明で、この穴の出土遺物一覧表（六五頁）、図版（60～62、15）から、出土の動物の種類などが知られるだけである。一覧表によるとこの穴から少なくとも獣骨が二二点、鯨骨が一点出土し、図版によると出土した骨の動物の種類は、イノシシ、シカ、イヌ、ウマ、ウシ、クジラと鳥類で、イノシシについては下顎骨と頭骨が出土している。これらの動物は前記した時期に秋田城で何らかの形で利用されたもので、イヌ、ウマ、ウシは食用でない可能性があるが、イノシシとシカは食用に当てられたものであろう。ここに七三三年～八世紀末・九世紀初の間に秋田にイノシシが生息し、なおかつ秋田城で食用に当たられていたことが推測される。

秋田城の饗給とイノシシ　陸奥・出羽国の国府と城柵には蝦夷が定期的に朝貢して饗給を受けた。饗給とは、朝貢してきた蝦夷に饗宴と禄を賜与することで、蝦夷を懐柔して支配下につなぎ止めるための方策で、蝦夷支配の根幹である。[16] この城柵における饗宴の際に獣・魚の肉が供されていた。貞観十四年（八七二）三月三十日陸奥国鎮守府解に、「辺城」では夷俘を養うために殺生をこととしている上に、正月・五月の二節の「俘饗」に用いるために「狩漁之類」を多く行っていて、鎮守府に殺生の基があるので、これまで吉祥天悔過を修してきたと述べている（貞観十八年六月十九日官符、『類聚三代格』)。「狩漁之類」を狩猟と漁労と解釈すれば、胆沢城鎮守府では蝦夷の饗宴に獣肉・魚肉が供されていたことになる。秋田城跡から「狄饗料」を下すことに関する木簡が出土し[17]、この「狄饗」は前記の「俘饗」に対応する言葉で、秋田城でも蝦夷の饗給が行われていたことが明らかで、そこでは獣・魚の肉が供されていたであろう。

先のSK一〇三一出土のイノシシ・シカの骨は、この秋田城内で行われた朝貢の蝦夷への饗宴に供された獣肉のものであることが、まず考えられる。先の官符には夷俘を養うために肉食が行われたとあるから、饗給という特別な場面だけでなく、通常生活の場でも行われ、また城内の倭人も肉食した可能性が排除できないから、あまり限定的に考えない方がよいかもしれないが、秋田城内で獣・魚肉が食用に当てられることがあったことが指摘できることは、出土した獣骨、有鉤条虫卵について考察する上で重要である。

以上、八世紀において秋田城内でイノシシ・シカの肉が食用に当てられ、その一つの場として朝貢の蝦夷への饗給の場が考えられた。便所遺構から検出された有鉤条虫卵は、イノシシの摂食者を指し示し、それは毎年定期的に朝貢して饗宴で獣・魚肉を供される蝦夷を指し示す可能性が出てきた。報告書が指摘する、有鉤条虫卵の検出→ブタの摂食者→渤海使という推測のほかに、有鉤条虫卵の検出→イノシシの摂食者→朝貢の蝦夷という推測が提起できる。すなわち有鉤条虫卵の検出が、渤海使の来着と鵜ノ木地区の客館の存在→秋田城が渤海使の受け入れ施設であるという命題の盤石の根拠ではなくなるのである。

もちろん渤海使説は有鉤条虫卵だけではなく、便所が他に例のない立派で特異な構造の水洗便所であることを根拠としているのであるが、次のような例を見るとこのように立派な便所であるから、蝦夷用ではなく渤海使用であるというのも一つの解釈に過ぎないといえよう。七世紀半ば斉明朝に飛鳥の都に朝貢した蝦夷らは、須弥山の園池で饗給を受け服属儀礼を行った。須弥山の園池に比定される水落遺跡は、最新の仏教の須弥山信仰に基づき、最新の技術による石製の噴水（いわゆる須弥山石）を設置した施設であり、ここで服属儀礼を行ったのは、このような新規な道具立てによって服属する蝦夷らを圧服する意味あいが含まれていたのである（今泉隆雄「飛鳥の須彌山と齋槻」『古代宮都の研究』一九九三年）。蝦夷用に立派な便所が用意されたことの意味については同様の観点からの解釈も可能であろう。

最初に述べたように、私の議論は基本的にイノシシがブタと同一の形質を持ち有鉤条虫を寄生させるということを前提としており、私は動物学の専門家ではないから、この点の可否については専門分野の研究者の教えを請わなければならない。われわれ歴史研究者は自然科学的なことがらを提出されると、ついすべてが事実と受けとめがちであるが、この問題で事実なのは条虫卵の検出ということだけであり、それが無鉤条虫でなく有鉤条虫の卵であることから始まって、ブタ→大陸の外来者＝渤海使→客館という論理はすべて一つの解釈に過ぎないことを銘記しておくべきである。

鉄製鍔釜の出土　有鉤条虫卵のほかに、秋田城への渤海使来着の考古学的根拠として指摘されている秋田城跡出土の鉄製鍔釜についてふれておきたい。第五四次調査でＳＫ一〇三一土取穴の八世紀第3四半紀の土層から出土した鉄製の鋳造の鍔釜で、小嶋芳孝氏が、形状の類似から、渤海の鉄製羽釜に系譜を持つもので、渤海人との技術交流を示す資料になる可能性を指摘し、伊藤武士氏がこれを受けて渤海使との関係を指摘した(18)。しかし、最近、この鍔釜の鉄の組成分析調査を行い、「炭素(C)量四・三一％の共晶組成のまだら鋳鉄製品」で、その組成から、原料は東北方面の砂鉄に由来するもので、この製品は国産の可能性がすこぶる高いと指摘され、渤海製であることは主張できなくなった(19)。渤海使との技術交流によって秋田城で製造されたものとする考え方もあるかもしれないが、以前のように強い根拠とするわけにはいかなくなったのではないかと考える。

二　地方官司と渤海使

1　地方官司の国書調査権

秋田城が渤海使受け入れ施設であるから国府であるという考えについて検討する場合、来着地の国司をはじめとする地方官司が渤海使に対してどのような職権を有しどのように対応したのかという大きな問題の中に位置づけて検討する必要がある。地方官司の渤海使に対する対応について問題となるのは、一つは、渤海使のもたらした外交文書（以下「国書」と称す）を、政府に進上する前に開封して内容を調査して政府に報告する職権であり、二つは、渤海使の「安置」「供給」すなわち宿所と食料の提供の職務である。前者を国書調査権と称するが、国司が渤海使の国書調査権を有するという見解があり、この職権は本来中央政府に属する重要なものと思われるから、国司が有するとするならば、国守が立ち会い国府で何らかの儀式を伴う可能性があると考えられ、秋田城が渤海使の受け入れ施設であるならば国府である可能性が生まれる。新野氏は秋田城の渤海使受け入れの外交機能を主張するが、この問題は地方官司の外交機能の実質を検討することである。第二節では、国司の国書調査権の問題と、それに関係して地方官司の渤海使受け入れによって起こる諸問題の時期的変遷を検討し、第三節では渤海使の「安置」「供給」の問題を検討することとしたい(20)。

石井正敏氏説　これまで渤海使の国書調査権の問題に関しては、石井正敏氏(21)が精力的に取り組み、国司が大宰府とともに国書の開封・調査権を持っていたことを主張し、中西正和氏との間で論争を交わしてきたので、まず石井氏の見解を検討したい(22)。

石井説は次の通りである。すなわち⑴天長四年（八二七）十二月に但馬国に来航した渤海使に関連して、外国使節受け入れに関する同五年正月二日官符が発令されたが、この官符の検討によれば、これ以前から国司に国書を開封して調査する権限が与えられていた。⑵宝亀十年（七七九）十月勅によって、大宰府に、渤海使の例にならって新羅使の国書を調査する職権が与えられたが、このことから宝亀十年以前から大宰府に渤海使の国書調査の職権が与えられていた。⑶宝亀四年（七七三）に能登国司は同国に来着した渤海使の国書の違例無礼を報告し、朝廷はそれに基づいて渤海使の放還を決定しているので、宝亀四年には国司が国書調査の職権を有していた。⑷宝亀二年来日の渤海使壱万福のもたらした国書が無礼な内容で大きな外交問題が生じた。そこでこれまで入京後に渤海使から国書が奉呈され開封していたシステムを改め、あらかじめ到着の予測される縁海地域の国司に外交文書の調査に関する職権を付与した。同時に壱万福に対して、以後の渤海使は大宰府に入港すべきことを命じたため、新たに渤海使を迎える可能性の出てきた大宰府に対しても渤海使のもたらす外交文書の調査に関する権限を付与した。⑸この新制度の最初の適用例が⑶でのべた宝亀四年の能登国司の国書の調査である。しかしその後国司による国書の開封・調査が現実に行われなかったため、天長五年に渤海使来日に際して、あらためて文書を写して進上することが命じられた。

この石井説に関して渤海使に限定して考察するが、結論を先に述べると、私は、地方官司に渤海使の国書の開封・調査の職権が付与されるようになったのは、石井氏の指摘の通り、宝亀二年の第七次渤海使壱万福の来朝の際に国書に関する問題が起こったためであるが、しかしその職権を与えられたのは大宰府のみで、国司は与えられず、その後も国司がこの職権を与えられることはなかったと考える。

渤海使の外交問題　まず渤海使の外交問題の概要について述べることから始めたい。渤海使について第23表に整理した。渤海使は最初の神亀四年（七二七）の来朝から最後の延喜十九年（九一九）の来朝まで、三四回来朝している。渤海使は日本に来着すると地方官衙に「安置供給」すなわち宿所と食料の提供を受け、問題がなければ国家的な賓客として待遇され、上京して天皇へ国書を奉呈し、それに対して叙位・賜宴・賜禄などに預かり、一連の儀礼を終えて帰国する。帰国の際にも地方官衙に安置・供給される。賓客として待遇されるか否かは、現象的には入京するか否かとして現れる。三四回の渤海使のうち、入京したのは二四回（第23表F入京項○）、入京できなかったのは八回（同×）、史料的に判断できないのが二回である（同?）。入京できない場合には、到着地あるいはそこからの移動地から帰国させられ、そのことを史料では「放還」「還却」「退還」などと表記する。(23)

入京できなかった理由は、大きく日本側の事情と渤海使側の問題の二つに分けることができる。前者は二回あり、第二一次弘仁十四年（八二三）には、近年の不作、疫病流行、さらに季節が農事に当たっているので、渤海使の送迎が百姓の負担であることを理由とし（『類聚国史』天長元年二月壬午条）、第二六次貞観元年（八五九）には去年に仁明天皇が崩御し、さらに災害が頻発して飢饉が起こり交通が困難なことを理由とし（『日本三代実録』貞観元年六月二十三日丁未条）、それぞれ入京を許可しなかった。弘仁十四年の入京停止の事情は、後述する翌天長元年（八二四）の十二年一貢令制定のきっかけになっている。日本側の事情で入京を停止した場合には、渤海使側の問題の場合とは異なって、入京できないことのほかは、国書・信物のやりとり、使者への賜禄などは入京の場合と同じく行われた。

後者の渤海使側の問題を理由とする入京停止は六回で（第八次宝亀四年〈七七三〉、第一一次同十年〈七七九〉、第二三次天長四年〈八二七〉、第二七次貞観三年〈八六一〉、第二九次同十八年〈八七六〉、第三一次寛平四年〈八九二〉）、これがいわゆる外交問題であり、次の四つの理由による（第23表H問題点項）。理由として指摘されたそれぞれの回数を付記する。すなわち、(1)渤海使のもたらす外交文書（国書）の違例無礼（H1国書項）＝三回（第八・一一・二七次）(24)、(2)北路

H問題点			I 政府遣使	J 国書開封	K 備　考
1国書	2大宰府	3違期			
			○遣使存問、兼賜時服	▲○	
○					国書が啓であることを問題視。
					正式な使者にあらず。
○			○遣使問渤海客等消息	▲○	王啓の違例無礼を指摘。佐渡国分国。
					高麗国王を称す。北陸・山陰道5国に飛駅鈴頒給。
					帰国の迎藤原河清使に同行来朝。
					帰国の遣渤海使に同行来朝。
○				○	表の違例無礼のため返却、改修して受領。
○	○		○太政官遣使、放還	▲	「表函」違例無礼により放還。承前の例により筑紫道来朝せよ。
	○		○遣使勘問	▲	大宰府来航せざることを勘問する。
					送高麗使を送って来朝。
○	○		○検校渤海人使	●	使節軽微、表無礼、大宰府来着令違反のため放還。
					蝦夷に抄略され、越後国に帰国船を造らせる。
○				○	啓が旧儀に違う。
					6年1貢令を定めるも、渤海の請いによって年限撤廃。

第23表　渤海使一覧

A次	B到着年	西暦	C間隔	D到着地	E安置供給	F入京	G国書名称
1	神亀4	727		(出羽国)蝦夷境		○	啓
+	天平5	733		秋田出羽柵建置			
2	天平11	739	13年	出羽国		○	啓
*	天平18	746		出羽国	安置出羽国給衣粮放還	×	
3	勝宝4	752	14年	越後国佐渡嶋	(越後国に移動・安置)	○	啓
4	宝字2	758	7年	越前国	便於越前国安置	○	表
5	宝字3	759	2年	対馬	徴高麗使於大宰	○	
6	宝字6	762	4年	越前国加賀郡佐利翼津	於越前国加賀郡安置供給	○	
7	宝亀2	771	10年	出羽国賊地野代湊	於常陸国安置供給	○	表
+	宝亀3	772		大宰府の国書調査権と北路禁止・大宰府来着令			
8	宝亀4	773	3年	能登国部下	能登国差使勘問	×	表
9	宝亀7	776	4年	越前国加賀郡・江沼郡	便於越前国加賀郡安置供給	○	
10	宝亀9	778	3年	越前国坂井郡三国湊	(越前国) 宜安置便処依例供給之	○	
11	宝亀10	779	2年	出羽国	在出羽国、宜依例給之。	×	表
12	延暦5	786	8年	出羽国部下(蝦夷地)	(越後国に移動・安置)	?	
13	延暦14	795	10年	出羽国夷地志理波村	宜遷越後国、依例供給	○	啓
14	延暦17	798	4年	隠岐国智夫郡	(出雲国に移動・安置)	○	啓

					渤海使官人が越中に残り渤海語を教習。
					帰国の送渤海国使が与えられた国書が啓でなく状であるので受け取らず。
				○	帰国の渤海使船が遭難したので越前国で船を造る。
					弘仁10年11月甲午条19次使史料に見え来朝年不詳。大使は慕感徳、難船し帰国船を造らせる。
				○	
			×停止存問渤海客使		大雪のため存問使派遣をやめ加賀守に「准例存問」。不作・疫病・農繁期のため入京停止。
		○	○*		右大臣藤原緒嗣が違期のため放還を主張するも天皇が入京許可。加賀国より帰国。
		○	×	国司開封	天長5年官符により但馬国司が啓・牒案京進。
			○存兼領	●	存問兼領客使が啓・牒案進上。
		○	○存兼領	●	存問使が違期入朝を詰問し、啓・牒案を京進。
			○存兼領		天皇諒闇・災害・飢饉のため放還。存問兼領客使・加賀国司が啓・牒正文を京進。
○		○	○存兼領	●	存問兼領客使が啓案京進、違期・王啓違例のため放還。中臺省牒のみ進上させる。
○			○存兼領	●	陰陽寮が蕃客来朝して不祥のことありと占う。存問使が啓牒違例を詰問。京人と市で交易。
		○	○存兼領	●	存問兼領客使が啓・牒案京進、違期により出雲国から放還。王啓・信物受けず。

15	大同 4	809	12年			○	啓
16	弘仁 1	810	2 年			○	啓
17	弘仁 5	814	5 年	出雲国	免出雲国田租、縁供蕃客也	○	啓
18	弘仁 9 ?	818	5 年			?	
19	弘仁10	819	2 年			○	啓
20	弘仁12	821	3 年			○	啓
21	弘仁14	823	3 年	加賀国	加賀国	×	
＋	天長 1	824		12年 1 貢令			
22	天長 2	825	3年×	隠岐国	（出雲国に移動・安置）	○	啓
23	天長 4	827	3年×	但馬国	国博士遣使、安置郡家給粮米	×	啓・牒
24	承和 8	841	15年○	長門国		○	啓・牒
25	嘉祥 1	848	8年×	能登国	能登国	○	啓・牒
26	貞観 1	859	12年○	能登国珠洲郡	能登から加賀に遷し便処に安置	×	啓・牒
27	貞観 3	861	3年×	隠岐国→出雲国嶋根郡	出雲国司、依例供給	×	啓・牒
28	貞観13	871	11年○	加賀国岸		○	啓・牒
29	貞観18	876	6年×	出雲国	於嶋根郡安置供給	×	啓・牒

			○存兼領			存問使派遣前に入京決定。加賀・路次諸国・京で優遇を受ける。鴻臚館で内蔵寮と交易。
		○	○存			違期のため出雲国司に造船・給粮させて同国から放還。
			○存			
			○存と領			
			○存と領			若狭国丹生浦到着、国府に寄らず越前国松原駅館に移動安置し入京。

の足掛け年数（○＝史料に合期と記すもの、×＝違期と記すもの）、F入京（○＝入京、×＝入省牒）、H問題点：渤海使が指摘された問題点（1国書＝国書違例無礼、2大宰府＝北路禁止・なし、存＝存問使、領＝領客使、存兼領＝二使の兼任、存と領＝二使が別任。22天長2＊＝領政府開封、●＝政府遣使が開封・国書案京進、▲＝政府遣使開封せず）

禁止・大宰府来着令への違反（H2大宰府項）＝二回（第八・一一次㉕）、(3)来朝間隔に関する十二年一貢令への違反（H3違期項）＝四回（第二三・二七・二九・三一次㉖）、(4)渤海使の身分が軽微であること＝一回（第一一次㉗）である。

(4)は第一一次宝亀十年の一回だけで、渤海使が出羽国に来着し、出羽国司の報告によって「来使軽微、不足為賓」すなわち大使の身分が軽かったので賓客として待遇するに足りないとして出羽国からの放還が決定され、国書である「表」を調査すると無礼であり、また大宰府に来朝しなかったことをとがめた（『続日本紀』宝亀十年十一月乙亥条）。すなわち(1)(2)も理由としてあげられていた。

(1)(2)(3)が入京停止の主な理由であり、実は、入京停止に至らなかった場合にもこの三つの点が指摘されることがあり、第1表に示した通り、(1)が五回（第二・三・七・一三・二八次㉘）、(2)が一回（第九次㉙）、(3)が二回（第二二・二五次㉚）指摘されていた。

国書の違例無礼　(1)国書の違例無礼とは、渤海使のもたらす外交文書の様式や内容が従来と違い、かつ無礼な内容であることである。渤海使のもたらす外交文書は、第二三次天長四年以降は、渤海国王から天皇への「啓」と中臺省から太政官への「牒」の二種であるが、

30	元慶6	882	7年	加賀国	加賀国安置於便処依例供給勤加優遇	○	啓
31	寛平4	892	11年×	出雲国		×	牒
32	寛平6	894	3年	伯耆国		○	
33	延喜8	908	15年	伯耆国		○	啓
34	延喜19	919	12年	若狭国三方郡丹生浦	遷送越前国松原駅館令安置供給	○	啓・牒

注　A次：渤海使の派遣次数（＊天平18年＝正式使節でない、＋＝参考事項）、C間隔：到着年間
京せず、？＝不明）、G国書名称：渤海使のもたらした国書（啓＝渤海国王啓、牒＝中臺
大宰府来着令違反、3違期＝違期入朝）、Ｉ政府遣使：政府からの遣使（○＝あり、×＝
客使を仮に出雲介に任じ領客使と称せず）、Ｊ国書開封：最初に国書を開封した主体（○＝

それ以前については中臺省牒の存否は明らかでない。一方、渤海国王の文書は、第一次神亀四年（七二七）～第三次天平勝宝四年（七五二）は「啓」、第四次天平宝字二年（七五八）～第一一次宝亀十年（七七九）は「表」、第一二次延暦五年（七八六）は確認できないが、第一三次延暦十四年（七九五）以降は再び「啓」になるという変遷をたどる（第23表G国書名称項）。両国間で相互に授受される外交文書の様式や内容は、両国の関係を端的に表現する重要な問題であるから、重視されたのである。

具体的な例をあげると、第三次天平勝宝四年（七五二）の渤海使が帰国する際に与えられた天皇の璽書で、次のように文書の様式と内容について指摘している。すなわち①渤海の前身である高句麗の使は「上表」を奉り、日本と渤海の間を兄弟・君臣の関係と述べていたのに対して、渤海使は「啓」を用いてみずからを「臣」と称していない。②このことは第二次天平十一年（七三九）渤海使の帰国の際に与えた勅書で既に指摘していると述べている（『続日本紀』天平勝宝五年六月丁丑条）。すなわち高句麗の旧例にならって天皇と渤海王の関係を君臣関係として「表」という文書様式を要求したのであり、すでにこのことは第二次天平十一年から問題となっていたの

である。国書の違例無礼問題は第七次宝亀二年（七七一）渤海使の際に外交問題として表面化するが、すでに第二次の時に問題になっていたことに注意したい。第四次天平宝字二年（七五八）渤海使から「高麗国王」を称し、「表」を奉るようになったのは、このような日本の要求を受け入れたからであり（『続日本紀』天平宝字三年正月庚午条）、日本側が渤海を高句麗の後継国とし、同様の外交関係を求めていた点は注意しておくべきである。

第七次宝亀二年（七七一）渤海使の時は、国書の違例無礼問題が本格的に外交問題として表面化し、石井氏が指摘するように、地方官司による渤海使の国書開封と北路禁止・大宰府来着が決められたので、詳しく見ておきたい。宝亀二年六月二十七日に、渤海使壱万福らの賊地野代湊への到着についての出羽国からの報告を受けて、常陸国に遷して安置・供給することを命じた。その後入京して、同三年正月一日に朝賀に列席し、同三日に方物を貢上したが、同十六日に渤海国王の表が違例無礼であることが明らかになり、大使壱万福に責問して表を返却し、賓客として待遇しないことにした。同二十五日に壱万福は大使の責任で表文を改修して国王に代わって申謝したので、二月二日になって改修した表を受納し、使者を賓客として待遇することを告げ、大使以下に叙位し、国王・大使以下に賜禄した。二十八日渤海国王へ書を賜い、その中で国書の違例無礼の点を指摘し、二十九日帰国の途についたが、九月二十日帰国船が暴風にあって吹き戻されて能登国に漂着し、同四年二月二十日に渤海副使が死去したとあり、同四年二月にはまだ日本に留まっていたらしく、そのためこの渤海使が指摘された国書の問題が、次の第八次宝亀四年遣使に伝えられず、再び国書問題を引き起こす原因となった。この第七次遣使では、国書の違例無礼が入京後に明らかになっているので、国司は国書を開封していなかった。ここで指摘された違例無礼は具体的にいうと、①高句麗時代は、日麗関係は兄弟、君臣関係としていたが、現在は舅甥と称していて礼を失している。②国書において前王時代を改め、日付の年月日の下に官品・姓名を注さず、書の尾に「天孫」の僭称を記しているなど、細かな点まで指摘している（『続日本紀』宝亀三年二月己卯条）。

地方官司の国書調査　このような国書違例無礼問題の出来に対して、政府が取ったのが到着地において地方官司に国書を開封・調査させ、問題があれば入京を許可しない処置である。延暦十八年（七九九）五月二十日官符は、同十七年に発令された渤海使来朝の六年一貢令を廃し、来朝年限を立てることをやめることを諸国に通知したものであるが、その中で来朝年限を立てないので、渤海使が来たるに随って諸国は「礼侍」し、かつ「供備」を加えることを命じている（『類聚三代格』天長元年六月二十日官符所引）。すなわち問題がなければ、諸国は到着した時から渤海使を賓客として礼遇するわけである。また後に来朝間隔の問題で指摘するが、入京までの迎送の負担は諸国の公民にとって重いものだった。到着地における地方官司による国書の調査によって、違例無礼の国書をもたらし賓客としての礼遇・送迎を受ける資格のない使節を、排除することができるのである。

この地方官司の国書の開封・調査について、石井氏は国司と大宰府が職権を与えられたとするのに対して、私は大宰府だけであると考える。この国書の開封・調査権の付与は、実は(2)渤海使の北路禁止・大宰府来着令と一体の政策であるので、次にその点から見ておきたい。

北路禁止・大宰府来着令　北路禁止・大宰府来着令については、次の二つの史料がある。

史料1　『続日本紀』宝亀四年（七七三）六月戊辰条

遣使、宣二告渤海使烏須弗一曰、「太政官処分、前使壹万福等所進表詞驕慢。故告二知其状一、罷去已畢。而今能登国司言、『渤海国使烏須弗等所レ進表函、違レ例无レ礼』者。由レ是、不レ召二朝廷一、返二却本郷一。但表函違例者、非二使等之過一也。渉レ海遠来、事須二憐矜一。仍賜二禄并路粮一放還。又渤海使、取二此道一来朝者、承前禁断。自レ今以後、宜下依二旧例一、従二筑紫道一来朝上。」

史料2　『続日本紀』宝亀八年正月癸酉条

（前略）去宝亀四年烏須弗帰本蕃日、太政官処分、「渤海入朝使、自レ今以後、宜下依二古例一向中大宰府上、不レ得下取二北路一来上」（後略）

史料1は能登国に来着した第八次宝亀四年の大使烏須弗に対して令されたもので、「此道」すなわち北陸道に至る航路はすでに禁断されている。今より以後、旧例によって「筑紫道」より来朝すべしと令されている。史料2は越前国に来着した第九次宝亀七年大使史都蒙に対して、第八次に令された太政官処分を引用して勘問しており、それは、渤海使は今より以後、古例によって大宰府に向い「北路」を取って来朝してはならないというのである。史料1の「此道」が史料2の「北路」で、新野直吉氏がいう北海道・本州の日本海沿岸を南下して出羽国や北陸道に来着する「北の海みち」に当たる。それに対して「筑紫道」は朝鮮半島から対馬海峡を渡って北九州に至る航路である。すなわち渤海使は北路からの来朝を禁止され、筑紫道を経由して大宰府に来着することを命じられたのである。

史料1の第八次渤海使に対する命令に「承前禁断」とあるから、その法令の発令は第七次宝亀二年大使壱万福の以前のことであるのは確かであるが、石井氏の指摘のように、それは、第七次宝亀二年の渤海使が同三年に帰国する時であるとしてよい。先述のように、第七次渤海使は、宝亀三年九月に帰国船が暴風に吹き戻されたために同四年二月にはまだ滞日し、この法令を次の第八次宝亀四年六月到着の渤海使に伝えることができなかったので（『続日本紀』宝亀四年六月丙辰条）、第八次使が史料1のように指摘されることになったのである。

史料1で「旧例」によって筑紫道より来朝し、史料2で「古例」によって大宰府へ向い北路を取ってはならないと言っている。これ以前に大宰府に来朝した渤海使は、第五次天平宝字三年（七五九）渤海使が対馬に来着して大宰府に徴された例があるだけであるので（『続日本紀』天平宝字三年十月辛亥・丙辰条）、「旧例」、「古例」は、高句麗使の時代のことをいっていると考えられ（新日本古典文学大系『続日本紀』五、二二六頁注六）、この航路・来着先の問題も前の国書の様式問題と同じように高句麗使時代へ回帰しようとしたものである点に注目すべきである。

大宰府の国書調査権　ここで大宰府の国書の開封・調査権については次の史料がある。

史料3　『続日本紀』宝亀十年（七七九）十月己巳条

勅㆓大宰府㆒、新羅使蘭蓀等、遠渉㆓滄波㆒、賀㆑正貢㆑調。其諸蕃入朝、国有㆓恒例㆒。雖㆑有㆓通状㆒、更宜㆓反復㆒。府宜㆘承知研㆓問来朝之由㆒、并責㆗表函㆖。如有㆑表者、准㆓渤海蕃例㆒、写㆑案進上、其本者却付㆓使人㆒。凡所㆑有消息、駅伝奏上。

大宰府に対して、新羅使の来朝の際の対応を「渤海蕃例」に準じて命令したのである。すなわち、新羅使が大宰府に来着したら「来朝の理由をことごとく問い、国書の表を収めた函を求めよ。もし表があったならば、渤海使の例に準じて、表の案を写して政府に進上し、表の正文は使節に返却せよ。入手した新羅使に関するすべての情報を飛駅で奏上せよ。」というのである。すなわち国書である表の函を開封し表の案を写して政府に進上することと、関係する情報の報告であり、前者が国書を開封して調査する職権、すなわち国書調査権である。「准渤海蕃例」は「写案進上」から最後の「駅伝奏上」までかかるが、ここで新羅使に関して命じられたことは、これ以前に渤海使に対して定められていたのである。

この渤海使に対する国書調査権が大宰府に付与されたのは、やはり石井氏が指摘するように、第七次宝亀二年渤海使の時であろう。この時に初めて渤海使の国書の違例無礼が外交問題として表面化したのであり、その対応策として大宰府に国書の開封・調査の職権を与えたのであると考えられる。この史料で注意しなければならないのは、国書開封の職権を付与されたのは大宰府であり、これを以て国司にも付与されたとするのは無理であることである。またもう一つ、後述する天長五年官符の④の(イ)との相違として注意しておきたいのは、大宰府が渤海使・新羅使について付与された職権は、表を開封・調査して案を写し、あわせて諸情報を政府に報告するだけで、使節らを直接処分する権限はもたなかったらしい点である。入京か放還かの判断は政府に委ねられたのである。表の案を写した後、表の正文を使節に返却するのは、正文を受理しないという意味ではなく、案を写すために請い受けたものを返却するという意味に過ぎない。入京を許可されればその時に使節から天皇に奉呈されるのであろう。

大宰府の国書調査と来着令　実は第七次渤海使に関して発令された大宰府の国書調査権の付与と、北路来航禁止・大宰府来着令は一体的な法令であると考える。来着先を大宰府に限定したのは、国書調査権を大宰府に限定して与えたからである。石井氏は、この時に諸国司にも国書調査の職権が与えられたと考えるのであるが、もしそうだとすれば諸国への来着も認めることになるから、北路来航を禁止し来着先を大宰府に限定する法令と矛盾することになる。北路禁止・大宰府来着令と諸国司への国書調査の職権の付与とは法論理的に矛盾し、両者が同時に法令として発令されることはあり得ない。私は、国書の調査権を大宰府に限定して付与したので、そのことを円滑に行うために、来着地を大宰府に限定したのであると考える。端的に言えば、この法令は大宰府を唯一の国書の事前調査機関に指定し、渤海使のそこへの必着を命じたものである。これに関して、石井氏は、政府は北路来朝を禁止しても現実には北路来朝が予想されたので、大宰府だけでなく縁海国司にも渤海使の応接方法、つまり国書開封権を付与したと説明する。後述のように、現実には渤海使の北路来朝はとまらず大宰府来着は行われず、宝亀十一年以後のいつかに北路禁止・大宰府来着令は無実化するが、発令当初は有効であったから、政府が北路禁止・大宰府来着令とそれに矛盾する縁海国司への調査権付与という法令を同時期に発令することはあり得ない。

しかし諸国司の国書の開封・調査の職権についてこのようにいうためには、石井氏が根拠としてあげた(1)天長五年正月二日官符の解釈、⑶宝亀四年の能登国司の「表函」調査の解釈の二点を検討しなければならない。

天長五年官符　まず⑴天長五年官符について検討する。

天長五年（八二八）正月二日官符は、前年十二月に但馬国に渤海使が来着したことに関して、次の四条を命ずる。

史料4　天長五年正月二日官符　（『類聚三代格』）

太政官符

①一応レ充ニ客徒供給一事

大使副使日各二束五把　判官録事日各二束

史生訳語医師天文生日各一束五把　首領已下日各一束三把

右得ニ但馬国解一称。「渤海使政堂左允王文矩等一百人。去年十二月廿九日到着。仍遣ニ国博士正八位下林朝臣遠雄一勘ニ事由一。并問ニ違期之過一。文矩等云。『為レ言ニ大唐淄青節度康志曀交通之事一。入ニ覲天庭一。違期之程。逃レ罪無レ由。又擬ニ却帰一。船破粮断。望請。陳ニ貴府一。舟檝相済』者。且安ニ置郡家一。且給ニ粮米一」者。違期之過不レ可レ不レ責。宜下彼食法減ニ半恒数一。以ニ白米一充中生料上者。所レ定如レ件。

②一応レ修ニ理船一事（中略）

③一応レ禁ニ交関一事（中略）

④一応レ写ニ取進上啓牒一事

(イ)ⓐ右蕃客来朝之日、ⓑ所レ着宰吏先開ニ封函一、ⓒ細勘ニ其由一、ⓓ若違ニ故実一、ⓔ随即還却、ⓕ不レ労ニ言上一。(ロ)而承前之例、待ニ朝使到一、乃開ニ啓函一。(ハ)理不レ可レ然、宜ニ国司開見写取進レ之。（中略）

天長五年正月二日

これらのうち国司の国書開封・調査権に関するのは④で、石井正敏氏は、この官符以前から国司の国書開封権の原則があり、この官符によってそれが再確認されたと考える。そのように考える根拠は、④の(イ)(ロ)(ハ)の三部分の次のような解釈による。

(イ)は「蕃客が来朝したならば、まず到着地の国司が国書などを開封し、事情を聴取して、もし故実に違反しているようなことがあれば、そのまま帰国させて、いちいち報告する必要はない。」という意味で、このことに関する原理・原則を定めたもの。(ロ)は「ところがこれまでの例を見ると朝廷からの使者が到着して初めて国書を開封している」という意味で、(イ)の原理・原則が行われていなかった現状を示す。(ハ)は「これは本来とるべき方法ではない。国司はまず啓牒を写し取って報告せよ」という意味で、(ロ)の現状に対して(イ)の原理・原則の再確認とその対策を定めた。そして(イ)の原理・原則が成立したのは、第七次の宝亀二年来朝の渤海使が表の違例無礼の問題が生じたので、その帰国する宝亀三～四年に国書開封権が大宰府と共に縁海諸国司にも与えられたと考え、諸国司も宝亀三～四年以降国書開封権を有していたと考える。石井氏は、国司の国書開封権について、(イ)は原理・原則を定め、(ハ)はその原理・原則の確認とその対策を定めたというように、あいまいないい方をしていて、(イ)(ハ)を法令の制定と理解しているのかはっきりしないが、(イ)で立てられた原理・原則が、(ロ)で行われなくなり、(ハ)で再確認するというのであるから、(イ)(ハ)は法令の制定とその再確認と考えなければならない。

私は、このように石井説を理解した上で、天長五年官符について石井氏とは全く異なった解釈をする。すなわちこの官符の④勿論、この官符全体が、諸国司の渤海使受け入れに関する永続的な法令を定めたものではなく、この天長五年時点の但馬国司の渤海使受け入れに関する臨時的・個別的な処置を命令したものと考える。その根拠は次の三点である。

存問使の国書調査権　第一に、この官符以後の渤海使の来着に関して、第二四次承和八年（八四一）～第三四次延喜十九年（九一九）の一一回に関してすべて政府から存問使あるいは存問使兼領客使が派遣され、そのうち第二四次承和八年（『続日本後紀』承和九年三月辛丑条）、第二五次嘉祥元年（八四八）（『続日本後紀』嘉祥二年三月戊辰条）、第二八次貞観十三年（八七一）（『日本三代実録』貞観十四年四月十三日壬子条）、第二九次貞観十八年（八七六）（『日本三代実録』元慶元年四月十八日己丑条）はいずれも政府からの使者が王啓と中臺省牒の案を写して京進し、第二七次貞観三年（八六一）も王啓案の京進が推測でき（『日本三代実録』貞観三年五月二十一日甲午条）、第二六次貞観元年は合期入朝であるが、天皇崩御によって入京が不許可になったために、使者と加賀国司が啓・牒の案文ではなく正文を進上している（『日本三代実録』貞観元年五月十日乙丑条。以上第23表I政府遣使項・J国書開封項）。天長五年官符によって国司に国書開封権が付与されたならば、それ以後に同じ職権を有する政府の存問使などが派遣されることは考えにくい。石井氏は、このような政府遣使による国書開封の実例に関して、「もし故実に違えば還却して、言上を労せず」という原理・原則が国司にとってあまりに強大な権限で、責任が大きすぎたので、中央の指示を仰いだのであると、原則と現実の齟齬と解釈しているが、天長五年官符の次の来朝からすべて中央からの遣使があることから見て、その解釈には疑問がある。実は天長五年官符の前は、第一二次延暦五年（七八六）～第二〇次弘仁十二年（八二一）の九回については、政府遣使の有無が確認できないのであるが、第二一次弘仁十四年は大雪のため存問使派遣を停止し、加賀国司に「准例存問」させている（『類聚国史』弘仁十四年十二月戊子条）。わざわざ遣使を停止しているのは、この前後に渤海使の諸国来着には存問使を派遣するのが定例であったことを示している。天長五年官符の④の(ロ)で、これ以前の状況を、「而承前之例、待朝使到、乃開啓函」と述べているのは、このように解釈して初めて合点がいく。すなわち天長五年官符の前後は、政府から使者を派遣して啓・牒の開封、案の進上を行うのが定例だったのであり、特にこの官符のすぐ後の渤海使からこの処置が取られていることは、この官符が国司一般の渤海使の国書開封権を再確認した永続的な法令とすることに強く疑問を抱かせる。

渤海使食料の半減　第二に、天長五年官符の他の三条項のうち、少なくとも①支給食料の半減の処置は永続的法令というより、この時の臨時的な命令と考えられることである。このことについて、但馬国から、渤海使が違期入朝であり、船が破損し食料がなくなっているので、当面郡家に安置する一方、食料米を支給していることを報告し、それに対する処分を求めて言上したのに対して、政府が食料の支給を認めるが、違期入朝であることから、支給量を恒法で定めている量の半分を米で支給することを命じたのである。渤海使への食料支給についてはすでに法令として官職ごとに稲の束数で定められており、今回の命令はこの時に限って違期入朝の場合の処置を命令したもので、法令として定められたわけではない。同じ官符の中で、ある条項は臨時的な命令、別の条項は永続的な法令であるというのは、まことにおかしなことである。

『貞観格』臨時　第三に、天長五年官符の鼇頭標目に「貞臨」とあり、この官符が『貞観格』臨時に収められていたことである。弘仁格、貞観格、延喜格の三代の格の編纂の方針は、各格を関係する官司ごとに分類するのが原則で、編目として官司名を掲げてその下に関係する格を収載する。そしてこの方針におさまらないものを収載する編目として「雑」と「臨時」が設けられ、弘仁格では全十巻の末尾の巻第十に「雑」、貞観格・延喜格では全十二巻のうち、巻第十に「雑」、巻第十一・十二に「臨時上」「臨時下」の編目を立てている。『類聚三代格』は三代の格とは違って、格を内容別に分類編纂する方針であるが、格の鼇頭に本来収められていた三代の格の別と編目を注記しており、これを鼇頭標目と呼んでいる(31)。問題の天長五年官符は、「貞臨」の鼇頭標目を注記し、『貞観格』の「臨時」の編目に収載されていたわけである。鼇頭標目はすべての格に注記されているわけではないが、国史大系本『類聚三代格』で臨時の鼇頭標目を数えると、貞観格に六〇、延喜格に三八が検出できる（一部の鼇頭標目は校訂した）。これらの臨時の格の内容を検討すると、その中に、その時だけ有効な臨時的・個別的な命令が多く含まれていることに気がつく。判別が難しいものもあるので、確実に臨時的・個別的な命令と考えられるものを数えると、貞観格では天長五年官符を除いた五九件のうち三四件、延喜格では三八件のうち一一件で、両格をあわせると、九七件のうち四五件となる。その内容は第24表の通りであるが、特徴的なものをあげると、②③は特定の個人のある地位への任命の命令であり、④⑨⑭㉗㉘は某年某月某日に発令された恩赦によって生じた不都合などに対する処置である。㉒～㉕、㊶㊷は、嵯峨から陽成までの各天皇の皇子の親王号を除いて賜姓する命令である。㉜～㉞、㊹㊺は『令義解』から三代の格式までの施行・頒行命令である。これらの中で⑦⑮には興味深い文言が記されている。⑦は旱害があったので、百姓は土地の所有主を問わず水のあるところで苗を育てることを許すという趣旨であるが、末尾に「是事権時、不得為例」すなわち「この事はしばらくのことで、今後の例とはしない」と臨時的な処置であることを明記する。⑮弘仁十二年（八二一）六月四日官符は河内国交野・丹比郡で旱害のため口分田を易田として倍額班給することを命令するが、やはり末尾に「但民息之後、仍復旧例」と、これが一時的な処置で後に旧例に復すことを明記する。

三代の格にこのような臨時的・個別的な命令を収載するのは不思議な気がするが、同じようなことが後に起こった際の前例としての意味があるのであろう。「臨時」の編目には永続的な法令も含まれているが、「臨時」すなわち「一時的」という意味の編目に注意すれば、このような臨時的・個別的な命令を収載するために設けられた編目であると推測される。『貞観格』の「臨時」に収載されていることから、この天長五年官符はこの時限りの臨時的・個別的な命令と理解して何ら問題はない。

天長五年官符は臨時的・個別的命令　以上三点から、天長五年官符の④は、国司一般に渤海使の啓・牒を開封して

第24表　臨時格の臨時的・個別的命令

	貞観格		
	日付	内容	頁
1	嘉祥4年正月27日官符	特別に諸神を正六位上に叙す	22
2	貞観8年12月25日官符	藤原可多子を春日・大原野齋女となす	23
3	天安3年4月27日官符	2人僧を大威儀師となす	123
4	承和10年7月9日官符	特定の恩赦に伴う命令	247
5	弘仁13年閏9月20日官符	一時的雑徭免除に伴う給食	279
6	天長4年6月5日官符	既に発令の民部省符の施行を1年遅らせる	281
7	承和9年3月9日官符	旱害に伴い苗を植えさせる	324
8	承和8年5月7日官符	2人の公民の調庸を総収させる	340
9	承和13年8月17日官符	特定の恩赦に伴う命令	342
10	弘仁13年3月28日官符	近江の穀を穀倉院へ運搬	352
11	弘仁11年11月28日官符	以前に減省した天皇等の服を復旧	357
12	承和6年10月1日官符	近江国前司の入部を許可	398
13	承和7年2月11日官符	不作に当たり王臣等の稲穀を班給	399
14	弘仁14年5月3日官符	特定の恩赦に伴う命令	400
15	弘仁12年6月4日官符	河内国2郡で旱害により口分田倍給	433
16	天長4年6月2日官符	和泉国3郡で旱害により易田とする	433
17	弘仁14年2月21日官符	西海道公営田を4年を限って試行	434
18	斉衡2年10月25日官符	西海道公営田を4年を限って延長	437
19	承和元年8月20日官符	遣唐使等に兼国の職田を給す	483
20	天長9年5月11日官符	播磨国魚住船瀬を造営	493
21	貞観9年3月27日官符	播磨国魚住船瀬を造営	494
22	弘仁5年5月8日詔	親王号を除き朝臣賜姓	511
23	天長9年2月15日勅	親王号を除き朝臣賜姓	511
24	承和2年4月2日勅	親王号を除き朝臣賜姓	512
25	仁寿3年2月19日勅	親王号を除き朝臣賜姓	512
26	嘉祥4年正月16日官符	仁明諒闇に伴い雑徭を賦課するのを停める	518
27	天長5年8月9日官符	特定の恩赦に伴う命令	523
28	承和9年8月27日詔(もと官符)	特定の恩赦に伴う命令	523
29	弘仁13年3月26日官符	西海道の疫病に対する処置	526
30	弘仁13年3月26日官符	西海道の疫病に対する処置	526
31	天長7年4月29日官符	陸奥出羽国の疫病に対する救済処置	527
32	承和元年12月5日詔	『令義解』施(もと試)行の詔	533
33	承和7年4月23日官符	弘仁格式頒行命令	533

34	貞観10年閏12月20日官符	内外官交替式頒行命令	534
35	★天長5年正月2日官符		571
延喜格			
36	寛平8年4月13日官符	耕作禁止の鴨河堤東西地の一部耕作許可	325
37	昌泰4年4月5日官符	崇親院所領地の耕作許可	326
38	貞観11年6月26日勅	この年の旱害に対する対処命令	358
39	延喜5年6月2日官符	後院の停廃命令	361
40	寛平5年7月19日官符	他国にいる陸奥国人の帰国命令	386
41	貞観15年4月21日勅	親王号を除き朝臣賜姓	512
42	元慶8年4月13日勅	親王号を除き朝臣賜姓	513
43	仁和4年5月28日詔	仁和3, 4年の地震災害に対する救済処置	525
44	貞観11年9月7日官符	貞観格頒行命令	534
45	貞観13年10月22日官符	貞観式頒行命令	534
46	貞観12年2月23日官符	烽燧の試調命令	566

注　頁は国史大系本『類聚三代格』による。

その案を写して京進する職権を付与した永続的な法令ではなく、この時の但馬国司に臨時的・個別的に命じられた命令に過ぎないと考えられる。この官符全体がそのような臨時的・個別的な命令である。

これと同様の事例は第二一次弘仁十四年（八二三）渤海使に対する処置である。この時の渤海使は加賀国に到着し、大雪のために政府からの存問渤海客使の派遣をやめ、代わって越前守兼加賀守等に「准例存問」させることを命じている（『類聚国史』弘仁十四年十二月戊子条）。天長五年官符では、これまでの朝使＝存問使を派遣して国書を開封していたのをやめ、代わって国司が国書の開封と案文の進上を行い、国司が派遣停止の存問使の仕事を行う点で、弘仁十四年の事例と一致する。天長五年官符は弘仁十四年の事例と同じ臨時的・個別的な命令であると考えられる。なお中西氏も、天長五年官符を永続的な法令と考え、この官符によって北陸道諸国の国司に国書開封権が付与されたと考えているが（注(21)前掲中西正和A論文）、この見解も成立しがたい。

天長五年官符の解釈　石井氏は、(ハ)が国司一般の国書開封権の法令と解釈し、その原則はこれ以前に(イ)で成立していて、(ハ)はそれを再確認したものであるとして、これ以前の国書の開封・調査の職権の国司一般への付与の法令の存在を推測するのであるが、(ハ)は以上のように永続的な法令でないから、(イ)が(ハ)の直接の前身の法令とは考えられず、別の解釈をしなければならない。

(イ)は大宰府の職権について述べていると考える。すでに中西正和氏が指摘しているように（注(21)前掲中西正和C論文）、(イ)では「宰吏」、(ハ)では「国司」と記していて、(イ)と(ハ)の間に違いがあることに注意すべきである。石井氏は、これについて同一の官符の中に「国司」「牧宰」「国宰」の表記が使われている例があり、この官符の「宰吏」「国司」の違いも漢文文飾によるもので、同じものを指すとしている（注(22)前掲石井正敏D論文六四〇頁）。しかし「国宰」ならば「国司」であるが、「宰吏」ならば大宰府官人と解釈することが可能である。

実は(イ)の解釈については「還却」をめぐって、石井氏と中西氏との間で見解の相違がある。石井氏は、「還却」を渤海使を還却させる、つまり帰国させると解し、「国書に故実にちがうところがあれば、使者を帰国させ、いちいち報告する必要はない」と解釈するのに対して、中西氏は、「還却されるのは渤海使自体ではなく国書に代表される外交文書であり、「不労言上」するのは渤海使の来朝とその交渉の始終ではなく、国書などの案文や内容と考えるべきではないか。つまり『到着地の国司が封函を開き、内容を点検し故実に反しているところがあれば、封函を返却し案文を言上する必要はない』とすべきである」としている。私見は大略中西説に近い。石井氏が中西説に反論したように、確かに「還却」は渤海使を含む外国使節を到着地から帰国させる意味で使用され（注(23)参照）、またこの天長五年官符の②第二条でも渤海使の帰国の意味で使われているが、なんと言っても構文から見て、中西説のように解するのが妥当と考える。

(イ)は構文からみて、まずⓑⓒをした結果、ⓓ故実に違うことが明らかになったならば、ⓔⓕをせよ、という関係で(イ)の句毎にⓐ～ⓕの記号を付する。

ある。次に、ⓑⓒ、ⓔⓕのそれぞれの動詞の主語は「所着宰吏」で、ⓑの「開」とⓒの「勘」はいずれも目的語をもつ他動詞である。ⓔの「還却」は自動詞とすると「宰吏が還り却く」となり意味をなさないから、「還却」は他動詞で、「宰吏が○○を還し却ける」で目的語が省略されているとみるべきである。ⓕの「言上」も他動詞で目的語が省略されている。石井氏は、「還却」の目的語をⓐの「蕃客」と解しているのであるが、この解釈は構文上あまりに唐突である。

(イ)の文章は、「所着宰吏」の下のⓑ〜ⓕの五句を四字句でそろえ、ⓓをはさんで、「宰吏」がしたことのⓑⓒと、すべきことのⓔⓕを対句的に配置するという文章的技巧をこらしている。このようにみれば、ⓑⓒがⓔⓕにそれぞれ対応し、ⓔⓕの省略された目的語はすぐ上のⓑⓒをそれぞれ受けていると考えるべきである。すなわちⓔの目的語はⓑの「封函」、ⓕはⓒの「其由」で、それぞれⓔ「**封函を**還し却け」と、ⓕ「**其の由を**言上することを労せず」ということになる。中西氏は構文的な説明はしていないが、私見は氏の解釈に近い。そしてⓒ「其由」はⓐを受けて「蕃客来朝の由」で、「来朝したわけ、あるいは理由」の意味である。

これらをふまえて(イ)を解釈すると、「ⓐ蕃客が来朝した日に、ⓑ来着した所の大宰府の官人は先ず封函を開き、ⓒ詳しく来朝のわけを勘え、ⓓ(その結果)故実と違うことがあるならば、ⓔ直ちに(封函を使節に)返却せよ。ⓕ(来朝のわけを政府に)言上する必要はない」ということになる。ⓔの封函の返却は空の封函のみを返却するわけではなく、国書正文を収めた封函を返却するので、つまり国書の返却・不受理を意味する。外交交渉の上で、国書の受理と返却は、使節として認めるか否かに関わる重要事であり、渤海使との交渉でも問題になっていた。

第七次宝亀二年(七七一)の渤海使は入京して表を奉上したが、違例だったので、初め表が返却され、後に渤海使大使が表文を改めてようやく受納された(『続日本紀』宝亀三年正月丁酉・二月癸丑条)。第一一次宝亀十年(七七九)渤海使は、使節の身分が軽微であったので放還の命令を受け、さらに進めた表が無礼だったので、表の進上をとどめられた（『続日本紀』宝亀十年十一月乙亥条）。第二九次貞観十八年（八七六）渤海使は、違期来朝のため放還となり、存問兼領客使が啓・表案を写して進上したが、啓の正文と信物は返却された（『日本三代実録』元慶元年六月二十五日甲午条）。これらとは逆に、第二六次貞観元年（八五九）渤海使は、仁明天皇の崩御や飢饉など日本側の事情で入京が許されなかったので、存問使兼領客使と加賀国司に啓・牒と信物を受領させ政府に進上させた。入京は許されなかったが、国書の受領によって使節として認められたのである。国書の受領と返却が外交交渉において重要事であることが明らかである。

(イ)は前述した宝亀十年条に見える大宰府の渤海使・新羅使など蕃客の国書の開封・調査の職権に基づくものと考える。宝亀十年条も(イ)も国書を開封して調査するという核心的な部分では一致するからである。ただし先に指摘したように前者では大宰府は国書の案と情報を報告するだけであるのに対して、後者では大宰府が国書の返却を決定する権限をもち、来朝の理由などの報告は必要なくなり、両者の間で職権に変更があったと認められる(32)。しかし国書の開封・調査権という核心的な点で一致することから、やはり(イ)は宝亀十年条の大宰府の権限をふまえている。

この④の理解について、この第二三次天長四年（八二七）渤海使の問題全体の中で考えたい。この但馬国に来着した渤海使は入京を許されなかったが、その理由は同元年に発令された十二年一貢令に違反していたからである。すなわち違期来朝である。前回第二二次同二年来朝から三年しか経っていず、天長五年官符にあるように、但馬国に来着した際に国司は国博士を派遣して、来朝の事由を勘がえ違期の過を問うており、また次の第二四次承和八年（八四一）渤海使の国王の啓でも、この第二三次遣使について「前者王文矩（第二三次の大使）等入観、初到二貴界一。文矩等即従二界末一却廻。到レ国之日、勘問不レ得二入覲逗留一。文矩口伝二天皇之旨一、年満二一紀一、後許二入覲一。」（『続日本後紀』承和九年三月辛丑条）と、来着地から却廻され十二年一貢令を守るようにいわれている。入京停止の三つの理由のうち、⑴国書の違例無礼は国書を開封してみないとわからないが、⑵北路禁止・大宰府来着令違反と、⑶違期来朝は使節が到着すればすぐ明らかになることである。⑵はいうまでもないが、⑶はこの時但馬国が到着した渤海使にすぐに遣使して違期入朝の過を問うていることからみて、縁海国には過去の渤海使来朝の年次が周知されていたのである。第二三次の場合は違期入朝が法令違反であることから、政府はわざわざ存問使を派遣して存問し、国書をあらためる必要がないと考えたのであろう。この当時存問使による啓の開封・調査がふつうに行われていたので、停止する存問使の代わりに但馬国司に啓の開封調査を行わせる根拠として、同じ地方官司の大宰府の国書開封の職権が上げられたのである。実例をみると、国司による国書開封は確認できるのはこの時だけであって、きわめて違例のことである。他で開封に関して明らかなのは、入京後の政府による開封と、存問使による開封である。そのような異例のことだったので、ここでは大宰府の職権が根拠として取り上げられたのである（第23表J国書開封項）。

これらを踏まえて、天長五年官符④を解釈すると次のようである。すなわち「(イ)右（の啓・牒の案を写し取りて進上すべきこと）について、蕃客が来朝した日に、来着した所の大宰府の官人は先ず封函を開き、詳しく来朝のわけを勘え、（その結果）故実と違うことがあるならば、直ちに（封函を使節に）返却し、（来朝のわけを政府に）言上する必要はないことになっている。(ロ)しかしこれまでの例では（諸国では）朝使の到着を待って啓函を開いている。(ハ)（大宰府の法令からみると）理としてそうでなくてもよい。宜しく（但馬）国司は封函を開見して写し取って進上しなさい」。

以上を要約すると、天長五年官符は、永続的な法令ではなく、前年に来着した渤海使に対応するために但馬国司に発令された臨時的・個別的な命令、すなわち臨時格であり、その中の④も、国司一般に国書開封権を付与した永続的な法令ではなく、この時の処置として但馬国司に国書の開封、案の進上を命じたものであるから、それ以前のことをいっている(イ)も国司一般の国書開封・調査権に関する永続的な法令ではあり得ない。(イ)は宝亀三年の大宰府に渤海使の国書の開封・調査権を付与する法令に基づき、(ハ)の但馬国司へ命令を発令するに当たり、同じ地方官司の例として大宰府の国書調査権を持ちだしたものである。従って、天長五年官符からは、同五年にもそれ以前にも国司一般に渤海使の国書調査権を付与する法令が発令されたとはいえない。

宝亀四年の「表函」違例無礼　次に石井氏が指摘する(3)宝亀四年（七七三）の能登国司の「表函」の違例問題に移ることにする。第八次宝亀四年の渤海使は、能登国に来着するが、前述のように前回の第七次宝亀二年渤海使が国書の違例無礼を指摘され、北路禁止・大宰府来着令を発令されていたにもかかわらず、第八次遣使が出発する以前に帰国できず、これらの情報を伝えられなかったために、同様の問題を起こして、結局入京できず、還却された。渤海使への宣告の中で、能登国司の言上である「渤海国使烏須弗所進表函、違例无礼。」を引用している（史料1）。石井氏は、渤海使の進上した「表函」は当然表文を含むもので、能登国司の言上の中で「表函」＝表文の違例無礼が指摘されているので、能登国司はこの時点で表を開封していると考えた（注(22)前掲石井正敏B論文）。これに対して、中西正和氏が批判して、「表函」は文字通り表を入れる函で、能登国司は函の外部観察の結果を報告したまでで、函を開けて表文を見ることはしていないとした（注(21)前掲中西A論文）。つまり、「表函」について、石井氏のように表文を含むものと解するか、あるいは中西氏のように文字通り表函と解するかの違いである。石井氏の議論は、天長五年官符に関する前述の解釈によってこれ以前に国司一般の国書開封権が定められていたことを前提にしているから、この前提が崩れたいま強い根拠を持つものではなく、中西氏の解釈が妥当であると考える。中西氏、さらに石井氏の指摘によると、国書を入れる函は厳重に封鑞され、表面に何らかの記載があったから、それらが違例無礼と指摘されることはあり得るのである。第八次渤海使の問題は、まずは北路禁止・大宰府来着令の違反が問題となったと考えられる。能登国への来着と共に、国司がまず「差使勘問」したのはこの違反が明らかだったからで（『続日本紀』宝亀四年六月丙辰条）、これだけで到着地から還却されてもよかったわけであるが、さらに表函に違例無礼があったので還却されたのであり、表文を開封調査するまでもなかったのである（第23表では広い意味でH1国書の違例無礼の項に含めている）。

以上石井説の論拠を検討した結果、国司一般に渤海使の国書を開封・調査する職権はついに付与されなかったと考える。各史料の解釈を示してきたが、やはり、北路禁止・大宰府来着令と国司一般の国書開封権の付与は、法論理的に矛盾し、同時に発令されることはあり得ないことと、天長五年官符以後、あるいはその以前にも、諸国に渤海使が来着した時には存問使が派遣され国書の開封・調査を行っていた事実は、この問題を考える上で重いと考える。

宝亀三年令　宝亀二年（七七一）の第七次渤海使によって表面化した国書の違例無礼問題に対して、政府が取った政策は、地方官司の中で大宰府に限定して国書の開封・調査の職権を付与し、それに伴い北路来朝を禁止し、来着先を大宰府に限定することであった。これまで中央政府が独占していた外交権のうち、国書の開封・調査の職権を大宰府に限定して与えたのである。その職権は、宝亀十年十月条によれば、渤海使・新羅使の蕃客が来着したら、国書の案を写して京進することであるのに対して、天長五年官符の④の(イ)によれば、蕃客に対して単に国書を開封・調査する職権だけでなく、国書が故実に違えば、大宰府の判断で国書を返却することができる強い権限を持つようになっており、時期と共に大宰府の職権が拡大されたのかもしれない。いずれにしろ、このことによって、違例無礼の国書をもたらして当然賓客としての礼遇を受ける資格のない渤海使が、到着地から京まで、賓客としての礼遇を受け、路次の諸国に多大な負担をかけることを、回避しようとしたのである。

この大宰府の国書開封・調査の職権付与の法令と、北路禁止・大宰府来着令は一体のものとして同時に発令されたと考えられるが、その時期は宝亀二年渤海使が帰国する時であろう。この渤海使は宝亀三年正月丙午（二十五日）に表文を改修して国王に代わって申謝してようやく許され、二月癸丑（二日）に賜饗・授位・賜禄があり、二月己卯（二十八日）に慰労詔書を賜って、二月庚辰（二十九日）に帰国の途についたから、宝亀三年二月ころに発令され、渤海使に伝えられたと考えられる。この一体となる二つの法令をあわせて宝亀三年令とよぶことにする。

これまでの来着例では、北路沿いの出羽国から北陸道諸国への来着が多かったにもかかわらず、大宰府だけへの職権付与とそこへの来着を命じたのは、一つには、律令において地方官司の中で大宰府だけが外国使節の応接の職権を与えられ、実際上、言語や応接の面で外交の経験を蓄積した官人がおり、施設の面でも整備されていたからであり、また一般的に他の地方官司よりも大きな権限を有したからであろう。二つには、政府は渤海を高句麗の後継国と認識し、同じ関係をめざしていたことである。両国の関係を、日本・高句麗関係と同じ君臣関係・兄弟関係とし、国書として臣下が君主に上まつる「表」を要求し、大宰府来着についても「旧例」「古例」すなわち高句麗使の例に准ずるとされたのである。

宝亀・延暦の渤海使　このようにして発令された宝亀三年令であるが、その後も渤海使は日本海縁海の諸国に来着して大宰府に来着することはなく、当初意図していたような外交交渉はできなかった。

第八次宝亀四年（七七一）～第一四次延暦十七年（七九八）までの七回の渤海使についてその実際についてみておきたい。これらはすべて大宰府に来着しなかったから宝亀三年令に違反することになるが、だからといってすべてが来着地から放還されたわけではない。来着地からの放還が二回（第八次宝亀四年・第一一次同十年）に対して、入京が四回（第九次宝亀七年・第一〇次同九年・第一三次延暦十四年・第一四次同十七年）、不明が一回（延暦五年）である。入京が許可された場合にも宝亀三年令の国書の違例無礼と大宰府来着令違反の二点をとがめられているから、同令への違反が必ずしも放還につながったわけではなく、放還と入京の判断の基準が明確ではなく、個別的な事情があったようにみえる。

放還の二回のうち、第八次宝亀四年（七七三）はやはり前年に宝亀三年令を伝えたばかりだったのに大宰府来着令に違反して来朝したからであろう。第一一次宝亀十年はまず渤海使の身分が軽微である問題があった（『続日本紀』宝亀十年九月庚辰条）。

入京の四回のうち、宝亀七年（七七六）が大宰府来着令違反を指摘されながら入京が許可されたのは、光仁天皇の即位を賀する使者であったからである（同宝亀八年二月壬寅条）。第一〇次宝亀九年、第一四次延暦十七年（七九八）の渤海使の場合は、日本からの遣渤海使の帰国に同行して来朝したことが入京の許可につながったのであろう。延暦十七年の場合、渤海に来朝年限を六年一貢にすることを伝えるために派遣された遣渤海使内蔵忌寸賀茂麻呂が（『類聚国史』延暦十七年四月甲戌・五月戊戌条）渤海使と同行して帰国し、隠岐国智夫郡に来着した（同延暦十七年十二月壬寅・同十八年四月己丑・五月丙辰条）。宝亀九年の渤海使は、その前の宝亀七年の渤海使の送使として日本から派遣された「送高麗使」（「遣高麗使」とも）高麗朝臣殿嗣の送使として派遣され、同行して来朝した（『続日本紀』宝亀八年五月癸酉・九年九月癸亥条）。この遣高麗使高麗朝臣殿嗣は渤海に向かう途中路を失って遠夷の境に漂着して乗船が破損したので、渤海国が船を造って送使を付けて送り届けたというのであるから（宝亀十年正月丙午条）、大宰府に来着しないからといって放還するわけにはいかない。

宝亀三年以前にも、渤海使が帰国する日本の遣使と同行して来朝することがみられる。第二次天平十一年（七三九）渤海使は、同五年派遣され帰国渡海に失敗していた遣唐使に同行して来朝した（『続日本紀』天平十一年十一月辛卯条）。第四次天平宝字二年（七五八）の渤海使は日本に帰国する遣渤海使と共に来朝し（天平宝字二年九月丁亥条）、さらにこの渤海使には同三年に帰国の際に遣唐使として唐に滞在している藤原朝臣清河を迎えるための「迎藤原河清使」が同行したが（天平宝字三年二月戊戌朔条）、そのうち唐に到着できなかった使節の内蔵忌寸全成に同行して、次の第五次天平宝字三年の渤海使が来朝している（天平宝字三年十月辛亥条）。さらに第六次同六年の渤海使も帰国する遣渤海使とともに来朝している（天平宝字六年十月丙午朔条）。帰国する日本の遣使に同行して来朝する渤海使は、送使的な意味を持つゆえに、賓客として礼遇されたのであろう。

北路禁止・大宰府来着令の無実化　宝亀三年令で問題となった国書の違例無礼の問題はその後九世紀まで問題とされるが、北路禁止・大宰府来着令は、宝亀四年・七年・十年の三回の渤海使の際に指摘されるが（『続日本紀』宝亀四年六月戊辰・同八年正月癸酉・同十年十一月乙亥条。第23表H３項）、それ以後言及されなくなり、北路の縁海諸国へ来着する使節への対応の格が発令されるようになる。

宝亀十一年（七八〇）七月二十六日勅は、諸蕃が朝貢してくる大宰府が外国船の来航に対して軍事的に備えているが、「今北陸之道、亦供蕃客、所有軍兵、未曾教習、属事徴発、全無堪用」として、北陸道諸国に大宰府に准じて縁海を警護するための六条の警護式を定めた（『類聚三代格』、『続日本紀』宝亀十一年七月戊子条）。渤海使とは明記していないが、北陸道の諸国であるから渤海使が想定されていた。次いで後述のように、延暦十七年（七九〇）に渤海使来朝間隔を六年と定めたが、同年にこの制度をやめ、延暦十八年五月二十日官符ではこのことを「諸国承知」し、渤海使が来着したらその諸国が「厚く供備を加えて馳駅して言上する」ことを命じた（『類聚三代格』天長元年六月二十日官符所引）。さらに延暦二十三年（八〇四）に渤海使の停宿の処として能登国に客院の造営を命じた（『日本後紀』延暦二十三年六月庚午条）。宝亀十一年官符は、縁海諸国へ来着する渤海使に対して警戒しようとしたもので、必ずしも諸国への来着を認めたものではないから、この時点では前年の北路禁止・大宰府来着令の違反の指摘が生きているのであろう。延暦十八年官符は諸国が渤海使に礼侍し供備することを認め、同二十三年の能登国客院の設置は、政府が渤海使の北陸道諸国への来着を認めたことを前提とし、両者ともすでに北路禁止・大宰府来着令が無実化していることを示している。すなわち北路禁止・大宰府来着令は宝亀十一年（七八〇）～延暦十八年（七九九）の間に放棄されたと考えられる。大宰府の国書開封の職権は残ったが、北路禁止・大宰府来着令は放棄されたのである。

この法令が放棄されたのは、渤海使が筑紫道を経て大宰府に来着する航路が国際関係から困難であったからである。古畑徹氏の渤海使の航路の研究によると、筑紫道は渤海から大陸沿い、さらに朝鮮半島東海岸沿いを南下し、対馬・壱岐を経て北九州に到る航路であるが、渤海は新羅と敵対関係にあったので、この航路を取ることができなかった。渤海使の航路は、第一次神亀四年（七二七）～第一三次延暦十四年（七九五）の間の八世紀には、主に航海の安全な北回り航路（北の海みち）を使い、第一四次延暦十七年（七九八）～第三四次延喜十九年（九一九）の間には、渤海の南部、咸鏡南道北部の南京南海府の港の吐号浦を出発して鬱陵島・竹島・隠岐を経て日本海を直行横断して山陰に到る航路（日本海横断直行航路）を使った。航路の問題について、前者の時期を前期、後者を後期とよぶが、前期から後期への転換は、前期の終わり二回に渤海使船が蝦夷の居住地に到着して略奪を被むったのを契機として、九世紀初めから鬱陵島が新羅の支配を脱し、さらに渤海が大型船を建造できるようになったので、後者の航路が可能になったからであるとする。(33)

渤海使は、このような新羅との敵対的な国際関係のために、筑紫道・大宰府来着の航路を取ることができず、北路禁止・大宰府来着令は無視されることになって放棄せざるを得なかったのである。

しかし日本海縁海諸国への来着が認められても、前述のように国司に国書開封権が付与されたのではない点は注意しておかなければならない。前述の通り、それは天長五年に但馬国司が啓を開封して案を京進するために、わざわざ官符が発令されなければならなかった点に明らかである。

政府遣使の職権　渤海使の来着に対して中央政府から使者が派遣されることがあった（第23表I政府遣使項）。これらの政府遣使の職権、すなわち国書の開封・調査権の有無について述べておきたい。三四回の渤海使のうち政府遣使が確認できるのは一七回で、第二一次弘仁十四年（八二三）以降、存問使（存問渤海客使）が見え、また領客使も任じられた。存問使は最初に渤海使との交渉に当たり来朝のわけなどを尋問する使者、領客使は渤海使を京まで領導する使者で、賓客として入京が許可された時点で任命される。第二四次～三〇次ではだいたい先に任じられた存問使が領客使を兼任し（I項の「存兼領」）、第三三・三四次では両使に別人が任じられた（I項の「存と領」）。第二四次承和八年（八四一）～第三四次延喜十九年（九一九）の間の一一回は連続して派遣され、この時期は存問使の派遣が定例化していた。一方、第一二次延暦五年（七八六）～第二〇次弘仁十二年（八二一）の間は遣使が確認できないが、前述のように第二一次弘仁十四年にはわざわざ存問渤海客使の派遣の停止命令を出しているので、弘仁十四年の前から存問使派遣は定例化していたと見られる。第二二次天長二年（八二五）には領客使を定めたが、彼を仮に出雲介に任じて領客使と称さなかった（『類聚国史』天長二年十二月乙巳条）。そして第二六次を除く第二四次承和八年（八四一）～第二九次貞観十八年（八七六）の五回は存問使が国書を開封・調査してその案を作成・進上しており、また第二三次天長四年（八二七）にも存問使の派遣をやめた代わりに国司に国書の案の作成・進上を命令しているので、この前から存問使の国書案の進上は定例化していたと見られる（第23表J国書開封）。

八世紀に目を移すと、政府遣使は、宝亀三年令以前には第一次神亀四年（七二七）、第三次天平勝宝四年（七五二）の二回、それ以後では第八次宝亀四年（七七三）、第九次同七年、第一一次同十年の三回、派遣が確認できる。これらの遣使は、第一一次を除く、第一次～第九次の四回については国書の開封・調査を行っていなかったとみられる。

第一次神亀四年は、最初の渤海使ということもあって入京後の同五年正月十七日に渤海使が天皇に王啓と方物を奉る儀式が行われ、初めて啓の内容が明らかになったと思われる。第三次天平勝宝四年の時には、同四年十月庚辰（七日）太政官から遣使、同五年五月乙丑（二十五日）渤海使が拝朝して方物を貢じ王言を奏上し、六月丁丑（八日）渤海使の帰国に際して璽書を賜り、その中で国書の無礼をとがめたという経緯を見ると、やはり渤海使の王言の奏上によって初めて国書の内容が明らかになったと思われる。宝亀三年令以後では　前述のように、第八次宝亀四年渤海使は能登国に来着し、太政官からの遣使が能登国司の「所進表函違例无礼」の言上を受け、渤海使に本国への還却を命じた。還却の理由は、北路禁止令違反と表函の違例無礼であり、能登国司も太政官遣使も表を開封しなかった（『続日本紀』宝亀四年六月丙辰・戊辰条）。第九次宝亀七年渤海使は、越前国江沼郡・加賀郡に漂着し、政府は遣使して北路禁止違反をとがめて、越前国に来朝した理由をたずねたのに対して、渤海使は大宰府に行くつもりで対馬島を目指していたが大風にあって流されたと弁明し、光仁天皇の即位を賀する使者であることから、入京を許された。この時は、北路禁止違反のみ指摘され、表文は問題にされなかったから、国司も遣使も国書を開封していないと考えられる（『続日本紀』宝亀七年十二月乙巳・八年正月癸酉・同年二月壬寅・九年四月丙午条）。

問題なのは第一一次宝亀十年の渤海使の場合で、この時は渤海・鉄利の集団が出羽国に「慕化入朝」したが、使者の身分が軽微であるので賓とするに足らずとして、政府から遣使して饗を給わって出羽国から放還することにした（『続日本紀』宝亀十年九月庚辰条）。この政府遣使は「検校渤海人使」と称されたが、それはこの入朝集団が正式な使者と認められなかったからである。この使者が入朝集団と交渉することになるが、検校渤海人使に勅して、「押領高洋粥等、進表無礼。宜勿令進」すなわち集団の押領である高洋粥が進めた表が無礼なので進上させないようにすることと、大宰府来着令に違反していることが指摘された（同十年十一月乙亥条）。検校渤海人使が表を開封したか否かは、この「進表無礼。宜勿令進」の解釈によるが、一応、この使者が表を開封して案を京進し、それが無礼だったので、表の正文の進上を止めたと理解しておきたい。注意しておきたいのは、表の扱いについて検校渤海人使が勅されていることから明らかなように、この開封・案作成は国司でなくこの使者が行ったことである。この遣使が、これ以前と異なり、国書の開封と案の作成・進上を行ったのは、この入朝集団が正式の使節と扱われなかったからかもしれない。

第一一次について問題があるが、八世紀の政府遣使は、天長以後の存問使とは異なり、原則として国書の開封・調査権を持たなかった。これらの政府遣使は、「遣使存問」すなわち安否を問うこと（第一次『続日本紀』神亀四年九月庚寅条）、「問渤海客等消息」（第二次、同天平勝宝四年十月庚辰条）、放還命令の伝達（第八次、同宝亀四年六月戊辰条）、北路禁止令に違反して越前国に来着した理由の勘問（第九次、同宝亀八年正月癸酉条）などに当たっている。

以上、八世紀の政府遣使は、その時渤海使に何らかの問題があって派遣されたものであるが、一例を除き原則として国書の開封・調査を行わず、九世紀の存問使は派遣が定例化されて、国書の開封・調査に当たった。八世紀には政府遣使にさえ国書調査権が付与されなかったのであるから、もちろん国司に付与されることはなく、九世紀には存問使が調査権を持っていたのであるから国司が調査する余地はなかったと考えるべきである。いずれにしろ国書の開封権は原則として中央政府が有したのであり、地方官司ではわずかに大宰府に許されただけで、国司には付与されることはなかったと考えるべきである。

国司の渤海使国書の調査権について検討した結果、この職権はついに国司に付与されることがなかったことが明らかになった。本章冒頭に述べたように、この職権は本来中央政府に属する重要なものであるから、国司が有するならば、国府で国守の立ち会いの下に渤海使に対する儀式が行われることも考えられるが、そのようなことはないのである。後述するように、結局、大宰府を除く、国司を含めた地方官司が渤海使に対して行う職務は安置・供給に限られるのである。

2　違期入朝

延暦十七年六年一貢令とその停止　大同・弘仁年間の平穏な外交交渉を経て、次に問題となるのは、⑶天長元年の渤海使の十二年一貢令に関わる違期入朝の問題である。渤海使入朝の間隔の年期については、天長元年（八二四）の十二年の前に延暦十七年（七九八）に六年と定められた。この延暦十七年制は渤海国からの要請によるもので、延暦十五年十月に帰国した送渤海客使がもたらした渤海国王啓が、①渤海では巨材が得られず小船なので航海が困難であること、②出羽国の蝦夷地に来着して蝦夷の略奪を受けることの二点を理由として、来朝間隔の年期を裁定することを要請してきたのに対して（『日本後紀』延暦十五年十月己未条）、日本は延暦十七年五月に遣渤海国使に与えた璽書で、来朝間隔を六年と伝えたが（『類聚国史』延暦十七年五月戊戌条）、渤海国が「その遅きを嫌う」すなわち間隔が開きすぎるという理由で再び裁定を求めてきたので、延暦十八年五月二十日官符で入朝間隔六年をやめ年限を立てないことにしたので（『類聚三代格』天長元年六月二十日官符所引延暦十八年五月二十日官符）、六年一貢令は実際に適用されることはなかった。次にみるように渤海使は交易の利益が大きかったので、渤海国としては、航海の困難さと交易の利益の間で判断が揺れたのであろう。

天長元年十二年一貢令　天長元年（八二四）制は、前年弘仁十四年（八二三）十一月に加賀国に来着した第二一次渤海使の扱いをめぐって出てきたことで、まず十二月にこの年大雪のために政府からの存問渤海客使の派遣をやめ（『類聚国史』弘仁十四年十一月壬申・同年十二月戊子条）、次いで翌天長元年二月に近年の不作、疫病の発生、農事を迎える時期の百姓の負担の重さなどを理由に渤海使を入京させず帰国させることを決定したが（『類聚国史』天長元年二月壬午〈三日〉条)、この間の同年正月二十四日の右大臣藤原緒嗣の上表を受けて、渤海使入朝の間隔の年期を一紀すなわち十二年と定めた。このことは天長元年六月二十日官符によって渤海使の受け入れに当たる「縁海郡」に周知されているが(『類聚三代格』)、それが決定された時期は、帰国する渤海使に伝えられているから、渤海使に与える勅書を作成した同年五月癸亥(十五日)までのことであろう(『類聚国史』)。

この法令にもかかわらず、同二年十二月に第二二次渤海使が来着したので、同三年三月戊辰朔に右大臣藤原緒嗣はその入京をとどめるために言上したが、その言上の内容から入朝間隔を十二年という長期間にした理由は次のように考えられる(『類聚国史』)。すなわち、①渤海使は交易を目的とする「商旅」であって、善隣を目的とする「隣客」とするに足るものではなく、このような「商旅」を「客」とするのは国家を損ない治政の基本を見ないものであること、②来着地から入京までの路次の諸国で、逓送のための力役と供給のための正税の負担が重いことの二点である。いわば①は原則、②は実際の問題であるが、交易を目的とする使節を路次の諸国が重い負担をしてまで連年のように受け入れる必要はないと考えているのであろう。

天長元年格以降、渤海使の来朝について入朝間隔が合期か違期かが問題となってくる(第23表C・H3項)。なおここでの年数の数え方は満の年数ではなく足掛けの年数であり(34)、十二年だけでなく、間隔が長期であれば十一年(第二八次、『日本三代実録』貞観十四年三月二十三日癸巳条)、十五年(第二四次、『続日本後紀』承和九年三月甲子・四月丙子条)も合期と認めている一方、同じ十一年でも第三一次寛平四年は違期とされた(『本朝文粋』巻十二「贈中臺省牒」)。

第二二次天長二年(八二五)～第三四次延喜十九年(九一九)の一三回のうち、入京八回、放還五回であるが、放還のうち四回は違期入朝が理由として指摘されている。違期入朝は放還の四回のほかに二回指摘されているから、違期入朝が必ず放還になったわけではない。貞観元年(八五九)は合期入朝にもかかわらず、放還になったのは、前年崩じた仁明天皇の諒闇と災害・飢饉のためであった（『日本三代実録』貞観元年六月二十三日丁未条）。このほか国書の違例無礼が二回指摘されている。

外交問題の変質　渤海使の入朝について問題とされたのは、八世紀には国書の違例無礼とそれに関係して制定された北路禁止・大宰府来着令違反であり、天長元年格以降は、国書の違例無礼も指摘されたが主に違期入朝であり、大きく変化した。国書の様式・内容は両国関係を規定する原則的な問題であり、来朝間隔は入京の路次の負担という実際的問題であり、渤海使来朝の問題は、天長元年格を境にして大きく前者から後者へ変わったのである。勿論それ以前にも後者の問題はあり、以後にも前者の問題が指摘されているのではあるが。

渤海使来朝問題の変遷　以上の考察をふまえて、渤海使の来朝問題の時期的変遷についてまとめておきたい。この時期変遷を考える上で、重要な法令は宝亀三年（七七二）令と天長元年（八二四）令で、この二法令を区切りとして左記のごとく三時期に区分できる。

宝亀三年令は、それまで渤海使の国書の開封は中央政府が行ってきたが、地方官司の中で大宰府のみに国書の開封・調査権を付与し、それに関係して、北路来航を禁止し来着地を大宰府に限定することにした。これは渤海使の国書の違例無礼の問題に対処するために、事前に来着地で国書を調査しようとしたものである。天長元年令は、渤海使の来朝間隔の年期を十二年に定めたもので、渤海使が交易を目的とする商旅とかわらないものであるにも関わらず、来着地から平安京までの送迎の負担が重かったことから採られた処置である。この二法令の違反に関連して渤海使が入京を許されず、来着地から帰国させられることがあった。渤海使の来着に当たっては政府から存問使などの使者が派遣されることがあった。以上の諸要素を考えて各時期の様相についてみておきたい。

〈第1期〉　（第一次神亀四年〈七二七〉～第七次宝亀二年〈七七一〉）　七回の来朝すべてが入京を許された。放還されたのは正式な使節と認定されなかった天平十八年（七四六）だけである。まだ来朝を規制する法令が定められていなかったからである。政府からの存問の使者が二回派遣されている。国書は中央政府において開封された。すでに国書の違例無礼問題は第二次天平十一年から指摘され、第七次宝亀二年にそれが外交問題として表面化し、宝亀三年令発令に至った。

〈第2期〉（第八次宝亀四年〈七七三〉～第二一次弘仁十四年〈八二三〉）　この期のうち宝亀年間には、四回のうち宝亀三年令違反によって二回が放還となり、入京は二回であり、政府遣使が三回あった。これに対して、第一二次延暦五年（七八六）は不明であるが、第一三次同十四年（七九五）～第二一次弘仁十四年（八二三）の間では九回のうち、七回入京、一回放還、一回不明で、政府遣使も見えずあまり問題が起きず順調にいっているように見える。宝亀三年令のうち北路禁止・大宰府来着令は宝亀十一年（七八〇）～延暦十八年（七九九）の間に無実化した。国書の開封について、第八次宝亀四・第九次同七年の二回の政府遣使は国書を開封せず、第一一次宝亀十年は政府遣使が開封したと解釈される。最後の弘仁十四年（八二三）に大雪のため存問使派遣をやめ、ついで不作、疫病の発生などによって渤海使入京まで路次の諸国の逓送の負担が過重であることから入京も停止になり、さらに翌天長元年に十二年一貢令が発令される。弘仁十四年にはわざわざ存問使を停止していることからこのころ存問使派遣が定例化していた思われる。

〈第3期〉（第二二次天長三年〈八二五〉～第三四次延喜十九年〈九一九〉）　一三回の来朝のうち入京八回、放還五回で、放還が多くなり外交交渉が不安定になった。放還の理由は四回が天長元年令違反の違期入朝である。存問使あるいは存問使兼領客使の派遣が定例化し、かつ天長五年より前から存問使が国書の開封・調査、案の京進を行っており、宝亀の政府遣使とは異なる点である。

三　秋田城と渤海使

1　秋田城は渤海使の受け入れ施設か

第二節の地方官司の渤海使受け入れの職権の検討から進んで、渤海使と秋田城の関係を検討する。「はじめに」でのべた第一段階の主張、ⓓ秋田城は渤海使が来着するから、その客館が設けられ、ⓔその受け入れ施設である点について検討する。この点はすでに有鉤条虫卵の検出の理解から検討したが、ここでは文献史料によって渤海使の安置国の観点から批判する。

渤海使の到着国　まず渤海使の到着国について整理すると次の通りである（第23表D到着地項）。

〈出羽国〉　六回　△第一次神亀四年（七二七）蝦夷境、第二次天平十一年（七三九）、△第七次宝亀二年（七七一）賊地野代湊、第一一次宝亀十年（七七九）、△第一二次延暦五年（七八六）、△第一三次延暦十四年（七九五）夷地志理波村。このうち夷地に到着が四回（△を付す）。ほかに天平十八年正式使節でない渡航集団。

〈越後国〉　一回　第三次天平勝宝四年（七五二）佐渡嶋。

〈能登国〉　三回　第八次宝亀四年（七七三）、第二五次嘉祥元年（八四八）、第二六次貞観元年（八五九）珠洲郡。

〈加賀国〉　三回　第二一次弘仁十四年（八二三）、第二八次貞観十三年（八七一）、第三〇次元慶六年（八八六）。

〈越前国〉　四回　第四次天平宝字二年（七五八）、第六次天平宝字六年（七六二）加賀郡、第九次宝亀七年（七七六）加賀・江沼郡、第一〇次宝亀九年坂井郡三国湊。＊越前国の四回のうち、天平宝字六年加賀郡、宝亀七年加賀・江

沼郡は、弘仁十四年越前国から分国された加賀国の領域である。
〈若狭国〉一回　第三四次延喜十九年（九一九）三方郡丹生浦。
〈但馬国〉一回　第二三次天長四年（八二七）。
〈隠岐国〉三回　第一四次延暦十七年（七九八）智夫郡、第二二次天長二年（八二五）、第二七次貞観三年（八六一）。
〈出雲国〉三回　弘仁五年（八一四）、貞観十八年（八七六）、寛平四年（八九二）。
〈伯耆国〉二回　第三二次寛平六年（八九四）、第三三次延喜八年（九〇八）。
〈長門国〉一回　第二四次承和八年（八四一）。
〈対馬国〉一回　第五次天平宝字三年（七五九）。
〈不　明〉五回

この到着国で回数が多くて注意される地域は、出羽国六回、能登国・加賀国六回、隠岐国・出雲国・伯耆国八回の三地域である。能登国・加賀国は各三回であるが、越前国四回のうち二回（天平宝字六年、宝亀七年）は加賀・江沼郡到着で、この二郡は弘仁十四年（八二三）越前国から分国された加賀国の国域なので、この二回を加えると、能登国と加賀国域は八回になる。前述のように古畑氏によれば、渤海使の航路については、前期（第一次神亀四年〜第一三次延暦十四年）は北回り航路（海の北みち）、後期（第一四次延暦十七年〜第三四次延喜十九年）は日本海横断直行航路である。この変遷との関係で見ると、出羽国六回は神亀四年（七二七）〜延暦十四年（七九五）で前期におさまるのに対して、隠岐・伯耆・出雲三国の八回は延暦十七年（七九八）〜延喜八年（九〇八）で後期におさまる。これら二者に対して、能登・加賀国域の八回は天平宝字六年（七六二）〜元慶六年（八八六）で前・後期にまたがるという特徴を持つ。前期一三回のうち六回が出羽国であるのは北回り航路で来航した結果である。一方、日本海横断直行航路は大陸の吐号浦から鬱陵島・竹島・隠岐国を経て横断して来るから、隠岐国到着はこの航路そのものであり、伯耆・出雲二国は隠岐国の対岸で、第二七次貞観三年（八六一）には隠岐国を経て出雲国嶋根郡に到着しているから、この二国もこの航路で来航したものである。能登・加賀国域は日本海に突き出た能登半島とその基部に位置するが、このような地理的な位置から、北回り航路でも日本海横断直行航路でも沿岸沿いに西あるいは東に流されれば能登半島に到着する確率は高いのである。

さて出羽国は六回のうち四回が秋田城より北の夷地すなわち非建郡地域に到着している。出羽国来着は北回り航路を使っていた前期だけであるから、前期の中で考えるが、一三回のうち出羽国の六回というのは一国としては最多で、天平十八年の正式使節でない来航集団も加えると一四回のうち七回が出羽国で、五〇パーセントの比率になる。この出羽国の到着率の高さが、秋田出羽柵が渤海使受け入れのために設けられたという考えの基であろう。しかし見方を変えると、すべてが出羽国に到着したわけではなく、前期のうち五〇パーセントは他国に到着しているのである。それらは対馬国一回を除いて、越後国佐渡嶋一回、越前国四回、能登国一回で、北陸道六回であり、北回り航路で来航したことがうかがえるが、航海技術の未熟さから決まったところに来着できなかったのである。

渤海使は縁海諸国に到着する　当然のことながら、このような来着地の事実から、政府は渤海使が日本海縁海の複数国に来着すると認識していた。それは次の施策からうかがわれる。

第三次使の天平勝宝四年（七五二）九月の越後国佐渡嶋への来着の直後、同年十一月に佐渡国を越後国から分国した（『続日本紀』天平勝宝四年十一月乙巳条）。佐渡嶋に国司がいないために対応の遅れがあったので、今後の来着に備えて迅速に対応するために佐渡嶋を国に昇格させたのであり、今後の佐渡嶋への来着が予測されていた。第四次使の天平宝字二年（七五八）九月の越前国来着の直後、同年同月、越前・越中・佐渡・出雲・石見・伊予国六国に飛駅鈴が頒給された(35)。伊予国は除くが、今後の渤海使の来着に備えて天皇への緊急報告のために飛駅鈴が頒給されたのであり、越前・越中・佐渡・出雲・石見国が来着国と予測されていた。大同四年（八〇九）来朝の第一五次渤海使の一員である首領高多仏は、翌年他の使節が帰国した際に一人越中国に残って、越中国史生羽栗馬長と習語生に渤海語を教習した（『日本紀略』弘仁元年五月丙寅条）。越中国で渤海語の訳語を育成したのは同国への来着が予測されたからである。渤海使の来朝期限に関する官符で、延暦十八年（七九九）五月二十日官符は、昨年決めた六年一貢令を廃止したことを「諸国」に発令し、また天長元年（八二四）六月二十日官符は、十二年一貢令を「縁海郡」に発令している（『類聚三代格』）。いずれも渤海使受け入れに関して重要な法令で、「諸国」「縁海郡」に発令されたのは日本海縁海の複数国に到着することを前提にしている。

このように事実として渤海使が日本海縁海の複数の国に来着し、それをふまえて政府が日本海縁海の複数国に来着すると認識していたことは、当時の航海技術の未熟さからみて当然のことであった。この政府の認識によれば、渤海使の来着に関して出羽国を特別視するわけにはいかず、渤海使の来着する日本海縁海の諸国の一つと認識しなければならない。天平五年（七三三）の出羽柵＝出羽国府の秋田北進が渤海使受け入れのためとする考えは、来着国として出羽国を特別視する考えであるが、渤海使は、宝亀三年令の大宰府来着令のように、秋田出羽柵来着を命じられ、出羽国司は交渉に関する特別な職権を与えられたのであろうか。天平五年以降渤海使が出羽国以外に来着しても、何の咎めを受けることもなく、宝亀三年令発令の際にも秋田城については何もふれられていなかったことからみると、そのようなことはなかったのである。第一次神亀四年（七二七）の渤海使の出羽国来着後、秋田出羽柵が設置されるが、政府は一度の出羽国来着から渤海使のその後の出羽国来着を予測できたのであろうか。前述のように、来着国において出羽国は日本海縁海諸国の一つに過ぎなかったのであるが、もし秋田城に渤海使の客館が設置されていたとすれば、他の縁海諸国の国府にも設置されなければならないであろう。

地方官司の渤海使への対応　ここで渤海使船が来着した場合国郡がどのように対応するのかについて詳しく明らかにしておきたい。

船が近海に現れたら、それが外交使節の船か、賊船かがわからないので、まず軍事的に警戒してそれを判別することが必要である。前述のように、宝亀十一年（七八〇）七月二十六日勅は、北陸道の沿岸部への外国船の接近に関して、大宰府に准じて警護式を作ったものであり、それによると、「縁海村邑」が近海に船を認めたら国府に報告し、国司は賊船であると判明したら、軍事的な警戒体制を取ることを定めている（『類聚三代格』、『続日本紀』宝亀十一年七月戊子条）。外交使節の船であることが判明すると、まずは来着地の郡の郡司が対応し、国司に報告する。天長元年（八二四）六月二十日官符は、十二年一貢令を「縁海郡」に周知するために発令された官符であるが、来朝間隔が合期か違期かによって対応が異なるわけで、この法令を「縁海郡」に周知したのは郡司が来着渤海使に対応する最前線であったからである。

渤海使を郡家に安置することもあり、報告を受けた国司は、何か問題があれば勘問の使者を郡家に遣わすこともあり、次いで政府に馳駅して言上した。後述のように、天長四年（八二七）の第二三次渤海使は但馬国に来着し、但馬国は渤海使を縁海の郡家に安置して食料米を支給する一方、違期入朝だったため国博士を国府から郡家に遣わして喚問し、さらに太政官に報告している。宝亀四年（七七三）の渤海使は能登国の部下に来着したが、前年に発令された北路禁止令に違反したことから、国司が勘問のための使者を派遣している（『続日本紀』宝亀四年六月丙辰条）。

弘仁九年（八一八）四月五日格では、渤海使が来着したら所在国司が「来着消息」を太政官に言上することになっており（『類聚符宣抄』）、また延暦十八年（七九九）五月二十日官符は、六年一貢令をやめる格であるが、渤海使が来着したら諸国は「厚加供備馳駅言上」と定め、馳駅によって言上することになっていた。前述のように、天平宝字二年（七五八）九月丁亥（十八日）に渤海使が越前国に来着してから十日後の九月丁酉（二十八日）に越前・越中・佐渡・出雲・石見などの国に飛駅鈴を頒給したのは（『続日本紀』）、日本海縁海諸国への渤海使の来着に備えて天皇への緊急連絡のためである。

安置と供給　これらと前後して地方官司は、渤海使の「安置」と「供給」に当たる。第23表E安置供給項の通り、渤海使来着に関してほぼ「安置」「供給」が記録されている。「供給」については早川庄八氏が種々検討しているが、この「供給」は官司が食料を支給することであり[36]、「依例供給」とあるから法令で定められており、その内容は天長五年（八二八）正月二日官符（史料4）と『延喜式』主税上によって知られる。天長五年官符を基として、『延喜式』が同官符と異なっている点を（　）を付して補う。官職別に一日の稲の支給量を定める。

大使・副使＝五束、判官・録事＝四束、史生・訳語・医師・天文生＝三束（史生・訳語・天文生＝三束五把）、首領以下＝二束六把（首領・梢工＝二束五把）。

稲一束＝舂米五升＝現量二升であるから、稲五束は米で現在の一斗ということになる。入京路次の逓送における食料支給は正税から支出されたから（『類聚国史』天長三年三月戊申朔条）、到着地の宿所に安置の場合も同様であろう。

「安置」はいろいろの用例があるが、渤海使の安置の例としては、天長四年の第二三次使の時に但馬国で「安置郡家」（史料4）、延喜十九年（九一九）の第三四次使の時に「遷二送越前国松原駅館一（中略）安置供給」（『扶桑略記』延喜十九年十二月二十四日条）とあり、また入京後であるが「安置鴻臚館」（『日本三代実録』貞観十四年五月十五日甲申条）、「安置鴻臚」（『類聚国史』天長三年五月甲戌条、『続日本後紀』嘉祥二年四月辛亥条）、「於鴻臚館安置供給」（『続日本後紀』承和九年三月壬戌条）など平安京の客館である鴻臚館に安置した例があるから、「安置」とは国家的施設すなわち官衙を宿所として使節を安置することと考えられる。史料では多く「安置」と「供給」が一体として行われるが、官衙を宿所にすることと国家的食料支給は一体のものなのである。

秋田城が渤海使の受け入れを主要な目的とする施設であるということは、この「安置」「供給」の所であるということであり、このことについて安置国の観点から検討する。

その前に、まず渤海使を秋田城に「安置」するという史料がみられないことを確認しておきたい（第25表）。天平五年（七三三）の秋田出羽柵建置以後、渤海使は同十八年の渡航集団も含めて延暦十四年（七九五）までに出羽国に六回来着し、五回安置の所を記録し、そのうち二回出羽国に安置されているが（天平十八年・第一一次）、それらに秋田城は一度も見えないのである。

安置国　渤海使の安置・供給については、浅香年木氏の詳細な研究を参照する[37]。すなわち、浅香氏によると、渤海使の安置・供給国については、渤海使が日本に到着し入京するまでの期間と、帰国の際の出国するまでの期間の二つの場合に分け、さらに渤海使が入京するか否かに分けて考える必要がある。到着から入京までの安置の期間とは、使節の到着後その国の国司が政府に報告し入京か否かの判断を待つ期間である。この入京までの期間の安置国は原則として到着した国で、例外的に他国に移されて安置された事例がある。実は出羽国到着はこの例外の場合で後に詳しく述べたい。

出国前の安置国については、入京が許されず放還される場合は、到着して安置された国、また到着国から移動して安置された国である。入京した場合は、出国前の安置国は到着後の安置国とは別で、越前国加賀郡、加賀国北半部の加賀・石川郡に安置された。加賀国は弘仁十四年（八二三）に越前国北半部の加賀・江沼二郡を割いて設けられ、加賀郡から石川郡、江沼郡から能美郡を分けた。ここでいう越前国加賀郡と加賀国加賀・石川郡は同一地域である。出

F入京	G政府遣使	H備　　考
○	遣使存問兼賜時服	蝦夷境に到着のため大使ら16人殺害。送渤海客使派遣。
○		帰国遣唐使と同行来朝。大使船沈没し大使ら40人死亡。国書が啓であることを問題視。遣渤海使派遣。
×		正式な使者にあらず。渤海人・鉄利1100余人、慕化来朝。
○		表の違例無礼のため返却、改修して受領。送渤海客使が送るが能登国漂着、福良津安置。
×	検校渤海人使	渤海・鉄利359人慕化入朝。使節軽微のため放還。表無礼、大宰府来着令違反を指摘。帰国船９隻を賜う。
?		蝦夷に抄略され、越後国に帰国船を造らせる。
○		蝦夷に略奪され人と物が散亡す。啓の違例を指摘。

来着年の間隔の足掛け年数(天平18年の渡航集団も含む)、D到着地(△＝蝦夷地来着)、E安置供

国前の安置国については史料が十分でないが、浅香氏によると、越前国加賀郡＝加賀国北半部を安置地としたのは確実には第一五次大同四年（八〇九）〜第二二次天長三年（八二六）の間であるが、八世紀半ばの第四次天平宝字二年（七五八）〜九世紀末までの間そうであったと推測している。なお使節の中で入京するのは、使節の人数が少なかった八世紀中葉までは全員であったが、人数が多くなる八世紀終わり以降は大使以下の二〇人ほどで、入京できない者は出国前の安置地に移動して入京者を待った。

他国安置　前述した到着後の安置国で例外的な事例、すなわち到着地から他国に移動されて安置された事例は、浅香氏によると一〇回あり、次の三つに分類している。①到着地が島である場合、②到着地が出羽国である場合、③その他の三つに分類している。①は佐

第25表　出羽国来着の渤海使等

A次	B到着年	西暦	C間隔	D到着地	E安置供給国
1	神亀 4	727		△出羽国蝦夷境	
+	**天平 5**	**733**		**秋田出羽柵建置**	
2	天平11	739	13年	出羽国	
＊	天平18	746	7 年	出羽国	○安置出羽国給衣粮放還
7	宝亀 2	771	26年	△出羽国賊地野代湊	▲於常陸国安置供給
+	**宝亀 3**	**772**		**大宰府の国書調査権と北路禁止・大宰府来着令**	
11	宝亀10	779	9 年	出羽国	○在出羽国、宜依例給之
12	延暦 5	786	8 年	△出羽国部下(蝦夷地)	▲(越後国に移動・安置)
13	延暦14	795	10年	△出羽国夷地志理波村	▲宜遷越後国、依例供給

注　A次：渤海使の派遣次数(＊天平18年＝正式使節でない。＋＝参考事項)、C間隔：出羽国
給国(○＝出羽国安置、▲＝他国安置)、F入京(○＝入京、×＝入京せず、？＝不明)

渡嶋に到着して越後国に移動して安置（第三次）、対馬嶋に到着して大宰府に移動・安置（第五次）、隠岐国に到着して出雲国に移動・安置（第一四・二二・二七次）の五回で、嶋が十分な供給能力をもたないために他国に移動させたとする。③は能登国珠洲郡に到着して加賀国に移動・安置（第二六次）、若狭国に到着して越前国松原駅館に移動・安置（第三四次）の二回であり、前者は入京を許されず、出国前の安置地である加賀国に移動したもの、後者は、一〇世紀初めにその加賀国の役割を引き継いだ越前国松原駅館に移動したものである。

ところで安置国が到着国か他国かという点について、入京せず放還される場合は、到着国に安置されそこから放還されるのが原則であることを付け加えておく。放還八回、天平十八年の渡航集団も加えると九回のうち、到

着国安置が七回（天平十八年、第八次、第一一次、第二一次、第二三次、第二九次、第三一次）であるのに対して、他国へ移動安置されたのは二回（第二六次・二七次）であり、第二六次は到着した能登国から出国特定国の加賀国の便処に移動し、第二七次は到着した隠岐国から対岸の出雲国に移動したもので、いずれも理由のあることである。

秋田城は渤海使を安置する施設か　ここで問題になるのは②出羽国到着の場合である（第25表）。前述のように、出羽国到着は、天平十八年（七四六）の正式使節でない渡航集団も含めると七回あり、そのうち第一次神亀四年（七二七）、第二次天平十一（七三九）年の二回は到着後の安置地が不明なので除いて考える。安置地が明らかな五回のうち、第一一次宝亀十年（七七九）と天平十八年の渡航集団の二回が出羽国安置、第七次宝亀二年（七七一）、第一三次延暦十四年（七九五）、第一二次延暦五年（七八六）の三回が他国に移動されて安置された。

他国安置の事例についてみると、第七次宝亀二年渤海使は、出羽国賊地野代湊（秋田県能代市）に来着したが、常陸国に移動されて安置・供給された。この時の経緯を見ると、船十七隻に乗船して野代湊に到着していた大使以下三二五人を、宝亀二年六月二十七日に常陸国に移動して安置・供給させた。「於常陸国安置供給」とあるが（『続日本紀』宝亀二年六月壬午条）、後述のように、「常陸国」は常陸国府をさすと考えられる。おそらく出羽国から常陸国府までは奥羽山脈越えの長途の陸路の旅であったろう。ついで十月十四日に大使以下四〇人を元日朝賀に参加させるために入京させる命令が出された。この時には常陸国府に落ち着いていたのであろう。その後十二月二十一日に平城京に入り、翌年正月元日の朝賀などの儀式に参列し、前述のように国書の違例無礼問題が起こった。入京命令が出される前に常陸国に移動させられている点に注意したい。

第一三次延暦十四年の渤海使は、出羽国の夷地の志理波村に漂着し、その後越後国に移された。この時の経緯は、使者の呂定琳以下六八人が夷地の志理波村に漂着し略奪を被むって人と物が散亡したという出羽国の報告を受けて、延暦十四年十一月三日に「遷㆓越後国㆒、依㆑例供給」の命令を出した（『類聚国史』延暦十四年十一月丙申条）。同十五年四月二十七日に方物を献じ王啓を進めているので、その直前に遷都間もない平安京に入京しているのであろう（『類聚国史』延暦十五年四月戊子条）。日程から見てこの時も越後国移動の命令は入京決定前であろう。

第一二次の渤海使は、延暦五年九月十八日に出羽国から渤海使が部下に漂着し蝦夷に略せられたという言上があり、同六年二月十九日に渤海使の言上によって帰国のための船の建造と水手などの用意を越後国に命じた（『続日本紀』延暦五年九月甲辰・同六年二月甲戌条）。越後国への移動・安置は史料に明記されていないが、浅香氏は、越後国に帰国船建造を命じているので、第一三次と同じく越後国へ移動して安置されたと考えている。この時は入京については不明である。

これらの他国安置の三例に対して、第一一次と天平十八年の渡航集団は出羽国に安置されたが、両者の違いは、他国安置の場合は入京しているのに対して（第一二次は不明）、出羽国安置の場合は入京していないことである。前述のように入京が許可されない場合は到着国に安置されてそこから放還されるのが原則であるから、この二回は他国に移動させられなかったのである。天平十八年は正式な使節と認められず、第一一次は使節の地位が低いとして入京が許可されなかったのであり、到着後早い時期に入京不許可が決定されたのであろう。

以上から、出羽国到着の場合、放還命令が出されず、正常に受け入れられて入京する場合は、他国へ移動させて安置・供給するのが通例であったと考えられる。浅香氏は、出羽国到着の他国移動の理由として、出羽国が辺域のために安置・供給に不安があるからと考えているが、そうではなく、出羽国が京から最遠方の辺遠国であることが関係しているのであろう。不入京の二回の場合のように来着してすぐに問題が明らかになるのでなければ、入京を前提に京から最遠方である辺国の出羽国から近くの国へ移動させて入京の最終決定を待たせたのではなかろうか。

この出羽国到着の場合他国への移動・安置が通例であったことは、秋田城が渤海使受け入れを主要な目的として設けられた施設であるとする見解に不利な事実である。秋田城が渤海使受け入れを主要な目的とする施設ならば、どうして他国に移動して安置されなければならないのであろうか。第七・一二・一三次とも蝦夷の居住地、すなわち秋田城以北の非建郡地域に到着し、到着地に最も近い官衙は秋田城であるから、到着直後に史料にはないがまず秋田城で安置・供給される可能性が高いと考えるが、そうでありながらそれ以後入京決定前に他国に移動させられて安置されているのである。このことは、秋田城に渤海使が安置されるにしてもそれは一時的なことで、秋田城が入京までの長期間の安置のための施設でないことを示している。このことは秋田城が渤海使受け入れを主要な目的とする施設であるという見解に強い疑いを抱かしめるのである。

北路禁止・大宰府来着令と秋田城　秋田城＝渤海使受け入れ施設説を考える上で、もう一点注意しなければならないのは、第二章で詳述した宝亀三年の北路禁止・大宰府来着令との関係である。この法令は北回り航路での来航を禁止し、到着地を大宰府に限定するものであったから、もし秋田城が渤海使受け入れの施設であったとしても、この法令によって宝亀三年以降はそのことが認められなくなった。前述のように、この法令は宝亀十一年（七八〇）～延暦十八年（七九九）の間まで実効性があり、その間に出羽国に来着した宝亀十年の渤海使は大宰府に来着しないことをとがめられている（『続日本紀』宝亀十年十一月乙亥条）。

以上、二点にわたって、秋田城が渤海使受け入れを主たる目的として設けられた施設であることに関する強い疑念を述べた。

2　秋田城は出羽国府か

渤海使を安置する官衙　先に渤海使の安置国の観点から秋田城の性格についてみてきたが、ここでは安置する官衙の種類の観点から、秋田城が渤海使の受け入れ施設であるから出羽国府であるという第二の命題を検討する。秋田城が渤海使の受け入れ施設だから出羽国府であるというのは、渤海使を受け入れる官衙は国府に限られるということを前提としている。

渤海使を安置する地方官衙について明確なのは、前述のように、第二三次天長四年（八二七）渤海使が但馬国に到着し同国の郡家に安置されたことと、第三四次延喜十九年（九一九）渤海使が若狭国に到着し越前国松原駅館に安置されたことであり（後に詳述）、すでに国府以外の郡家・駅館に安置されていることが注意される。このほか安置の史料ではないが、延暦二十三年（八〇四）六月に渤海使の停宿の処として能登国に能登客院の建造が命じられていることも注意される。

「国」「郡」安置　渤海使の「安置」の史料には、前記の官衙が明確なもののほかに、次のような「某国」「某郡」に安置する史料が多く見られる。

〈某国安置〉

史料5　『続日本紀』天平十八年（七四六）是年条

是年、渤海人及鉄利一千一百余人、慕レ化来朝。安二置出羽国一、給二衣粮一放還。

史料6　『続日本紀』天平宝字二年（七五八）九月丁亥条

渤海大使（中略）揚承慶已下廿三人、随二（小野朝臣）田守一来朝。便於二越前国一安置。

史料7　『続日本紀』宝亀二年（七七一）六月壬午条

渤海国使青綬大夫壹万福等三百廿五人、駕二船十七隻一、着二出羽国賊地野代湊一。於二常陸国一安置供給。

〈某郡安置〉

史料8　『続日本紀』天平宝字六年（七六二）十月丙午朔条

正六位上伊吉連益麻呂等、至レ自二渤海一。其国使（中略）王新福已下廿三人、相随来朝。於二越前国加賀郡一安置供給。

史料9　『続日本紀』宝亀七年（七七六）十二月乙巳条

渤海国遣献可大夫司賓少令開国男史都蒙等一百八十七人、賀二我即位一、并赴二彼国王妃之喪一。比レ着二我岸一、忽遭二悪風一、柂折帆落、漂没者多。計二其全存一、僅有二卌六人一。便於二越前国加賀郡一安置供給。

史料10　『日本三代実録』元慶元年（八七七）正月十六日戊子条

出雲国言、渤海国大使政堂省孔目官楊中遠等一百五人、去年十二月廿六日着レ岸。（中略）於二嶋根郡一安置供給。

これら「某国」「某郡」に安置するという史料は、これまで某国域・某郡域に安置することと解されていると思うが、その理解では外国使節の宿所を指定することとしてはあいまいであり、これらは国府・郡家を宿所として安置することを意味すると考える。その根拠は、①先にみた「安置」の史料では、「安置」の場所が郡家・駅館・鴻臚館などの官衙が指定されていること、②「国」「郡」の用例には国府・郡家の意味があること、③上記の「安置」の史料では「供給」すなわち国家的な食料支給が伴うことが多いが、安置の所が国府・郡家ならばそれは自然であることの三点である。②に関して述べると、「国」「郡」には、㋐国司あるいは郡司による機構、㋑支配対象の郡・里あるいは里・戸の集団、㋒国司あるいは郡司が勤務する施設としての国府あるいは郡家の三つの意味があり、ここでは㋒に当たる。

これらの「国」「郡」のほか、次の「便処」「福良津」における安置も注意される。

〈便処安置〉

史料11『続日本紀』宝亀九年（七七八）九月癸亥条

送高麗使正六位上高麗朝臣殿嗣等、来二着越前坂井郡三国湊一。勅二越前国一、遣二高麗使并彼国送使一、宜下安二置便処一、依レ例供給上之。但殿嗣一人、早令二入京一。

史料12『日本三代実録』貞観元年（八五九）二月四日庚寅条

渤海国客着二能登国一、是日、詔遷二於加賀国一、安二置便処一。

史料13『日本三代実録』元慶六年（八八二）十一月二十八日丙申条

下二符加賀国一、安二置渤海客於便処一、依レ例供給。

〈福良津安置〉

史料14『続日本紀』宝亀三年（七七二）九月戊戌条

送渤海客使武生鳥守等、解レ纜入レ海。忽遭二暴風一、漂二着能登国一。客主僅得レ免レ死。便於二福良津一安置。

安置の官衙・所　これらの用例によって渤海使の安置の官衙・所の用例が大幅にふえ、整理すると次の通りである。

国府　三回

出羽国府＝天平十八年渡航集団、史料5。越前国府＝第四次天平宝字二年、史料6。常陸国府＝第七次宝亀二年、史料7。

郡家　四回

越前国加賀郡家＝第六次天平宝字六年、史料8。第九次宝亀七年、史料9。出雲国嶋根郡家＝第二九次貞観十八年、史料12。但馬国の郡家＝第二三次天長四年、史料4（郡名が不明であるが、但馬国の縁海郡である二方・美含・城崎郡の三郡のいずれかである）。

福良津（福良泊）　一回

能登国福良津＝第七次宝亀二年、史料14。

便処　三回

越前国＝第一〇次宝亀九年、史料11。加賀国＝第二六次貞観元年、史料12。第三〇次元慶六年、史料13。

越前国松原駅館　一回

第三四次延喜十九年、『扶桑略記』延喜十九年十二月二十四日条。

能登客院

『日本後紀』延暦二十三年六月庚午条。

以下注目すべき安置地と官衙についてふれる。

能登客院と福良泊　まず地方における渤海使専用の客院として唯一知られる能登客院について、関連する福良泊も含めてふれておきたい。能登客院は延暦二十三年六月に渤海使が多く能登国に来着することからその停宿の処として建造が命じられたものであり（『日本後紀』延暦二十三年六月庚午条）、その場所は能登国羽咋郡福良泊（福良津）に当てるのが通説である。能登半島西海岸の中央部、石川県羽咋郡富来町福浦湊に当たり、リアス式の深い入り江にある湊で、地形から強い季節風を避けるために好都合で、古来日本海岸有数の良港として知られていた（日本地名大系第一七巻『石川県の地名』七〇二頁）。しかし浅香年木氏は、能登客院について詳細に検討して、能登客院は造営命令後延暦二十三年十月の能登国の風水害などを経て、同二十四年十二月の徳政相論によって造営命令が撤回されて結局造られなかったと結論した（注(37)前掲論文）。浅香論文以後も、福良泊の可能性を指摘する見解[38]、能登半島西岸の気多神社の近傍かとしつつ、福良泊に存在した帰国船を安置した施設を客院と呼んだ可能性を指摘する見解[39]があるが、浅香氏の見解は蓋然性の高いものと考えるので従いたい。

浅香氏は、越前国加賀郡＝加賀国北半部が安置・供給地であるのに対して、能登国の福良泊は造船・繋留・出港のための基地であり、両者が役割分担をしていたとする。この福良泊についてみると、宝亀三年（七七二）九月に送渤海客使が渤海使を伴って出発したが、たちまち暴風にあって能登国に漂着し、送使・客使ともに「便於福良津安置」されたとあり（史料15）、福良津には送使・客使を安置し宿泊できるような宿舎があったのである。この時の送渤海客使はおそらく福良津から出発し暴風でふき戻されたものと思われ、そのように送渤海客使・遣渤海使、あるいは帰国する渤海使の出発港であれば、当然そこには宿舎が設けられていたであろう。元慶七年（八八三）十月に、能登国に命じて羽咋郡福良泊の山の大木の伐採を禁止させた。これまで北陸道海岸に来着した渤海使の帰国のための船をこの山の木を伐って造ってきたが、民の伐採によって材木が無くなることが危惧されたのでこの処置が取られたのである（『日本三代実録』元慶七年十月二十九日壬戌）。この史料から、これ以前から福良泊には造船所があり、その山には杣が設けられていたことがわかる。この帰国船の造船に関係して注意されるのは、天平宝字七年（七六三）八月にみえる遣渤海使の船の名が「能登」であることである。この船は日本へ帰る途中に暴風にあったが、船霊に祈って助かったので、この時従五位下と錦冠が授けられた（『続日本紀』天平宝字七年八月壬午条）。船名はその船が造られた地名によって付けられることがあるから[40]、この遣渤海使船「能登」は能登国で造営されたと考えられ、さらにその造営地は福良泊である可能性が高い。前記の記事には「**初**遣高麗国船、名曰能登」とあるので、この遣渤海使船を第一回神亀五年（七二八）の遣使とする見解もあるが（『続日本紀』神亀五年二月壬午（十六日）条）、それでは遣使から叙位まで三十五年もあくことになるから、これはやはり叙位のすぐ前の天平宝字五年（七六一）十月に任命され同六年十月に越前国加賀郡に帰着した遣渤海使の船と考えるべきであろう（『続日本紀』天平宝字五年十月癸酉（二十二日）・同六年十月丙午条）。そう考えると福良泊の造船所は天平宝字五年ころには活動していたことになる。遅くとも天平宝字五年ころには福良泊には造船所と杣が設けられたので、帰国する渤海使、遣渤海使の出発港となり、そのための宿舎も設けられるようになったと推測される。国府とは離れた湊に、長期間の安置のためではないが、出港のための一時的宿泊のための宿舎が設けられていたことに注意したい。

国府と郡家　国府安置の三回のうち二回は出羽国来着の場合で、天平十八年（七四六）の渡航集団は入京を許されず、出羽国府に安置され放還され、第七次宝亀二年（七七一）は常陸国府に遷されて安置された。秋田城＝出羽国府説の立場からは、前者の出羽国府安置が秋田城安置の例となると考えられるかもしれないが、いまは秋田城＝出羽国府説を検証しているのであるからこの論理は使えない。

郡家安置については、「郡家」と明記するのは第一三次天長四年（八二七）の但馬国の郡家だけであるが、「某郡」安置の史料によって、越前国加賀郡家が二回、出雲国嶋根郡家が一回のあわせて三回が加えられた。第六次天平宝字六年（七六二）の渤海使は二十三人が帰国した遣渤海使とともに越前国佐利翼津に来着し、加賀郡家に安置・供給され（史料8）、第九次宝亀七年（七七六）の渤海使は悪風に遭って四十六人が漂着して加賀郡家に安置・供給され（史料9）、同九年の命令によると、渤海使の溺死遺体が越前国江沼・加賀郡に漂着したとある（『続日本紀』宝亀九年四月丙午条）。第二九次元慶六年（八八二）の渤海使は出雲国に来着し、出雲国嶋根郡家に安置・供給された（史料10）。

加賀郡家と便処　「便処」安置については、越前国の便処が一回、加賀国の便処が二回である点が注意される。第一〇次宝亀九年（七七八）の渤海使は帰国する遣高麗使の送使として来朝し、越前国坂井郡三国湊に来着し、越前国に渤海使と遣高麗使を「安置便処、依例供給」することが命じられた（史料11）。三国湊は福井県三国町〔現坂井市〕の九頭竜川の河口の三国港に当たる。第二六次貞観元年（八五九）の渤海使は、正月二十二日に能登国が能登半島先端の能登国珠洲郡に到着したことを言上し、その後二月四日に「渤海客徒着能登国。是日、詔遷於加賀国、安置便処。」と見える（史料12、『日本三代実録』貞観元年正月二十二日己卯条）。すでに能登国珠洲郡に到着とあるから、この着いた「能登国」は国府の意であり、そこから加賀国に遷され便処に安置された。第三〇次元慶六年（八八二）の渤海使は加賀国に来着して同国の便処に安置された（史料13）。

前記の二回の越前国加賀郡家とこの三回の越前・加賀国の便処は、浅香氏が、越前国加賀郡＝加賀国北半部の加賀・石川郡に設けられた安置所に関する一連の史料の一部に位置づけたものである（第26表）。浅香氏は、この安置所に関して、これ以外にも第四次天平宝字二年（七五八）〜第三〇次元慶六年（八八二）の間の入京前、あるいは出国前の越前国・加賀国の安置の史料を指摘し、八世紀半ば〜九世紀末の間に、越前国加賀郡、弘仁十四年（八二三）加賀国建国後の加賀国加賀・石川郡に一貫して、出国前の安置所が設けられ、入京前にも利用されたと考えたのである。浅香氏は、「越前国加賀郡」を郡家ではなく郡域と理解しているが、前記の浅香氏の見解によって、越前・加賀国の安置所が一貫して同地にあったすれば、第一〇次宝亀九年・第二六次貞観元年・第三〇次元慶六年の越前・加賀国の便処は第六次天平宝字六年・第九次宝亀七年の越前国加賀郡家に存したと考えられる。

ところでこの「便処」は「便宜な処」と解されそうであるが、「便」には「やすむ」の意味があり、「便殿」（休息のための御殿）という用例もあるので、「休息する処」の意味で、宿所を意味すると考えられる。すなわち加賀郡家の便処＝宿所に渤海使が安置されていたのである。この便処について注意されるのは、貞観元年の渤海使が能登国府を

E入京	F出国前安置	G　備　　考
○		
○		
○		
○		
○	（越前国）	越前国残留の渤海使を越中国に移す。
○	（越前国）	帰国船が難船し、越前国に船を用意させる。
から石川郡を分ける。		
×		
○	加賀国	
×		
○		
○		
○	越前国	残留渤海人を大同5年例によって越前国安置。

（○＝入京、×＝入京せず、？＝不明）

経由しながらそこは素通りしてこの加賀国の便処に安置されたことである（史料12）。これは加賀郡家の便処＝宿所が渤海使専用の安置所になっていたことを示すものと考えられる。郡家には本来伝馬利用の宿舎が存したが、何度か渤海使の安置所に利用されることによって、渤海使の専用の宿所に整備されたことが考えられる。次にふれる越前国松原駅家が渤海使の駅館・客館に整備されたことが想起される。天平宝字六年・宝亀七年の「越前国加賀郡」から宝亀九年・貞観元年・元慶六年の「便処」への表記の変化に、郡家の一般的宿舎から渤海使の宿舎への整備をよみとることができるかもしれない。

延喜十九年の松原駅館安置　第三四次延喜十九年（九一九）の松原駅館安置と次の第二三次天長四年（八二七）の但馬国の郡家安置は、地方官衙における渤海使の受け入れの具

第26表　越前・加賀国の安置

A次	B到着年	西暦	C到着地	D入京前安置
4	寶字 2	758	越前国	便於越前国安置
6	寶字 6	762	越前国加賀郡佐利翼津	▲於越前国加賀郡安置供給
9	宝亀 7	776	越前国加賀郡・江沼郡	▲便於越前国加賀郡安置供給
10	宝亀 9	778	越前国坂井郡三国湊	○(越前国) 宜安置便処依例供給之
15	大同 4	809		
17	弘仁 5	814	出雲国	出雲国
	弘仁14	**823**	**越前国から加賀・江沼郡を分けて加賀国を建て、加賀郡**	
21	弘仁14	823	加賀国	加賀国
22	天長 2	825	隠岐国	(出雲国に移動・安置)
26	貞観 1	859	能登国珠洲郡	○能登から加賀に遷し便処に安置
28	貞観13	871	加賀国岸	
30	元慶 6	882	加賀国	○加賀国安置於便処依例供給勤加優遇
34	延喜19	919	若狭国三方郡丹生浦	越前国松原客館

注　A次：渤海使の派遣次数、D入京前安置(▲＝越前国加賀郡安置、○＝便処安置)、E入京
注(37) 前掲浅香年木「能登客院考」の結論を参照。

体相を示しているので、国府との関係に注意しながらふれておきたい。

『扶桑略記』延喜十九年十二月二十四日条には「松原駅館」、『延喜式』雑式には「越前国松原客館」と見え、もともと北陸道の松原駅家で、敦賀湾（敦賀津）に面していることから、来着する渤海使を安置・供給する客館になったと考えられる。「駅館」という語は山陽道の駅家に使われていて、山陽道は大宰府と京の間を蕃客、主に新羅使が往還するので、その宿所である駅家は荘厳に見せるために瓦葺き・白壁の中国様式建築を建て、これを「駅館」と称した（『日本後紀』大同元年四月丁丑条）。山陽道の駅館は、神亀元年（七二四）に平城京内の住宅の中国様式建築化の勧奨とともに神亀年間に整備されたと考えられる(41)。松原駅家も渤海使の宿所となったために、中国様式建築が建てられたので、「駅館」と

称されたのであろう。『延喜式』では「客館」と記されているが、両史料はほぼ同時期だから、「駅館」から「客館」に呼称が変わったというよりは両者が平行して用いられたのであろう。小嶋芳孝氏によると、『延喜式』では松原客館を気比神宮司が検校することになっているので、その場所は気比神社の近辺と推測され、福井県敦賀市松原の松原遺跡が比定されている（注(39)前掲小嶋芳孝論文）。敦賀湾は八世紀から「敦賀津」（天平勝宝七年九月二十六日越前国雑物出納帳、大日本古文書四の八〇頁）、「角鹿乃濱」（『万葉集』巻三の三六六）、「都魯鹿津」（『日本霊異記』中巻第二十四縁）とみえ、日本海の良港であった（日本歴史地名大系第一八巻『福井県の地名』五〇〇頁）。その敦賀湾の湾奥、気比神社の西に気比の松原が広がり、その中の気比神社のお旅所付近が松原遺跡の所在地である。この背後の井口川河口には、現在は陸地化しているがかって潟湖があって港になっていたという。松原駅は北陸道の越前国の南端の駅で、東北から進んできた北陸道はこの駅で南に折れて愛発関を越えて近江国に入り、琵琶湖の西岸を南進して京に至る。延喜十九年の渤海使は、この年十一月十八日に若狭守から渤海使が丹生浦海中に来着したことが言上され、同二十五日に太政官が、渤海使を若狭国から越前国に遷しその後入京させることを決定した（『扶桑略記』延喜十九年十一月十八日・二十一日・二十五日、十二月二十四日条）。若狭国は渤海使一〇五人を越前国松原駅館に遷送したが、渤海使から松原駅館の不備を指摘する文書が提出されたので、十二月二十四日に太政官は越前国に急いで駅館で安置供給することと、越前掾維明を蕃客行事国司に任ずることなどを命じた。渤海使が指摘した駅館の問題は、「閉封門戸、行事官人等無人、況敷設薪炭、更無儲備」すなわち駅館の門戸は閉じられたままで、蕃客担当の国司も来ていず、敷物・薪炭も備えられていないというのである（前掲延喜十九年十二月二十四日条）。本来いるべき駅長・駅子がいないのは、九世紀後半から十世紀にかけて律令制駅制が変質して駅戸制が解体していたからである。(42)この駅館は越前国司が管理すべきなのであろうが、近傍の気比神宮司に施設の日常的な管理をまかせていたのであろう。越前国の行事官人が来ていなかったので、急遽、越前掾を蕃客行事国司に任じて松原駅館に派遣して安置・供給することになったのである。

この駅館がある敦賀湾の西に敦賀半島が日本海に突き出ているが、到着地の若狭国丹生浦はこの半島の西海岸の中央部北よりの小湾周辺の地名で、古代は三方郡、現在は福井県美浜町丹生に属する。この渤海使受け入れの経緯で注意すべきは、丹生浦到着の報は遠敷郡の若狭国府（遺跡不明、福井県小浜市か）に報告され若狭守から太政官に言上されたが、太政官はこれを受けて松原駅館への移動・安置と入京を命令していることからみると、渤海使は到着地から国府に寄ることなく直接松原駅館に移動したと考えられることである。入京決定とともに、到着地から平安京まで最短距離でいくために、国府には寄らず、渤海使を受け入れる設備があり、北陸道の駅家でもある松原駅館に直行して安置供給されたのである。越前国府は松原駅館から北に離れた丹生郡にあり、遺跡が明らかでないが、福井県武生市（現越前市）に推定されている。国府からは松原駅館に蕃客行事国司に任じられた掾が派遣されて安置・供給に当たったので、渤海使はもちろん越前国府に寄ることもなかった。このように渤海使が若狭国の到着地から国府に寄ることなく、隣国越前国の松原駅館に移動して、そこでも国府派遣の掾に安置・供給されて入京したことに注意したい。

天長四年但馬国の郡家安置　第二三次天長四年（八二七）の渤海使については、第二章で国司の国書の開封に関して天長五年正月二日官符を検討したが、同官符から但馬国による渤海使受け入れの具体相が知られる（史料4）。

天長四年の渤海使は、同年十二月二十九日に渤海使王文矩ら百人が但馬国に来着した。前回天長二年から三年しかたっていず、十二年一貢令に違反していたので、但馬国は国博士林朝臣遠雄を派遣して、来朝の理由と違期入朝について喚問し、「且安置郡家、且給粮米」すなわち郡家を宿舎として安置する一方、食料米を支給した。おそらく渤海使とは漢文の筆談で意思疎通を図ったと思われるが、国博士を派遣したのは漢文に堪能だからであろう。来着地点も安置した郡家も明らかでないが、但馬国の縁海部の城崎・二方・美含郡のいずれかであろう。国博士による勘問が行われたのは、安置された郡家であろう。王文矩が勘問に答えて、大唐の節度使康志曀の交通のことを知らせるために入朝し、違期入朝の罪を認め、さらに乗船が破損し食料が絶えたので、助けてほしいことを言上した。以上のことについて、但馬国は太政官に馳駅して解を以て言上し、それは天長五年正月甲戌（十七日）に太政官に到着した。この報告を受けて太政官は次の四点を内容とする太政官符を下した。すなわち①違期入朝なので食料を法令の半量支給とする。②帰国船は新造せず修理する。③民間との交易を禁止する。④もたらした啓・牒を開封して案を写し進上させることである。これを受けて、二月己丑（二日）に但馬国司は渤海王啓・中臺省牒の案を作成して政府に進上した。前述のようにこの時の渤海使は違期入朝のため来着地から放還されたが、四月癸亥（二十九日）に大使以下が絹・綿を賜与されているのは帰国に当たってのことであろう。以上の経緯の日付と太政官符の天長五年正月二日の日付には矛盾がある。但馬来着の日付は官符の記載により、その他の日付は『類聚国史』によるが、官符の日付天長五年正月二日は、但馬国解が京に到着した正月十二日〜国書案が進上された二月二日の間に訂正されるべきである。

但馬国府は内陸部の気多郡に所在するが、この渤海使は入京を許されず放還され、そのことを、第二四次承和八年（八四一）の渤海使の王啓に「（第二三次大使王）文矩等即ち界末従り却き廻る」（前引『続日本後紀』承和九年三月辛丑条）と記すことからみると、国府には入らず、安置された縁海の郡家から帰国した可能性が高い。国府から派遣された国博士による勘問が安置された郡家で行われたことからみて、国書案の作成も国司が派遣されて郡家で行われたのであろう。放還されるとはいえ、郡家に安置され、そこに国司が派遣されて交渉が行われ、国府には入らなかったことに注意すべきである。

この但馬国の郡家安置は入京が許されず到着地から放還された場合、先の松原駅館安置が入京した場合であるが、この国府以外の地方官衙に安置された二例はいずれも国府に寄らず、国府から国司が安置所に派遣されて対応したことは注目すべきである。

小　結　以上の検討を要約すると次の通りである。①来着した渤海使を安置する官衙は、国府に限らず、郡家・駅館などがある。越前国松原駅館は良港である敦賀湾に面することから、北陸道の駅家から渤海使の安置所として駅館・客館として整備され、同じく越前国あるいは加賀国の加賀郡家にも渤海使安置のための便処＝宿所が整備されたことが推測される。②第二三次天長四年（八二七）の渤海使は、入京を許可されず、到着地の但馬国縁海部の郡家に安置されて供給され、そこで派遣された国司の勘問を受け国書の案を写されて、ついに但馬国府に入らずに放還された。③第三四次延喜十九年（九一九）の渤海使は、若狭国三方郡丹生浦に来着し、若狭国府に寄らず、越前国松原駅館に遷され、国府派遣の蕃客行事国司の安置供給を受けて、北陸道を上京していった。第二六次貞観元年（八五九）の渤海使が、能登国珠洲郡に来着して能登国府を素通りして加賀国加賀郡家の便処に安置されたのも、同様の事例である。④能登国羽咋郡福良泊は、造船所が設けられ、帰国する渤海使、遣渤海使の出発港であり、そのための一時的な宿所が設けられていた。

秋田城は出羽国府か　秋田城が渤海使の受け入れ施設であるから出羽国府であるという第二の命題は、来着した渤海使を安置する官衙が国府に限られることを前提にして成立する。先の①〜③の結論によると、来着する渤海使の安置官衙は国府に限らず、郡家・駅館もあり、また国府に寄らずに入京したり、放還されたりする事例があるから、この第二の命題は成立しない。秋田城は渤海使の受け入れ施設であるとしても、そのことによって国府であるというわけにはいかないのである。

渤海使を安置する官衙が国府に限らず多様であるのは、大宰府を除く地方官司の渤海使対応の基本的な任務が、安置・供給すなわち宿所と食料の提供であったからである。時期によって決定の仕方は異なるが、入京か放還かが決定されるまでの数ヶ月間、地方官司は渤海使を安置・供給した。国府で国守が政庁に出座して行うような儀式、饗宴、外交交渉などはなかったのである。第二章で詳述したように、事前の国書の開封・調査の職権は大宰府には付与されたが、国司にはついに与えられず、基本的に国府で国守によってそのような重要事が行われることはなかった。天長四年（八二七）但馬国に来着した渤海使は、来着した縁海部の郡家に安置され、そこで派遣された国博士の勘問を受け、さらにおそらく派遣された国司による国書の調査を受けて、ついに国府に入らないまま放還された。延喜十九年（九一九）若狭国丹生浦に到着した渤海使は、若狭国府には寄らずに、隣国越前国松原駅館に遷されて、国府派遣の行事国司の安置供給を受けて、北陸道を上京していった。安置・供給するだけならば、国府に限らず、郡家、駅館などでも受け入れが可能なのであり、松原駅館、加賀郡家の便処のように、駅家・郡家が渤海使の宿所に整備されることがあった。もちろん国府は他の官衙にくらべて規模も大きいし、建物も立派であって、渤海使を安置するのにふさわしいから、安置・供給されることがあったけれど、しかし重要なのは安置するのはどうしても国府でなければならないということではなかったということである。

むすび

迂遠な考察を重ねてきたが、秋田城・国府説の批判に焦点を絞って要約してむすびとする。

秋田城跡便所遺構における有鉤条虫卵の検出を出発点とする秋田城・国府説は、「はじめに」で述べたように重層的な二段階の論理構造を有するので、第一段階の命題が成立しなければ、第二段階の最終的な命題は成立しないが、本稿では第一・第二段階の各段階の命題の成立の可否を検討した。

㈠ⓐ鵜ノ木地区便所遺構における有鉤条虫卵の検出→ⓓブタを摂食する渤海使の秋田城来着→ⓔ鵜ノ木地区Ⅱ期遺構における渤海使客館の存在→ⓕ秋田城は渤海使の受け入れ施設であるという命題について、イノシシにも有鉤条虫が寄生するという観点からもう一つの可能性を指摘した。すなわち、イノシシはブタの原種で基本的にブタと同一の形質を有するから、ブタに寄生する有鉤条虫が寄生することが考えられる。秋田城跡の八世紀の遺構からイノシシの獣骨が出土することから、八世紀の秋田城でイノシシが食用されており、それは秋田城に朝貢してきた蝦夷の饗給において供されたことが考えられる。すなわち便所遺構の有鉤条虫卵の検出から、秋田城におけるブタを摂食する渤海使とともに、イノシシを摂食する朝貢の蝦夷の存在を推定することができる。この点から見ると、便所遺構における有鉤条虫卵の検出は、鵜ノ木地区における渤海使の客館の存在→秋田城が渤海使の受け入れ施設であるという命題の盤石の根拠ではないのである。

㈡国司の渤海使受け入れの職権を検討するために、国司の国書の事前調査権について検討した。石井正敏氏は、渤海使の国書の違例無礼の問題に対処するために、宝亀三～四年ころ大宰府と国司に中央政府に先だって国書を開封・調査する職権が付与されたと考えるが、その根拠を検討した結果、国書調査権を付与されたのは大宰府だけであり、国司にはついに付与されなかったと考えた。すなわち宝亀三年（七七二）に国書の違例無礼問題の対処のために大宰府に国書調査権を付与するとともに、北路来航を禁止し来着先を大宰府に限定する法令が発令されたと考えた。国書調査権は本来中央政府に属する重要な職権であるから、国司がその職権を有するならば、国府の政庁で国守出座の下に行われる可能性があるが、そのようなことはないのである。結局国司を含めて地方官司が到着した渤海使に対して行う職務は安置・供給である。

㈢渤海使の出羽国来着は天平十八年（七四六）の渡航集団も含めて七回あり、その安置国は、不明の二回を除き、出羽国安置が二回、常陸・越後国など他国に移して安置したのが三回あった。後者は入京した場合であるのに対して、前者は入京不許可の場合であり、その時には到着国から放還されるのが通例であり、そのために出羽国安置となっているのである。すなわち出羽国来着の場合、正常に受け入れ入京する場合は他国へ移動・安置するのが通例なのであり、したがって出羽国に特別に渤海使受け入れのための施設を設ける必要性は考えにくい。ただし出羽国来着のうち秋田出羽柵建置後の三回は蝦夷の居住地に来着し、その場合最も近い官衙は秋田城であるから、来着直後は秋田城に安置された可能性があるが、しかしそれは一時的なもので、秋田城が入京までの長期間の安置の施設であるとは考えられない。

宝亀三年（七七二）に渤海使の北路禁止・大宰府来着令が発令され、同十一年〜延暦十八年（七九九）の間まで実効性があったから、少なくともこの期間は秋田城が渤海使受け入れ施設として認められることはなかった。

㈣秋田城が渤海使の安置・供給の施設であるから出羽国府であるという命題は、一般的に渤海使の安置・供給の官衙が国府に限られることを前提としている。しかし到着した渤海使を安置・供給する地方官衙は、国府に限らず、郡家・駅館であることもあって多様であり、越前国松原駅館は渤海使の安置・供給の施設として整備され、越前国・加賀国加賀郡家の便処も同様であったと推測される。天長四年但馬国の郡家に安置され放還された場合と、延喜十九年越前国松原駅館に移動・安置されて入京した場合のいずれでも、渤海使は国府に寄らず、それぞれに国府から国司が派遣されて対応に当たったと考えられる。貞観元年能登国府を素通りして加賀郡家の便処に安置された例もある。渤海使の安置・供給の官衙は国府に限られず、渤海使は必ずしも国府に安置される必要はなかったのである。これは、㈡でみたように国司が渤海使の国書調査権のような重大な職権を有さず、また国府の政庁で国守出座の下に渤海使に対する儀式・饗宴・外交交渉を行うようなことがなかったからであり、また地方官司の渤海使に対する基本的な職務が安置・供給であったからである。以上から見て、もし秋田城が渤海使の安置・供給の施設であったとしても、そのことによって国府であるというわけにはいかないのである。秋田城には城司として国司が駐在していたから、渤海使が来着しても十分に対応できたはずである。

㈤すでに『秋田市史』第一巻で鈴木拓也氏が指摘しているように、秋田城の主要な役割は、秋田とさらに北方の野代・津軽・渡嶋の蝦夷の朝貢的支配であると考える。蝦夷は秋田城へ毎年朝貢していたのに対して（注(16)前掲今泉隆雄論文）、延暦十七年（七九八）六年一貢令より前の渤海使はいつ来朝するか不明で、来朝したにしても出羽国さらに秋田城に来着すると決まっていたわけでないのであり、また出羽国に来着した第一次から最後の第一三次までの五八年間に天平十八年も含めて七回来朝しているから、その来着間隔平均年数は八年二月であり、これらの点から秋田城にとって蝦夷の朝貢が渤海使の来着より重要事であったことは明らかであろう。天平五年（七三三）という早い段階に庄内から一〇〇キロメートルも北方の秋田に出羽柵を移転することができたのは、七世紀半ば斉明朝に阿倍比羅夫の北征によって秋田を確保し、野代・津軽・渡嶋の蝦夷とも政治的関係を形成していたからであると考える。

秋田城・国府説の当否を考えるのに、前稿で第一に秋田城と出羽国府の変遷に関する文献史料の解釈、第二に秋田城跡出土の木簡・漆紙文書などの文字史料の解釈、そして本稿で第三に渤海使との関係を検討してきた。これらのうち第二、第三の問題は解釈の可能性の幅が広いので、私のこの問題に関する議論では第一の問題を根幹にすえ、第二、第三の問題は枝葉という位置づけである。本稿は前稿を前提としながら、新しく提起された第三の問題を取り上げたものである。

注

（1）今泉隆雄「秋田城の初歩的考察」、虎尾俊哉編『律令国家の地方支配』所収、一九九五年七月〔本書第三編第三章〕。
（2）新野直吉「古代秋田城の一性格」『政治経済史学』二九五号、一九九〇年。
（3）新野直吉『古代日本と北の海みち』一九九四年一一月。前稿は一九九五年七月発表で、『古代日本と北の海みち』の刊行より遅いが、一九九四年五月脱稿のため参照できなかった。
（4）水洗便所遺構の沈殿槽の土壌の微遺体分析によって、条虫をはじめ多くの寄生虫の卵、花粉が検出された。この検査結果は、略報として金原正明・金原正子・中村亮仁「秋田城跡における自然科学的分析」（『秋田城跡　平成六年度秋田城跡調査概報』一九九五年）、次いで正式報告として金原正明・金原正子「秋田城跡便所遺構における微遺体分析」（『同　平成七年度秋田城跡調査概報』一九九六年）で報告され、『秋田城Ⅱ―鵜ノ木地区―』には後者が再録されている。
（5）秋田市教育委員会・秋田城跡調査事務所編『秋田城跡Ⅱ―鵜ノ木地区―』二〇〇八年三月。
（6）秋田市『秋田市史』第一巻先史・古代通史編、二〇〇四年三月。
（7）伊藤武士氏には、ほかに「秋田城跡の調査成果について」（『条里制・古代都市研究』第二六号、二〇一一年）があり、前著を要約している。
（8）西本豊弘「弥生時代のブタについて」『国立歴史民俗博物館研究報告』第三六集、一九九一年。西本豊弘・新美倫子『事典　人と動物の考古学』二〇一〇年。ほかにイノシシとブタに関しては新津健『猪の文化史　考古編』（二〇一一年）を参照した。
（9）猪養部については佐伯有清「日本古代の猪養」を参照。『季刊どるめん』第一四号所収、一九七七年。
（10）注（8）新津健前掲書、西本・新美前掲書、関根真隆『奈良朝食生活の研究』一九六九年、佐原真『食の考古学』一九九六年。
（11）『延喜式』神祇官式三、民部省式下、主計寮式上、内膳司式、典薬寮式、左右近衛府式、左右衛門府式、左右兵衛府式。
（12）今泉隆雄「律令国家とエミシ」、坪井清足・須藤隆・今泉隆雄編『新版古代の日本⑨　東北・北海道』所収、一九九二年〔本書第一編第一章〕。
（13）岩手日報Webサイト二〇一三年五月一七日。黒沢弥悦「彼らは現れた」『河北新報』二〇一三年五月一六日朝刊、「微風　旋風」。
（14）新津健『猪の文化史　歴史編』一七頁、二〇一一年。
（15）秋田市教育委員会『秋田城跡　平成二年度秋田城跡発掘調査概報』一九九一年。

(16) 今泉隆雄「蝦夷の朝貢と饗給」、高橋富雄編『東北古代史の研究』所収、一九八六年(本書第一編第三章)。

(17)『秋田市史』第七巻古代史料編第二編第二章第二節五四号木簡。

(18) 小嶋芳孝「日本海の島々と靺鞨・渤海の交流」『境界の日本史』一九九七年。伊藤武士『秋田城跡　最北の古代城柵』一〇二頁、二〇〇六年。

(19) 大澤正己「秋田城跡出土鍔釜の金属学的調査」、秋田城跡調査事務所『秋田城跡調査事務所年報二〇一二　秋田城跡』別編、二〇一三年三月。

(20) 本稿の渤海使など外交に関する史料の検索については、田島公『日本、中国、朝鮮対外交流年表(稿)—大宝元年〜文治元年—』を利用した。すこぶる有益であり編者に感謝したい。同書は、奈良県立橿原考古学研究所編『奈良・平安の中国陶磁』所収のもの(一九九三年)、同編『貿易陶磁—奈良・平安の中国陶磁—』所収のもの(一九九三年)、増補改訂版(二〇一二年)の三書がある。

(21) 中西正和A「新羅使・渤海使の来朝と大宰府—大宰府の外交的機能について—」『古代史の研究』八号、一九九〇年。B「大宰府と存問」『日本書紀研究』第二一冊、一九九七年。C「渤海使の来朝と天長五年正月二日官符」『ヒストリア』一五九号、一九九八年。

(22) 石井正敏『日本渤海関係史の研究』第四部A第二章「大宰府の外交機能と外交文書」、B第三章「大宰府・縁海国司と外交文書」、C補論一「宝亀十年十月勅をめぐって」、D補論二「天長五年正月官符をめぐって」。Dに石井説の要約がある。

(23)「放還」のよみは「ゆるしてかへす」で、『続日本紀』天平十八年是年条・宝亀四年六月戊辰条・同十年九月庚辰条、『日本三代実録』貞観元年六月二十三日丁未条に見える。「還却」のよみは「かえししりぞく」で、『日本紀略』弘仁五年五月乙卯条、『類聚国史』天長三年三月戊辰朔条、『類聚三代格』天長五年正月二日官符、『日本三代実録』貞観三年五月廿一日甲午条に見える。「退還」は宣命にのみ見え、よみは「しりぞけかえす」で、『類聚国史』天長元年二月壬午条、『日本三代実録』元慶元年六月二十五日甲午条に見える。

(24) 第八次:『続日本紀』宝亀四年六月戊辰条、第一一次:『続日本紀』同十年十一月乙亥条、第二七次:『日本三代実録』貞観三年五月二十一日甲午条。

(25) 第八次:『続日本紀』宝亀四年六月戊辰条、第一一次:『続日本紀』同十年十一月乙亥条。

(26) 第二三次：『類聚三代格』天長五年正月二日官符・『続日本後紀』承和九年三月辛丑条、第二七次：『日本三代実録』貞観三年五月二十一日甲午条、第二九次：『日本三代実録』元慶元年四月十八日己丑条。
(27) 第一一次：『続日本紀』宝亀十年九月庚辰条。
(28) 第二次：『続日本紀』天平勝宝五年六月丁丑条、第三次：同前、七次：『続日本紀』宝亀三年正月丁酉条・三年二月己卯・四年六月戊辰条、第一三次：『類聚国史』延暦十五年五月丁未条、第二八次：『日本三代実録』貞観十四年四月十三日壬子条。
(29) 第九次：『続日本紀』宝亀八年正月癸酉条。
(30) 第二二次：『類聚国史』天長三年三月戊辰条、第二五次：『続日本後紀』嘉祥二年三月戊辰条。
(31) 鼇頭標目については渡辺寛「類聚三代格の鼇頭標目」を参照。『皇學館大学紀要』第八輯、一九七〇年。
(32) 前述のように、宝亀十年条でも国書の正文を使節に返却することが記されているが、これは、天長五年官符のように国書を受理せず使節の資格を認めないということではなく、案を写すために請い受けた正文を返却するという意味に過ぎない。
(33) 古畑徹「渤海・日本海航路の諸問題—渤海唐日本への航路を中心に—」『古代文化』第四六巻第八号、一九九四年。
(34) 嘉祥元年（八四八）の渤海使については前回承和八年（八四一）から「風霜八変」＝八年と足掛けで数えている（『続日本後紀』嘉祥二年三月戊辰条）。
(35) 『続日本紀』天平宝字二年九月丁酉条。「飛駅」と「馳駅」は同じものとする坂本太郎氏以来の通説に対して、永田英明氏は、両者を別のものとし、駅制を用いた中央政府と国司との間の緊急伝達制度として、「馳駅」は口頭報告のための専使派遣を原則とするのに対して、「飛駅」は天皇と国司の間で直接意思伝達を行うシステムで、下達の飛駅勅符と上申の飛駅奏があり、文書の封函、専使の口頭伝達によらない文書のみによる意思伝達、逓送の三要素からなる。飛駅鈴はこの飛駅に用いられ、刻数が一の一刻鈴で封函された飛駅函そのものに付けられたと考えられている。飛駅鈴は地方では本条の史料のほか大宰府・陸奥に支給されているだけである。永田英明「馳駅制度と文書伝達」『古代駅伝馬制度の研究』二〇〇四年。
(36) 早川庄八「『供給』をタテマツリモノとよむこと—日本的接待の伝統—」『中世に生きる律令—言語と事件をめぐって—』一九八六年。
(37) 浅香年木「能登客院考」、石川考古学研究会々誌第二六号『北陸の考古学』一九八三年。
(38) 酒寄雅志「古代日本海の交流」『日本海域史大系』第二巻古代篇Ⅱ、二〇〇六年。

(39) 小嶋芳孝「日本海をこえてきた渤海使節」『日本の古代3　海をこえての交流』一九八六年。
(40) 入唐船「佐伯」、同じく「播磨」はそれぞれ安芸国佐伯郡、播磨国での建造か(『続日本紀』慶雲三年二月丙申・天平宝字二年三月丁亥条)。
(41) 今泉隆雄「律令制都城の成立と展開」『古代宮都の研究』一九九三年。高橋美久二「山陽道の瓦駅家」『古代交通の考古地理』一九九五年。
(42) 永田英明「平安前期における駅家の変質と地域社会」『古代駅伝馬制度の研究』二〇〇四年。

【本書編集にあたっての注記】
本章は未発表の新稿である。

編集・刊行の経緯

本書は、二〇一三年の大晦日に六六歳で逝去された今泉隆雄先生の東北古代史に関する論文集である。今泉先生にとっては、『古代宮都の研究』（吉川弘文館、一九九三年）、『古代木簡の研究』（同、一九九八年）に続く、三冊目の論文集であり、本書によって、今泉先生が取り組んでこられた主要な三つの研究テーマに関する著書が揃うことになる。

本書に収める東北古代史関係の論文は、一九八三年に母校の東北大学文学部に赴任されてから新たに取り組んだテーマである。もっとも今泉先生は、学生時代から宮城県多賀城跡調査研究所の発掘調査に参加されており、生前、多賀城跡での発掘調査の経験が奈文研で大いに役立ったと語っておられたと聞く。それは東北古代史研究についても言えることであろう。二〇一〇年三月に東北大学を定年退職された後は、東北歴史博物館の館長を務めておられたが、道半ばの御逝去であった。

本書は先生が生前に刊行を計画し準備を進められていたものである。最初の構想案を記したメモには、二〇〇八年八月六日の日付が記されており、その後二〇〇九年七月に第三編第一章の補訂作業を終えられているから、二〇〇八年後半頃からすでに本格的な準備を始められていたようである。先生が亡くなられたあと、この遺稿の刊行が関係者の間で話題となり、奥様とご相談申し上げ原稿をお預かりすることとなった。その後先生の後任と教え子の研究者で「今泉隆雄先生遺著刊行会」を組織し、出版の計画を進めることとなった。幸いに吉川弘文館から出版についてご快諾いただき、仙台在住のメンバー（相澤秀太郎・遠藤みどり・鈴木琢郎・徳竹亜紀子・永田英明・堀裕・吉野武）と鈴木拓也・吉田歓が編集・校正及び索引作成を分担してその後の作業を進めた。

本書の書名と構成も、今泉先生ご自身の遺志によるものである。前記のメモには、書名とともに二〇章分の既発表論文名が挙げられているが、追記のメモから最終的には一四編を選んで一書とする計画であったようである。本書にはそのうち終章として予定されていた章を除いた一三章分に、準備過程で新たに書き下ろされた二本の新稿を加えて収録している。但しその中には、先生が書き下ろしもしくは補訂を加えられた章と、今後補訂を予定しながら未着手のままとなった章とが混在している。このため、後者の章では必ずしも最新の見解を反映していない部分が残り、本書全体としても章によって若干見解が異なる部分もあるが、すべてそのままとしている。

なお構成案に終章として掲げられていた「辺遠国とその地区区分」は、原論文を大幅に補訂し加筆する予定であったと見られ、旧稿のままでの掲載は困難と判断し本書への収録は断念した（第一編第一章【本書編集にあたっての注記】参照）。

書式等の形式面では、一書としての体裁を整えるため最低限の統一・修正を施したが、遺稿の原形を尊重する考えから、書式の統一によって先生の叙述スタイルが消えてしまう恐れがある箇所についてはあえて原形を残した。本書の書式に若干の不統一が残るのはこうした事情によるものである。

出版にあたって、吉川弘文館編集部の石津輝真氏に、様々なアドバイスを含めお世話いただいた。感謝を込めて申し添える。

（文責　永田英明）

あとがき

主人が他界してから二度目の春を送るころに、永田英明さんから遺稿集が夏ごろ出版できそうだとのご連絡をいただきました。供養も二年目に入って、遺影との対話にも懐かしい思い出や孫の成長ぶりが出てきて、多くのことを語り合っているような気がします。昔、家族の幸せをともにひとつの願いとしていたことは今に続いていて、主人の心が我が家に留まっているのだと思えるこのごろです。遺影に向かって出版の報告をすると、心なしか表情が綻んでいるように思えます。

生前の著書は、古代の宮都や木簡に関するもので、奈良国立文化財研究所を職場としていた時期の成果であります。関西は、憧れの地であり、研究の場としてだけではなく生涯の知己を得た点でも充実した場でありましたが、同時に自分が東北人で蝦夷の子孫であることを意識する場にもなったようです。その意味で仙台に戻ってから東北の研究に携わることになったのは、主人にとっては、研究分野の幅を確立する意味で意義深いことだったと思います。新しい著書の出版でこれまでの研究の全容が示されることになり、喜ばしいことでございます。

出版がかなったのは、吉川弘文館のご厚意と東北大学の皆様のお陰であり、心より感謝申し上げます。吉川弘文館は長い研究生活の初めから大変厚遇してくださり、感謝に堪えません。もう少し長命で健康が許せば、恩義に報いる新たな業績もあげることができたろうと残念でございます。また東北大学の同学の先生方、門下生の皆様が辛抱強い作業を続けてくださったことに深く感謝申し上げます。本当に有難うございました。皆様方に、心より篤く御礼を申し上げます。

二〇一五年五月三〇日

今泉瑞枝

成稿一覧

第一編　蝦夷と古代国家

第一章　律令国家とエミシ

須藤隆・今泉隆雄・坪井清足編『新版古代の日本⑨　北海道・東北』（一九九二年、角川書店）

第二章　古代史の舞台　東北

上原真人・吉川真司・白石太一郎・吉村武彦編『列島の古代史1　古代史の舞台』（二〇〇六年、岩波書店）

第三章　蝦夷の朝貢と饗給

高橋富雄編『東北古代史の研究』（一九八六年、吉川弘文館）を補訂

補論　閉村の蝦夷—昆布の道

新稿

第四章　律令における化外人・外蕃人と夷狄

羽下徳彦編『中世の政治と宗教』（一九九四年、吉川弘文館）

第五章　三人の蝦夷—阿弖流為と呰麻呂・真麻呂

門脇禎二編『日本古代国家の展開』上巻（一九九五年、思文閣出版）を補訂

第二編　城柵の辺境支配

第一章　東北の城柵はなぜ設けられたか
吉村武彦・吉岡眞之編『新視点日本の歴史3　古代編』（一九九三年、新人物往来社）

第二章　古代東北城柵の城司制
羽下徳彦編『北日本中世史の研究』（一九九〇年、吉川弘文館）

第三章　律令と東北の城柵
新野直吉・諸戸立雄両教授退官記念会編『秋田地方史の展開』（一九九一年、みしま書房）を補訂

第四章　八世紀前半以前の陸奥国と坂東
『地方史研究』二二一号（一九八九年）

第五章　天平九年の奥羽連絡路開通計画
『国史談話会雑誌』四三号　二〇〇二年（原題「「天平九年の奥羽連絡路開通計画について」」）を補訂・改題

第三編　個別城柵の考察

第一章　古代国家と郡山遺跡
仙台市文化財調査報告書第二八三集『郡山遺跡　総括編（1）』（二〇〇五年　仙台市教育委員会）を補訂

第二章　多賀城の創建―郡山遺跡から多賀城へ
『条里制・古代都市研究』一七号　（二〇〇二年）

第三章　秋田城の初歩的考察
虎尾俊哉編『律令国家の地方支配』（一九九五年、吉川弘文館）を補訂

第四章　秋田城と渤海使

新稿

索　　引

1．Ⅰ一般事項、Ⅱ人名・氏族名、Ⅲ主要史料、Ⅳ研究者名に分類した。
2．一般事項および主要史料は、本書の理解に重要と考えられる事項を抽出した。
3．原則として五十音で配列したが、史料名などは適宜年代順ないし編目・条文の順とした。

Ⅰ　一般事項

あ　行

か　行

さ　行

た　行

な　行

は　行

ま　行

や　行

ら　行

わ　行

Ⅱ　人名・氏族名

あ　行

か　行

さ　行

た　行

な　行

は　行

ま　行

や・わ行

Ⅲ　主要史料名

律令格式

六国史(カッコ内は日付)

その他

Ⅳ　研究者名

あ　行

か 行

さ 行

た 行

著者略歴
一九四七年　福島県郡山市に生まれる
一九六九年　東北大学文学部卒業
一九七二年　東北大学大学院文学研究科博士課程中退
奈良国立文化財研究所文部技官、東北大学文学部教授、東北歴史博物館館長を歴任
二〇一三年十二月三十一日、死去
〔主要著書〕
『古代宮都の研究』（吉川弘文館、一九九三年）
『古代木簡の研究』（吉川弘文館、一九九八年）

日本史学研究叢書

古代国家の東北辺境支配

二〇一五年（平成二十七）九月十日　第一刷発行

著者　今泉隆雄（いまいずみ たかお）

発行者　吉川道郎

発行所　株式会社　吉川弘文館
郵便番号一一三－〇〇三三
東京都文京区本郷七丁目二番八号
電話〇三－三八一三－九一五一〈代〉
振替口座〇〇一〇〇－五－二四四番
http://www.yoshikawa-k.co.jp/

印刷＝藤原印刷株式会社
製本＝誠製本株式会社

ISBN978-4-642-04622-0

日本史学研究叢書

『日本史学研究叢書』刊行の辞

戦後、日本史の研究は急速に進展し、各分野にわたって、すぐれた成果があげられています。けれども、その成果を刊行して学界の共有財産とすることは、なかなか容易ではありません。学者の苦心の労作が、空しく筺底に蔵されて、日の目を見ないでいることは、まことに残念のことと申さねばなりません。

吉川弘文館は、古くより日本史関係の出版を業としており、今日においてもそれに全力を傾注しておりますが、このたび万難を排して、それらの研究成果のうち、とくに優秀なものをえらんで刊行し、不朽に伝える書物としたいと存じます。この叢書は、あらかじめ冊数を定めてもいず、刊行の期日を急いでもおりません。成るにしたがって、つぎつぎと出版し、やがて大きな叢書にする抱負をもっております。

かくは申すものの、この出版にはきわめて多くの困難が予想されます。ひとえに日本の歴史を愛し、学術を解する大方の御支援を得なければ、事業は達成できまいと思います。なにとぞ、小社の微意をおくみとり下され、御援助のほどをお願い申します。

昭和三十四年一月

日本史学研究叢書

既刊書目

日本農耕社会の形成　杉原荘介
大化前代社会組織の研究　平野邦雄
大化前代政治過程の研究　平野邦雄
班田収授法の研究　虎尾俊哉
律令田制と班田図　宮本　救
律令国家成立史の研究　黛　弘道
律令財政史の研究 増訂版　村尾次郎
律令封禄制度史の研究　時野谷滋
律令官人制の研究 増訂版　野村忠夫
律令官人給与制の研究　高橋　崇
日本古代用水史の研究　亀田隆之
日本古代治水史の研究　亀田隆之
奈良朝仏教史の研究　井上　薫
奈良朝服飾の研究　関根真隆
奈良朝食生活の研究　関根真隆
日本古代国家と土地所有　山尾幸久
古代宮都の研究　今泉隆雄
古代木簡の研究　今泉隆雄
古代国家の東北辺境支配　今泉隆雄
日本古代の宮都と木簡　佐藤　信
日本古代の文書と典籍　早川庄八
日本古代文書の研究　杉本一樹
古代文献の基礎的研究　吉岡眞之
奈良平安時代史研究　土田直鎮
伝教大師伝の研究　佐伯有清
初期絵巻物の風俗史的研究　鈴木敬三
中世量制史の研究　寶月圭吾
中世武家社会の研究　河合正治
鎌倉幕府守護職成立史の研究　義江彰夫
鎮西御家人の研究　瀬野精一郎
日蘭文化交渉史の研究　板沢武雄
幕末維新史の研究　田中　彰

＊目下品切の書目もあります。詳しくは『出版図書目録』をご参照下さい。（はがきでご請求下さい）